AF821625

Erik Eschen

Der Erfolg von Mergers & Acquisitions

GABLER EDITION WISSENSCHAFT

Erik Eschen

Der Erfolg von Mergers & Acquisitions

Unternehmungszusammenschlüsse aus der Sicht des ressourcenbasierten Ansatzes

Mit einem Geleitwort von Prof. Dr. Rudi K. F. Bresser

Springer Fachmedien Wiesbaden GmbH

Bibliografische Information Der Deutschen Bibliothek
Die Deutsche Bibliothek verzeichnet diese Publikation in der Deutschen Nationalbibliografie; detaillierte bibliografische Daten sind im Internet über <http://dnb.ddb.de> abrufbar.

Dissertation Freie Universität Berlin, 2002

D 188

1. Auflage November 2002

Alle Rechte vorbehalten
© Springer Fachmedien Wiesbaden 2002

Ursprünglich erschienen bei Deutscher Universitäts-Verlag GmbH, Wiesbaden, 2002

Lektorat: Brigitte Siegel / Nicole Schweitzer

www.duv.de

Das Werk einschließlich aller seiner Teile ist urheberrechtlich geschützt. Jede Verwertung außerhalb der engen Grenzen des Urheberrechtsgesetzes ist ohne Zustimmung des Verlags unzulässig und strafbar. Das gilt insbesondere für Vervielfältigungen, Übersetzungen, Mikroverfilmungen und die Einspeicherung und Verarbeitung in elektronischen Systemen.

Die Wiedergabe von Gebrauchsnamen, Handelsnamen, Warenbezeichnungen usw. in diesem Werk berechtigt auch ohne besondere Kennzeichnung nicht zu der Annahme, dass solche Namen im Sinne der Warenzeichen- und Markenschutz-Gesetzgebung als frei zu betrachten wären und daher von jedermann benutzt werden dürften.

Umschlaggestaltung: Regine Zimmer, Dipl.-Designerin, Frankfurt/Main

Gedruckt auf säurefreiem und chlorfrei gebleichtem Papier

ISBN 978-3-8244-7738-8 ISBN 978-3-663-08105-0 (eBook)
DOI 10.1007/978-3-663-08105-0

Für Pepsi und Yoshi

Geleitwort

Seit den frühen 1980er Jahren ist in den entwickelten Industriestaaten die Anzahl von Fusionen und Unternehmungsakquisitionen (Mergers & Acquisitions) sprunghaft angestiegen. Dieser Trend setzt sich in der Gegenwart trotz der zu beobachtenden hohen Fehlschlagsrate solcher Wachstumsstrategien fort. Auf Akquisitionen folgen oft schnelle Desinvestitionen, und Wertzuwächse aufgrund von Mergers & Acquisitions kommen meist nur den Aktionären der Verkäuferseite zugute.

Bei diesem Widerspruch setzt Erik Eschen an. Er entwickelt ein umfassendes theoretisches Modell zur Erklärung von Mergers & Acquisitions-Entscheidungen und verwendet den ressourcenbasierten Ansatz des Strategischen Managements als theoretische Grundlage für seine Überlegungen. Aus der Sicht eines Akquisiteurs sind Mergers & Acquisitions als ein Mittel der Ressourcenbeschaffung interpretierbar, und insofern wird im Verlauf der Arbeit geklärt, unter welchen Bedingungen Mergers & Acquisitions im Vergleich zu anderen Formen der Ressourcenbeschaffung (Faktormärkte, interne Entwicklung oder Unternehmungskooperationen) der Vorzug gegeben werden soll.

Bisher haben sich bereits fünf Forschungsrichtungen dezidiert mit dem Mergers & Acquisitions-Phänomen auseinandergesetzt: managementtheoretische, finanztheoretische, spieltheoretische, industrieökonomische und transaktionskostentheoretische Ansätze. Allerdings legen diese Erklärungsversuche ihren jeweiligen Fokus lediglich auf Teilaspekte des Phänomens. Ein umfassendes Modell zur ökonomischen Rationalität von Mergers & Acquisitions-Entscheidungen war bisher nicht auszumachen, aber notwendig. Erik Eschen liefert diesen Beitrag, indem er in einer ressourcenbasierten Theorie die verbindende Klammer findet, durch die bisherige Erklärungslücken ausgeglichen werden können.

Sein Grundmodell zur Erklärung erfolgversprechender Mergers & Acquisitions umfaßt drei Komponenten: die Identifizierung des Ressourcenbedarfs, die Analyse der Mergers & Acquisitions-Strategie im Vergleich zu alternativen Ressourcenbeschaffungsmöglichkeiten und die Analyse der Rentenverteilung zwischen Bieter und Zielunternehmung. Im Ergebnis stellt Erik Eschen heraus, daß Mergers & Acquisitions nur unter besonderen Bedingungen ökonomisch sinnvoll sind: wenn strategisch bedeutsame Ressourcen und Fähigkeiten mit einem hohen Neuheitsgrad schnell beschafft werden sollen und sich die Absatz- und Prozeßunsicherheiten hinsichtlich des Wertes der neuen Ressourcen bereits verringert haben. Darüber hinaus führt Erik Eschen auch mögliche

Wertzuwächse seitens des Akquisiteurs einer ressourcenbasierten Erklärung zu. Nur wenn sowohl die Biet- als auch die Zielunternehmung einzigartige und cospezifische Ressourcen in die Mergers & Acquisitons-Transaktion einbringen, können die Aktionäre beider Parteien von dieser Strategie profitieren.

Im Fazit legt Erik Eschen eine wichtige und wesentliche Erweiterung bisheriger Erklärungsansätze des Mergers & Acquisitions-Phänomens vor. Seine ressourcenbasierten Analysen und Modellierungen sind nicht nur innovativ und überzeugend, sie sind auch richtungweisend für eine weiterführende empirische Forschung und die Praxis der Entscheidungsvorbereitung von Mergers & Acquisitions-Strategien.

Rudi K. F. Bresser

Vorwort

Eine Dissertation ist das Resultat eines lebenslangen pfadabhängigen Prozesses, der durch eine Vielzahl von Ereignissen beeinflusst wird. Es ist unmöglich allen Personen zu danken, die den Weg dorthin geebnet haben. All meinen Lehrern und Freunden sei daher mein herzlicher Dank sicher. Aber bei einigen Personen möchte ich mich ausführlicher bedanken:

Zuerst sei meinem Doktorvater Professor Rudi K. F. Bresser gedankt. Seine wissenschaftliche Liberalität zeugt vom tiefen Verständnis wissenschaftlicher Entwicklungsprozesse und lässt seinen eigenen wissenschaftlichen Werdegang durchscheinen. Das Vertrauen, welches er mir und seinen anderen Mitarbeitern entgegengebracht hat, war die unabdingbare Voraussetzung dafür, ein selbständiges wissenschaftliches Profil zu entwickeln. Die vielfältige Unterstützung von Herrn Bresser, die weit über die Dissertation hinaus ging, ermöglichte, eigene Gedanken weiter zu verfolgen.

Auch Professor Christoph Haehling von Lanzenauer möchte ich meinen Dank aussprechen für seine Bereitschaft, das Zweitgutachten zu übernehmen. Sein soziales Engagement, seine enorme Energie und sein Ideenreichtum haben mich tief beeindruckt.

Viel zu verdanken habe ich auch Ingo Beyritz, der mich in TEX eingeführt hat, und ohne den diese Arbeit nicht so geworden wäre, wie sie jetzt vorliegt. Seine Geduld und sein Engagement, mich zu fast jeder Uhrzeit bei den kleinen technischen Problemen von TEX zu beraten, zeigen den Charakter eines guten Freundes.

Auch bei Silke Strehlow, Sun-Young Kim und Michelle Meyer möchte ich mich bedanken, die bei der Literaturbeschaffung behilflich waren. Michelle gebührt besonderer Dank für die Überarbeitung des Literaturverzeichnisses. Sybille Graf, Monika und Oskar Jende haben mit großer Sorgfalt die Rohfassung korrigiert, hierzu bin ich Ihnen zu großem Dank verpflichtet.

Meinem Kollegen Klemens Millonig danke ich, der als genialer Sparringspartner wissenschaftlicher und nicht-wissenschaftlicher Diskurse, die Zeit in der Garystraße 21 bereicherte. Der stetige Austausch mit einem Leidensgenossen, dessen Arbeit sich trotz der thematischen Ferne in parallelen Bahnen entwickelte, hat den Selbstzweifel gemildert, den es bei der Erstellung einer Diss immer wieder zu überwinden gilt. An die Zusammenarbeit mit Klemens werde ich mich immer wieder gerne erinnern.

Mein besonderer Dank gilt meinen Eltern, die auf bewunderswerte Art und Weise mein Studium und meine Promotion unterstützt haben. Für ihre

Liebe, ihre Toleranz und den Rückhalt, mich meinen eigenen Weg gehen zu lassen, kann ich ihnen nicht genug danken.

Schließlich möchte ich mich bei Pepsi und Yoshi bedanken. Pepsi hat mich durch alle Höhen und Tiefen der Arbeit begleitet. Sie tolerierte stundenlange Monologe über mehr oder minder wichtige Aspekte der Welt im Allgemeinen und der Strategischen Managementtheorie im Besonderen. Dass sie bis heute abstreitet, je gelangweilt gewesen zu sein, zeugt von einer hohen Toleranzschwelle. Wichtiger aber noch ist, dass sie in den Tiefphasen mir zur Seite stand, mich motivierte und Lösungsalternativen aufgezeigt hat.

Durch Yoshi schließlich haben sich meine Präferenzen stark verschoben. Sie hat die Opportunitätskosten der Arbeit ins Unermessliche steigen lassen, gleichzeitig aber auch einen monatelangen Adrenalinschub ausgelöst, so dass tagsüber spielen mit ihr und nachts die Arbeit an der Diss realisierbar war. Pepsis und Yoshis Liebe haben mir jederzeit die Kraft gegeben durchzuhalten, daher widme ich auch beiden diese Arbeit.

Erik Eschen

Inhaltsverzeichnis

Abbildungsverzeichnis xv

Tabellenverzeichnis xvii

1 Einleitung 1
- 1.1 Forschungsziel 3
- 1.2 Methodologische Vorbemerkungen 8
- 1.3 Aufbau und Vorgehensweise der Arbeit 13

2 Das Phänomen Mergers & Acquisitions 19
- 2.1 Die Begriffe Mergers und Acquisitions 20
- 2.2 Typologie von Mergers & Acquisitions 25
- 2.3 Der Fusions- und Akquisitionsprozess 29
- 2.4 Die empirische Bedeutung 32
- 2.5 Merger-Waves 37

3 Würdigung bisheriger Ansätze 41
- 3.1 Managementtheoretische Überlegungen 43
  - 3.1.1 Stakeholderansatz 43
    - 3.1.1.1 Arbeitnehmer 45
    - 3.1.1.2 Bondholder 49
    - 3.1.1.3 Staat 50
  - 3.1.2 Der managerialistische Ansatz 53
  - 3.1.3 Hubris-Hypothese 58
  - 3.1.4 Agencytheoretische Überlegungen 60
  - 3.1.5 Replacement ineffizienter Manager 65
  - 3.1.6 Free-Cash-flow-Hypothese 68
- 3.2 Finanztheoretische Überlegungen 72
  - 3.2.1 Risikodiversifikation 74
  - 3.2.2 Co-Insurance 78
  - 3.2.3 Unterbewertung ineffizienter Kapitalmärkte 83
- 3.3 Spieltheoretische Überlegungen: The Winner's Curse 87
- 3.4 Industrieökonomische Überlegungen 94
  - 3.4.1 Marktmacht 95
  - 3.4.2 Economies of Scale 99
  - 3.4.3 Economies of Scope 101

3.4.4 Der Ansatz von Porter . . . 103
3.5 Transaktionskostenansatz . . . 107
3.5.1 Vertikale Integration . . . 108
3.5.2 Interner Kapitalmarkt . . . 110
3.5.3 Der Ansatz von Teece . . . 112
3.6 Methodologische Probleme . . . 114
3.7 Zwischenergebnis . . . 123

4 Der ressourcenbasierte Ansatz 127
4.1 Die Dominanz der Industrieökonomie . . . 128
4.2 Standortbestimmung des Resource-Based-View . . . 131
4.3 Der Ressourcenbegriff . . . 135
4.3.1 Physische Ressourcen . . . 136
4.3.2 Intangible Ressourcen . . . 137
4.3.3 Organisatorische Ressourcen . . . 138
4.3.4 Humanressourcen . . . 138
4.3.5 Finanzielle Ressourcen . . . 139
4.4 Der statische Ansatz . . . 141
4.4.1 Marktwert . . . 142
4.4.2 Heterogenität . . . 142
4.4.2.1 Knappheit der Ressourcen . . . 143
4.4.2.2 Renten . . . 144
4.4.3 Ex post-Beschränkung des Wettbewerbs . . . 146
4.4.3.1 Unvollkommene Imitierbarkeit . . . 147
4.4.3.2 Unvollkommene Substituierbarkeit . . . 152
4.4.4 Imperfekte Mobilität . . . 152
4.4.5 Ex ante-Beschränkung des Wettbewerbs . . . 156
4.5 Der dynamische ressourcenbasierte Ansatz . . . 160
4.5.1 Die Österreichische Schule der Ökonomie . . . 161
4.5.2 Die Evolutionstheorie von Nelson und Winter . . . 168
4.5.3 Der Dynamic Capabilities Ansatz . . . 171
4.6 Grenzen ressourcenbasierter Analysen . . . 176
4.6.1 Gefahr der Tautologie durch mangelnde Operationalität . 176
4.6.2 Überbetonung der internen Umwelt . . . 177
4.6.3 Betonung dauerhafter Wettbewerbsvorteile . . . 179
4.6.4 Nichtimitierbarkeit statt Imitation . . . 180
4.6.5 Vernachlässigung verhaltenswissenschaftlicher Aspekte . 181
4.6.6 Methodologische Probleme . . . 182
4.7 Zusammenhang zu anderen Strategischen Managementansätzen 187
4.7.1 Industrieökonomie . . . 187
4.7.2 Transaktionskostenansatz . . . 189
4.7.3 Verhaltenswissenschaftliche Ansätze . . . 192
4.8 Zusammenfassendes Zwischenergebnis . . . 195
4.9 Konsequenzen für die Analyse von Mergers & Acquisitions . . . 196

5 Der Resource-Based-View und Mergers & Acquisitions 199
5.1 Bedingungen des Ressourcenbedarfs . . . 201
5.1.1 Umweltveränderungen . . . 202
5.1.2 Heterogene Ressourcenausstattung . . . 209
5.1.3 Unternehmerische Ressourcenkombination . . . 212
5.2 Analyse der Beschaffungsalternativen . . . 222
5.2.1 Faktormärkte . . . 222
5.2.2 Interne Entwicklung . . . 228
5.2.3 Unternehmungskooperationen . . . 235
5.2.4 Mergers & Acquisitions . . . 240
5.2.4.1 Strategische Bedeutung von Ressourcen . . . 241
5.2.4.2 Neuheitsgrad der Ressourcen . . . 245
5.2.4.3 Umweltunsicherheit . . . 249
5.2.5 Zwischenfazit . . . 252
5.3 Fallbeispiel 1: Bankenbranche . . . 255
5.4 Rentenverteilung in Mergers & Acquisitions . . . 283
5.4.1 Begrenzung der Bietkonkurrenz . . . 285
5.4.2 Ressourcenverteilung . . . 289
5.4.3 Bilaterale Rentenverteilung . . . 293
5.5 Zusammenfassung des Modells . . . 304
5.6 Fallbeispiel 2: AOL Time Warner . . . 307
5.7 Ein weiterführender Ausblick . . . 311

6 Zusammenfassung und Fazit 329

Literaturverzeichnis **337**

Abbildungsverzeichnis

2.1 Formen von Unternehmungszusammenschlüssen 22
2.2 Anzahl der Mergers & Acquisitions-Transaktionen in Deutschland von 1988 bis 2000 34
2.3 Transaktionsvolumen der Mergers & Acquisitions in Deutschland in Milliarden Deutschen Mark von 1988 bis 2000 34
2.4 Transaktionsvolumen der Mergers & Acquisitions weltweit in Milliarden US-Dollar von 1988 bis 2000 36

3.1 Das Winner's Curse Phänomen 89

4.1 Der ressourcenbasierte Ansatz 141
4.2 Bedingungen von Wettbewerbsvorteilen 159
4.3 Der Zusammenhang zwischen Industrieökonomie und ressourcenbasierten Ansatz 179
4.4 Ein verhaltenswissenschaftlicher Forschungsrahmen zur Untersuchung wettbewerbsvorteilsgenerierender Ressourcen 195

5.1 Konzeption des Modells 201
5.2 Bestimmung der Ressourcenlücke 210
5.3 Faktoren zur Bestimmung des Ressourcenbedarfs 221
5.4 Ressourcenlücke und Beschaffungsalternativen 223
5.5 Zeitliche Restriktionen 230
5.6 Der Ressourcenbeschaffungswürfel 254
5.7 Ressourcenverteilung zwischen Biet- und Zielunternehmung . . . 291
5.8 Rentenverteilung zwischen Biet- und Zielunternehmung 294

Tabellenverzeichnis

2.1 Typologie von Mergers & Acquisitions 26
2.2 Die größten Fusionen 33
2.3 Die größten Übernahmen mit deutscher Beteiligung 2000 35

4.1 Formen und Eigenschaften von Ressourcen 140

5.1 Die größten Investmentbanken 261

1 Einleitung

Men differ about whether mergers are examples of the triumphs or of the failings of the free-market system and the profit motive.

(Steiner 1975: 48)

In den letzten zwei Jahrzehnten nahmen Zahl und Volumen von Mergers & Acquisitions kontinuierlich zu. Gerade der Anteil länderübergreifender Mergers & Acquisitions wuchs. Im Folgenden seien nur einige der besonders medienwirksamen Transaktionen der letzten Jahre angeführt: So kaufte beispielsweise BMW den britischen Automobilkonzern Rover und schlug letztlich Volkswagen beim Wettbewerb um Rolls Royce (Frankfurter Allgemeine Zeitung 1998a: 17). Rover wurde aber drei Jahre später mit Milliardenverlusten wieder verkauft. Der damalige Vorstandsvorsitzende, Bernd Pischetsrieder, wurde wegen der Verluste bei Rover entlassen. Der Großverlag Bertelsmann kaufte Random House für circa DM 1,5 Milliarden. Thyssen wollte 1997 Krupp feindlich übernehmen, eine freundliche Fusion wurde schließlich nach politischer Intervention im März 1999 vereinbart. Das traditionsreiche Stahlunternehmen Preussag verkaufte seine Stahlsparte und kaufte die Tourismus-Unternehmungen Hapag-Lloyd und TUI. 1999 fusionierten auch noch Hoechst und die französische Rhône-Poulenc zu Aventis, der Einzelhändler Karstadt und das Versandhaus Quelle, die Rüstungskonzerne Dasa und Aérospatiale zu EADS und die Energiekonzerne RWE und VEW. Am 7. Mai 1998 gaben Daimler Benz und der drittgrößte amerikanische Automobilkonzern Chrysler ihre Fusionsabsicht bekannt. Exxon und Mobil Oil schlossen sich ebenfalls 1998 zum damals größten Konzern der Welt zusammen. Das traditionelle Medienunternehmen Time Warner fusionierte im Jahr 2000 mit der höher bewerteten Internetunternehmung America Online. Die Telekommunikationsunternehmung Vodafone Airtouche erreichte nach einem medienwirksamen feindlichen Übernahmeversuch im Februar 2000 eine Fusionsvereinbarung mit dem traditionellen Röhren- und Stahlproduzenten Mannesmann, wobei Vodafone lediglich an der jungen Telekommunikationssparte des deutschen Konzerns interessiert war und zu erwarten ist, dass die anderen Teile abgespaltet werden. Im September 1998 schlossen sich die Hypobank und die Bayrische Vereinsbank zum zweitgrößten deutschen Kreditinstitut mit rund 40.000 Mitarbeitern zusammen. Die führenden deutschen Banken – die Deutsche Bank und die Dresdner Bank – kündigten im Sommer 2000 eine Fusion an, um sie wenige Tage danach wieder platzen zu lassen. Mehrere Mitglieder des Vorstands der Dresdner Bank mussten daraufhin auf Druck des Großaktionärs Allianz die Unternehmung verlassen; inzwischen ist die Dresdner Bank ein Teil des Allianz-Konzerns. Bereits 1999 fusionierte die Deutsche Bank mit dem amerikanischen Geldinstitut Bankers Trust, wodurch damals die größte Bank der Welt entstand.

Diese rasante M*&*A-Entwicklung wird in vielen gesellschaftlichen Kreisen wahrgenommen und heftig zwischen Managern, Politikern, Journalisten und Wissenschaftlern diskutiert (Steltzer 1998: 24; Hoffritz und Salz 1998: 140 ff.; Tagesspiegel 1998: 17; Burgmaier et al. 1998: 82 ff.). Die Häufung der Mergers *&* Acquisitions-Aktivitäten während der letzten Jahre kann als eine neue *Merger-Wave* bezeichnet werden, die bereits in der Vergangenheit mehrmals zu beobachten war (vergleiche Kapitel 2.5).

Die grundlegenden theoretischen Probleme sind: Schafft eine durch Mergers *&* Acquisitions gekennzeichnete Wachstumsstrategie überhaupt Wert? Aus welchen Quellen wird der Wert generiert und wie wird dieser Wert zwischen den Stakeholdern aufgeteilt?

Die Vielzahl empirischer Studien auf diesem Gebiet[1] kommt in den Kernaussagen zu einem einheitlichen Ergebnis: In der Summe wird Wert durch Mergers *&* Acquisitions geschaffen. Dieser Wertzuwachs kommt allerdings meist nur den Aktionären der Verkäuferseite zugute. Die Aktionäre der Käuferunternehmung erzielen in der Regel keine überdurchschnittlichen Wertzuwächse (Jensen und Ruback 1983: 7), teilweise verlieren sie sogar Vermögen (Malatesta 1983: 177; Ravencraft und Scherer 1989: 110; Agrawal et al. 1992: 1610 ff.; Lubatkin et al. 1997: 77)[2], was auch durch die Häufigkeit der Wiederverkäufe

1. Vergleiche die Arbeiten von Dodd (1980), Asquith und Kim (1982), Jensen und Ruback (1983), Schipper und Thompson (1983), You et al. (1986), Porter (1987), Singh und Montgomery (1987), Bradley et al. (1988), Morck et al. (1990), Bhagat et al. (1990).

2. Anderen Ergebnisse liefern Lubatkin (1987) sowie Lev und Mandelker (1972), wonach auch die Aktionäre auf der Käuferseite von Mergers *&* Acquisitions profitieren.

gerade erworbener Unternehmungsteile belegt wird (Porter 1987). Wie ist dieser einseitige Wertzuwachs auf der Verkäuferseite zu erklären? Welche Bedingungen müssen bei Mergers *&* Acquisitions vorliegen, die auch den Aktionären der Käuferseite Wertzuwächse ermöglichen? Die vorliegende Arbeit stellt einen Versuch dar, auf diese Fragen eine Antwort zu geben.

1.1 Forschungsziel

Ziel der Arbeit ist es, ein kohärentes und umfassendes Modell zur Erklärung von Mergers *&* Acquisitions als erfolgreiche Wachstumsstrategie zu entwickeln. Ein solches Modell sollte folgende Aspekte ausreichend erklären können:

1. *Warum* entstehen Mergers *&* Acquisitions?
2. *Warum* scheitern einige Mergers *&* Acquisitions, während andere erfolgreich verlaufen?
3. *Warum* können bei einigen Mergers *&* Acquisitions auch die Aktionäre der Kaufunternehmung eine überdurchschnittliche Rendite erzielen, während bei anderen nur die Aktionäre der Zielunternehmung profitieren?
4. *Warum* treten Mergers *&* Acquisitions in Wellen auf?
5. *Warum* sind einige Branchen stärker von Mergers *&* Acquisitions betroffen als andere?

Sowohl in der betriebswirtschaftlichen als auch in der volkswirtschaftlichen Literatur findet sich bereits eine Vielzahl unterschiedlicher Ansätze zur Erklärung des Phänomens Mergers *&* Acquisitions. Theorie und Praxis versuchen, das Phänomen mit Hilfe konträrer Modelle, Heuristiken und Paradigmen in den Griff zu bekommen. Die einzelnen Ansätze vermögen allerdings nicht, die Bestimmungsgründe für erfolgreiche, das heißt den Unternehmungswert steigernde, Mergers *&* Acquisitions umfassend und konsistent zu erklären. Eine kohärente Theorie kann nicht konstatiert werden. Das Phänomen Mergers *&* Acquisitions stellt die ökonomische und betriebswirtschaftliche Theorie bis heute vor erhebliche Probleme.

Die bisherigen Forschungsansätze lassen sich in fünf Hauptströmungen zusammenfassen: managementtheoretische, finanztheoretische, spieltheoretische, industrieökonomische und transaktionskostentheoretische Überlegungen. Zu jeder dieser Strömungen wurden unterschiedliche Aspekte zur Erklärung von Mergers *&* Acquisitions herangezogen.

Managementtheoretische Ansätze beschäftigen sich mit der Beziehung unterschiedlicher Stakeholder zueinander. Der Stakeholderansatz im engeren Sinn unterstellt, dass ein Werttransfer vor allem von Arbeitnehmern, Bondholdern und vom Staat zu den Aktionären stattfindet. Dies ist sicherlich in Einzelfällen ein beobachtbarer Effekt, konnte aber empirisch nicht auf signifikantem Niveau bestätigt werden. Daneben problematisieren managerialistische und agencytheoretische Ansätze die Trennung von Eigentum und Kontrolle in Publikums-Aktiengesellschaften. Managerialisten argumentieren, dass das Management durch Mergers *&* Acquisitions Eigeninteressen verfolgt, auch auf Kosten der Aktionäre. Dies geschieht bewußt (Manne 1965) oder aus Selbstüberschätzung (Roll 1986). Ohne die Möglichkeit, den Aktionärswert zu erhöhen, würden Mergers *&* Acquisitions allerdings unter diesen Bedingungen untersagt werden. Der managerialistische Ansatz enthält also im Kern selbst die Forderung, dass effizienzgeleitete Erklärungsansätze parallel existieren müssen, da nur dann Aktionäre hoffen können, von Mergers *&* Acquisitions zu profitieren, und diese dann auch genehmigen.

Der agencytheoretische Ansatz befasst sich ebenfalls mit der Trennung von Eigentum und Kontrolle. Allerdings ist die Argumentation entgegengesetzt zur managerialistischen Sichtweise. Mergers *&* Acquisitions dienen nicht dem Eigeninteresse des Managements, sondern – im Gegenteil – sanktionieren es. Ineffiziente Unternehmungen werden von effizienzgeleiteten Investoren übernommen (Jensen 1984: 110) und das ineffiziente Management wird ausgetauscht. Aber auch dieser Ansatz konnte empirisch nicht bestätigt werden (Lowenstein 1988: 892).

Die zweite Forschungsrichtung, die sich mit Mergers *&* Acquisitions befasst, sind die Finanzierungs- und Kapitalmarkttheorien. Der Grundgedanke dieser Überlegungen liegt in der Annahme, dass durch konglomerate Mergers *&* Acquisitions, also Mergers *&* Acquisitions bei denen kein Zusammenhang hinsichtlich des Marktes, der Technologie, des Konsumentenverhaltens etc. besteht, das Unternehmungsrisiko gesenkt werden kann, was entweder den Aktionären (Dennis und McConnel 1986: 180) oder den Bondholdern (Lewellen 1971: 529 ff.), den Haltern von Unternehmungsanleihen, zugute kommt. Es ist heute allerdings anerkannt, dass konglomerate Mergers *&* Acquisitions zur Risikostreuung ineffiziente Maßnahmen darstellen, da sie über effiziente Kapitalmarktströme durch die Anleger selbst durchgeführt werden können (Levy und Sarnat

1970; Amihud und Lev 1981; Grinblatt und Titman 1998; Chang und Thomas 1989). Aber selbst wenn man das Diversifikationsargument zulassen würde, wäre dies lediglich ein Ansatz zur Erklärung der Vorteilhaftigkeit verschiedener *Diversifikationsrichtungen*. Es wird erklärt, unter welchen Bedingungen eine *konglomerate Diversifikation* die überlegene Alternative darstellt gegenüber einer *horizontalen Konzentration* (Unternehmungswachstum auf der gleichen Wertschöpfungsstufe), *vertikalen Integration* (Unternehmungswachstum in eine vor- oder nachgelagerte Wertschöpfungsstufe) oder *medialen Diversifikation* (Unternehmungswachstum in einen neuen Produkt-/Marktbereich, wobei die Unternehmungsbereiche einen inneren Verbund hinsichtlich des Marktes, der Technologie, des Konsumentenverhaltens etc. aufweisen). Die entscheidende Frage nach der *Diversifikationsart*, also warum eine *externe Diversifikation* durch Mergers *&* Acquisitions einer *internen Diversifikation* durch den selbständigen Neuaufbau zusätzlicher Geschäftsbereiche oder unter Zuhilfenahme von *Unternehmungskooperationen* überlegen ist, wird nicht behandelt.[3]

Die Spieltheorie hat ein Modell zur Erklärung der negativen Ergebnisse der Käufer geliefert: „The Winner's Curse". Es wurde in einem spieltheoretischen Modell erklärt, dass Bieter in Auktionen – also auch bei Mergers *&* Acquisitions – systematisch zu viel bezahlen (Oster 1994; Milgrom und Roberts 1992; Roll 1986). Auch dieser plausible Ansatz benötigt eine Ergänzung, die erfolgreiche Mergers *&* Acquisitions erklärt. Ansonsten würde der Markt für Mergers *&* Acquisitions zusammenbrechen: Bieter würden lernen, dass sich Mergers *&* Acquisitions nicht lohnen.

Auch die Industrieökonomie widmet sich dem Phänomen Mergers *&* Acquisitions. Mit klassischen Argumenten der Industrieökonomie, wie Marktmacht (Stigler 1950: 24 ff.; Scherer 1970: 112), Economies of Scale (Hopkins 1983: 37 ff.) und Economies of Scope (Baumol et al. 1988: 71), sollen Mergers *&* Acquisitions erklärt werden. Diese Argumente beschreiben aber auch nur die Diversifikationsrichtung, hier insbesondere die horizontale und vertikale Integration sowie die mediale Diversifikation. Besondere Vorteile von Mergers *&* Acquisitions, also zum Beispiel die Vorteile einer externen Wachstumsstrategie

---

3. Die Unterscheidung in *Diversifikationrichtung* und *Diversifikationsart* ist von großer Bedeutung für diese Arbeit und soll daher exakt geklärt werden: Während die Diversifikationsrichtung vorgibt, in *welche* neuen Marktbereiche diversifiziert wird und *welcher* Zusammenhang zwischen den neuen und bestehenden Marktbereichen besteht (horizontal, vertikal, medial oder lateral), gibt die Diversifikationsart vor, *wie* eine Unternehmung in diese Märkte eintritt (intern oder extern).

gegenüber einer internen, sind nicht herausgearbeitet worden.

Ein weiterer Ansatz, der sich mit Mergers & Acquisitions befasst hat, ist der Transaktionskostenansatz. Dieser erklärt Mergers & Acquisitions als Integration zweier Transaktionsparteien, um Transaktionsprobleme in einer hierarchischen Struktur effizient zu lösen (Dugger 1993: 207). Aber auch hier gilt der Einwand, dass vor allem die vertikale Integration erklärt wird, aber nicht die Überlegenheit von Mergers & Acquisitions in bestimmten Situationen.

Traditionelle Ansätze können folglich das Phänomen Mergers & Acquisitions nicht hinreichend erklären (vergleiche hierzu Kapitel 3). Auch eine Begründung, unter welchen Bedingungen Mergers & Acquisitions der Alternative des internen Wachstums überlegen sind, gelingt nicht. Eine Kontingenzbetrachtung unterbleibt.

Wenn man sich diese Ergebnisse genauer betrachtet, gelangt man zu der Erkenntnis, dass eine Reihe wichtiger Vor- und Nachteile für unterschiedliche Diversifikationsrichtungen herausgearbeitet werden konnte. Eine überzeugende Argumentation, warum externes Wachstum, also der Zukauf, dem internen Unternehmungswachstum oder einer Kooperation überlegen ist, blieb allerdings bisher aus. Eine Begründung hierfür ist wohl in der Homogenitätsannahme der klassischen Ansätze, die im Kapitel 3 behandelt werden, zu suchen, die unterstellt, dass die Ressourcenausstattungen aller Unternehmungen als gleich anzusehen ist. Unternehmungen besitzen hiernach alle Fähigkeiten, Wissen und finanziellen Ressourcen, um sämtliche Aktivitäten selbst durchzuführen. Mit dieser Annahme konnte nicht geklärt werden, warum externes Wachstum einen zeitlichen Vorteil in sich birgt und vor allem, warum bestimmte Ressourcen, wie beispielsweise Wissen, nicht einfach über Faktormärkte akquiriert werden können, sondern oftmals ganze Unternehmungsteile oder gar ganze Unternehmungen erworben werden müssen, um diese Ressourcen zu akquirieren.

Es wird deutlich, dass es bisher bestenfalls gelungen ist, Partialerklärungen für Mergers & Acquisitions zu formulieren. Ein umfassendes Erklärungsmodell fehlt. Es ist notwendig, ein klares Entscheidungskalkül zu entwickeln, um zwischen Mergers & Acquisitions und anderen Alternativen der Ressourcenbeschaffung, wie Faktormärkten, internen Entwicklungen und Kooperationen, zu unterscheiden. Es müssen folglich Bedingungen herausgearbeitet werden, unter denen ein Unternehmungsverkauf für die eine Seite und ein Kauf für die andere Seite die überlegene Strategiealternative darstellt.

Das Grundproblem aller bisher erwähnten Ansätze ist die ungeeignete Analyseebene (Porter 1981). So stehen Effizienzbetrachtungen von Branchen,

Finanz- oder Faktormärkten im Vordergrund des Interesses. Um das strategisch relevante Phänomen Mergers *&* Acquisitions analysieren zu können, muss die relevante Analyseeinheit die einzelne Unternehmung sein (Porter 1981). In den letzten Jahren hat in der Managementtheorie ein Paradigmenwechsel stattgefunden, der diesen Aspekt berücksichtigt. Strategische Analysen werden nicht mehr allein durch eine externe Perspektive dominiert, sondern die internen Stärken und Schwächen von Unternehmungen rücken zunehmend in den Vordergrund. Die Analyse strategischer Ressourcen steht im Mittelpunkt der strategischen Managementforschung der letzten Jahre. Aus diesem Grund scheint es auch hier geboten, den *ressourcenbasierten Ansatz* als theoretischen Bezugsrahmen für die gewählten Fragestellungen zu verwenden. Dieser Ansatz geht nicht von homogenen Ressourcenausstattungen der Unternehmungen aus, sondern problematisiert gerade die idiosynkratischen Ressourcenpotenziale der Untenehmungen.

Der ressourcenbasierte Ansatz dient als Fundament der vorliegenden Arbeit und soll folglich die bisherigen Ansätze ergänzen, um das Phänomen Mergers *&* Acquisitions umfassender beschreiben und erklären zu können. Vor allem muss die Homogenitätsannahme der Ressourcenausstattung von Unternehmungen aufgegeben werden (Wernerfelt 1984; Barney 1991), um die ökonomische Vorteilhaftigkeit von Mergers *&* Acquisitions vor und nach der Transaktion erklären zu können. Es soll also das ökonomische Kalkül von Mergers *&* Acquisitions genauer analysiert und erklärt werden, um die ökonomische Rationalität von Mergers *&* Acquisitions zu rekonstruieren.

In der heutigen Situation, die vielfach durch sehr dynamische Aufgabenumwelten geprägt ist (D'Aveni 1994), ist zusätzlich zu analysieren, warum Unternehmungen durch Mergers *&* Acquisitions eine starke Bindung eingehen, die ihre Flexibilität (beispielsweise im Vergleich zu Kooperationen) stark einschränkt. Eine Vermutung geht dahin, dass durch Mergers *&* Acquisitions Wissen und Fähigkeiten ausgetauscht werden sollen. Bestimmte immaterielle Ressourcen werden von der akquirierenden Unternehmung benötigt, um ihre Wettbewerbsposition weiter auszubauen. Es ist der Unternehmung nicht möglich, diese Ressourcen zu akzeptablen Kosten und in angemessener Zeit selbst intern zu entwickeln. Durch Mergers *&* Acquisitions werden allerdings neben den benötigten noch weitere – nicht benötigte – Ressourcen erworben. Deshalb bleibt zu klären, warum Mergers *&* Acquisitions den Alternativen Kooperation und interne Entwicklung überlegen sind. Um diese Punkte genauer zu verstehen, ist es notwendig, Ressourcen, wie Fähigkeiten und Wissen, genauer zu analysieren. Die überschüssigen akquirierten aber nicht benötigten Ressourcen sollen ebenfalls einen Nutzen abwerfen (Teece 1982; Chatterjee und Wernerfelt 1991). Dies kann entweder durch den Weiterverkauf oder durch eine wertsteigernde interne Nutzung geschehen.

Neben den Bedingungen für eine ökonomisch sinnvolle Formulierung einer externen Wachstumsstrategie kommt auch der Implementierung, das heißt dem Management von Mergers *&* Acquisitions, eine bedeutende Rolle für den Erfolg von Mergers *&* Acquisitions zu. Um den Rahmen der Arbeit nicht zu sprengen, muss hier eine Eingrenzung des Themas vorgenommen werden: Die Arbeit soll sich lediglich auf die Analyse der hier für wichtig erachteten Ressourcen konzentrieren. Daher soll das Thema Implementierung in einem eigens dazu angelegten Ausblick lediglich skizziert werden, um noch offene Forschungsdesiterate aufzuzeigen. Was das Management der akquirierten Ressourcen angeht, muss vor allem sichergestellt werden, dass a) diese Ressourcen durch die Transaktion oder nach dem Zusammenschluss nicht verloren gehen und b) sie ihre wertbringenden Eigenschaften durch die Transaktion nicht verlieren.

In der vorliegenden Arbeit wird der Zusammenhang zwischen Eigenschaften von Ressourcen und Mergers *&* Acquisitions untersucht und damit die Frage aufgeworfen, ob das Vorliegen von bestimmten Eigenschaften von Ressourcen ein Explanans für das Explanandum erfolgreicher Mergers *&* Acquisitions darstellt. Hierbei sollen Unternehmungsressourcen und damit der ressourcenbasierte Ansatz im Mittelpunkt der Analyse stehen, aber auch andere Ansätze mit in ein Modell integriert werden. Es soll problembezogen ein eklektisches Modell entwickelt werden (Bresser 1998: 675 f.), welches erfolgreiche und damit auch implizit weniger erfolgreiche Mergers *&* Acquisitions erklären kann.

1.2 Methodologische Vorbemerkungen

Die vorliegende Arbeit stellt den Versuch dar, das empirische Phänomen Mergers *&* Acquisitions einer theoretischen Analyse zu unterziehen und damit besser erklären und verstehen zu können. Es sollen folglich die Fragen nach dem *Was*, *Wie* und *Warum* (Whetten 1989: 491) von Mergers *&* Acquisitions beantwortet werden. Ziel der Arbeit ist es, die Entscheidung zum Zusammenschluss von Unternehmungen aus theoretischer Sicht rational zu rekonstruieren und zu erklären. Es soll eine Erklärung für den Erfolg beziehungsweise Misserfolg geliefert und untersucht werden, unter welchen Bedingungen Mergers *&* Acquisitions den Alternativen, Faktormarkt, Unternehmungskooperation und vor allem interne Entwicklung, überlegen sind. Hierzu ist es notwendig, einen geeigneten theoretischen Bezugsrahmen zu wählen.

Den Sozialwissenschaften und damit auch der Betriebswirtschaftslehre steht eine Vielzahl von Methoden beim wissenschaftlichen Vorgehen zur Verfügung. Aus diesem Werkzeugkasten sind die geeigneten Instrumente auszuwählen, um ein reales Phänomen beschreiben, erklären und möglicherweise sogar Prognosen abgeben zu können (Hempel 1965).

Um der Komplexität des Phänomens Mergers *&* Acquisitions zu entsprechen, wird ein theoretisch-argumentatives Modell zur Erklärung entwickelt. Hierdurch soll eine größere Realitätsnähe ermöglicht werden, da mehr und facettenreichere Einflussfaktoren berücksichtigt werden können als in mathematischen Modellen, deren formale Stringenz die Einbeziehung vieler Faktoren erschwert (Schor 1991: 44; Terberger 1994: 44). Auch gegenüber vergleichenden empirischen Untersuchungen hat das theoretisch-argumentative Modell den Vorteil, facettenreicher sein zu können. Bei der Entwicklung eines umfassenden Ansatzes zur Erklärung von Mergers *&* Acquisitions ist ein *Trade-off* zwischen einem *akkuraten Anspruch*, der *Generalisierbarkeit* und der *Einfachheit* des Modells unvermeidlich (Weick 1979: 35 ff.). Es können also nicht alle drei Ziele gleichzeitig optimiert werden, da beispielsweise ein generell gültiger und genauer Ansatz so viele Aspekte und deren Zusammenhänge aufzeigen müsste, dass ein solches Modell nicht mehr einfach zu gestalten ist. In der vorliegenden Arbeit sollen möglichst detailliert Aspekte des Phänomens berücksichtigt werden, um ein akkurates Bild zu erlangen. Gleichzeitig soll ein genereller Ansatz zur Erklärung von Mergers *&* Acquisitions erarbeitet werden. Um dies zu ermöglichen, wird ein komplexes Modell entwickelt. Durch ein schrittweises Vorgehen wird trotzdem versucht, die Komplexität des Modells zu bewältigen und die Arbeit auch für Außenstehende *lesbar* zu gestalten.

Es ist meist nicht ausreichend, einen einzigen theoretischen Ansatz zur Erklärung eines komplexen Phänomens heranzuziehen (Bresser 1998: 675). Zwar liegt die Aufgabe von Theorien auch in der Reduktion der Komplexität bei der Beschreibung und Erklärung empirischer Phänomene; gleichzeitig darf die Wirklichkeit aber nicht zu sehr vereinfacht werden. Oftmals bedarf das Verständnis komplexer Phänomene der Verwendung umfassender oder gar multipler Ansätze (Sydow 1992: 9). Gerade die multiparadigmatische Forschung (Kuhn 1997) bietet die Möglichkeit, unterschiedliche Aspekte beleuchten zu können (Albach 1991: XII f.; Sydow 1992: 10). Vereinbare Aspekte unterschiedlicher Ansätze sollen zu einem kohärenten Analysesystem verknüpft werden.

Voraussetzung hierbei ist allerdings, dass (1) die Verknüpfung sich an den als wichtig erachteten Aspekten des Untersuchungsobjekts orientiert und (2) die Ansätze frei von widersprüchlichen Prämissen sind (Bresser 1998: 676). Die unterschiedlichen Argumentationen der bisherigen Erklärungsansätze werden in die Modellierungen dieser Arbeit einfließen. Die Differenzen und Spannungen zwischen diesen Ansätzen sollen konstruktiv genutzt werden und in ein Modell münden, das eine umfassendere Perspektive zum Thema bietet und so das Verständnis von Mergers & Acquisitions erweitert (Van de Ven 1989: 487 f.; Weick 1989: 523).

Mergers & Acquisitions stellen eine nicht kurzfristig revidierbare Entscheidung dar, da sie hohe *sunk costs* verursachen, die – falls überhaupt – nur langfristig amortisiert werden können. Weiterhin werden durch Mergers & Acquisitions viele Teile der beteiligten Unternehmungen betroffen. Es ist folglich sinnvoll, eine ganzheitliche – eine strategische – Perspektive zugrundezulegen. Hierzu ist es notwendig, methodologische Anforderungen für das Forschungsfeld *Strategisches Management* zu berücksichtigen. Porter (1981) hat vier methodologische Anforderungen für das Forschungsfeld Strategisches Management herausgearbeitet (vergleiche hierzu auch McWilliams und Smart 1995), anhand derer er den Unterschied zwischen der volkswirtschaftlichen industrieökonomischen Forschung und der Strategischen Managementforschung aufzeigt.

Diese generellen Anforderungen sind auch für diese Arbeit relevant, obwohl Porter sie lediglich im Vergleich zu industrieökonomischen Ansätzen konkretisierte. Sie sollen wie folgt für die vorliegende Arbeit erfüllt werden (Porter 1981: 612 f.):

1. Der geistige Bezugsrahmen (frame of reference) der Industrieökonomie liegt in der Reduktion des Return-on-Investments der Unternehmungen und damit der erhofften Erhöhung der Wohlfahrt einer Gesamtwirtschaft. Im Gegensatz dazu ist das der Strategischen Managementforschung zugrunde gelegte Erfolgsmaß einzelwirtschaftlich und der Erfolg strategischer Maßnahmen wird an dessen Maximierung zu beurteilen sein.

2. Die Analyseebene (unit of analysis and related assumptions) der Industrieökonomie liegt auf der Branchenebene, während sich Strategieforscher auf die einzelne (heterogene) Unternehmung mit ihren einzigartigen Stärken und Schwächen konzentrieren sollen.

3. Die Entscheidungsträger (decision maker) werden von der Industrieökonomie meist nicht betrachtet. Unternehmungen werden als eine Einheit an-

gesehen, die versucht, ihren Gewinn zu maximieren, ohne auf die Ziele und das Verhalten der Entscheidungsträger näher einzugehen. Für die Strategische Managementforschung stehen die Entscheidungsträger im Zentrum der Betrachtung.

4. Die Industrieökonomie fasst die Branchenstruktur statisch und deterministisch auf. Die Branchenstrukturen sind gegeben und stabil. Gleichzeitig determinieren sie die Unternehmungsstrategien und die Wohlfahrt einer Branche. Die Strategische Managementforschung geht demgegenüber davon aus, dass Unternehmungen die Branchenstruktur ändern können. Somit beeinflusst die Branchenstruktur nicht einseitig die Unternehmungsstrategie, sondern die Strategie beeinflusst durchaus auch die Branchenstruktur. Gleichzeitig wird deutlich, dass Unternehmungen aktiv und nicht reaktiv den Wettbewerb einer Branche beeinflussen. Der Wettbewerb soll folglich als Prozess aufgefasst werden und nicht wie in der Industrieökonomie als exogen vorgegeben.

Die erste Anforderung, dass dem geistigen Bezugsrahmen ein einzelwirtschaftliches Erfolgsmaß zugrunde gelegt sein soll, wird seit jeher zumindest von den Finanztheoretikern und den Theoretikern des Strategischen Managements erfüllt. Ausgangspunkt der Überlegungen sollen die einzelwirtschaftlichen, individuellen Entscheidungen der Wirtschaftsakteure sein, Mergers *&* Acquisitions durchzuführen. Diese Akteure handeln im Eigeninteresse, um ihren Nutzen zu maximieren oder zumindest zu steigern. Der Verkauf einer Unternehmung unter dem aktuellen Wert oder ein Kauf über dem Wert, beispielsweise aus altruistischen Gründen, soll ausgeschlossen werden. Porter (1981) schlägt den Return-on-Inverstment als Bewertungsmaßstab vor; geeigneter erscheint aufgrund seiner langfristigen Perspektive für strategische Analysen allerdings der Shareholder Value in der Ausprägung des Discounted-Cash-flow (Hax und Majluf 1996: 161 f.; Eschen 1998a: 618 ff.).

Der ressourcenbasierte Ansatz ist ein Theoriestrang, der dem Anspruch gerecht wird, die einzelne Unternehmung in den Mittelpunkt der Betrachtung zu stellen und damit der zweiten Anforderung von Porter (1981) entspricht. Daneben wurde die eng mit dem Thema Mergers *&* Acquisitions verwandte Forschungsfrage nach der Diversifikationsrichtung bereits aus der Sicht des ressourcenbasierten Ansatzes erfolgreich behandelt (Chatterjee und Wernerfelt 1991). Zwar soll in der vorliegenden Arbeit die Diversifikationsrichtung deutlich von der Diversifikationsart[4] – also der Frage, wann externes Wachstum internem überlegen ist – getrennt betrachtet werden, es ist aber davon auszugehen, dass ähnlich fruchtbare Erkenntnisse des ressourcenbasierten Ansatzes auch auf den Untersuchungsgegenstand der Mergers *&* Acquisitions übertragen werden können.

Die letzten beiden Anforderungen, nämlich die Einbeziehung der Entscheidungsträger in den Analyserahmen und die prozessuale Auffassung des Wettbewerbs werden nur unzureichend durch den ressourcenbasierten Ansatz erfüllt. Sie sollen berücksichtigt werden, indem auf Erkenntnisse der Österreichischen Schule der Ökonomie rekurriert wird (Jacobson 1992: 782 ff.; Bresser 1998: 678). Die Österreichische Schule der Ökonomie stellt den Entrepreneur als Entscheidungsträger in den Mittelpunkt der Betrachtung und beschreibt den Wettbewerb als Abfolge von Innovation und Imitation. Mergers *&* Acquisitions stellen für alle Beteiligten eine neue – bisher nicht dagewesene – Kombination von Ressourcen dar. Die Manager und Unternehmer, die Mergers *&* Acquisitions vorantreiben, sind letztlich dynamische Innovatoren im Sinne von Schumpeter (1912; 1928; 1934; 1939) und Kirzner (1973; 1978). Sie setzen eine neue Organisation und Kombination von Ressourcen am Markt durch. Letztlich kann erst durch diese dynamische Betrachtung die Evolution von Mergers *&* Acquisitions erklärt werden.

Zur Entwicklung des auf Seite 9 eingeführten eklektischen Analyserahmens sollen in dieser Arbeit Möglichkeiten ausgeschöpft werden, den ressourcenbasierten Ansatz mit Erkenntnissen anderer Ansätze zu verbinden (Conner 1991; Conner und Prahalad 1996). Neben der Österreichischen Schule der Ökonomie (McWilliams und Smart 1995; Hunt 1995; Young 1995; Jacobson 1992) erfolgen Verknüpfungen des ressourcenbasierten Ansatzes mit verhaltenswissenschaftliche Ansätzen, evolutionstheoretischen Erkenntnissen und einzelnen Bereichen der Industrieökonomie und des Transaktionskostenansatzes.

Das Ziel der vorliegenden Arbeit, Mergers *&* Acquisitions durch einen umfassenden theoretischen Bezugsrahmen zu erklären, erfordert zunächst, bereits bestehende Theorien auf ihren Aussagegehalt bezüglich des Untersuchungsgegenstandes sowie auf ihre Vorteile und Grenzen hin zu überprüfen. Die in der Literatur erzielten und im Kapitel 3 dargestellten Ergebnisse sollen mit Hilfe des ressourcenbasierten Ansatzes erweitert und letztlich in einer Synthese in einem eklektischen Modell zusammengefügt werden.

---

4. Vergleiche hierzu die Ausführungen auf Seite 5.

Die Wahl des ressourcenbasierten Ansatzes als Bezugsrahmen für die vorliegende Arbeit stellt eine Erweiterung der erklärenden Variablen des Phänomens Mergers *&* Acquisitions dar. Unternehmungsressourcen werden als neue Variablengruppe eingeführt, um das *Was*, aber auch das *Warum* zu erklären und damit das Verständnis von Mergers *&* Acquisitions zu verbessern (Whetten 1989: 493).

Ein positivistisches Forschungsziel verlangt eine empirische Überprüfung theoretischer Modelle (Popper 1973: 95). In der vorliegenden Arbeit wird auf die Durchführung einer Quer- oder Längsschnittsstudie verzichtet. Diese Aufgabe muss nachfolgenden Arbeiten überlassen werden. Die Arbeit beschränkt sich insbesondere aus Zeitgründen darauf, einen konzeptionellen Beitrag zur Mergers *&* Acquisitions-Forschung zu leisten. Dennoch wird der Versuch unternommen, die gewonnenen Konstrukte in forschungsleitende Propositionen miteinander in Beziehung zu setzen (Bacharach 1989: 499), um die Falsifizierbarkeit des vorgestellten Ansatzes und somit gehaltvolle Aussagen zu ermöglichen (Popper 1971: 47 ff.). Des Weiteren soll die empirische Relevanz der Kernaussagen durch Fallbeispiele illustriert und somit deren Bedeutung zumindest angedeutet werden. Durch die Verwendung illustrativer Fallbeispiele soll die Überzeugungskraft der Argumente erhöht werden, ein Instrument, das seit einigen Jahren als pragmatisch instrumentalistische Methodologie in der Ökonomie diskutiert und vor allem in neo-institutionalistischen Ansätzen Verwendung findet (Terberger 1994: 38 ff.).

1.3 Aufbau und Vorgehensweise der Arbeit

Die Arbeit gliedert sich nach der Einleitung in vier Hauptteile. Im folgenden **Kapitel 2** erfolgt die Definition und Abgrenzung des Untersuchungsgegenstandes. Hierbei sollen die Begriffe *Mergers* und *Acquisitions* definiert und typologisiert sowie die Relevanz des Themas dargestellt werden.

Eine Aufbereitung bisheriger Ansätze zum Thema Mergers *&* Acquisitions erfolgt im **Kapitel 3**. Die Veröffentlichungen zum Thema werden aufgrund ihrer unterschiedlichen Hintergründe in fünf Kategorien eingeteilt. Neben managementtheoretischen, finanztheoretischen und spieltheoretischen Ansätzen sollen auch industrieökonomische und transaktionskostentheoretische Modelle einer kritischen Würdigung unterzogen werden. Ziel ist es hierbei, die für Mergers *&* Acquisitions relevanten Einflussfaktoren zu destillieren, aber auch Defizite bisheriger Ansätze herauszuarbeiten. Schließlich sollen die Ergebnisse empirischer Untersuchungen analysiert werden.

Im **Kapitel 4** soll der *Resource-Based-View* in seiner Grundkonzeption vorgestellt werden. Dieser versteht sich als Gegenentwurf zu der seit zwei Jahrzehnten dominierenden Industrieökonomie und wird hier als bedeutender Ansatz in der Theorie des Strategischen Managements angewandt. Hauptziel des ressourcenorientierten Ansatzes ist es, die internen Ressourcen einer Unternehmung hervorzuheben und hierdurch Wettbewerbsvorteile einer Unternehmung zu erklären. Die Grundannahme des Ansatzes ist die heterogene Ressourcenausstattung der Unternehmungen. Inwieweit die Heterogenitätsannahme als essenziell für die Erklärung von Mergers *&* Acquisitions angesehen werden kann, ist eine grundlegende und erkenntnisleitende Frage des vierten und vor allem des fünften Kapitels.

Um diese Frage beantworten zu können, müssen zuerst die Bedingungen herausgearbeitet werden, die für die Entstehung strategisch wertvoller Ressourcen erfüllt sein müssen. Da hier der Status quo der Ressourcenausstattung von Unternehmungen analysiert wird, soll dieser erste Schritt als statischer Ansatz innerhalb des ressourcenbasierten Ansatzes verstanden werden. Hierbei werden die imperfekte Mobilität, die ex post- und ex ante-Beschränkung des Wettbewerbs als Bedingungen für Ressourcen, die zu Wettbewerbsvorteilen führen, betrachtet (Peteraf 1993: 186). Darüber hinaus muss aber auch überprüft werden, ob die identifizierten Ressourcen einen Marktwert besitzen. Eine idiosynkratische Fähigkeit führt nicht zwangsläufig zu einem Wettbewerbsvorteil, wenn aus ihr keine Dienstleistung oder kein Produkt hergestellt werden kann, welches den Kunden entweder zu sehr geringen Kosten versorgt oder wegen seiner Differenzierung vom Kunden besonders geschätzt wird.

Um einen für das Strategische Management geeigneten Ansatz darzustellen, muss der ressourcenbasierte Ansatz allerdings auch Erklärungen für das Entstehen von strategisch wichtigen Ressourcen liefern. Vor allem muss die *black box* des Managements, das heißt die Frage, wie Ressourcen bewusst entwickelt werden, geöffnet werden. Die Problembereiche Glück, kausale Ambiguität und soziale Komplexität sollen auf ihre wissenschaftliche Aussagekraft hin überprüft werden. Um diese Problembereiche zu untersuchen, erscheinen die Österreichische Schule der Ökonomie, die Evolutionary Theory of Economic Change von Nelson und Winter (1982) und andere evolutionstheoretische Aspekte (Barnett und Burgelman 1996), aber auch der Dynamic Capabilities Ansatz besonders geeignet, den ressourcenbasierten Ansatz zu dynamisieren.

Die sich daran anschließende Diskussion um die Grenzen des ressourcenbasierten Ansatzes mündet in die Forderung, ein eklektisches Modell aufzustellen, welches den ressourcenbasierten Ansatz mit Überlegungen aus anderen Forschungsbereichen, wie der Industrieökonomie, dem Transaktionskostenansatz und verhaltenswissenschaftlichen Ansätzen verbindet. Es ist zu prüfen, inwieweit der ressourcenbasierte Ansatz und die anderen Ansätze an dieser Stelle miteinander verbunden werden können, um sie in einen gemeinsamen Forschungsrahmen zu integrieren.

Daneben soll auch die Bedeutung der Tätigkeiten des Managements herausgearbeitet werden, indem auf das Kreativitätspotenzial und die kreative Wertschöpfung des Managements Bezug genommen wird. Hier hat vor allem die Österreichische Schule der Ökonomie Pionierarbeit vollbracht. Als Grundlage der vorliegenden Arbeit sollen vor allem die Arbeiten von Schumpeter Berücksichtigung finden, da diese maßgeblich das Verständnis von unternehmerischer Tätigkeit beeinflusst haben.

Sodann soll ein Zwischenfazit gezogen werden, bevor das Kapitel in eine Diskussion über die Relevanz der gewonnenen Erkenntnisse für den Untersuchungsgegenstand Mergers *&* Acquisitions mündet.

Der nächste Hauptteil der Arbeit (**Kapitel 5**) befasst sich mit Mergers *&* Acquisitions aus der Sicht des ressourcenbasierten Ansatzes. Um die dieser Arbeit zugrunde gelegten Fragen nach den Motiven und Erfolgen von Mergers *&* Acquisitions umfassend beantworten zu können, ist dieses Kapitel in drei Abschnitte unterteilt. In allen Abschnitten werden Bedingungen herausgearbeitet, die zur Erklärung von Mergers *&* Acquisitions dienen. Diese sollen in Propositionen explizit dargestellt werden.

Zuerst werden die Bedingungen des Ressourcenbedarfs ermittelt. Ausgangspunkt eines jeglichen Ressourcenbedarfs ist die kontingenztheoretische Einbeziehung dynamischer Umweltfaktoren, welche den Wert der bestehenden Ressourcenbasis einer Unternehmung verändert. Aufgrund dynamischer Umwelten haben Unternehmungen ihr Ressourcenprofil ständig an neue Anforderungen anzupassen. Hierzu sind entsprechende Ressourcen vonnöten. Es ist festzulegen, welche Ressourcen benötigt werden, um Chancen der Unternehmungsumwelt wahrnehmen zu können, und ob sie zu den bereits bestehenden Unternehmungsressourcen passen. Ausgangspunkt dieser Überlegungen ist die heterogene Ressourcenausstattung der Unternehmungen. Erst aufgrund der heterogenen Ressourcenausstattung der Unternehmungen ergibt sich ein Ressourcenbedarf, der nicht durch das bestehende Ressourcenprofil gedeckt werden kann. Die Definition des Ressourcenbedarfs erfolgt durch das Topmanagement einer Unternehmung, deren Entscheidungen auf der individuellen Perzeption der Umweltveränderungen und der bestehenden Ressourcenbasis basieren. Entsprechend ist diese unternehmerische Leistung gesondert zu untersuchen. Es wird dabei die Frage behandelt, warum einige Unternehmungen Chancen, die sich durch Mergers *&* Acquisitions bieten, früher wahrnehmen als ihre Wettbewerber. Die Österreichische Schule der Ökonomie im Sinne von Schumpeter (1934; 1946) und der ressourcenbasierte Ansatz erklären das proaktive Agieren des Managements und die daraus resultierenden Wettbewerbsvorteile.

Der zweite Abschnitt befasst sich mit den unterschiedlichen Beschaffungsalternativen für Ressourcen und Fähigkeiten. Ziel ist es, die Besonderheiten der benötigten Ressourcen herauszuarbeiten, um zu bestimmen, welche Form des Transfers für sie geeignet erscheint. Bisher wurden Ressourcen nach ihren stofflichen Eigenschaften in tangible, intangible und finanzielle Ressourcen unterschieden. Die hier gewählte Klassifizierung der betrachteten Ressourcen unterscheidet hinsichtlich Flexibilität und Kapazität (Chatterjee und Wernerfelt 1991), aber auch hinsichtlich der Kommunizierbarkeit von Ressourcen. Dabei sollen die Besonderheiten der Ressource Wissen genauer betrachtet werden. Die Arbeiten von Polanyi (1962; 1985) und Kuhn (1997) können einen Einblick in die Wissensbasis von einzelnen Personen und Unternehmungen geben. Besonders die implizite nicht kommunizierbare Komponente des Wissens stellt eine erhebliche Schwierigkeit beim Transfer dar. Es wird deutlich, dass aufgrund ihrer Historizität und ihrer unterschiedlichen Ressourcenausstattungen Unternehmungen oftmals auf die Beschaffung fremder Ressourcen angewiesen sind. Die Beschaffungsalternativen Faktormarkt, interne Entwicklung, Unternehmungskooperationen und vor allem Mergers *&* Acquisitions sollen anhand der Kriterien strategische Bedeutung und Neuheitsgrad der zu beschaffenden Ressourcen und Fähigkeiten sowie der Umweltunsicherheit untersucht werden. Es ist zu analysieren, ob funktionierende Faktormärkte zur Beschaffung strategisch wertvoller Ressourcen zur Verfügung stehen oder ob die Ressourcen nur intern entwickelt und transferiert werden können. Gleichzeitig müssen zeitliche Restriktionen beachtet werden. Der Eintritt in neue attraktive Märkte oder der Aufbau einer einzigartigen Wettbewerbsposition ist meist nur in bestimmten Zeitfenstern Erfolg versprechend. Der Abschnitt endet mit einem Zwischenfazit und einer ersten Fallstudie, die die praktische Relevanz der Abschnitte 5.1 und 5.2 des ressourcenbasierten Modells illustriert.

An dieser Stelle wird der theoretische Unterschied zwischen traditionellen Ansätzen und dem ressourcenbasierten Ansatz deutlich: Der Neue Ökonomische Institutionalismus, vor allem der Transaktionskostenansatz, hat bereits Marktversagen thematisiert und erklärt, warum oftmals nicht von effizienten Märkten auszugehen ist (Williamson 1975). Während der Transaktionskostenansatz diskutiert, über welche marktlichen und organisatorischen Alternativen Ressourcen beschafft werden können, und im Wesentlichen die Transaktionskosten betrachtet, soll hier zuerst die *Notwendigkeit* der externen Beschaffung geklärt werden. Die Hypothese lautet eben nicht, dass eine externe Beschaffung nur dann stattfindet, wenn die Kosten der internen Organisation höher als die Kosten der Markttransaktion sind, sondern vielmehr, dass es Unternehmungen aufgrund ihrer Vergangenheit und ihrer bisherigen Fähigkeiten gar nicht möglich ist, bestimmte Ressourcen intern zu entwickeln (Rumelt 1991). Außerdem stehen oftmals keine funktionierenden Faktormärkte für einzelne Ressourcen oder Ressourcenklassen zur Verfügung. Diese Unternehmungen haben letztlich kaum eine andere Wahl, als notwendige Ressourcen über den Kauf anderer Unternehmungen zu akquirieren. Der ressourcenbasierte Ansatz und der Transaktionskostenansatz ergänzen sich insofern, als sie das Versagen der Faktormärkte und der internen Entwicklung bei der Beschaffung strategisch wertvoller und innovativer Ressourcen erklären.

Sodann werden die Nachteile von Unternehmungskooperationen aus Sicht des ressourcenbasierten Ansatzes herausgearbeitet, die im wesentlichen im hohen Konflikpotenzial von Unternehmungskooperationen und in der Gefahr der ungewollten Ressourcendiffusion liegen. Schließlich werden die internen und externen Bedingungen analysiert, unter denen Mergers *&* Acquisitions die überlegene Beschaffungsmöglichkeit darstellen.

Der dritte Abschnitt befasst sich mit der Rentenverteilung in Mergers *&* Acquisitions. Um den Erfolg von Mergers *&* Acquisitions sicherzustellen, sind noch weitere Bedingungen zu erfüllen, beispielsweise dass die kaufende Unternehmung einzigartige Ressourcen einbringen muss, um eine Bietkonkurrenz mehrerer Interessenten zu vermeiden. Eine bilaterale Rentenverteilung zwischen den Aktionären der Kauf- und der Zielunternehmung wird hier ebenfalls mit Hilfe des ressourcenbasierten Ansatzes auf eine cospezifische Ressourcenverteilung zurückgeführt, die zur Folge hat, dass die Bietkonkurrenz zwischen mehreren Bietern eingeschränkt wird.

Die Überlegungen der drei Abschnitte münden in eine Zusammenfassung des Modells und ein weiteres Fallbeispiel, das die empirische Relevanz der Arbeit unterstreicht. Das Kapitel schließt mit einem weiterführenden Ausblick, in dem die Bedeutung der ressourcenbasierten Überlegungen für die weiteren Phasen des Akquisitionsprozesses vorgestellt wird. Neben der Unternehmungsbewertung soll vor allem die Integration der akquirierten Ressourcen behandelt werden. Hierbei ist sicherzustellen, dass die gewünschten Ressourcen weder durch die Akquisition noch durch die Integration verloren gehen. Dies stellt vor allem im Bereich der intangiblen Ressourcen ein Problem dar, da die kaufende Unternehmung nur indirekten vertraglichen Einfluss auf Personen der akquirierten Unternehmung hat. Auch die Diffusion des akquirierten Wissens innerhalb der neuen Unternehmungsorganisation stellt ein erhebliches Problem dar. Hierbei sind Lernprozesse innerhalb der Organisation abzubilden. Schließlich wird die Anpassung unterschiedlicher Unternehmungskulturen einen zu behandelnden Themenkomplex dieses Abschnitts darstellen.

Eine Zusammenfassung der wesentlichen Ergebnisse der Arbeit schließt sich in **Kapitel 6** der Arbeit an. Der Beitrag der vorliegenden Arbeit liegt in der Beschreibung und Erklärung des empirischen Phänomens Mergers *&* Acquisitions. Aus einer ressourcenbasierten Perspektive wird dieses Phänomen beleuchtet und erklärt. Da eine dynamische Betrachtung des Phänomens Mergers *&* Acquisitions dabei bisher kaum stattgefunden hat, ist es notwendig, den statischen Ansatz des resourcenbasierten Ansatzes zu erweitern und zu dynamisieren.

In der vorliegenden Arbeit sollen bisher getrennt voneinander betrachtete Theoriestränge miteinander verknüpft werden. Dazu werden Verbindungsmöglichkeiten zwischen unterschiedlichen theoretischen Ansätzen aufgezeigt, um den Prozess einer Unternehmungsakquisition besser verstehen zu können. Das entwickelte Modell ermöglicht eine realistischere und Erfolg versprechendere Beurteilung von Mergers *&* Acquisitions und kann sich daher auch für Entscheidungen von Praktikern im Strategischen Management als nützlich erweisen. Die vorliegende Arbeit stellt damit eine Weiterentwicklung auf theoretischer Ebene dar, gibt aber auch gleichzeitig Hinweise für eine praktische Anwendung im Sinne einer praxisorientierten Managementtheorie.

2 Das Phänomen Mergers & Acquisitions

Many people clearly hoped that the threats, costs, and discipline of the market for corporate control were gone for good. Other, however, were worried about exactly the same possibility. (Milgrom und Roberts 1992: 519)

Der Markt für Unternehmungskontrolle (Corporate Control) hat viele unterschiedliche Instrumente zum Kauf und Verkauf von Unternehmungen hervorgebracht. Folglich existiert hierzu auch eine Vielzahl von Begriffen. Um auf einer klaren und operationalen Sprache aufbauen zu können, werden die in der vorliegenden Arbeit verwendeten Termini *Mergers* und *Acquisitions* zunächst bestimmt (Abschnitt 2.1) und anschließend typologisiert (Abschnitt 2.2).

Mergers & Acquisitions verlaufen in aufeinander folgenden Phasen. Deshalb sollen in einem nächsten Schritt diese Phasen in idealtypischer Form vorgestellt werden (Abschnitt 2.3). Abschnitt 2.4 befasst sich mit der empirischen Bedeutung von Mergers & Acquisitions in Deutschland und im globalen Zusammenhang. Hierbei wird die aktuelle Relevanz des Themas deutlich. Abschnitt 2.5 betrachtet Mergers & Acquisitions aus einer historischen Perspektive. Bei der Darstellung der *Merger-Waves* des letzten Jahrhunderts wird deutlich, dass seit Mitte der 1990er Jahre eine neue Merger-Wave begonnen hat, die sich von den bisherigen Wellen unterscheidet. Ein Nebenziel dieser Arbeit besteht darin, eine Erklärung für die Entstehung dieser Welle zu liefern.

2.1 Die Begriffe Mergers und Acquisitions

Die Anglizismen Mergers und Acquisitions gehören zu den schillernden Begriffen im Wirtschaftsgeschehen. Sie entsprechen im deutschen Sprachgebrauch den Begriffen *Fusionen* und *Akquisitionen* beziehungsweise *Unternehmungskauf* oder *-übernahme*. Die Bezeichnung Mergers & Acquisitions hat sich allerdings auch in Deutschland durchgesetzt. Daher wird sie in der vorliegenden Arbeit zugrunde gelegt.

Mergers & Acquisitions stellen eine Sonderform von Unternehmungszusammenschlüssen dar. Der Begriff *Unternehmungszusammenschluss* bildet daher den Ausgangspunkt, um Mergers & Acquisitions näher zu bestimmen und von ähnlichen Begriffen abzugrenzen.

Der Terminus *Unternehmungszusammenschluss* wird sehr unterschiedlich benutzt; eine einheitliche Definition des Begriffs gibt es nicht. Allgemein formuliert Bea (1982) Unternehmungszusammenschlüsse als „Vereinigung bestehender Unternehmungen mit dem Zweck der gemeinschaftlichen Aufgabenerfüllung" (Bea 1982: 451). Rechtlich und wirtschaftlich selbständige Unternehmungen verbinden sich zu einer größeren Wirtschaftseinheit (Küting 1983a: 157). Der Unternehmungszusammenschluss stellt hierbei einen Oberbegriff für alle Formen der Zusammenarbeit zwischen mindestens zwei rechtlich und wirtschaftlich selbständigen Unternehmungen dar.

Unternehmungszusammenschlüsse werden auch durch den Gesetzgeber definiert: Als Zusammenschlüsse im juristischen Sinne gelten nach Paragraf 23 Absatz 2 Nummern 1 bis 6 Gesetz gegen Wettbewerbsbeschränkungen (GWB):

- der Erwerb des Vermögens oder eines wesentlichen Vermögensteils eines anderen Unternehmens durch Verschmelzung oder Umwandlung;
- der Erwerb von Anteilen oder Stimmrechten an einem anderen Unternehmen, wenn diese Anteile allein mindestens 25 Prozent oder zusammen mit sonstigen 50 Prozent oder mehr mit dem Erwerber bereits gehörenden Anteilen 25 erreichen;
- die Bildung von Gemeinschaftsunternehmen, an denen zwei oder mehr Unternehmen entsprechende Anteile erwerben;
- der Erwerb von Anteilen, der dem Erwerber eine Rechtsstellung verschafft, die bei der Aktiengesellschaft ein Aktionär mit Sperrminorität (25 Prozent plus 1 Aktie) hat;

- Konzernverträge, Gewinnabführungs- oder Betriebsüberlassungsverträge;

- Herbeiführung der Personengleichheit von mindestens der Hälfte der Mitglieder des Aufsichtsrats, des Vorstands oder eines sonstigen zur Geschäftsführung berufenen Organs von Unternehmen,

- jede sonstige Verbindung von Unternehmen, aufgrund derer ein oder mehrere Unternehmen unmittelbar oder mittelbar einen beherrschenden Einfluss auf ein anderes Unternehmen ausüben können,

- jede Verbindung von Unternehmen, bei der die bisher genannten Schwellenwerte zwar nicht erreicht werden, durch die aber ein oder mehrere Unternehmen unmittelbar oder mittelbar einen wettbewerblich erheblichen Einfluss auf ein anderes Unternehmen ausüben können.

In der Bundesrepublik sind Unternehmungszusammenschlüsse grundsätzlich erlaubt. Nur wenn die Unternehmungen eine marktbeherrschende und damit wettbewerbsverzerrende Stellung erreichen, kann ein Unternehmungszusammenschluss untersagt werden. Anzeigepflicht beim Bundeskartellamt besteht, wenn die beteiligten Unternehmungen kritische Umsatzgrenzen erreichen. Erzielt eine der beteiligten Unternehmungen Umsatzerlöse von mindestens zwei Milliarden DM oder generieren mindestens zwei der am Zusammenschluss beteiligten Unternehmungen Umsatzerlöse von jeweils einer Milliarde DM, prüft das Bundeskartellamt die Wirkung auf den Wettbewerb vor Vollzug des Unternehmungszusammenschlusses. Nach dem Vollzug werden Zusammenschlüsse dann überprüft, wenn die Umsatzerlöse aller am Zusammenschluss beteiligten Unternehmen insgesamt mindestens 500 Millionen DM betragen. Zusammenschlüsse von Unternehmen, die insgesamt weniger als 500 Millionen DM Umsatz erzielen, unterliegen keiner Fusionskontrolle durch das Bundeskartellamt (§§ 22–24 GWB).

Für die vorliegende Arbeit ist der Begriff Unternehmungszusammenschluss einzugrenzen, da es wegen der vielfältigen Ausprägungen der Zusammenarbeit kaum möglich ist, alle zufriedenstellend in einer Arbeit zu berücksichtigen. Wie in Abbildung 2.1 deutlich wird, können Unternehmungszusammenschlüsse in Unternehmungskooperationen und Mergers *&* Acquisitions unterschieden werden. Hier sollen ausschließlich Mergers *&* Acquisitions betrachtet werden, die, wie im nächsten Abschnitt deutlich wird, noch weiter differenziert werden können. Equity-Joint-ventures und andere Formen von strategischen Allianzen (Bresser 1988: 375 ff.) stehen nicht im Zentrum der Betrachtung und werden

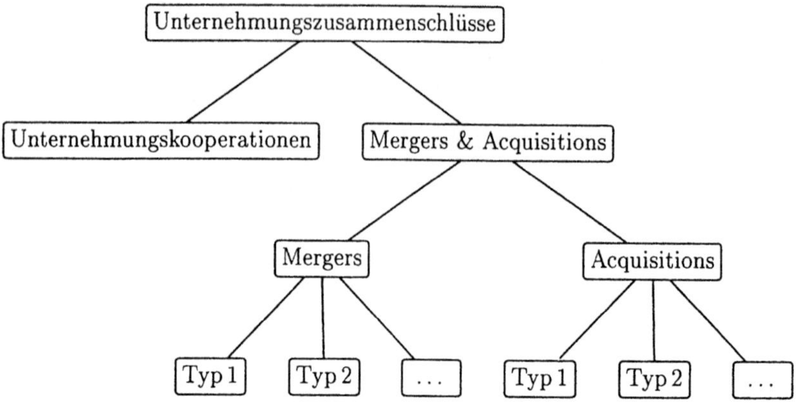

Abbildung 2.1: Formen von Unternehmungszusammenschlüssen

lediglich bei der Analyse von Beschaffungsalternativen für Ressourcen und Fähigkeiten berücksichtigt.

Die Konzentration auf Mergers & Acquisitions erfolgt aus zwei Gründen: Erstens stellen Mergers & Acquisitions zur Zeit das dominante Phänomen im deutschen und internationalen Wirtschaftsgeschehen dar. Während Kooperationen von Ende der 1980er bis Mitte der 1990er Jahre als die wichtigste Form des Unternehmungszusammenschlusses angesehen wurden, sind dies heute Mergers & Acquisitions. Der zweite und wichtigere Grund für die Konzentration auf Mergers & Acquisitions liegt im häufigen Scheitern dieser Form des Unternehmungszusammenschlusses (Porter 1987: 44 f.). Aus diesem Grund besteht ein wichtiges Ziel dieser Untersuchung darin, theoretisch begründete Bedingungen für Erfolg und Misserfolg von Mergers & Acquisitions herauszuarbeiten. Beide Begründungen sind eng verknüpft mit dem originären Verständnis und Anspruch der Betriebswirtschaftslehre als anwendungsorientierte Wissenschaft, die sich mit der Beschreibung und Erklärung praxisrelevanter betriebswirtschaftlicher Probleme befasst.

Im Folgenden soll der Definition von Weston et al. (1990) gefolgt werden. Sie verstehen unter Mergers & Acquisitions „any transaction that forms one economic unit from two or more previous ones" (Weston et al. 1990: 4). Mergers & Acquisitions stellen eine Extremform der Kooperation dar. Während bei vertraglichen Kooperationsvereinbarungen die beteiligten Unternehmungen rechtlich und zumindest teilweise auch wirtschaftlich selbständig bleiben, werden bei Mergers & Acquisitions bisher selbständige Unternehmungen zu einer einheitlichen Unternehmung zusammengefasst oder wenigstens kapitalmäßig verflochten. Mergers & Acquisitions zeichnen sich also dadurch aus, dass von zwei oder mehr sich zusammenschließenden Unternehmungen nur eine einzelne wirtschaftlich selbständige Einheit bestehen bleibt (Grimm 1987: 6). Hierbei wird nicht unterschieden, ob der Zusammenschluss durch eine Fusion oder eine Akquisition erfolgt.

Die Begriffe Mergers und Acquisitions können aus unterschiedlichen Perspektiven betrachtet werden, je nachdem, ob man sie als Zustand oder Prozess auffasst. So kann beispielsweise unter Mergers & Acquisitions einerseits der Prozess der Zusammenlegung von Aktivitäten von Unternehmungen verstanden werden, wobei die Autonomie zumindest einer der beteiligten Unternehmungen eingeschränkt wird. Andererseits kann damit ein Zustand bezeichnet werden, der das Beziehungsgeflecht mehrerer Unternehmungen beschreibt (Pausenberger 1989: 621).

Aus Sicht der Strategischen Managementtheorie sind Mergers & Acquisitions – wie die meisten Unternehmungszusammenschlüsse – als Wachstumsstrategien einzuordnen (Schmalenbach-Gesellschaft 1989: 1). Die Eigenschaften von Mergers & Acquisitions lassen sich in Anlehnung an Küting (1983b) wie folgt beschreiben:

1. Mergers & Acquisitions haben einen langfristigen Charakter, da sie maßgeblich die weitere Unternehmungsstrategie beeinflussen und ihre Wirkungen meist erst weit in der Zukunft erzielt werden.

2. Mergers & Acquisitions zeichnen sich in der Regel durch einen singulären Entscheidungscharakter aus, das heißt, dass die einzelnen Akquisitionsentscheidungen stets neu und spezifisch durchdacht werden müssen. Die Entscheidungen sind daher kaum programmierbar.

3. Mergers & Acquisitions sind mit einer hohen Entscheidungsunsicherheit behaftet, da sie – wie bereits erwähnt – einen singulären Entscheidungscharakter aufweisen und wegen der Ausrichtung auf die Zukunft nur über einen niedrigen Informationsgrad verfügen.

4. Mergers & Acquisitions sind hochwertige Entscheidungen, bei denen erhebliche finanzielle Mittel eingesetzt werden.

5. Mergers & Acquisitions beziehen sich in der Regel auf mehrere Unternehmungsbereiche, wenn nicht sogar auf die gesamte Unternehmung, über alle

Funktionsbereiche hinweg (Küting 1983b: 212).

Zusammenschlüsse stellen somit echte strategische Führungsentscheidungen im Sinne Gutenbergs (1993) dar; sie zeichnen sich durch eine hohe Bedeutung für die Vermögens- und Ertragslage der Unternehmung aus.

Das Thema Mergers & Acquisitions kann nicht isoliert aus der Sicht des Akquisiteurs betrachtet werden, sondern nur in engem Zusammenhang mit Unternehmungsverkäufen. Erst wenn wirtschaftliche Akteure bereit sind, Unternehmungsteile oder ganze Unternehmungen zu veräußern, besteht die Möglichkeit, diese zu erwerben. Auch Unternehmungsverkäufe zeichnen sich durch eine Vielzahl unterschiedlicher Begriffe aus, wie beispielsweise *Spin-Offs* und *Desinvestitionen.* Bei einem Spin-Off werden Teile einer bisher existierenden Unternehmung in ein eigenes neues Rechtskleid eingebracht und die Anteile an dieser neuen Unternehmung an die bisherigen Aktionäre je nach Eigentumsquote übertragen. Die bisherige Muttergesellschaft erhält dabei keine Barmittel für die Abgabe der Kontrollrechte an die Aktionäre. Ein Spin-Off stellt folglich eine Realform der Dividendenausschüttung dar (Weston et al. 1990: 6). Andere Autoren hingegen legen den Begriff Spin-Off allgemeiner aus, wie beispielsweise Nadig (1992), der unter einem Spin-off „das Veräußern eines Teiles aus einem Unternehmen versteht" (Nadig 1992: 11). Außer den Aktionären kommen dabei noch weitere Käufer in Betracht. Daneben wird der Begriff Spin-Off auch oftmals im Zusammenhang mit Ausgliederungen von Innovationen in eigenständige Unternehmungen genannt, die von spezialisierten Fachkräften gegründet werden, oftmals mit Unterstützung des vorherigen Arbeitgebers (vergleiche die Zusammenfassung bei Nadig 1992: 11 ff.).

Desinvestitionen stellen für die in dieser Arbeit zugrunde gelegte Fragestellung eine ebenfalls relevante Form des Verkaufs von Unternehmungsrechten dar. Der Verkäufer gibt seine Unternehmungsanteile an einen Käufer ab, bei dem es sich in der Regel um eine dritte Partei außerhalb der Unternehmung handelt. Der Verkäufer erhält für die Aufgabe von Kontrollrechten eine Entschädigung in Form von Geld, Anleihen oder auch Kontrollrechten an einer oder mehreren anderen Unternehmungen, die der Verkäufer im Gegenzug aufgibt. In der Regel entsteht keine neue rechtliche Einheit.

Im Folgenden sollen unter dem Begriff *Mergers & Acquisitions alle Aktivitäten zusammengefasst werden, deren Ziel es ist, aus mindestens zwei rechtlich und wirtschaftlich selbständigen Unternehmungen eine dauerhafte Einheit unter einheitlicher Unternehmungsleitung herzustellen. Dies kann sowohl durch eine vollständige Verschmelzung mehrerer Unternehmungen geschehen (Fusi-*

on) als auch durch den Erwerb einer Beteiligung einer Unternehmung an einer anderen (Akquisition), die in ein Konzernverhältnis mündet.

Für die vorliegende Arbeitsdefinition ist es unbedeutend, inwiefern Mergers *&* Acquisitions freiwillig erfolgen oder welche Diversifikationsrichtung Erfolg versprechend ist. Diese Aspekte werden bei der Behandlung der Motive von Mergers *&* Acquisitions an den entsprechenden Stellen differenziert behandelt.

2.2 Typologie von Mergers *&* Acquisitions

In Theorie und Praxis haben sich unterschiedliche Differenzierungen von Mergers *&* Acquisitions entwickelt, die in Tabelle 2.1 hinsichtlich ihrer Typologisierungsmerkmale systematisiert werden.

Generell wird im anglo-amerikanischen Sprachraum zwischen Fusionen (Mergers) einerseits und Unternehmungsübernahmen beziehungsweise Unternehmungsakquisitionen (Acquisitions beziehungsweise Tender Offers) andererseits unterschieden (Weston et al. 1990: 4). Im Rahmen von Fusionen erfolgt eine Verschmelzung von zwei oder mehreren rechtlich selbständigen Einheiten. Bei Unternehmungsakquisitionen übernimmt eine Unternehmung eine andere Unternehmung, die rechtlich selbständig bleibt (Grinblatt und Titman 1998: 666).

In der Regel werden Mergers *&* Acquisitions hinsichtlich der Diversifikationsrichtung unterschieden. Eine gängige Differenzierung erfolgt in horizontale, vertikale und konglomerate Mergers *&* Acquisitions (Bühner 1995: 840). Konglomerate Mergers *&* Acquisitions werden zusätzlich in eine Diversifikation mit Produktausweitung, geographischer Marktausweitung oder in eine Reinform unterschieden (Weston et al. 1990: 4). Die Möglichkeit der Produkt- und Marktausweitung bezeichnet man auch als mediale oder verbundene (related) Diversifikation. Im Gegensatz zur rein konglomeraten beziehungsweise unverbundenen (unrelated) Diversifikation besteht bei der medialen Diversifikation ein Zusammenhang zwischen den Geschäftsbereichen, und zwar in Form einer ähnlichen Technologie, ähnlicher Kundenstrukturen oder auch ähnlicher Managementfähigkeiten (Salter und Weinhold 1979: 9). Ziel ist es dabei im Wesentlichen, Synergien zu erzielen. Die konglomerate Diversifikation gibt Zusammenhänge und damit auch realwirtschaftliche Synergieziele vollständig auf. Mitunter werden finanzielle Synergien über eine Risikodiversifikation angestrebt (vergleiche hierzu noch Abschnitt 3.2.1). Auch eine Unterscheidung in nationale und internationale, sogenannte *cross-border Deals* ist häufig anzutreffen.

Typologisierungsmerkmale	Ausprägungsformen
Rechtliche Struktur	Fusion, Übernahme
Diversifikationsrichtung	Horizontal, vertikal, medial, lateral
Regionale Weite	National, international
Umfang	Gesamtunternehmung, Geschäftsbereich, Funktionsbereich
Käufer	Strategischer Käufer, Finanzinvestor, Management-Buy-Out, Management-Buy-In
Angebotsform	Tender Offer (Übernahmeangebot), Fusion unter Gleichen, Proxy Contest (Kampf um Stimmrechtsvollmacht)
Einverständnis des Käufers	Erzwungen (hostile), freiwillig (friendly)
Form der Bezahlung	Aktientausch, Barabfindung
Finanzierungsform	Kapitalerhöhung, Freie Cash-flows, Leveraged Takeover
Konzernverhältnis	Gleichordnung, Über- und Unterordnung
Branche	Bankenfusion, Verlagsfusion und andere
Wettbewerbswirkung	Förderlich, neutral, beschränkend

Tabelle 2.1: Typologie von Mergers & Acquisitions

Außerdem müssen sich Mergers *&* Acquisitions nicht ausschließlich auf ganze Unternehmungen beziehen. So kann es vorkommen, dass nur einzelne Geschäftseinheiten oder gar nur einzelne Funktionsbereiche herausgelöst und verkauft werden. Der Umfang der Mergers *&* Acquisitions-Aktivitäten hängt hier auch von den Anforderungen des Käufers ab. So kann zwischen strategischen Käufern, Finanzinvestoren und dem Management differenziert werden. Strategische Käufer sind meist andere Unternehmungen, die mit dem Kauf einer Unternehmung das Ziel verfolgen, ihre Wettbewerbsposition zu verbessern, und die Zielunternehmung in ihre Aktivitäten integrieren. Finanzinvestoren sehen in Mergers *&* Acquisitions meist in sich abgeschlossene Aktivitäten mit dem Ziel, finanzielle Mittel renditestark in einer Unternehmung anzulegen. Bietet sich nach einiger Zeit die Möglichkeit des Weiterverkaufs oder eines Börsengangs, wird dieser bei ausreichender Verzinsung des eingesetzten Kapitals in Erwägung gezogen. Schließlich hat auch das Management – meist (aber nicht ausschließlich) bei Geschäftseinheiten – die Möglichkeit als Käufer aufzutreten. In diesem Fall spricht man von einem *Management Buy-In* beziehungsweise *Management Buy-Out*. Bei einem Management Buy-In bilden die Investoren gleichzeitig auch das neue Management der gekauften Unternehmung. Die Investoren waren vorher nicht im Management der Unternehmung aktiv; sie stammen von außerhalb der Unternehmung. Bei einem Management Buy-Out kauft das bisherige Management, oder zumindest ein Teil davon, die Unternehmung und wird somit auch zum Eigentümer (Arbeitskreis Finanzierung 1990: 831 f.; Ballwieser 1991: 83).

Die Angebotsform kann im Rahmen eines Übernahmeangebots unterbreitet werden, wobei eine Unternehmung als Käufer auftritt und die Aktien (Share Deal) oder Vermögensgegenstände (Asset Deal) einer anderen Unternehmung akquiriert, oder es kann eine Fusion unter Gleichen ausgehandelt werden, in der beide Unternehmungen gleichgewichtig die Fusion durchführen. Neben diesen beiden Formen besteht noch die Möglichkeit, auch als Minderheitsaktionär die Kontrolle über eine Unternehmung zu erhalten, indem bei einer Hauptversammlung versucht wird, die Mehrheit der Stimmen auf sich zu vereinen (Proxy Contest). Man versucht so, die zukünftige Ausrichtung der Unternehmung zu kontrollieren.

Der Proxy Contest wird lediglich bei feindlichen Übernahmen eingesetzt. In der Regel verlaufen aber Mergers *&* Acquisitions im Konsens aller beteiligten Management-Teams. Wenn Akquisitionen aber gegen den Willen des Managements der Zielunternehmung vorgenommen werden (feindliche Übernahmen), dann wird den Anteilseignern der Zielunternehmung vom Management der kaufenden Unternehmung direkt – also ohne Einschaltung von Management und Aufsichtsrat der Zielunternehmung – ein Übernahmeangebot unterbreitet.

Mergers & Acquisitions werden auch im Hinblick auf unterschiedliche Zahlungsmöglichkeiten differenziert. Generell kann zwischen Barzahlung und Zahlungen mit Sicherheiten unterschieden werden (Grimm 1987: 6 f.; Rappaport und Sirower 1999: 148 ff.). Für die Zahlung mit Sicherheiten entwickelte sich in den letzten Jahrzehnten eine Vielzahl neuer Finanzierungsinstrumente. Die Zahlung reicht vom Aktientausch bis zu hochverzinslichen Anleihen, sogenannten *Junk Bonds*. Mischformen sind hierbei üblich. Je nach Form der Abfindung ist vom Käufer eine Finanzierung des Deals zu gewährleisten, wie beispielsweise durch eine Kapitalerhöhung, die entweder dazu genutzt wird, sie gegen Aktien der Zielunternehmung einzutauschen oder indem der Liquiditätszufluss der Kapitalerhöhung zur Barzahlung des Kaufpreises genutzt wird. Daneben besteht die Möglichkeit, Mergers & Acquisitions aus unternehmungsinternen freien Cash-flows oder durch eine Fremdkapitalaufnahme (Leverage) zu finanzieren. Natürlich sind auch hier wieder Mischformen möglich.

Mergers & Acquisitions können auch rechtlich unterschiedlich vollzogen werden. Eine Vollfusion findet dann statt, wenn die beteiligten Unternehmungen auf dem Vertragswege miteinander verschmolzen werden. Demgegenüber entsteht eine Konzernierung, wenn die akquirierten Unternehmungen durch Gleich- oder Unterordnungsverträge unter einheitlicher Leitung geführt werden, allerdings ihre rechtliche Selbständigkeit in Form einer Kapitalgesellschaft erhalten bleibt.

Finden Mergers & Acquisitions innerhalb einer Branche statt, beispielsweise zwischen Banken, spricht man von einem branchenbezogenen Zusammenschluss, hier von einer Bankenfusion. Gerade Mergers & Acquisitions innerhalb einer Branche spielen auch bei der volkswirtschaftlichen Beurteilung eine erhebliche Rolle, nämlich inwiefern Mergers & Acquisitions eine förderliche, neutrale oder eine beschränkende Wirkung auf den Wettbewerb haben.

Es ist klar, dass mehrere Typologisierungsmerkmale miteinander kombiniert werden können (vergleiche beispielsweise Albach 1989: 105 ff.). Die Vielzahl der Typologisierungsmerkmale verdeutlicht aber auch die Komplexität des Phänomens. So stellen Mergers & Acquisitions komplexe strategische Maßnahmen dar, die alle betriebswirtschaftlichen Bereiche einer Unternehmung, wie die strategische Planung, den Organisations- und Personalbereich, den Finanzbereich und letztlich alle betroffenen Funktionsbereiche der Unternehmung tangieren.

Mergers & Acquisitions beinhalten mehrere aufeinander aufbauende Aktivitäten, die im folgenden Abschnitt vorgestellt werden sollen.

2.3 Der Fusions- und Akquisitionsprozess

Der Fusions- und Akquisitionsprozess umfasst eine große Zahl von Aktivitäten, die sich idealisiert in zeitlich-linearer Abfolge systematisieren lassen. Im Folgenden wird eine generelle Einteilung in fünf Phasen vorgenommen, wie sie beispielsweise auch bei Coenenberg und Sautter (1988: 694 f.) oder Baetge und Krumbholz (1991: 16 ff.) verwendet wird. Es finden sich auch noch feinere Einteilungen (beispielsweise bei Grüter 1991: 47), die allerdings für die vorliegende Arbeit keine Relevanz aufweisen, da hier der Forschungsschwerpunkt auf der Erklärung der Vorteilhaftigkeit von Mergers & Acquisitions liegt und damit nur die ersten zwei Phasen des Prozesses betrachtet werden. Die wichtigsten Aspekte der anschließenden Phasen werden nur kurz im Abschnitt 5.7 behandelt. Entsprechend ist auch die Kritik an dieser Prozessbetrachtung, dass beispielsweise Interdependenzen zwischen den Phasen nur ungenügend betrachtet würden (Berens et al. 1998a: 48), für die vorliegende Fragestellung nicht relevant.

Eine generelle Einteilung des Fusions- und Akquisitionsprozesses lässt sich wie folgt vornehmen:

1. Ermittlung der Ausgangslage

   Wie auch beim klassischen strategischen Planungsprozess (Wheelen und Hunger 2000) steht am Beginn eines Fusions- und Akquisitionsprozesses die Ermittlung und Bewertung der Ausgangslage. Dies ist nicht weiter verwunderlich, da Mergers & Acquisitions eine „Handlungsalternative der strategischen Planung eines Unternehmens“ (Schmalenbach-Gesellschaft 1989: 1) darstellen. Die Ermittlung der Ausgangslage im Rahmen des Fusions- und Akquisitionsprozesses bewertet zunächst den Erfolg der momentanen Unternehmungsstrategie und mündet in eine Analyse der internen und externen Umwelt (Berens et al. 1998a: 49 f.).

   Die Entscheidung für Mergers & Acquisitions basiert auf einer Vielzahl von Motiven, wie die erwartete Steigerung des Unternehmungsgewinns, die Diversifikation in neue Produkte, Verbesserung des Marktanteils und viele mehr (Schmalenbach-Gesellschaft 1989: 5 f.; Schmidt und Schettler

1999: 313 ff.).[1] Wenn eine Entscheidung für eine Mergers & Acquisitions-Strategie gefallen ist, werden im nächsten Schritt Auswahlkriterien für potenzielle Kandidaten ermittelt.

Eine Aufgabe der vorliegenden Arbeit besteht darin, eine theoretisch fundierte Spezifikation der Ausgangslage für Mergers & Acquisitions zu liefern. Hierzu sollen sowohl externe als auch interne Bedingungen für erfolgreiche Mergers & Acquisitions genauer analysiert und herausgearbeitet werden.

2. Formulierung von Anforderungen an potenzielle Akquisitionskandidaten

   Nachdem die Notwendigkeit und Überlegenheit von Mergers & Acquisitions in bestimmten Situationen festgestellt wurde, sind spezifische Anforderungen an die Akquisitionskandidaten zu bestimmen, um zumindest eine Grobauswahl treffen zu können. Hierzu muss ein Kriterienkatalog aufgestellt werden, und die Informationsbedürfnisse bezüglich der potenziellen Zielunternehmungen müssen abgeschätzt werden.

   Auch diese Thematik stellt einen der Schwerpunkte dieser Arbeit dar, da spezifische Bedingungen aufgestellt werden, die ein geeigneter Partner erfüllen sollte.

3. Suche und Evaluation

   Diese Phase dient der Identifizierung und Bewertung potenzieller Mergers & Acquisitions-Kandidaten aus strategischer und finanzieller Sicht.

   Spätestens hier werden externe Berater, wie Banken, Unternehmensmakler, Unternehmungsberater und Wirtschaftsprüfer eingeschaltet (Berens et al. 1998a: 51). Ergebnis dieser Phase ist die sogenannte *long list*, in der potenzielle Kandidaten mit ihrem Profil festgehalten werden.

4. Entscheidung, Verhandlungsphase und Durchführung

   Der Übergang zwischen der Suchphase und der Entscheidungsphase erfolgt über die *short list*. Hierbei wird die long list weiter reduziert auf die Unternehmungen, die dem Anforderungsprofil am besten entsprechen. Letztlich mündet der Prozess in die Auswahl eines Kandidaten, mit dem Kontakt aufgenommen wird. Vertragsverhandlungen zwischen den beteiligten Parteien schließen sich an. Dabei werden Zielvorstellungen und eventuelle

1. Diese Motive werden im Kapitel 3 einer theoretischen Prüfung unterzogen.

grobe Preisvorstellungen ausgetauscht, und man hat sich hinsichtlich einer adäquaten Bewertungsmethode zu einigen. Bei anhaltendem Interesse werden erste Vereinbarungen hinsichtlich einer *Due Diligence* getroffen (Berens und Strauch 1998: 13 ff.; Berens et al. 1998b: 69 ff.), die dazu dient, detaillierte Informationen über die Zielunternehmung zu erhalten.

Falls eine Vertrauensbasis zwischen den beteiligten Parteien entstehen konnte und die ersten Finanzanalysen durchgeführt wurden, erfolgt die Vereinbarung eines *Letter of Intent*. Hierin wird das Transaktionsobjekt genau definiert, weitere Due Diligence-Maßnahmen und Exklusivverhandlungen vereinbart, Kaufpreisbandbreite und Zahlungsmodalitäten festgelegt, Zeitpläne abgesprochen und die Geheimhaltungspflicht zugesichert (Lutter 1983: 42 f.).

Sodann wird die Methode der Preisfestlegung mit allen Nebenbedingungen fixiert (Berens et al. 1998a: 55 f.). Hierbei findet eine Reihe unterschiedlicher finanzwirtschaftlicher Bewertungsinstrumente Verwendung, wie zum Beispiel die Discounted-Cash-flow-Methode (Rappaport 1995; Copeland et al. 1996) oder der Realoptionsansatz (Trigeorgis 1996; Meise 1998; Copeland und Antikarov 2001).

Wenn auch diese Phase abgeschlossen ist, werden die Vertragsunterzeichnung (signing) und der Übergabestichtag (closing) vereinbart, bis zu dem möglichst alle rechtlichen und wirtschaftlichen Belange geklärt und festgelegt sein sollten (Berens et al. 1998a: 57 f.).

Zwar endet der eigentliche Mergers *&* Acquisitions-Prozess zumindest aus juristischer Perspektive an dieser Stelle, aus der Sicht des Managements schließt sich jedoch die sehr wichtige und meist schwierige Phase der Integration an (Schmalenbach-Gesellschaft 1989: 40).

5. Integration

   Die erhofften wirtschaftlichen Vorteile von Mergers *&* Acquisitions können erst durch eine erfolgreiche Integration realisiert werden. Daher kommt der Integration eine besondere Bedeutung zu (Haspeslagh und Jemison 1991: 6 ff.; Schweiger et al. 1994: 24).

   Grüter versteht unter der *Integration* akquirierter Unternehmungen „[...] eine Gesamtheit von Aufgaben, die zum Ziel haben, die beteiligten Unternehmungen bzw. Teile davon so miteinander zu vereinigen, dass daraus eine einzige betriebswirtschaftliche Einheit entsteht“ (Grüter 1993: 47).

Auch der Integration und deren unterschiedlichen Aspekten kommt in der Literatur intensive Beachtung zu. Neben der organisatorischen wird vor allem die kulturelle Integration problematisiert (vergleiche beispielsweise die Aufsatzsammlung in von Krogh et al. 1994).

Im Rahmen dieser Arbeit sollen auch die wichtigsten Problembereiche dieser Phase kurz aus einer ressourcenbasierten Perspektive im Abschnitt 5.7 angerissen werden.

2.4 Die empirische Bedeutung

Kaum ein Tag vergeht zur Zeit, an dem keine neuen Mergers & Acquisitions in der Wirtschaftspresse angekündigt oder kommentiert werden. Es ist aber nicht nur eine Häufung zu beobachten, sondern auch Veränderungen bei der Größe der Transaktionen. Betrachtet man die bisher größten Mergers & Acquisitions, fällt auf, dass diese alle in den 1990er Jahren stattfanden (vergleiche hierzu Tabelle 2.2 auf der nächsten Seite).

Insgesamt haben sich Anzahl und Volumen der Transaktionen teilweise dramatisch erhöht (Giersberg 2000: 18). Während die Anzahl der Transaktionen in Deutschland bereits deutlich gestiegen ist (vergleiche Abbildung 2.2 auf Seite 34), stellt sich die Situation gemessen am Transaktionsvolumen noch viel dramatischer dar (vergleiche Abbildung 2.3 auf Seite 34). Bis Dezember 2000 beläuft sich das Transaktionsvolumen mit deutscher Beteiligung auf 935 Milliarden Deutsche Mark. Dies stellt mehr als eine Verdopplung des Transaktionsvolumens im Vergleich um Vorjahr (389 Milliarden Deutsche Mark) dar, ist allerdings dahingehend zu bereinigen, dass allein 389 Milliarden Deutsche Mark auf die Übernahme von Mannesmann durch Vodafone zurückzuführen sind (vergleiche die größten Übernahmen mit deutscher Beteiligung im Jahr 2000 in Tabelle 2.3 auf Seite 35). Ebenso rasant hat sich das Transaktionsvolumens weltweit entwickelt (vergleiche Abbildung 2.4 auf Seite 36). Hier hat sich das Volumen seit 1988 fast vervierfacht.

Bei einer Auswertung der Berichte des Bundeskartellamtes lässt sich feststellen, dass vor allem die Branchen Medienwirtschaft, chemische Industrie, Maschinenbau, Versorgung und Handel durch Mergers & Acquisitions gekennzeichnet sind. Diese Branchen zeichnen sich in den letzten Jahren durch ein hohes Maß an Dynamik aus, beispielsweise durch staatliche Deregulierungsmaßnahmen, neue Basisinnovationen oder eine starke Veränderung des Wettbewerbs. Warum gerade dynamische Umweltsituationen eine Bedingung für

Nr.	Käufer	Kaufobjekt	Branche	Jahr	Preis
1	AOL, US	Time Warner, US	Medien	2000	315,2
2	Vodafone Group, GB	Mannesmann, DE	Telekom	2000	269,9
3	MCI Worldcome, US	Sprint, US	Telekom	1999	219,7
4	Exxon, US	Mobil, US	Öl	1998	150,9
5	Pfizer, US	Warner-Lambert, US	Pharma	2000	143,1
6	Travelers, Citigroup, US	Citicorp, US	Banken	1998	137,5
7	SBC Communications, US	Ameritech, US	Telekom	1998	118,4
8	Vodafone Group, GB	Air Touch Comm., US	Telekom	1999	118,4
9	NationsBank, US	Bank America, US	Banken	1998	114,6
10	AT&T, US	MediaOne, US	Telekom/TV	1999	110,8
11	AT&T, US	Tele-Comm., US	Telekom	1998	105,1
12	Total Fina, FR	Elf Aquitaine, FR	Mineralöl	1999	101,2
13	Bell Atlantic, US	GTE, US	Telekom	1998	101,2
14	Qwest, US	US West, US	Telekom	1999	93,6
15	BP, GB	Amoco, US	Öl	1998	93,6
16	Viacom, US	CBS, US	Medien	1999	70,7
17	Global-Crossing, Bermuda	US West, US	Telekom	1999	70,7
18	MCI Worldcom, US	MCI Comm., US	Telekom	1997	70,7
19	Zürich Versich., CH	BAT, GB	Tabak/Finanz	1997	69,1
20	Sandoz, Novatis), CH	Ciba-Geigy, CH	Pharma	1996	68,8

Tabelle 2.2: Die größten Fusionen (Werte in Mrd. US-$). Quelle: FAZ-Archiv (2000), Frankfurter Allgemeine Zeitung vom 13. August 1998, S. 16

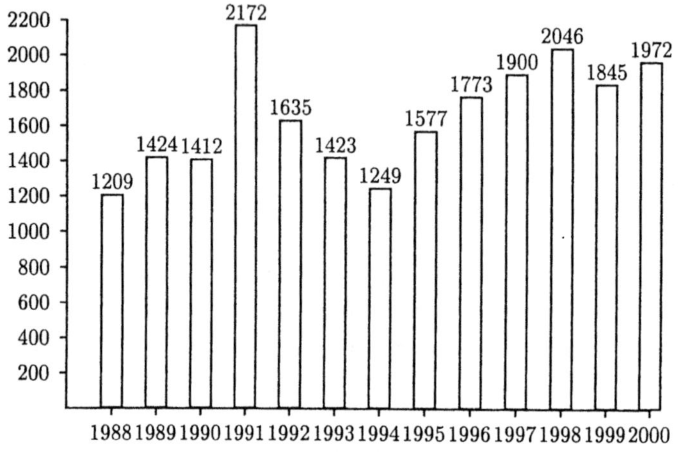

Abbildung 2.2: Anzahl der Mergers & Acquisitions-Transaktionen in Deutschland von 1988 bis 2000. Quelle: M & A International 2001

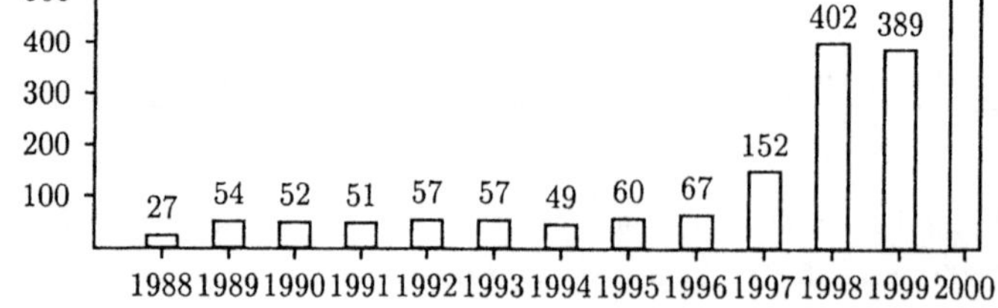

Abbildung 2.3: Transaktionsvolumen der Mergers & Acquisitions in Deutschland in Milliarden Deutschen Mark von 1988 bis 2000. Quelle: M & A International 2001

Nr.	Käufer	Kaufobjekt	Kaufpreis (Mrd. DM)
1	Vodafone Airtouch, GB	Mannesmann, DE	389,0
2	Deutsche Telekom, DE	Voicestream Wireless, US	106,0
3	British Telekom, GB	Viag Interkom, DE	31,0
4	RWE, DE	Thames Water, GB	19,8
5	Siemens, DE	Atecs Mannesmann, DE	19,2
6	Abott Laboratories, US	Knoll, DE	15,8
7	Hypo-Vereinsbank, DE	Bank Austria, AT	15,3
8	Deutsche Telekom, DE	Powertel, US	15,2
9	American Online, US	AOL Europe, DE	14,0
10	Deutsche Telekom, DE	Debis Systemhaus, DE	10,8
11	BASF, DE	Cyanamid Agrar, US	8,3
12	Preussag, DE	Thomson Travel Group, GB	6,0
13	RWE, DE	VEW, DE	5,2
14	Schroder Ventures, GB	Veba Electronic, DE	5,1
15	Callahan, US	Kabel NRW, DE	5,0

Tabelle 2.3: Die größten Übernahmen mit deutscher Beteiligung 2000. Quelle: Frankfurter Allgemeine Zeitung (2000h), S. 18

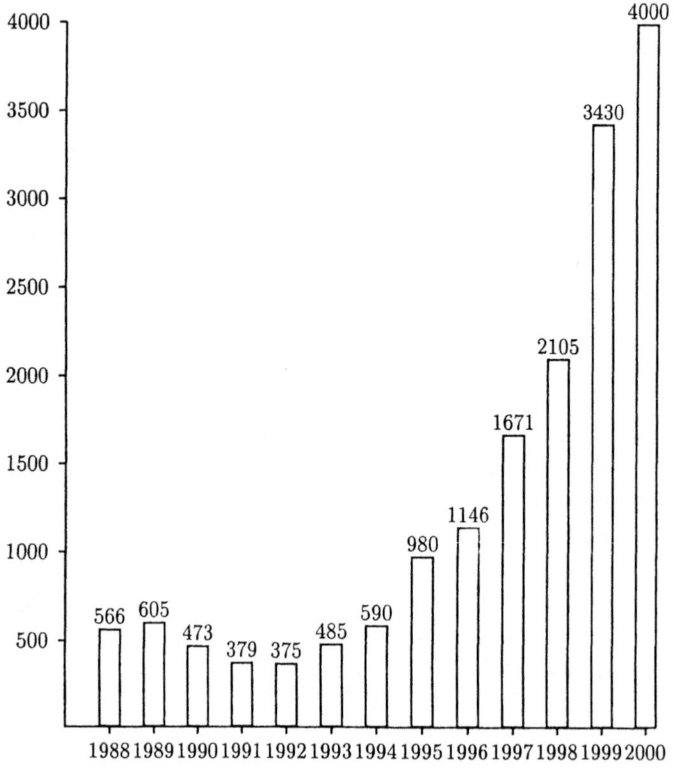

Abbildung 2.4: Transaktionsvolumen der Mergers & Acquisitions weltweit in Milliarden US-Dollar von 1988 bis 2000. Quelle: Thomson Financial Securities Data 2001

Mergers & Acquisitions zu sein scheinen, wird im Hauptteil dieser Arbeit behandelt (Abschnitte 5.1.1 und 5.2.4.3). Hier kann lediglich die Vermutung geäußert werden, dass gerade Unternehmungen, die sich in dynamischen Branchen befinden, ihr Ressourcenportfolio mit neuem Wissen und innovativen Fähigkeiten ergänzen müssen.

Eine Begründung dafür, dass Mergers & Acquisitions in den 1990er Jahren erheblich größer als in der Vergangenheit sind, lässt sich darin finden, dass viele Branchen schon in den 1980ern konsolidiert wurden. Die großen Unternehmungseinheiten, die bereits damals entstanden sind, schließen sich nun erneut mit weiteren Unternehmungen zusammen.

Im folgenden Abschnitt sollen Anzahl und Volumen der Transaktionen der letzten Jahre historisch eingeordnet werden.

2.5 Merger-Waves

Seit der Industrialisierung gehören Mergers & Acquisitions zu den Phänomenen des Wirtschaftslebens. Interessant ist, dass Mergers & Acquisitions zwar in jedem Jahr erfolgen, dass es dabei allerdings zu signifikanten Häufungen hinsichtlich Anzahl und Gesamtwert kommt. Diese Häufungen werden in der Literatur als Merger-Waves[2] bezeichnet.

Da Merger-Waves vor allem in den Vereinigten Staaten von Amerika und teilweise auch in Großbritannien umfassend untersucht wurden, beziehen sich die folgenden Ausführungen auf diese Staaten. Untersuchungen des deutschsprachigen Raumes werden an den entsprechenden Stellen eingearbeitet.

Die erste Merger-Wave wurde Ende des 19., Anfang des 20. Jahrhunderts beobachtet (Nelson 1959: 6). Während in den Jahren 1887 bis 1897 die Anzahl der Mergers & Acquisitions durchschnittlich bei knapp unter acht lag, stieg sie 1898 bereits auf 20 und 1899 auf 87 Zusammenschlüsse (Stigler 1950: 28). Das Hauptmotiv dieser ersten Merger-Wave ist in der Gewinnung von Marktmacht zu sehen. Meist hatte die neu entstandene – zusammengeschlossene – Unternehmung einen Marktanteil von über 50 Prozent (Stigler 1950: 31). Voraussetzung für das Zustandekommen war allerdings das Aufkommen von

2. Da Merger-Waves lediglich durch Zeitreihenanalysen nachgewiesen werden können, ist eine Reihe methodischer Aspekte zu beachten, wie die ausreichende Berücksichtigung auch kleinerer Transaktionen (die häufig in Datenbanken fehlen) und die Inflationsbereinigung der Kaufpreise, um eine Verzerrung der Ergebnisse zu vermeiden (Golbe und White 1988: 26ff.). Eine gute Übersicht gibt hierzu die Arbeit von Golbe und White (1988).

Publikumsaktiengesellschaften und eines funktionierenden Kapitalmarkts, die beide erst die Finanzierung großer Transaktionen ermöglichten. Auch die zunehmende Liberalisierung des Gesellschaftsrechts war von großer Bedeutung für die Entstehung von Großkonzernen in den Vereinigten Staaten, wie beispielsweise U. S. Steel, General Electric und Standard Oil (Stigler 1950: 28 f.).

Da das Motiv dieser ersten Merger-Wave die Erlangung von Marktmacht war, endete diese Phase auch bereits 1904 mit der Verschärfung des Kartellrechts in den Vereinigten Staaten (Stigler 1950: 27).

In den Jahren 1919 bis 1937 – vor allem in den 1930er Jahren – folgte die nächste Merger-Wave, deren Ziel in der Oligopolisierung bestand (Stigler 1950: 31). Die in der ersten Merger-Wave entstandenen führenden Unternehmungen verloren zunehmend an Marktanteilen. Gleichzeitig schlossen sich Unternehmungen aus der zweiten Reihe zu größeren Einheiten zusammen, um zu den Marktführern aufzuschließen. So entwickelten sich die meisten Industrien in der zweiten Merger-Wave von monopolistischen zu oligopolistischen Märkten (Stigler 1950: 31). Die wohl aktivste Unternehmung dieser Zeit war National Dairy. Sie akquirierte bis 1933 alleine 331 andere Unternehmungen. Allerdings waren die Wettbewerber der Branche, wie Borden, General Food und General Mills, ebenfalls sehr aktiv, so dass National Dairy keine marktbeherrschende Stellung erzielen konnte (Stigler 1950: 32).

Die dritte große Welle von Mergers *&* Acquisitions ist in den 1960ern zu beobachten (Lorie und Halpern 1970: 149). Diese Merger-Wave zeichnete sich durch Diversifikation in nicht verwandte Märkte aus sowie dadurch, dass viele Übernahmen durch Aktientausch finanziert wurden. So stieg der Anteil lateraler Akquisitionen im Jahr 1968 auf 90,7 Prozent, während horizontale Mergers *&* Acquisitions nur noch 2,5 Prozent aller Transaktionen ausmachten (Mead 1969: 296). Eine weitere Besonderheit dieser Merger-Wave liegt nicht nur im starken Anstieg der Mergers *&* Acquisitions, sondern auch darin, dass wieder mehr Großunternehmen an Transaktionen beteiligt waren als in den Jahren zuvor (Mead 1969: 295).

Die nächste Merger-Wave erfolgte Mitte der 1980er Jahre. Als Auslöser wird die Entstehung des Junk Bond-Markts unter der Leitung von Michael Milken angesehen (Milgrom und Roberts 1992: 510). Folglich ist die Besonderheit dieser Phase auch ein hoher Anteil von Transaktionen, die durch Fremdkapital finanziert wurden. Zu beobachten ist ferner eine Häufung feindlicher Übernahmen in den 1980er Jahren, auch wenn deren Anteil an der Gesamtzahl der Transaktionen gering ist (Milgrom und Roberts 1992: 510; Müller 1999: 75).

Diese Welle endete in einem deutlichen Rückgang der Transaktionen im Jahr 1989. Der Rückgang der Mergers *&* Acquisitions wurde auf mehrere Faktoren zurückgeführt: Die Weltwirtschaft geriet zu dieser Zeit in eine konjunkturelle Flaute, der japanische Kapitalmarkt kollabierte, der Markt für Junk-Bonds brach zusammen und schließlich brauchten die Unternehmungen Zeit um die bereits getätigten Mergers *&* Acquisitions zu integrieren (Bleeke et al. 1994a: 120).

Wie bereits im letzten Abschnitt gezeigt wurde, begann die letzte Merger-Wave Mitte der 1990er Jahre und hält bis heute an. Die Besonderheit dieser Phase scheint die Größe der beteiligten Partner zu sein, das heißt die 1990er Jahre zeichnen sich durch *Mega-Deals* aus.

Brealey und Myers (1996) führen in ihrem Standardwerk als letztes von zehn ungelösten Problemen der Finanztheorie die Frage an: „How can We Explain Merger Waves?“ (Brealey und Myers 1996: 997). Dies verdeutlicht, dass Merger-Waves zwar ein empirisch zu beobachtendes Phänomen darstellen, überzeugende theoretische Erklärungen jedoch fehlen (Post 1994: 152). Den vergangenen Merger-Waves gingen allerdings erhebliche Änderungen der externen Umwelt voraus. Wie in dieser Arbeit noch genauer zu untersuchen sein wird, sind Umweltveränderungen somit für Mergers *&* Acquisitions offensichtlich eine Voraussetzung. Die Erklärung von Merger-Waves ist zwar nicht Aufgabe dieser Arbeit, dennoch scheint es für zukünftige Studien sinnvoll zu sein, einen kontingenztheoretischen Ansatz zur Erklärung von Merger-Waves zu wählen.

3 Würdigung bisheriger Ansätze

Finally, knowledge of the sources of takeover gains still eludes us.

(Jensen und Ruback 1983: 47)

In der bisherigen Literatur gibt es eine Reihe von Versuchen, Mergers *&* Acquisitions zu erklären. Die von Sirower aufgeworfene Frage „But do these nostrums have any practical value?" (Sirower 1997: 4) weist allerdings darauf hin, dass der Forschungsstand diesbezüglich noch nicht zufriedenstellend ist. In diesem Kapitel sollen die wichtigsten Ansätze dargestellt und auf ihren Aussagegehalt überprüft werden.

Aus analytischen Gründen wird eine idealtypische Trennung der einzelnen Ansätze vorgenommen, auch wenn sich in der Literatur teilweise Mischformen finden lassen. Bei der Darstellung dieser Ansätze erfolgen Hinweise auf die Verbindung zu anderen Theorien. Um die unterschiedlichen Ansätze auf ihren Aussagegehalt zu überprüfen, sollen neben theoretischen Überlegungen auch empirische Ergebnisse herangezogen werden.

Als Grundlage jeder theoretischen Auseinandersetzung mit dem Phänomen Mergers *&* Acquisitions kann angenommen werden, dass zumindest die Verkäufer aus rational ökonomischem Interesse handeln. Der Verkauf einer Unternehmung – und damit die Entstehung einer neuen Unternehmung C – kommt immer nur dann zustande, wenn der gebotene Kaufpreis (Gebot) G_A des Käufers A größer als oder gleich dem geforderten Preis P_B des Verkäufers B ist. Es muss also gelten: $G_A \geq P_B$, mit

$$G_A = \sum_{t=0}^{\infty} \frac{(FCF)_{Ct}^{A} - (FCF)_{At}^{A}}{(1+r_A)^t} \text{ und}$$

$$P_B = \sum_{t=0}^{\infty} \frac{(FCF)_{Bt}^{B}}{(1+r_B)^t},$$

wobei $(FCF)^J_{It}$ die von den Aktionären der Unternehmung J geschätzten Free-Cash-flows der Unternehmung I der Periode t, und r_I die Kapitalkosten, sprich den Diskontierungsfaktor der Aktionäre von I darstellen. Das Gebot G_A des Käufers A ergibt sich also aus der abdiskontierten Differenz der Cash-flows der neu entstehenden Unternehmung C und dem *Stand-alone*-Wert seiner eigenen Unternehmung. Da dieses Gebot größer oder gleich dem geforderten Preis der Verkäufers B sein muss, *müssen* sogenannte Synergien vorliegen; der Zusammenschluss der Unternehmungen A und B muss also einen höheren Unternehmungswert als die Summe der beiden selbständigen Unternehmungen ergeben.

Der Verkäufer erwartet einen Kaufpreis, der mindestens dem aktuellen Barwert aller abgezinsten zukünftigen Cash-flows entspricht. In der Regel werden erhebliche Aufschläge auf den momentanen Wert einer Unternehmung gezahlt. Diese Aufschläge bezeichnet man als Premiums. Neben dem Kaufpreis hat der Käufer aber noch weitere Kosten zu tragen, wie beispielsweise Honorare für Investmentbanken, Rechtsberatung, Notar- und Integrationskosten. Selbst wenn keine Premiums gezahlt würden, müsste der Käufer somit einen höheren Preis als den momentanen Wert der Unternehmung zahlen. Die Bereitschaft dafür lässt sich auf drei mögliche Gründe zurückführen:

1. Der Käufer schätzt den Wert der Zielunternehmung falsch ein.

2. Der Käufer verfolgt keine rein ökonomischen Ziele.

3. Der Käufer besitzt Fähigkeiten, den Wert der Unternehmung nach der Transaktion zu steigern.

Diese Grundüberlegungen waren der Ausgangspunkt für eine Reihe unterschiedlicher Ansätze zur Erklärung von Mergers *&* Acquisitions, die im Folgenden systematisch erläutert werden. Die idealtypisch diskutierten Ansätze lassen sich hinsichtlich ihrer theoretischen Grundorientierung beziehungsweise ihrer zugrunde liegenden Paradigmen systematisieren. Danach werden die theoretischen Ansätze in fünf Strömungen eingeteilt. Den ersten Abschnitt bilden managementtheoretische Ansätze, welche sich auf Managementmotive und deren Bedeutung für Mergers *&* Acquisitions beziehen. Anschließend werden finanztheoretische Ansätze näher beleuchtet. Spieltheoretische Überlegungen befassen sich in der Folge mit der Gewinnverteilung zwischen Käufer und Verkäufer von Unternehmungen. Die vierte Gruppe basiert auf industrieökonomischen Überlegungen. Das Kapitel schließt mit dem Transaktionskostenansatz zur Erklärung von Mergers *&* Acquisitions.

Dieses Kapitel dient der kritischen Betrachtung der bisherigen theoretischen Ansätze zur Erklärung von Mergers & Acquisitions. Den Ansätzen werden jeweils empirische Ergebnisse gegenübergestellt, um neben der Plausibilität der Annahmen und Aussagen auch deren Realitätsbezug zu überprüfen.

3.1 Managementtheoretische Überlegungen

In diesem Abschnitt wird zunächst der Stakeholderansatz dargestellt. Dieser stellt zwar streng genommen keinen managementtheoretischen Ansatz dar, seine Argumentationstruktur dient aber als Grundlage für die folgenden Ansätze, da diese sich eine einzige Stakeholdergruppe herausgreifen: das Management. Der Stakeholderansatz fokussiert den Werttransfer von unterschiedlichen Stakeholdergruppen zum Akquisiteur. Danach erfolgt die Betrachtung der Erkenntnisse des managerialistischen Ansatzes und der hiervon abgeleiteten Hubris-Hypothese zur Erklärung von Mergers & Acquisitions. Darauf aufbauend werden agencytheoretische Ansätze und schließlich die Replacement-Hypothese und die Free-Cash-flow-Hypothese dargestellt und untersucht. Die Agencytheorie ist zwar neben dem Transaktionskostenansatz und der Property-Rights-Theorie der Neuen Institutionenökonomie zuzuordnen und kein klassischer Ansatz der Managementtheorie. Dennoch soll sie hier eingeordnet werden, da sie die gleiche Ausgangslage wie der managerialistische Ansatz – die Trennung von Eigentum und Kontrolle – als Basis ihrer Analyse von Mergers & Acquisitions wählt. Die Ähnlichkeiten der Argumentation hinsichtlich des Themas Mergers & Acquisitions sind daher im Vergleich mit den weiteren managementtheoretischen Ansätze ausgeprägter als im Vergleich mit dem Transaktionskostenansatz.

3.1.1 Stakeholderansatz

Der Stakeholderansatz wurde in den 1960er und 1970er Jahren von Managementtheoretikern entwickelt (Freeman 1984: 31). Er betrachtet Personengruppen, die eine Unternehmung beeinflussen können oder durch sie beeinflusst werden (Freeman 1984: 25). Im Mittelpunkt stehen dabei Eigentümer, Fremdkapitalgeber, Kunden, Mitarbeiter, Lieferanten und die öffentliche Hand (Kreilkamp 1987: 164).

Der Stakeholderansatz fand seinen Eingang in die Mergers & Acquisitions-Literatur in den 1980er Jahren, dem Jahrzehnt, das durch einen Übernahmeboom gekennzeichnet war mit spektakulären Übernahmeschlachten und einem Anstieg der feindlichen Übernahmeversuche. Diese Entwicklung führte dazu, dass Mergers *&* Acquisitions verstärkt kritisch hinterfragt und bewertet wurden. Vertreter des Stakeholderansatzes bezweifelten die Entstehung von Wert durch Mergers *&* Acquisitions. Sie beanstandeten, dass Unternehmungskäufer (Raider) ihre Gewinne auf Kosten anderer Stakeholder erzielten. Die Annahme ist dabei, dass die Übernahmeprämie nicht durch eine generische Wertsteigerung – also durch eine Erhöhung der Effizienz – gezahlt wird, sondern durch einen Werttransfer von einzelnen Stakeholdern zum Akquisiteur der Unternehmung (Milgrom und Roberts 1992: 512 f.; Dow 1993: 120). Konkret ergab sich folgende Kritik: Die nach Unternehmungsübernahmen häufigen Entlassungen und Lohnkürzungen seien Beleg dafür, dass der Nutzen für den Raider nicht in einer Effizienzsteigerung zu sehen sei, sondern darin, dass die Cash-flow-Ströme zu den Mitarbeitern reduziert würden. Ferner müssten weitere Stakeholder, wie beispielsweise Fremdkapitalgeber oder der Staat, Einbußen in den Einnahmen hinnehmen (Milgrom und Roberts 1992: 512 f.).

Der Stakeholderansatz geht folglich davon aus, dass der Käufer die Auszahlungen an andere Stakeholder reduzieren kann. Im Folgenden werden Arbeitnehmer, Fremdkapitalgeber und der Staat als relevante Stakeholdergruppen näher betrachtet. Zulieferer und Kunden sollen in diesem Kapitel nicht eigens aus der Perspektive des Stakeholderansatzes behandelt werden, da diese Stakeholdergruppen nicht unter diesem Aspekt Eingang in die wissenschaftliche Diskussion fanden, sondern von anderen Ansätzen intensiv diskutiert werden. Die für die Kunden und Lieferanten so wichtigen Probleme, die sich aus einer zunehmenden Branchenkonzentration ergeben, werden entsprechend im Rahmen der Industrieökonomie unter dem Punkt Marktmacht im Abschnitt 3.4.1 behandelt.

Die Kernthese des Stakeholder-Ansatzes wurde von Shleifer und Summers (1988) entwickelt, wonach neue Eigentümer einer Unternehmung implizite Verträge mit anderen Stakeholdern brechen können, um ihre Rendite zu erhöhen (Demsetz 1988: 155; Shleifer und Summers 1987: 13 ff.). Dies ist für die Alteigentümer nicht, oder zumindest nur unter großen Schwierigkeiten möglich.

Empirische Studien konnten Wertsteigerungen im Rahmen von Mergers *&* Acquisitions feststellen (Jensen und Ruback 1983). Unabhängig davon, ob und wie diese Wertsteigerungen zwischen den Aktionären der Käufer und Verkäufer verteilt werden, stellt sich die Frage, welche Unternehmungsbereiche diese Wertsteigerungen generieren. Neben den in den folgenden Kapiteln angesprochenen Wertsteigerungspotenzialen durch eine Steigerung der Effizienz wird hier die Möglichkeit des Transfers von Wert anderer Stakeholder analysiert. Der Stakeholderansatz unterstellt ja gerade, dass keine Wertsteigerung durch eine Erhöhung der Gesamteffizienz stattfindet, sondern lediglich der bestehende Wert neu von unterschiedlichen Stakeholdern zu den Aktionären verteilt wird. Ausgangspunkt der Überlegungen sind feindliche Übernahmen, diese lassen sich allerdings auf alle Formen von Mergers *&* Acquisitions übertragen. Als die vorrangig betroffenen Stakeholder sollen die Arbeitnehmer zuerst betrachtet werden.

3.1.1.1 Arbeitnehmer

Die erste Personengruppe, die nach Unternehmungsübernahmen mit Einschränkungen zu rechnen hat, sind die Arbeitnehmer. Diese eignen sich besonders als Quelle des Werttransfers für Aktionäre, da die Arbeitskosten meist einen großen Teil der Gesamtkosten einer Unternehmung ausmachen. Die Reduktion der Arbeitskosten kann daher zu einer erheblichen Erhöhung des Cash-flows führen (Rosett 1990: 264; Bhagat et al. 1990: 6). An drei Punkten kann der Werttransfer bei Arbeitnehmern ansetzen: (1) Entlassungen, (2) Lohnkürzungen und (3) Reduktion der zukünftigen Pensionszahlungen.

1. Entlassungen

   Entlassungen stellen wohl das größte Einsparpotenzial bei der Gruppe der Arbeitnehmer dar. Entlassungen können durch unterschiedliche Maßnahmen erreicht werden, wie Zusammenlegung der Unternehmungszentralen, Reduktion des mittleren Managements, Desinvestitionen, Schließung von Werken und durch die Konsolidierung von Werken, Vertreterstäben und Ähnlichem (Bhagat et al. 1990: 19).

   Die empirischen Ergebnisse liefern keine eindeutigen Erkenntnisse darüber, ob Entlassungen einen Teil der Premiums von Unternehmungsübernahmen erklären können. So kamen einige Arbeiten zu dem Ergebnis, dass Unternehmungsübernahmen keine Entlassungen zur Folge hatten (Brown und Medoff 1988: 21; Kaplan 1989b: 241), andere Studien hingegen stellten fest, dass Entlassungen eine häufige Reaktion auf Übernahmen darstellen (Lichtenberg und Siegel 1988: 2 ff.).

   Es gibt demnach keine einheitlichen Aussagen über Entlassungen nach Mergers *&* Acquisitions. So können durchschnittlich nach fünf Jahren 27,1

Prozent der Übernahmeprämien bei Unternehmungsübernahmen mit anschließenden Entlassungen erklärt werden, allerdings variiert dieser Anteil zwischen 2,1 und 89,9 Prozent erheblich (Bhagat et al. 1990: 22). Betrachtet man die Einsparungen über die fünf Jahre hinaus, erklären Entlassungen durchschnittlich 65,5 Prozent der Prämien bei Transaktionen, bei denen Entlassungen zu beobachten sind. Legt man allerdings auch Fälle zu Grunde, in denen keine Entlassungen zu verzeichnen waren, können nur noch 11 Prozent der Prämien nach fünf Jahren und 26 Prozent als permanentes Resultat zugrunde gelegt werden.

Diese Ergebnisse unterliegen allerdings erheblichen Verzerrungen. Einerseits sind sie als zu niedrig anzusehen, da lediglich Entlassungen der Zielunternehmung berücksichtigt wurden, die zudem öffentlich bekannt sein mussten. Entlassungen aus Verkäufen von Unternehmungsbereichen fanden keine Berücksichtigung.

Andererseits – und dies ist wohl höher zu bewerten – ist der erzielte Wertzuwachs durch Entlassungen – und damit der erklärte Anteil an der Übernahmeprämie – zu hoch angesetzt. Die Einsparungen, die durch Entlassungen realisiert werden, stellen die Differenz aus den Bruttolöhnen abzüglich der von den Arbeitnehmern erbrachten Leistungen dar (Bhagat et al. 1990: 21). Letztlich ist als Grundlage dafür die Differenz aus den Einzahlungen zu wählen, die Arbeitnehmer durch ihre Tätigkeit erzielen, und ihren Arbeitskosten. Entlassungen sind nur dann Cash-flow erhöhend, wenn die Differenz einen negativen Wert aufweist, also die Arbeitnehmer ein höheres Gehalt erhalten als der Wert, den sie für die Unternehmung erwirtschaften.

Es ist zu vermuten, dass Entlassungen einen erheblich geringeren Anteil der Übernahmeprämien erklären können, als die oben genannten Ergebnisse suggerieren. Präzisere Studien auf diesem Gebiet sind erforderlich.

Neben der Reduktion der Arbeitnehmerkosten durch Entlassungen ist die Reduktion der Arbeitnehmerzahl durch Desinvestitionen zu berücksichtigen. Hierdurch wird der Personalbestand ebenfalls reduziert, allerdings auch die entsprechenden Umsätze. Ein positiver Effekt auf Cash-flows ist daher lediglich über den Verkaufspreis der Anlagen beziehungsweise des Unternehmungsteils zu erzielen und stellt folglich keinen Werttransfer dar. Dennoch sind Desinvestitionen einzelner Unternehmungsteile häufig nach Unternehmungszusammenschlüssen zu beobachten, da zum einen durch den Verkaufserlös ein Teil des Kaufpreises gezahlt beziehungsweise der Fremdkapitalanteil reduziert wird (Bhagat et al. 1990: 8). Zum anderen werden – wie noch in dieser Arbeit zu zeigen ist – oftmals Unternehmungsteile mit erworben, die nicht benötigt werden, da sie keine relevanten Ressourcen mitbringen.

Letztlich ist davon auszugehen, dass der Kaufpreis bereits die Summe der Werte der einzelnen Unternehmungsteile beinhaltet, es sei denn, am Kapitalmarkt findet eine Unterbewertung statt, und die Einzelteile einer Unternehmung sind mehr wert, als die akquirierte Gesamtunternehmung (Bhagat et al. 1990: 9). So können durch den Verkauf von Unternehmungsteilen selten Überrenditen erzielt werden, es sei denn, der Käufer kann seinerseits den Wert des Unternehmungsteils erneut erhöhen.

Zu analysieren bleibt, inwiefern die Werttransfers von Arbeitnehmern und Bondholdern eine Steigerung der Effizienz von Unternehmungen darstellen (Jensen 1988a: 29 ff.) und daher in den entsprechenden Abschnitt der Industrieökonomie beziehungsweise Finanzierungstheorie einzuordnen sind, die sich mit der Effizienzerhöhung durch Mergers *&* Acquisitions befassen.

2. Lohnkürzungen

   Lohnkürzungen stellen eine zweite Möglichkeit dar, einen Teil des Werts der Arbeitnehmer zu den Aktionären zu transferieren. Ein neues Management hat die Möglichkeit, nach einer Übernahme Lohnkürzungen vorzunehmen. So kann beispielsweise die Prämie, die Carl Icahn bei der Übernahme der amerikanischen Fluggesellschaft TWA gezahlt hat, durch Lohnkürzungen erklärt werden, die er anschließend durchführte (Rosett 1990: 265; Shleifer und Summers 1988: 48 ff.). Diese Möglichkeit ist allerdings in Deutschland stark eingeschränkt zum einen durch die Flächentarifverträge, zum anderen durch gesetzliche Bestimmungen, die vorschreiben, dass Arbeitsverträge und -vereinbarungen von einem Käufer zumindest für ein Jahr übernommen werden müssen (Spirolke 1998: 7 ff.). Lohnkürzungen sind daher in Deutschland kaum durchzusetzen (Rieble 2000: 225 ff.).

   Im Durchschnitt stellen Lohnkürzungen nur einen geringen Teil der Übernahmeprämien dar. So können nach einer Studie von Rosett (1990) im Rahmen von freundlichen Übernahmen in einem Zeitraum von sechs Jahren lediglich 1-2 Prozent der Prämie, nach 18 Jahren immerhin fünf Prozent erklärt werden. Im Rahmen von feindlichen Übernahmen erhöhen sich die Werte auf drei Prozent nach sechs Jahren respektive auf zehn Prozent nach 18 Jahren (Rosett 1990: 273 ff.). Lohnkürzungen stellen folglich einen geringen Anteil der Premiums dar und sind kaum als dominantes Motiv für Mergers & Acquisitions anzusehen. Es wäre auch zu überprüfen, inwiefern bereits ein Wechsel im Management ausreicht, um Lohnkürzungen durchzusetzen. Die Übernahme durch eine andere Unternehmung scheint dabei nicht zwingend nötig zu sein.

3. Kürzungen von Pensionszahlungen

Kürzungen von Pensionszahlungen stellen die dritte Möglichkeit der Reduktion des Wertes der Arbeitnehmer dar, welcher den Aktionären zufließen würde. Dies ist allerdings nur im angelsächsischen Raum möglich, wo Renten- und Pensionszahlungen nicht über staatliche Institutionen geregelt werden, sondern Unternehmungen über ein kapitalbasiertes Verfahren privat Vorsorge für ihre Arbeitnehmer treffen. Da die Höhe der zu zahlenden Pensionen und Renten aufgrund unterschiedlicher Einflussfaktoren, wie letztes Gehalt vor dem Rentenalter und Dauer der Rentenzahlungen, ex ante nicht exakt bestimmbar ist, werden in viele Pensionsfonds zu hohe Beiträge durch die Unternehmungen eingezahlt. Seit 1981 haben die Unternehmungen in den USA die Möglichkeit, ihre Pensionspläne zu kündigen. Hierbei erhalten sie die Erlaubnis, zu viel gezahlte Beiträge einzubehalten und einen neuen Fond in korrekter Höhe einzurichten (Pontiff et al. 1990: 601 f.). Dies ist zwar durch explizite Vertragsregelungen zwischen Unternehmungen und Arbeitnehmern zulässig, wie aber Shleifer und Summers (1988) bereits dargelegt haben, verzichten Unternehmungen meist auf diese Anpassungen, da ein impliziter Vertrag zwischen den Beteiligten besteht. So passen viele Unternehmungen ihre Pensionszahlungen freiwillig an steigende Lebenshaltungskosten an, obwohl dies nicht durch explizit rechtsgültige Verträge vorgeschrieben ist (Pontiff et al. 1990: 603). Die Hypothese, die Unternehmungsübernahmen betrifft, zielt darauf ab, dass ein Käufer diese impliziten Verträge brechen, die Höhe des Pensionsvermögens auf das vertraglich zugesicherte Maß reduzieren und die Differenz zu den zu viel gezahlten Beiträgen einstreichen wird.

Empirische Studien haben gezeigt, dass die Ankündigung einer Anpassung zu hoher Pensionspläne an ein niedrigeres Niveau mit Aktienkurssteigerungen einhergeht (Pontiff et al. 1990: 603 f.). Die Studie von Pontiff et al. (1990) kam zu dem Ergebnis, dass Anpassungen von Rentenplänen vor Mergers & Acquisitions selten vorkamen, sich deren Anzahl bis zu zwei

Jahren nach der Übernahme jedoch auf 10,7 Prozent aller Fälle steigerte. Der Anteil im Rahmen feindlicher Übernahmen ist mit 15,1 Prozent fast doppelt so hoch wie bei freundlichen Übernahmen mit 8,4 Prozent (Pontiff et al. 1990: 606 f.). Durch die Anpassung von Pensionsplänen können durchschnittlich nur elf Prozent der Übernahmeprämien erklärt werden. Auch wenn der erklärbare Anteil der Prämie in Einzelfällen erheblich über diesem Durchschnitt liegt und somit durchaus als Motiv einer Übernahme gewertet werden kann, stellt das Pensionsmotiv keinen dominanten Einflussfaktor zur Erklärung von Unternehmungsübernahmen dar (Pontiff et al. 1990: 610 f.). Die relativ seltene Beobachtung der Anpassung von Pensionsplänen nach Unternehmungsübernahmen ist ebenso ein Indiz für die geringe Bedeutung dieses Instruments als ursächliches Motiv für Unternehmungsübernahmen (Bhagat et al. 1990: 7). Festzuhalten bleibt, dass die Anpassung der Pensionspläne eine Möglichkeit darstellt, den Aktionärswert zu steigern, auch wenn hierzu nicht unbedingt eine Unternehmungsübernahme erforderlich ist.

3.1.1.2 Bondholder

Eine weitere Stakeholdergruppe, die vermeintlich Wertverluste zu Gunsten der Aktionäre hinnehmen muss, sind die Fremdkapitalgeber. Durch die Aufnahme von Fremdkapital und die Erhöhung des Verschuldungsgrades einer Unternehmung wird dieses Risiko ebenfalls erhöht. Infolge des erhöhten Risikos einer Unternehmung reduziert sich der Wert bereits ausgegebener Anleihen, und gleichzeitig erhöht sich der Aktionärswert (Dennis und McConnel 1986: 180).

Hiervon sind vor allem die Halter von Anleihen des Akquisitionsobjektes betroffen, da das Ausfallrisiko durch den erhöhten Verschuldungsgrad nach der Akquisition erheblich zunimmt, was letztlich eine Wertminderung darstellt. So geht man beispielsweise davon aus, dass die Halter von Anleihen von RJR Nabisco durch die Übernahme durch Kohlberg Kravis Roberts & Co. (KKR) eine Wertminderung von rund einer Milliarde US-$ hinnehmen mussten (Milgrom und Roberts 1992: 501 und 512 ff.).[1] Bezogen auf eine Stichprobe

1. Mohan und Chen (1990) errechneten einen Verlust der Bondholder von lediglich 575 Millionen US-$ (Mohan und Chen 1990: 104 f.). In der gleichen Studie wurde allerdings ebenfalls festgestellt, dass Halter von Vorzugsaktien (preferred stockholders) einen Verlust von nur 10,5 Millionen US-$ erlitten. Der Wert der Stammaktien ist dagegen während des Bietprozesses zwischen dem 19. Oktober 1988 und dem 1. Dezember 1988 um acht Milliarden US-$ gestiegen (Mohan und Chen 1990: 104 f.).

von 47 erfolgreich durchgeführten Leveraged Buyouts mit insgesamt 149 untersuchten Anleihen büßte die Gruppe der Bondholder durchschnittlich nur einen geringen Teil des Wertes durch Mergers & Acquisitions ein (Asquith und Wizman 1990: 196).

Seit 1986 werden zudem sogenannte *Poison Puts* mit Fremdkapitalverträgen verknüpft (Weston et al. 1998: 426). Poison Puts verleihen Bondholdern das Recht, ihre Anleihen bei einem Wechsel der Eigentümerstruktur an die Unternehmung zum Barwert zu veräußern. Aus der Sicht des Managements stellt dies eine Abwehrmaßnahme gegen feindliche Übernahmen dar, da sich eine Übernahme dadurch verteuert. Für die Bondholder besteht der Vorteil darin, sich vor Wertverlusten durch Mergers & Acquisitions vertraglich schützen zu können (Weston et al. 1998: 427).

Wie bereits im Zusammenhang mit den Arbeitnehmern ausgeführt, kann der Werttransfer von den Bondholdern nicht als maßgebliches Motiv für Mergers & Acquisitions angesehen werden. Hinzu kommt in diesem Fall, dass Abschnitt 3.2.1 eine konträre Position aufzeigt. Hier wird argumentiert, dass durch laterale Mergers & Acquisitions der Wert der Bondholder durch das gesunkene Konkursrisiko gerade erhöht wird, und dass sie von Mergers & Acquisitions profitieren. Folglich findet also demnach ein umgekehrter Werttransfer von den Aktionären zu den Bondholdern statt, das heißt genau entgegengesetzt wie vom Stakeholderansatz postuliert (Shrieves und Pashley 1984: 39; Amihud und Lev 1981: 606).

3.1.1.3 Staat

Die dritte Stakeholdergruppe, die im Rahmen von Mergers & Acquisitions oftmals Wertverluste in Kauf nehmen muss, ist der Staat (Milgrom und Roberts 1992: 512 f.). Durch eine Verminderung der Steuerzahlungen können die Cashflows der Aktionäre erhöht werden. Hierbei sind in der Regel zwei Möglichkeiten gegeben[2], um Steuerersparnisse zu erzielen: (1) Der Zusammenschluss einer erfolgreichen Unternehmung mit einer Unternehmung, die Verlustvorträge ausweist, die sie selbst nicht in Anspruch nehmen kann und (2) neue Abschreibungspotenziale, die sich aus der Neubewertung nach Mergers & Acquisitions ergeben (Lev 1986: 360; Bhagat et al. 1990: 9 f.).

2. Bhagat et al. (1990) führen in ihrer Arbeit als weiteren Steuervorteil die Änderung der Rechtsform der Zielunternehmung an, um so eine steuerliche Optimierung zu erzielen (Bhagat et al. 1990: 10). Da dies allerdings jederzeit ohne Mergers & Acquisitions möglich ist, soll dieser Aspekt nicht weiter ausgeführt werden.

Durch den Kauf einer Unternehmung mit hohen steuerlichen Verlustvorträgen kann das zu versteuernde Ergebnis reduziert werden, ohne Aufwendungen realwirtschaftlich anfallen zu lassen. Der Free-Cash-flow wird durch verringerte Steuerzahlungen erhöht; alle anderen Cash-flows bleiben unberührt. Dieser Vorgang wird als Mantelkauf bezeichnet (Kaligin 1995: 81; Hötzel 1993: 112 ff.). Voraussetzung hierfür ist, dass die erworbene Unternehmung die steuerlichen Verlustvorträge nicht selbst nutzen kann, also von ihr keine positiven Ergebnisse in ausreichender Höhe zukünftig zu erwarten sind. Eine weitere Möglichkeit besteht darin, dass durch einen Zusammenschluss die steuerlichen Vorteile erheblich früher genutzt werden können (Bhagat et al. 1990: 10), was aufgrund des Zeitwerts des Geldes ebenfalls zu einer Erhöhung des Unternehmungswerts führt.

Die zweite Alternative, steuerliche Vorteile durch Mergers *&* Acquisitions zu erzielen, wurde durch die Steuerreform von 1986 in den Vereinigten Staaten von Amerika erheblich eingeschränkt (Bhagat et al. 1990: 10). Da sie folglich keine Anwendung mehr findet und zudem auf die Vereinigten Staaten begrenzt war, soll lediglich kurz die Grundidee vorgestellt werden. Vor 1986 bestand die Möglichkeit, die erworbenen Vermögensgegenstände einer akquirierten Unternehmung erneut abzuschreiben, gleichzeitig mussten Verkäufer ihre Veräußerungserlöse nicht versteuern (Bhagat et al. 1990: 10). Vor allem konnte der Goodwill vergleichsweise schnell abgeschrieben werden (Lowenstein 1988: 896). Hierdurch konnten letztlich die Free-Cash-flows durch eine Reduktion der Steuerauszahlungen erhöht werden. Welche Auswirkungen diese Steuervorteile hatten, wurde bisher kaum empirisch analysiert (Bhagat et al. 1990: 10) daher kann keine abschließende Beurteilung hinsichtlich der Steuervorteile getroffen werden. Generell ist allerdings zu konstatieren, dass allein die genannten bis 1986 geltenden Regelungen nicht als Hauptmotiv für Mergers *&* Acquisitions anzusehen sind. Es ist anzunehmen, dass sie durchschnittlich nur einen kleinen Teil der Prämien erklären können. Außerdem sind sie vergleichsweise einfach zu bewerten und werden daher von vielen Bietern erkannt. Steuerliche Vorteile von Mergers *&* Acquisitions schlagen sich durch Bietwettbewerbe schnell im Kaufpreis nieder (Kaligin 1995: 36). Im Bietprozess sind dadurch kaum Überrenditen für den Käufer zu erwarten.

Im Zusammenhang mit steuerlichen Motiven von Mergers *&* Acquisitions wird häufig die Bedeutung eines höheren Verschuldungsgrades angeführt. Fremdkapitalzinsen sind erfolgsmindernd anzusetzen, folglich wirkt ein erhöhter Verschuldungsgrad ebenfalls steuermindernd. Da die steuerliche Vorteilhaftigkeit eines hohen Verschuldungsgrades einfach nachzuvollziehen ist, bleibt allerdings die Frage offen, warum hierzu Mergers & Acquisitions notwendig sind. Zur Erklärung sind Kapitalmarkttheorien heranzuziehen, die in einem gesonderten Abschnitt betrachtet werden (Abschnitt 3.2). Einige Studien gehen davon aus, dass die Steuerersparnisse aufgrund eines erhöhten Verschuldungsgrades mindestens 50 Prozent der Prämien erklären können, teilweise sogar über 100 Prozent. In Einzelfällen können bis zu 142,6 Prozent der Prämie durch die vollständige Ausschöpfung aller Steuervorteile erklärt werden (Kaplan 1989a: 623).

Schließlich bleibt festzuhalten, dass entweder steuerliche Potenziale einer Unternehmung bereits im Aktienkurs der Unternehmung enthalten sind, oder diese Wertsteigerungspotenziale zumindest im Rahmen eines Bietwettbewerbs beim Kauf der Unternehmung aufgedeckt werden (Kaplan 1989a: 626). Steuervorteile können daher kaum als primäres Motiv für Mergers & Acquisitions angesehen werden, sind aber zur optimalen Gestaltung der Transaktion zu berücksichtigen (Eccles et al. 1999: 143; Jarrell et al. 1988: 56).[3]

Insgesamt lässt sich in Bezug auf die Steuervorteile festhalten, dass diese auch ohne Mergers & Acquisitions realisiert werden können (Auerbach und Reishus 1988: 171; Kaplan 1989a: 613; Oehlrich 1999: 29 f.). Sie stellen folglich kein hinreichendes Motiv für Mergers & Acquisitions dar.

Zusammenfassend kann für die Hypothese des Werttransfers von Stakeholdern zu den Aktionären bei Mergers & Acquisitions konstatiert werden, dass der Werttransfer – von Einzelfällen abgesehen – keinen ausreichend großen Teil der Übernahmeprämien erklären kann (Pontiff et al. 1990: 600). Generell bleibt aber festzuhalten, dass es in der empirischen Forschung sehr schwierig ist, festzustellen, ob ein Wertzuwachs auf einen Werttransfer oder eine erhöhte Effizienz zurückzuführen ist. Dies ist um so problematischer, als es durchaus plausibel erscheint, dass beide Motive gleichzeitig auftreten (Bhagat et al. 1990: 11 f.).

Zusätzlich muss berücksichtigt werden, dass der Vermögenstransfer von unterschiedlichen Stakeholdern zum Käufer einer Unternehmung mit erheblichen indirekten Kosten verbunden ist. So werden die Mitarbeiter, Fremdkapitalgeber, der Staat und weitere betroffene Stakeholder zukünftig ihr Verhalten

3. Zu steuerlichen Fragestellungen vergleiche weiter die Monographien von Kaligin (1995) und Hötzel (1993) sowie den Sammelband von Schaumburg (1997). Neuere steuerlichen Entwicklungen werden teilweise im Aufsatz von Gollers und Tomik (1999) berücksichtigt.

gegenüber dem Käufer überdenken und kaum bereit sein, spezifische Investitionen zu tätigen. Wenn implizite Verträge durch den Käufer gebrochen werden, stellt sich ein beträchtlicher Reputationsverlust des Akquisiteurs ein, der lediglich durch hohe Anstrengungen und Investitionen wieder ausgeglichen werden kann.

Auch wenn der Stakeholderansatz durchaus einige plausible Argumente beinhaltet, liefert er keine hinreichende Begründung für Mergers *&* Acquisitions. So stellen Lohnkürzungen lediglich einen zu vernachlässigenden Anteil der Übernahmeprämie dar. Entlassungen scheinen ebenfalls keinen großen Beitrag zur Erklärung der Übernahmeprämien zu liefern. Außerdem werden erheblich mehr Entlassungen nach gescheiterten Übernahmen und Übernahmen durch einen sogenannten *White Knight* beobachtet als nach geglückten Übernahmen durch einen Raider (Milgrom und Roberts 1992: 514). Der Wertverlust der Halter von Anleihen stellt – von Ausnahmen abgesehen – gleichfalls keinen signifikanten Anteil der Übernahmeprämie dar, wie auch der Anteil der Steuerersparnis (Milgrom und Roberts 1992: 514). Die empirische Evidenz ist daher kaum gegeben.

Sicherlich ist nach Mergers *&* Acquisitions eine Reihe von Veränderungen in den Beziehungen zwischen den einzelnen Stakeholdern zu beobachten. Eine alleinige Begründung von Unternehmungsübernahmen mit Hilfe dieses Ansatzes scheint allerdings nicht möglich. Dies ist auch nicht weiter verwunderlich, da sich Vertreter des Stakeholderansatzes darüber einig sind, dass es die Aufgabe des Managements ist, einen Ausgleich zwischen den einzelnen Stakeholdern herzustellen und eine Mindestbefriedigung der Stakeholderinteressen sicherzustellen. Ansonsten wären einzelne Stakeholdergruppen nicht mehr bereit, ihren Beitrag für die Organisation zu leisten; das Gesamtsystem wäre nicht mehr handlungsfähig. Zu diesem organisationstheoretischen Thema hat die Anreiz-Beitrags-Theorie wesentliche Erkenntnisse beigesteuert (Barnard 1938: 167 ff.; Staehle 1999: 405 ff.).

3.1.2 Der managerialistische Ansatz

Bereits 1932 konstatierten Berle und Means (1932), dass sich mit zunehmender Größe der Unternehmungen Eigentum und Verfügungsrechte einer Unternehmung voneinander lösen. In Publikums-Aktiengesellschaften vollzieht sich eine Funktionstrennung. Die Eigentümer übertragen Verfügungsrechte auf das professionelle Topmanagement der Unternehmung. Damit verliert der Unternehmer als Person, die Eigentum und Verfügungsrechte in sich vereint, zunehmend an Bedeutung. Das nicht oder nur unwesentlich an der Unternehmung beteiligte Management kontrolliert und führt die Unternehmung und entscheidet über die Ressourcenverteilung, während die Aktionäre die Chancen und Risiken der Entscheidungen als Wertänderung ihres Kapitaleinsatzes tragen. Gerade bei einer breiten Streuung des Aktieneigentums ist eine Kontrolle des Managements durch die Kleinaktionäre kaum noch möglich und einzelökonomisch nicht sinnvoll. Dadurch erhält das Management die Möglichkeit, Entscheidungen im Eigeninteresse, also auch gegen das Interesse der Eigentümer zu treffen. Es trägt zwar teilweise die Risiken des Wertverlustes, da anhaltender Misserfolg mit Entlassungen sanktioniert wird. Von der Möglichkeit, an überdurchschnittlichen Leistungen zu partizipieren, ist es allerdings ausgeschlossen, es sei denn, es ist ihm gelungen, entsprechend kontingente Kompensationsregelungen auszuhandeln. Es ist folglich davon auszugehen, dass Manager ungern überdurchschnittliche Risiken eingehen, da sie eher am Misserfolg (negativ) als am Erfolg partizipieren. Das Ziel der Gewinnmaximierung muss damit als alleiniges Ziel einer Unternehmung eingeschränkt werden. Marris (1964) greift diesen Gedanken auf und erweitert ihn zum „Managementkapitalismus". Ähnlich wie auch Baumol (1967) verdeutlicht er, dass angestellte Manager ihre Entscheidungen am Umsatzwachstum ausrichten. Ihr wirtschaftlicher Erfolg und damit auch ihre Entlohnung orientieren sich an der Umsatzsteigerung (Baumol 1967: 45 ff.). Die Gewinnmaximierung tritt hierbei in den Hintergrund. Es wird lediglich eine Mindestrendite als Nebenbedingung gefordert (Marris 1964: 29 ff.; Williamson 1966: 11; Baumol 1967: 49 ff.), das heißt, dass Projekte auch dann durchgeführt werden, wenn sie dem Shareholder-Value-Gedanken zuwiderlaufen. Amihud und Kamin (1978/79) konnten diesen Tatbestand auch in ihrer empirischen Untersuchung managementkontrollierter Unternehmungen bestätigen (Amihud und Kamin 1978/79: 838 ff.).

Williamson (1963; 1964) geht sogar noch darüber hinaus: Er erkennt, dass Manager ihre persönlichen Bedürfnisse nach Einkommen, Macht, Status, Prestige, Professionalität und Ähnlichem in ihrem persönlichen Umfeld, also auch an ihrem Arbeitsplatz, befriedigen wollen. Auch bei Williamson (1963; 1964) hat das Management eine Mindestrendite zu erzielen. Der Vorteil dieses Ansatzes gegenüber Marris (1964) und Baumol (1967) liegt darin, dass von einem Zielbündel ausgegangen und nicht lediglich das Ziel der Umsatzmaximierung unterstellt wird. Williamsons Überlegungen (1963; 1964) sind daher eine größere Allgemeingültigkeit zuzuschreiben (Lipka 1995: 19).

Mueller (1969) überträgt den Gedanken der Managerialisten auf den Problembereich Mergers & Acquisitions. Wie bereits oben ausgeführt, streben angestellte Manager danach, eigene Bedürfnisse zu befriedigen. Die klassische Annahme der Gewinnmaximierung wird dahingehend variiert, dass nur noch eine Mindestrendite zu erzielen ist. Die Erbringung dieser Mindestrendite schützt das angestammte Management vor der Übernahme durch eine andere Unternehmung. Da die Mindestrendite unter der im Aktionärsinteresse liegenden wertoptimalen Rendite liegt, werden Manager über dieses Optimum hinaus investieren. Das heißt, dass auch Projekte durchgeführt werden, die nicht die von den Aktionären geforderte Rendite aufweisen (Mueller 1969: 646 f.).

Dies hat letztlich auch Konsequenzen für Unternehmungsakquisitionen. Während horizontale und vertikale Mergers & Acquisitions nach Mueller (1969) durch das Entstehen positiver Synergien durchaus auch im Interesse der Aktionäre sein können, kann dieses Argument nicht für konglomerate, unverbundene Akquisitionen gelten (Mueller 1969: 650 f.).

Neben unterschiedlichen Einschätzungen des Wertes einer Unternehmung,[4] ist die Begründung für konglomerate Mergers & Acquisitions vor allem auf unterschiedliche Zielsetzungen von Management und Aktionären zurückzuführen. Mueller (1969) geht davon aus, dass es in der Regel das Management ist, welches über den Kauf einer Unternehmung entscheidet und dies dann den Aktionären vorschlägt, ohne dass diese den Vorschlag genau prüfen können, weswegen sie meist zustimmen (Mueller 1969: 653). Da das Management neben Gewinnzielen Eigeninteressen verfolgt, liegt der Diskontierungsfaktor, den die Manager zur Bewertung eines Kaufobjektes ansetzen, unter dem der Aktionäre. Das heißt, das Management ist bereit, eine geringere Rendite von Investitionsobjekten in Kauf zu nehmen. Selbst Unternehmungen, die im Eigentümerinteresse geführt werden und ihren Wert maximiert haben, können einem Übernahmeangebot durch eine im Managerinteresse geführte Unternehmung zum Opfer fallen (Mueller 1969: 656; Shleifer und Vishny 1988: 13 f.). Dies ist auf den geringeren Diskontierungsfaktor der im eigenen Interesse handelnden Manager zurückzuführen.

Darüber hinaus ist anzumerken: Wachstumsziele – auch wenn sie nicht im

---

4. Hierbei wird davon ausgegangen, dass die Manager des Käufers höhere Erwartungen bezüglich des Erfolgs einer Unternehmung hegen als die momentanen Eigentümer. Daher ist ein Kaufpreis, der über dem momentanen Marktwert liegt, auch ökonomisch vertretbar. Inwieweit diese Hypothese von realistischen Annahmen ausgeht, soll erst im Abschnitt 3.2.3 näher erläutert werden.

Interesse der Eigentümer liegen – werden durch Mergers & Acquisitions schneller als durch internes Wachstum erreicht (Marris 1964: 123; Hughes et al. 1980: 38). Dem Management steht mit Mergers & Acquisitions ein Instrument zur Verfügung, ihre Eigeninteressen schneller zu erreichen. Allerdings konnte empirisch nur eine kleine Erhöhung der Managerkompensation durch Mergers & Acquisitions erklärt werden und diese war auch nur für den Aktionärswert erhöhende Mergers & Acquisitions signifikant (Khorana und Zenner 1998: 210 f.).

Es erscheint plausibel, dass eine Reihe von Mergers & Acquisitions aufgrund von Macht- und Prestigestreben der Manager veranlasst wird. Das große Medieninteresse an Mergers & Acquisitions kommt den persönlichen Bedürfnissen einiger Manager zusätzlich entgegen (Hambrick und Mason 1984: 123 f.).

Einen Sonderfall managerialistischer Überlegungen zur Erklärung von Mergers & Acquisitions stellt das Argument der Reduktion des Anstellungsrisikos des Managements dar (Amihud und Lev 1981: 605 ff.; Larcker 1986: 380 ff.). Ausgangspunkt hierbei ist, dass durch laterale Mergers & Acquisitions eine Risikoreduktion erzielt wird (vergleiche hierzu Abschnitt 3.2.1).

Diese Risikoreduktion erfolgt allerdings nicht im Sinne der Aktionäre, sondern ist im Sinne des angestellten Managements.[5] Da das Arbeitsplatzrisiko des Managements nicht durch eine Anstellung in mehreren Unternehmungen reduziert werden kann, sind Einkommen und Anstellungsrisiko direkt mit dem Unternehmungsrisiko verbunden (Amihud und Lev 1981: 606). Durch eine laterale Diversifikation kann das Unternehmungsrisiko und damit auch das Anstellungsrisiko des Managements reduziert werden. Das Management hat folglich einen Anreiz, aus eigenem Interesse heraus auch gegen die Interessen der Aktionäre eine laterale Diversifikation, beispielsweise durch laterale Mergers & Acquisitions, voranzutreiben (Amihud und Lev 1981: 607). Die Verfolgung von Eigeninteressen des Managements ist aber nur dann zu erwarten, wenn Kontroll- und Sanktionsmöglichkeiten des Arbeitsmarktes und interne Anreiz- und Kontrollsysteme versagen (Amihud und Lev 1981: 608 f.).

In ihrer empirischen Untersuchung konnten Amihud und Lev (1981) bestätigen, dass managementkontrollierte Unternehmungen eher laterale Mergers & Acquisitions durchführen als eigentümerorientierte Unternehmungen (Amihud und Lev 1981: 615). Es schließt sich allerdings die Frage an, warum bei eigentümergeführten Unternehmungen überhaupt Mergers & Acquisitions zu beobachten sind, wenn hierbei keine Wertsteigerung zu erwarten ist.

---

5. Wie in Abschnitt 3.2.1 gezeigt wird, können Aktionäre ihr finanzielles Risiko durch die Zusammenstellung eines Wertpapier-Portfolios eigenständig reduzieren.

In diesem Kontext konstatierten Amihud und Lev (1981): „Conglomerate mergers may therefore be explained in part at least, by managers' risk-reduction motives.“ (Amihud und Lev 1981: 609). Wenn man von den hier erläuterten Ansätzen ausgeht, ist es sogar verwunderlich, dass lediglich 60-70 Prozent aller Mergers *&* Acquisitions-Aktivitäten nicht erfolgreich verlaufen und beispielsweise durch Spin-offs wieder rückgängig gemacht werden (Porter 1987: 44 f.). Eigentlich müsste nach diesen Ansätzen die Fehlerquote noch höher liegen.

Die Bedeutung managerialistischer Motive zur Erklärung von Mergers *&* Acquisitions soll nicht negiert werden, auch wenn die Verfolgung von Eigeninteressen durch das Management nicht immer empirisch bestätigt werden konnte (Lane et al. 1998: 564 ff.). Das Eigeninteresse des Managements stellt einen wichtigen Ansatz zur Erklärung von Mergers *&* Acquisitions dar. Vor allem die große Zahl nicht erfolgreicher Mergers *&* Acquisitions aus der Sicht der Aktionäre bestätigt diese Überlegungen. Allerdings ist der Ansatz nicht in der Lage zu erklären, warum Mergers *&* Acquisitions gehäuft in Merger-Waves auftreten und warum sich die Mergers *&* Acquisitions-Aktivitäten auf wenige Branchen konzentrieren (Gort 1969: 625).

Die vorliegende Arbeit sucht jedoch nach einer effizienzgeleiteten Erklärung von Mergers *&* Acquisitions. Es soll untersucht werden, welche Vorteile sowohl die Käufer als auch die Verkäuferseite durch Mergers *&* Acquisitions generieren können. Dies ist nicht nur damit zu begründen, dass den Aktionären schlicht rational ökonomisches Verhalten unterstellt werden soll und daher auch eine rational ökonomische Erklärung für Mergers *&* Acquisitions geliefert werden muss. Auch innerhalb des managerialistischen Ansatzes ist eine aus dem Aktionärsinteresse motivierte Erklärung für Mergers *&* Acquisitions unabdingbar. Falls die Eigeninteressen der Manager tatsächlich die einzigen Gründe für Mergers *&* Acquisitions sind – beispielsweise, weil sie öffentliches Interesse auf sich ziehen –, sonst aber keine ökonomischen Gründe gegeben sind, ist davon auszugehen, dass Eigentümer dies generell untersagen würden. Es wird somit ersichtlich, warum die ökonomische Grundannahme sinnvoll erscheint, dass Mergers *&* Acquisitions den Unternehmungswert erhöhen müssen. Ohne ökonomisch sinnvolle Motive für Mergers *&* Acquisitions würden Aktionäre derartige Transaktionen einfach untersagen. Mergers *&* Acquisitions können daher nur teilweise durch managerialistische Ansätze erklärt werden. Erst durch die Möglichkeit der Eigentümer, durch Mergers *&* Acquisitions ihren Aktionärswert zu erhöhen, erlangt das Management den Spielraum, eigene Interessen zu verfolgen – auch auf Kosten der Eigentümer.

3.1.3 Hubris-Hypothese

Ein weiterer Ansatz zur Erklärung von Mergers & Acquisitions findet sich in der Hubris-Hypothese von Roll (1986). Roll geht davon aus, dass Mergers & Acquisitions individuelle Entscheidungen des Managements darstellen (Roll 1986: 199). Er wählt damit eine psychologische Erklärung von Mergers & Acquisitions.

Mergers & Acquisitions schaffen seiner Ansicht nach keinen Wert für die Aktionäre, sondern kommen lediglich durch die *Selbstüberschätzung* des Managements zustande. Ausgehend von effizienten Kapital-, Produkt- und Arbeitsmärkten stellt der jeweils aktuelle Börsenwert den wahrscheinlichsten realen Wert einer Unternehmung dar. Eine Übernahme erscheint lediglich angebracht, wenn das Management der kaufenden Unternehmung andere Einschätzungen hinsichtlich des Werts der zu kaufenden Unternehmung zugrunde legt als den aktuellen Börsenwert. Diese Möglichkeit wäre nach Roll eher unrealistisch, da effiziente Kapitalmärkte bereits alle Informationen in der Preisfestsetzung antizipiert haben (Roll 1986: 199).

Dennoch neigen Manager dazu, ihren eigenen Einschätzungen eher zu trauen als dem durch den Markt festgesetzten Preis. Dies resultiert aus einem übersteigerten Selbstvertrauen – Selbstüberschätzung – die Roll als *Hubris* bezeichnet (Roll 1986: 200).

Falls Manager bei der Analyse einer Zielunternehmung auf einen Wert unter dem Marktpreis kommen, geben sie kein Gebot ab, da für die bisherigen Aktionäre kein Anreiz besteht, Anteile an einer Unternehmung unter dem aktuellen Marktpreis zu veräußern. Erst wenn die Einschätzung über dem momentanen Marktpreis liegt, wird ein Gebot abgegeben. Das bedeutet, dass stets zu hohe Gebote abgegeben werden. Mergers & Acquisitions vernichten folglich Wert der Aktionäre der kaufenden Unternehmung. Die Erklärung für Unternehmungsübernahmen ist damit in einer Überbezahlung (Overpaying), das heißt in einem zu hohen Kaufpreis zu sehen, der sich für die kaufende Unternehmung negativ auswirkt (Milgrom und Roberts 1992: 511).

Wie bei den vorangegangenen Erklärungsansätzen handelt das angestellte Management auch im Rahmen der Hubris-Hypothese nicht im Sinne der Aktionäre. Ein Unterschied zu diesen Ansätzen besteht allerdings in der Motivation der nicht wertoptimalen Handlung. Während im Rahmen des Managerialismus' und der Agency-Theory den Aktionären und Managern unterschiedliche, teilweise diametral entgegengesetzte Nutzenfunktionen unterstellt werden, verzichtet die Hubris-Hypothese auf diese Annahme. Wertvernichtende Mergers &

Acquisitions entstehen nach der Hubris-Hypothese auch dann, wenn Manager im Sinne der Eigentümer handeln wollen. Eine absichtliche Täuschung der Aktionäre muss nicht vorliegen, da die Fehleinschätzung des Unternehmungswertes auf die Selbstüberschätzung der Manager zurückzuführen ist (Roll 1986: 214).

Roll selbst greift den Einwand auf, das Aktionäre Mergers *&* Acquisitions generell untersagen würden, wenn lediglich negative Ergebnisse erzielt würden (Roll 1986: 214). Dieser Vorwurf wird allerdings mit der Begründung zurückgewiesen, dass sich die Verluste der kaufenden Unternehmungen durch die Gewinne der gekauften Unternehmung ausgleichen. Kosten, die durch die Transaktion anfallen, seien zu vernachlässigen (Roll 1986: 214).

Diese Argumentation scheint aus drei Gesichtspunkten wenig plausibel: Zum einen sind die Kosten, die durch Mergers *&* Acquisitions entstehen, nicht zu marginalisieren (Lowenstein 1985: 757). So werden beispielsweise Kosten für Anwälte, Investmentbanker, Unternehmungsberater etc. mit circa 5-10 Prozent des Transaktionsvolumens angesetzt (Jensen 1989a: 39). Die Vergütung der Investmentbanken für die Beratung der Fusion von Daimler Benz und der Chrysler Corporation betrug etwa 210 Millionen DM. Zusätzlich entstanden Gebühren für Rechtsberatung, Wirtschaftsprüfung und für die Kapitalerhöhung von 340 Millionen DM (Appel und Hein 1998: 123). Daneben verursachen Mergers *&* Acquisitions teilweise erhebliche steuerliche Belastungen, da meist eine neue Gesellschaft gegründet wird, die dann steuerpflichtig wird. So mussten allein in Deutschland für die Fusion von Daimler und Chrysler 160 Millionen DM an Grunderwerbsteuer gezahlt werden (Appel und Hein 1998: 123). Schließlich sind auch die Kosten der Integration von beteiligten Unternehmungen erheblich (vergleiche hierzu Abschnitt 5.7 der Arbeit).

Zum anderen widerspricht allein die Aussage, dass selbst marginale Kosten nicht ins Gewicht fallen, der Annahme effizienter Märkte. Selbst die kleinste Verschwendung würde von effizienten Kapitalmärkten sofort sanktioniert und unterbunden werden.

Schließlich konnte empirisch nicht festgestellt werden, dass die Höhe der gezahlten Übernahmeprämien genau dem Wertverlust der akquirierenden Unternehmung entspricht. Daher müssen noch weitere Motive in die Übernahmeentscheidung einfließen (Milgrom und Roberts 1992: 511). Selbst wenn die Gewinne der gekauften Unternehmung die Verluste der Käuferseite ausgleichen würden, wären Aktionäre gegenüber Mergers *&* Acquisitions nur unter der Bedingung indifferent, dass sie Aktien zu gleichen Anteilen an beiden Unternehmungen hielten, eine Bedingung, die nicht realistisch scheint.

So ist Rolls eigenem Zugeständnis, dass „Since such prohibitions are not observed, hubris alone cannot explain the takeover phenomenon" (Roll 1986: 214) voll zuzustimmen.

3.1.4 Agencytheoretische Überlegungen

Wie bereits der managerialistische Ansatz gehen auch agencytheoretische Überlegungen von der Trennung von Eigentum und Kontrolle aus. Anders als Vertreter des managerialistischen Ansatzes gelangen Agencytheoretiker zu einer positiven Beurteilung von Mergers *&* Acquisitions, wie im Folgenden gezeigt wird. Agency-Probleme entstehen immer dann, wenn das Management nicht oder nur zu einem geringeren Teil an einer Unternehmung beteiligt ist (Jensen und Meckling 1976: 307 ff.). Wie bereits gezeigt, entsteht hierbei das Problem, dass das Management andere Zielsetzungen als die Eigentümer verfolgt. Oftmals versucht das Management, auf Kosten der Eigentümer andere Ziele zu erreichen oder hält einfach Leistung zurück. Durch das weit gestreute Aktienkapital lohnt es sich für Kleinaktionäre nicht, das Management zu kontrollieren, da Eigentümer, die dies täten, die gesamten Kontrollkosten zu tragen hätten. Gleichzeitig würden sie aber nur gemäß ihrem Anteil vom gesteigerten Erfolg profitieren. Das Agencyproblem basiert folglich auf einem klassischen *free-rider Problem* (Milgrom und Roberts 1992: 499), welches darin besteht, dass die Eigentumsrechte an einem Gut nicht ausreichen, damit eine Partei, die alleine die Kosten für dieses Gut zu tragen hat, auch alleine in den Genuss der Vorteile gelangt, also auch andere Personengruppen am Erfolg partizipieren ohne dafür eine Gegenleistung zu erbringen (Milgrom und Roberts 1992: 294). Dem Management entstehen Handlungsspielräume, die es im Eigeninteresse ausnutzt, da Kleinaktionäre keinen Anreiz haben, ausreichende Kontrolle durchzuführen.

Die Agencytheorie basiert auf den verhaltenswissenschaftlichen Grundannahmen des bereits beschriebenen Opportunismus sowie begrenzter Rationalität der Akteure, die es letztlich verhindern, perfekte Verträge auszuarbeiten. Opportunistisches Verhalten kann auch durch vertragliche Vereinbarungen nicht ausgeschlossen werden. Hieraus resultieren für den Eigentümer Kosten, die als Agency-Kosten bezeichnet werden.[6] Es sind dies insbesondere:

---

6. Auch dem Agenten entstehen Kosten, wenn er auf eigennützige, den Prinzipal schädigende Handlungen verzichtet, oder den Prinzipal für die von ihm zugefügten Kosten

1. Kosten für die Erstellung von Verträgen zwischen Prinzipal und Agent,
2. Kosten der Kontrolle und Überwachung des Agenten (Monitoring Costs),
3. Kosten für Anreizsysteme, die Agenten dazu veranlassen, im Sinne des Prinzipals zu handeln (Bonding Costs),
4. Kosten, die als Residualverluste zu bezeichnen sind und durch Entscheidungen des Agenten entstehen, der nicht im Sinne des Prinzipals handelt (Residual Loss) (Jensen und Meckling 1976: 308).

Um opportunistisches Verhalten der Manager zu vermeiden, versucht man, Anreizsysteme und interne Kontrollsysteme einzusetzen. Deren Problem liegt darin, dass die meisten Handlungen und Entscheidungen des Managements nicht überprüft werden können, das heißt die internen Kontrollsysteme versagen (Jensen 1984: 119). Wenn Raider dies erkennen, besteht für sie die Möglichkeit, die Unternehmung zu übernehmen, das Management auszuwechseln und den erhöhten Gewinn einzustreichen.

Um dies zu ermöglichen, ist ein *Markt für Unternehmungskontrolle* beziehungsweise *Market for Corporate Control* entstanden (Jensen und Ruback 1983: 5 ff.; Dodd 1986: 343 ff.). Unternehmungskontrolle wird hierbei als das Recht definiert, das Management einer Unternehmung und damit die Kontrolle über die in der Unternehmung vorhandenen Ressourcen zu bestimmen. Zu den Kontrollaufgaben zählt folglich das Recht, das Topmanagement einzustellen, zu entlassen und die Vergütung festzulegen (Fama und Jensen 1983a; Fama und Jensen 1983b).

Wenn der Markt für Unternehmungskontrolle funktioniert, führt dies zu einer Disziplinierung von Managemententscheidungen. Unternehmungen, deren Managementteams nicht im Sinne der Wertmaximierung der Aktionäre handeln, laufen Gefahr, von einem anderen Managementteam übernommen zu werden (Jensen 1984: 110; Mitchel und Lehn 1990: 373; Delingat 1996: 61 ff.). Allein durch die Androhung einer solchen Übernahme können Manager diszipliniert werden, die Interessen der Aktionäre zu verfolgen. Der Markt für Unternehmungskontrolle schränkt also den Handlungsspielraum des Managements erheblich ein (Roe 1994: 152), das heißt Eigeninteressen der Manager

entschädigt. Diese Kosten werden als Gewährleistungskosten bezeichnet (Macharzina 1999: 55 ff.). Da für die Erklärung von Mergers & Acquisitions lediglich die Kosten des Prinzipals relevant sind, werden die Gewährleistungskosten aber nicht weiter betrachtet.

können nicht in signifikanter Weise ungestraft durchgesetzt werden. Inkompetenz und die Nichtbefolgung von Aktionärszielen führen zu einer Übernahme und zur Entlassung des Managements (Shleifer und Vishny 1988: 8 ff.). Eine Wertsteigerung der Unternehmung erfolgt nicht aufgrund von Verbesserungen der technischen Effizienz oder von Marktmacht. Allein durch die Einführung einer neuen Eigentümerstruktur und eines neuen Kontrollsystems entsteht Wert (Jensen und Ruback 1983: 9).

Einer der wohl spektakulärsten und am besten dokumentierten Fälle eigennützigen Verhaltens von Managern, das eine Übernahme nach sich zog, ist der RJR-Nabisco-Deal (Burrough und Helyar 1990). Nach einem feindlichen Leveraged Management Buy Out durch Kohlberg, Kravis, Roberts & Co. im Jahre 1988 konnte durch einfache Kosteneinsparmaßnahmen die Rentabilität von RJR-Nabisco erhöht werden. So wurden beispielsweise 30 Luxusapartments verkauft, die nach dem Vorstandvorsitzenden spöttisch benannte „Air Johnson" von elf auf vier Privatjets reduziert und zahlreiche Persönlichkeiten aus dem Sport, die lediglich zur Unterhaltung des Vorstands engagiert worden waren, entlassen (Burrough und Helyar 1990: 93 ff.; Sellers 1993: 60). Aber auch durch die Verbesserung des Kapitalumschlags und anderer betriebswirtschaftlicher Maßnahmen (Michel und Shaked 1991: 17) konnten die Kosten reduziert werden.

Obwohl Übernahmen von im Managementinteresse geführten Unternehmungen aus Sicht der Aktionäre wünschenswert sind, besteht für Manager ein Anreiz, Übernahmen zu verhindern, da sie den Verlust ihres Arbeitsplatzes befürchten (Jensen und Ruback 1983: 8 und 36). Hierzu wurde eine Reihe von Abwehrmaßnahmen entwickelt. Im Jahre 1991 hatten 87 Prozent der an amerikanischen Börsen gelisteten Unternehmungen mindestens eine Form von Abwehrstrategien implementiert (Comment und Schwert 1995: 4). Zu den bekanntesten Abwehrstrategien gehören Greenmails, Restrukturierungsmaßnahmen, satzungsmäßige Vereinbarungen, die einen Kontrollwechsel erschweren, Poison Pills, Poison Puts, Golden Parachutes, Pac Man-Verteidigungen und die Suche nach einem White Knight (Jensen und Ruback 1983: 29 ff.; Jarrell et al. 1988: 58 ff.; Hanly 1992: 895 ff.; Weston et al. 1998: 413 ff.). Die wirksamste Abwehrmaßnahme ist aber eine überzeugende Darlegung der strategischen Absichten. Denn wenn dadurch die bestehenden Aktionäre überzeugt werden, ihre Aktien nicht an einen Raider zu verkaufen, wird eine feindliche Übernahme verhindert (Craven 1992: 62).[7]

---

7. Zu Abwehrmaßnahmen in der Bundesrepublik Deutschland vergleiche die Arbei-

Greenmails stellen Aktienrückkäufe dar. Raider erhalten vom Targetmanagement ein Angebot, dessen Aktienpaket mit einem Aufpreis zurückzukaufen. Gleichzeitig wird ein Stillhalteabkommen für mehrere Jahre vereinbart (Shleifer und Vishny 1986: 294). Restrukturierungsmaßnahmen sollen dazu führen, die Unternehmung bei den Aktionären attraktiver erscheinen zu lassen und dadurch den Aktienkurs in die Höhe zu treiben. Die Satzung einer Unternehmung kann ebenfalls dazu verwandt werden, Übernahmen zu erschweren. So besteht die Möglichkeit, Minderheitsaktionäre besonders großzügig abzufinden oder die Neubesetzung des Aufsichtsrats über besondere Wahlmodi zu erschweren und zu verzögern (Sundaramurthy 1996: 379). Poison Pills sind Sonderrechte, die durch Ankündigung eines Übernahmeversuchs in Kraft treten. Beispielsweise kann vereinbart werden, dass in einer vorher bestimmten Situation, neue Aktien zu besonders günstigen Konditionen an die Altaktionäre abgegeben werden. Der Käufer muss diese Aktien dann zusätzlich erwerben, um die Stimmrechtsmehrheit zu erlangen. Poison Puts stellen für Bondholder das Recht dar, ihre Anleihen bei Eintritt einer Übernahme an die Unternehmung zu verkaufen (Ryngaert 1988: 380 ff.). Der Akquisiteur muss folglich zusätzliche Finanzierungsquellen für die Übernahme eröffnen. Golden Parachutes erhöhen den Kaufpreis um die Summe der Abfindungen für das angestammte Management. Bei der Pac Man-Strategie versucht das Target, ein Gegenangebot zu unterbreiten und den Bieter aufzukaufen, während die Suche nach einem White Knight darin besteht, einen anderen, dem Management genehmeren Bieter zu finden.

Allerdings sind diese Abwehrmaßnahmen nicht eindeutig dem Eigeninteresse des Managements zuzuordnen. Durch derartige Maßnahmen kann der Bietprozess verlängert werden. Eventuell gewinnt das Management neue Bieter, wodurch der Verkaufspreis hochgetrieben werden kann. Dies ist im Sinne der Aktionäre (Jensen und Ruback 1983: 36 ff.). So kommen hierbei die empirischen Studien auch nicht zu eindeutigen Ergebnissen. Obwohl meist geringe Rückgänge des Aktienwertes zu verzeichnen sind (Weston et al. 1998: 414 ff.), wird teilweise die Einführung von Abwehrstrategien auch positiv bewertet,

---

ten von Schwegmann und Pfaffenberger (1991) und Daum (1993). Feindliche Übernahmen werden durch den Einfluss der Banken auf Industrieunternehmungen (Franks und Mayer 1998: 1388), die geringe Anzahl börsennotierter Aktiengesellschaften, einige aktienrechtliche und mitbestimmungsrechtliche Besonderheiten (Werner 1989: 17 ff.; Hahn 1992: 154 ff.; Hopt 1992: 42 ff.), aber auch durch die kulturellen Bedingungen (Hartmann 1992: 27 ff.) in Deutschland erschwert.

nämlich dann, wenn dies die Möglichkeit einer bevorstehenden Übernahme signalisiert (Weston et al. 1998: 423).

Grossman und Hart (1980) wiederum haben in ihrer Arbeit darauf hingewiesen, dass selbst bei einem ineffizient arbeitenden Management oftmals Übernahmen durch einen Raider nicht stattfinden. Aktionäre mit geringen Anteilen an einer Unternehmung sind nicht bereit, ihre Anteile zu verkaufen, da sie erwarten, nach einer Übernahme von einer Verbesserung der Performance zu profitieren. Die verbesserte Performace stellt ein öffentliches Gut dar, wovon die Altaktionäre als Freerider profitieren können, ohne hierzu einen Beitrag zu erbringen. Dies vermindert die Rentabilität für den Raider, da dieser allein die Kosten für die Übernahme tragen müsste. Eine Übernahme unterbleibt daher (Grossman und Hart 1980: 44 ff.). Zwar schlagen Grossman und Hart (1980) einige Mechanismen vor, um die Wahrscheinlichkeit einer Übernahme zu erhöhen und damit dem Management einen Anreiz zu geben, Ressourcen effizient einzusetzen. Diese sind jedoch nicht praktikabel, da sie gesetztlich untersagt sind (Grossman und Hart 1980: 59; Tirole 1994: 43).

Trotz gleicher verhaltenswissenschaftlicher Grundannahmen und Problembeschreibung kommen der managerialistische und der agencytheoretische Ansatz zu grundlegend verschiedenen Ergebnissen im Hinblick auf die Erklärung von Mergers & Acquisitions. Managerialisten sehen in Mergers & Acquisitions ein Vehikel für Manager, ihre Eigeninteressen besser und schneller durchzusetzen. Agency-Theoretiker argumentieren ebenfalls vor dem Hintergrund der Trennung von Eigentum und Kontrolle und opportunistischem Verhalten der Manager. Trotzdem kommen Agency-Theoretiker zu einem diametral entgegengesetzten Ergebnis. Mergers & Acquisitions werden hier als Disziplinierungsinstrument angesehen, welches opportunistisches Verhalten der Manager bestraft. Mergers & Acquisitions werden aus der Sicht der Agencytheorie also eher positiv, aus Sicht der Managerialisten eher negativ bewertet.

Der agencytheoretische Ansatz zur Erklärung von Mergers & Acquisitions kann nur sehr schwierig empirisch analysiert werden. Die Kernthese liegt in der Disziplinierung des Managements. Da keine Kontrollgruppe analysiert werden kann, auf die der Markt für Unternehmungskontrolle nicht wirkt, kann eine empirische Aussage über die Wirkung der Sanktion Mergers & Acquisitions nicht leicht getroffen werden.

Zumindest zwei Ergebnisse lassen den Wert des agencytheoretischen Ansatzes als umfassende Erklärung für Mergers & Acquisitions zweifelhaft erscheinen. Zum einen stützt der große Anteil erfolgloser Mergers & Acquisitions die These der Effizienzverbesserung durch das neue Management nicht. Lediglich die Altaktionäre, die ihre Anteile verkaufen, scheinen eine Wertsteigerung generieren zu können; die Käufer erzielen meist keine positiven Ergebnisse.

Das zweite und wohl wichtigere Indiz, welches gegen den agencytheoretischen Ansatz spricht, liegt darin, dass die übernommenen Unternehmungen in der Regel rentabler sind als die Akquisiteure (Lowenstein 1988: 892). Dieser Umstand weist eher darauf hin, dass erfolgreiche Unternehmungen mit wichtigen Ressourcen akquiriert werden. Daneben ist aus einer agencytheoretischen Perspektive zu erwarten, dass die Managementkompensation durch eine gestiegene Übernahmewahrscheinlichkeit reduziert wird, um so die Übernahme zu verhindern. Dies wurde allerdings empirisch nicht bestätigt. Es wurde eher eine Erhöhung der Managerkompensation beobachtet, was die Hypothese stützt, dass Manager eine höhere Kompensation verlangen, damit sie weiterhin zu unternehmungsspezifischen Humaninvestitionen bereit sind (Agrawal und Knoeber 1998: 220).

Weiterhin kritisierte bereits Fama (1980), dass es wenig hilfreich sei, die Kontrolle des Managements nur durch eine vergleichsweise teure Unternehmungsübernahme zu bewerkstelligen. Die Unternehmung kann eine Restrukturierung aus eigener Kraft auch ohne den Zusammenschluss mit einer anderen Unternehmung bewerkstelligen (Chatterjee 1992: 271). Alternative Möglichkeiten sind durch den unternehmungsinternen und -externen Markt für Führungskräfte und vor allem durch Kontrollinstrumente (Monitoring) innerhalb der Unternehmung gegeben. Die Disziplinierung des Managements durch die Gefahr der Übernahme stellt lediglich ein mögliches Disziplinierungsinstrument dar, welches allerdings aufgrund der hohen Kosten erst sehr spät, und nachdem die anderen Instrumente versagt haben, eingesetzt wird.

3.1.5 Replacement ineffizienter Manager

Einen weiteren – dem klassischen Agencyproblem sehr ähnlichen Erklärungsversuch – stellt die *Inefficient-Management-Hypothese* von Manne (1965) dar. Ausgangspunkt der Überlegung ist, dass das etablierte Management die Potenziale einer Unternehmung nicht optimal ausschöpft. Dies wird nicht auf mangelnde Berücksichtigung der Eigentümerinteressen zurückgeführt, sondern auf die Unfähigkeit des Managements. Darin liegt auch der Unterschied zur Principal-Agent-Theorie. Aufgrund mangelnder Fähigkeit, den Gewinn zu maximieren, wird der Aktienkurs einer Unternehmung reduziert (Tirole 1994: 42). Durch das Ersetzen des Managements kann folglich der Wert der Unternehmung erhöht werden, da dadurch noch nicht erschöpfte Potenziale verwirklicht werden können. Hierdurch soll eine ökonomisch rationale Allokation der Unternehmungsressourcen erreicht werden (Wenger 1989: 269; Lowenstein 1988: 887). In diesem Falle wird allerdings unterstellt, dass das Management der Unternehmung erst durch die Übernahme durch eine andere Unternehmung ersetzt werden kann (Manne 1965: 112 f.). Ein Raider erkennt die verborgenen Potenziale einer Unternehmung, kauft sie auf und ersetzt das ineffiziente Management. Das neue Management wird neue Strategien implementieren, die den Wert der Unternehmung erhöhen (Milgrom und Roberts 1992: 508 f.). Der Käufer bringt keine weiteren Ressourcen als Management-Know-how ein. Es werden folglich keine weiteren Synergien erzielt (Grinblatt und Titman 1998: 675).

Da das Management davon ausgehen kann, nach der Übernahme ersetzt zu werden, hat es keinen Anreiz, mit dem Raider zu kooperieren. Damit bleibt nur die Möglichkeit einer feindlichen Übernahme. Raider können allein die Instrumente des Tender Offers oder des Proxy Contests nutzen (Milgrom und Roberts 1992: 508). Bei einem Tender Offer wird den Aktionären vom Raider direkt ein Übernahmeangebot unterbreitet, nachdem er bereits einige Aktien – einen sogenannten toehold – erworben hat (Ravid und Spiegel 1999: 1222). Das Angebot hängt also nicht von der Zustimmung des Managements und des Aufsichtsrats der Zielunternehmung ab. Bei einem Proxy Contest versucht der Raider, auf einer Hauptversammlung Stimmen weiterer Aktionäre zu gewinnen, auf die er sonst keinen wirtschaftlichen und rechtlichen Einfluss hat. Die Grundidee hierfür geht auf Hirschman (1970; 1974) zurück. Aktionäre können sich dabei zwischen den Alternativen Exit, Voice und Loyality entscheiden. Kann ein Raider weitere Aktionäre überzeugen, einem ineffizienten Management nicht mehr loyal gegenüber zu stehen, besteht die Möglichkeit, dass diese entweder ihre Anteile verkaufen (Exit) oder, wie im Proxy Contest, ein neues Management mitbestimmen (Voice). Dem Vorschlag des Raiders, ein neues Management einzusetzen, wird bei einem erfolgreichen Proxy Contest zugestimmt.

Die beteiligten Aktionäre versprechen sich – wie von der Inefficient-Management-Hypothese postuliert – ein verbessertes Unternehmungsergebnis und damit höhere Aktienkurse, was teilweise empirisch bestätigt wurde (Weisbach 1993: 204 ff.).

Die Inefficient-Management-Hypothese bietet jedoch Anlass zu verstärkter Kritik: Es kann zum Beispiel argumentiert werden, dass Mergers & Acquisitions ein vergleichsweise teures Instrument darstellen, ein effizientes Management einzusetzen. Alternative Instrumente sind – wie bereits erwähnt – die Nutzung des internen und externen Arbeitsmarktes (Fama 1980). Die Argumente der Inefficient-Management-Hypothese können nur greifen, wenn sowohl ein funktionierender Markt für Unternehmungskontrolle als auch ein gleichzeitiges Versagen des Markts für Führungskräfte nachgewiesen werden können.

Das Argument, dass Mergers *&* Acquisitions eine zu teure Alternative für den Austausch des Managements darstellen, wird noch dadurch bekräftigt, dass die Altaktionäre kaum bereit sein werden, ihre Anteile an den Raider abzugeben. Sie werden eher als Free Rider versuchen, an der Wertsteigerung als Minderheitsaktionäre zu partizipieren. Der Raider hätte also alle Kosten der Übernahme alleine zu tragen, würde aber an der Ergebnisverbesserung nur anteilig beteiligt (Grossman und Hart 1980: 44 ff.).

Darüber hinaus bleibt es fragwürdig, ob ein externer Käufer bessere Informationen hinsichtlich der Leistung des Managements haben kann als die angestammten Aktionäre. Ferner müsste sichergestellt werden, dass keine weiteren Bieter hinzutreten und im Bietprozess zukünftige Gewinne *wegbieten*.

Ein weiterer Kritikpunkt an der Inefficient-Management-Hypothese besteht darin, dass das Management der Zielunternehmung nach einer Übernahme oftmals gar nicht ausgetauscht wird (Weston et al. 1990: 193). Dies lässt sich gerade bei konglomeraten Mergers *&* Acquisitions beobachten (Lynch 1971: 52 f.; Markham 1973: 86 f.). Es konnte auch kein Unterschied hinsichtlich des Wechsels des Managements nach freundlichen und feindlichen Übernahmen festgestellt werden (Jensen 1988a: 39). Der Wechsel von Großaktionären hat somit nur einen geringen Einfluss auf die Zusammensetzung des Managements (Milgrom und Roberts 1992: 498 f.). Es gibt sogar Evidenz dafür, dass der Wechsel im Management meist von den Arbeitnehmern ausgeht, die nicht mehr mit ihren neuen Aufgabengestaltungen und ihrem Status zufrieden sind, und gerade nicht von den neuen Eigentümern (Lubatkin et al. 1999: 58; Hambrick und Cannella 1993: 757). Dies steht im Widerspruch zur Inefficient-Management-Hypothese.

Der unterbleibende Austausch des Managements kann darauf beruhen, dass mit Mergers *&* Acquisitions nicht nur Ressourcen – hier Managementfähigkeiten – vom Käufer auf die Zielunternehmung übertragen, sondern gleichzeitig Ressourcen der Zielunternehmung erworben werden. Hierbei spielt auch das Management der Zielunternehmung eine erhebliche Rolle, da es spezifische Branchen- und Unternehmungskenntnisse sowie Netzwerke besitzt (Mintzberg

1973; Mintzberg 1975; Kotter 1982), die der Käufer nutzen möchte.

Der letzte und wohl wichtigste Punkt, der gegen die Inefficient-Management-Hypothese spricht, spiegelt sich im Ergebnis der Studie von Lowenstein (1988) wider. Er kam zu dem Ergebnis, dass die übernommenen Unternehmungen vor der Übernahme eine bessere Eigen- und Gesamtkapitalrentabilität auswiesen als die Käufer (Lowenstein 1988: 892). Die zusammengeschlossenen Unternehmungen mussten nach der Übernahme starke Einbußen ihrer Gesamtkapital- und Eigenkapitalrentabilität hinnehmen (Lowenstein 1988: 842 f.). Feindliche Übernahmen durch Raider scheinen folglich nicht durch eine schlechte Rentabilität des Übernahmeobjektes zu rechtfertigen zu sein, und auch der Erfolg der Übernahmen ist eher fraglich. Dies widerspricht der Inefficient-Management-Hypothese und bestätigt die Vermutung, dass gerade Unternehmungen mit Erfolg versprechenden Ressourcen erworben werden.

3.1.6 Free-Cash-flow-Hypothese

Jensen (1986) ergänzt agencytheoretische Überlegungen und bietet mit der Free-Cash-flow-Hypothese einen weiteren Erklärungsansatz für Mergers *&* Acquisitions. Wie schon bei der Agencytheorie steht auch hier der Zielkonflikt zwischen Managern (Agenten) und Eigentümern (Prinzipalen) im Mittelpunkt der Überlegungen. Der Kernpunkt des Ansatzes liegt in der Konfliktanalyse bezüglich der Ausschüttung freier Cash-flows (Jensen 1989b: 66). Freie Cash-flows werden hierbei als überschüssige Cash-flows definiert, die der Unternehmung zur Verfügung stehen, nachdem alle Projekte mit positivem Nettobarwert finanziert wurden. Sie stellen folglich einen Barmittelüberschuss dar, der innerhalb der Unternehmung keine Verwendung findet, welche die Kapitalkosten erwirtschaften kann. Solche freien Cash-flows sind vor allem in sehr rentablen, aber kaum noch wachsenden, wenn nicht sogar schrumpfenden Branchen vorzufinden, wie beispielsweise in der Öl-, Stahl-, Papier-, Reifen- und Tabakindustrie, aber auch in der Forstwirtschaft. Hier werden hohe Cash-flows generiert, für die jedoch keine zukunftsträchtigen Investitionsmöglichkeiten innerhalb der Stammbranche zur Verfügung stehen (Jensen 1989b: 64). Die von Jensen (1986) vorgestellte Hypothese bezieht sich damit explizit nicht auf junge, schnell wachsende Organisationen in wachsenden, zukunftsträchtigen Märkten (Jensen 1986: 324). Das Management und die Aktionäre haben drei Möglichkeiten, sich über den Umgang mit freien Cash-flows zu einigen:

1. Freie Cash-flows können über Dividendenzahlungen an die Aktionäre ausgeschüttet werden.

2. Durch den Rückkauf eigener Aktien kann die Unternehmung ebenfalls die freien Cash-flows ausschütten.

3. Das Management überzeugt die Eigentümer, die freien Cash-flows zu thesaurieren. Dazu wird das Management die Zusage abgeben, dass zukünftig an die Eigentümer ausgeschüttete Cash-flows den derzeitigen Verzicht überkompensieren werden.

Der Konflikt zwischen Management und Eigentümern fokussiert nun auf Ausschüttung oder Thesaurierung dieser freien Cash-flows. Während die Aktionäre an einer vollständigen Ausschüttung der freien Cash-flows interessiert sind, um sie einer Verwendung zuzuführen, die zumindest die Kapitalkosten deckt, hat das Management Interesse, die freien Cash-flows intern zu nutzen. Das Management bevorzugt diese Alternative, da eine Ausschüttung freier Cash-flows zu einer Reduktion der vom Management kontrollierten Ressourcen führt. Bei jeder neuen Finanzierung muss zur Kapitalbeschaffung auf den externen Kapitalmarkt zurückgegriffen werden, was wiederum ein verstärktes Monitoring des Managements durch den Kapitalmarkt nach sich zieht und seine Autonomie einschränkt (Jensen 1989b: 66).

Zur Verhinderung der Ausschüttung freier Cash-flows verspricht das Management, die Cash-flows in rentable Projekte zu investieren. Trotz dieses Versprechens werden die freien Cash-flows in Projekte investiert, die ihre Kapitalkosten nicht erwirtschaften, da dem Management keine wertschaffenden Alternativen zur Verfügung stehen. Daher wird oft in Mergers *&* Acquisitions investiert, die keinen ökonomischen Wert schaffen. Dies ist vor allem dann ein Problem, wenn weder die Produkt-, noch die Faktormärkte das Management zu einem effizienten Einsatz von Ressourcen disziplinieren. Hier müssen interne Kontrollmechanismen einen unrentablen Einsatz finanzieller Ressourcen verhindern. Wie jedoch bereits ausgeführt, verursachen solche Kontrollmechanismen erhebliche Kosten (vergleiche Abschnitt 3.1.4) und sind nicht effizient (Jensen 1989b: 64).

Jensen (1986) schlägt daher neben den klassischen Kontrollmechanismen ein weiteres Disziplinierungsinstrument vor: Eigentümer sollen Eigenkapital durch Fremdkapital substituieren. Die Eigenkapitalgeber betätigen sich auch als Halter von Fremdkapitalanteilen. Um einen gleichbleibenden Anteil von Eigen- und Fremdkapital für alle Eigentümer sicherzustellen und free riding zu verhindern, schlägt Jensen (1986) ein *strip financing* vor (Jensen 1986: 325 f.). Hierbei werden Eigenkapital- und Fremdkapitalanteile unmittelbar miteinander verbunden und können nicht voneinander getrennt gehandelt werden.

Folgende Vorteile sollen durch die hohe Verschuldung erzielt werden:

1. Durch die vorteilhaftere steuerliche Behandlung von Fremdkapital gegenüber Eigenkapital kann ein Zinsstundungseffekt auftreten.

2. Der zweite und hier wichtigere Vorteil besteht darin, dass die Eigentümer mit dem Erwerb von Fremdkapitalanteilen erhebliche Rechte erwerben, so vor allem das Recht, das Management zu sanktionieren, falls es seinem Versprechen, zukünftig Cash-flows auszuzahlen, nicht nachkommt (Jensen 1989b: 67).

Die Substitution von Eigenkapital durch Fremdkapital stellt folglich unter anderem eine rechtliche Verbriefung des Versprechens des Managements dar, zukünftig Cash-flows auszuschütten. Während den Eigenkapitalgebern generell nur Residualgewinne zustehen, erhalten Fremdkapitalgeber vertraglich festgeschriebene Zahlungen. Das verbale Versprechen des Managements wird also in einen formalen Kreditvertrag umgewandelt. Die Gläubiger erhalten das Recht, bei Nichteinhaltung der Zahlungsvereinbarungen die Unternehmung in den Konkurs zu führen, was letztlich einen Arbeitsplatzverlust des Managements zur Folge hätte.

Neben Aktienrückkäufen (Nohel und Tarhan 1998: 188 ff.) können mit der Free-Cash-flow-Hypothese vor allem *Going Private*-Transaktionen und auch sogenannte *Leveraged Buy-Outs* erklärt werden (Lehn und Poulsen 1989: 783). Buy-Out-Transaktionen werden meist in hohem Maße fremdfinanziert. Das neue Management verspricht folglich – im Kreditvertrag nun auch formalrechtlich festgelegt –, dass es zukünftig freie Cash-flows erwirtschaften wird, welche ausreichen, um alle Fremdkapitalansprüche zu bedienen.

Dieser Effekt wird dadurch verstärkt, dass das Management oft selbst am Eigenkapital beteiligt ist. Da das Eigenkapital erst nach dem Fremdkapital bedient wird, hat es einen starken Anreiz, über die vertraglich zugesicherten Cash-flows für Ratenzahlungen und Tilgung hinaus freie Cash-flows zu generieren, die dann auch an das Management ausgeschüttet werden. In empirischen Studien konnte bestätigt werden, dass nach Buy-Outs das Betriebsergebnis erheblich verbessert wurde, was auf die verbesserten Anreizsysteme zurückzuführen ist (Kaplan 1989b: 218 f.). Auch wurde der Eigenkapitalanteil des

Managements an einer Unternehmung erhöht und gleichzeitig auf einen größeren Kreis von Managern verteilt. Dies bestätigt zum Teil die Hypothesen der Agency-Theorie (Kaplan 1989b: 220), auch wenn der Ansatz selbst, wie bereits im Abschnitt 3.1.4 gezeigt, nicht als umfassende Erklärung für Mergers *&* Acquisitions anzusehen ist.

Insgesamt ist festzustellen, dass die Free-Cash-flow-Hypothese einige konkrete empirische Mergers *&* Acquisitions und vor allem deren finanzielle Gestaltung erklären kann. So kann begründet werden, warum ein großer Teil von Unternehmungsübernahmen mit Fremdkapital finanziert wird. Vor allem aber können Leveraged-Management-Buy-Outs erklärt werden. Das übernehmende Management erhält in der Regel einen 15-20prozentigen Anteil am Eigenkapital und hat folglich ein starkes Interesse, die Ansprüche der Fremdkapitalgeber zu erfüllen, um mit dem Residualgewinn sein Einkommen zu erhöhen. Dies kommt einem starken Anreiz, den Unternehmungswert zu steigern, gleich.

Ein wesentlicher Bestandteil der Argumentation von Jensen (1986) baut auf einer Möglichkeit des *strip financing* auf. Falls Eigenkapitalgeber *nicht* sicherstellen können, dass auch nach einer Erhöhung des Verschuldungsgrades ihr ex post-Anteil am Eigenkapital dem ex ante-Anteil entspricht, sind sie nicht bereit, einer hohen Verschuldung zuzustimmen, da:

1. Durch die Verschuldung ersetzen sie das Residualeinkommen des Eigentümers durch ein fixes Kontrakteinkommen (Zins- und Tilgungsraten). Dies käme einem Verzicht auf die Möglichkeit gleich, am Erfolg überdurchschnittlich zu partizipieren. Aus Eigenkapitalgebern würden Fremdkapitalgeber.

2. Jensen (1986) konstatiert, dass „[...] debt can be an effective substitute for dividends [...]“ (Jensen 1986: 324). Hierbei unterscheidet er Fremd- und Eigenkapital lediglich nach der Sicherheit der Zahlungsströme. Er übersieht jedoch, dass mit Eigenkapital eine Reihe von Rechten zusammenhängen, wie Informations- und Stimmrechte bei der Hauptversammlung, die durch die Substitution durch Fremdkapital verloren gehen. Auch hier kann angenommen werden, dass solche Rechte nicht aufgegeben werden wollen.

Durch das *strip financing* lassen sich solche Effekte ausschließen (Jensen 1988a: 31 f.). Der Residualgewinn wird ausschließlich auf die bisherigen Anteile verteilt. Die Zusammensetzung der Anteile ändert sich nicht und dadurch auch nicht die Anteile an den Dividendenzahlungen und an den Stimmrechten auf den Hauptversammlungen.

Ein Kritikpunkt, welcher der Free-Cash-flow-Hypothese entgegen gehalten wird, zielt auf die geringe Bedeutung von Leveraged Buy-Outs in der Wirtschaftspraxis ab (Rappaport 1990: 97). Leveraged Buy-Outs stellen offensichtlich keine umfassende Alternative zu den vorherrschenden Publikumsgesellschaften dar.

Komplizierend wirkt sich ferner aus, dass die Fremdkapitalgeber bei einem Ausfall der vertraglich zugesicherten Zahlungen vor dem Dilemma stehen, entweder dem Management zu glauben, dass die Zahlungen in der Zukunft erfolgen, die Forderungen also zu stunden sind, oder den Konkurs der Unternehmung zu beantragen (Milgrom und Roberts 1992: 501 f.). Beide Alternativen sind mit hohen Kosten verbunden. Damit wurde das Ausgangsproblem lediglich auf einen späteren Zeitpunkt verschoben, ohne es zu lösen.

Schließlich bleibt unter der Prämisse, dass Managemententscheidungen immer mit Unsicherheit behaftet sind, festzuhalten, dass durch einen hohen Verschuldungsgrad das Management sich veranlasst sehen wird, eher konservative Strategien zu formulieren und umzusetzen, da das Risiko, den Arbeitsplatz bei einer fehlgeschlagenen Strategie zu verlieren, höher einzuschätzen ist, als der Vorteil, von einer positiven Entwicklung zu profitieren. Der Wert der Unternehmung wird hierdurch letztlich reduziert, da zwar das Bankrottrisiko sinkt, aber auch die möglichen Einzahlungsüberschüsse. Wie im Abschnitt 3.2.2 noch zu zeigen sein wird, handelt es sich also hier um den Transfer des Unternehmungswerts von den Eigenkapitalgebern auf die Fremdkapitalgeber.

Die grundsätzliche Frage, inwieweit eine Unternehmungsübernahme nötig ist, um den Verschuldungsgrad zu erhöhen und das Management zur Ausschüttung freier Cash-flows zu disziplinieren, wird von der Free-Cash-flow-Hypothese nicht beantwortet. Auch die Erhöhung der Effizienz durch andere Anreizsysteme wird ignoriert (Garvey und Swan 1992: 5). So wird insbesondere die Alternative, dass die Aktionäre der Zielunternehmung ähnliche Maßnahmen wie eine Buy-Out-Firma durchsetzen können, nicht betrachtet.

3.2 Finanztheoretische Überlegungen

In der modernen Finanztheorie existieren unterschiedliche Konzepte zur Unternehmungsbewertung (vergleiche Rappaport 1995; Lewis und Stelter 1994; Steward 1990; Copeland et al. 1996). Der Unternehmungswert setzt sich meist zusammen aus dem Finanzwert (meist dem Cash-flow) bereinigt um Opportunitätskosten, die vor allem das Risiko einer Investition mit berücksichtigen. Dies steht in der Tradition zum Capital Asset Pricing Model (CAPM) beziehungsweise dem Arbitrage Pricing Model (APM).

Die wohl verbreitetste Bewertungsmethode ist der Discounted-Cash-flow-Ansatz (Rappaport 1995; Copeland et al. 1996). Der Discounted-Cash-flow diskontiert zukünftige Cash-flows mit dem Kapitalkostensatz. Die Kapitalkosten stellen eine abhängige Variable des Risikos der Investition dar:

$$\text{Discounted-Cash-flow} = \sum_{t=1}^{\infty} \frac{E(FCF)_t}{(1+r_t)^t},$$

wobei $E(FCF)_t$ den Erwartungswert des Free-Cash-flows in der Periode t und r_t die gewichteten durchschnittlichen Kapitalkosten der Periode t bilden.

Der Unternehmungswert kann durch vier Maßnahmen gesteigert werden, nämlich dadurch, dass:

1. die Cash-flows erhöht werden,
2. die Cash-flows in früheren Perioden erzielt werden,
3. das Risiko der Investition reduziert wird,
4. eine beliebige Kombinationen der Möglichkeiten 1 bis 3 erfolgt.

Finanztheoretiker beschäftigen sich lediglich am Rande mit der realwirtschaftlichen Generierung von Cash-flows. Ihr Interessenschwerpunkt liegt vielmehr in der Reduktion des Risikos einer Investition, in diesem Falle des Risikos einer Unternehmung und damit der Reduktion der Kapitalkosten.

Aus diesen Überlegungen haben Finanztheoretiker versucht „[...] „generic" financial theories of mergers [...]" (Bruner 1988: 199) zu entwickeln. In diesem Zusammenhang sind die Risikodiversifikation und die Co-Insurance-Hypothese zur Erklärung von Mergers *&* Acquisitions bedeutsam, und sie werden im Folgenden vorgestellt. Darüber hinaus beschäftigen sich Kapitalmarkttheoretiker mit der Frage, inwieweit Käufer bessere Informationen über die Zielunternehmung haben können als andere Bieter oder gar die Verkäufer. Hierauf soll bei der Betrachtung des Themas „Unterbewertung" im Abschnitt 3.2.3 näher eingegangen werden.

3.2.1 Risikodiversifikation

Eng mit einer unternehmerischen Tätigkeit ist der Begriff des Risikos verbunden. Hier ist vor allem das finanzwirtschaftliche Risiko der Illiquidität von Bedeutung, welches zur Liquidation der Unternehmung führen würde. Dieses Risiko ist auf schwankende Einkommensströme zurückzuführen, die wiederum unterschiedliche Ursachen haben können, wie beispielsweise Änderung der Kundenpräferenzen, Markteinführung neuer Produkte durch Wettbewerber, technologische Sprünge und andere Veränderungen in der Unternehmungsumwelt. Ein solches Risiko kann durch die Diversifikation des Anlagevermögens reduziert werden.

Im Jahre 1952 veröffentlichte Markowitz (1952; 1959) seine bahnbrechende Arbeit zur Portfoliotheorie. Diese versucht zum einen, das Phänomen der Risikostreuung von Anlegern zu erklären, und zum anderen hat sie den präskriptiven Anspruch, Gestaltungsempfehlungen für die Zusammenstellung eines optimalen Portfolios zu liefern.

Im Rahmen der Portfoliotheorie werden Investitionsentscheidungen unter Berücksichtigung von Risiko analysiert. Neben einer zu erwartenden Rendite μ findet auch die Standardabweichung σ eines jeden Wertpapiers als Risikomaß Berücksichtigung. Eine Grundannahme der Portfoliotheorie basiert darauf, dass Anleger risikoscheu sind, das heißt, dass sie ceteris paribus bei gleichem Ertrag die Investition vorziehen werden, die das geringere Risiko beinhaltet. Umgekehrt verlangen Investoren für eine risikobehaftete Investition eine überproportional steigende Kompensation in Form einer höheren zu erwartenden Rendite.

Eine Kernaussage der Portfoliotheorie besteht darin, dass bei einer Streuung von Investitionen, die nicht vollkommen positiv korrelieren, das Gesamtrisiko (hier gemessen als Standardabweichung) reduziert werden kann, bei gleichzeitiger additiver Eigenschaft der Renditen.

Dieser Effekt resultiert daraus, dass sich die Rendite eines Portfolios aus den gewichteten Einzelrenditen zusammensetzt:

$$\mu_p = \sum_{i=1}^{n} a_i \mu_i.$$

Die Standardabweichung eines Portfolios lässt sich allerdings nicht einfach als gewichtetes Mittel der Einzelstandardabweichungen darstellen, sondern wie folgt:

$$\sigma_p = \sqrt{\sigma_p^2} = \sqrt{\sum_{i=1}^{n} a_i^2 \sigma_i^2 + \sum_{i=1}^{n} \sum_{j=1, j \neq i}^{n} a_i a_j cov_{ij}},$$

wobei n die Anzahl der zur Verfügung stehenden Wertpapiere und a_i den Anteil des Wertpapiers i am Portfolio angeben. Die Formel für die Standardabweichung zeigt, dass die Kovarianzen der jeweiligen Wertpapiere berücksichtigt werden müssen. Hierdurch ist es bei unkorrelierten Renditen durch Mischung zweier oder mehrerer Wertpapiere möglich, eine steigende Rendite bei gleichzeitig sinkender Standardabweichung zu erzielen. Bei vollständig negativ korrelierten Renditen kann die Standardabweichung - sprich das Risiko - bis auf das systematische - sprich Marktrisiko - gesenkt werden. Lediglich bei vollständig positiv korrelierten Renditen ist kein Diversifikationseffekt zu erzielen (Perridon und Steiner 1995: 231 ff.).

Dieser für Aktienportfolios entwickelte Diversifikationseffekt kann generell auf alle Investitionsobjekte übertragen werden (Perridon und Steiner 1995: 229), also auch auf Diversifikationsstrategien von Unternehmungen, vor allem bei konglomeraten Unternehmungen.

Zwar entsteht der Diversifikationseffekt bereits durch die Streuung der Anlage in zwei nicht perfekt positiv korrelierende Wertpapiere, der Effekt ist aber um so größer, je geringer die Korrelation beziehungsweise je höher die negative Korrelation der Renditeströme ist. So sollten Investitionen möglichst in viele, sehr unterschiedliche Bereiche getätigt werden. Den meisten Unternehmungen ist es jedoch nicht möglich, in so vielen unterschiedlichen Bereichen tätig zu sein, wie sie beispielsweise durch Aktienfonds repräsentiert werden. Unternehmungen sollten sich daher bei ihren Diversifikationsbemühungen aus finanztheoretischer Sicht auf Diversifikationen mit möglichst hohem Effekt konzentrieren. Unverbundene Diversifikationen versprechen hierbei den größten Diversifikationseffekt.

Durch eine unverbundene Diversifikation kann folglich die Standardabweichung, also das Risiko, bei gleichbleibenden Renditen gesenkt werden. Es wird argumentiert, dass unverbundene Mergers *&* Acquisitions einen positiven Effekt auf die Rendite-Risiko-Erwartungen haben und daher wertsteigernd und wünschenswert sind. Der Diversifikationseffekt wird damit auch als Motiv, das heißt als Erklärungsansatz für Mergers *&* Acquisitions vorgestellt (Amihud und Lev 1981: 605 ff.). Fraglich ist allerdings, ob es sich hierbei wirklich um ein ausschlaggebendes Argument zur Erklärung von Mergers *&* Acquisitions handelt, denn zumindest folgende Punkte sind dagegen einzuwenden:

1. Unter den Bedingungen eines perfekten Kapitalmarktes, das heißt es liegen keine Transaktionskosten vor, es bestehen keine unterschiedliche Steuerraten etc., ist der gleiche Diversifikationseffekt für alle Investoren durch ein geeignetes Aktienportfolio zu erzielen. Mergers *&* Acquisitions sind nicht nötig, um diesen Effekt zu erreichen; stellen sogar eine vergleichsweise teure und nicht effiziente Alternative dar (Mueller 1969: 552). Mergers *&* Acquisitions schränken den individuellen Spielraum einzelner Investoren ein, wodurch diese ihr Portfolio nicht mehr individuell optimal gestalten können. Es besteht nicht mehr die Möglichkeit, einzelne Unternehmungen mit einem bestimmten Risikoprofil zu erwerben, um so das Portfolio zu optimieren. Vielmehr muss nun ein Konglomerat erworben werden, das auch Unternehmungen umfasst, die nicht unbedingt in das Aktienportfolio passen.

2. Selbst wenn es sinnvoll wäre, Diversifikationsstrategien durchzuführen, um den Unternehmungswert zu erhöhen, stellen diese lediglich einen Erklärungsansatz für die Diversifikationsrichtung dar. Es wird argumentiert, dass unverbundene Diversifikationen einen größeren Diversifikationseffekt ausweisen als verbundene oder gar horizontale. Die Frage nach der Diversifikationsart – also ob die Diversifikation durch internes oder externes Wachstum erfolgen soll – bleibt dabei unbeantwortet. Das Diversifikationsargument kann folglich nicht als adäquater Erklärungsansatz für Mergers *&* Acquisitions angesehen werden, sondern, wenn überhaupt, nur als möglicher Ansatz zur Erklärung unverbundener Diversifikation.

Gegen die genannten Kritikpunkte lassen sich einige Einwände vorbringen. So stellt die Diversifikation von Unternehmungen für Investoren keine, meist sogar eine negative Wertveränderung dar, andere Interessengruppen können allerdings durchaus hiervon profitieren. Vor allem das Management kann sein Anstellungsrisiko reduzieren. Da das Einkommen des Managements größtenteils aus seinem Angestelltenverhältnis mit einer Unternehmung resultiert, und es seine Arbeitskraft im Allgemeinen nicht auf mehrere Unternehmungen gleichzeitig verteilen kann, hat es ein Interesse daran, die Einkommensströme auch gegen den Willen der Aktionäre konstant zu halten (vergleiche hierzu Abschnitt 3.1.4). Die Diversifikation der Unternehmung stellt hierzu ein geeignetes Instrument dar (Amihud und Lev 1981: 606). Laterale Diversifikationen entspringen folglich den Interessen des Managements, ohne den Aktionären

Nutzen zu stiften.[8]

Auch Fremdkapitalgeber können von einer Unternehmungsdiversifikation profitieren, da sich durch eine Diversifikation auch das Konkursrisiko und damit das Kreditausfallrisiko der Fremdkapitalgeber reduziert. Soweit bereits alte Verträge bestehen und durch den Unternehmungszusammenschluss die Fremdkapitalquote nicht beeinträchtigt wird, erhalten die Fremdkapitalgeber zumindest für einen kurzen Zeitraum einen höheren Risikozuschlag auf ihr Fremdkapital, als ihnen unter den neuen Bedingungen zustehen dürfte (vergleiche hierzu auch den Abschnitt 3.2.2 zum Thema Coinsurance).

Als letztes Argument für eine unverbundene Diversifikation einer Unternehmung ist eine asymmetrische Informationsausstattung zugunsten des Managements von Unternehmungen zu nennen (Williamson 1975: 142 ff.; Halpern 1983: 300). Falls das Management einer Unternehmung bessere Informationen über andere Märkte und deren Entwicklung als der restliche Kapitalmarkt besitzt, kann es dieses Wissen im Interesse der Aktionäre einsetzen und in diese Märkte diversifizieren. Dies mag zwar rein theoretisch denkbar sein, erscheint allerdings kaum plausibel, denn aus welchem Grund sollten Manager einer Unternehmung bessere Informationen über einen fremden Markt besitzen als sämtliche Marktanalysten und Stakeholder dieser fremden Branche? Die Plausibilität scheint diesbezüglich mehr als fraglich zu sein.

Auch ist das Diversifikationsargument für Unternehmungen in den meisten entwickelten Volkswirtschaften kein glaubhaftes Argument mehr, da die Kapitalmärkte ausreichend effizient funktionieren, um Aktionären die Möglichkeit der privaten Risikodiversifikation zu gewähren (Grinblatt und Titman 1998: 677; Amihud und Lev 1981: 606; Lev und Mandelker 1972: 95).

Außerdem haben sich die meisten Diversifikationsstrategien durch Akquisitionen als nicht erfolgreich erwiesen (Servaes 1996: 1205 ff.). So konnte nach den Übernahmewellen in den 1970er und 1980er Jahren eine große Zahl von Spin-Offs, gerade nach lateralen Diversifikationen beobachtet werden (Grin-

8. Aufbauend auf den Arbeiten von Daimon und Verrecchia (1982) argumentieren Amihud et al. (1986) demgegenüber, dass auch Aktionäre von einer Risikodiversifikation profitieren, da sie dem Management in nicht diversifizierten Unternehmungen höhere Entlohnungen zugestehen müssten, um das Anstellungsrisiko zu kompensieren. Gleichzeitig wäre eine Kontrolle des Managements nicht möglich, was wiederum in Bestrebungen des Managements mündet, das Risiko zu reduzieren. Aktionäre hätten folglich nur den Nachteil, höhere Managemententlohnungen zu tragen, ohne von einer geringeren Diversifikation profitieren zu können (Amihud et al. 1986: 402 ff.). Diesen Effekt konnten die Autoren jedoch nicht empirisch bestätigen (Amihud et al. 1986: 407 ff.).

blatt und Titman 1998: 671; Porter 1987: 50 f.).

Aber selbst wenn man alle genannten Argumente trotz ihres zweifelhaften Aussagegehalts gelten lassen würde, kann durch das Argument der Risikodiversifikation lediglich die Diversifikationsrichtung, aber nicht die Diversifikationsart, also Mergers & Acquisitions, hinreichend erklärt werden.

3.2.2 Co-Insurance

Während in den Abschnitten 3.1.2 und 3.1.4 der Konflikt zwischen Eigentümern und Managern im Vordergrund der Erklärung von Mergers & Acquisitions stand, soll im Folgenden der Konflikt zwischen Eigentümern und Fremdkapitalgebern – vor allem Bondholdern – Berücksichtigung finden. Bereits im Abschnitt 3.1.1.2 fand dieser Konflikt Erwähnung, allerdings unter umgekehrten Vorzeichen. Während der Stakeholderansatz postuliert, dass Aktionäre ihren Wert auf Kosten der Bondholder durch Mergers & Acquisitions erhöhen, wird in der Finanzierungstheorie umgekehrt argumentiert, nämlich, dass gerade Bondholder von Mergers & Acquisitions profitieren. Der Konflikt zwischen Eigentümern und Bondholdern resultiert daraus, dass Eigentümer oftmals Interesse daran haben, risikoreiche Projekte durchzuführen, da das Risiko teilweise auch von Fremdkapitalgebern getragen wird, während die Eigentümer bei einem positiven Ausgang den Gewinn ausschließlich für sich verbuchen können. Bondholder partizipieren somit ausschließlich an den Verlusten riskanter Projekte und zwar dann, wenn die Unternehmung durch ihre Aktivitäten nicht ausreichend Cash-flows generiert, um Zins- und Tilgungsforderungen nachzukommen (Milgrom und Roberts 1992: 494 f.).

Während das Portfolioargument allein auf den restriktiven Annahmen des Capital Asset Pricing Modells aufbaut, führt Lewellen (1971) in seinem Modell Bankrottkosten und Unternehmungssteuern ein. Da Fremdkapital aufgrund der steuerlichen Bevorzugung günstiger als die Eigenkapitalfinanzierung ist (Modigliani und Miller 1963), ist Lewellen (1971) der Meinung, dass im Rahmen der Außenfinanzierung Eigenkapital soweit wie möglich durch Fremdkapital zu ersetzen ist. Dieses Vorgehen wird auch als Nutzung des *Tax Shields* bezeichnet (Ross et al. 1999: 383), ist allerdings nicht uneingeschränkt möglich. Fremdkapitalgeber machen ihre Kreditvergabe von der Wahrscheinlichkeit abhängig, dass der Fremdkapitalnehmer seinen Zahlungsverpflichtungen – Zinsen und Tilgung – nachkommen kann. Die Wahrscheinlichkeit, dass eine Unternehmung ihren Zahlungsverpflichtungen nicht nachkommen kann, wird als Bankrottwahrscheinlichkeit oder auch Ausfallrisiko bezeichnet. Unternehmungen steht folglich Fremdkapital nicht in beliebiger Höhe zur Verfügung (Lewellen 1971: 525 ff.).

Ähnlich wie schon beim Diversifikationseffekt zeigt sich auch hier, dass bei nicht perfekt korrelierenden Cash-flow-Strömen ein Zusammenschluss mehrerer Unternehmungen zu einer geringeren Variabilität der Cash-flows führt und damit letztlich das Illiquiditätsrisiko reduziert. Das bedeutet, der *Disaster-Level* der Cash-flows kann durch Mergers *&* Acquisitions reduziert werden. Dies ist darauf zurückzuführen, dass zwei oder mehr zusammengeschlossene Unternehmungen, deren Cash-flows nicht perfekt miteinander korrelieren, Verluste einer Unternehmung durch Überschüsse einer anderen ausgleichen können. Hierzu ist die Annahme der imperfekten Korrelation nötig, da so die Wahrscheinlichkeit, dass alle Unternehmungsteile gleichzeitig ihren Zahlungsverpflichtungen nicht nachkommen können, sehr gering ist (Lewellen 1971: 529 ff.). Da die einzelnen Beteiligten gegenseitig für ihre Verbindlichkeiten einspringen, kann man dies als gegenseitige Versicherung ansehen. Lewellen (1971) hat daher hierfür den Begriff *Co-Insurance* in der Literatur eingeführt (Lewellen 1971: 530).

Aufgrund der gesunkenen Wahrscheinlichkeit, dass die zusammengeschlossenen Unternehmungen ihren Zahlungsverpflichtungen nicht nachkommen können, lässt sich schließen, dass die Attraktivität der Unternehmung für Fremdkapitalgeber entsprechend steigt. Die Versorgung mit zusätzlichem Fremdkapital wird folglich einfacher (Lewellen 1971: 532). Die Verschuldungskapazität steigt, ohne dass höhere Zinssätze aufgrund einer gestiegenen Risikoprämie in Kauf zu nehmen sind. Zu einem ähnlichen Ergebnis kommen auch Amit und Livnat (1988).

Der Effekt der Risikodiversifikation für Fremdkapitalgeber wurde bereits früh thematisiert. Traditionell wurde empfohlen, das Risiko für Fremdkapitalgeber durch die Vergabe vieler kleiner Kredite an möglichst viele unterschiedliche Kreditnehmer zu begrenzen (Spremann 1991: 51). Im Rahmen des Co-Insurance-Ansatzes wird allerdings das Risiko für den Fremdkapitalgeber durch Maßnahmen des Fremdkapitalnehmers reduziert. Dies ist in dieser Form ein neuer Aspekt bei der Analyse des Kreditausfallrisikos.

Lewellen (1971) zieht hieraus den Schluss, dass durch Mergers *&* Acquisitions der Unternehmungswert gesteigert werden kann. Aufgrund der Steuervorteile des Fremdkapitals gegenüber dem Eigenkapital hält er es für werterhöhend, wenn der Fremdkapitalanteil so hoch wie möglich angesetzt wird. Bisher standen derartigen Vorhaben die restriktiven Anforderungen der Fremdkapitalgeber entgegen, die nicht bereit waren, ihren Anteil zu erhöhen. Erst durch

Mergers & Acquisitions ist es möglich geworden, den Fremdkapitalanteil weiter auszubauen (Lewellen 1971: 533). Der Co-Insurance-Ansatz kann demnach als rein finanztheoretischer Erklärungsversuch für Mergers & Acquisitions angesehen werden. Das heißt, es handelt sich hier um einen Ansatz zur Erklärung von Mergers & Acquisitions, der nicht auf realwirtschaftliche Vorteile zurückgreift (Lewellen 1971: 525). Allerdings sind auch diesem Ansatz einige Kritikpunkte entgegenzuhalten:

1. Wie schon das Diversifikationsargument kann auch der Co-Insurance-Ansatz Mergers & Acquisitions nur in unverbundenen Märkten erklären, da eine möglichst hohe positive Korrelation zwischen den kombinierten Unternehmungen ausgeschlossen werden soll. Der Großteil aller Mergers & Acquisitions, nämlich horizontale, vertikale und teilweise auch mediale, kann mit diesem Ansatz nicht erklärt werden.

2. Die Gefahren und Probleme, die mit unverbundenen Akquisitionen einher gehen, werden nicht betrachtet. Der Eintritt in neue unbekannte Märkte erhöht das Unternehmungsrisiko erheblich. Der Co-Insurance-Effekt betrachtet aber lediglich die Vorteile konglomerater Mergers & Acquisitions für die Fremdkapitalgeber, ohne diese zusätzlichen Risiken zu berücksichtigen.

3. Ein weiterer Aspekt, den es noch genauer zu prüfen gilt, besteht in der Analyse, ob für die Erzielung des Co-Insurance-Effekts Mergers & Acquisitions notwendig sind. Schließlich könnten die Eigenkapitalgeber selbst den Fremdkapitalanteil erhöhen, indem sie anstelle der Unternehmung Fremdkapital aufnähmen, um Eigenkapitalanteile an mehreren Unternehmungen zu erwerben. Die Fremdkapitalgeber hätten auch hierbei den Co-Insurance-Effekt realisiert, da ihre Kreditnehmer – nun die Aktionäre – ebenfalls stark diversifiziert sind und einen Cash-flow-Ausfall einer Unternehmung durch freie Cash-flows aus einer anderen Investition ausgleichen könnten. Dies erscheint analog zum Argument der Risikodiversifikation ebenfalls die günstigere Alternative darzustellen.

4. Schließlich kann der Co-Insurance-Effekt nicht kostenlos erzielbar sein. Dies erscheint schon deswegen logisch, da sonst in der Realität nur noch große, in Extremform nur noch eine große konglomerate Unternehmung zu beobachten wären, ökonomisch rationales Verhalten der Akteure vorausgesetzt. Es ist zwar nachvollziehbar, dass durch eine Steuerersparnis

die Cash-flows und damit der Unternehmungswert positiv beeinflusst werden, allerdings wird gleichzeitig der Wert des Eigenkapitals herabgesetzt, wie folgendes Beispiel erläutern soll: Gegeben seien zwei autonome Unternehmungen A und B. Ihre Cash-flows, Zahlungsverpflichtungen und Zahlungsströme an die Eigen- und Fremdkapitalgeber sind folgender Tabelle zu entnehmen:

	A	B
Freie Cash-flows	0	1000
Forderungen der Fremdkapitalgeber für Zinsen und Tilgung	500	500
Auszahlungen an Eigenkapitalgeber	0	500
Auszahlungen an Fremdkapitalgeber	0	500

Die Fremdkapitalgeber haben einen Forderungsverlust von 500 Geldeinheiten, da Unternehmung A nicht zahlungsfähig ist. Nach einer Fusion beider Unternehmungen würde sich allerdings folgendes Bild ergeben:

	(AB)
Freie Cash-flows	1000
Forderungen der Fremdkapitalgeber für Zinsen und Tilgung	1000
Auszahlungen an Eigenkapitalgeber	0
Auszahlungen an Fremdkapitalgeber	1000

Nach dem Zusammenschluss hätten die Fremdkapitalgeber trotz gleicher Cash-flow-Ströme der Unternehmungen keine Forderungsverluste zu verzeichnen. Die Fremdkapitalgeber hätten den von Lewellen (1971) beschriebenen Vorteil erzielt, allerdings auf Kosten der Eigenkapitalgeber. Während zumindest die Eigenkapitalgeber der Unternehmung B vor der Fusion eine Dividende erhalten haben, wäre dies nach der Fusion nicht mehr der Fall, da die Cash-flows für Zinsen und Tilgung aufgebraucht würden. Eine Risikoreduktion für die Fremdkapitalgeber ist folglich auf Kosten der Eigenkapitalgeber durchgeführt worden.

Zu ähnlichen Ergebnissen gelangen auch Studien, die mit Hilfe der Optionspreistheorie die Beziehung zwischen Fremd- und Eigenkapital analysieren (Higgins und Schall 1975: 97 und 99 ff.; Galai und Masulis 1976:

68 f.; Kim und McConnell 1977: 356 ff.). Unter der Annahme des *Value Additivity Principle* (Schall 1972), welches besagt, dass sich die Einkommensströme einer konglomeraten Unternehmung letztlich aus der Summe der Einkommen der Einzelunternehmungen zusammensetzen, kommt man zu dem Schluss, dass sich durch konglomerate Mergers & Acquisitions der Unternehmungswert nicht erhöht. Der konstante Unternehmungswert wird lediglich zwischen Eigen- und Fremdkapitalgebern aufgeteilt.

Higgins und Schall (1975) bestätigen dies auch empirisch, indem sie zu dem Ergebnis gelangen, dass durch Mergers & Acquisitions die konsolidierten Cash-flows der Unternehmungen unverändert bleiben, diese also lediglich die Summe der beiden Einzel-Cash-flows darstellen. Das bedeutet letztlich, dass sich der Wert der Unternehmung nicht erhöht hat. Da allerdings der Wert für die Bondholder durch die Diversifikation erhöht wurde, muss in logischer Konsequenz der Wert für die Eigentümer entsprechend gesunken sein.

Diese Aussage widerspricht den Ausführungen des Abschnitts 3.1.1.2 auf Seite 49, in welchem von einem Werttransfer von den Bondholdern zu den Aktionären ausgegangen wurde, und zwar in Folge einer zunehmenden Verschuldung und eines damit erhöhten Unternehmungsrisikos. Allein die Tatsache, dass durch Mergers & Acquisitions die Verschuldung erheblich erhöht wird, widerspricht dem Risikoreduktionsgedanken der Diversifikation als Hauptmotiv für Mergers & Acquisitions. Interessanterweise kam eine Reihe von Untersuchungen zu dem Ergebnis, dass keine signifikante Veränderung des Wertes für die Bondholder stattfindet (vergleiche beispielsweise Asquith und Kim 1982). Letztlich können diese Ergebnisse dahingehend interpretiert werden, dass sich der Risikodiversifikationseffekt und die Erhöhung des Risikos durch einen erhöhten Verschuldungsgrad ausgleichen. Eine wesentliche Risikoveränderung, die eine Neubewertung der Unternehmungsanleihen notwendig machen würde, scheint daher im Durchschnitt nicht stattzufinden.

Dennis und McConnel kamen demgegenüber auch zu dem Ergebnis, dass Bondholder durch Mergers & Acquisitions an Wert gewinnen (Dennis und McConnel 1986: 173 ff.). Jedoch führen sie aus, dass dies nicht zwangsläufig zu einer Wertreduktion des Eigenkapitals führen muss, da die Veränderung der Risikoposition eine Erhöhung der Rentabilität durch realwirtschaftliche Synergieeffekte nicht ausschließt, welche dann den Eigenkapitalgebern zugute kommt (Dennis und McConnel 1986: 179). Hierbei wird allerdings ein Trade-Off zwischen beiden Effekten übersehen, da der Risikodiversifikationseffekt eher bei lateralen Mergers *&* Acquisitions zu erzielen ist, während realwirtschaftliche Synergieeffekte eher beim Zusammenschluss ähnlicher Unternehmungen zu erwarten sind.

5. Der letzte Einwand, der gegen die Akzeptanz des Co-Insurance-Arguments als Motiv für Mergers *&* Acquisitions spricht, ergibt sich analog zum klassischen Diversifikationsargument. Zwar erscheint es plausibel, dass der Co-Insurance-Effekt durch die Diversifikation in mehrere Branchen zu erzielen ist; warum hierzu Mergers *&* Acquisitions gegenüber der internen Entwicklung zu bevorzugen sind, bleibt ungeklärt. Auch dieser Ansatz dient damit der Erklärung der Diversifikationsrichtung, nicht jedoch der Erklärung der Diversifikationsart.

   Zusätzlich wäre noch die Frage zu stellen, warum Mergers *&* Acquisitions so häufig und in Intervallen auftreten. Falls die Diversifikation eine effiziente Lösung zur Risikodiversifikation darstellt, sollte zu einem Zeitpunkt ein Gleichgewichtszustand erreicht werden, der den Wert und gleichzeitig den Verschuldungsgrad aller Unternehmungen optimieren und damit alle weiteren Mergers *&* Acquisitions überflüssig machen würde. Dies ist in der Realität allerdings nicht zu beobachten.

Aus den genannten Gründen scheint auch der Co-Insurance-Effekt kein geeigneter Erklärungsansatz für Mergers *&* Acquisitions zu sein. So kann insgesamt konstatiert werden, dass die Finanzierungstheorie bis heute keinen überzeugenden Erklärungsansatz für Mergers *&* Acquisitions liefern konnte. Dies ist letztlich nicht weiter verwunderlich, da die Motive für den Zusammenschluss von Unternehmungen auf der Aktivseite der Bilanz zu suchen sind. Finanzierungsaspekte spielen nur bei der Durchführung von Transaktionen eine erhebliche Rolle, und auch die Bewertungsmethoden sind von großer Relevanz, aber eben keine hinreichende Bedingung für Mergers *&* Acquisitions.

3.2.3 Unterbewertung ineffizienter Kapitalmärkte

Ein weiterer finanztheoretischer Ansatz zur Erklärung von Mergers *&* Acquisitions beruht auf der möglichen Unterbewertung von Unternehmungen durch den Kapitalmarkt (Penrose 1959: 160; Grinblatt und Titman 1998: 670). Ausgangspunkt der Überlegungen ist hierbei eine Fehleinschätzung des Wertes einer Unternehmung durch den Kapitalmarkt, da die eingeschlagenen Strategien der Unternehmung nicht richtig von den Akteuren des Kapitalmarktes verstanden werden (Milgrom und Roberts 1992: 511 f.). Der Käufer glaubt, private Informationen zu besitzen, die nicht im Marktpreis enthalten sind, und schätzt aufgrund dieser Informationen den Wert der Unternehmung erheblich höher als den aktuellen Marktpreis ein (Halpern 1983: 300). Damit steht dieser Ansatz im direkten Widerspruch zur effizienten Kapitalmarkthypothese und hat daher eine breite Diskussion ausgelöst.

Eine Unterbewertung wird von den Vertretern dieses Ansatzes vor allem in Branchen gesehen, die nur sehr schwierig von Außenstehenden beurteilt werden können. So zum Beispiel in Branchen, die einen hohen Anteil an Forschungs- und Entwicklungsinvestitionen am Gesamtbudget aufweisen, da diese Forschungsaktivitäten nur schwierig zu beurteilen sind. Diese Überlegung wurde allerdings bisher nicht empirisch bestätigt. In einigen Studien zu diesem Thema konnten weder vor, noch nach der Übernahme überdurchschnittliche Forschungs- und Entwicklungsinvestitionen der zu übernehmenden Unternehmungen festgestellt werden (Milgrom und Roberts 1992: 512).

Eine Unterbewertung könnte auch dann stattfinden, wenn der Käufer Vermögensgegenstände durch Mergers & Acquisitions günstiger erwerben kann als über die Faktormärkte. Eine Kennzahl, die hierzu zweckdienlich sein kann, ist Tobin's q, welches den Marktwert einer Unternehmung mit den Wiederbeschaffungskosten ins Verhältnis setzt. Je geringer Tobin's q, desto *günstiger* scheint die zu akquirierende Unternehmung (Golbe und White 1988: 281; Mørck et al. 1988: 114; Lang et al. 1991: 317 f.). Zwar lag Tobin's q während der Rezession in den 1970er Jahren oftmals unter eins (Weston 1986: 387 f.), dies ist allerdings in effizienten Kapitalmärkten heute kaum noch zu erwarten, da Unternehmungen ständig durch Analysten überwacht werden, die bei einem Tobin's q von unter eins sofort als Arbitrageure auftreten würden. Ein Tobin's q von unter eins ist in effizienten Kapitalmärkten lediglich zu erwarten, wenn der Einsatz von Vermögensgegenständen einen geringeren Wert verspricht als deren Beschaffung, sich die Investition also nicht lohnen würde. Auch Raider hätten wohl kein Interesse, in solche Projekte zu investieren. Daher ist dieser Fall der Unterbewertung – also der günstigen Beschaffung bilanzierter Vermögensgegenstände – auszuschließen. Bei Mergers & Acquisitions müssen vom Käufer doch im Regelfall Aufschläge über dem aktuellen Marktwert der Unternehmung gezahlt werden, das heißt, der Marktwert der Vermögensgegenstände wird bei weitem überschritten. Hieraus überdurchschnittliche Renditen zu erzielen scheint daher nicht möglich.

Schließlich ist dem Ansatz der Unterbewertung entgegenzuhalten, dass selbst bei fehlgeschlagenen Übernahmen neue Informationen durch den Übernahmeversuch an die Öffentlichkeit gelangt sind, so dass der Kurs nach dem gescheiterten Übernahmeversuch nicht auf den Ausgangsstand zurückfallen dürfte. Empirisch zu beobachten ist aber meist ein solcher Rückgang der Aktienkurse nach einem gescheiterten Übernahmeversuch (Milgrom und Roberts 1992: 512; Bradley et al. 1983: 204 f.). Auch sind Unternehmungen mit einem hohen Anteil an Forschungs- und Entwicklungsinvestitionen nicht anfälliger für Mergers *&* Acquisitions (Jarrell et al. 1988: 55). All dies scheint den Ansatz zu widerlegen.

Daneben ist anzumerken, dass zumindest das angestammte Management über mindestens so viele Informationen verfügt wie der Raider. Es würde sich folglich gegen eine Übernahme wehren und durch geeignete Abwehrmaßnahmen die Übernahme erschweren. Eventuell würde es weitere Unternehmungen zum Bieten anregen und die privaten Informationen des ersten Bieters publik machen, um den Aktienkurs zu steigern (vergleiche die Ausführungen zum Winner's Curse im Abschnitt 3.3).

Die Hypothese der Unterbewertung beruht auf der Annahme, der Käufer verfüge über bessere Informationen als der Verkäufer. Es ist aber davon auszugehen, dass im Regelfall der Verkäufer mehr Informationen über seine relevante Umwelt, seine Branche und vor allem über seine Unternehmung hat als der Käufer. Der Verkäufer ist somit in der besseren Position, den Wert seiner Unternehmung abzuschätzen. Sein Preis wird mit hoher Wahrscheinlichkeit zumindest nicht unter dem tatsächlichen Wert, also den diskontierten zukünftigen Cash-flows, der zur Disposition stehenden Unternehmung liegen. Damit entfällt für den Käufer der Anreiz, die Unternehmung zu erwerben.

Man könnte argumentieren, Management-Buy-Outs ließen sich mit Hilfe der Hypothese der Unterbewertung erklären. Da das aktive Management besser über eine Unternehmung informiert ist als die Aktionäre – vor allem Kleinaktionäre –, kann es diesen Informationsvorsprung nutzen, um die Unternehmung aufzukaufen. Wenn das Management selbst als Käufer auftritt, kann es positive private Informationen zurückhalten, um so eine Unternehmung zu einem geringeren Preis zu erwerben, als wenn alle Informationen den Eigentümern zugänglich wären. Das Management kann also als alleiniger Bieter den (hohen) Wert der Unternehmung abschätzen, muss aber aufgrund der Informationsasymmetrie zu den Eigentümern nur einen geringeren Preis zahlen

(Kaplan 1989b: 218). In einer empirischen Studie kam Kaplan (1989b) jedoch zu dem Ergebnis, dass ein erheblicher Teil informierter Manager nicht an einem Buy-Out teilnimmt, was der oben genannten These widerspricht. Wenn Manager besser als die Aktionäre informiert wären, würden auch die nicht am Buy-Out beteiligten Manager ihre Anteile an der Unternehmung behalten und auf die Wertsteigerung warten. Dies ist allerdings in der Realität nicht zu beobachten (Jensen 1989b: 71). Daneben stellte Kaplan (1989b) fest, dass die veröffentlichten Finanzprognosen des Managements vor dem Buy-Out in der Regel sogar höher als die tatsächlich realisierten Finanzergebnisse waren (Kaplan 1989b: 242 ff.). Das Management versucht folglich nicht, private Informationen geheimzuhalten, sondern gibt im Gegenteil positive Informationen der Öffentlichkeit preis. Es ist also davon auszugehen, dass die Unterbewertung und die Verwendung von Insiderinformationen kein Motiv für Mergers *&* Acquisitions darstellen (Lowenstein 1985: 743).

Falls eine Unterbewertung von einem Käufer ausgemacht wird, wäre doch zu erwarten, dass er versucht, einen großen Teil der umlaufenden Aktien unbemerkt zu erwerben, anschließend die Öffentlichkeit über die Unterbewertung informiert und nach einer Preiserhöhung seine Anteile schnell wieder veräußert. Ein längeres Halten des Aktienpaketes oder gar eine Übernahme erhöht nicht den Aktionärswert (Weston 1986: 401).

Mergers *&* Acquisitions finden letztlich lediglich statt, wenn unterschiedliche Einschätzungen hinsichtlich des Unternehmungswertes bestehen. Allerdings ist dies meist nicht auf eine Fehleinschätzung der Verkäufer zurückzuführen, also auf eine Unterbewertung durch den Kapitalmarkt vor den Mergers *&* Acquisitions, sondern eher auf eine Fehleinschätzung der Bieter (Lewellen 1971: 522 f.; Mueller 1969: 650 ff.); eine Annahme, die auch mit der bereits behandelten Hubris-Hypothese übereinstimmt (vergleiche Abschnitt 3.1.3). Dies wird auch durch die hohe Quote der fehlgeschlagenen und nicht rentablen Mergers *&* Acquisitions bestätigt.

Insgesamt kann festgehalten werden, dass in modernen Volkswirtschaften mit effizienten Kapitalmärkten eine Unterbewertung kaum möglich ist (Porter 1987: 51). Effiziente Kapitalmärkte verhindern selbst den Verkauf von Unternehmungsanteilen durch schlecht informierte Verkäufer unter dem aktuellen Wert (Brealey und Myers 1996: 326 ff.). Selbst Störungen der Effizienz der Kapitalmärkte, wie Unteilbarkeiten, Transaktionskosten, vor allem Kosten der Informationsbeschaffung und der Kontrolle der Kapitalanlagen (Lintner 1971: 106), stellen heute keine Probleme auf den Kapitalmärkten moderner Volkswirtschaften dar. Auch wenn Unterbewertungen immer wieder kurzfristig vorkommen können (Lowenstein 1988: 864 f.), handelt es sich hierbei um ein Zufallsprodukt und keine systematische Akquisitionsstrategie (Brealey und Myers 1996: 337). Einige Spezialisten auf den Kapitalmärkten suchen nach kurzfristigen Unterbewertungen, um Anteile zu erwerben und die Anteile nach der Wertaufholung mit Gewinn zu veräußern. Das Paradoxon liegt allerdings darin, dass solche Akteure als Arbitrageure Unterbewertungen ausnutzen und sie dadurch gleichzeitig zerstören und verhindern. Aufgrund des langwierigen Akquisitionsprozesses erscheint es sehr schwierig, private Informationen über den gesamten Prozess geheim zu halten. Neben den reinen Informationen über das Akquisitionsobjekt müssen anscheinend noch andere Faktoren den Käufer vor einer Bietkonkurrenz und damit einer Erosion der Gewinne schützen: Faktoren wie beispielsweise einzigartige Fähigkeiten des Käufers.

3.3 Spieltheoretische Überlegungen: The Winner's Curse

Die Spieltheorie beschäftigt sich ebenfalls mit Mergers *&* Acquisitions. Eine Grundannahme der Spieltheorie besteht in der homogenen Ressourcenausstattung von Unternehmungen. Allein aufgrund dieser Annahme gelangen spieltheoretische Modelle zu dem Ergebnis, dass sich Unternehmungsakquisitionen für den Käufer in der Regel nicht lohnen (Barney 1988: 73). Dieses Phänomen wurde als *Winner's Curse* bezeichnet und soll im Folgenden näher erläutert werden:

Vom *Winner's Curse* beziehungsweise vom *Fluch des Gewinners* wird dann gesprochen, wenn das Objekt einer gewonnenen Auktion einen geringeren Wert aufweist, als denjenigen, den der Gewinner der Auktion dafür zahlen musste. Dieses Problem wurde erstmals bei der Versteigerung von Ölfeldern erörtert (Capen et al. 1971), später verallgemeinert (Oren und Williams 1975; Rothkopf 1980; Winkler und Brooks 1980), aber auch auf andere Problembereiche, wie beispielsweise auf den Aktienmarkt (Miller 1977) oder auf den Markt für Baseball-Spieler (Cassing und Douglas 1980) übertragen und schließlich auch auf Unternehmungsakquisitionen (Roll 1986: 200 f.; Milgrom und Roberts 1992: 513; Oster 1994: 117).

Ausgangspunkt der Überlegung sind durchschnittliche Bieter, die den Wert eines Auktionsobjektes nicht akkurat einschätzen können, da sie zum einen begrenzt rational sind und zum anderen vollständige Informationen nicht vorhanden sind (Berk et al. 1996: 954). Ein Teil der Bieter wird daher den Wert unterschätzen, ein anderer Teil ihn überschätzen. Dies ist auf die unterschiedliche Verteilung von Informationen zwischen den Bietern zurückzuführen. So wurden beispielsweise Gebote für ein Ölfeld in Texas abgegeben, die zwischen 400.000 US-$ und 43.5 Millionen US-$, also dem 109fachen schwankten (Capen et al. 1971: 642). Das Problem besteht nun darin, dass derjenige, der den Preis am meisten überschätzt und damit bereit ist, den höchsten Preis zu zahlen, den Zuschlag in der Auktion erhält. Der Sieger einer Auktion bezahlt folglich zu viel für das zu ersteigernde Objekt. Diejenigen, die unterschätzen, erhalten keinen Zuschlag. Die Abweichung vom objektiven Wert – dem statistischen Erwartungswert – eines Kaufobjektes liegt folglich immer über dem Mittelwert, das heißt, es wird immer zu viel geboten. Selbst Bieter, die bessere private Informationen über das Bietobjekt besitzen als ihre Mitbewerber, können das Winner's Curse-Problem nicht umgehen (Oren und Williams 1975: 1078). Durch das Winner's Curse-Problem können sogar ganze Industrien in die Krise geraten (Roll 1986: 199), was Capen et al. (1971) am Beispiel der Ölindustrie verdeutlichen (Capen et al. 1971: 643 ff.).

Nachdem dieses Problem bekannt wurde, versuchte man alsbald, Bietheuristiken zu erarbeiten, um ein Überbieten zu vermeiden. Vor allem schlug man vor, die Unsicherheit in die Bewertung einzubeziehen und von den eigenen Schätzungen einen Sicherheitsabschlag abzuziehen (Winkler und Brooks 1980: 609 f.). Allerdings ist dem entgegenzuhalten, dass Entscheidungsträger in einer Wettbewerbssituation um den Erwerb einer Unternehmung, also Manager, immer wieder Opfer ihrer eigenen Selbstüberschätzung werden (Roll 1986) und damit den Sicherheitsabschlag sehr gering halten werden, da sie von der Richtigkeit ihrer Schätzungen überzeugt sind (vergleiche hierzu Abschnitt 3.1.3). Ein weiteres Problem besteht in der Berechnung des Sicherheitsabschlags in realen Bietsituationen, da die Varianzen der einzelnen Bieter nicht bekannt sind.

Selbst wenn sich Bieter bemühen, vorsichtige Schätzungen abzugeben und ihre Angebote diskontieren, entsteht das Winner's Curse- Problem. Abbildung 3.1 stellt graphisch dar, dass oftmals Gebote selbst bei Einhaltung eines Sicherheitsabschlages über dem tatsächlichen Wert (hier dem Erwartungswert) des Objektes liegen. Der Gewinner zahlt auch in einer solchen Situation einen zu hohen Preis, obwohl der Betrag geringer ist als ohne Sicherheitsabschlag.

Bazerman und Samuelson (1983) führen die Überschätzung des Wertes

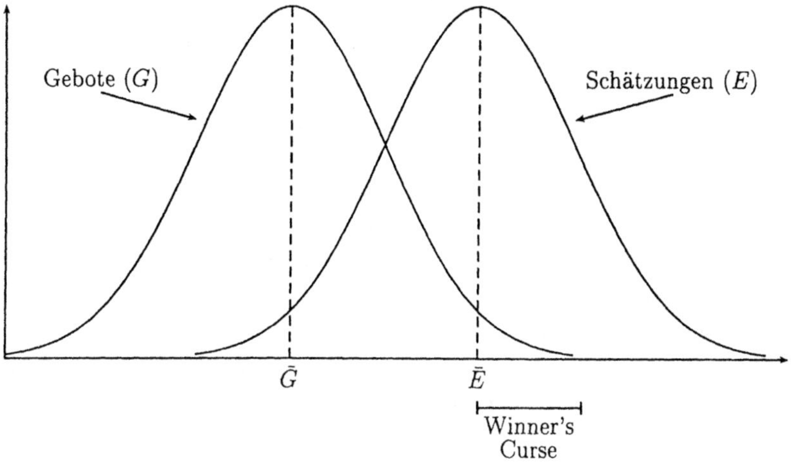

Abbildung 3.1: Das Winner's Curse Phänomen. Quelle: Bazerman und Samuelson (1983), S. 620

des Auktionsobjektes auf das Fehlen relevanter Informationen bei der Entscheidungsfindung zurück (Bazerman und Samuelson 1983: 621). Für die Stärke der Abweichung vom Normalwert sind im Wesentlichen zwei Faktoren verantwortlich:

1. Das Ausmaß der Unsicherheit über das zu ersteigernde Objekt und
2. die Anzahl der Konkurrenten im Bietprozess (Bazerman und Samuelson 1983: 622).

Dies bedeutet zunächst eine steigende Varianz der Schätzungen der Bieter und damit der Gebote, wenn die Unsicherheit über den Wert eines Objektes zunimmt. Die *Gaus-Glocken* in Abbildung 3.1 werden weiter auseinandergezogen. Bisher wurden vergleichsweise einfache Objekte, wie Ölfelder, betrachtet. Handelt es sich jedoch um Mergers *&* Acquisitions, ist die Unsicherheit hinsichtlich der zukünftigen Entwicklung noch höher einzustufen. So stellen Unternehmungen selbst höchst komplexe Gebilde dar. Insbesondere ist die soziale Komplexität innerhalb und auch außerhalb der Unternehmung bedeutsam. Wie noch zu zeigen sein wird, spielen gerade diese sozialen Ressourcen bei Mergers *&* Acquisitions eine besondere Rolle. Aufgrund der Komplexität von Mergers *&* Acquisitions steigt die Wahrscheinlichkeit, dass das höchste Gebot über dem eigentlichen Wert des Auktionsobjektes liegt. Der Winner's Curse scheint damit ein wesentliches Problem bei Mergers & Acquisitions darzustellen.

Der zweite Faktor beschäftigt sich mit der Populationsgröße der Bieter. Je höher die Anzahl der Bieter, desto größer ist die Wahrscheinlichkeit eines Gebots, das über dem objektiven Wert liegt (Bazerman und Samuelson 1983: 623). Zwar konnten Cox et al. (1999) in ihrer Arbeit die Bedeutung vieler Bieter für die Entstehung des Winner's Curse-Phänomens nachweisen, andererseits zeigte sich auch, dass es bei sehr großen Bieterzahlen geringer werden kann (Cox et al. 1999: 320 f.).

Das Winner's Curse-Problem wird durch weitere verhaltenswissenschaftliche Phänomene verstärkt, wie ein übersteigertes Selbstvertrauen des Entscheidungsträgers in eigene Entscheidungen, einen begrenzten Beobachtungsraum und schließlich durch eine Eskalation des Bietprozesses (Zajac und Bazerman 1991: 48 f.; Carroll et al. 1988: 353). Die Ignoranz gegenüber kognitiven Einstellungen und Informationen der konkurrierenden Verhandlungsseite stellt ein weiteres Grundproblem des Winner's Curse dar. Carroll et al. (1988) kommen in ihrer Untersuchung sogar zu dem Ergebnis, dass Bieter systematisch zu viel bieten und deswegen die optimale Strategie im Fernbleiben von Auktionen besteht beziehungsweise in Geboten in Höhe von Null (Carroll et al. 1988: 356 f.). Dieses Ergebnis wird explizit auf Mergers & Acquisitions übertragen (Carroll et al. 1988: 366 f.). Auch wenn das Winner's Curse-Phänomen hinsichtlich Mergers & Acquisitions bisher keinen weitreichenden empirischen Tests unterzogen wurde (Kagel und Levin 1986: 894), scheint die große Zahl fehlgeschlagener Mergers & Acquisitions (Porter 1987: 44 f.) durchaus den Ansatz zu bestätigen. Trotzdem muss er aber an einigen Punkten kritisiert werden:

1. Bazerman und Samuelson (1983) weisen selbst darauf hin, dass der subjektive Wert eines Objektes durchaus über dem objektiven, unbekannten Wert dieses Objektes liegen kann. Der Bieter wäre folglich auch ex post mit einem Zuschlag zufrieden, selbst wenn der zu zahlende Preis über dem objektiven, aber unter dem subjektiven Wert des Objektes liegt. Als Beispiel wird der Wert von Kunstwerken angeführt, deren Bewertung für viele Individuen insofern über eine rein marktliche Betrachtung hinausgeht, als sie auch psychologischen Nutzen stiften (Bazerman und Samuelson 1983: 621). Diese Überlegungen spielen sicherlich auch für viele Auktionen eine erhebliche Rolle. Es ist nicht auszuschließen, dass dies auch im Rahmen von Unternehmungsakquisitionen der Fall ist. Hier sollen allerdings nur ökonomisch sinnvolle – den Unternehmungswert erhöhende – Mer-

gers *&* Acquisitions betrachtet werden. Es stellt sich jedoch die Frage, ob es ökonomische Faktoren gibt, die eine höhere subjektive Werteinschätzung rechtfertigen.

2. Unternehmungen können bei allen Bewertungen nur von ihren Schätzungen ausgehen. Nach den theoretischen und empirischen Ergebnissen des Winner's Curse bricht der Markt für Auktionen, also auch für Mergers *&* Acquisitions, zusammen, wie es Akerlof (1970) am Beispiel des „Market for Lemons" postuliert. Würde man an Auktionen wegen des Winner's Curse-Problems nicht mehr teilnehmen, hätte man auch nicht mehr die Chance, Ressourcen über eine Auktion zu erwerben, also die Möglichkeit weniger zahlen zu müssen, als das Objekt tatsächlich wert ist. Das Phänomen – ein *Schnäppchen zu machen* – kennt man beispielsweise bei der Versteigerung von Immobilien, Kunstwerken und Autos. Letztlich stellt es ein Paradoxon dar, da es einerseits aus den oben genannten Erwägungen sehr risikoreich ist an einer Auktion teilzunehmen, andererseits Unternehmungen aber erst durch die Teilnahme an Auktionen die Möglichkeit erhalten, ein *Schnäppchen* zu erzielen.

3. Schließlich lässt sich argumentieren, dass durch ein systematisches Auftreten des Winner's Curse-Problems die Gewinner von Auktionen regelmäßig Verluste erleiden und schließlich aus dem Markt ausselektiert werden. Diese statische Betrachtung berücksichtigt allerdings nicht mögliche Verhaltensänderungen der Teilnehmer einer Auktion, die durch Lernprozesse zustande kommen. Kagel und Levin (1986) konnten in einem Laborexperiment diese Lerneffekte nachweisen, das heißt, die Teilnehmer einer Auktion konnten hierdurch das Winner's Curse-Problem zunehmend vermeiden (Berk et al. 1996: 955; Ball et al. 1991: 1 ff.; Kagel und Levin 1986: 917). Auch bei Mergers *&* Acquisitions konnten Lerneffekte nachgewiesen werden (Haleblian und Finkelstein 1999). Beispielsweise gelten Cisco Systems und GE Capital als besonders *akquisitionsfreudige* Unternehmungen, die Fähigkeiten entwickelt haben, Mergers *&* Acquisitions erfolgreich umzusetzen (Eisenhardt und Martin 2000: 1108 und 1117). Aber auch Unternehmungen, für die Mergers *&* Acquisitions seltene Aktivitäten darstellen und auch ein Feedback – falls überhaupt – sehr zeitverzögert erhalten, können indirekt von Lerneffekten profitieren, da zumindest deren externe Berater sich ständig mit Mergers *&* Acquisitions befassen. Offen bleibt dabei die Frage, welchen Einfluss Berater letztlich auf die

Entscheidungsträger haben und wie weit Empfehlungen, die zur Vorsicht bei Unternehmungsübernahmen mahnen, durch Eigeninteressen der Berater – wie beispielsweise Honorare zu erwirtschaften, aber auch Medienwirkung zu erzielen – überlagert werden. Eine Erörterung dieser offenen Forschungsfragen würde allerdings den Rahmen der vorliegenden Arbeit sprengen.

4. Das Winner's Curse-Modell geht von einem *objektiven* Wert des zur Disposition stehenden Objekts aus (Common Value Auctions), wobei das Gebot des Siegers der Auktion von diesem Wert abweicht (Kagel 1995: 536 f.). Implizit wird damit ex post der gleiche Nutzen des Objekts für alle am Bietprozess beteiligten Unternehmungen unterstellt. Dies bedeutet letztlich, dass von homogenen Ressourcenausstattungen der am Bietprozess beteiligten Unternehmungen auszugehen ist. Dieser klassischen Annahme der Industrieökonomie – und hier der Spieltheorie – soll im Rahmen dieser Arbeit widersprochen werden (siehe Kapital 5). Es ist vielmehr von unterschiedlichen Ressourcenausstattungen der beteiligten Unternehmungen auszugehen, mit denen letztlich unterschiedliche Wertpotenziale erschlossen werden können. Divergierende Einschätzungen des Wertes eines Auktionsobjektes sind folglich nicht (nur) auf falsche Einschätzungen zurückzuführen, sondern durchaus auf reale Wertunterschiede für verschiedene Unternehmungen.

5. Der Winner's Curse stellt letztlich nur für die Akteure eine Bedrohung dar, die erheblicher Unsicherheit hinsichtlich des Wertes des Objektes ausgeliefert sind. Informierte Bieter erzielen bessere Ergebnisse in Bietprozessen, können das Winner's Curse-Problem allerdings auch nicht komplett vermeiden (Campbell et al. 1999: 327).[9] Ein weiterer Aspekt liegt darin, dass in Laborstudien besser informierte Bieter regelmäßig früher aus den Bietprozessen ausgestiegen sind. Hierdurch konnten sie zwar den Winner's Curse vermeiden, allerdings auch keine Objekte ersteigern. Der erwartete Gewinn dieser besser informierten Bieter ist folglich gleich Null (Milgrom

9. Ein Beispiel für gut informierte und gut beratene Bieter sind die Telekommunikationsunternehmungen bei der Versteigerung der UMTS-Lizenzen in Deutschland. Trotz der Beratung durch renommierte Auktionstheoretiker, wie Elmar Wolfstetter und dem bisher einzigen deutschen Nobelpreisträger für Wirtschaftswissenschaften, Reinhard Selten, ist der Gesamterlös der Versteigerung von 99,4 Milliarden Deutschen Mark als zu hoch anzusehen (Frankfurter Allgemeine Zeitung 2002: 21). Hier liegt aller Voraussicht nach – trotz der wissenschaftlichen Beratung – ein Winner's Curse vor.

und Weber 1982: 1094 f.; Engelbracht-Wiggans et al. 1983: 161 ff.). Es ist wohl realistischerweise bei Bietwettbewerben von einer Ungleichverteilung der Informationen zwischen den Bietern auszugehen. Auch stellen Unternehmungskäufe zumindest bilaterale Verhandlungen dar, in denen der Verkäufer in der Regel besser informiert ist als der Käufer. Der Verkäufer wird folglich erst verkaufen, wenn das Gebot seine Schätzung des Unternehmungswertes übersteigt. Auch für eine solche Situation konnte das Winner's Curse-Problem nachgewiesen werden (Samuelson und Bazerman 1985). Hieraus lassen sich drei offene Fragen ableiten: (1) Warum sind Mergers *&* Acquisitions trotz der Überlegungen zum Winner's Curse in der Realität zu beobachten? (2) Unter welchen Bedingungen können Bieter Informationen zu ihrem Vorteil nutzen und unter welchen Bedingungen nicht? (3) Selbst wenn Unternehmungen regelmäßig dem Winner's Curse zum Opfer fallen, warum können einige Unternehmungen diesem Phänomen entkommen? Diese drei Fragen kann die Spieltheorie nicht beantworten. Weitere Forschungsanstrengungen sind nötig, wozu die vorliegende Arbeit einen Beitrag leisten will, wenn auch in Verbindung mit alternativen Ansätzen (vergleiche Kapitel 5).

6. Die Methode, der sich Auktionstheoretiker im Wesentlichen bedienen, ist das Laborexperiment. Inwiefern sich die hierdurch gewonnenen Ergebnisse auf Feldexperimente und reale Auktionen übertragen lassen, muss in der Zukunft noch genauer untersucht werden (Roth 1995: 63).

Generell ist dem spieltheoretischen Ansatz die Gleichgewichtsannahme und damit die Annahme der Bestimmbarkeit eines *objektiven* Unternehmungswerts entgegenzuhalten. Darüber hinaus wird unterstellt, dass Unternehmungen ohne nennenswerte Ressourcenbeschränkungen jede Strategie verfolgen können. Die Spieltheorie kann folglich keinen Hinweis darauf geben, wann die externe Entwicklung der internen überlegen ist. Damit ist das größte Manko der Spieltheorie darin zu sehen, dass sie im Resultat in die normative Forderung mündet, keine Mergers *&* Acquisitions durchzuführen, also nur eine Erklärung liefert, warum Mergers *&* Acquisitions nicht durchgeführt werden sollten. Der Spieltheorie gelingt es hierbei nicht, eine Erklärung für das empirische Phänomen Mergers *&* Acquisitions zu liefern.

Wenn man jedoch die dynamischen Perspektiven des ressourcenbasierten Ansatzes und der Österreichischen Schule der Ökonomie zugrunde legt, denen zufolge Wettbewerbsvorteile nur zeitlich begrenzt sind, wird offensichtlich, dass immer wieder neue Wettbewerbsvorteile aufgebaut werden müssen und hierzu immer wieder neue Ressourcen benötigt werden (vergleiche hierzu die weiteren Ausführungen im Kapitel 5). Da diese oft nicht alle intern oder auf Faktormärkten zur Verfügung stehen, müssen sie via Mergers *&* Acquisitions beschafft werden.

3.4 Industrieökonomische Überlegungen

Die Industrieökonomie stellte *die* dominante Theorie des Strategischen Managements der 1980er Jahren dar. Sie beschäftigt sich mit dem Einfluss der Branchenstruktur auf das Unternehmungsverhalten und damit auf das Marktergebnis. Dies spiegelt sich im *Structure-Conduct-Performance-Paradigma* wider (Tirole 1994: 1 ff.; Kaufer 1980: 3 ff.; Scherer 1970: 1 ff.). Während volkswirtschaftlich orientierte Wissenschaftler den Zusammenhang letztlich auf die Beziehung zwischen Marktstruktur und Marktergebnis reduziert haben, interessiert die Strategieforscher das Verhalten der Unternehmungen. Vor allem die Arbeiten von Porter (1980a;b; 1989; 1992) haben einen wichtigen Beitrag zur Übertragung industrieökonomischer Überlegungen auf die Probleme des Strategischen Managements geleistet.

Die Problematik von Mergers *&* Acquisitions wurde schon früh von Industrieökonomen aufgegriffen. Hierbei bildeten sich zwei Schulen heraus: zum einen die *Marktmacht-Schule*, die das Motiv für (vor allem horizontale) Mergers *&* Acquisitions in der Generierung von Marktmacht vermutet; zum anderen die *Effizienz-Schule*, die Mergers *&* Acquisitions vor allem mit dem Entstehen von Economies of Scale und Economies of Scope zu erklären versucht (Steiner 1975: 47 ff.). Beide Schulen basieren auf folgenden gemeinsamen Grundannahmen:

Die Branchenstruktur gibt die aktuelle und zukünftige Rentabilität der Unternehmungen vor. Diese ist einfach abzudiskontieren und somit ist auch der Wert der Unternehmung determiniert. Die Ermittlung des Kaufpreises stellt lediglich ein finanzmathematisches, weniger ein strategisches Problem dar und der Kauf einen Tausch, nach welchem keiner der Akteure hinterher besser gestellt ist. Eventuell könnte man argumentieren, dass Akquisitionen erfolgen, um Markteintrittsbarrieren zu überwinden. Dies greift allerdings auch wieder zu kurz, da der dadurch entstehende Gewinn bereits im Kaufpreis enthalten ist und zwar über die erhöhte Rentabilität des zur Disposition stehenden Unternehmungsteils. Es müssen also Gründe gefunden werden, durch die sich die

Rentabilität einer Unternehmung erhöhen lässt.

In Bezug auf Mergers *&* Acquisitions nennt die industrieökonomische Literatur dazu drei Argumente: Marktmacht, Economies of Scale und Economies of Scope. Während das erste Argument aus einer *Monopol-Schule* der Industrieökonomie stammt und Mergers *&* Acquisitions eher mit Skepsis betrachtet, gehen die beiden letzten Argumente aus der *Effizienz-Schule* der Industrieökonomie hervor (Steiner 1975: 49 ff.).

3.4.1 Marktmacht

Die Industrieökonomie beschäftigt sich traditionell mit wettbewerbsverzerrenden Maßnahmen von Unternehmungen. Da die Monopoltheorie und die Theorie des unvollkommenen Wettbewerbs integrale Bestandteile der Industrieökonomie darstellen, lag es auf der Hand, die Monopolwirkung von Mergers *&* Acquisitions zu untersuchen (Tirole 1994: 195 und 374; Manne 1965: 110). Mergers *&* Acquisitions bildeten daher schon früh ein Forschungsgegenstand der Industrieökonomie. Nicht zuletzt wurde die Kartellgesetzgebung maßgeblich durch industrieökonomische Überlegungen stark beeinflusst.

Mergers *&* Acquisitions auf der gleichen Wertschöpfungsstufe erhöhen die Branchenkonzentration (Scherer 1970: 103). Ein Motiv, welches vor allem horizontalen Mergers *&* Acquisitions unterstellt wird, ist die Reduktion des Wettbewerbs und das Erlangen von Marktmacht (Scherer 1970: 112). Damit sind Mergers *&* Acquisitions potenziell schädlich für das Wirtschaftssystem und die Wohlfahrt der Gesellschaft (Rhoades 1983: 39 ff.).

Marktmacht stellt für eine Unternehmung oder eine Gruppe von Unternehmungen die Möglichkeit dar, den Marktpreis, die abgesetzte Menge oder andere Wettbewerbsparameter zu ihrem eigenen Vorteil zu kontrollieren und zu beeinflussen (Samuelson und Nordhaus 1987: 124). Durch die Erhöhung der Anbieterkonzentration besteht die Möglichkeit einer *räuberischen* Preisgestaltung (Tirole 1994: 374). Außerdem kann durch Marktmacht die Art der Produkte (z. B. deren Qualität) beeinflusst werden. Unternehmungen können überdurchschnittliche Gewinne erzielen, indem sie die Produzentenrente auf Kosten der Konsumentenrente erhöhen. Der Zusammenschluss zweier Unternehmungen einer Branche führt folglich zu einem höheren Wert als dem Wert der Summe der einzelnen Teile (Scherer 1970: 117). Eine Extremform der Marktmacht bildet das Monopol. Dem Monopolisten eröffnet sich die Möglichkeit nach Belieben seine gewinnmaximalen Absatzpreise und -mengen festzulegen. Der Preis ist nicht wie im vollkommenen Wettbewerb als Datum vorgegeben.

Zwar ist auch für den Monopolisten die gewinnmaximale Menge gegeben, wenn Grenzerlös gleich Grenzkosten ist, jedoch ist der Grenzerlös des Monopolisten nicht gleich dem Preis, da bei einer Preisvariation nicht nur die infinitesimal kleine letzte Einheit, sondern alle zur Disposition stehenden Einheiten ihren Preis ändern. Die Preisänderungen eines Monopolisten haben insofern erheblich größere Auswirkungen auf die Gesamterlöse als bei Unternehmungen im vollkommenen Wettbewerb (Samuelson und Nordhaus 1987: 141 ff.; Varian 1995: 388 f.). Monopolisten wählen einen Preis, der über den Grenzkosten liegt. Hierdurch erhöht sich die Produzentenrente auf Kosten der Konsumentenrente. Allerdings wird hierbei aufgrund der geringeren Absatzmenge gleichzeitig ein Teil der gesamten Wohlfahrt vernichtet.

Zur Erzielung von Marktmacht stehen vier Instrumente zur Verfügung, die im Folgenden näher behandelt werden sollen: Kollusion, dominante Firma, Market Foreclosure und Mehrpunktwettbewerb.

Die meisten realen Märkte stellen oligopolistische Märkte dar. In solchen Märkten steht das Mittel der Kollusion zur Verfügung, um Preis- beziehungsweise Mengenabsprachen zu treffen. Das Kernproblem der Kollusion liegt in der Überwachung der Teilnehmer. Diese verursacht Kosten *(costs of monitoring)*, deren Höhe letztlich eine abhängige Variable der Anzahl der Mitglieder ist. Je mehr Mitglieder sich kollusiv verhalten, desto einfacher wird es für einzelne Mitglieder aus der Vereinbarung auszuscheren und die Absprachen zu unterlaufen. Die Rentabilität der Teilnehmer wird reduziert und instabil. Die Anzahl der Marktteilnehmer kann durch Mergers *&* Acquisitions reduziert werden. Damit steigen die Höhe und Stabilität der Rentabilität der Branche. Kollusives Verhalten wird durch Mergers *&* Acquisitions erleichtert (Pfeffer 1972: 125; Eckbo 1983: 241 f.; Stigler 1964: 45 ff.).

Die dominante Firma als zweites Instrument stellt auf das gleiche Ziel ab wie die Kollusion. Besitzt eine Unternehmung einen hohen Marktanteil, wird dadurch die Nachfrage weniger elastisch als in fragmentierten Märkten. Dies erlaubt der Unternehmung, den Preis zu erhöhen; die Rentabilität steigt.

Das dritte Instrument ist die Monopolisierung auf vor- und nachgelagerten Stufen der Wertschöpfungskette, auch Market Foreclosure genannt (Tirole 1994: 421 ff.; Church und Gandal 1996: 1 ff.). Durch vertikale Mergers *&* Acquisitions können Zugänge von Zulieferern zum Käufer beziehungsweise vom Käufer zu Lieferanten eingeschränkt werden (Tirole 1994: 193; Mason und Phillips 2000: 472 f.). Durch Market Foreclosure kann also Wettbewerbern der Zugang zu Rohstoffen oder Absatzkanälen erschwert werden (Tirole 1994:

194). Einerseits besteht durch die Kontrolle der Absatzkanäle die Möglichkeit, Preisdiskriminierung zu betreiben, andererseits erhöhen sich durch den erschwerten Zugang zu Rohstoffen die Produktionskosten der Wettbewerber. Hierzu sind allerdings keine Mergers *&* Acquisitions nötig, da derartige Wettbewerbsbeschränkungen auch über vertragliche Regelungen, wie beispielsweise Ausschließlichkeitsbindungen, erzielbar sind (Tirole 1994: 425).

Das letzte Instrument ist der Mehrpunktwettbewerb, auch als Sphere of Influence, Mutual Forbearance oder Konkurrenzverflechtung bezeichnet. Hierbei stehen Unternehmungen in mehreren Branchen mit ihren Wettbewerbern in Konkurrenz (Porter 1989: 449). Aus diesem Grunde können sie durch strategisches Verhalten und durch ihr hohes Drohpotenzial, Preiskämpfe in mehreren Branchen zu entfachen, den Wettbewerb entschärfen (Porter 1989: 452 ff.). Die Möglichkeit, Preise und damit die Rentabilität der Unternehmungen zu erhöhen, steigt.

Marktmacht führt – wie gezeigt – zu erhöhten Renditen, die über dem Branchendurchschnitt liegen. Werden jedoch erhöhte Renditen in einer Branche möglich, lockt dies neue Wettbewerber an, der Konkurrenzdruck steigt, und die Preise bewegen sich wieder in die Richtung eines Gleichgewichtspreises, der dem vollkommenen Wettbewerb entspricht. Eine wichtige Voraussetzung zur Aufrechterhaltung von Monopolrenten sind daher Markteintrittsbarrieren, die verhindern, dass Markteintritte die Monopolstellung gefährden (Stigler 1950: 24 ff.). Ebenso wichtig ist es, dass keine Diseconomies of Scale vorliegen, die zu einem Wettbewerbsnachteil größerer Einheiten führen würden (Stigler 1950: 27).

Mit Hilfe des Monopolarguments lässt sich – mit Ausnahme des Mehrpunktwettbwerbs – lediglich die horizontale, eventuell noch die vertikale Konzentration erklären. Mediale oder gar laterale Diversifikation werden nur im Rahmen des Mehrpunktwettbewerbs berücksichtigt. Allerdings wurden mit dem Aufkommen lateraler Diversifikationen in den 1960er und 1970er Jahren auch die Effekte lateral diversifizierter Unternehmungen auf den Wettbewerb diskutiert (Grimm 1987: 66 ff.). So wurde beispielsweise untersucht, wie Unternehmungen durch Ausüben von Marktmacht auf die Absatzkanäle das Angebot von Konkurrenzprodukten verhindern (Exclusive Dealing) oder den Verkauf unterschiedlicher Produkte miteinander verknüpfen können (Tie-in Sales) (Lorie und Halpern 1970: 154 f.) Ein solches Prozedere lässt allerdings eher den Schluss zu, dass es sich um ähnliche Produkte handelt, die beispielsweise die gleichen Absatzkanäle nutzen, also eine medialen Diversifikation vorliegt. Einen weiteren Problembereich konglomerater Mergers & Acquisitions stellt die Gefahr der Quersubventionierung von Produkten innerhalb einer Unternehmung dar, mit dem Ziel einige Produkte unter den Herstellungskosten anbieten zu können und dadurch Wettbewerber aus dem Markt zu drängen. Dieses auch als Deep Pocket bekannte Argument erscheint lediglich theoretisch plausibel, da sich die Kosten einer solchen Strategie als ökonomisch zu hoch erweisen (Lorie und Halpern 1970: 155 f.).

Eckbo (1983) und Stillman (1983) haben die Wettbewerbswirkung von Mergers & Acquisitions analysiert. Sie gehen davon aus, dass neben den an Mergers & Acquisitions beteiligten Unternehmungen bei Vorliegen von Marktmacht auch die Aktienkurse der übrigen Unternehmungen steigen müssten. Dies konnte allerdings nicht empirisch bestätigt werden. Es ließ sich keine positive Korrelation zwischen dem Aktienwert der Wettbewerber und einer Akquisition feststellen. Im Gegenteil: Nach gescheiterten Mergers & Acquisitions profitieren die Wettbewerber überdurchschnittlich. Dies weist darauf hin, dass Wettbewerber durch Mergers & Acquisitions Nachteile gegenüber den beteiligten Unternehmungen zu befürchten haben und eben keine positiven Brancheneffekte durch kollusives Verhalten zu erwarten sind (Eckbo 1983: 268 f.; Stillman 1983: 240). Das Monopolargument scheint daher wenig empirische Relevanz aufzuweisen. Zu ähnlichen Ergebnissen gelangte auch Mandelker (1974), der zwar vor der Bekanntgabe von Mergers & Acquisitions eine positive Wertsteigerung bei Bietunternehmungen feststellen konnte, die allerdings nach dem Zusammenschluss wieder auf ein durchschnittliches Maß zurückging (Mandelker 1974: 312). Er führt dies auf zu hohe Gebote zurück (vergleiche hierzu Abschnitt 3.3 zum Winner's Curse). Käufer erzielen somit keine überdurchschnittlichen Gewinne durch Mergers & Acquisitions (Mandelker 1974: 329 f.).

Immerhin sind in einigen Branchen Monopoleffekte als Folge von Mergers & Acquisitions beobachtbar. So fanden Prager und Hannan (1998) nach horizontalen Bankenfusionen in den Vereinigten Staaten heraus, dass Zinsen für Geldeinlagen nach Mergers & Acquisitions sanken. Hier scheint eine zunehmende Marktmacht dazu genutzt worden zu sein, den Konsumentennutzen zu reduzieren und die Produzentenrente zu erhöhen (Prager und Hannan 1998: 442 ff.). Gleichzeitig wurde aber keine Veränderung bei der Vergabe von Kleinkrediten nach Mergers & Acquisitions beobachtet, was einer Erhöhung der Marktmacht widerspricht (Berger et al. 1998: 207 ff.).

Diese Monopoleffekte stellen eher eine Ausnahme dar. Allgemein scheinen

Mergers & Acquisitions kaum zu einer wesentlichen Erhöhung der Marktmacht zu führen. Dies ist auch nicht weiter verwunderlich, da in allen modernen Volkswirtschaften Mergers & Acquisitions auf ihre Wettbewerbswirkung hin geprüft werden. Das Motiv Marktmacht für Mergers & Acquisitions wird somit bereits ex ante eingeschränkt. Falls dieses Ziel dennoch verfolgt werden sollte, werden ihm gesetzlich Grenzen gesetzt.

3.4.2 Economies of Scale

Economies of Scale oder auch Betriebsgrößenvorteile beschreiben Kosteneffekte aufgrund einer größeren Produktionsmenge innerhalb einer Zeiteinheit. Der Betriebsgrößeneffekt drückt einen sinkenden Stückkostenverlauf aufgrund eines absolut höheren Produktionsvolumens pro Zeiteinheit aus. Economies of Scale liegen vor, wenn gilt: „[...] inputs are all increased by the small factor λ, then output increases by a factor larger than λ [...]“ (Panzar und Willig 1977: 482 f.).

Ursachen für den Betriebsgrößeneffekt werden vor allem in der Fixkostendegression gesehen, aber auch im Einsatz effizienter Maschinen, in der Erhöhung des Automatisierungsgrades, in Spezialisierungseffekten und schließlich in geringeren Umstellungskosten vorhandener Anlagen. Betriebsgrößeneffekte können in allen Funktionsbereichen der Unternehmung auftreten, wie im Einkauf, der Produktion, dem Vertrieb, aber auch in der Verwaltung, im Finanzbereich etc. – letztlich in allen Bereichen von Porters Wertkette (Porter 1992: 59 ff.). Eine Auflistung von entsprechenden Kostenvorteilen durch horizontale Mergers & Acquisitions findet sich bei Hopkins (1983: 37 ff.).

In der Literatur wird in diesem Zusammenhang eine mindestoptimale Betriebsgröße für Branchen diskutiert. Diese beschreibt die Produktionsmenge, bis zu der die Stückkosten erheblich gesenkt werden können, und nach der keine signifikante Kostenreduktion durch eine Ausweitung der Produktionsmenge mehr erzielt werden kann (Burgess 1989: 48 f.). Die mindestoptimale Betriebsgröße ist folglich jene, an dem die kleinste Produktionsmenge das Stückkostenminimum erreicht. Unternehmungen sollten diese mindestoptimale Betriebsgröße erreichen, um eine wettbewerbsfähige Kostenstruktur zu erzielen. Hohe mindestoptimale Betriebsgrößen stellen oftmals eine Markteintrittsbarriere dar. Die mindestoptimale Betriebsgröße wird auch häufig zur Erklärung der Globalisierung herangezogen, da man unterstellen kann, dass der heimische Absatz nicht ausreicht, um eine effiziente Kostenstruktur zu realisieren und daher neue Märkte im Ausland erschlossen werden müssen. Es besteht allerdings ein Trade-off zwischen den Kosteneinsparungen durch Economies of Scale und den damit meist einhergehenden steigenden Transportkosten. Es ist folglich wichtig, ein Gesamtkostenminimum zu erzielen. Diese Überlegungen lassen sich auch auf Mergers & Acquisitions übertragen.

So werden Economies of Scale in der Literatur häufig als Motiv für Mergers & Acquisitions angeführt. Es ist zwar möglich, durch Mergers & Acquisitions Economies of Scale zu erzielen, allerdings ist dieses Motiv nicht generell stichhaltig.

Ein häufig von Transaktionskostentheoretikern vorgebrachter Einwand besteht darin, dass Economies of Scale nicht innerhalb einer rechtlichen Einheit erzielt werden müssen. So können beispielsweise Produktionsanlagen von mehreren Unternehmungen gemeinsam genutzt werden, um Größenvorteile zu erzielen (Teece 1982: 40). Es sind folglich Überlegungen aus dem Transaktionskostenanssatz zu berücksichtigen, um überhaupt zu klären, warum eine einzelwirtschaftliche Nutzung von Produktionsfaktoren sinnvoll sein könnte. Diese Überlegung erklärt allerdings immer noch nicht externes Unternehmungswachstum.

Der wichtigste Grund, der gegen Economies of Scale als hinreichende Begründung für Mergers & Acquisitions spricht, liegt in der Tatsache, dass Economies of Scale auch durch internes Wachstum erzielt werden können. Es lässt sich sogar vermuten, dass Economies of Scale intern leichter zu erzielen sind als durch externes Wachstum, da die Produktionseinheiten genau aufeinander abgestimmt – und wenn nötig – auch in einer räumlichen Einheit aufgebaut werden können.

Im Gegensatz hierzu entstehen durch Mergers & Acquisitions erhebliche Reibungsverluste. Bisher geografisch getrennte Analgen müssen zusammengeführt werden. Eventuell sind Kapazitäten erst aufeinander abzustimmen und technische Standards anzupassen. Außerdem werden bei Mergers & Acquisitions ganze Unternehmungen übernommen und nicht nur Teile, in denen Economies of Scale zu erwarten sind. Auch Bürokratiekosten steigen erheblich durch die Übernahme ganzer Unternehmungen (Hummler 1999: 235 ff.). Ineffizienzen sind auch hierdurch zu erwarten.

Insgesamt ist es erstaunlich, dass Industrieökonomen Economies of Scale als hinreichendes Motiv für Mergers & Acquisitions anführen, da in der Industrieökonomie Zeitaspekte keine Rolle spielen und die Industrieökonomie außerdem – was besonders hervorzuheben ist – von homogenen Unternehmungen ausgeht. Unternehmungen können demzufolge jede Wettbewerbsposition aus eigener Kraft erreichen oder notwendige Ressourcen über effiziente Faktormärkte beziehen. Fähigkeiten anderer Unternehmungen werden nicht benötigt.

Economies of Scale können letztlich wieder nur die Diversifikationsrichtung erklären, Mergers *&* Acquisitions erklären sie jedoch nicht. Aber auch im Hinblick auf die Diversifikationsrichtung ist nur die horizontale Diversifikation erklärlich. Erst durch die Erweiterung durch Economies of Scope findet sich eine zusätzliche Erklärung für die mediale Diversifikation.

3.4.3 Economies of Scope

Economies of Scope beziehungsweise Synergien sind ein weiteres, oft genanntes Argument für Mergers *&* Acquisitions (Baumol et al. 1988: 71). Das wohl bekannteste Beispiel in Deutschland hierfür ist die Diversifikations- und Akquisitionsstrategie von Daimler Benz unter der Führung von Edzard Reuter. Reuter verwandelte Daimler Benz in einen *integrierten Technologiekonzern*. Das Hauptargument für die Akquisition von Dornier, AEG usw. waren Synergiepotenziale.

Economies of Scope liegen vor, wenn die gemeinsame Produktion zweier Güter günstiger ist, als die Summe beider voneinander getrennten Produktionen (Panzar und Willig 1981: 268). Economies of Scope können also wie folgt dargestellt werden als:

$C(q_1, q_2) < C(0, q_2) + C(q_1, 0)$,

wobei $q_1 > 0, q_2 > 0$ und $C(q_1, q_2)$ die Kosten der gemeinsamen Produktion der Güter q_1 und q_2 beschreiben (Willig 1979: 346).

Economies of Scope sind Kostenersparnisse, die durch die gemeinsame Produktion mehrerer Produkte entstehen. Auch sie können in allen Funktionsbereichen einer Unternehmung auftreten, wie beispielsweise im Einkauf, der Produktion, im Vertrieb und im Forschungs- und Entwicklungsbereich.

Gründe für die Entstehung von Economies of Scope sind Unteilbarkeiten von Vermögensgegenständen, die zu überschüssigen Kapazitäten führen, und vor allem die Existenz öffentlicher Güter, die ohne zusätzliche Kosten auf weitere Güter übertragbar sind. Hierdurch können Fixkosten auf weitere Produkte verteilt werden (Willig 1979: 346). Willig (1979) ist daher der Meinung, dass allein die Existenz von Economies of Scope den Zusammenschluss von Unternehmungen bedingt (Willig 1979: 348 und 349).

Damit können Economies of Scope zwar begründen, warum gemeinsam produziert werde sollte, nicht aber, warum dies innerhalb einer Unternehmung geschehen muss (Teece 1980: 225 ff.; Teece 1982: 39 f.). Solange Transaktionskosten außer Acht gelassen werden, ist nicht zu erklären, warum die Produktion mehrerer Güter in einer rechtlichen Einheit durchgeführt werden sollte. Weiterhin ist unerklärlich, warum ganze Unternehmungen gekauft werden sollen, wenn Economies of Scale and Scope auch durch internes Wachstum oder durch Kooperations- beziehungsweise Marktverträge zu realisieren sind (Teece 1982: 40). Economies of Scope bilden daher weder eine notwendige, noch eine hinreichende Bedingung für Mergers *&* Acquisitions (Teece 1980: 240). Erst wenn Transaktionskosten die marktliche Nutzung von Überkapazitäten erschweren, erscheint die Produktion mehrerer Produkte innerhalb einer Unternehmung plausibel.

Im Abschnitt 3.5.3 werden die entsprechenden transaktionskostentheoretischen Überlegungen vorgestellt. Allerdings kann der Kauf anderer Unternehmungen – wie noch zu zeigen sein wird – hierdurch immer noch nicht hinreichend erklärt werden.

Insgesamt ist sowohl für Economies of Scope als auch für Economies of Scale festzuhalten, dass sie nicht zur Erklärung von Mergers *&* Acquisitions ausreichen, da beide industrieökonomische Erklärungsversuche von homogenen Unternehmungen ausgehen. Falls Synergien durch gemeinsame Aktivitäten erzielt werden können, ist es den Annahmen der Industrieökonomie folgend möglich, die notwendigen Ressourcen hierfür selbst zu beschaffen, sofern die Unternehmung sie nicht bereits besitzt. Damit stellt das in der klassischen Literatur beschriebene Nichtausnutzen möglicher Synergien nichts anderes als eine Konkretisierung der Inefficient-Management-Hypothesis dar (vergleiche Abschnitt 3.1.5) (Bradley et al. 1988: 4; Roll 1988: 246).

Zusätzlich geht die Industrieökonomie von funktionierenden Märkten für Mergers *&* Acquisitions aus. Der Käufer kann folglich keine Überrenditen durch Mergers *&* Acquisitions erzielen, da die Möglichkeit, Economies of Scale und Economies of Scope zu erzielen, entweder bereits im Kaufpreis enthalten ist oder spätestens durch den Bietprozess in den Kaufpreis einfließt.

Ferner ist die statische Betrachtungsweise der Industrieökonomie zu kritisieren. Falls man den industrieökonomischen Überlegungen zustimmt – vor allem dem Argument der Economies of Scale und der Economies of Scope – muss man sich fragen, warum Mergers *&* Acquisitions immer wieder auftreten. Wenn Größenvorteile und Synergien allein ausschlaggebend wären, würden sich die Unternehmungen in den einzelnen Branchen zu Einheiten mit mindestoptimalen Betriebsgrößen zusammenschließen. Nachdem dies erreicht wäre, dürften keine weiteren Mergers *&* Acquisitions stattfinden oder sie sollten, zumindest historisch betrachtet, rückläufig sein (Mueller 1969: 657). Dies ist allerdings nicht zu beobachten.

Abschließend ist das Verhältnis zwischen der Monopol- und der Effizienzschule innerhalb der Industrieökonomie zu untersuchen. Die Frage, inwiefern das Monopol- oder das Effizienzargument zur Erklärung und vor allem zur Beurteilung von Mergers *&* Acquisitions herangezogen werden kann, ist nicht eindeutig zu klären. Dies liegt darin begründet, dass beide Effekte häufig gleichzeitig auftreten, und zwar unabhängig davon, ob sie beabsichtigt sind oder nur als Nebeneffekt auftreten (Scherer 1970: 112).

Eckbo (1983) konnte in seiner empirischen Studie keine Hinweise auf eine Wertreduktion der Wettbewerber nach einer Bekanntgabe von Mergers *&* Acquisitions finden. Er folgert daraus, dass, falls Effizienzsteigerungen durch Mergers *&* Acquisitions erzielt werden, diese offensichtlich nicht dazu beitragen, die Wettbewerbsposition der Konkurrenten negativ zu beeinflussen beziehungsweise die Wettbewerbsposition der beteiligten Unternehmungen signifikant zu verbessern (Eckbo 1983: 272).

Williamson (1968a;b; 1969) stellt folglich beide Konzepte in einer Tradeoff-Analyse gegenüber, indem er nicht von einem monokausalen Monopoleffekt *oder* Effizienzeffekt bei Mergers *&* Acquisitions ausgeht, sondern von einem gleichzeitigen Auftreten beider Effekte. Im Ergebnis überkompensiert der Effizienzeffekt den Monopoleffekt (Williamson 1968b: 18 ff.; Williamson 1988: 57). Um dieses wohlfahrtstheoretische Modell hat sich eine weitreichende Debatte entfacht (Böbel 1984: 209 und die dort angegebene Literatur). Für die vorliegende Arbeit ist dabei lediglich relevant, dass der Nutzen horizontaler Mergers *&* Acquisitions sowohl auf eine zunehmende Marktmacht als auch auf Einsparungseffekte durch Betriebsgrößenvorteile zurückgeführt werden kann.

3.4.4 Der Ansatz von Porter

Porter (1992) hat der Frage des Eintritts in neue Märkte ein eigenes Kapitel in seinem bahnbrechenden Buch „Wettbewerbsstrategie“ gewidmet (Kapitel 16). Er trifft zu Recht die relevante Unterscheidung in der Akquisition einerseits und interner Entwicklung andererseits (Porter 1992: 422). Seinen Ausführungen stellt Porter (1992) voraus, dass bei einem perfekten Wirken der Marktkräfte „[...] kein Eintritt jemals einen überdurchschnittlichen Ertrag auf das eingesetzte Kapital ergeben [...]“ kann (Porter 1992: 423). Hierbei unterscheidet er allerdings nicht, ob es sich um einen Eintritt via interne Entwicklung oder via Akquisition handelt.

In Porters Analyse geht es folglich um die Bestimmung von Situationen, in denen die Wettbewerbskräfte nicht vollständig wirken, das heißt, es sollen Branchen gefunden werden, die nicht im Gleichgewicht sind.

Ausgangspunkt seiner Überlegungen ist ein effizient organisierter Markt für Unternehmungskontrolle (Porter 1992: 436). Der Preis eines Zielobjektes spiegelt damit in der Regel den tatsächlichen Wert einer Unternehmung wider beziehungsweise liegt der Preis sogar über dem Gegenwartswert der zukünftigen Gewinne, da die bisherigen Eigentümer sonst nicht verkaufen würden (Porter 1992: 437). Der zu erwartende Gegenwartswert der Unternehmung stellt demnach die Preisuntergrenze eines Kaufobjektes dar. In der Regel werden beträchtliche Aufschläge (Premiums) hierauf gezahlt. Eine überdurchschnittliche Rentabilität lässt sich nach Porter (1992) nur unter folgenden Bedingungen erzielen: (1) Die Preisuntergrenze ist niedrig, (2) der Markt für Unternehmungskontrolle ist unvollkommen oder (3) der Käufer besitzt besondere Fähigkeiten, das Geschäft zu betreiben (Porter 1992: 437).

Die Preisuntergrenze ist wahrscheinlich niedrig, wenn die zur Disposition stehende Unternehmung nur noch auf eine geringe Nachfrage trifft, unter Kapitalmangel leidet oder das Management beziehungsweise die Führungsnachfolge nicht befriedigend geregelt werden kann. Porter (1992) selbst weist darauf hin, dass gerade der erste Punkt keine ausreichende Bedingung für eine erfolgreiche Unternehmungsakquisition darstellt, da eine niedrige Preisuntergrenze durch den Bietprozess zunichte gemacht würde. Dem ist zuzustimmen, da die Preisuntergrenze immer den Barwert zukünftiger Cash-flows darstellt und einfach zu ermitteln ist. Eine *zu* niedrige Preisuntergrenze würde also schnell entdeckt und damit zu einem Bietgefecht führen.

Die Unvollkommenheit des Marktes für Unternehmungskontrolle stellt einen Erklärungsversuch für Unternehmungsakquisitionen dar, der außerhalb des Theorierahmens von Porters sonstigen Arbeiten liegt. Folgende fünf Bedingungen werden als Ursache für einen unvollkommenen Markt für Unternehmungen angeführt:

1. Der Käufer hat einen besseren Informationsstand,
2. die Zahl der Bieter ist gering,
3. die volkswirtschaftliche Situation ist schlecht,
4. die angebotene Unternehmung ist „krank“,

5. der Verkäufer verfolgt weitere Ziele neben der Gewinnmaximierung (Porter 1992: 438 ff.).

Auch diese Bedingungen müssen näher auf ihre Plausibilität hin überprüft werden. So ist zwar die erste Bedingung, dass ein Käufer einen Informationsvorsprung gegenüber seinen Mitbietern besitzt, durchaus realistisch, ob dies allerdings auch durch einen unvollkommenen Bietprozess zu überdurchschnittlichen Erträgen führt, ist fraglich. Wie im Abschnitt 3.2 erläutert, liegt in den seltensten Fällen ein Informationsvorsprung des Käufers gegenüber dem Verkäufer vor. Es ist vielmehr gerade bei nicht horizontalen Akquisitionen von einem oftmals jahrzehntelangen Erfahrungsvorsprung und auch entsprechenden Kontakten des Verkäufers auszugehen. Und selbst bei horizontalen Akquisitionen stehen dem Verkäufer wesentlich detailliertere interne Unternehmungsinformationen zur Verfügung. Man kann also davon ausgehen – sofern es sich beim Vorteil eines Käufers *lediglich* um Informationen, nicht jedoch um Wissen[10] und Fähigkeiten handelt – dass diese dem Verkäufer in der Regel ebenfalls zur Verfügung stehen. Dies führt letztlich zu einer höheren Preisuntergrenze. Der Verkäufer kann hierdurch jedoch keine überdurchschnittlichen Erträge erzielen, da keine Einzigartigkeit und keine Immobilität der Informationen gegeben sind.

Im Abschnitt 3.3 wurde der zweite Punkt „geringe Zahl der Bieter“ näher betrachtet. Dieser Punkt in Porters Arbeit verdient besondere Erwähnung, da er hier darauf verweist, dass es nur wenige Bieter geben wird, „[...] wenn der Akquisitionskandidat einer ungewöhnlichen Branche entstammt, die nur von wenigen Interessenten verstanden wird oder nur zu wenigen passt [...]“. Dieser Hinweis deutet durchaus auf ressourcenbasierte Überlegungen, die die Heterogenität von Unternehmungen unterstellen.

Dass eine schlechte volkswirtschaftliche Situation und auch der folgende vierte Punkt zu einem geringen Kaufpreis führen, ist wenig verwunderlich, da geringere Ertragsaussichten auch den Barwert reduzieren. Hieraus aber überdurchschnittliche Erträge für den Käufer abzuleiten, ergibt keinen Sinn. Erst wenn der Käufer den Wert nach einer Übernahme erhöhen könnte oder sich die volkswirtschaftliche Situation verbesserte, könnten Überrenditen erzielt wer-

10. Unter dem Begriff *Wissen* soll eine spezifische Form der Information verstanden werden, die durch Informationsverarbeitungsprozesse in vorhandene kognitive Strukturen assimiliert und integriert wird. Wissen verknüpft dabei einzelne Informationen sinngebend und ist demnach die Summe aus weiterverarbeiteten und handlungsrelevanten Informationen (Edelmann 1993: 194 ff.; Dörner 1994: 68 ff.).

den, allerdings nur, wenn diese durch den Bietprozess nicht erodiert würden. Auch der letzte Punkt in Porters Argumentation, dass der Verkäufer neben der Gewinnmaximierung noch andere Ziele verfolgt, kann somit nicht als befriedigende Begründung für Überrenditen durch Unternehmungsakquisitionen herangezogen werden, da zum einen in der vorliegenden Arbeit nach einer auf Effizienzgründen beruhenden Erklärung von Mergers *&* Acquisitions gesucht werden soll, und zum anderen in einem zunehmend besser organisierten Markt für Unternehmungskontrolle in der Regel mehrere Unternehmungen auch die nicht ökonomischen Ziele des Verkäufers befriedigen können.

Auch wenn Porter (1992) Situationen beschreibt, in denen sich ein Eintritt in neue Branchen lohnt, und hierbei bereits einige Argumente des ressourcenbasierten Ansatzes vorwegnimmt (Porter 1992: 432 f.), basieren seine Überlegungen klar auf einem industrieökonomischen Konzept, welches von der Homogenität von Unternehmungen ausgeht.

Porter selbst ist der Meinung, dass es schwierig ist, bei einer Akquisition einen Gewinn zu verzeichnen, da „[...] der Markt für Unternehmen und die Option des Anbieters das Geschäft weiterzuführen, [...]" dem Erzielen überdurchschnittlicher Gewinne nach einer Akquisition entgegenwirken (Porter 1992: 437).

Der letzte Punkt, den Porter (1992) zur Erklärung von Überrenditen durch Unternehmungsakquisitionen anführt, betrifft besondere Führungsfähigkeiten der akquirierenden Unternehmung (Porter 1992: 440 f.). Hier führt Porter (1992) bereits Argumente an, die später im Zusammenhang mit dem ressourcenbasierten Ansatz detailliert diskutiert werden sollen und auch Grundüberlegungen der vorliegenden Arbeit darstellen (vergleiche hierzu Kapitel 5)

Schon Yip (1982) weist darauf hin, dass bei der Erklärung von Mergers *&* Acquisitions nicht nur die Branchenstruktur, sondern vor allem Charakteristika der beteiligten Unternehmungen von großer Relevanz sind (Yip 1982: 343 f.). Dies ist bereits ein Hinweis auf die Notwendigkeit einer internen, sprich ressourcenbasierten, Analyse von Mergers *&* Acquisitions. Insgesamt stellen damit die Erkenntnisse von Porter einen wichtigen Schritt für die Untersuchung von Mergers *&* Acquisitions dar. Sie bedürfen aber noch einer fundierteren Analyse, um Mergers *&* Acquisitions umfassend erklären zu können. Hierzu bedarf es der Abkehr vom industrieökonomischen Paradigma, da nur dann die interne Ressourcenausstattung der Unternehmungen ansatzimmanent in die Betrachtung einfließen und nur so ein kohärentes Modell entwickelt werden kann.

3.5 Transaktionskostenansatz

Der Transaktionskostenansatz als Bestandteil der Neuen Institutionenökonomie beschäftigt sich mit Institutionen der ökonomischen Betätigung. Der Ansatz beschäftigt sich daher auch mit Mergers *&* Acquisitions, da sich hierdurch die Grenzen der Institution *Unternehmung* verschieben.

Seinen Ursprung hat der Transaktionskostenansatz in dem berühmten Aufsatz „The Nature of the Firm" von Ronald Coase (1937). Ausgangspunkt der Überlegungen sind unvollkommene Märkte und Kosten, die bei der Nutzung des Markt- beziehungsweise Preismechanismus entstehen. Diese Kosten sind im Vergleich zu alternativen Koordinationsinstrumenten, wie beispielsweise dem internen Koordinationssystem der Unternehmung, zu sehen. Die Entstehung der Kosten bei der Nutzung des Preismechanismus beruht auf zwei Verhaltensannahmen: der begrenzten Rationalität und dem Opportunismus.

Die Annahme der begrenzten Rationalität geht auf die Arbeiten von Chester Barnard (1938) und Herbert Simon (1947) zurück. Sie konstatieren, dass die begrenzte kognitive Kapazität zu begrenzter Rationalität der Entscheidungsträger führt (Simon 1947: xxiv), die nicht fähig sind, alle vorhandenen Informationen zu erfassen, zu verarbeiten und schließlich umzusetzen. Aufgrund der begrenzten kognitiven Fähigkeiten der Akteure und der Unsicherheit zukünftiger Entwicklungen können keine exakten Prognosen und Planungen zukünftiger Umweltzustände durchgeführt werden. Auch perfekt ausformulierte Verträge sind daher nicht möglich.

Begrenzte Rationalität wird insbesondere dann problematisch, wenn sie auf opportunistische Akteure trifft, wobei Opportunimus als eigennütziges Verhalten von Individuen auch unter Zuhilfenahme von Lug und Trug definiert wird (Williamson 1985: 181; Williamson 1990: 34).[11] Opportunistische Wirtschaftsakteure werden Lücken in der Vertragsgestaltung in ihrem Interesse interpretieren und ausnutzen. Dieses Problem besteht im Wesentlichen im Zusammenhang mit der Nutzung des Preis- bzw. Marktmechanismus. Die Marktakteure versuchen, diese Probleme aber soweit möglich zu vermeiden. Hierdurch entstehen Kosten, sogenannte Transaktionskosten, wie beispielsweise für Vertragsverhandlungen, Kontrollhandlungen und Anpassungsverhand-

11. Die im Transaktionskostenansatz postulierte Opportunismusannahme blieb in der Strategischen Managementliteratur nicht unwidersprochen (Hill 1990: 501 ff.; Zajac und Olson 1993: 140 f.; Bresser 1998: 397 und 476). Da diese Kritik erst an einer späteren Stelle an Bedeutung gewinnt, soll hier auf die Ausführungen auf Seite 237 verwiesen werden.

lungen. Die Transaktionskosten werden für gewöhnlich in Anbahnungs-, Vereinbarungs-, Durchsetzungs-, Kontroll- und Anpassungskosten unterteilt (Picot 1982: 270).

Die Opportunismusgefahr und damit die Höhe der Transaktionskosten werden von drei Variablen maßgeblich beeinflusst: der Faktorspezifität, der Unsicherheit und der Häufigkeit der Transaktion. Hohe Faktorspezifität und hohe Unsicherheit erhöhen die Transaktionskosten. Im Folgenden sollen drei Begründungszusammenhänge des Transaktionskostenansatzes näher betrachtet werden, mit deren Hilfe man versuchen kann, Mergers *&* Acquisitions zu erklären: Die *Vertikale Integration*, der *interne Kapitalmarkt* und der *Ansatz von David Teece (1982)*.

3.5.1 Vertikale Integration

Die vertikale Integration weist aus strategischer Sicht sowohl Vor- als auch Nachteile auf (Harrigan 1984). Als Ursache für die vertikale Integration führt Oliver Williamson Transaktionkosten an (Williamson 1990: 98; Williamson 1986: 85 ff.). Akteuren, die Transaktionen über mehrere Wertschöpfungsstufen hinweg tätigen, eröffnen sich hierzu eine Reihe organisatorischer Alternativen. Hier soll lediglich auf die Dichotomie zwischen Markt und Hierarchie eingegangen werden. Hybridformen (Williamson 1991b; Sydow 1992; Chung 1998; Weder 1990) können vernachlässigt werden, da sie für die gewählte Fragestellung keinen Erkenntnisfortschritt versprechen.

Generell wird diejenige Organisationsform gewählt, die die besten Effizienzeigenschaften zur Durchführung einer Transaktion aufweist. Hierzu sind Eigenschaften der Produktionsfaktoren und die Merkmale der Vertragsbeziehungen mit in das Entscheidungskalkül einzubeziehen. Die wichtigsten Aspekte sind: Häufigkeit, Unsicherheit und vor allem die Spezifität der Transaktion. Da die Faktorspezifität die wichtigste Dimension darstellt (Williamson 1990: 59), sollen sich die nachfolgenden Ausführungen auf diesen Aspekt beschränken. Man spricht von faktorspezifischen Investitionen, wenn von einem Akteur Investitionen getätigt werden, die sich nur mit Werteinbußen für andere Aktivitäten verwenden lassen (Grossman und Hart 1986: 691 ff.; Williamson 1990: 60 ff.; Besanko et al. 1996: 148 f.).

Durch die spezifische Investition findet eine fundamentale Transformation statt: Aus einem vormals funktionierenden Bietwettbewerb wird nach getätigter Investition ein bilaterales Monopol (Williamson 1990: 70), wodurch einem Vertragspartner die Möglichkeit eröffnet wird, sich Quasi-Renten anzueignen. Um solche Möglichkeiten zu verhindern, bietet sich als alternative Beherrschungsstruktur zum Markt die Hierarchie an. Hier wird die Koordination über den Preismechanismus durch Anweisungen ersetzt. Dies kann beispielsweise durch den Zusammenschluss zwischen einem Zuliefererbetrieb und seinen Abnehmern erfolgen. Williamson (1990) sieht infolgedessen in vertikalen Mergers & Acquisitions keine Wettbewerbsbeschränkung, sondern eine effiziente Beherrschungsstruktur (Williamson 1988: 59; Williamson 1990: 112 ff.). Auch Dugger (1993) konstatiert hierzu, dass Konflikte, die ansonsten zwischen Marktpartnern entstehen, durch Mergers & Acquisitions einer effizienten Lösung in der Hierarchie zugeführt werden können. Die interne Anweisung erweist sich gerade bei komplexen und einzigartigen Konflikten als effiziente Lösung, die zu Mergers & Acquisitions führt (Dugger 1993: 207).

Der Transaktionskostenansatz leistet einen wesentlichen Beitrag zur Erklärung von Mergers & Acquisitions. Er stellt die Transaktion von Ressourcen in den Mittelpunkt der Überlegungen. Zwar werden die Eigenschaften der Ressourcen lediglich hinsichtlich ihrer Spezifität betrachtet, aber dies stellt bereits einen Fortschritt gegenüber anderen Ansätzen dar. Dennoch bietet auch der Transaktionskostenansatz Anlaß zur Kritik. So ist er ein statischer, bestenfalls ein komparativ-statischer Ansatz (Williamson 1991b). Warum sollen Unternehmungen, um Transaktionskosten zu sparen, Mergers & Acquisitions durchführen, wenn dies auch schon zuvor möglich war? Es müssen folglich noch Bedingungen herausgearbeitet werden, die als auslösendes Moment für Mergers & Acquisitions wirken.

Obwohl der Transaktionskostenansatz die Entstehung der vertikalen Integration erklären kann, bleibt auch hier offen, ob durch Mergers & Acquisitions oder durch eine interne Entwicklung vertikal integriert werden soll. Dies liegt daran, dass der Transaktionskostenansatz von homogenen Unternehmungen ausgeht. So werden keine Begrenzungen der Fähigkeiten von Unternehmungen problematisiert. Besanko et al. (1996) konstatieren zu Recht: „The decision of whether or not to vertically merge is not so simple, however. Merging on the vertical chain is not a clear make-or-buy decision, but more a matter of „buying" an opportunity to „make"" (Besanko et al. 1996: 148). Es handelt sich also um die Beschaffung von Chancen, welche die kaufende Unternehmung noch nicht besitzt. Diese Chancen sind genauer zu definieren und Eigenschaften herauszuarbeiten. Die individuellen Fähigkeiten und Ressourcen der einzelnen Unternehmungen müssen somit genauer betrachtet werden, was der Transaktionskostenansatz allerdings nicht leistet.

3.5.2 Interner Kapitalmarkt

Da der Transaktionskostenansatz unter anderem als Erklärungsansatz der Institution Unternehmung zu verstehen ist, müssen auch diversifizierte Unternehmungen erklärbar sein. Diesem Anspruch kommt Williamson nach, indem er die diversifizierte Organisationsform einer genaueren Analyse unterzieht.

Während die funktionale Organisation für kleine Unternehmungen die dominante Organisationsform darstellt, stellt sie Unternehmungen mit zunehmendem Wachstum und dadurch gestiegener Komplexität vor steigende Probleme (Chandler 1962; Greiner 1972). Diese Probleme lassen sich durch eine multidimensionale Organisationsstruktur, die sogenannte M-Struktur, lösen. Hierzu gliedert sich die Unternehmung auf der zweiten Organisationsebene in quasi-autonome dimensionale Einheiten (Williamson 1975: 136). Die M-Form unterscheidet sich durch fünf Eigenschaften von der funktionalen Organisationsstruktur:

1. Die Verantwortung für operative Tätigkeiten liegt beim Divisionsmanagement,

2. der Zentrale arbeiten Stäbe zu, die als Berater und Controller fungieren,

3. die Zentrale konzentriert sich auf strategische Aufgaben,

4. die Trennung der Zentrale von operativen Aufgaben erhöht deren Orientierung an der Gesamtrentabilität der Unternehmung und nicht an Funktionsbereichen,

5. als Ergebnis entstehen hierdurch Synergien, das heißt, der Gesamtwert wird höher als die Summe der Einzelteile ausfallen (Williamson 1970: 120-121).

Durch die Adaption der M-Form werden die Grundprobleme des Transaktionskostenansatzes, begrenzte Rationalität und Opportunimus, besser gelöst als durch die funktionale Organisationsform (Williamson 1975: 137). Aufgrund der genannten Eigenschaften dient die M-Form aber auch als Substitut und Ergänzung zum externen Kapitalmarkt. Sie stellt eine Art Agenten für Aktionäre dar, der mehrere Aufgaben für diese übernimmt (Williamson 1981: 1556). Eine der Aufgaben des externen Kapitalmarktes besteht in der Kontrolle und Disziplinierung des Managements. Der externe Kapitalmarkt stößt hierbei allerdings an seine Grenzen, das heißt, er funktioniert nicht reibungslos. So entstehen erhebliche Transaktionskosten durch die Beschaffung von Informationen und eine gegebenfalls notwendige Neubesetzung des Managements.

Aufgrund des opportunistischen Verhaltens des Managements und anderer Marktteilnehmer ist es sehr kostspielig für einen potenziellen Akquisiteur, notwendige Informationen über eine Zielunternehmung zu erwerben (Williamson 1975: 142). Opportunistisches Verhalten und begrenzte Rationalität der Marktteilnehmer machen es zudem schwierig, die gewonnenen Informationen an andere Kapitalgeber zu vermitteln, um Vorteile aus den Informationen ziehen zu können (Williamson 1975: 142 f.). Dies verhindert einen funktionierenden Markt für Unternehmungskontrolle (Manne 1965). Manager erhalten diskretionären Spielraum, ihre Eigeninteressen auf Kosten der Aktionäre durchzusetzen (Williamson 1975: 143). Dem kann mit Hilfe der M-Form als internem Kapitalmarkt begegnet werden (Williamson 1986: 156; Kay 1993: 249 f.). So können durch die M-Form, dem Management Anreize gesetzt werden, den Unternehmungswert zu maximieren, interne Kontrolle durchzuführen und eine wertoptimale Cash-flow-Allokation zu verfolgen (Williamson 1975: 145), indem sowohl finanzielle als auch nicht-pekuniäre Anreize gesetzt werden, wie beispielsweise Manager zu versetzen, einzustellen und nötigenfalls zu entlassen.

Ein internes Kontrollsystem erweist sich gegenüber dem externen Kontrollmarkt insofern als vorteilhaft, als detaillierte Informationen aus Geheimhaltungsgründen nur internen Kontrolleuren zur Verfügung stehen. Durch die Entfachung eines internen Wettbewerbs zwischen den einzelnen Divisionen kann ein effizienter Einsatz finanzieller Ressourcen erreicht werden (Williamson 1975: 145-147). Der Einsatz divisionaler Organisationsstrukturen kann selbst bei kleinen und mittelgroßen Unternehmungen dazu dienen, das Versagen des externen Kapitalmarkts auszugleichen (Eschen 1998b: 9 ff.; Eschen 2000: 69).

Die M-Form gestattet es dem Topmanagement, sich auf Planungsaufgaben zu konzentrieren, während operative Tätigkeiten autonom vom Divisionsmanagement durchgeführt werden (Williamson 1991c: 106). Funktional organisierte Unternehmungen stellen in diesem Kontext Übernahmekandidaten dar, da durch die Eingliederung dieser Unternehmungen die Ressourcenallokation und die interne Organisation verbessert werden können (Williamson 1975: 159 f.). Daneben bewirkt die Gefahr der Übernahme durch divisionalisierte Unternehmungen, dass das Management funktional organisierter Unternehmungen im Aktionärsinteresse diszipliniert wird.

Die M-Form ist überdies hervorragend geeignet, akquirierte Unternehmungen in die Gesamtunternehmung zu integrieren. Da die akquirierte Unternehmung wie eine selbständige Unternehmung weitergeführt wird, sind organisatorische Anpassungen kaum nötig (Williamson 1988: 62; Thompson und Wright 1993: 220 f.).

Williamson (1975) führt das Argument des internen Kapitalmarkts zur Erklärung konglomerater Mergers *&* Acquisitions an. Kay (1993) weist allerdings auf die Unzulänglichkeit dieses Arguments hin (Kay 1993: 250 ff.). Letztlich verursacht ein interner Kapitalmarkt stets geringere Transaktionskosten als ein externer Kapitalmarkt, unabhängig davon, ob in verbundene oder unverbundene Bereiche diversifiziert wird. Allerdings sind die anschließend entstehenden Kontrollkosten bei einer verbundenen Diversifikation geringer, da die einzelnen Unternehmungseinheiten einfacher zu vergleichen sind (Kay 1993: 251).

Auch sind die transaktionskostentheoretischen Überlegungen nicht exklusiv auf den Transfer finanzieller Ressourcen anwendbar. Die gleiche Argumentation kann auch auf andere Transaktionen, zum Beispiel den Transfer von Technologie etc., übertragen werden (Kay 1993: 251).

Außerdem ist Kay (1993) zuzustimmen, wenn er Williamsons Begründung, warum konglomerate Unternehmungen anderen Unternehmungsformen überlegen sein sollen, für nicht ausreichend hält. Ferner ist dem Transaktionskostenansatz vorzuhalten, dass er nicht deutlich macht, warum der Weg zum Konglomerat über eine externe Akquisition, anstelle interner Entwicklung verlaufen muss.

Letztlich bleibt auch hier offen, warum das externe Wachstum über Mergers *&* Acquisitions einer internen Divisionalisierung überlegen sein soll. Da idiosynkratische Fähigkeiten von Unternehmungen im Rahmen des Transaktionskostenansatzes noch nicht explizit thematisiert werden, stellt der klassische Transaktionskostenansatz hierauf keine Antwort zur Verfügung.

3.5.3 Der Ansatz von Teece

Bereits Panzar und Willig (1981) haben in ihrer Arbeit zum Thema Economies of Scope zu Recht darauf hingewiesen, dass sowohl bei einer medialen Diversifikation als auch bei einer vertikalen Integration die ausschließliche Betrachtung der Produktionskosten nicht ausreicht. Sie haben die Notwendigkeit einer Gesamtkostenbetrachtung aus Produktions- und Organisationskosten verdeutlicht, da nur so effiziente Entscheidungen hinsichtlich der Reichweite der Unternehmung zu treffen sind (Panzar und Willig 1981: 271 f.).

Einer der Vertreter, der sich explizit mit Mergers *&* Acquisitions aus der

Sicht des Transaktionskostenansatzes beschäfftigt hat, ist David Teece (1982). Er weist zu Recht darauf hin, dass Mergers *&* Acquisitions ein *Vehikel* der Diversifikation darstellt (Teece 1982: 58). Es erfolgt also eine klare Trennung zwischen der Frage der Integrations- beziehungsweise Diversifikationsrichtung einerseits und der Frage, ob diese Strategie durch internes oder externes Wachstum durchzuführen ist, andererseits.

Ausgangspunkt der Überlegungen, warum medial diversifiziert wird, ist die Tatsache, dass häufig Überkapazitäten zu beobachten sind, die auch für die Produktion anderer Güter nutzbar sind (Panzar und Willig 1981: 269). Diese Überkapazitäten sind oft auf nicht angepasste Kapazitäten einzelner Aggregate innerhalb der Unternehmung zurückzuführen. Gutenberg beschrieb dieses Phänomen auch als *Ausgleichsgesetz der Planung* (Gutenberg 1993: 163 ff.). Ist also eine große Menge dieser überschüssigen Ressourcen vorhanden und können diese nicht innerhalb der Unternehmung genutzt werden, stellt sich die Frage alternativer Nutzungsmöglichkeiten. Eine neoklassische Variante wäre die Nutzung der Überkapazitäten über Faktormärkte, sprich die Veräußerung der Überkapazitäten an andere Marktteilnehmer, die diese benötigen.

Allerdings sind spezifische Ressourcen und idiosynkratische Fähigkeiten oftmals nicht über Faktormärkte zu veräußern. So entstehen erhebliche Transaktionskosten gerade beim Wissenstransfer, da Wissen meist nicht artikulierbar ist, Fähigkeiten oftmals in komplexe Organisationen integriert sind, der Wert des Wissens nicht ex ante bestimmbar ist und sich die Implementierung von Wissen als schwierig erweist. Ein Käufer hat hierdurch die Möglichkeit, sich opportunistisch zu verhalten, indem er beispielsweise das Wissen an andere Unternehmungen weiterverkauft. Daher schlägt Teece (1982) für solche Ressourcen die interne Lösung beziehungsweise Mergers *&* Acquisitions vor (Teece 1982: 58), wenn folgende Bedingungen erfüllt sind:

1. Die Menge überschüssiger Ressourcen ist groß.
   Entsteht schnell eine große Menge überschüssiger Ressourcen, sollten diese durch Mergers *&* Acquisitions genutzt werden.

2. Die Ressourcen stehen schnell zur Verfügung.
   Falls überschüssige Ressourcen sich nur langsam entwickeln, erscheint ein inkrementaler interner Aufbau neuer Aktivitäten der externen Entwicklung überlegen. Stehen die Ressourcen allerdings schnell, aber nur über einen kurzen Zeitraum zur Verfügung, sollten sie durch Mergers *&* Acquisitions einer schnellen Nutzung zugeführt werden. Bei schnell erfolgten

Mergers & Acquisitions besteht jedoch stets die Gefahr, dass die zu erwerbenen Unternehmungen falsch bewertet werden.

3. Die Möglichkeiten besteht, durch Mergers & Acquisitions komplementäre Ressourcen zu beschaffen.
   Mergers & Acquisitions erscheinen dann Erfolg versprechend, wenn hierdurch komplementäre Ressourcen akquiriert werden können, um die eigenen überschüssigen Ressourcen einer neuen Nutzung zuführen zu können (Teece 1982: 58).

Teece (1982) leistet mit seiner Arbeit einen wesentlichen Beitrag zur Erklärung von Mergers & Acquisitions. Neben der Berücksichtigung von Transaktionskosten lenkt er die Aufmerksamkeit auch auf die Ressourcen einer Unternehmung. Dieser Aspekt muss allerdings noch näher untersucht werden. So ist zu klären, welche Ressourcen durch Mergers & Acquisitions erworben werden. Teece (1982) bezieht bisher nur die Ressourcen des Käufers in das Entscheidungskalkül ein. Daneben müssen jedoch auch die Ressourcen der Zielunternehmung, die Umweltbedingungen und die Bedeutung der Entscheidungsträger berücksichtigt werden. Dies soll in einem ressourcenbasierten Modell in den Kapiteln 4 und 5 herausgearbeitet werden.

3.6 Methodologische Probleme

Neben der bereits dargestellten konzeptionellen Auseinandersetzung über Motive für Mergers & Acquisitions fanden auch auf breiter Basis empirische Untersuchungen zu diesem Phänomen statt. Hier sollen die Ergebnisse der einzelnen Studien nicht dargestellt werden, da die wichtigsten Resultate bereits im Zusammenhang mit den einzelnen untersuchten Theorien Erwähnung fanden. Vielmehr sollen an dieser Stelle die empirischen Forschungsrichtungen mit ihren methodologischen Problemen einer Analyse unterzogen werden.

In der empirischen Forschung zu Mergers & Acquisitions lassen sich vier Grundrichtungen unterscheiden: (1) Befragungen von an Mergers & Acquisitions beteiligten Personen, (2) Analysen von Desinvestitionen nach Mergers & Acquisitions, (3) jahresabschlussorientierte Untersuchungen und (4) vor allem kapitalmarktorientierte Analysen.

Beim ersten empirischen Forschungsdesign, der Befragung von Experten, werden an Mergers & Acquisitions beteiligten Personen hinsichtlich ihrer subjektiven Einschätzungen über den Erfolg beziehungsweise Misserfolg oder zu

Motiven von Mergers & Acquisitions befragt (Ansoff et al. 1971; Kitching 1967; Chakrabarti und Souder 1987; Eccles et al. 1999). Vor allem Führungskräfte der beteiligten Unternehmungen beurteilen so ex post den Erfolg von Mergers & Acquisitions (Grüter 1991: 8). Der Vorteil dieser Methode liegt in der expliziten Feststellung der Ziele von Mergers & Acquisitions. Die Probleme dieser Methode liegen allerdings in der möglichen Verzerrung der Antworten der befragten Personen, die zu erwarten ist. So verfolgen beispielsweise die wichtigsten Personengruppen, die an den Befragungen beteiligt werden, mit Mergers & Acquisitions uneingestandene Eigeninteressen. Eine der häufigsten Fragestellungen der empirischen Forschung zum Thema Mergers & Acquisitions besteht ja gerade darin, inwiefern Eigeninteressen durch das Management auf Kosten der Aktionäre verfolgt werden. Hierzu können Befragungen der an Transaktionen beteiligten Manager kaum Aufschluss geben, da diese in ihren Beurteilungen zu einer Marginalisierung der Eigeninteressen neigen werden. Auch andere befragte Personengruppen – wie beispielsweise Investmentbanker – verfolgen mit Mergers & Acquisitions eigene Zielsetzungen (Foster 1986: 393) und werden ihre entsprechenden Motive kaum offenlegen. Und schließlich liegt auch in der Selbstüberschätzung der beteiligten Personen die Gefahr der Verzerrung der Ergebnisse. Insgesamt kann damit konstatiert werden, dass Befragungen der an Mergers & Acquisitions beteiligten Personen zwar einige Hinweise zu Motiven geben können, die Ergebnisse aber sehr vorsichtig zu interpretieren sind.

Die zweite Methode – die Analyse von Desinvestitionen – beschäftigt sich mit dem Anteil von Desinvestitionen nach Mergers & Acquisitions. Desinvestitionen werden hiernach als Misserfolg von Mergers & Acquisitions interpretiert. Käufer veräußern kurz nach dem Kauf die erworbenen Unternehmungsteile wieder, wenn diese ihre Erwartungen nicht erfüllen. Indem dies als Beurteilungsmaß herangezogen wird, entfällt für den empirischen Forscher die Notwendigkeit, ein eigenes Beurteilungsmaß für Mergers & Acquisitions zu entwickeln. Es bleibt lediglich die Zielerreichung der Käufer durch Mergers & Acquisitions zu überprüfen (Berens et al. 1998a: 63). Ein Beispiel hierfür ist der Verkauf von Rover durch BMW im Jahr 2000. Rover gilt als klarer Fehlschlag der Akquisitionsstrategie von BMW. Bekannte Studien, die sich dieser Methode bedienen, sind die vielzitierte Arbeit von Porter (1987), deren Ergebnisse bereits an anderer Stelle diskutiert wurden, und die Arbeit von Bergh (1997). Auch wenn Desinvestitionen als Misserfolg von Mergers & Acquisitions interpretiert werden können, ist dies dennoch nicht immer der Fall. Vielmehr sind die jeweiligen Motive und die Situation des Verkäufers zu beachten (Bergh 1997: 716). Porter (1987) selbst führt immer wieder an, dass Unternehmungen sich nach Erreichen der Mergers & Acquisitions-Ziele von nicht mehr benötigten Teilen wieder trennen sollten (Porter 1987: 38). Außerdem werden oftmals Unternehmungsteile nach Mergers & Acquisitions weiterveräußert, die vom Käufer nicht benötigt werden (Capron 1999: 991; Capron et al. 2000: 5 ff.). Teilweise war die Auflösung der Unternehmung und der getrennte Verkauf der Vermögensgegenstände eine beabsichtigte Strategie des Käufers, sogenannte *bustup takeovers* beziehungsweise *Asset Stripping* (Shleifer und Vishny 1991: 53). Als Beispiel hierzu kündigte Vodafone schon vor der Akquisition von Mannesmann an, dass alle Bereiche außerhalb des Telekommunikationsbereichs weiter veräußert oder getrennt an die Börse geführt würden. In anderen Fällen werden Unternehmungsteile nicht sofort veräußert, obwohl diese die Erwartungen des Käufers nicht erfüllen (Berens et al. 1998a: 63). So kann die Analyse von Desinvestitionen zwar gewisse Hinweise auf den Erfolg von Mergers & Acquisitions liefern, um abschließende Ergebnisse zu erhalten, sind allerdings differenziertere Studien nötig.

Eine weitere Gruppe empirischer Analysen betrifft jahresabschlussorientierte Studien. Derartige Forschungsdesigns legen als Bewertungsmaßstab aus dem Rechnungswesen – meist aus dem Jahresabschluss – stammende Rentabilitätskennzahlen zur Beurteilung des Erfolgs von Mergers & Acquisitions zugrunde (beispielsweise Bleeke et al. 1994b: 109; Bühner 1990a: 1282 ff.). Bühner (1990b) verwendet beispielsweise die Eigenkapital- und Gesamtkapitalrentabilität, um den Erfolg von Mergers & Acquisitions zu analysieren. Daneben sind weitere Erfolgsgrößen möglich (Kirchner 1991: 90 ff.), die je nach Untersuchungsziel auszuwählen sind. Bühner legt eine Zeitreihenanalyse zugrunde, die von drei Jahren vor und bis zu sechs Jahren nach der erstmaligen Konsolidierung der Jahresabschlüsse der beteiligten Unternehmungen reicht (Bühner 1990b: 37 ff.; Bühner 1990a: 1281). Es erfolgt ein Vergleich über die Zeit und mit anderen Kontrollgruppen. Hier ist einzuwenden, dass die alleinige Analyse weniger Jahre nach Mergers & Acquisitions oftmals keine aussagekräftigen Angaben hinsichtlich der Vorteilhaftigkeit von Mergers & Acquisitions zulassen, da realwirtschaftliche Wirkungen meist erst nach vielen Jahren feststellbar sind. Auch bleibt die Frage offen, wie sich die analysierten Unternehmungen ohne Mergers & Acquisitions entwickelt hätten. Die Gegenüberstellung von Kontrollgruppen ist problematisch, da sie letztlich auf der Annahme der Vergleichbarkeit der Unternehmungen basiert. Da bei diesen allerdings keine Mergers *&* Acquisitions zu beobachten sind, kann auch von erheblichen Unterschieden hinsichtlich der strategischen Ausrichtung und der Ressourcenausstattung ausgegangen werden.

Die Schwierigkeiten, die mit der Verwendung von rechnungswesensorientierten Daten bei der Beurteilung des Unternehmungserfolges einhergehen, sind seit langem bekannt, und daher wird diese Methode vor allem aus der Sicht von Kapitalmarkttheoretikern stark kritisiert (Rappaport 1995; Lewis und Stelter 1994; Steward 1990). Allem voran stellen die Manipulationsanfälligkeit der Daten und die mangelnde Berücksichtigung von Risikofaktoren von jahresabschlussorientierten Kennzahlen wesentliche Probleme dar (Eschen 1998a). So werden die Ergebnisse des Jahresabschlusses schon allein durch Mergers *&* Acquisitions selbst erheblich verzerrt, je nachdem, ob eine Fusion unter Gleichen vollzogen wird oder eine reine Akquisition stattfindet. Aber auch die Finanzierung der Transaktion hat erhebliche Auswirkungen auf die Buchergebnisse: Eine Barzahlung wirkt sich beispielsweise anders auf das Jahresergebnis aus als eine Bezahlung mit Aktien (Rappaport und Sirower 1999: 148 ff.). Ein weiteres Problem besteht in der Schwierigkeit, eine langfristige Perspektive – vor allem eine zukunftsorientierte – abbilden zu können (Halpern 1983: 297). Hierzu wäre eine Langzeitstudie nötig, bei der allerdings das Problem bestünde, dass Resultate nach mehreren Jahren kaum auf eine einzelne, in der Vergangenheit liegende Aktion zurückzuführen sind (Bresser und Bishop 1983: 594).

Vor allem im angelsächsischen Raum wurden daher als alternatives Forschungsdesign sogenannte *ereignisbezoge Studien* oder *Ereignisstudien* beziehungsweise *Event Studies* entwickelt. Im Rahmen von Ereignisstudien werden Reaktionen des Aktienmarktes auf Ankündigungen von Mergers *&* Acquisitions analysiert. Als Bewertungsmaßstab werden die Einschätzungen des Kapitalmarkts hinsichtlich der Erfolgsaussichten von Mergers *&* Acquisitions zugrundegelegt (Bühner 1989: 160). Hierfür ist eine möglichst genaue Bestimmung des Zeitpunkts der Ankündigung wichtig. Theoretische Grundlage der ereignisbezogenen Studien ist das Capital Asset Pricing Model (CAPM). Voraussetzung für Eventstudien ist zumindest die halbstrenge Form der Kapitalmarkteffizienz (Berens et al. 1998a: 61). Die halbstrenge Form der Informationshypothese besagt, dass im aktuellen Marktpreis einer Aktie alle öffentlich verfügbaren Informationen berücksichtigt sind (Perridon und Steiner 1995: 237; Brealey und Myers 1996: 329). Bei der Analyse von Mergers *&* Acquisitions wird ein Zusammenhang zwischen der Ankündigung der Absichtserklärung einer Fusion eine Änderung der Aktienkurse angenommen. Die Akteure auf dem

Kapitalmarkt reagieren sofort auf neue verfügbare Informationen. Je nachdem, ob die Kurse der beteiligten Unternehmungen überdurchschnittliche Renditen erwirtschaften oder unter den Erwartungen zurückbleiben, werden Mergers & Acquisitions als Erfolg oder Misserfolg gewertet (Bühner 1990b: 32 ff.).

Ziel der kapitalmarktorientierten Studien ist es, die kumulierten abnormalen Renditen beziehungsweise Überrenditen für die Aktionäre zu ermitteln. Die kumulierten Überrenditen CAR_{iT} bilden die Summe aus den einzelnen Überrenditen AR_{it} über den gesamten Untersuchungszeitraum T:

$$CAR_{iT} = \sum_{t=1}^{T} AR_{it}.$$

Überdurchschnittliche Renditen AR_{it} werden definiert als Aktienkurssteigerungen R_{it} der Aktie i im Untersuchungszeitpunkt t, die über den theoretisch zu erwartenden Kursentwicklungen $E(R_{it})$ liegen (Berens et al. 1998a: 62):

$$AR_{it} = R_{it} - E(R_{it}).$$

Die zu erwartende Kursentwicklung wird aus dem Capital Asset Pricing Model abgeleitet. Dieses geht davon aus, dass eine lineare Beziehung zwischen der untersuchten Aktie und dem gesamten Aktienmarkt besteht (Bühner 1990c: 11). Die zu erwartende Rendite wird aufgrund von Vergangenheitsdaten ermittelt. So lässt sich die zu erwartende Rendite der Aktie i errechnen aus dem risikofreien Zinssats R_f zuzüglich der Risikoprämie, die sich aus dem Risiko der Anlage ergibt, welches durch das Risikomaß Beta (β) der jeweiligen Anlage i ausgedrückt wird:

$$E(R_{it}) = R_f + [R_{mt} - R_f]\beta_i$$

mit R_{mt} als Rendite des Gesamtmarktes beziehungsweise Gesamtportfolios. Aus Gründen der Einfachheit wird das CAPM in ein Regressionsmodell umgewandelt (Mandelker 1974: 308 ff.; Bradley et al. 1988: 6 f.; Bühner 1989: 160; Bühner 1991: 36), welches einem empirischen Test unterzogen werden kann:

$$AR_{it} = R_{it} - (\alpha_i + \beta_i \cdot R_{mt}).$$

wobei α_i die normale unsystematische Rendite einer Aktie wiedergibt, also den Teil, der nicht vom Markt beeinflusst wird. In den empirischen Tests nimmt α_i nur sehr geringe Werte ein, so dass dieser konstante Faktor zwar die Auswertung erleichtert, aber inhaltlich keine Relevanz aufweist. Insgesamt stellt das beschriebene Regressionsmodell eine akzeptable Annäherung an das CAPM dar und hat sich daher in der empirischen Forschungspraxis durchgesetzt (Weston et al. 1998: 94).

Eventstudien leisten einen Beitrag bei der Beantwortung der Frage, inwieweit Mergers *&* Acquisitions Wert schaffen oder vernichten. Hierbei kann sogar die Höhe der Wertveränderung festgestellt werden. Allerdings ist auch dieses Forschungsdesign mit einer Reihe von Problemen behaftet (Barber und Lyon 1997; Brown und Warner 1985).

So können bereits die Grundannahmen des Capital Asset Pricing Models angezweifelt werden (Lubatkin 1983: 222 f.), vor allem die Konstanz des Risikomaßes β über Mergers *&* Acquisitions hinaus. Gerade Mergers *&* Acquisitions und die damit einhergehenden Maßnahmen, wie die Veränderung des Verschuldungsgrades (Myers und Majluf 1984) und die Diversifikation in neue Produkt-Markt-Bereiche, verändern die Risikoposition einer Unternehmung erheblich (Conn 1985: 47 ff.). Von der Konstanz des β kann daher nicht ausgegangen werden. Vielmehr sind eine Reihe weiterer Variablen in die empirischen Modelle miteinzubeziehen (Golbe und White 1988: 284 ff.).

Daneben wird die Informationseffizienz der Kapitalmärkte angezweifelt (Ravencraft und Scherer 1987: 8). So ist fraglich, ob der Kapitalmarkt bei Ankündigung von Mergers *&* Acquisitions alle Informationen richtig verarbeitet und entsprechende Beurteilungen fällt. Ein weiteres Problem bei Event-Studies ist die Annahme der modernen Kapitalmarkttheorie, dass potenzielle Übernahmen bereits im Aktienkurs der Unternehmungen berücksichtigt sind. Findet eine Übernahme tatsächlich statt, wurde dies bereits im vornherein antizipiert, der Aktienkurs reagiert nicht mehr (Grinblatt und Titman 1998: 689). Teilweise wird die Kapitalmarkeffizienz insgesamt angezweifelt. So führen Shleifer und Vishny (1991) an, dass die positiven Aktienmarktreaktionen in den 1960er auf die Ankündigung konglomerater Mergers *&* Acquisitions niemals ihren Niederschlag in tatsächlich realisierten buchhalterischen Ergebnissen der Unternehmungen gefunden haben, was zu einer Ernüchterung an den Kapitalmärkten geführt hat (Shleifer und Vishny 1991: 56 ff.). Kapitalmärkte scheinen also auch Moden zu unterliegen und sind offensichtlich nicht frei von Fehleinschätzungen. Auch Porter (1987) weist auf die Unzulänglichkeit kurzfristiger Marktreaktionen hin, wenn sie als Maß für den Erfolg von langfristig angelegten Diversifikations- und Akquisitionsstrategien herangezogen werden (Porter 1987: 45). Alternativ schlägt er vor, die Analyse der Desinvestitionen in Folge von Mergers *&* Acquisitions als Erfolgsmaß zu benutzen.

Das größte Problem von Eventstudien ist gerade für strategische Managementtheoretiker von besonderer Relevanz: Es ist mit Hilfe der Eventstudien schwierig – wenn nicht unmöglich –, die Ursachen für die Erhöhung des Unternehmungswertes nach Mergers & Acquisitions festzustellen. Dies ist umso schwieriger, da mehrere Motive und Effekte miteinander verwoben sind (Bhagat et al. 1990: 11 f.) und lediglich ein Effekt auf den Wert der beteiligten Unternehmungen analysiert wird. Dieses Phänomen stellte vor allem Industrieökonomen vor erhebliche Probleme. So kann beispielsweise eine Ereignisstudie feststellen, in welchem Umfang sich der Unternehmungswert nach einem horizontalen Zusammenschluss erhöht hat, ob diese Wertveränderung aber auf eine erhöhte Marktkonzentration oder auf die Erzielung von Economies of Scale zurückzuführen ist, lässt sich nicht feststellen (Eckbo 1983: 242). Eventstudien können folglich nur feststellen, inwiefern Wert geschaffen wird (Seth 1990: 100), aber nicht woher und vor allem nicht warum dieser Wert entsteht. Die wichtige Frage nach dem *Warum* von Mergers & Acquisitions kann nur außerhalb dieser Studien theoretisch-konzeptionell beantwortet werden. Zur Ergründung von Ursachen und Motiven müssten dann andere empirische Methoden, wie beispielsweise Befragungen oder jahresabschlussorientierte Studien eingesetzt werden.

Schließlich wird bei Mergers & Acquisitions versucht, nicht nur ein Motiv zu verfolgen, sondern die gesamte Transaktion zu optimieren und folglich alle möglichen Potenziale zu nutzen, auch wenn diese anfänglich keine primären Mergers & Acquisitions-Motive darstellten. Man verfolgt also mehrere Motive gleichzeitig. Auch von daher kann ein Rückschluss auf Ursachen und Motive von Mergers & Acquisitions allein im Rahmen von Eventstudien nicht erfolgen, da nur die Analyse des Zusammenhangs der Ankündigung von Mergers & Acquisitions und den Aktienkursreaktionen keinerlei Hinweise liefert, die in ein empirisches Modell einfließen können. Selbst eine differenzierte Betrachtung mit Dummy-Variablen kommt nur in Frage, wenn die Eventstudie durch weitere Daten ergänzt wird. Bestenfalls ist es möglich, zwischen wertsteigernden und im Eigeninteresse des Managements getriebenen, also wertvernichtenden Motiven zu unterscheiden (Halpern 1983: 300).

Die wohl am häufigsten überprüfte Fragestellung der strategischen Managementtheorie bezüglich Mergers & Acquisitions ist die, inwieweit verbundene Akquisitionen unverbundenen Mergers & Acquisitions überlegen sind (Seth 1988; Seth 1990; Singh und Montgomery 1987). Eventstudien können durch die Einführung von Dummy-Variablen eine Antwort auf diese Frage geben.

Dies ist sicherlich eine für die Strategische Managementtheorie sehr relevante Frage[12], allerdings gibt sie kaum Hinweise darauf, inwieweit Mergers & Acquisitions einer internen Entwicklung überlegen sind. Die klassische Frage, ob laterale oder mediale Mergers & Acquisitions erfolgreichere Strategien darstellen, zielt lediglich auf die Diversifikationsrichtung ab, nicht aber auf die Diversifikationsart, also auf die Analyse von Mergers & Acquisitions.

Ein weiteres Problem der Ereignisstudien stellt der Erhebungsaufwand dar, da verzerrende Effekte zumindest als Kontrollvariablen mit in das Erhebungsmodell einfließen müssen. So sind Informationen zu berücksichtigen, die ebenfalls die Börsenkurse beeinflussen, wie beispielsweise Änderungen in der Kapitalstruktur, Veränderung im Management und in der Produktpalette, die oft mit Mergers & Acquisitions einhergehen. Es ist allerdings äußerst schwierig, diese Informationen in empirischen Studien zu berücksichtigen (Roll 1986: 208).

Problematisch wirkt sich bei Ereignisstudien auch der Umstand aus, dass die gekauften Unternehmungen meist wesentlich kleiner als die kaufenden Unternehmungen sind (Halpern 1983: 299). Eine spürbare Veränderung der Aktienkurse des Käufers ist aufgrund dieser Relation in der Regel kaum von anderen Einflüssen zu unterscheiden (Roll 1986: 203; Asquith et al. 1983: 124; Jensen und Ruback 1983: 22). Damit zusammen hängt auch ein für Deutschland typischer Tatbestand. An den meisten deutschen Mergers & Acquisitions sind nicht börsennotierte Unternehmungen beteiligt (Schmalenbach-Gesellschaft 1989: 5; Salecker 1995: 158). Für diese sind folglich keine Daten zu erhalten.

In einigen Studien wird auch deutlich, dass akquirierende Unternehmungen oftmals bereits lange vor einer Kaufankündigung überdurchschnittliche Renditen erzielen. Der Kapitalmarkt scheint mögliche Akquisitionen bereits im Vorfeld vorwegzunehmen und Akquisitionsstrategien positiv zu honorieren (Bühner 1989: 161). Dies würde für ereignisbezogene Studien bedeuten, die keine überdurchschnittlichen Renditen für den Käufer bestätigen, dass der Bemessungszeitraum falsch konzipiert war. Die so erzielten Ergebnisse erscheinen auch aus diesem Grunde eher fragwürdig.

Eng mit dem eben genannten Problem hängt die Bestimmung von Untersuchungszeitraum und Zeitpunkt des Ereignisses zusammen (Halpern 1983: 304 f.; Bradley 1986: 370 f.; Rau und Vermaelen 1998: 224 ff.). Am Tag selbst und auch noch einige Zeit nach dem Event besteht noch immer eine erheb-

12. Es wird aus ressourcenbasierter Sicht noch zu analysieren sein, inwieweit der Erfolg von der Verbundenheit der beteiligten Unternehmungen abhängt (vergleiche Kapitel 5).

liche Unsicherheit, inwieweit die Ziele von Mergers & Acquisitions tatsächlich erreicht werden (Halpern 1983: 304 f.). Auch nach der Ankündigung von Vereinbarungen über Mergers & Acquisitions können entsprechende Pläne oftmals noch modifiziert oder auch wieder ganz verworfen werden (Magenheim und Mueller 1988: 190), wie das Beispiel der Fusionsvereinbarung zwischen der Deutschen und der Dresdner Bank im April 2000 zeigt. Es werden folglich lediglich Vermutungen des Kapitalmarkts hinsichtlich des Erfolges untersucht, keine tatsächlichen Ergebnisverbesserungen.

Schließlich ist bei den Event-Studies zu berücksichtigen, dass Preissteigerungen nach der Bekanntgabe eines Übernahmeangebots nicht nur auf die Übernahme selbst zurückzuführen sind. Vielmehr ist durch das Angebot von einer Bekanntgabe der Informationen über alle Beteiligten auszugehen. Diese zusätzlichen Informationen führen zu Preisänderungen, ganz gleich ob die Transaktion stattfindet oder nicht (Roll 1986: 213).

Diese angeführten Probleme spiegeln sich auch in den Ergebnissen der unterschiedlichen empirischen Untersuchungen zum Thema Mergers & Acquisitions wider: Es finden sich nämlich in der großen Zahl empirischer Studien für fast alle Thesen sowohl Bestätigung, als auch Widerlegung. Eines der wenigen kohärenten und unwidersprochenen Ergebnisse lautet, dass die Aktionäre des Targets während eines Mergers & Acquisitions überdurchschnittliche Renditen erzielen können. Andere wichtige Fragen, beispielsweise ob verbundene oder unverbunde Akquisitionen erfolgreicher sind, können nicht eindeutig beantwortet werden. Zwar kamen einige Studien zu dem Ergebnis, dass der Wert von kaufenden Unternehmungen sich kaum verändert hat, allerdings sind in diesen Ergebnissen starke Variabilitäten festzustellen. So konnte beispielsweise in 29 Fällen feindlicher Übernahmen von 1984 bis 1986 für 16 ein Verlust und für 13 ein Gewinn für den Käufer nachgewiesen werden (Milgrom und Roberts 1992: 511). Auch Ereignisstudien bilden daher keinen hinreichenden empirischen Analyserahmen für die Mergers & Acquisitions-Forschung.

Damit bleibt festzustellen, dass die Kombination unterschiedlicher Methoden ein vielversprechender Schritt in der empirischen Mergers & Acquisitions-Forschung wäre, wodurch sich allerdings der Erhebungsaufwand erheblich erhöhen würde. Daher ist es wohl eher wahrscheinlich, dass auch zukünftige empirische Studien durch methodische Schwächen gekennzeichnet sein werden.

3.7 Zwischenergebnis

Im vorangegangenen Kapitel wurden verschiedene Ansätze zur Erklärung von Mergers & Acquisitions analysiert. Die Ansätze entstammen unterschiedlichen Forschungsrichtungen und legen daher ihre Schwerpunkte auf unterschiedliche Aspekte von Mergers & Acquisitions. Einige zeigen aus der Sicht der Anteilseigner durchaus Vorteile von Mergers & Acquisitions auf. So wurde im Rahmen des Stakeholderansatzes deutlich, dass ein Vermögenstransfer von unterschiedlichen Stakeholdern, wie Arbeitnehmern, Bondholdern und dem Staat, zu den Aktionären stattfinden kann. Den Vorteilen der Anteilseigner stünden dann aber Nachteile anderer Stakeholder gegenüber. Unklar bleibt allerdings, warum diese Werttransfers ausschließlich durch Mergers & Acquisitions ausgelöst werden sollen.

Auch der managerialistische Ansatz bietet einige interessante Aspekte zur Erklärung von Mergers & Acquisitions. Mergers & Acquisitions werden als Ergebnis des Eigeninteresses des Managements interpretiert; die Aktionäre verlieren hierbei an Vermögen. Dieses Motiv erscheint sicherlich plausibel, kann aber nicht als alleiniges Motiv für Mergers & Acquisitions dienen, da Mergers & Acquisitions ansonsten von den Aktionären untersagt würden.

Es sind also neben dem managerialistischen Ansatz noch alternative – effizienzgeleitete – Motive für Mergers & Acquisitions zu vermuten. Gleiches ist für die Hubris-Hypothese zu konstatieren. Agencytheoretische Ansätze gehen von den gleichen Grundannahmen wie die managerialistischen Ansätze aus. Die Trennung von Eigentum und Kontrolle und die daraus resultierenden Interessenskonflikte zwischen Eigentümern und Management stehen im Mittelpunkt der Betrachtung. Für das Problemfeld Mergers & Acquisitions gilt aber eine entgegengesetzte Argumentation. Mergers & Acquisitions stellen demnach keine egoistischen und für die Aktionäre wertvernichtenden Aktivitäten dar, sondern im Gegenteil: Mergers & Acquisitions bestrafen ineffiziente Manager, indem die Unternehmung übernommen und das Management ausgetauscht wird. Mergers & Acquisitions sind daher als externer Kontrollmechanismus des Managements anzusehen. Auch dieser Ansatz und die von ihm abgeleitete Replacement- und Free-Cash-flow-Hypothese können durchaus als plausible Begründungen für Mergers & Acquisitions angesehen werden, empirisch ist dieser Ansatz bisher aber nicht bestätigt worden.

Auch die zweite große Forschungsrichtung – die Finanztheorie – leistet keinen wesentlichen Beitrag zur Erklärung von Mergers & Acquisitions. Das

Diversifikationsargument und das hiervon abgeleitete Co-Insurance-Argument sind nur bei oberflächlicher Betrachtung Motive für Mergers & Acquisitions. Letztlich widersprechen die Ansätze ihrer eigenen Annahme von effizienten Kapitalmärkten. Es bestehen hiernach günstigere Alternativen als Mergers & Acquisitions, um die Risikopositionen von Kapitalgebern zu verbessern. Die Hypothese unterbewerteter Unternehmungen ist zumindest für Management-Buy-Outs ein durchaus plausibler Ansatz, allerdings ist auch hier die empirische Evidenz nicht gegeben. Lediglich in Einzelfällen spielt die Unterbewertung eine Rolle.

Im Rahmen der Spieltheorie wird die Aufteilung der Wertsteigerung durch Mergers & Acquisitions zwischen den Aktionären der Ziel- und der Bietunternehmung problematisiert. Sie ist damit ein plausibler Ansatz, der das empirische Phänomen erklärt, dass durch Mergers & Acquisitions zwar häufig Wert entsteht, dieser aber der Verkäuferseite zugute kommt und die Käuferseite keine Gewinne erzielen kann. Dieser Ansatz soll daher in die weitere Betrachtung aufgenommen werden. Es sind Bedingungen herauszuarbeiten, unter denen das Winner's Curse-Problem bei Mergers & Acquisitions vermieden werden kann.

Die Industrieökonomie als klassischer Ansatz des Strategischen Managements ist ebenfalls nicht in der Lage, die Vorteile von Mergers & Acquisitions gegenüber einer internen Entwicklung zu verdeutlichen. Dies ist auch nicht weiter verwunderlich, da sowohl die Monopol- als auch die Effizienzschule der Industrieökonomie von homogenen Unternehmungen ausgehen. Marktmacht, Economies of Scale und Economies of Scope werden zwar auch durch Mergers & Acquisitions erzielt und sollen im Folgenden weiter betrachtet werden, sie stellen aber keinen hinreichenden Grund für Mergers & Acquisitions dar. Dies wird auch im Ansatz von Porter deutlich, der den klassischen industrieökonomischen Analyserahmen verlässt, um seine weiterführenden Thesen mit Argumenten aus anderen Theoriebereichen zu stützen.

Schließlich gibt der Transaktionskostenansatz einige wichtige Hinweise zum besseren Verständnis von Mergers & Acquisitions. Zwar kann die Erklärung der vertikalen Integration nicht klar auf Mergers & Acquisitions übertragen werden, und auch der interne Kapitalmarkt scheint nur eine geringe Relevanz für Mergers & Acquisitions aufzuweisen. Der Ansatz von David Teece weist jedoch schon auf die Bedeutung spezifischer Ressourcen für Mergers & Acquisitions hin. Teece betrachtet dabei allerdings nur Transaktionskosten, ohne auf die spezifischen Eigenschaften der Ressourcen näher einzugehen. Auch werden die Ressourcen der zu kaufenden Unternehmungen nicht berücksichtigt.

Dies soll im weiteren Verlauf dieser Arbeit noch unternommen werden.

Insgesamt ist als Zwischenergebnis festzuhalten, dass keiner der betrachteten Ansätze in der Lage ist, hinreichende Bedingungen für Mergers *&* Acquisitions herauszuarbeiten. Der wesentliche Grund hierfür liegt in der monokausalen Betrachtung des komplexen Phänomens Mergers *&* Acquisitions. Erst ein eklektisches Vorgehen verspricht hier einen ausreichenden Erkenntnisgewinn, um das Phänomen ganzheitlich zu verstehen und der Komplexität gerecht zu werden.

Solange Unternehmungen als homogen postuliert werden, ist es nicht möglich, eine überzeugende Erklärung für Mergers *&* Acquisitions herzuleiten, da sonst interne Lösungen Mergers *&* Acquisitions immer zumindest ebenbürtig, bei Berücksichtigung von Übernahmeprämien sogar überlegen sind. Solange also von homogenen Unternehmungen ausgegangen wird, entsteht auf dem Markt für Unternehmungen ein Gleichgewichtspreis. Der Käufer wird keine Möglichkeit finden, eine Überrendite durch Mergers *&* Acquisitions zu erzielen, da die verkaufende Unternehmung die gleiche Ressourcenposition wie der Käufer selbst erzielen könnte. Für das weitere Vorgehen ist also ein Ansatz zu wählen, der die Einzigartigkeit der Ressourcenausstattung von Unternehmungen in die Betrachtung mit einbezieht. Hierfür bietet sich der ressourcenbasierte Ansatz an, der sich im letzten Jahrzehnt als wichtiger Ansatz des Strategischen Managements durchgesetzt hat.

Dieser Ansatz lässt sich gut mit den Überlegungen von Teece kombinieren, der die Schwierigkeiten der marktlichen Verwertung spezifischer Ressourcen in den Mittelpunkt der Betrachtungen stellt. Nur in einer Welt, in der Marktversagen für bestimmte Ressourcen herrscht, kann die Annahme der heterogenen Ressourcenausstattung auch aufrecht erhalten werden.

Neben den Ansätzen, die von einer homogenen Ressourcenausstattung ausgehen, ergeben sich für statische Ansätze erhebliche Schwierigkeiten, Mergers *&* Acquisitions zu erklären. Diese Ansätze können nicht verdeutlichen, warum Mergers *&* Acquisitions auftreten, da in Gleichgewichtszuständen Umstrukturierungen nicht zu erwarten sind. Es sind also dynamische Faktoren in ein Erklärungsmodell für Mergers *&* Acquisitions zu integrieren. Hierzu ist eine kontingenztheoretische Betrachtung nötig, die dynamische Umweltfaktoren in die Betrachtung einbezieht. Den Häufungen im Auftreten von Mergers *&* Acquisitions– den Merger-Waves – ist dadurch Rechnung zu tragen, dass zur Erlangung einer Erfolg versprechenden Wettbewerbsposition die notwendigen Ressourcenausstattungen nur in Zeitfenstern aufgebaut werden können.

Den letzten für eine Erklärung von Mergers & Acquisitions wichtigen Aspekt, stellt die Innovationskraft des Managements dar, denn Mergers & Acquisitions sind in gewisser Weise Managementinnovationen. Nur wenn neue Möglichkeiten der Kombination von Ressourcen von im Einzelfall vergleichsweise wenigen Managern erkannt werden, können diese durch Mergers & Acquisitions eine erfolgreiche Wettbewerbsposition erreichen. Wichtig ist dabei eine ex ante-Beschränkung des Wettbewerbs (Peteraf 1993), denn wenn viele Managementteams die Ressourcenausstattung von Übernahmeobjekten als sehr vorteilhaft wahrnehmen, würden Überrenditen durch den Bietwettbewerb schnell erodieren (Ruback 1983: 142). Ein Ansatz, der diese Innovationsleistungen des Managements berücksichtigt, ist die Österreichische Schule der Ökonomie, die hier in den Ausprägungen von Schumpeter und Kirzner mit dem ressourcenbasierten Ansatz verbunden werden soll.

Zusammenfassend kann konstatiert werden, dass kein Ansatz allein das Phänomen Mergers & Acquisitions erklären kann. Daher soll im Folgenden der ressourcenbasierte Ansatz als Grundlage eines eklektischen Ansatzes zur Erklärung von Mergers & Acquisitions mit anderen Theorien verknüpft werden.

4 Der ressourcenbasierte Ansatz

The managerial implication drawn is that firms should focus their analysis mainly on their 'unique' skills and resources rather than on the competitive environment.

(Dierickx und Cool 1989: 1504)

In der Strategischen Managementforschung wurde eine Reihe unterschiedlicher Ansätze entwickelt (vergleiche beispielsweise die Übersicht bei Bresser 1998). Im Folgenden soll aus der Vielzahl dieser Ansätze der ressourcenbasierte Ansatz vorgestellt werden, dem zugetraut wird, eine alternative „Theory of the Firm" zu sein (Conner 1991: 139 ff.; Conner und Prahalad 1996: 477), der sich mit allen wichtigen Problembereichen des Strategischen Managements befasst (vergleiche die Systematisierung der angesprochenen Themen bei Priem und Butler 2001a: 26) und der auch in dieser Arbeit als Grundlage eines ressoucenbasierten Modells zur Erklärung von Mergers *&* Acquisitions dient. Dieser Ansatz versucht, unterschiedliche Erfolgspotenziale von Unternehmungen, insbesondere überdurchschnittliche Renditen durch firmenspezifische, einzigartige Ressourcen zu erklären (Conner 1991: 132; Bresser 1998: 305). Er gibt Theoretikern und Praktikern Heuristiken an die Hand, um Ressourcen zu identifizieren, zu entwickeln und zu schützen und um Wettbewerbsvorteile zu erlangen, die überdurchschnittliche Renditen ermöglichen (Amit und Schoemaker 1993: 33).

Der ressourcenbasierte Ansatz hat seine Wurzeln in einigen klassischen ökonomischen Theorien. Anfänglich verstand er sich als Gegenentwurf zur Industrieökonomie, auch wenn in den letzten Jahren eine Versöhnung beider Ansätze zu beobachten ist. Daher muss im nächsten Abschnitt zunächst die Bedeutung der Industrieökonomie für das Strategische Management herausgearbeitet werden, bevor eine Standortbestimmung des ressourcenbasierten Ansatzes möglich ist. Hierbei soll die Entstehungsgeschichte des ressourcenbasierten Ansatzes skizziert, anschließend der Ressourcenbegriff näher bestimmt und schließlich der statische und der dynamische ressourcenbasierte Ansatz beleuchtet werden. Der statische ressourcenbasierte Ansatz thematisiert die Bedingungen, die gewöhnliche Inputfaktoren zu strategisch relevanten Ressourcen machen. Der dynamische Ansatz stellt insofern eine Erweiterung dar, als die Notwendigkeit der Rekonfiguration der Ressourcenstruktur erörtert und zugleich geklärt wird, wie neue Ressourcen entstehen. Aber auch er ist nicht in der Lage, alle für das Strategische Management relevanten Fragen zu beantworten. Daher sollen auch die Grenzen des ressourcenbasierten Ansatzes vorgestellt und anschließend der Zusammenhang zu anderen Strategischen Management-Ansätzen diskutiert werden. Dies dient einer Erweiterung des Analyserahmens für die gewählte Fragestellung. So soll die am Anfang des Kapitels aufgeworfene Frage, welche Beziehung zwischen der Industrieökonomie und dem ressourcenbasierten Ansatz besteht, erneut aufgegriffen und beantwortet werden. Daneben erfolgt eine Untersuchung der Beziehung des ressourcenbasierten Ansatzes zum Transaktionskostenansatz und zu verhaltenswissenschaftlichen Ansätzen. Das Kapitel schließt mit einem Zwischenfazit und der Ableitung von Implikationen für das weitere Vorgehen.

4.1 Die Dominanz der Industrieökonomie

Für die Strategische Managementforschung war und ist die Industrieökonomie neben der verhaltenswissenschaftlichen Forschung von wesentlicher Bedeutung. Vor allem die Arbeiten Michael E. Porters (1980a; 1989) beeinflussten die Strategische Managementforschung und dominierten die Diskussion in den 1980er Jahren und Anfang der 1990er Jahre. Da sich der ressourcenbasierte Ansatz aus der Kritik zur Industrieökonomie entwickelt hat, wird diese im Folgenden kurz aufbereitet, um die konzeptionelle Weiterentwicklung des ressourcenbasierten Ansatzes zu verdeutlichen. Der Schwerpunkt der Darstellung soll hier auf den konzeptionellen Beitrag des Ansatzes zur Strategischen Managementforschung gelegt werden, er ist also weiter als in Abschnitt 3.4 der Arbeit gefasst, wo die Industrieökonomie zur Erklärung von Mergers *&* Acquisitions betrachtet wurde.

Die für das Strategische Management relevante Forschung baut auf dem Structure-Conduct-Performance-Paradigma der klassischen Industrieökonomie auf, zu deren wichtigsten Vertretern Joe S. Bain (1956) und Edward S. Mason (1939) zählen. Dort wird postuliert, dass die Branchenstruktur (Structure) das

Verhalten der Unternehmungen (Conduct) und dieses wiederum das Ergebnis (Performance) der Branche beeinflusst. Dieses volkswirtschaftliche Konzept wurde erst später für die Strategieforschung angepasst. Während das Verhalten der Unternehmungen in der Industrieökonomie noch eine untergeordnete Rolle spielt und auch das Ergebnis eher wohlfahrtstheoretisch interpretiert wird, stellen Strategieforscher gerade das Verhalten im Sinne des Verfolgens unterschiedlicher Strategien in den Mittelpunkt der Betrachtung. Entsprechend interessiert als Ergebnis die einzelökonomische Rentabilität (zu Knyphausen-Aufsess 1995: 53; Kreps und Spence 1985: 341 ff.).

Vor allem Porter (1980a) war es, der Einzelergebnisse aus der Industrieökonomie auf die Strategische Managementforschung übertrug und in einem Analyserahmen (Framework) (vergleiche hierzu Porter 1991: 97 f.) – der Branchenstrukturanalyse – zusammenfasste. Sein Framework postuliert, dass fünf Wettbewerbskräfte die Rentabilität und damit die Attraktivität einer Branche bestimmen (Porter 1980a): (1) die Rivalität unter den bestehenden Unternehmungen, (2) die Bedrohung durch neu eintretende Konkurrenten, (3) die Bedrohung durch Ersatzprodukte und -dienste, (4) die Verhandlungsstärke der Lieferanten und (5) die Verhandlungsstärke der Abnehmer. Die Stärke jeder der fünf Wettbewerbskräfte wird durch detailliertere Strukturmerkmale bestimmt; so determinieren beispielsweise die Markteintrittsbarrieren die Bedrohung durch neu eintretende Konkurrenten.

Neben der Branchenstrukturanalyse stellt Porter (1980a) aber auch Geschäftsbereichsstrategien vor, die vor den Wettbewerbskräften schützen sollen. Bei diesen *generischen Strategien* handelt es sich um die umfassende Kostenführerschaft, die umfassende Differenzierung und die Konzentration auf Schwerpunkte beziehungsweise eine Fokusstrategie (Porter 1980a). Diese generischen Strategien bilden den Kernbereich der Geschäftsbereichsstrategie-Diskussion der 1980er und auch noch der 1990er Jahre (Dess und Davis 1984; Miller und Friesen 1986; Murray 1988; Hill 1988). Dabei wird postuliert, dass Unternehmungen durch die Verfolgung einer der generischen Strategien Wettbewerbsvorteile erzielen und damit eine innerhalb der Branche überdurchschnittliche Rentabilität realisieren können. Die strategisch relevanten Aufgaben liegen folglich in der Analyse der Branche und in der Auswahl und konsequenten Implementierung einer entsprechenden generischen Strategie. Zur Realisierung adäquater Strategien sind lediglich spezifische organisatorische Anforderungen zu befolgen (Porter 1980a: 40 f.), wobei hier schon Porter (1980a) auf notwendige Fähigkeiten und Ressourcen hinweist (Porter 1980a: 40 f.), allerdings ohne näher auf diese einzugehen.

An der Industrieökonomie als zentralem Paradigma der Strategischen Managementforschung setzte bereits frühzeitig Kritik an (Dess und Davis 1984; Miller und Friesen 1986; Murray 1988; Hill 1988). So wird deren wohlfahrtsreduzierende Absicht (vor allem aus der Sicht der Industrieökonomie), die Variablenvielfalt und Indeterminiertheit der Interaktion bemängelt, aber auch die mangelnde Dynamik des Ansatzes und schließlich die Vernachlässigung kognitiver Prozesse (Bresser 1998: 184 ff.).

Ein weiterer Kritikpunkt an der Dominanz der Industrieökonomie in der Strategischen Managementforschung wird aber mit der Entstehung des *Ressourcenbasierten Ansatzes* laut: Die Industrieökonomie vernachlässige die Analyse unternehmungsinterner Faktoren (Grant 1998: 106). Unterschiede in der Performance von Unternehmungen können nicht allein auf die Unterschiede der Branchenstruktur (Nelson 1991: 64 ff.; Rumelt 1991: 178 f.) oder – bei branchengleichen Unternehmungen – auf die Zugehörigkeit zu unterschiedlichen strategischen Gruppen (Cool und Schendel 1988: 207 ff.) zurückzuführen sein.[1] Vertreter des ressourcenbasierten Ansatzes stellen deshalb nicht die Branchenstruktur in den Mittelpunkt ihrer Analyse, sondern die idiosynkratische Ressourcenausstattung von Unternehmungen. So wird das Structure-Conduct-Performance-Paradigma in eine *Resources-Conduct-Performance-Wirkungskette* umgewandelt (Rasche 1994: 4; Rasche und Wolfrum 1994: 502). Der ressourcenbasierte Ansatz legt damit das Augenmerk im Gegensatz zur Industrieökonomie nicht auf die Außenbeziehung und die Unternehmungsumwelt, sondern auf die interne Betrachtung der Unternehmung. Dieser Ansatz verstand sich daher gerade in den ersten Jahren als komplementäre Theorie zur Industrieökonomie (Rumelt 1991: 167; Bamberger und Wrona 1996: 130 f.). So

1. Bis heute scheint es empirisch noch nicht eindeutig geklärt zu sein, ob ein Firmen-, Branchen- oder Gruppeneffekt die Performance einer Unternehmung maßgeblich beeinflusst. Allerdings kommen Cubbin und Geroski (1987), Hansen und Wernerfelt (1989), Jacobson (1988), Mueller (1977b; 1986), Rumelt (1987; 1991), Scott und Pascoe (1986), Vasconcellos und Hambrick (1989), Montgomery und Wernerfelt (1988) und Wernerfelt und Montgomery (1988) zu Ergebnissen, die dem Firmeneffekt einen maßgeblichen Einfluss zuweisen. Zu einem anderen Resultat gelangt allerdings Schmalensee (1985), der einen Firmeneffekt nicht feststellen kann. Es ist davon auszugehen, dass alle drei Aspekte – Branchenzugehörigkeit, die Zugehörigkeit zu einer strategischen Gruppe *und* die idiosynkratische Situation – die Rentabilität einer Unternehmung beeinflussen und das jeweilige Zusammenspiel den Erfolg bestimmt. Es sind also bestimmte Ressourcen und Fähigkeiten, die nur in einer bestimmten Branche und einer bestimmten strategischen Gruppe zu einer überdurchschnittlichen Rentabilität führen können.

konstatieren beispielsweise Amit und Schoemaker (1993), „[...] the external environment is only one part of the economic rent story“ (Amit und Schoemaker 1993: 40). Allerdings blieb die Reaktion von Vertretern der Industrieökonomie nicht aus. Sie argumentieren, dass auch sie Elemente des ressourcenbasierten Ansatzes berücksichtigen. Beispielsweise stellt selbst Porter (1996; 1997) die Wichtigkeit *einzigartiger* Strategien für den Erfolg heraus (Porter 1996: 64; Porter 1997: 45), was aber eine eher allgemeine Aussage im Vergleich zu den intensiven Diskussionen des ressourcenbasierten Ansatzes darstellt.

Bevor diese Diskussion vorgestellt und der Ressourcenbegriff näher bestimmt werden kann, ist im Folgenden zunächst auf die historische Entwicklung des ressourcenbasierten Ansatzes einzugehen.

4.2 Standortbestimmung des Resource-Based-View

Wie oben gezeigt, hat sich der ressourcenbasierte Ansatz bereits früh als komplementär zur Industrieökonomie verstanden. Während die Industrieökonomie die Unternehmung selbst und deren Ressourcenausstattung noch weitgehend als *Black Box* betrachtet, stellt der ressourcenbasierte Ansatz genau diese Aspekte in den Mittelpunkt seiner Betrachtung. Das Augenmerk liegt nicht mehr auf Produkten und Märkten, sondern auf den internen Ressourcen und Fähigkeiten der Unternehmung (Dierickx und Cool 1989: 1504; Collis 1991: 50; zu Knyphausen-Aufsess 1993: 774).

Zu seiner populären Stellung innerhalb der Strategieforschung verhalf dem ressourcenbasierten Ansatz die Arbeit von Wernerfelt (1984). Allerdings hat diese Arbeit Vorläufer aus anderen Forschungsbereichen. Die wichtigsten Einflussströmungen des ressourcenbasierten Ansatzes sollen daher vorgestellt werden. Barney (1996) führt vier Forschungsrichtungen an, die den ressourcenbasierten Ansatz maßgeblich beeinflusst haben (Barney 1996: 136 ff.): Dies sind vor allem die Erfolgsfaktor- und Fähigkeitsforschung des Managements von Christensen et al. (1987), der institutionalistische Erfolgsfaktoransatz von Philipp Selznick (1957), die Rententheorie von David Ricardo (1817) und schließlich die Wachstumstheorie von Edith Penrose (1959). Hierauf soll nun näher eingegangen werden.

1. Die für die Managementtheorie interessante Frage, inwieweit das Topmanagement den Erfolg einer Unternehmung beeinflusst, wurde bereits früh

in der Forschung betrachtet. Man geht von einem erheblichen Einfluss des Topmanagements auf den Erfolg der Unternehmung aus. Dies wird letztlich auf die besondere Position des Topmanagements zurückgeführt, besonders weitreichende – strategische – Entscheidungen treffen zu können. Manager stellen die Personengruppe dar, die aufgrund unterschiedlicher Fähigkeiten den größten Einfluss auf das Unternehmungsergebnis hat und somit als Stärke beziehungsweise Schwäche einer Unternehmung angesehen werden kann (Barney 1996: 136). Diese Theorie wird allerdings in zwei Punkten kritisiert, die der ressourcenbasierte Ansatz aufgegriffen hat: (1) Obwohl viele Studien sich mit den Aktivitäten und Fähigkeiten des Managements befassen (Mintzberg 1973; Mintzberg 1975; Kotter 1982; Christensen et al. 1987; Staehle 1991), bleiben für einen *guten* Topmanager die notwendigen Fähigkeiten nicht genau bestimmbar und damit unspezifisch (Yukl 1989: 258 ff.). So sind unterschiedliche Managertypen erfolgreich, ohne Hinweise auf *die* Erfolg versprechenden Fähigkeiten zu geben. (2) Obwohl Managementfähigkeiten sicherlich einen erheblichen Einfluss auf den Unternehmungserfolg haben, richtet sich der zweite Kritikpunkt gegen die Einseitigkeit der Betrachtung von Managementfähigkeiten, denn neben diesen Fähigkeiten besteht eine Unternehmung aus vielen weiteren Aspekten, die für den Erfolg verantwortlich sind (Barney 1996: 137).

2. Eine weitere Theorie, die den ressourcenbasierten Ansatz befruchtet hat, ist der frühe institutionalistische Ansatz. Selznick (1957) untersucht in seinen Arbeiten den Zusammenhang zwischen der Einhaltung institutioneller Regeln und dem Unternehmungserfolg. Das Management hat neben den klassischen Managementfunktionen die Aufgabe, Mission und Ziele einer Unternehmung festzulegen, die alle Interessengruppen befriedigen müssen. Daher wird diese Führungsaufgabe des Managements auch als „institutional leadership“ bezeichnet (Selznick 1957: 138). Manager haben die Aufgabe, den charakteristischen Zweck der Organisation vor internen und externen Gefahren zu schützen. Aus dieser einzigartigen Vision und der dazugehörigen Organisationsstruktur lassen sich die einzigartigen Kompetenzen einer Unternehmung ableiten (Barney 1996: 138). So kann die Fähigkeit, die institutionelle Umwelt besonders gut zu befriedigen, als Kernkompetenz und Wettbewerbsvorteil interpretiert werden (Millonig 2002). Aber auch dieser Ansatz hat den Nachteil, sich lediglich auf das Topmanagement zu konzentrieren und andere Möglichkeiten, Wettbewerbsvorteile zu erzielen, außer Acht zu lassen (Barney 1996: 138).

3. Auch die klassische Ökonomie beeinflusste den ressourcenbasierten Ansatz. David Ricardo (1817) untersuchte bereits vor fast zwei Jahrhunderten die Möglichkeiten zur Erzielung von Renten. Entsprechend dem damaligen Stand der Industrialisierung beschäftigte er sich noch mit der Ökonomie der Landwirtschaft. Aufgrund des unelastischen Charakters von Land kam er zu dem Ergebnis, dass Besitzer qualitativ hochwertigen Landes überdurchschnittliche Renten erzielen können (Ricardo 1817: Kapitel 2). Eine ökonomische Rente wird demnach als eine Zahlung definiert, die über der Mindestzahlung liegt, die nötig ist, den Produktionsfaktor anzubieten (Varian 1995: 377 f.; Hirshleifer 1988: 376). Ausgehend von perfekten Märkten wird der Marktpreis durch die für den Gesamtmarkt aggregierten Angebots- und Nachfragefunktionen bestimmt. Besitzt nun einer der Marktteilnehmer Fähigkeiten, Produkte zu geringeren Durchschnittskosten herzustellen, kann dessen Unternehmung Renten erzielen. Bisher wurde in der klassischen Ökonomie argumentiert, dass die so erzielten Überrenditen neue Wettbewerber anziehen, die Produktionsmenge ausgeweitet und der Preis gesenkt wird und letztlich der Markt wieder in ein Gleichgewicht gelangt, wodurch lediglich durchschnittliche Renditen erzielt werden können. Da einige Ressourcen allerdings unelastisch sind, wird die Anpassung der Kostenpositionen anderer Marktteilnehmer verhindert. Somit können der Wettbewerbsvorteil und damit die Überrendite[2] für einige Unternehmungen nachhaltig aufrecht erhalten werden (Barney 1996: 140). Voraussetzung ist allerdings eine nicht sinkende Nachfrage, da hierdurch die Rente reduziert oder gar ganz aufgelöst würde. Daneben ist sicherzustellen, dass die Wettbewerber keine Möglichkeit finden, ähnliche Kostenpositionen zu erzielen, beispielsweise durch Substitution oder Imitation von Fähigkeiten. Der Ansatz von Ricardo (1817) modifiziert

2. Aus Wettbewerbsvorteilen müssen nicht zwangsläufig auch Überrenditen erzielt werden, die den Aktionären zugute kommen. Unternehmungen können ihren finanziellen Erfolg auch im Eigeninteresse des Managements einsetzen oder für andere Zielsetzungen, wie beispielsweise die Entwicklung neuer Technologien, die Erhöhung der Kundenzufriedenheit oder der Zufriedenheit der Mitarbeiter, aber auch für philanthropische Zielsetzungen (Grant 1998: 174). Da die vorliegende Arbeit versucht, Bedingungen für den ökonomischen Erfolg von Mergers & Acquisitions herauszuarbeiten und zu erklären, sollen diese Aspekte nicht weiter diskutiert werden. Hier sei lediglich nochmals auf die einschlägige Literatur zur Principal-Agent-Theorie verwiesen (siehe auch Abschnitt 3.1.4), die sich mit Anreizsystemen befasst, um eigennütziges Verhalten der Manager zu verhindern: vgl. Eisenhardt (1989a), Tosi und Gomez-Mejia (1989) und Zajac (1990).

folglich das klassische Konzept des vollkommenen Wettbewerbs, welcher die Erzielung langfristiger Überrenditen nicht zulässt, indem er ein aggregiertes Marktgleichgewicht und unternehmungsindividuelle Kostenkurven unterscheidet. Damit diese Bedingungen zutreffen, müssen allerdings unelastische Ressourcen zugrunde liegen, die bisher kaum beachtet wurden.

4. Der vierte und letzte Ansatz, welcher den ressourcenbasierten Ansatz maßgeblich beeinflusst hat, ist die Wachstumstheorie von Edith Penrose (1959). Sie versucht, Unternehmungswachstum zu erklären und gleichzeitig dessen Grenzen aufzuzeigen. Unternehmungen werden als „collection of productive resources" (Penrose 1959: 24) definiert, die letztlich das Wachstum einer Unternehmung limitieren. Gleichzeitig wird das Wachstum durch die begrenzten Kapazitäten des Managements beschränkt, weiteres Wachstum zu koordinieren. Für die Entwicklung des ressourcenbasierten Ansatzes ist hierbei die Definition von Unternehmungen als Ressourcenbündel von Bedeutung, wobei die Ressourcenbündel zwischen Unternehmungen signifikant variieren können (Penrose 1959: 74 ff.). Daneben ist es Penrose (1959) zu verdanken, dass der Ressourcenbegriff nicht allein auf das Topmanagement beschränkt bleibt, sondern auf heterogene Ressourcenausstattungen in vielen Bereichen von Unternehmungen erweitert wird. Vor allem führt Penrose (1959) unternehmerische Fähigkeiten in die Diskussion ein, auf die später in dieser Arbeit noch näher einzugehen sein wird.

Insgesamt kann der ressourcenbasierte Ansatz als normativer Ansatz verstanden werden, der den wirtschaftlichen Erfolg von Unternehmungen zu erklären versucht. Er soll Praktikern Hilfestellung dabei leisten, Ressourcen zu identifizieren, die einen Wettbewerbsvorteil ermöglichen und somit die Profitabilität einer Unternehmung erhöhen (Amit und Schoemaker 1993: 33).

Trotz der oben skizzierten Übereinstimmung in den Grundlagen ist der ressourcenbasierte Ansatz bis heute kein kohärenter Ansatz, der eindeutig definiert werden kann. In dieser Arbeit sollen unter dem ressourcenbasierten Ansatz alle Forschungsanstrengungen subsumiert werden, die die Erzielung von Wettbewerbsvorteilen auf die Existenz besonderer Ressourcen und Fähigkeiten einer Unternehmung zurückführen. Die erklärende Variable des Unternehmungserfolges liegt also in der Ressourcenausstattung, die erklärten Variablen sind Wettbewerbsvorteile und die Unternehmungsperformance.

Da in der vorliegenden Arbeit Ressourcen als eine der wichtigsten Konstrukte zur Erklärung von Mergers & Acquisitions herangezogen werden sollen und um den Zusammenhang zwischen Ressourcen und Unternehmungserfolg genauer zu analysieren, ist es notwendig, den Begriff der *Unternehmungsressource* näher zu bestimmen. Dies soll im folgenden Abschnitt geschehen.

4.3 Der Ressourcenbegriff

Bisher ist es den Vertretern des ressourcenbasierten Ansatzes nicht gelungen, einen kohärenten Ressourcenbegriff zu definieren (Bresser 1998: 308). Dies ist aufgrund der unterschiedlichen Forschungsströmungen innerhalb dieses Ansatzes allerdings auch nicht anders zu erwarten.

Wernerfelt (1984) definiert in seiner grundlegenden Arbeit zum ressourcenbasierten Ansatz Ressourcen allgemein als „[...] anything which could be thought of as a strength or weakness of a given firm. More formally, a firm's resources at a given time could be defined as those (tangible and intangible) assets which are tied semipermantly to the firm [...]" (Wernerfelt 1984: 172). Diese Definition ist noch sehr allgemein gehalten; weder werden Ressourcen konkretisiert, noch deren Eigenschaften genauer bestimmt, außer der Feststellung, dass die Ressourcen an eine Unternehmung gebunden sind. Aufgrund dieser unspezifischen Definition kann fast alles als Ressource definiert werden, was schließlich auch zum Vorwurf der Tautologie des ressourcenbasierten Ansatzes geführt hat.

Dennoch ist es sinnvoll, den Begriff *Unternehmungsressource* weit zu fassen, da viele unterschiedliche Ressourcen einer Unternehmung den Erfolg begründen können. Damit kommen sowohl materielle und immaterielle Ressourcen als auch Systeme und Prozesse einer Unternehmung als Ressource in Frage (Hofer und Schendel 1978: 145; Bamberger und Wrona 1996: 132). Beispielsweise werden Vermögensgegenstände, Fähigkeiten, Kompetenzen, organisatorische Prozesse, Firmenattribute, Informationen und Wissen angeführt, die die Effektivität und Effizienz einer Unternehmung erhöhen können (Daft 1992: 113 ff.; Amit und Schoemaker 1993: 35).

In der Literatur finden sich verschiedene Bemühungen, die Vielfalt der Begriffe zu systematisieren. Allerdings hat sich noch keine allgemein anerkannte Systematisierung durchgesetzt. Die wohl häufigste Typologie von Ressourcen ist die Einteilung in physische – auch materielle oder tangible Ressourcen genannt –, intangible – auch als immaterielle Ressourcen bezeichnet – und finanzielle Ressourcen (Bamberger und Wrona 1996: 132; Chatterjee und Wernerfelt

1991: 35 f.; Barney 1996: 142 f.). Daneben werden noch organisationale Ressourcen und Lernfähigkeiten ausgeführt. Die letzten beiden Ressourcen nehmen eine besondere Stellung innerhalb der Diskussion ein, da sie nicht allein als Unternehmungsressourcen, sondern vielmehr als Metaressourcen aufgefasst werden, die letztlich für die Generierung aller anderen Ressourcen verantwortlich sind. Ihnen wird folglich eine frühere Position in der Kausalkette des ressourcenbasierten Ansatzes eingeräumt.

Die oben genannten Ressourcen können hinsichtlich unterschiedlicher Eigenschaften weiter differenziert werden. Dazu sollen in den folgenden Abschnitten die für diese Arbeit besonders wichtigen physischen, intangiblen, organisatorischen, personellen und finanziellen Ressourcen anhand der Kriterien Kapazität, Flexibilität, Abnutzbarkeit und Transparenz näher beschrieben werden. Die Kapazität gibt an, inwieweit eine Ressource beliebig teilbar ist und das Einsatzvolumen vergrößert werden kann. Die Flexibilität hingegen ist ein Maß, welches die Übertragung einer Ressource auf andere Bereiche ermöglicht. Die Abnutzbarkeit einer Ressource sagt aus, inwieweit eine Ressource durch den Gebrauch verbraucht wird und damit nicht weiter zur Verfügung steht. Das letzte Attribut, die Transparenz, bezieht sich auf die Möglichkeit des Managements oder anderer Personengruppen, Ressourcen genau zu analysieren und zu spezifizieren beziehungsweise sie als eine strategische Ressource zu isolieren und zu bestimmen. Dies ist ein Aspekt, der in den folgenden Ausführungen noch eine erhebliche Rolle spielt, da er die Imitation strategischer Ressourcen erschwert.

4.3.1 Physische Ressourcen

Unter physischen Ressourcen versteht man Maschinen und Anlagen, aber auch den Zugang zu Rohstoffen und Standorten (Williamson 1975: 82 ff.). Als Beispiele sind Computer-Hard- und Software, Produktionsroboter, geografische Standorte von Handelsunternehmungen und Ähnliches zu nennen (Barney 1996: 143; Bresser 1998: 306). Physische Ressourcen sind in ihrer Kapazität beschränkt, meist unflexibel und nutzen sich durch Gebrauch ab. Sie sind vergleichsweise leicht zu erkennen, da sie als Aktiva in der Bilanz aufgeführt werden. Zu berücksichtigen ist hierbei allerdings, dass aufgrund bilanztechnischer Bewertungsvorschriften der Wert in Jahresabschlüssen nicht dem tatsächlichen ökonomischen Wert der Vermögensgegenstände entspricht (Grant 1998: 112). Die Buchwerte weichen teilweise erheblich von den Marktwerten ab.

4.3.2 Intangible Ressourcen

Während physische Ressourcen eine eher geringe Bedeutung für die Erzielung von Wettbewerbsvorteilen haben, stellen intangible Ressourcen einen wichtigen Bestandteil deren Erklärung dar (Grant 1998: 115). Unter intangiblen Ressourcen sind Verfügungsrechte an immateriellen Vermögenswerten, Fähigkeiten, Wissen und Kompetenzen zu verstehen. Die immateriellen Vermögenswerte setzen sich aus Patenten, Copyrights, Handelsmarken, Verträgen, Geschäftsgeheimnissen, Datenbanken, dem Firmenruf und Ähnlichem, sprich *intellectual property rights* zusammen (Hall 1992: 135; Bamberger und Wrona 1996: 133). Fähigkeiten und Kompetenzen sind die Summe des Wissens, der Innovationsfähigkeit und der Erfahrungen der Mitarbeiter einer Unternehmung.[3]

3. Einige Autoren versuchen neben dem ressourcenbasierten Ansatz einen sogenannten *knowledge based view* zu etablieren (Spender 1996: 46; Conner und Prahalad 1996: 477; Chacar und Coff 2000: 254). Hierbei steht Wissen als besondere Ressource im Blickpunkt der Betrachtung. Gerade Wissen wird wegen seiner unternehmungsspezifischen Eigenschaften und der „tacitness" eine Sonderstellung im Rahmen des ressourcenbasierten Ansatzes eingeräumt, da Wissen das größte Potenzial zugesprochen wird, Wettbewerbsvorteile zu erzielen (Chacar und Coff 2000: 248 f.). Intangible Ressourcen – im Wesentlichen Wissen – sind von Wettbewerbern schwer zu imitieren und zu substituieren, da hierbei Faktormärkte meist versagen. Der Sonderstellung intangibler Ressourcen, insbesondere Wissen, ist zwar zuzustimmen; von einem eigenen *Wissens-Ansatz* zu sprechen, erscheint allerdings übertrieben, da die Argumentation hinsichtlich der Bedingungen, die Wissen erfüllen muss, um einen Wettbewerbsvorteil zu bilden, auch für andere Ressourcen gilt. So reagierte Jay Barney als einer der Hauptvertreter des ressourcenbasierten Ansatzes auf den bloßen Austausch einzelner Variablen in der Argumentation des ressourcenbasierten Ansatzes im Rahmen der 20th Annual International Conference der Strategic Management Society in Vancouver, indem er vom „Dynamic, resource, capability, competence, learning, knowledge, relational, path dependent, tacit, implicit, invisible, routine, evolutionary-based view" sprach. Damit verdeutlicht er, dass die alleinige Veränderung einzelner Konstrukte beziehungsweise Variablen in den seltensten Fällen eine ausreichende Erkenntniserweiterung darstellt, solange hierdurch keine grundlegend neuen Erkenntnisse erworben werden. Eine Veränderung der Variablen und Bezeichnungen ist noch keine Theorie (Whetten 1989: 492 f.; Sutton und Staw 1995: 375; Weick 1995: 388). Alle angegebenen Ansätze basieren auf den Überlegungen zum ressourcenbasierten Ansatz.

So scheint Wissen – aber auch andere intangible Ressourcen, wie Produkt- und Unternehmungsreputation – zwar die oben angeführten Bedingungen des ressourcenbasierten Ansatzes besonders gut zu erfüllen (Hall 1992: 141; Barney 2001: 45), wie allerdings bereits deutlich wurde und im Folgenden noch näher diskutiert wird, können durchaus auch andere Ressourcen zu Wettbewerbsvorteilen führen. Eine Beschränkung des ressourcenbasierten Ansatzes auf Wissen erscheint daher genauso wenig angebracht, wie von einem eigenen *knowledge-based view* zu sprechen.

Während die Kapazität immaterieller Vermögenswerte sowie von Fähigkeiten meist unbegrenzt ist und diese Ressourcen sich durch die Nutzung nicht verbrauchen (Teece 1981: 84), ist ihre Flexibilität unterschiedlich. So sind immaterielle Vermögensgegenstände in ihrer Nutzung meist auf wenige Anwendungsbereiche beschränkt und häufig transparent, während Fähigkeiten und Kompetenzen zumindest auf ähnliche Anwendungsbereiche übertragbar, aber nur schwer erkennbar und genau zu definieren sind. Die Inflexibilität immaterieller Vermögensgegenstände rührt dabei aus deren rechtlicher Ausgestaltung, wie beispielsweise einem Patent oder einer Handelsmarke, die nur für einen genau definierten Bereich gilt. Selbst Geschäftsgeheimnisse beziehen sich häufig nur auf einen eingeschränkten Tatbestand, wodurch sie kaum auf andere Bereiche zu übertragen sind. Da viele immateriellen Vermögensgegenstände – im Vergleich zu Fähigkeiten – rechtlich geschützt sind und teilweise sogar bilanziert werden, ist deren Transparenz groß. Aufgrund der Vielfältigkeit immaterieller Vermögensgegenstände kann an dieser Stelle aber nur eine Tendenz hinsichtlich der genannten Kriterien vorgelegt werden; selbstverständlich sind Ausnahmen möglich.

4.3.3 Organisatorische Ressourcen

Organisatorische Ressourcen umfassen Planungs-, Kontroll-, Informations- und Personalführungssysteme sowie die Organisationsstruktur und -kultur (Hofer und Schendel 1978: 145 ff.; Barney 1986a: 658; Barney 1991: 101). Daneben werden auch interorganisationale Strukturen – Netzwerke – sowie Lernfähigkeit als organisatorische Ressourcen aufgefasst, (Dosi und Teece 1998: 284). Für organisatorische Ressourcen ist zu konstatieren, dass deren Kapazität begrenzt ist und sie nur beschränkt flexibel aber nicht abnutzbar sind.

4.3.4 Humanressourcen

Neben den bereits genannten Ressourcen wird auch Humankapital als besondere Ressource angeführt (Barney 1996: 143). Hierunter fallen Weiterbildungsmaßnahmen, Erfahrung, Urteilsfähigkeit, Intelligenz, Beziehungen und Einsichten von Managern, Angestellten und Arbeitern einer Unternehmung. Ferner werden Anpassungsfähigkeit und Loyalität der Mitarbeiter genannt (Grant 1998: 114). Humankapital stellt im Vergleich zu organisatorischen Ressourcen auf Attribute der Individualebene ab (Barney 1996: 143) und wird durch Schulungen und Erziehung entwickelt (Grant 1998: 116). Da Humanressourcen besondere Fähigkeiten einzelner Personen darstellen, sind sie in der Regel nur beschränkt flexibel und begrenzt in ihrer Kapazität. Wegen ihres immateriellen Charakters sind sie aber nicht abnutzbar. Allerings können Humanressourcen nur teilweise durch Personalbeurteilungssysteme im Rahmen der Personalauswahl und der Mitarbeiterbeurteilung aufgedeckt werden; die darüber hinausgehende Beurteilung von Humanressourcen ist schwierig, da sie in der Regel im Team interagieren. Humanressourcen kommen so teilweise erst durch die Interaktion mit anderen Mitarbeitern zur Geltung und sind somit für einzelne Individuen nur schwierig zu erheben (Grant 1998: 117). Entsprechend sind Humanressourcen wenig transparent.

4.3.5 Finanzielle Ressourcen

Die letzte Klasse von Ressourcen ist finanzieller Natur. Finanzielle Ressourcen sind in interne und externe finanzielle Ressourcen, also nach ihrer Mittelherkunft zu unterscheiden. Zu den internen Ressourcen werden neben den Cashflows, welche die Innenfinanzierungskraft der Unternehmung darstellen, auch nicht ausgeschöpfte Kreditlinien gerechnet (Bamberger und Wrona 1996: 134). Entscheidend für die Zuordnung als interne finanzielle Ressource ist die Frage, inwiefern das Management über Finanzmittel autonom verfügen kann, also ohne Rücksichtnahme auf den Kapitalmarkt. Externe finanzielle Ressourcen werden über den Kapitalmarkt beschafft und sind mit Rechten der Kapitalgeber behaftet, welche die Autonomie des Managements einschränken. Hierzu zählen die Finanzierung durch Eigenkapitaleinlagen ebenso wie durch Anleihen Bonds (Chatterjee und Wernerfelt 1991: 35). Zwar sind finanzielle Ressourcen in ihrer Kapazität beschränkt, abnutzbar und transparent, aber zumindest die internen finanziellen Ressourcen zeichnen sich durch eine hohe Flexibilität aus und sind hochfungibel. Finanzielle Ressourcen besitzen die Eigenschaft, – sofern Faktormärkte vorhanden sind –, in jede andere Ressource verwandelt werden zu können. Da externe finanzielle Ressourcen allerdings der Kontrolle der Kapitalgeber unterliegen, sind ihre Möglichkeiten insofern eingeschränkt, als sie nicht jede beliebige Akquisition von Ressourcen zulassen. Tabelle 4.1 auf der nächsten Seite fasst die oben beschriebenen Ressourcenklassen mit ihren Eigenschaften zusammen.

Obwohl eine große Übereinstimmung hinsichtlich der vorgestellten Grobeinteilung von Ressourcen besteht, finden sich in der Literatur Differenzen hinsichtlich der Feineinteilung. So bedient sich Grant (1998) einer in der Feinstruktur abweichenden Typologie von Ressourcen. Er unterscheidet zwischen

Ressource		Kriterium			
		Kapazität	Flexibilität	Abnutzbarkeit	Transparenz
Physisch		begrenzt	variiert	ja	ja
Intangibel	Vermögen	unbegrenzt	unflexibel	nein, Wert steigt	ja
	Fähigkeiten	unbegrenzt	relativ	nein, Wert steigt	nein
Finanziell	interne Fonds	begrenzt	vollkommen	ja	ja
	externe Fonds	begrenzt	beschränkt	ja	ja
Organisatorische		begrenzt	beschränkt	nein	nein
Humankapital		begrenzt	beschränkt	nein	nein

Tabelle 4.1: Formen und Eigenschaften von Ressourcen.
Eigene Darstellung in Anlehnung an Bamberger und Wrona (1996), S. 133

tangiblen, intangiblen und Humanressourcen. Finanzielle Ressourcen zählt er hierbei neben physischen Ressourcen zu den tangiblen, technologische Ressourcen und Reputation zu den intangiblen Ressourcen (Grant 1998: 112 ff.).

Diese Vielfalt der Begriffe wird in der Literatur noch weiter ausdifferenziert. So finden sich neben dem Terminus der *Ressource* auch die Begriffe *Dominat logic* (Prahalad und Bettis 1986: 491; Bettis und Prahalad 1995: 6), *Kernkompetenzen (core competencies)* (Prahalad und Hamel 1990: 81 f.; Prahalad und Hamel 1991: 68 f.) und *Fähigkeiten (capabilities)* (Stalk et al. 1992: 57; Amit und Schoemaker 1993: 35; Grant 1998: 118). Da derartige Unterscheidungen für die vorliegende Arbeit nicht bedeutsam sind, kann auf eine genaue Differenzierung dieser Begriffe hier verzichtet werden. Lediglich Fähigkeiten sollen näher betrachtet werden.

Fähigkeiten (Capabilities) sind insofern von Bedeutung, als sie aus theoretischer Sicht besondere Eigenschaften in sich vereinen, die einer genaueren Analyse bedürfen. Fähigkeiten bieten die Möglichkeit, Ressourcen zu entwickeln und zu nutzen. Ressourcen allein bedingen meist jedoch keinen Wettbewerbsvorteil; sie sind mit Fähigkeiten zu kombinieren (Chi 1994: 272). Hierzu müssen Wissen und Fertigkeiten der Mitarbeiter mit physischen, intangiblen, organisatorischen und finanziellen Ressourcen integriert werden (Grant 1998: 125).

Da jede Unternehmung über ein Bündel der oben genannten Ressourcen und Fähigkeiten verfügt, soll im Folgenden von *Ressourcen und Fähigkeiten* gesprochen werden. Ohne eine Spezifizierung der weiteren Eigenschaften, die

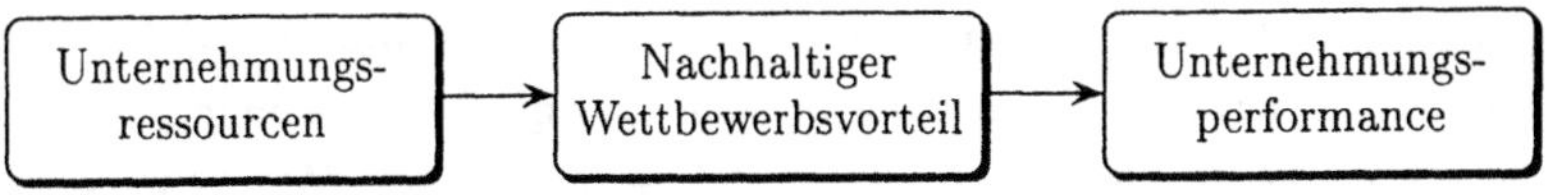

Abbildung 4.1: Der ressourcenbasierte Ansatz

Ressourcen erfüllen müssen, bleibt der ressourcenbasierte Ansatz allerdings wenig gehaltvoll. Es müssen also Bedingungen ermittelt werden, die physische, intangible, organisatorische, personelle und finanzielle Ressourcen und Fähigkeiten zu solchen Ressourcen und Fähigkeiten wandeln, die zur Erklärung von Wettbewerbsvorteilen herangezogen werden können. Die Bedingungen, die eine Differenzierung zwischen gewöhnlichen Ressourcen und Fähigkeiten und strategisch wertvollen zulassen, werden im nächsten Abschnitt als statischer ressourcenbasierter Ansatz vorgestellt.

4.4 Der statische Ansatz

Jede Unternehmung verfügt über eine Vielzahl von Ressourcen und Fähigkeiten. Offensichtlich können nicht alle Unternehmungsressourcen und -fähigkeiten für die Generierung und Aufrechterhaltung von Wettbewerbsvorteilen verantwortlich sein. Aber allein der Besitz von Ressourcen und Fähigkeiten reicht nicht aus, um überdurchschnittliche Gewinne zu erklären. Es sind daher Bedingungen herauszuarbeiten, die erfüllt sein müssen, damit Ressourcen und Fähigkeiten die Grundlage für dauerhafte Wettbewerbsvorteile und überdurchschnittliche Renditen bilden (Rühli 1994: 42)und die Erosion von Wettbewerbsvorteilen verhindert oder zumindest verzögert wird. Es ist sicherzustellen, dass Wettbewerber nicht die Möglichkeit erlangen, ähnliche Ressourcenpositionen aufzubauen, oder sich andere Marktteilnehmer über Faktormärkte die Renten aneignen können. Der ressourcenbasierte Ansatz postuliert einen positiven Zusammenhang zwischen Unternehmungsressourcen, Wettbewerbsvorteilen und Performance der Unternehmung, wie in Abbildung 4.1 dargestellt.

Der Begriff der *Nachhaltigkeit* spielt eine besondere Rolle im ressourcenbasierten Ansatz. Unter Nachhaltigkeit versteht man eine längere Zeit anhaltende Wirkung, im Rahmen des ressourcenbasierten Ansatzes entsprechend die längerfristige Wirkung strategischer Ressourcen, Wettbewerbsvorteile zu generieren und hierdurch eine überdurchschnittliche Rendite zu erzielen.[4] Der ressourcenbasierte Ansatz geht davon aus, dass nur Unternehmungen, deren Ressourcen die Bedingungen der Ex post-Beschränkung des Wettbewerbs und der imperfekten Mobilität der Ressourcen erfüllen, nachhaltige Wettbewerbsvorteile erzielen können. In der Literatur werden noch weitere Bedingungen herausgearbeitet. Auf alle wird im Folgenden näher einzugehen sein: (1) Marktwert der Ressourcen, (2) Ressourcenheterogenität, (3) Ex post-Beschränkung des Wettbewerbs, (4) Imperfekte Mobilität und (5) Ex ante-Beschränkung des Wettbewerbs.

4.4.1 Marktwert

Die erste Bedingung, die erfüllt sein muss, damit eine Ressource strategisch bedeutsam wird, lautet: sie muss wertstiftend sein. Es soll die Möglichkeit bestehen, mit dieser Ressource die Effektivität und Effizienz einer Unternehmung zu steigern (Barney 1986a: 658; Barney 1991: 101). Die Ressourcen, die für die Strategische Managementforschung von besonderem Interesse sind, müssen zu einer Verbesserung der Finanz- und Ertragslage der Unternehmung beitragen.

Ressourcen und Fähigkeiten müssen einen kommerziellen Nutzen stiften, um Gewinnwachstum zu ermöglichen (Tampoe 1994: 71 ff.). Sie müssen also entweder die Produkte einer Unternehmung aus Sicht der Konsumenten einzigartig machen, oder die Unternehmung in eine einzigartig günstige Kostenposition im Vergleich zu den Wettbewerbern bringen. Einzigartige Differenzierungsmöglichkeiten und Kostenpositionen werden direkt auf einzigartige Ressourcenpositionen zurückgeführt (Conner 1991: 132).

4.4.2 Heterogenität

Die fundamentale Annahme des ressourcenbasierten Ansatzes ist in der heterogenen Ressourcenausstattung aller Unternehmungen zu sehen. So werden Unternehmungen im Sinne von Penrose (1959) als Bündel heterogener materieller und immaterieller Ressourcen angesehen (Penrose 1959: 172 f.). Diese unterschiedliche Ressourcenausstattung erklärt letztlich die Erzielung einzigartiger Wettbewerbsvorteile, die wiederum Überrenditen ermöglichen (Bamberger und Wrona 1996: 131 f.). Um Wettbewerbsvorteile und die daraus resultierenden

4. Die Diskussion, inwiefern von nachhaltigen oder lediglich von temporären Wettbewerbsvorteilen auszugehen ist, soll erst im Abschnitt 4.5.1 erfolgen.

überdurchschnittlichen Renditen einzelner Unternehmungen erklären zu können, dürfen Ressourcen nicht gleichmäßig über alle Unternehmungen verteilt sein.

Der Unterschied in der Ressourcenausstattung führt zu unterschiedlich effizienten Produktionsfaktoren. Hierdurch ist es einigen Unternehmungen möglich, günstigere Kostenstrukturen zu erzielen oder Kundenwünsche besser zu befriedigen als anderen Unternehmungen. Unternehmungen mit überlegenen Ressourcen können daher sicher gehen, dass sie auch in wettbewerbsintensiven Umwelten zumindest den Break-Even-Punkt erreichen, wohingegen Unternehmungen mit einer unterlegenen Ressourcenausstattung maximal diesen Break-Even realisieren können (Peteraf 1993: 180).

Die Unterschiedlichkeit der Ressourcenausstattung – vor allem die unterschiedliche Ausstattung mit Wissen – wird auf kognitive Beschränkungen der Entscheidungsträger zurückgeführt. Diese kognitive Beschränkungen von Individuen verhindern, dass mehrere Individuen die exakt gleiche Wissensbasis aufweisen. Hier wird der Bezug zu verhaltenswissenschaftlichen Ansätzen deutlich. Vor allem tacit knowledge, welches nur durch persönliche Erfahrungen erworben werden kann, ist das Ergebnis begrenzter Rationalität. Durch diese und die mangelnde Fähigkeit, tacit knowledge zu artikulieren, kann das Wissen von einer Person nicht leicht auf weitere übertragen werden (Conner und Prahalad 1996: 482); insofern unterscheiden sich Unternehmungen. Die Heterogenität von Ressourcen führt dazu, dass überlegene Ressourcen nicht allen Unternehmungen zur Verfügung stehen – also knapp sind – und hierdurch Wettbewerbsvorteile erzielt werden können, die Unternehmungen zu überdurchschnittlicher Performance verhelfen.

4.4.2.1 Knappheit der Ressourcen

Ressourcen generieren nur dann Wettbewerbsvorteile, wenn sie knapp sind, also nicht allen Wettbewerbern zur Verfügung stehen. Die Eigenschaften von Ressourcen, die für die Generierung von Wettbewerbsvorteilen verantwortlich sind, dürfen anderen Unternehmungen nicht zur Verfügung stehen, da sich ansonsten deren Verhalten angleichen würde, was der Definition eines Wettbewerbsvorteils widerspricht (Barney 1986a: 658). Es sind einzigartige Ressourcen und Fähigkeiten nötig, die sich von denen der Wettbewerber unterscheiden, um Wettbewerbsvorteile zu erzielen (Hofer und Schendel 1978: 25).

Wenn mehreren Unternehmungen die gleichen Ressourcen zur Verfügung stehen, werden alle Unternehmungen ein und dieselbe Strategie verfolgen, die sich als überlegen erwiesen hat. Daher kann in diesem Falle kein Wettbewerbsvorteil und damit auch keine Rente erzielt werden. Strategische Ressourcen müssen folglich immer im Vergleich zu den Ressourcenausstattungen der Wettbewerber gesehen werden und sich von diesen abheben (Reed und DeFillippi 1990: 89).

4.4.2.2 Renten

Die Heterogenität und damit Knappheit einer Ressource führt, wenn sie auch noch die erste Bedingung des Marktwertes erfüllt, zu Renten. Der Rentenbegriff nimmt in der ökonomischen Literatur eine bedeutende Stellung ein, da in der Erzielung von Renten die ökonomische Zielsetzung wirtschaftlicher Tätigkeit zu sehen ist. Der Begriff *Rente* ist klar als eine Zahlung definiert, die über der Mindestzahlung liegt, die nötig ist, um den Produktionsfaktor anzubieten (Varian 1995: 377 f.; Hirshleifer 1988: 376). Diese Definition wird in der finanztheoretischen Diskussion zum Thema Shareholder-Value insofern präzisiert, als nur Aktivitäten durchgeführt werden sollen, die ihre Kapitalkosten erwirtschaften. Kapitalkosten können hierbei als die erwartete Rendite einer Aktivität verstanden werden, was durch die Umformung der Discounted Cash-flow-Formel deutlich wird: Dabei kann $Unternehmungswert = \frac{E(FCF)}{(1+r)}$ umgeformt werden in: $r = \frac{E(FCF)}{Unternehmungswert} - 1$, was letztlich der erwarteten Rendite entspricht. Gesucht werden die Investitionsobjekte, die mehr als ihre Kapitalkosten r erwirtschaften, also Aktivitäten, die eine ökonomische Rente erzielen. Allerdings ist es möglich, unterschiedliche Renten zu erzielen. Je nach Ursache der Renten kann differenziert werden in: Ricardo-, Monopol-, unternehmerische und Quasirenten (Bamberger und Wrona 1996: 134):

- Ricardo-Renten
  Ricardo-Renten entstehen durch den Besitz wertvoller und knapper Ressourcen. Ressourcen, welche in ihrer Kapazität beschränkt sind (beispielsweise Ländereien mit sehr fruchtbarem Ackerboden), führen dazu, dass die Nachfrage nicht befriedigt werden kann und damit Ricardo-Renten begründet (Ricardo 1817: Kapitel 2). Sind diese Ressourcen heterogen zwischen den Unternehmungen verteilt, haben die Besitzer dieser speziellen Ressourcen die Möglichkeit, günstiger als Wettbewerber zu produzieren, die über diese Ressourcen nicht verfügen. Die individuellen langfristigen Durchschnittskosten liegen unter dem Marktpreis.

  Der Marktpreis wird durch die Gesamtnachfrage und das Gesamtangebot des Marktes bestimmt. Das Optimum liegt dort, wo der Preis gleich den Grenzkosten ist. Ist der Preis höher, führt dies dazu, dass neue Wettbewerber auf den Markt treten und der Preisdruck verstärkt wird. Dies geschieht, solange der Preis über den Grenzkosten liegt. Langfristig wird ein Markt immer sein Gleichgewicht erreichen. Der Vorteil, den Unternehmungen durch den Besitz beschränkter Ressourcen generieren können, liegt darin, dass ihre Durchschnittskosten unter dem Branchendurchschnitt liegen und sie hierdurch überdurchschnittliche Gewinne erzielen können (Peteraf 1993: 180).

Das Konzept der Ricardo-Rente steht damit im Einklang mit der Vorstellung des vollkommenen Wettbewerbs. Unternehmungen können trotz vollkommenen Wettbewerbs Gewinne erzielen, die über ihren Opportunitätskosten liegen. Die Gewinne werden nicht auf eine Wettbewerbsbeschränkung des Absatzmarktes zurückgeführt, sondern auf die begrenzte Verfügbarkeit der Inputs (Peteraf 1993: 181), bei Ricardo (1817) entsprechend Grundbesitz. Dies beinhaltet allerdings auch eine Beschränkung des Wettbewerbs, nämlich auf der Inputseite einer Unternehmung.

- Monopolrenten
  Monopolrenten entstehen durch eine Monopolstellung. Im Gegensatz zur Ricardo-Rente soll die Monopolstellung nur in ihrer Ausprägung auf dem Absatzmarkt verstanden werden (Peteraf 1993: 182). Monopole entstehen durch einzigartige Produkte im Zuge von Produktdifferenzierung und haben meist lokale Bedeutung. Monopole können durch staatliche Eingriffe oder durch andere Markteintrittsbarrieren gesichert werden. Durch Preis- und/oder Mengenabsprachen mehrerer Anbieter auf einem Markt können ebenfalls Monopole und damit Monopolrenten erzielt werden. Da bereits im Abschnitt 3.4.1 intensiv auf den Monopolwettbewerb eingegangen wurde, wird hier auf weitere Ausführungen verzichtet.

- Unternehmerische Renten
  Durch die Übernahme von Risiken und vor allem durch unternehmerische Weitsicht in unsicheren Umwelten können unternehmerische Renten erzielt werden. Während in der klassischen Ökonomie Renten nur ein Zufallsprodukt darstellen und durch Markteintritte zerstört werden, können unternehmerische Renten längeren Bestand haben. Unternehmerische Renten werden auf die Kreativität des Unternehmers zurückgeführt, auch wenn bis heute noch nicht eindeutig geklärt ist, was unter der Kreativität

einzelner Personen zu verstehen ist (Schoemaker 1990: 1180 f.).

- Quasirenten
  Bei spezifischen Investitionen versteht man unter Quasirenten oder auch Pareto-Renten die Differenz zwischen der erstbesten und der zweitbesten Einsatzmöglichkeit einer Ressource (Klein et al. 1978: 297 ff.). Die Unternehmung, welche die Ressource einsetzt und den höchsten Wert erwirtschaftet, erzielt die Quasirente (Rühli 1994: 33).

Der ressourcenbasierte Ansatz knüpft an die mikroökonomische Rententheorie an. Ziel ist es dabei, die dauerhafte Existenz von Renten zu erklären. Der ressourcenbasierte Ansatz zielt damit klar auf ein einzelwirtschaftliches Erfolgsmaß ab: die überdurchschnittliche Rendite einzelner Unternehmungen. Diese Überrenditen führt der Ansatz auf die Existenz von spezifischen Eigenschaften unternehmungsinterner Ressourcen zurück.

Bei allen vier genannten Rentenarten wird deutlich, dass eine Unternehmung eine besondere, eine einzigartige Wettbewerbsposition innehaben muss. Unternehmungen ohne einzigartige Ressourcenausstattung ist es nicht möglich, Renten zu erzielen und damit überdurchschnittlich erfolgreich tätig zu sein. Die heterogene Ressourcenausstattung erweist sich damit tatsächlich als die wichtigste Annahme des ressourcenbasierten Ansatzes, denn unter der Homogenitätsannahme der Industrieökonomie ist eine Überrendite (Rente) einzelner Unternehmungen nur schwerlich erklärbar.

Hieran schließt sich die Frage an, wie diese rentengenerierenden einzigartigen Ressourcen vor einer Erosion geschützt werden können. Dies soll im folgenden Abschnitt geklärt werden.

4.4.3 Ex post-Beschränkung des Wettbewerbs

Zwar bieten einzigartige heterogene Ressourcen die Möglichkeit, kurzfristig Überrenditen zu erzielen, diese ziehen jedoch neue Wettbewerber an. Wenn perfekte Faktormärkte vorlägen, würden Wettbewerber die Ressourcen, die Wettbewerbsvorteile generieren, imitieren. Die Überrenditen würden durch zunehmenden Wettbewerb erodiert. Dies entspricht der neoklassischen Vorstellung von Wettbewerb.

Aus der Sicht der Strategischen Managementtheorien besteht die Notwendigkeit, eine Erklärung für längerfristige Wettbewerbsvorteile zu erbringen. Im ressourcenbasierten Ansatz wird dies unter dem Stichwort der Nachhaltigkeit diskutiert. Hiernach ist die Einzigartigkeit der Ressourcenausstattung über längere Zeit aufrecht zu erhalten, da sonst alle Formen der Rente verloren gehen (Peteraf 1993: 182).

Um die Einzigartigkeit der heterogene Ressourcenausstattung zu gewährleisten, muss sichergestellt sein, dass die besonderen Ressourcen und Fähigkeiten einer Unternehmung nicht von Wettbewerbern imitiert oder substituiert werden können (Bamberger und Wrona 1996: 132). Die beschränkte Möglichkeit der Imitation und Substitution von Ressourcen verhindert den Wettbewerb um Renten und wird als Ex-post-Beschränkung des Wettbewerbs bezeichnet. Dies stellt eine Erweiterung gegenüber der neoklassischen Ökonomie dar, indem für einige Ressourcen und Fähigkeiten keine vollkommenen Märkte unterstellt werden und der Wettbewerb eingeschränkt wird.

Es sind also zwei Bedingungen, die die Ressourcen und Fähigkeiten einer Unternehmung erfüllen müssen, damit Unternehmungen auch über einen längeren Zeitraum Renten erzielen können und die Ex post-Beschränkung des Wettbewerbs greift: (1) die unvollkommene Imitierbarkeit und (2) die unvollkommene Substituierbarkeit.

4.4.3.1 Unvollkommene Imitierbarkeit

Wettbewerbsvorteile und damit einhergehende Renten sind nach neoklassisch ökonomischer Auffassung lediglich kurzfristig aufrecht zu erhalten. Erfolg von Unternehmungen lockt neue Wettbewerber an, die ebenfalls profitieren wollen, indem sie versuchen, die Vorteile schnellstmöglich zu imitieren (Albach 1986: 95 ff.). Hierdurch verschärft sich die Wettbewerbssituation und Renten werden zerstört. Die Möglichkeit der perfekten Imitation von Ressourcen zerstört damit Wettbewerbsvorteile und dadurch auch überdurchschnittliche Renditen (Barney 1986a: 658 f.; Schoemaker 1990: 1180). Dauerhafte oder – um in der Begrifflichkeit des ressourcenbasierten Ansatzes zu bleiben – *nachhaltige* Wettbewerbsvorteile sind aufgrund der Imitation nicht möglich.

Der ressourcenbasierte Ansatz betrachtet die unvollkommene Imitierbarkeit als die wichtigste Bedingung für die Aufrechterhaltung von Wettbewerbsvorteilen (Bresser 1998: 306). Es wird versucht, Mechanismen herauszuarbeiten, welche die Imitation strategischer Ressourcen verhindern oder zumindest erschweren. Nur wenn Ressourcen von Wettbewerbern nicht sofort imitiert werden können, besteht die Möglichkeit, Wettbewerbsvorteile über einen längeren Zeitraum aufrecht zu erhalten. Diese Mechanismen, welche die Imitation strategischer Ressourcen und Fähigkeiten erschweren, hat Rumelt (1984) als *isola-*

ting mechanisms bezeichnet (Rumelt 1984: 567; Rumelt 1987: 145 ff.). Barney (1991) spricht in diesem Zusammenhang von *resource barriers*.

In der Literatur wird eine große Zahl von Isolationsmechanismen diskutiert (vergleiche hierzu die Übersicht bei Mahoney 1992: 129). Im Wesentlichen werden folgende vier Mechanismen angeführt, welche die Imitation strategischer Ressourcen erschweren: (1) Pfadabhängigkeit, (2) kausale Ambiguität, (3) Patente und (4) soziale Komplexität.

1. Pfadabhängigkeit

   Die Entwicklung einer Unternehmung erfolgt über einen idiosynkratischen Prozess, aus dem sich spezifische Ressourcen entwickeln. Die Historizität beziehungsweise Pfadabhängigkeit einer Unternehmung beeinflusst somit die Entwicklung der Unternehmungsressourcen, das heißt, vergangene Entscheidungen haben einen Einfluss auf die gegenwärtige und zukünftige Ressourcenposition der Unternehmung.

   Eine einzigartige Ressourcenkonstellation, welche historisch gewachsen ist, gestattet es einer Unternehmung, Ressourcen einzusetzen und damit Werte zu erzielen, die anderen Unternehmungen nicht offen stehen. Diese einzigartigen Möglichkeiten verhindern, dass Unternehmungen auf Faktormärkten gleichen Ressourcen den gleichen Wert bemessen. Der Wettbewerb wird hierdurch eingeschränkt (Barney 1986b: 1235 f.; Barney 1989: 1512 f.).

   Eine historisch gewachsene Ressourcenposition ist aufgrund ihrer Einzigartigkeit von Wettbewerbern nicht imitierbar, da diese den gesamten Entwicklungspfad imitieren müssten. Auch die Möglichkeit, diese Ressourcen über Faktormärkte zu beschaffen, besteht nicht, da hierfür erst gar keine Märkte existieren. So kann beispielsweise eine besonders gute Reputation bei Lieferanten und Abnehmern, welche über Jahre hinweg aufgebaut wurde, nicht über Faktormärkte gekauft werden, sondern muss durch entsprechendes Verhalten ebenfalls über Jahre hinweg gewonnen werden (Barney 1986b: 1235 f.; Teece et al. 1997: 528). Auch Arbeitskräfte und deren Basiswissen können zwar über den Arbeitsmarkt akquiriert werden, unternehmungsspezifisches Wissen und Fähigkeiten werden allerdings erst durch Weiterbildungsmaßnahmen und spezifische Berufserfahrungen innerhalb der Unternehmung über Jahre akkumuliert (Dierickx und Cool 1989: 1505). Dies behindert alle Wettbewerber bei Versuchen, diese Ressourcen und Fähigkeiten über Faktormärkte zu beschaffen und Ressourcenkombination zu imitieren.

Ein weiterer, ähnlich gelagerter Aspekt liegt in den von Porter (1996; 1997) angeführten *Trade-Offs*, wodurch einzelne Abschnitte in der Entwicklung bestimmter Ressourcen nicht miteinander vereinbar sind. Es existieren Trade-offs zwischen bestehenden Aktivitäten und solchen, die neu dazugenommen werden sollen (Porter 1996: 68; Porter 1997: 48). Die Trade-offs sind auf folgende Ursachen zurückzuführen:

a) Oftmals passen Image und Reputation einer Unternehmung nicht zu den Aktivitäten, die notwendig sind, um eine neue Strategie zu implementieren.

b) Die mangelnde Flexibilität von physischen Ressourcen, Mitarbeitern und Systemen verhindert häufig die Imitation neuer Strategien.

c) Die interne Koordination und Kontrolle mehrerer unterschiedlicher Strategien ist mitunter nicht möglich (Porter 1996: 68 f.; Porter 1997: 49 f.).

Diese Trade-offs zwischen historisch gewachsenen und neu hinzukommenden Aktivitäten behindern ebenfalls die Imitation. Wettbewerber können ihre historisch gewachsene Basis von Aktivitäten oft nicht mit den Aktivitäten anderer Unternehmungen, beispielsweise jenen von Übernahmekandidaten, vereinbaren. Wenn aber die Aktivitäten unterschiedlicher Unternehmungen nicht integrierbar sind, lassen sie sich auch nicht imitieren.

2. Kausale Ambiguität
Kausale Ambiguität ist eines der schillerndsten Konstrukte im Rahmen der Isolationsmechanismen. Sie bezeichnet die Mehrdeutigkeit der Ursache für den Erfolg einer Unternehmung (Lippmann und Rumelt 1982: 418). King und Zeithaml (2001) unterscheiden zwischen der *linkage ambiguity* und der *characteristic ambiguity* (King und Zeithaml 2001: 77). Die linkage ambiguity geht von nicht klar festzustellenden Kausalzusammenhängen zwischen spezifischen Unternehmungsressourcen und Wettbewerbsvorteilen beziehungsweise dem daraus resultierenden Unternehmungserfolg aus. Die characteristic ambiguity ist die Doppeldeutigkeit, die Ressourcen selbst betreffen; die Eigenschaften einer Ressource sind nicht klar bestimmbar. Beide Ambiguitäten verhindern, dass Konkurrenten nachvollziehen können, worauf ein bestimmter Wettbewerbsvorteil basiert. Die Imitation strategischer Ressourcen wird dadurch verteuert, da

Wettbewerber keine gezielten Imitationsaktivitäten durchführen können, sondern mehrere Imitationsversuche durchführen müssen (Dierickx und Cool 1989: 1508 f.; Peteraf 1993: 182 f.).

Kausale Ambiguität kennzeichnet viele Ressourcenbündel, da Ressourcenentscheidungen des Managements oft in Situationen mit folgenden drei Charakteristika gefällt werden müssen: (1) Unsicherheit hinsichtlich der generellen – sprich ökonomischen, technologischen, politisch-rechtlichen und sozio-kulturellen – Umwelt, des Konkurrenzverhaltens oder der Kundenpräferenzen, (2) Komplexität innerhalb der Unternehmungsumwelt und der Interaktion strategischen Verhaltens und (3) innerorganisatorische Konflikte zwischen Entscheidungsträgern und ausführenden Personen (Amit und Schoemaker 1993: 33). Derartige Entscheidungssituationen erschweren die Identifikation eindeutiger Wirkungszusammenhänge.

Ein Problem des Konzepts der kausalen Ambiguität besteht darin, dass sie letztlich auch dem eigenen Management abspricht, die Ursache von Wettbewerbsvorteilen zu kennen (Lippmann und Rumelt 1982: 420; Priem und Butler 2001a: 35). Kann eine Unternehmung die Kausalzusammenhänge zwischen Ressourcen und Unternehmungserfolg konkretisieren, besteht für die Mitarbeiter, die diese Kausalzusammenhänge kennen, die Möglichkeit, ihr Wissen an Wettbewerber zu veräußern (Rasche und Wolfrum 1994: 505; King und Zeithaml 2001: 76). Hierdurch entsteht folgende paradoxe Situation: Wettbewerbsvorteile können nur aufrecht erhalten werden, wenn auch das eigene Management die Kausalzusammenhänge nicht bestimmen kann. Dadurch wird aber ein erfolgreiches Management ad absurdum geführt. Erfolgreiche Managemententscheidungen werden daher lediglich als Zufallsvariable – als Glück – definiert, welche nicht der Kontrolle des Managements unterstehen. Ein Paradoxon, das selbst Barney neuerdings eingesteht (Barney 2001: 50) und das bis heute nicht gelöst ist (King und Zeithaml 2001: 76).

3. Patente

Patente werden ebenfalls als Isolationsmechanismen angeführt, da sie verhindern, dass einzigartige Ressourcen imitiert werden können, indem dies rechtlich untersagt wird. Patente eignen sich sicherlich zum Schutz klar zu definierender und einfacher Innovationen. Komplexe Innovationen – und damit auch die abgeleiteten Ressourcen – können hierdurch allerdings oftmals nicht vor Imitation geschützt werden, da um solche Ressourcen *herum* entwickelt werden kann. Juristische Regelungen versagen daher oftmals dabei, Innovationen vor Imitatoren hinreichend zu schützen (Masfield et al. 1981: 913 f.; Teece 1986a: 191; Teece 1986b: 287; Albach 1986: 101). Ein Grundproblem von Patenten besteht in der notwendigen Offenlegung der Informationen über die Innovation (Teece und Pisano 1994: 551). Wettbewerber haben dadurch die Möglichkeit, die Innovation komplett nachzuvollziehen und um das Patent herum zu innovieren. Dies reduziert die Forschungs- und Entwicklungskosten des Imitators erheblich; Innovationen sind nicht mehr wettbewerbsfähig (Albach 1986: 105). Die im Folgenden dargestellte soziale Komplexität scheint zum Schutz vor Imitation daher die geeignetere Strategie.

4. Soziale Komplexität
   Viele Ressourcen bestehen aus zahlreichen Elementen, die miteinander kombiniert werden müssen. Erst die Interaktion mehrerer Elemente kann die Wirkung einer Ressource hervorrufen (Dierickx und Cool 1989: 1507 f.; Barney 1992: 44 ff.). Diese Komplexität von Ressourcen erschwert ebenfalls die Bemühungen, Ressourcen zu imitieren. Vor allem hoch komplexe Produktionsprozesse sind daher eher durch Geheimhaltung der komplexen Prozesse als durch Patente zu schützen.

Die Argumentation bezüglich der Isolationsmechanismen verläuft sehr ähnlich wie die Argumentation über Markteintritts- (Porter 1980a: Kapitel 13) und Mobilitätsbarrieren (Porter 1980a: Kapitel 7). Wie die Barrieren verhindern Isolationsmechanismen die Imitation erfolgreicher Strategien durch Wettbewerber und sichern daher den längerfristigen Erfolg von Unternehmungen.

Im Rahmen der Imitationsdiskussion wird deutlich, dass vor allem intangible, nicht fassbare Ressourcen besonders schwierig zu imitieren sind. Intangible Ressourcen, wie Wissen und Fähigkeiten, werden meist innerhalb der Unternehmung entwickelt, sind nicht fassbar, sozial komplex und pfadabhängig (Peteraf 1993: 183). Wissen und Fähigkeiten stellen Ressourcen dar, die durch Lernprozesse entwickelt werden. Imitatoren stehen vor dem Problem, die Erfahrungen einschließlich der erforderlichen trial-and-error-Prozesse nicht durchlaufen zu haben. Sie besitzen daher in der Regel nicht die Möglichkeit, diese Ressourcen erfolgreich zu imitieren. Aus diesem Grunde kann der Erfolg von Unternehmungen häufig auf intangible Ressourcen zurückgeführt werden (Jacobson 1990: 74 f.). Allerdings soll an dieser Stelle erneut darauf verwiesen werden, dass intangible Ressourcen zwar besonders geeignet sind, Imitationsbarrieren aufzubauen, aber eben nicht ausschließlich (vergleiche Abschnitt 4.3.2). Auch physische Ressourcen, wie beispielsweise ein einzigartiger Standort, Rohstoffquellen, aber auch von der Unternehmung selbst entwickelte Anlagen, sind durch einzelne oder auch mehrere Isolationsmechanismen geschützt und können somit Wettbewerbsvorteile generieren.

Aber nicht nur die Imitation stellt für Unternehmungen eine Gefahr dar, das wettbewerbsvorteilgenerierende Potenzial ihrer Ressourcen und Fähigkeiten an Wettbewerber zu verlieren. Falls die Möglichkeit der Imitation Wettbewerbern nicht zur Verfügung steht, besteht für diese noch die Alternative der Substituierbarkeit.

4.4.3.2 Unvollkommene Substituierbarkeit

Neben der Imitierbarkeit muss auch die Substituierbarkeit einer Ressource imperfekt gestaltet sein, um eine Erosion der Renten auszuschließen. Die Substituierbarkeit spielt bereits in der Branchenstrukturanalyse von Porter (1980a) eine erhebliche Rolle. Als eine der fünf Wettbewerbskräfte wird sie explizit hervorgehoben. Durch die Gefahr der Substitution kann die unvollkommene Imitierbarkeit einer Ressource umgangen werden. Mit dem Angebot von Substitutionsprodukten erhalten die Kunden die Möglichkeit, auf andere Produkte auszuweichen, was zu einem indirekten Preiswettbewerb zwischen den Substitutionsprodukten führt. Hierdurch wird die Nachfragekurve preiselastischer; Wettbewerbsvorteile und Renten sind dann nicht mehr zu erwarten (Rasche und Wolfrum 1994: 506).

Sowohl die unvollkommene Imitierbarkeit als auch die unvollkommene Substituierbarkeit von Ressourcen und Fähigkeiten sind notwendige Bedingungen, um bestehende Wettbewerbsvorteile aufrecht erhalten zu können. Falls aber Ressourcen und Fähigkeiten weder imitiert noch substituiert werden können, muss darüber hinaus noch sicher gestellt sein, dass die Ressourcen und Fähigkeiten nicht von der Unternehmung abgeworben werden können. Dieser Aspekt wird als *imperfekte Mobilität* diskutiert und im folgenden Abschnitt thematisiert.

4.4.4 Imperfekte Mobilität

Ressourcen sind imperfekt mobil, wenn ihre Handelbarkeit nicht perfekt gewährleistet ist. Durch die imperfekte Mobilität wird zweierlei verhindert: (1) können Wettbewerber die Ressource nicht abwerben und so in den Besitz einer strategischen Ressource gelangen und (2) kann verhindert werden, dass wenn die Ressource im Eigentum Dritter ist, sich diese Eigentümer die dazugehörigen Renten vollständig aneignen. Hierzu muss die Ressource ein eigenständiges Wirtschaftsgut darstellen, welches der Unternehmung nicht rechtlich zugeordnet werden kann. Eine imperfekte Mobilität resultiert im Wesentlichen aus einer Wertminderung des Einsatzes von Ressourcen außerhalb der Unternehmung. Sind die Ressourcen auch außerhalb der Unternehmung ohne Werteinbußen einzusetzen, führt dies zu einer zumindest teilweisen wenn nicht gar einer vollständigen Aneignung des Werts durch den Eigentümer der Ressource. Vor allem bei Wissen besteht das Problem, genau zu unterscheiden, wer Eigentümer des Wissens ist: die Unternehmung oder die Mitarbeiter der Unternehmung, die letztlich das Wissen besitzen und damit die Unternehmung verlassen können (Grant 1998: 116).

Ein Beispiel hierfür sind Investmentbanker. Einzelne Personen oder kleine Teams von Investmentbankern stellen *die* strategischen Ressourcen der Investmentbankingdivision von Banken dar. Diese Personengruppe gilt als sehr mobil. Durch diese Mobilität haben sie die Möglichkeit, mit einem Weggang zu drohen und somit auch sehr hohe Gehaltsforderungen durchzusetzen. Führenden Investmentbankern gelingt es so, sich einen erheblichen Teil der Überschüsse ihrer Arbeit und damit einen Teil der Renten anzueignen (Balzer et al. 2000: 141 ff.; Balzer und Döhle 2000: 152 ff.).

Dies geht auch aus der Studie von Chacar und Coff (2000) hervor, die die Generierung von Renten durch Mitarbeiter mit starken Wissensbasen überprüfen. Sie modellieren wissensstarke Mitarbeiter, hier *Star-Investmentbanker*, als Zulieferer einer Unternehmung. Dabei kommen sie zu dem Ergebnis, dass diese Mitarbeiter durch hohe Lohnforderungen keine Renten für die Unternehmung oder andere Stakeholder der Unternehmungen übrig lassen (Chacar und Coff 2000: 262).[5]

5. Chacar und Coff (2000) konstatieren eine mangelnde Betrachtung der Stakeholder durch den ressourcenbasierten Ansatz, wodurch nicht geklärt werden kann, wer von einem Wettbewerbsvorteil profitiert (Chacar und Coff 2000: 248 und 251). Dem ist insofern zu widersprechen, als genau dieser Aspekt im Rahmen der imperfekten Mobilität von Ressourcen problematisiert wird. Wenn eine Unternehmung den Weggang einer Ressource nicht verhindern kann, da der Besitz nicht bei der Unternehmung liegt, dann können die Besitzer der Ressource diese Situation ausnutzen, um sich die Rente anzueignen. Auch die Studie von Chacar und Coff (2000) bestätigt letztlich diesen Aspekt des ressourcenbasierten Ansatzes. So sind es ja gerade nicht die Banken, die den Wettbewerbsvorteil und die Renten generieren (Chacar und Coff 2000: 264), sondern die Besitzer der strategisch relevanten Ressource

Um die Mobilität einer Ressource einzuschränken, sind vier Charakteristika denkbar: (1) Quasirenten, (2) Umstellungskosten, (3) Cospezifität und (4) Transaktionskosten.

1. Quasirente

   Das wohl beste Beispiel für imperfekt mobile Ressourcen sind Ressourcen, die außerhalb einer Unternehmung einen geringeren Wert besitzen als unter den spezifischen Gegebenheiten der bisherigen Unternehmung (Peteraf 1993: 183). Die Grundidee wurde bereits von Williamson (1990) als Quasirente diskutiert (Williamson 1990: 64). Wenn Ressourcen und Fähigkeiten außerhalb der Unternehmung einen geringeren Wert aufweisen, ist ihre Mobilität insofern eingeschränkt, als neue Eigentümer erhebliche Werteinbußen hinnehmen müssten.

   Peteraf (1993) hebt die Quasirente als besonders bedeutsam für die Erklärung der imperfekten Mobilität hervor. Sie macht deutlich, dass die Existenz von Quasirenten einer Unternehmung gestattet, die von einer Ressource erzielten Renten für sich einzustreichen, selbst wenn sie nicht

---

sind die Investmentbanker selbst, die ihre persönlichen Kontakte und Fähigkeiten zur Erzielung von Wettbewerbsvorteilen nutzen und sich somit zu Recht und im Einklang mit dem ressourcenbasierten Ansatz die Renten aneignen.

Es muss also ein geeignetes Anreizsystem in der Unternehmung vorhanden sein, um sicherzustellen, dass die durch den Besitz an wettbewerbsvorteilgenerierenden Ressourcen – gerade individuellem Wissen – erzielten Renten den Eigentümern der Unternehmung zu gute kommen, und nicht im Eigeninteresse des Managements oder anderer Stakeholder verwendet werden (Castanias und Helfat 1991: 165). Meyer (1999) beschreibt ein ähnliches Problem aus dem Bereich von Wirtschaftsprüfungsgesellschaften und begründet dies mit der Rechtsform der Partnerschaft, unter der die meisten Wirtschaftsprüfungsgesellschaften firmieren: „Neben der erforderlichen Unabhängigkeit des Prüfers liegt der Hauptgrund darin, dass Prüfer und andere Spezialisten Beine haben. Wenn Bediener einer Dragiermaschine bei Roche kündigen, ist die Maschine als Produktionselement noch da; die Kunden wissen nichts vom Abgang und kaufen weiter. Wenn aber ein Spezialist einer Prüfungsgesellschaft kündigt, nimmt er sich als Produktionsmaschine gleich auch noch mit und in vielen Fällen einen Teil der Kunden, die er betreut hat. Mit anderen Worten: Die Prüfer und Berater einer Prüfungsgesellschaft *sind* diese Gesellschaft. Konzertierte Abgänge sind das Schreckgespenst jeder Prüfungsgesellschaft. Ein Mittel, um dieser Gefahr vorzubeugen – sie ist sehr reell, wie viele Exodi von ganzen Niederlassungen und Gruppen von Spezialisten im Berufsstand schmerzlich belegen –, besteht darin, die leitenden Mitarbeiter direkt zu beteiligen und damit zu binden“ (Meyer 1999: 166 f.).

Die Entwicklung geeigneter Anreizsysteme ist allerdings kein spezifisches Problem des ressourcenbasierten Ansatzes, wie von Chacar und Coff (2000) postuliert. Generell sei zu diesem Thema hier auf die agencytheoretische Literatur verwiesen.

Eigentümer dieser Ressource ist. Beispielsweise kann ein Facharbeiter, der besonders im Umgang mit einer unternehmensspezifischen Maschine geschult ist, mit Einkommenseinbußen rechnen, wenn er in eine andere Unternehmung wechselt, die diese Maschine nicht besitzt. Da der Arbeitgeber von diesen Einkommensverlust weiß, kann er auch die Gehaltsforderungen auf Höhe des zweitbesten EInkommens reduzieren und damit einen Teil der Rente des Mitarbeiters für sich abschöpfen. Eine solche Situation ist allerdings eher als bilaterales Monopol zu beschreiben, da sich lediglich die Unternehmung und der Eigentümer der Ressource gegenüberstehen und beide kaum eine Alternative haben, als zusammenzuarbeiten; insofern kommt wohl auch dem Eigentümer der Ressource zumindest ein Teil der Rente zugute (Peteraf 1993: 184).

2. Umstellungskosten
Neben der Quasirente wurden auch Umstellungskosten – ein Konzept, das von Porter (1980a) in die Strategische Managementliteratur eingebracht wurde – zur Erklärung von Mobilitätsbeschränkungen von Ressourcen herangezogen (Montgomery und Wernerfelt 1988: 624). Vor allem Sunk Costs verhindern den Einsatz von Ressourcen außerhalb einer Unternehmung. Ähnlich wie bei der Quasirente hat der Eigentümer beim Wechsel der Unternehmung Werteinbußen zu verzeichnen. Verlässt beispielsweise ein Spezialist die Unternehmung, so können ihm beim neuen Arbeitgeber Umstellungskosten in Form von Einarbeitungsanstrengungen entstehen.

3. Cospezifität
Ein weiterer Aspekt, der die Mobilität von Ressourcen einschränkt, ist deren Cospezifität (Peteraf 1993: 183). Cospezifische Ressourcen sind Ressourcen, die im Zusammenspiel mit anderen Ressourcen einen höheren Wert aufweisen, als alleinstehend oder im Zusammenspiel mit alternativen Ressourcen (Teece 1986a: 187 f.). Durch dieses spezifische Zusammenspiel kann die Mobilität einer Ressource eingeschränkt werden, solange eine Unternehmung alleine die wertmaximierende Ressourcenkombination besitzt und somit ein Transfer einzelner Ressourcen nur unter hohen Werteinbußen zu realisieren ist.

4. Transaktionskosten
Die letzte Erklärung für die imperfekte Mobilität von Ressourcen ist dem Transaktionskostenansatz entlehnt. So erschweren hohe Transaktionskosten beim Transfer einer Ressource deren Mobilität (Williamson 1975: 82ff;

Rumelt 1987: 146 f.). Die beim Transfer entstehenden Transaktionskosten reduzieren damit auch den Wert der zugrunde liegenden Ressourcen.

Imperfekte Mobilität oder gar vollständige Immobilität verhindert letztlich, dass strategisch wertvolle Ressourcen von Wettbewerbern oder auch Unternehmungen in anderen Absatzmärkten, aber mit ähnlichen Ressourcenbedarf, *weggeboten* werden. Hierdurch kann die Nachhaltigkeit oder zumindest die Dauerhaftigkeit von Wettbewerbsvorteilen, die auf solchen Ressourcen beruhen, sichergestellt werden (Peteraf 1993: 184).

Bei einer genaueren Betrachtung der Diskussion hinsichtlich der imperfekten Mobilität von Ressourcen wird die Bedeutung immaterieller Ressourcen für den ressourcenbasierten Ansatz besonders deutlich. Die imperfekte Mobilität ist vor allem bei Ressourcen schwierig sicherzustellen, bei denen die Eigentumsrechte nicht bei der Unternehmung liegen, die diese Ressourcen einsetzt. Dies ist vor allem bei Wissen und Fähigkeiten oftmals der Fall, da diese intangiblen Ressourcen entweder über Lizenzen von anderen Unternehmungen erworben werden oder – falls selbst in der Unternehmung entwickelt – in den Köpfen von Personen *gespeichert* sind. Diese Personen sind lediglich durch Anstellungsverträge mit der Unternehmung verbunden und können somit ihren Arbeitgeber wechseln. Intangible Ressourcen sind daher besonders gefährdet, aufgrund ihrer Mobilität an Wert für eine Unternehmung zu verlieren. Die Gefahr wird allerdings durch ein hohes Maß an kausaler Ambiguität intangibler Ressourcen wieder relativiert (Lippmann und Rumelt 1982: 418 ff.), was neben der erschwerten Imitation auch eine Beschränkung der Mobilität zur Folge hat (Reed und DeFillippi 1990: 90).

4.4.5 Ex ante-Beschränkung des Wettbewerbs

Die letzte Bedingung für Strategische Ressourcen ist in der Ex ante-Beschränkung des Wettbewerbs zu sehen. Dieser Aspekt ist insofern von Bedeutung, als der Wettbewerb vor oder während der Entstehung einer idiosynkratischen Ressourcenposition verhindert werden muss. Falls der Wettbewerb um strategische Ressourcen nicht a priori ausgeschlossen oder zumindest gering gehalten werden kann, führt dies zu einem Bietwettbewerb zwischen mehreren Unternehmungen, die um diese Ressourcen konkurrieren. Der Kaufpreis der Ressourcen steigt entsprechend auf ein Niveau, auf dem sich der Verkäufer alle zukünftigen Wertpotenziale der Ressource aneignen kann. Der Käufer der Ressource kann zwar durch die Akquisition der Ressource einen Wettbewerbsvorteil erzielen, allerdings führt dies nicht zu überdurchschnittlichen Renditen, da diese bereits mit dem Kaufpreis beim Ressourcenerwerb an den Verkäufer der Ressource weitergeleitet wurden (Barney 1986b: 1232; Peteraf 1993: 185).

Allgemeiner formuliert dürfen die Kosten der Entwicklung einer Ressource nicht den späteren Wert überschreiten (Barney 1986b: 1232). Der Wert einer Unternehmung hängt neben den Umsätzen, die durch eine Strategie erzielt werden, eben auch von den Kosten ab, die bei der Implementierung der Strategie entstehen, (Barney 1986b: 1232). Um wertsteigernde Wettbewerbsvorteile zu erzielen, dürfen also beim Aufbau von Ressourcen keine perfekten Faktormärkte zugrunde liegen (zu Knyphausen-Aufsess 1993: 775). Vor allem die Unsicherheit bei der Beschaffung von Ressourcen führt zu der Möglichkeit, ex post überdurchschnittliche Renditen zu erzielen (Rumelt 1987: 144). Der Verkäufer darf also den Wert einer Ressource ex-ante nicht voll antizipieren. Es ist allerdings davon auszugehen, dass in stabilen Umwelten der Wert einer Ressource bereits im Preis enthalten ist und der Käufer durch die Akquisition einer Ressource keinen Wertzuwachs erzielen kann. Erst in unsicheren Umwelten ist ein Erwerb von Ressourcen unter dem zukünftigen Wert denkbar (McWilliams und Smart 1995: 312). In einer solchen Situation wird die ex-ante-Beschränkung des Wettbewerbs auf drei Bedingungen zurückgeführt:

1. Unterschiedliche Erwartungen
   Bestehen unterschiedliche Erwartungen hinsichtlich des Wertes einer Ressource oder einer Strategie, können Unternehmungen durch die Akquisition dieser Ressource eine überdurchschnittliche Rendite erzielen (Barney 1986b: 1233). Nur dann kann der Marktpreis niedriger als die zukünftigen Cash-flows sein (zu Knyphausen-Aufsess 1993: 775 f.). Allerdings weist Barney (1986b) selbst darauf hin, dass Unternehmungen, die den Wert einer Ressource hoch einschätzen und daher die Ressource als höchst bietende Unternehmung akquirieren, der Gefahr des Winner's Curse unterliegen (Barney 1986b: 1233). Hiervor kann lediglich eine bessere Einschätzung des Ressourcenwertes bewahren (Barney 1986b: 1233 f.).

2. Zufall oder Glück
   Eng mit unterschiedlichen Erwartungshaltungen hinsichtlich des Wertes von Ressourcen hängt die ex ante-Beschränkung des Wettbewerbs durch Zufall und Glück zusammen. Wenn alle Bieter den Wert einer Ressource unterschätzen, eine dieser Unternehmungen den Zuschlag erhält und sich der Wert später als höher herausstellt, kann die Unternehmung überdurch-

schnittliche Renditen erzielen. Da die zu niedrige Einschätzung aber nicht erwartet wurde, ist sie auf Glück zurückzuführen (Barney 1986b: 1234).

3. Vorausschau
   Sowohl Glück als auch Zufall sind letztlich als Kapitulation des Strategischen Managements zu werten, da weder eine brauchbare Erklärung für die Generierung von Wettbewerbsvorteilen geliefert wird noch Praxisempfehlungen daraus abgeleitet werden können. In der Praxis dagegen, aber auch teilweise in der Literatur, wird die unterschiedliche Einschätzung zukünftiger Erwartungen auf unternehmerischen Weitblick zurückgeführt. So sind es oftmals Individuen, die aufgrund ihrer psychologischen Charakteristika Entscheidungen umweltkompatibel und zukunftsorientiert treffen. Dieser Aspekt soll in den Abschnitten 4.5.1 und 4.7.3 weiter ausgeführt werden. Dazu wird die Österreichische Schule der Ökonomie herangezogen, die sich mit den Funktionen des Unternehmers befasst.

Die fünf Bedingungen – Marktwert, heterogene Ressourcenausstattung, ex post-Beschränkung des Wettbewerbs, imperfekte Mobilität und ex ante -Beschränkung des Wettbewerbs – müssen erfüllt sein, damit eine Ressource dauerhaft der Erzielung von Wettbewerbsvorteilen und somit überdurchschnittlichen Renditen dient. Abbildung 4.2 auf der nächsten Seite fasst diese den statischen ressourcenbasierten Ansatz charakterisierenden Bedingungen zusammen.

Im Folgenden sollen unter Ressourcen und Fähigkeiten lediglich die Elemente einer Unternehmung verstanden werden, welche die genannten fünf Bedingungen erfüllen. Dies entspricht im Wesentlichen der Definition von *strategic assets* durch Amit und Schoemaker (1993). Strategic assets stellen eine Unterkategorie aller Ressourcen und Fähigkeiten einer Unternehmung dar. Da es sich hierbei um hoch unternehmungsspezifische und daher weder perfekt handelbare noch imitierbare Ressourcen und Fähigkeiten handelt, sind diese besonders zur Erklärung des Unternehmungserfolgs geeignet. Alle anderen – für die Erklärung des Unternehmungserfolgs nicht ausschlaggebenden – Ressourcen und Fähigkeiten sollen als *Commodity-Ressourcen* bezeichnet werden. Der Begriff *Commodity* ist aus der Industrieökonomie entlehnt und beschreibt nicht differenzierbare Produkte und Dienstleistungen. Aufgrund ihrer Nichtdifferenzierbarkeit ist der Preis das einzige Kaufkriterium des Konsumenten (Grant 1998: 62). Entsprechend sind Commodity-Ressourcen zwar notwendige Ressourcen und Fähigkeiten, stehen aber allen Unternehmungen zur Verfügung. Wettbewerbsvorteile können aus diesen Ressourcen und Fähigkeiten

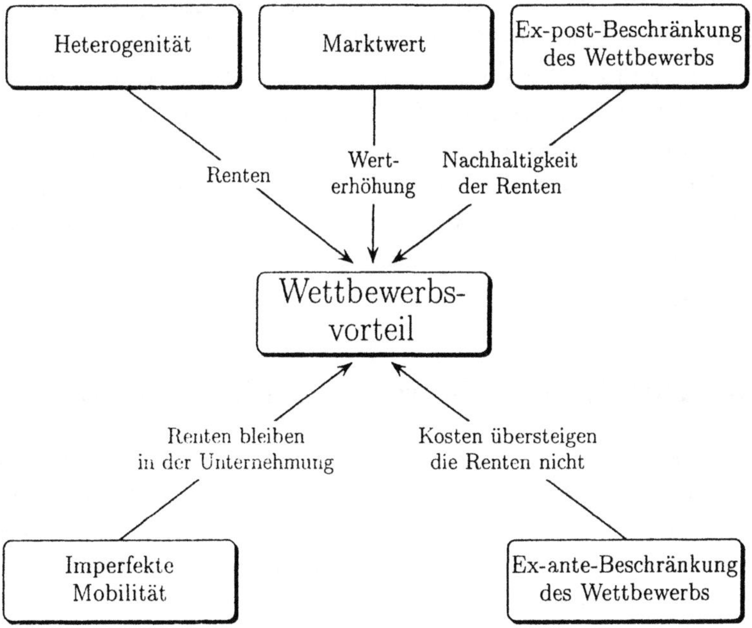

Abbildung 4.2: Bedingungen von Wettbewerbsvorteilen. In Anlehnung an Peteraf (1993: 186)

nicht gewonnen werden. Commodity-Ressourcen können – wie auch die oben definierten strategisch relevanten Ressourcen und Fähigkeiten – physischer, intangibler, organisatorischer, personeller oder finanzieller Natur sein. Beispiele sind Schmieröl in der Produktion, grundlegende betriebswirtschaftliche Kenntnisse aus Standardlehrbüchern in Buchführung, Marketing, Finanzierung, Personal, Organisation und Strategie, aber auch ein nicht ausgeschöpfter Kreditrahmen. Wenn im weiteren Verlauf der Arbeit die Begriffe *Ressourcen* und *Fähigkeiten* Verwendung finden, sind hiermit strategisch relevante Ressourcen und Fähigkeiten gemeint, welche die oben genannten Bedingungen erfüllen. Ansonsten wird explizit der Begriff der Commodity-Ressource benutzt.

Die bisherigen Überlegungen zum ressourcenbasierten Ansatz (siehe Abbildung 4.2 auf der vorherigen Seite) sind statischer Natur. Es wird lediglich der Status quo bestehender Ressourcen und Fähigkeiten behandelt. Die anschließende Frage, *wie* Ressourcen und Fähigkeiten entwickelt beziehungsweise an neue Umwelten angepasst werden, wird in diesem statischen Ansatz noch nicht betrachtet. Erst die Erweiterung zu einem dynamischen Ansatz kann diese Fragen beantworten.

4.5 Der dynamische ressourcenbasierte Ansatz

Die vorgestellten Anfänge des ressourcenbasierten Ansatzes sind statischer Natur (McWilliams und Smart 1995: 311), denn es werden jene Bedingungen herausgearbeitet, die Ressourcen und Fähigkeiten einer Unternehmung zu strategisch relevanten und Vermögensgegenständen machen. Es handelt sich also um die Beschreibung eines Status quo; diskutiert werden Eigenschaften von Ressourcen, aber nicht deren Entstehung (Black und Boal 1994: 132; Priem und Butler 2001a: 33).

Eine der noch nicht ausreichend behandelten und dabei interessantesten Aspekte des ressourcenbasierten Ansatzes liegt in der Frage, wie Ressourcen generiert und erlernt werden. Um zu erklären, wie sich Ressourcen über die Zeit entwickeln, ist eine dynamische Betrachtung notwendig. Dabei sollen vor allem organisatorische Fähigkeiten als Erklärungsansatz für die Evolution von Ressourcen im Mittelpunkt stehen. Die Lern- und Anpassungsfähigkeit einer Unternehmung ist von besonderer Relevanz (Bresser 1998: 307 f.).

Im Folgenden werden drei Ansätze aufgegriffen, die eine Dynamisierung des ressourcenbasierten Ansatzes ermöglichen: Die Österreichische Schule der Ökonomie als ältester der drei Ansätze hebt die Unternehmerfunktion bei der

Durchsetzung von Innovationen hervor. Der zweite betrachtete Ansatz ist die Evolutionstheorie von Nelson und Winter (1982), die auf der Österreichischen Schule aufbaut. Neben der Wichtigkeit unternehmerischen Wandels konzeptionalisiert dieser Ansatz aber auch noch interne Restriktionen, welche den Entwicklungspfad einer Unternehmung bestimmen. Beide Ansätze fließen in den „Dynamic Capabilities"-Ansatz ein, der wissenschaftshistorisch als einziger der drei Ansätze erst nach der Ausarbeitung des ressourcenbasierten Ansatzes entstand und sich daher auch als einziger explizit als Dynamisierungsversuch des ressourcenbasierten Ansatzes versteht.

4.5.1 Die Österreichische Schule der Ökonomie

Die Österreichische Schule der Ökonomie – oder eigentlich genauer die Österreichische Schule der Nationalökonomie (Prisching 1996: 19) – geht auf die Arbeiten von Carl Menger, Friedrich von Wieser, Eugen von Böhm-Bawerk und vor allem Ludwig von Mises und Friedrich August von Hayek zurück. Die Österreichische Schule bildet insgesamt ein Theoriegebäude, welches weite Bereiche der Volkswirtschaftslehre betrifft, von der Werttheorie, der Wirtschaftsgeschichte, der Geldtheorie und methodologischen Überlegungen bis hin zu einer grundlegenden Auseinandersetzung mit Freiheit und Sozialismus. Grundlage der Österreichischen Schule ist der *methodologische Individualismus* (Schumpeter 1908: 52). Die Individuen ökonomischer Aktivitäten bilden die Basis wirtschaftlicher Vorgänge. Gleichwohl werden soziale Einflüsse auf Individuen keineswegs ignoriert. Im Zentrum steht demnach nicht allein das Verhalten einzelner Personen, sondern auch die Massenphänomene, die von Individuen abgeleitet werden (Schumpeter 1908: 54 und 56). Um diese Massenphänomene zu untersuchen, werden statistische Methoden herangezogen (Schumpeter 1908: 57).

Für die vorliegende Arbeit sind nicht alle Themen der Österreichischen Schule relevant. Dieser Abschnitt konzentriert sich vor allem auf deren Erkenntnisse zur Dynamik von Wirtschaftsprozessen, denn gerade die Betrachtung wirtschaftlicher Dynamik ist tief in der Österreichischen Schule der Ökonomie verwurzelt (Knight 1921; von Hayek 1945). Allerdings bildet die Österreichische Schule hinsichtlich des Themas Wirtschaftsdynamik bisher kein kohärentes Bild. Sie besteht aus unterschiedlichen Ansätzen, die alle den Unternehmer und seine Wirkung auf den Wettbewerbsprozess untersuchen. Da die Vielfalt der Ansätze der Österreichischen Schule zum Thema Wirtschaftsdynamik hier allerdings nicht in Gänze diskutiert werden kann, ist eine Auswahl zu treffen.

Der wohl bekannteste Vertreter der Österreichischen Schule der Ökonomie, der sich intensiv mit dynamischen Wirtschaftsprozessen befasste, ist Joseph Alois Schumpeter. Im Folgenden soll der Ansatz von Schumpeter genauer betrachtet werden, da er den wohl größten Einfluss auf die Wirtschaftstheorie ausgeübt hat und immer noch ausübt. Darüber hinaus ist Schumpeters Fokussierung auf durch Unternehmer forcierte Innovationen für das noch darzustellende ressourcenbasierte Modell zur Erklärung von Mergers & Acquisitions von besonderer Bedeutung (siehe Abschnitt 5.1.3).

In den Arbeiten Schumpeters (1912; 1928; 1939) gilt die Innovation als zentrale Wettbewerbskraft, welche die Evolution ganzer Branchen beeinflusst. Wer jedoch löst diese Innovationsprozesse aus? Ausgehend vom methodologischen Individualismus ordnet Schumpeter diese Aufgabe einer bestimmten Personengruppe des Wirtschaftssystems zu: den Unternehmern. Unternehmer durchbrechen bisherige Routinen des Wirtschaftslebens und setzen neue wirtschaftliche Aktivitäten durch (Schumpeter 1912: 159; Schumpeter 1928: 483). Hierzu zählen:

1. Die Erzeugung und Durchsetzung neuer Produkte oder neuer Qualitäten von Produkten,

2. die Einführung neuer Produktionsmethoden,

3. die Schaffung neuer Organisationen der Industrie,

4. die Erschließung neuer Absatzmärkte,

5. die Erschließung neuer Bezugsquellen.

Allerdings ist die Durchsetzung dieser neuen wirtschaftlichen Aktivitäten nicht einfach, insofern als sie: (1) außerhalb der *Routine-Aufgaben* liegen und (2) auf Widerstände der Umwelt stoßen, diese zu finanzieren oder zu kaufen. Schumpeter (1946) spricht gar von „[...] physischen Angriffen gegen den Mann, der die Produktion wagt“ (Schumpeter 1946: 215). Wohl wegen dieser Widerstände ist nicht jede Person in der Lage, eine Unternehmerpersönlichkeit darzustellen. Unternehmer werden charakterisiert als Personen, die Chancen der Umwelt schneller wahrnehmen, sie besser und kreativer nutzen als andere Menschen. Sie zeichnen sich durch die Fähigkeiten aus, sowohl Möglichkeiten der Gewinnerzielung frühzeitig zu antizipieren als auch technologische Weiterentwicklungen durchzuführen (Kirzner 1979: 135). Darüber hinaus können sie andere Personen von ihren Ideen überzeugen, sich dadurch finanzielle Mittel beschaffen und sind bereit, hohe Risiken einzugehen (Prisching 1996: 29). Hierbei wird nicht die Fähigkeit, Dinge selbst zu erfinden, in den Vordergrund gestellt, sondern die Fähigkeit „Dinge in Gang“ zu setzen (Schumpeter 1946: 215). Es gibt daher nur wenige Personen in einer Gesamtbevölkerung, die in der Lage sind, Innovationen durchzusetzen und gleichzeitig über die einzigartigen Fähigkeiten des Unternehmers verfügen, Veränderungen früher wahrzunehmen als andere Marktteilnehmer.

An dieser Stelle wird deutlich, dass die Österreichischen Nationalökonomen Schumpeterscher Prägung Unternehmer nicht durch deren rechtliche Stellung – also als Eigentümer einer Unternehmung – definiert haben, sondern anhand ihrer innovatorischen Fähigkeiten und der Fähigkeiten, diese auch am Markt durchzusetzen. Der Grundtyp des Unternehmers, der ausschließlich auf die Unternehmerfunktion beschränkt ist, ist der Unternehmungsgründer (Schumpeter 1928: 172). Er ist der traditionslose Emporkömmling, der einen starken Drang zum Selbsttun verspürt und unbewusst richtig entscheidet, ohne Chancen und Risiken, Kosten und Nutzen klar abzuwägen (Albach 1979: 538 f.). Außer dieser Reinform gibt es noch eine Reihe weiterer Unternehmertypen, die neben der Unternehmerfunktion, Innovationen durchzusetzen, noch weitere Funktionen wahrnehmen: den Fabrikherrn und Kaufmann, den modernen Industriekapitän, aber auch den Direktor. Damit werden explizit sowohl angestellte Personen als auch Eigentümerunternehmer von großen und etablierten Unternehmungen in den Unternehmerkreis einbezogen (von Wieser 1914: 354; Schumpeter 1928: 482 ff.). Zu unterscheiden ist hierbei jedoch die Managementfunktion im Sinne der Verwaltung einer Unternehmung von der unternehmerischen Funktion des Durchsetzens von Innovationen (Schumpeter 1939). Diese Differenzierung ist für die vorliegende Arbeit von besonderer Relevanz, da Mergers *&* Acquisitions meist unter bereits etablierten Unternehmungen stattfinden und häufig von angestellten Managern vorangetrieben werden.

Das Resultat der oben beschriebenen Innovationen wird als schöpferische Zerstörung bestehender Gleichgewichte aufgefasst und als Unternehmerfunktion bezeichnet (Schumpeter 1928: 482; Schumpeter 1946: 214). Durch diese innovative Zerstörung werden bestehende Branchenstrukturen und bestehende Wettbewerbsvorteile zerstört und ganze Branchen aus dem Gleichgewicht gebracht. Damit ist die Theorie Schumpeters explizit keine Gleichgewichtstheorie; ökonomische Gleichgewichte sind lediglich der (unverzichtbare) Ausgangspunkt seiner Überlegungen.

In der Zerstörung von Gleichgewichten liegt die fundamentale Eigenschaft des kapitalistischen Systems. Prisching (1996) konstatiert daher treffend: „In der gleichgewichtigen Ruhe walrasianischer Gemütlichkeit gibt es nichts Neues, jeder trottet gemächlich seinen Geschäften hinterher, Gleichgewichtspreise und -mengen machen das Wirtschaften überraschungsfrei. Die schumpeterianische Welt hingegen ist voll von Überraschungen; Schumpeters Individuen müssen nicht nur jederzeit mit allem rechnen, sie brauchen Problemlösungskapazitäten und Phantasiebegabung [...]" (Prisching 1996: 27). Kapitalismus kann also niemals statisch sein. In einer statischen Wirtschaftswelt wären überdurchschnittliche Gewinne nicht denkbar (Schumpeter 1928: 481). Erst wenn Unternehmer dieses Gleichgewicht zerstören, können sie eine Monopolstellung und dadurch überdurchschnittliche Renditen erzielen. Hier weist der Ansatz von Schumpeter (1934) eine große Gemeinsamkeit mit dem ressourcenbasierten Ansatz auf. Nicht nur erklären beide Ansätze überdurchschnittliche Renditen, sondern diese sind ein expliziter Bestandteil beider Ansätze (Hunt 1995: 321).[6]

Aber die Zerstörung von ökonomischen Gleichgewichten durch die Durchsetzung von Innovationen hat nicht nur für einzelne Unternehmer positive Konsequenzen. Letztlich lösen diese Innovationen neue wirtschaftliche Aufschwünge für das ganze Wirtschaftssystem aus. Gleichzeitig werden sie jedoch auch von Rückschlägen in jenen Bereichen begleitet, in denen durch das Eindringen von Innovationen das Gleichgewicht zerstört wird (Schumpeter 1946: 214 f.). Im Saldo werden durch Innovationen neue *Business Cycles* ausgelöst, also längere Phasen des Aufschwungs (Schumpeter 1939: Kapitel 3; Schumpeter 1934: Kapitel 2). Volkswirtschaftliche Dynamik wird damit durch die innovatorischen Fähigkeiten einzelner Individuen – der Unternehmer – erklärt.

Die Arbeiten Schumpeters wurden von D'Aveni (1994) weiterentwickelt (Young et al. 1996: 243 f.). Er beschreibt die Wettbewerbsstrukturen vieler Branchen als hyperkompetitiv, die durch Eskalationsleitern gekennzeichnet sind (D'Aveni 1994: 26). Hyperkompetitiv ist ein Wettbewerbsumfeld, wenn es

---

6. Hunt argumentiert, dass der Begriff *superior financial performance* vom Rentenbegriff zu unterscheiden ist, da die Rente auf einer Gleichgewichtsüberlegung beruht, die der Österreichischen Schule widerspricht (Hunt 1995: 322). Dieser Argumentation kann hier nicht gefolgt werden, da auf Finanzmärkten die Mindestrendite für eine Investition und auch eine Veräußerung eines wirtschaftlichen Guts zumindest näherungsweise aus Vergangenheitsdaten bestimmt werden kann. Damit ist die Rente bestimmbar und zwar unabhängig davon, ob Beschaffungs- und Absatzmärkte im Ungleichgewicht sind oder nicht.

durch intensive und schnelle Veränderung gekennzeichnet ist. Die Umwelt wird als ein dauernder Prozess von Ungleichgewichten konzipiert. Wettbewerb intensiviert sich in Bezug auf Kosten und Qualität sowie Zeit und Wissen, gleichzeitig werden Aspekte wie eine starke finanzielle Stellung und Markteintrittsbarrieren immer weniger bedeutsam (D'Aveni 1994: 39 ff.). Unternehmungen müssen schnell auf diese Umweltveränderungen reagieren können, um wettbewerbsfähig zu bleiben, denn Wettbewerbsvorteile können nicht langfristig von Bestand sein, sie sind lediglich temporär. Daher müssen Unternehmungen permanent auf neue Umweltsituationen reagieren sowie neue Wettbewerbsvorteile suchen und aufbauen. Werden diese neuen Wettbewerbsvorteile wieder zerstört, obsolet oder neutralisiert, müssen sie erneut aufgebaut werden (Nault und Vandenbosch 1996: 343; Grant 1998: 72). Unternehmungen können somit nur überleben, wenn sie in der Lage sind, schnell und aggressiv Umweltveränderungen herbeizuführen und auf diese zu reagieren (D'Aveni 1994: 213 ff.).

Obwohl sich der Wettbewerb in vielen Bereichen verschärft hat – hier sei nur auf die Schlagworte der Globalisierung und kürzerer Produktlebenszyklen verwiesen –, stellt Hyperwettbewerb nur einen Extrempunkt im Wirtschaftsleben und damit wohl eher die Ausnahme dar. Schumpeter (1946) hat bereits darauf hingewiesen, dass sich ein realistisches Wettbewerbskonzept zwischen den Extrempunkten einer statischen und einer sich ständig verändernden Umwelt befindet. Weder eine statische Umwelt noch eine sich ständig und schnell verändernde Umwelt beschreiben die Wettbewerbsumwelt von Unternehmungen realistisch. Vielmehr stellen beide Konzepte Extreme eines Kontinuums dar, innerhalb dessen sich der Großteil der Unternehmungen bewegt. So sind Unternehmer in statischen Umwelten überflüssig, denn alle Bedürfnisse der Menschen sind befriedigt oder alle Produktionsmethoden sind vollkommen; Gewinne können aber dann auch keine mehr erzielt werden (Schumpeter 1946: 213). Letztlich würde so ein kapitalistisches Wirtschaftssystem in ein sozialistisches System übergehen (Schumpeter 1946: 214). Diese Vorstellung weist Schumpeter aber als noch weit entfernt zurück (Schumpeter 1946: 213 f.). Ähnliches gilt für das Strategische Management: Weder in statischen, noch in revolutionären Umwelten ist Strategisches Management nötig beziehungsweise möglich. Während in statischen Umwelten nichts zu managen ist, kann in revolutionären Umwelten nicht gemanagt werden, da Veränderungen nicht vorhersagbar sind und Erfolg lediglich auf Zufall und Glück beruht (McWilliams und Smart 1995: 313).

Dennoch lassen sich aus dem von D'Aveni (1994) zugespitzten Wettbewerbskonzept einige Aspekte auf das Strategische Management übertragen. Interessant – wenn auch von D'Aveni (1994) nicht als Erstem diskutiert – ist, dass auch erfolgreiche Unternehmer und Unternehmungen immer wieder neue Wettbewerbsvorteile aufbauen müssen, da Wettbewerber entsprechende Vorteile imitieren. Realistische Wettbewerbsmodelle gehen folglich von einer Kombination von innovatorischem und imitatorischem Wettbewerb aus, wodurch einerseits neue Produkte, Dienstleistungen oder neue Produktionsverfahren durch Innovation entwickelt werden, diese Innovationen aber durch zunehmenden Imitationswettbewerb auch vielen Konsumenten mit der Zeit zu gute kommen. Ein dynamischer Wettbewerb ist daher realistischer als ein hyperkompetitiver (Albach 1988: 171 ff.; Albach 1986: 99 ff.). Welcher Schluss kann nun aus diesem altbekannten volkswirtschaftlichen Wettbewerbsmodell für den ressourcenbasierten Ansatz gezogen werden?

Erstens wird Wettbewerb in der Österreichischen Schule der Ökonomie als Prozess zwischen Innovation und Imitation beschrieben. Übertragen auf den ressourcenbasierten Ansatz bedeutet dies, dass sich Unternehmungen, die über einen Wettbewerbsvorteil aufgrund ihrer überlegenen Ressourcenposition verfügen, schnell einem Imitationswettbewerb gegenüber sehen. Wettbewerber werden versuchen, den Ressourcenvorteil zu neutralisieren oder gar einzuholen, indem sie die notwendigen Ressourcen akquirieren, imitieren, substituieren oder gar neue überlegene Ressourcen beschaffen oder aufbauen (Hunt 1995: 318; Conner 1991: 133).

Während volkswirtschaftliche Modelle eher Möglichkeiten und Vorteile zur Imitation hervorheben, hat sich der ressourcenbasierte Ansatz bisher auf die Analyse der Grenzen der Imitation beschränkt und die dynamische Komponente der Österreichischen Schule nicht berücksichtigt. In seiner Grundkonzeption ist der klassische ressourcenbasierte Ansatz daher nach wie vor statisch (Conner 1991: 133 ff.).

Der klassische ressourcenbasierte Ansatz geht von dauerhaften Wettbewerbsvorteilen aus, die über lange Zeiträume Bestand haben. Diese Vorstellung ist jedoch lediglich in stabilen Umwelten aufrecht zu erhalten. Denn nur solange das Angebot einer Ressource dauerhaft knapp ist, kann deren Wert auch auf Dauer erhalten bleiben (Schoemaker 1990: 1180). Für dynamische Umwelten ist die Annahme dauerhafter Wettbewerbsvorteile kaum realistisch. Es ist in diesen Branchen nur von *temporären* Wettbewerbsvorteilen auszugehen. Dieser Aspekt stellt einen bedeutenden Beitrag der Österreichischen Schule zur Erweiterung des ressourcenbasierten Ansatzes dar (Bresser 1998: 308).

Eine zweite, ebenso wichtige aber weitaus weniger diskutierte Aussage der Österreichischen Schule zum ressourcenbasierten Ansatz betrifft die Unternehmerfunktion. Der hierbei wohl wichtigste Aspekt, wonach einzelne Personen neue Entwicklungen früher und in überlegener Weise als die Gesamtbevölkerung zu erkennen vermögen, kann auf den ressourcenbasierten Ansatz übertragen werden. So lässt sich von bestimmten Personen ausgehen, die früher als andere neuartige Ressourcenkombinationen entdecken, durch die eine Unternehmung in der (neuen) Unternehmungsumwelt besser positioniert werden kann.

Young (1995) sieht dementsprechend auch die strategische – sprich wertvolle, knappe und nicht imitierbare – Ressource in den unternehmerischen Fähigkeiten, die die Österreichischen Schule hervorhebt (Young 1995: 334). Überlegene Ressourcenpositionen lassen sich damit auf die unternehmerische Vision und Intuition zurückführen. Hieraus können zwei Modifikationen für den ressourcenbasierten Ansatz abgeleitet werden:

- Die unternehmerische Leistung bietet eine plausible Erklärung, warum einige Unternehmungen günstigere Ressourcenpositionen aufbauen als andere. Die Weitsicht von Unternehmern oder unternehmerischen Managern hat entscheidenden Einfluss auf die Möglichkeit Ressourcen ex ante zu einem geringeren Preis zu erwerben, als dem ex post-Wert des dadurch erzielbaren Outputs (Young 1995: 334). Hiermit kann eine Erklärung für die ex ante-Beschränkung des Wettbewerbs geliefert werden, die auf Glücks- und Zufallselemente verzichtet, was letztlich auch Unternehmungserfolg wieder zu einer erklärbaren Variablen transferiert, die nicht rein zufallsgesteuert ist. Der Rückgriff auf unternehmerische Weitsicht zielt daher auch auf eine der Kernfragen des Strategischen Managements ab.

- Der zweite Aspekt besteht darin, dass die Entscheidung über die *richtigen* Ressourcen und Fähigkeiten eine unternehmerische Basisaufgabe darstellt. Mit der Betrachtung des Unternehmers und seiner Fähigkeiten wird eine wichtige Bedingung an eine umfassende strategische Managementtheorie erfüllt, nämlich die Entscheidungsträger mit in die Analyse einzubeziehen (Bresser 1998: 309). Dies hatte der klassische ressourcenbasierte Ansatz jedoch mit den Konstrukten der kausalen Ambiguität und der sozialen Komplexität unterlassen, da diese zumindest implizit den Entscheidungsträgern nur wenig Einfluss auf den Erfolg der Unternehmung zusprechen. Mit der *Wiederentdeckung* der Unternehmereigenschaften und -aufgaben wird die Bedeutung der Entscheidungsträger im Rahmen des ressourcenbasierten Ansatzes eindeutiger modellierbar.

Weiterhin offene Fragen sind nun: Was macht eigentlich einen Unternehmer genau aus? Wie entwickeln sich bestimmte Personen zum Unternehmer? Wie werden Innovationen in der Unternehmung umgesetzt? (Reve 1990: 141). Um diese Fragen zu beantworten, muss auf die Persönlichkeit der Unternehmer näher eingegangen werden. Hierzu ist der ressourcenbasierte Ansatz nicht nur um Elemente der Österreichischen Schule zu erweitern, sondern auch um Erkenntnisse verhaltenswissenschaftlicher Forschung, die sich mit den Persönlichkeitscharakteristika von Entscheidungsträgern befasst (Dickson 1992). Dieser letzte Aspekt soll gesondert im Abschnitt 4.7.3 betrachtet werden.

Insgesamt ist festzuhalten, dass die Österreichische Schule der Ökonomie – vor allem in der Ausprägung Schumpeters – eine Theorie des ökonomischen Wandels darstellt. Das Hauptaugenmerk ist dabei allerdings noch auf den Wandel und die Entwicklung gesamter Volkswirtschaften gerichtet, auch wenn dieser Wandel entsprechend dem methodologischen Individualismus auf die kleinste Analyseeinheit – die Unternehmerpersönlichkeit – zurückgeführt wird. Eine Weiterentwicklung stellen jene Theorien im Strategischen Management dar, die den Wandel und die Entwicklung strategischer Einheiten zu erklären versuchen und die im Folgenden näher betrachtet werden.

4.5.2 Die Evolutionstheorie von Nelson und Winter

Strategisches Management impliziert immer auch strategischen und organisatorischen Wandel, daher sind Strategisches Management und Wandel eng miteinander verbunden (Bresser 1998: 629). Theorien des Wandels beschäftigen sich mit Anpassungsanforderungen und -möglichkeiten von Unternehmungen an veränderte Umweltbedingungen.

Mit dem Thema Wandel befasst sich eine Reihe von Theorien. Im Wesentlichen kreisen diese um zwei Fragestellungen: den Aspekt, ob strategischer Wandel inkremental oder revolutionär erfolgen soll, und, inwieweit bewusst ausgelöster Wandel für eine Unternehmung Erfolg versprechend ist.

Während es gelungen ist, die erste Frage weitestgehend zu klären (Bresser 1998: 629), ist die zweite Frage noch Bestandteil des wissenschaftlichen Diskurses. Der Streit spielt sich zwischen zwei Extrempositionen ab: dem Strategic-Choice-Ansatz einerseits und dem populationsökologischen Ansatz andererseits. Obwohl beide Ansätze Wandel als Reaktion auf Umweltveränderungen betrachten, bestehen wesentliche Unterschiede in der Beurteilung des Wertes von Wandel.

Der Strategic-Choice-Ansatz postuliert, dass Unternehmungen sich erfolgreich an neue Umweltanforderungen anpassen und sogar selbst ihre interne und externe Umwelt beeinflussen können (Child 1972: 13 ff.). Die Vertreter dieses Ansatzes bewerten Wandel generell als positiv.

Dagegen beurteilen die Anhänger des populationsökologischen Ansatzes Wandel eher skeptisch (Bresser 1998: 630): Die Möglichkeit der unternehmerischen Anpassung an Umweltveränderungen ist hier nur beschränkt vorhanden. Vielmehr wird ein sozialdarwinistischer Standpunkt vertreten und die natürliche Selektion von Unternehmungen durch die Unternehmungsumwelt unterstellt. Wandel findet zwar auch hier statt, allerdings wesentlich langsamer, als dies bei den Veränderungen der Umwelt der Fall ist (zu Knyphausen-Aufsess 1995: 145). Dies wird mit einer *strukturellen Trägheitshypothese* begründet (Hannan und Freeman 1977: 931 f.; Hannan und Freeman 1984: 156), die im Falle von Umweltvariation ein abwartendes, zögerliches Unternehmungsverhalten für erfolgreicher erachten als die schnelle Anpassung von Strategien und Strukturen. Strukturelle Trägheit kann auf eine Reihe von Gründen zurückgeführt werden. Besonders bedeutsam sind institutionelle Zwänge der Unternehmungsumwelt.[7] Ändert sich eine Unternehmung zu schnell, verliert sie an Legitimität bei ihren Stakeholdern und reduziert in der Folge ihre Überlebenswahrscheinlichkeit (Hannan und Freeman 1984: 156; Bresser 1998: 631).

Auch wenn eine weiterführende Diskussion zu den beiden genannten Ansätzen für die vorliegende Fragestellung keine weiteren Erkenntnisse liefert, ist die Diskussion dennoch aus zwei Gründen relevant: Erstens wird deutlich, dass Wandel einen wesentlichen Bestandteil strategischer Überlegungen darstellt, gleichzeitig aber auch internen und externen Restriktionen unterliegt (Hrebiniak und Joyce 1985: 337). Zweitens ist der populationsökologische Ansatz weitestgehend in moderne evolutionstheoretische Auffassungen eingeflossen (Bresser 1998: 633), die wiederum den ressourcenbasierten Ansatz beeinflusst haben.

Charakteristisch für moderne evolutionstheoretische Ansätze (vergleiche die Übersicht bei Barnett und Burgelman 1996) ist vor allem, dass sie sowohl dynamische Aspekte als auch die Pfadabhängigkeit der Entwicklungen einer Unternehmung berücksichtigen. Daneben gehen evolutionstheoretische Model-

---

7. Vergleiche hierzu die Aufsatzsammlung von Powell und DiMaggio (1991) und die Zusammenfassung bei Millonig (2002).

le von einer Bandbreite unterschiedlicher strategischer Alternativen aus und modellieren, wie Unternehmungen neue Strategien suchen und erlernen. Des Weiteren erklären sie auch die Zusammenhänge zwischen Selektionsmechanismen, der Geschwindigkeit des Wandels und der Pfadabhängigkeit einer Unternehmung. Moderne evolutionstheoretische Ansätze sind somit in der Lage, sowohl erfolgreichen als auch fehlgeschlagenen Wandel von Unternehmungen zu erklären (Barnett und Burgelman 1996: 5-7). Für die vorliegende Arbeit sind vor allem die dynamischen Aspekte und die Bedeutung der Pfadabhängigkeit von besonderer Relevanz. Aus der großen Zahl evolutionstheoretischer Ansätze soll hier ein evolutionsökonomischer Ansatz vorgestellt werden, der den ressourcenbasierten Ansatz in besonderer Weise beeinflusst hat: Die Evolutionstheorie von Nelson und Winter (1982).

Der sozialdarwinistische Ansatz von Nelson und Winter (1982) baut auf den Arbeiten von Schumpeter (1934; 1946) auf; sie bezeichnen sich selbst gar als „neo-Schumpeterian". Wie von Barnett und Burgelman (1996) postuliert, versuchen Nelson und Winter (1982) zu erklären, warum bestimmte Unternehmungen überleben, andere dagegen aus Märkten ausscheiden müssen. Sie gehen von dynamischen Umwelten aus, die es den Unternehmungen ermöglichen, zwischen unterschiedlichen Handlungsalternativen zu wählen (Nelson und Winter 1982: 4).

Nelson und Winter (1982) sehen die Unternehmung als Bündel ökonomischer Fähigkeiten an, wobei diese auf einen engen Bereich begrenzt sind (Nelson und Winter 1982: 73 ff.). Sie werden in Handlungsroutinen gespeichert und können nicht explizit vermittelt werden, sind also *tacit* (Nelson und Winter 1982: 76 ff.). Fähigkeiten einer Unternehmung sind oftmals nicht auf Blaupausen vorhanden und daher nur schwer übertragbar (Nelson und Winter 1982: 61). Diese Fähigkeiten sind „[...] in die Tiefenstrukturen der organisatorischen Lebenswelt eingeschrieben; sie können nur über ein zeitraubendes »Learning by Doing« angeeignet werden" (zu Knyphausen-Aufsess 1993: 776).

Der betrachtete Ansatz zeichnet sich dadurch aus, dass die Annahme vollkommener Voraussicht und Rationalität explizit durch die Annahme der begrenzten Rationalität eingeschränkt wird. Unternehmungen stehen aufgrund ihrer beschränkten Rationalität nur begrenzte Routinen zur Verfügung, um mit neuen Umweltsituationen umzugehen. Auch erfolgt die Entwicklung solcher Routinen nur langsam und pfadabhängig (Schoemaker 1990: 1182), das heißt beeinflusst von allen bisherigen Entscheidungen zum Aufbau von Handlungsroutinen. Pfadabhängigkeit der Routinen macht Ressourcen somit nicht nur einzigartig (siehe Seite 148), sie beschränkt auch das Ausmaß möglichen Wandels.

Durch die Arbeit von Nelson und Winter (1982) werden zwei für diese Arbeit besonders relevante Aspekte deutlich: (1) Unternehmungen unterliegen Wandelprozessen. In dynamischen Umwelten ist die Anpassung von Unternehmungen unabdingbar, um ein ökonomisches Scheitern zu verhindern. Damit beruht dieser evolutionstheoretische Ansatz auf der gleichen Grundannahme wie der Strategic-Choice-Ansatz. (2) Wandel ist nur innerhalb bestimmter Grenzen möglich. Bei Nelson und Winter (1982) sind es die unterschiedlichen pfadabhängig entwickelten Routinen, die den Such- und Anpassungsprozess von Unternehmungen einschränken.

Diese Überlegungen von Nelson und Winter (1982) und die der Österreichischen Schule der Ökonomie sind in den Dynamic Capabilities Approach eingeflossen, der sich als explizite Erweiterung des ressourcenbasierten Ansatzes versteht (Teece et al. 1997: 509) und im Folgenden vorgestellt werden soll.

4.5.3 Der Dynamic Capabilities Ansatz

Der Dynamic Capabilities Ansatz basiert auf der Vorstellung Schumpeters, wonach Unternehmungen ständig nach neuen Möglichkeiten wirtschaftlicher Betätigung suchen. Die Wettbewerber versuchen dies ebenfalls, zugleich aber auch entsprechende Wettbewerbsvorteile zu imitieren. In Schumpeters Welt ist es daher unabdingbar, immer wieder neue Ressourcen und Fähigkeiten zu entwickeln, um über einen längeren Zeitraum hinweg erfolgreich sein zu können.

Der Dynamic Capabilities Ansatz geht von Umweltveränderungen aus, die Unternehmungen dazu zwingen, ihre Ressourcen und Fähigkeiten anzupassen oder zu rekonfigurieren. Dies wird besonders dann wichtig, wenn die „time-to-market", also die Zeit zwischen Invention und der tatsächlichen Markteinführung innovativer Produkte und Dienstleistungen, sehr kurz ist. Die Kernfrage lautet folglich, wie es bestimmten Unternehmungen gelingt, auch in sich wandelnden Umwelten über einen längeren Zeitraum erfolgreich zu bleiben, vor allem durch schnelle und flexible Produktinnovationen. Es geht also darum, wie Unternehmungen firmenspezifische Fähigkeiten entwickeln, um ihre Kompetenzen den Umweltveränderungen anzupassen (Teece und Pisano 1994: 538; Teece et al. 1997: 510). Hierbei wird argumentiert, es seien Dynamic Capabilities, die es einer Unternehmung ermöglichen, Ressourcen und Fähigkeiten an Umweltgegebenheiten anzupassen, Ressourcen und Fähigkeiten neu zu kombinieren oder Ressourcen und Fähigkeiten neu zu entwickeln. Um die Entwicklung der Ressourcen- und Fähigkeitspositionen von Unternehmungen zu beschreiben, sind vor allem (1) die internen Prozesse, (2) die Positionen und (3) der Entwicklungspfad der Unternehmung von besonderer Relevanz (Teece und Pisano 1994: 541; Teece et al. 1997: 516):

1. Prozesse

   Management- und Organisationsprozesse beschreiben, *wie* Tätigkeiten in der Unternehmung ausgeführt werden. Sie entsprechen den von Nelson und Winter (1982) beschriebenen Routinen und umfassen vor allem die Integration, Lernprozesse und die Rekonfiguration beziehungsweise die Transformation der Vermögensstruktur einer Unternehmung.

   Integration stellt den statischen Bestandteil der Prozesse dar. Alle notwendigen Ressourcen und Fähigkeiten sind innerhalb einer Unternehmung zu integrieren. Diese unternehmungsspezifische Integration unterschiedlicher Ressourcen und Fähigkeiten stellt selbst eine Fähigkeit dar, welche die Imitation durch andere Unternehmungen erschwert, da das gesamte integrierte Bündel von Ressourcen und Fähigkeiten zu imitieren ist (Teece und Pisano 1994: 542 f.). Gleichzeitig bildet die bisherige Kombination der Ressourcen und Fähigkeiten eine Barriere. Die Integration neuer Ressourcen und Fähigkeiten wird dadurch erschwert, dass diese neuen Ressourcen und Fähigkeiten nicht zu den bestehenden Prozessen passen. Erst nach einer grundlegenden Reorganisation kann ein neues Bündel von Prozessen entwickelt werden, welches die Integration neuer Ressourcen und Fähigkeiten ermöglicht.

   Lernprozesse stellen den dynamischen Teil der Prozesse dar (Lei et al. 1996: 550 ff.; Teece et al. 1997: 518) und entstehen durch Wiederholungen von Tätigkeiten und durch Experimentieren. Durch Lernprozesse sind Tätigkeiten besser und schneller auszuführen. Dabei handelt es sich um soziale Prozesse, die neben der Imitation in einer Lehrer-Schüler-Beziehung auch eine Gemeinschaftsleistung beinhalten, indem komplexe Probleme gemeinsam gelöst werden. Um Lernen zu ermöglichen, ist ein gemeinsamer Sprachkode erforderlich. Lernprozesse münden in neuen Verhaltensmustern und neuen Routinen. Während sich Verhaltensmuster auch auf Einzelpersonen beziehen können, sind Routinen Verhaltensmuster von Gruppen, auch wenn diese wiederum auf Verhaltensmustern von Individuen aufbauen (Teece und Pisano 1994: 544 f.; Teece et al. 1997: 520).

   Schließlich stellt die Rekonfiguration der Vermögensstruktur einen transformatorischen Prozess dar. Gerade in sich schnell verändernden Umwelten ist es für Unternehmungen unabdingbar, sich anzupassen und auch ihre Vermögensstruktur, vor allem aber ihre Ressourcen und Fähigkeiten an die Umweltsituation anzupassen. Die Rekonfiguration einer Unternehmung setzt voraus, dass Umweltveränderungen rechtzeitig erkannt werden und die Organisationsstruktur den Wandelprozess unterstützt, beispielsweise durch dezentrale und flexible Strukturen (Teece und Pisano 1994: 545; Teece et al. 1997: 520 f.).

2. Positionen
Die Position beschreibt die Ausstattung einer Unternehmung mit technologischen und intellektuellen Vermögensgegenständen. Unter Vermögensgegenständen verstehen Teece und Pisano (1994) allerdings nicht primär bilanzierte Anlagen und Maschinen, sondern spezialisierte, schwer handelbare Ressourcen und Fähigkeiten, wie technologische, komplementäre, finanzielle und geographische Vermögensgegenstände. Diese Vermögensgegenstände bestimmen die Marktposition und die Rentabilität einer Unternehmung (Teece und Pisano 1994: 545 f.; Teece et al. 1997: 521).

3. Entwicklungspfad
Der Entwicklungspfad beschreibt die strategischen Alternativen, die einer Unternehmung zur Verfügung stehen, also letztlich die Attraktivität der Chancen einer Unternehmung. Zwei Dimensionen sind hierbei relevant: Die Pfadabhängigkeit und die technologischen Möglichkeiten. Beide beschränken die Entwicklungsfähigkeit einer Unternehmung. Wie bereits gezeigt schränkt die Pfadabhängigkeit – also die Historizität – die zukünftigen Entwicklungsmöglichkeiten einer Unternehmung ein. So orientieren sich gerade Lernprozesse an der bisherigen Wissensbasis einer Unternehmung. Lernen findet oftmals nahe an bisherigen Aktivitäten statt. Gleichzeitig stellen die technologischen Möglichkeiten den potenziellen Raum innovativer Lösungen dar, der teils durch die Unternehmungsumwelt extern vorgegeben, teils von der Unternehmung selbst durch eigene Forschungsanstrengungen mitgeprägt werden kann (Teece und Pisano 1994: 546 f.; Teece et al. 1997: 522 f.).

Auch wenn die Zusammenhänge zwischen Prozessen, Positionen und Entwicklungspfaden bei der Ressourcenentwicklung nicht klar von Teece und Pisano (1994) und Teece et al. (1997) herausgearbeitet wurden, werden dennoch

Aspekte angesprochen, die für eine Dynamisierung des ressourcenbasierten Ansatzes und für den Fortgang der Arbeit von großer Bedeutung sind: (1) Wie der ressourcenbasierte Ansatz bereits postuliert, sind es die Ressourcen und Fähigkeiten einer Unternehmung, die deren Marktposition und Rentabilität bestimmen. (2) Diese Ressourcen und Fähigkeiten müssen innerhalb einer Unternehmung integriert und koordiniert werden, um ihrem Verlust vorzubeugen. (3) Umweltveränderungen machen eine Anpassung der Ressourcenposition nötig; teilweise ist eine vollständige Rekonfiguration der Ressourcenbasis unumgänglich. (4) Um neue Ressourcenpositionen zu erreichen, sind Lernprozesse nötig. (5) Die Entwicklungsmöglichkeiten werden zum einen durch die Historie der Unternehmung und zum anderen durch den aktuellen Stand der Technologie begrenzt. Voraussetzung für Lernprozesse ist das vollkommene Verständnis der zu erlernenden Prozesse. Sind in der Unternehmung selbst diese Prozesse nicht genau bekannt, zum Beispiel aufgrund sozialer Komplexität oder kausaler Ambiguität, behindert dies Lernprozesse erheblich (Teece et al. 1997: 525). Hier bricht der Dynamic Capabilities Ansatz mit dem klassischen ressourcenbasierten Ansatz, indem soziale Komplexität und kausale Ambiguität nicht mehr als Bedingung für den Erfolg einer Unternehmung konzeptionalisiert werden, sondern im Gegenteil als Hindernis für die Anpassung der Unternehmung.

Die Erklärung erfolgreichen Wandels kann und darf aus strategischer Sicht nicht allein auf Zufallsmechanismen zurückgeführt werden (Barnett und Burgelman 1996: 6). Es sind doch gerade die internen Selektionsprozesse einer Unternehmung, die eine erhebliche Rolle bei der Auswahl aus mehreren Strategiealternativen spielen: Diejenigen Unternehmungen, deren interne Selektionsmechanismen am besten mit den externen Umweltanforderungen übereinstimmen, haben die höchste Erfolgs- und Überlebenswahrscheinlichkeit (Barnett und Burgelman 1996: 7). Diese Selektionsprozesse basieren letztlich auf den psychologischen, soziologischen und ethischen Dispositionen der Entscheidungsträger. Folglich stellen die Entscheidungsträger selbst die relevante Analyseeinheit dar.

Insgesamt sind im Abschnitt 4.5 folgende Aspekte für eine dynamische Erweiterung des ressourcenbasierten Ansatzes deutlich geworden:

1. Unternehmungen sehen sich einer dynamischen Umwelt ausgesetzt. Um in einer solchen Umwelt dauerhaft bestehen zu können, ist eine ständige Anpassung des Ressourcen- und Fähigkeitsportfolios notwendig. Nur über die Generierung einer Serie *temporärer* Wettbewerbsvorteile kann eine Unternehmung einen nachhaltigen finanziellen Erfolg im Sinne dauerhafter

Renten erzielen.

2. Unternehmungen haben nicht die Möglichkeit, beliebige Ressourcenportfolios aufzubauen. Ausgehend von bestehenden Routinen, die durch die Historie der Unternehmung geprägt sind, ist nur ein beschränktes Maß an Anpassung möglich. Die bisherigen Ressourcen und Fähigkeiten sind nicht nur für die Erzielung von Wettbewerbsvorteilen konstituierend, sondern gleichzeitig auch *core rigidities*, die die Entwicklung neuer Ressourcen und Fähigkeiten verhindern (Leonard-Barton 1992: 118).

3. Die Personengruppe, die für eine frühzeitige Anpassung des Ressourcenportfolios der Unternehmung verantwortlich ist, ist die der *Unternehmer*. Unternehmer erkennen vor anderen neue Möglichkeiten und setzen diese erfolgreich durch.

Insgesamt stellt der Dynamic Capabilities Approach eine wichtige Erweiterung des ressourcenbasierten Ansatzes dar, da hiermit die *Entstehung und der Wandel* von Ressourcen und Fähigkeiten erklärt werden. Es ist aber explizit darauf hinzuweisen, dass Dynamic Capabilities selbst Fähigkeiten darstellen, die den Bedingungen des ressourcenbasierten Ansatzes gerecht werden, da Unternehmungen mit unterschiedlichen Ressourcenausstattungen und Startpunkten durchaus in der Lage sind, gleichartige Dynamic Capabilities zu entwickeln (Eisenhardt und Martin 2000: 1110; Cockburn et al. 2000: 1123 ff.). Die Erklärung der Entstehung von Ressourcen und Fähigkeiten durch übergeordnete Dynamic Capabilities und damit Lernprozessen wirft aber die Frage auf, welche Ressourcen und Fähigkeiten wiederum für diese Capabilities verantwortlich sind. Selbst wenn diese Frage beantwortet werden könnte, kann die Entstehung dieser Meta-Ressourcen und Fähigkeiten wiederum hinterfragt werden, was erneut die Frage nach deren Entstehung aufwirft. Das Problem, dass die Entstehung von Ressourcen und Fähigkeiten nicht endgültig beantwortet werden kann, wird als *infiniter Regress* bezeichnet (Collis 1994: 148 ff.). Das Problem des infiniten Regresses kann letztlich nicht gelöst werden, bis die Entstehung einer der Kausalebenen durch eine allgemein existierende Wahrheit erklärt wird, die nicht weiter zu hinterfragen ist. Folglich ist das Problem des infiniten Regresses also unlösbar (Collis 1994: 150), was allerdings nicht nur im Zusammenhang mit dem ressourcenbasierten Ansatz gilt, sondern für alle Theorien ein Problem darstellt. Insgesamt ist Helfat (2000) zuzustimmen, die konstatiert: „We still, however, know relatively little about how it is that, over time, some firms manage to become successful using their capabilities, while other firms do not“ (Helfat 2000: 955).

4.6 Grenzen ressourcenbasierter Analysen

Die Leistung des ressourcenbasierten Ansatzes ist in der Erklärung unterschiedlicher Gewinnpotenziale von Unternehmungen zu sehen. Die Konzentration auf eine unternehmungsindividuelle Ebene eröffnet die Möglichkeit, Rentabilitätsunterschiede innerhalb einer Branche oder selbst einer strategischen Gruppe zu erklären (Peteraf 1993: 186). Aber es sind auch kritische Anmerkungen gegenüber dem Ansatz angebracht, die teilweise bereits bei der Gegenüberstellung des statischen und des dynamischen ressourcenbasierten Ansatzes kurz angesprochen wurden. Hier sollen die Kritikpunkte des ressourcenbasierten Ansatzes systematisiert und diskutiert werden, da dies die Grundlage für eine eklektische Erweiterung des Ansatzes und damit für das im Kapitel 5 zu entwickelnde ressourcenbasierte Modell zur Erklärung von Mergers *&* Acquisitions bildet.

4.6.1 Gefahr der Tautologie durch mangelnde Operationalität

Auch wenn dem ressourcenbasierten Ansatz ein intuitiver Charme nicht abzusprechen ist, sind seine Aussagen in einigen Bereichen vage. Diese Unbestimmtheit hat zur Folge, dass fast alle Unternehmungsressourcen als strategische Ressourcen definiert werden können. Zurückzuführen ist dieser Status quo auf die vielen Freiheitsgrade des ressourcenbasierten Ansatzes, die durch die mangelnde Operationalität der einzelnen Bestandteile des Ansatzes entstehen. Diese wird verschärft durch die terminologischen Probleme, die große Begriffsvielfalt und die uneinheitliche Handhabung der relevanten Bezeichnungen (Peteraf 1993: 185; Collis 1994: 144 f.; Bresser 1998: 308). So sind die Bezeichnungen *Ressourcen*, *Fähigkeiten*, *Vermögensgegenstände*, *Kompetenzen*, *Fertigkeiten* und Ähnliche nicht klar definiert und voneinander abgrenzbar. Wenn aber Ressourcen nicht exakt spezifiziert sind, kann alles als Ressource innerhalb der Unternehmung definiert werden, mit der Folge, dass der Ansatz erheblich an Erklärungskraft verliert (Conner 1991: 145). Solange Ressourcen und Fähigkeiten also nicht exakt bestimmt sind und der Ansatz weiterhin allgemein gehalten wird, ist kaum die Ableitung konkreter Handlungsempfehlungen zu erwarten (Amit und Schoemaker 1993: 40).

Eine Debatte darüber, welcher Begriff letztlich der Geeignete ist, stellt allerdings keinen Beitrag zur Weiterentwicklung des Ansatzes dar (Winter 1987: 180). Die entscheidenden Fragen, was genau einzigartige Ressourcen sind, was sie wertvoll erscheinen lässt, warum diese unter dem letztlich entstehenden Wert ex ante gekauft oder aufgebaut werden können und wie deren Wert auch in Zukunft aufrecht erhalten werden kann (Porter 1991: 108), wurden sicherlich nur unzureichend in den Anfangsjahren des ressourcenbasierten Ansatzes beantwortet. Mittlerweile sind diese Fragen aber zumindest ansatzweise geklärt, indem vor allem die Bedingungen relevanter Ressourcen und Fähigkeiten herausgearbeitet (vergleiche hierzu die Abschnitte 4.3 und 4.4) und auch dynamische Gesichtspunkte integriert wurden (vergleiche hierzu Abschnitt 4.5).

Eng verbunden mit der Kritik an der mangelnden Begriffsbestimmung von Ressourcen und Fähigkeiten ist der Vorwurf der Tautologie (Porter 1991: 108; Williamson 1999: 1093 ff.; Priem und Butler 2001b: 58 ff.). Unter Tautologie ist eine unabhängig vom Antezedens stets wahre Aussagenverknüpfung zu verstehen. Sie entzieht sich dadurch jeglicher empirischer Überprüfung, da sie qua Definition nicht falsifizierbar ist. Vor allem die sehr weit gefasste Definition von Ressourcen nach Wernerfelt (1984) hat den Tautologievorwurf genährt (vergleiche hierzu die Ausführungen im Abschnitt 4.3). Dieses kann auf das junge Alter des Ansatzes zurückgeführt werden, zumindest wenn man den Artikel von Wernerfelt (1984) als Ausgangspunkt[8] des Ansatzes zugrunde legt. Dass das Tautologieproblem meist bei jungen Theorien zu beobachten ist (Kuhn 1997: 91), soll nicht als Entschuldigung herhalten, sondern als Forschungsauftrag für die Weiterentwicklung des Ansatzes verstanden werden. Erfolg versprechende Schritte, um die tautologische Natur einiger zentraler Begriffe zu bereinigen, wurden bereits unternommen, beispielsweise hinsichtlich der Präzisierung des Dynamic-Capability-Begriffes durch Eisenhardt und Martin (2000).

4.6.2 Überbetonung der internen Umwelt

Der ressourcenbasierte Ansatz legt seinen Schwerpunkt nicht mehr auf Produkte und Märkte, wie beispielsweise die Industrieökonomie, sondern auf interne

---

8. Williamson (1999) führt diese Aspekt selbst kurz an, verweist allerdings darauf, dass der Ausgangspunkt des Ansatzes nicht klar festgestellt werden kann. So nennt er beispielsweise auch die Arbeit von Penrose (1959) als Grundlage, womit der Ansatz auf eine mehr als 40jährige Geschichte zurückblickt (Williamson 1999: 1094 Fußnote 4).

Ressourcen und Fähigkeiten der Unternehmung (Collis 1991: 50; Grant 1991: 117; zu Knyphausen-Aufsess 1993: 774). Dennoch weist der Ansatz zumindest indirekt einige Bezüge zur externen Unternehmungsumwelt auf:

1. Strategische Ressourcen führen nur in Verbindung mit der externen Umwelt zu Wert (Amit und Schoemaker 1993: 39; Priem und Butler 2001a: 29). Eine Ressource, die eine interne Stärke einer Unternehmung darstellt, muss mit den Chancen und Risiken der externen Umwelt korrespondieren, um Nutzen daraus ziehen zu können. Einzigartige Ressourcen, die von der externen Umwelt nicht nachgefragt werden, erzeugen keine Renten. Letztlich stellt eine Unternehmung ein Bündel von Ressourcen dar, die effektiv miteinander kombiniert werden müssen, um sich ändernden externen Umweltbedingungen zu genügen (Reve 1990: 136).

2. Daneben spielt die externe Umwelt auch bei der Beschaffung strategischer Ressourcen eine große Rolle. Erst das Versagen externer Märkte hinsichtlich der Beschaffung aller von Unternehmungen benötigten Ressourcen und die heterogene Verteilung von Ressourcen stellen die wertgenerierende Wirkung der Ressourcen sicher (Amit und Schoemaker 1993: 37).

3. Die Definition idiosynkratischer Ressourcen selbst hat einen externen Bezug: So können diese Ressourcen nur im Vergleich zu externen Wettbewerbern definiert werden.

Diese Relationen zur externen Umwelt greifen allerdings aus Sicht einer umfassenden Strategischen Managementtheorie zu kurz, da hierbei der Unternehmungskontext stärker in die Betrachtung integriert werden muss (Bresser 1998: 308). So sind beispielsweise im Rahmen einer Umweltanalyse unternehmungsinterne mit unternehmungsexternen Bedingungen zu verknüpfen. Es geht also nicht um die Frage, ob *entweder* die Branche *oder* die interne Umwelt in den Mittelpunkt der Forschung zu rücken ist, sondern um ein *sowohl als auch* (Chandler und Hanks 1994: 331 ff.). Wie in Abbildung 4.3 auf der nächsten Seite dargestellt, bietet es sich an, die Unternehmungsressourcen enger mit industrieökonomischen Überlegungen zu verbinden, damit ihre Wirkung besser bestimmt werden kann.

So generieren Unternehmungsressourcen nur unter bestimmten externen Umweltbedingungen Wettbewerbsvorteile, die sich wiederum auf die Unternehmungsperformance positiv auswirken (vergleiche hierzu auch Abschnitt 4.7.1).

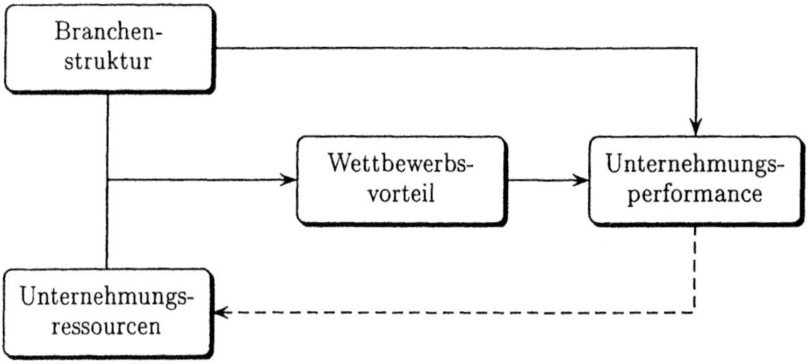

Abbildung 4.3: Der Zusammenhang zwischen Industrieökonomie und ressourcenbasierten Ansatz. Quelle: Eigene Abbildung

Weder die Branchenstruktur noch die Ressourcenposition können somit unabhängig voneinander Wettbewerbsvorteile begründen. Sie haben vielmehr eine interaktive Wirkung. Allerdings kann die Branchenstruktur die Performance einzelner Unternehmungen direkt beeinflussen, indem bestimmte Branchencharakteristika einige Branchen attraktiver gestalten als andere. Auf ganz allgemeiner Ebene wäre dies der Fall, wenn eine Branche von vergleichsweise geringer Wettbewerbsintensität gekennzeichnet und nur moderat dynamisch ist. Die Unternehmungsperformance hat ihrerseits eine Rückwirkung auf die Unternehmungsressourcen, da die erzielten finanziellen Ressourcen, die ja selbst Ressourcen darstellen, durch Investitionen in verschiedene Unternehmungsbereiche über die Zeit in andere Ressourcen umgewandelt werden können.

4.6.3 Betonung dauerhafter Wettbewerbsvorteile

Ein weiterer Kritikpunkt am ressourcenbasierten Ansatz besteht darin, dass er auf dauerhafte und nicht temporäre Wettbewerbsvorteile abzielt (Bresser 1998: 308). Die Diskussion, inwieweit eher von nachhaltigen beziehungsweise dauerhaften oder von temporären Wettbewerbsvorteilen auszugehen ist, scheint auf den ersten Blick wenig fruchtbar, da weder die Begriffe *dauerhaft* und *nachhaltig* noch der Begriff *temporär* klar definiert und deutlich voneinander abgrenzbar sind.

Dennoch lenken die Konstrukte der Nachhaltigkeit und der Temporarität von Wettbewerbsvorteilen das Augenmerk auf unterschiedliche Aufgaben des Managements. Während die Nachhaltigkeit darauf abzielt, den Status quo der Ressourcenausstattung zu beschreiben und aufrecht zu erhalten, liegt der Schwerpunkt bei der Annahme temporärer Wettbewerbsvorteile auf dem Zusammenspiel zwischen Innovation und Imitation strategischer Ressourcen. Bei einer temporären Betrachtung stehen also Innovationsprozesse und die Dynamik des Wettbewerbsgeschehens im Zentrum der Betrachtung. Das Konstrukt temporärer Wettbewerbsvorteile steht im Einklang mit den Überlegungen der Österreichischen Schule der Ökonomie (Jacobson 1992) und dem Dynamic Capabilities Approach (Teece und Pisano 1994; Teece et al. 1997) und wurde bereits im Abschnitt 4.5 ausführlich diskutiert.

4.6.4 Nichtimitierbarkeit statt Imitation

Ausgangspunkt der vorangegangenen Frage nach der Dauer von Wettbewerbsvorteilen ist die Diskussion um die Imitierbarkeit von Ressourcen. Die Möglichkeit, dass Konkurrenten Wettbewerbsvorteile imitieren können, stellt einen der viel diskutierten Aspekte des ressourcenbasierten Ansatzes dar. Der ressourcenbasierte Ansatz betont hierbei die Wichtigkeit von Imitationsbarrieren, um Imitationen zu verhindern (vergleiche auch Abschnitt 4.4.3.1). Aber wie bereits gezeigt, ist realistischerweise von einer Kombination aus Innovations- und Imitationswettbewerb auszugehen (vergleiche Abschnitt 4.5). Die Möglichkeit der Imitation ist also Bestandteil realer Wettbewerbsstrukturen und ein dynamischer Ressourcenansatz muss diesem Umstand Rechnung tragen. Wettbewerber werden – solange Überrenditen existieren – Strategien erfolgreicher Unternehmungen imitieren. Die Imitierbarkeit ist allerdings bei sehr kurzlebigen Produktlebenszyklen nur von geringer Bedeutung. In solchen Fällen kann ein Imitationsprozess mehr Zeit benötigen als der Produktlebenszyklus selbst. Auch wenn also die Imitation möglich ist, können Unternehmungen dennoch überdurchschnittliche Gewinne erzielen (Bresser 1998: 308 f.; Jacobson 1992: 803).

Für einige Branchen lässt sich diese Aussage sogar noch steigern. So ist es für bestimmte Unternehmungen durchaus sinnvoll, zumindest Teile ihrer Ressourcen nicht vor Imitation zu schützen, sondern sie sogar explizit zur Imitation freizugeben. Dies ist besonders dann der Fall, wenn hierdurch Standards gesetzt werden können. Bresser (1998) schlägt vor, die Bedeutung der Imitierbarkeit einiger Ressourcen im ressourcenbasierten Ansatz näher zu beleuchten und hierzu den institutionalistischen Ansatz heranzuziehen (Bresser 1998: 309).

4.6.5 Vernachlässigung verhaltenswissenschaftlicher Aspekte

Ein weiterer Kritikpunkt am ressourcenbasierten Ansatz besteht darin, dass er verhaltenswissenschaftliche Aspekte nur unzureichend berücksichtigt. Eine Integration dieser Aspekte könnte sich aber vor allem dann als fruchtbar erweisen, wenn die *Entstehung* von idiosynkratischen Ressourcen behandelt wird (Bresser 1998: 309).

In diesem Zusammenhang kreist die Diskussion bisher um die ex ante-Beschränkung des Wettbewerbs. Dabei werden vor allem Zufall und Glück angeführt (Barney 1986b: 1234), wie bereits im Abschnitt 4.4.5 dargestellt. Glück als Bedingung zur Erzielung überdurchschnittlicher Renditen anzusehen, wird aber selbst von Barney (1986b) als Problem dargestellt: „[...] because luck is, by definition, out of a firm's control, an important question for managers becomes, «How can firms become consistently better informed about the value of strategies they are implementing than any other firms?»" (Barney 1986b: 1238). Das Konstrukt *Glück* mindert damit die Bedeutung des Managements erheblich.

Festzuhalten ist, dass der klassische ressourcenbasierte Ansatz dem Strategischen Management nicht nur durch die ex ante-Beschränkung des Wettbewerbs ein geringes Gewicht beimisst. Ähnliche Probleme bestehen auch bei der Diskussion um die Imitationsbarrieren *kausale Ambiguität* und *soziale Komplexität* (siehe Abschnitt 4.4.3.1). Sind dem Management einer Unternehmung die kausalen Zusammenhänge zwischen einzelnen Ressourcen und Performance der Unternehmung nicht klar, kann der Erfolg auch nicht auf die Managementleistung – also entsprechende Entscheidungen – zurückgeführt werden. Die kausale Ambiguität ähnelt insofern der ex ante-Beschränkung, als sie den Erfolg einer Unternehmung ebenfalls auf Zufall und Glück der Entscheidungsträger zurückführt. Strategisches Management ist aus dieser Perspektive von geringer Bedeutung, da die Ursachen für Wettbewerbsvorteile nicht klar bestimmt und damit auch kaum zielgerichtete Empfehlungen abgeleitet werden können.

Entsprechend bezeichnet Ghemawat (1991) Glück als eine Möglichkeit, die Notwendigkeit Strategischen Managements abzustreiten. Wenn die Unterschiede im ex post-Erfolg von Unternehmungen auf Glück in einer ex ante unbeherrschbaren Umwelt zurückgeführt werden, ist kein *strategisches Denken* mehr erforderlich (Ghemawat 1991: 11). Daher ist nach plausiblen Alternativen zu suchen, die erklären können, warum in der Praxis dem Strategischen Management dennoch eine hohe Bedeutung beigemessen wird. Eine Möglichkeit hierzu besteht in der systematischen Modellierung des Entrepreneurs beziehungsweise Managers in dem Theoriegebäude des ressourcenbasierten Ansatzes. Dies wird vor dem Hintergrund der Österreichischen Schule der Ökonomie möglich (vergleiche Abschnitt 4.5.1). Eine weitere Möglichkeit hierzu bietet eine verhaltenswissenschaftliche Anreicherung, wie sie im Abschnitt 4.7.3 weiter ausgeführt werden soll.

Neben diesen theoretisch-konzeptionellen Kritikpunkten weist der ressourcenbasierte Ansatz auch einige methodologische Mängel in der empirischen Vorgehensweise auf, die im Folgenden diskutiert werden.

4.6.6 Methodologische Probleme

Aufgrund der neuen theoretischen Argumentationsweise des ressourcenbasierten Ansatzes ergeben sich auch neue Anforderungen an die Methoden der empirischen Forschung auf diesem Gebiet. Folgende Aspekte sind besonders relevant: (1) Wahl des Forschungsdesigns, (2) Entwicklung von Datenbanken, (3) Entwicklung geeigneter Kennzahlen und (4) Immunisierungstendenzen des ressourcenbasierten Ansatzes:

1. Forschungsdesign
   In der Strategieforschung stehen für quantitative Studien sowohl Quer- als auch Längsschnittsstudien zur Verfügung (Bresser 1998: 5). Querschnittsanalysen erscheinen für die für den ressourcenbasierten Ansatz besonders interessanten Problembereiche, wie die Erklärung dauerhafter Performenceunterschiede aufgrund unternehmungsspezifischer Ressourceneigenschaften sowie die Entstehung unterschiedlicher Ressourcenpositionen nicht geeignet: Sie berücksichtigen weder den Zeitaspekt – vor allem Entwicklungstendenzen von Ressourcen und Fähigkeiten, die über längere Zeiträume entstehen – noch gehen sie ausreichend unternehmungsindividuell auf alle relevanten Themenbereiche ein (Rhoades 1998: 276; Karim und Mitchell 2000: 1065; Barney 2001: 51). Daher scheinen Längsschnittsanalysen das angebrachtere Forschungsdesign bei der Untersuchung der Nachhaltigkeit von Wettbewerbsvorteilen zu sein (McWilliams und Smart 1995: 311). Ein gutes Beispiel für eine solche Studie ist die Arbeit von Miller und Shamsie (1996), die Hollywood Film Studios über einen Zeitraum von 29 Jahren untersuchen.

Neben den großzahligen Stichproben stellen vor allem Fallstudien und Tiefeninterviews ein adäquates Forschungsdesign für den ressourcenbasierten Ansatz dar, um unternehmungsspezifische Eigenschaften zu erheben. Diese sind deshalb Erfolg versprechend, weil der ressourcenbasierte Ansatz die Homogenitäts-Annahme von Unternehmungen aufhebt. Wenn man dem ressourcenbasierten Ansatz folgt und von idiosynkratischen Ressourcen ausgeht, mündet dies letztlich in die Forderung, dass keine standardisierten Kennzahlen und Fragebögen zur Erhebung taugen. Einzelne Wettbewerbsvorteile sind nicht mehr branchenweit bei allen Unternehmungen zu beobachten, sondern unternehmungsspezifisch. Unternehmungen müssen daher individuell hinsichtlich ihrer wettbewerbsrelevanten Ressourcen untersucht werden.

Um detaillierte Daten über idiosynkratische Ressourcen zu erheben, ist es folglich schwierig, standardisierte Fragebögen zu erstellen. Eine Möglichkeit besteht lediglich darin, offene Fragen einzubeziehen, die allerdings den Erhebungs- und Auswertungsaufwand erhöhen. Erschwerend kommt hinzu, dass Wettbewerbsvorteile meist nicht auf einzelne Ressourcen oder Fähigkeiten zurückzuführen sind, sondern auf die idiosynkratische Kombination mehrerer Ressourcen und Fähigkeiten, also ganzer Ressourcenbündel. Solche Ressourcenbündel entwickeln sich erst in bestimmten Kontexten, beispielsweise in bestimmten Unternehmungskulturen (Grant 1998: 117). Der Unternehmungskontext ist folglich bei der empirischen Analyse von Unternehmungsressourcen zu berücksichtigen (Montgomery 1995: 120; King und Zeithaml 2001: 79 f.; Priem und Butler 2001a: 32), wie beispielsweise bei Miller und Shamsie (1996) geschehen. Es sind also neben der Frage nach den *Warum* einer überlegenen Ressourcenausstattung auch die Fragen nach dem *Wo*, *Wann* und *Wer* zu beantworten (Whetten 1989: 491).

Fallstudien und Tiefeninterviews bieten die Möglichkeit, tief in die Ressourcenstrukturen einzudringen und auch den Unternehmungskontext ausreichend zu berücksichtigen (Eisenhardt 1989b: 533 ff.). Es wird sich in der Zukunft noch herausstellen müssen, ob sich neben Fallstudien und Interviews weitere Methoden als geeignet erweisen.

2. Entwicklung von Datenbanken

Falls man dem ressourcenorientierten Paradigma folgt, ist es schwierig, anhand bestehender Datenbanken einzelne wirtschaftliche Phänomene und deren Erklärungsansätze zu überprüfen. So können Unternehmungsressourcen und vor allem Fähigkeiten nicht direkt aus klassischen Informationsquellen, wie beispielsweise Jahresabschlüssen von Unternehmungen, abgeleitet werden (Grant 1998: 111 und 115). Dies ist ein wichtiger Einwand, denn kritische Ressourcen sollten nicht der Außenwelt, vor allem Wettbewerbern, vorgestellt werden, da sonst die Gefahr der Imitation oder Substitution bestünde. Hieraus ergibt sich die methodologische Herausforderung des ressourcenbasierten Ansatzes, neue Variablen zu entwickeln und darüber hinaus neue Datenbanken anzulegen. Dies ist gerade für intangible Ressourcen notwendig, da diese in der Bilanz zu niedrig bewertet, beziehungsweise – wie in den USA – erst gar nicht angesetzt werden. Dort werden beispielsweise die Ausgaben für Forschung und Entwicklung, Werbung oder Mitarbeiterschulung gleich im Jahr der Entstehung als Aufwand gebucht, obwohl hierdurch Werte geschaffen werden, wie Wissen, Reputation und gut ausgebildete Mitarbeiter, die Cash-flows generieren können (Brealey und Myers 1996: 776).

Entsprechend den Überlegungen zum Forschungsdesign erscheint es also auch bei der Entwicklung von Datenbanken opportun, nicht auf bestehende Datenbanken und Jahresabschlussdaten zurückzugreifen, sondern die Ressourcen und Fähigkeiten einer Unternehmung mit Hilfe von Interviewtechniken zu ermitteln. McEvily und Chakravarthy (2000) entwickeln beispielsweise eine Interviewtechnik, die es ermöglicht, strategisch relevante Entscheidungen zu erheben (McEvily und Chakravarthy 2000: 229 ff.). Daneben bietet sich aber auch die intensive Auswertung von Presseberichten und anderen Unternehmungsveröffentlichungen an, in denen zumindest über die Ressourcen und Fähigkeiten einzelner Unternehmungen berichtet wird.

3. Kennzahlen

   Trotz der eben geäußerten Bedenken gibt es Versuche, Finanzkennzahlen zu entwickeln, um den ressourcenbasierten Ansatz empirisch zu überprüfen. Vor allem Grant (1998) versucht einige – wenn auch grobe – Hinweise aus den klassischen Kennzahlen abzuleiten (Grant 1998: 114).

   Die hierbei wichtigste Kennzahl bildet Tobin's q, also das Verhältnis von Marktwert zu den Wiederbeschaffungskosten, sowie die „market-to-book ratio", die den Marktwert in ein Verhältnis zum Buchwert einer Unternehmung setzt. Beide Kennzahlen sollen dazu dienen, vor allem den Wert intangibler Ressourcen zu bestimmen (Hall 1992: 135; Grant 1998: 115). Die Überlegung sieht folgendermaßen aus: Je höher der Kapitalmarkt eine Unternehmung im Vergleich zu den historischen Buchwerten, beziehungsweise Wiederbeschaffungskosten bewertet, desto mehr scheint der Teil der Unternehmung wert zu sein, der nicht bilanziert ist. Grant (1998) geht in diesem Fall von einer großen Ausstattung mit intangiblen Ressourcen aus, wie beispielsweise die Reputation der Unternehmung oder von Produkten (Grant 1998: 115 f.).

Methodologisch ist dieses Vorgehen als bedenklich einzustufen, da es tautologisch ist. Es ist Aufgabe des Empirikers, Ressourcen und Fähigkeiten zu identifizieren, die zu einem Wettbewerbsvorteil und damit zu finanziellen Erfolgen einer Unternehmung führen. So ist die Kernaussage des ressourcenbasierten Ansatzes darin zu sehen, dass unternehmungsspezifische Ressourcen und Fähigkeiten Wettbewerbsvorteile begründen, was bei entsprechenden Anreizsystemen des Managements zu einer Erhöhung der Rentabilität der Unternehmung führt. Die Rentabilität einer Unternehmung ist dieser Argumentation zufolge die abhängige Variable, die Ressourcenausstattung die unabhängige. Hall (1992) und Grant (1998) drehen diese Argumentation allerdings um. Um die unabhängige Variable (Ressourcen und Fähigkeiten) zu bestimmen, wird eine hohe Unternehmungsbewertung herangezogen. Eine immerwährende Bestätigung des ressourcenbasierten Ansatzes wäre daher nicht weiter verwunderlich, die Theorie wäre nie zu falsifizieren.

Aber auch weniger ambitionierte Arbeiten weisen Probleme hinsichtlich ihrer Validität auf. Eine häufig zitierte Arbeit ist die Studie von Chatterjee und Wernerfelt (1991), die den Zusammenhang zwischen Ressourcen und Diversifikationsrichtung untersucht. Auch in dieser Studie finden sich Mängel in der Übersetzung ressourcenbasierter Konstrukte in valide Variablen. So ist es beispielsweise fraglich, ob der Rückstand bei der Bearbeitung von Aufträgen (Chatterjee und Wernerfelt 1991: 38) als einzige Variable zur Erhebung überschüssiger und wettbewerbsvorteilsgenerierender physischer Ressourcen heranzuziehen ist. Ebenso kritisch ist die Ableitung der Relation zwischen den Ausgaben für Forschung und Entwicklung sowie Marketing und dem Umsatz als einzige Variable zur Messung intangibler Ressourcen und innovativer Fähigkeiten zu bewerten (Chatterjee und Wernerfelt 1991: 38 f.). Diese Kennzahlen sind ungenaue Maße, die das zugrundeliegende Konstrukt nicht vollständig abbilden. Der ressourcenbasierte Ansatz steht offensichtlich (wie alle sozialwissenschaftlichen Theorien) vor der Herausforderung, geeignete Variablen zu entwickeln, die in adäquater Weise die Konstrukte widerspiegeln. Der in der Forschungspraxis hierzu üblicherweise propagierte Weg ist die Abbildung eines jeden Konstrukts durch mehrere Indikatoren.

4. Immunisierung

   Der letzte Problembereich, der für die empirische Forschung des ressourcenbasierten Ansatzes angesprochen werden soll, sind die Immunisierungstendenzen des Ansatzes in einigen Bereichen. Immunisierung bedeutet, dass eine Theorie sich nicht falsifizieren lässt und sich damit einer empirischen Überprüfung entzieht. Aus positivistischer Sicht liegen dann keine gehaltvollen Aussagen vor.

   Aus zwei Gründen läuft der ressourcenbasierte Ansatz Gefahr, sich zu immunisieren. Diese hängen eng mit den oben genannten Problemen zusammen und wurden bereits im Rahmen der Theoriekritik angesprochen (vergleiche Abschnitt 4.6.5): (1) Glück als ex ante-Beschränkung des Wettbewerbs und (2) kausale Ambiguität als Imitationsbarriere.

   Glück ist ein methodologisch schwierig zu erhebendes Konstrukt, gerade dann, wenn damit Wettbewerbsvorteile erklärt werden sollen. Wird der Erfolg einer Unternehmung auf Glück zurückgeführt, ist dies nicht zu falsifizieren, es können also keine gehaltvollen Aussagen abgeleitet werden.

   Die kausale Ambiguität stellt aus methodologischer Sicht ein ähnliches Problem für den ressourcenbasierten Ansatz dar. Wenn selbst Insider die Zusammenhänge zwischen Ursache und Erfolg einer Unternehmung nicht genau kennen und bestimmen können, wie sollen dann Externe, zum Beispiel Wissenschaftler dazu in der Lage sein. Der ressourcenbasierte Ansatz sieht in nicht beobachtbaren Ressourcen wichtige Ressourcen, die einen nachhaltigen Wettbewerbsvorteil ermöglichen, da die Imitation durch Wettbewerber behindert wird. Wissenschaftstheoretisch – zumindest aus positivistischer Sicht – ist dies problematisch, da die empirische Überprüfbarkeit einer Theorie ein wichtiges Charakteristikum zu ihrer Beurteilung darstellt. Indem der ressourcenbasierte Ansatz auf nicht beobachtbare Ressourcen und Vorgänge abstellt, ist er wissenschaftstheoretisch zu kritisieren und verliert an Erklärungskraft (Godfrey und Hill 1995: 522 f.). Auch neuere Versuche, die kausale Ambiguität empirischen Analysen zugänglich zu machen, stecken bestenfalls in den Anfängen (King und Zeithaml 2001: 81 ff.). Die Variablen, welche das Konstrukt *kausale Ambiguität* operationalisieren sollen, sind bisher nicht valide.

Aufgrund der oben genannten – vor allem der theoretisch-konzeptionellen – Kritikpunkte erscheint es angebracht, den ressourcenbasierten Ansatz in seiner dynamischen Ausprägung mit anderen Ansätzen zu verbinden und anzureichern. Dies soll im folgenden Abschnitt geschehen.

4.7 Zusammenhang zu anderen Strategischen Managementansätzen

In dieser Arbeit wird der Versuch unternommen ein umfassendes Erklärungsmodell für Mergers *&* Acquisitions zu liefern. Hierzu wird eine problembezogene eklektische Vorgehensweise gewählt, in deren Zentrum der ressourcenbasierte Ansatz steht. Aus diesem Grund ist der Zusammenhang zwischen dem ressourcenbasierten Ansatz und anderen Managementansätzen systematisch herauszuarbeiten, um so ein widerspruchfreies Modell entwickeln zu können.

Wie bereits in den Abschnitten 4.1 und 4.2 dargelegt, hat der ressourcenbasierte Ansatz Vorläufer in anderen Managementansätzen. Daneben weist er noch Parallelen zu anderen Ansätzen auf (Mahoney und Pandian 1992: 370; Mahoney 1992: 126), die im Folgenden vorgestellt werden. Hierbei erfolgt eine Beschränkung auf die für die Strategische Managementforschung wohl einflussreichsten Ansätze: die Industrieökonomie, den Transaktionskostenansatz und verhaltenswissenschaftliche Ansätze.

4.7.1 Industrieökonomie

Auch wenn der ressourcenbasierte Ansatz sich anfangs als Gegenposition zur Industrieökonomie verstand (Rühli 1994: 49), wird versucht, beide Ansätze zusammenzuführen (Amit und Schoemaker 1993: 35). Bereits Wernerfelt (1984) weist im ersten Satz seines Artikels darauf hin, dass „[...] resources and products are two sides of the same coin“ (Wernerfelt 1984: 171). Der Verweis auf die Absatzmärkte verdeutlicht, dass der ressourcenbasierte Ansatz nur unter Berücksichtigung der externen Umweltfaktoren, vor allem der wettbewerbsbestimmenden Faktoren der Branche, einen umfassenden Ansatz für das Strategische Management darstellt.

So sind einige Gemeinsamkeiten zwischen der Industrieökonomie und dem ressourcenbasierten Ansatz zu konstatieren. Bereits Porter (1989) stützt sich bei seiner Analyse der Wertschöpfungsketten auf ressourcenbasierte Überlegungen. 1991 distanziert er sich zwar explizit vom ressourcenbasierten Ansatz, sieht allerdings die Grundlage von Wettbewerbsvorteilen in einzelnen *Aktivitäten* innerhalb der Wertkette einer Unternehmung, die sie von Wettbewerbern unterscheiden. Diese Aktivitäten basieren jedoch auf physischen, intangiblen und finanziellen Ressourcen (Porter 1991: 102). Hier wird – trotz aller gegenläufigen Behauptungen – der Bezug zum ressourcenbasierten Ansatz deutlich.

Auch die von Porter formulierten generischen Strategien stellen letztlich einzigartige Kombinationen von Ressourcen dar, die es einzelnen Unternehmungen ermöglichen, überlegene Wettbewerbspositionen zu erreichen (Porter 1997: 45). Im Grunde kann es immer nur einen Kostenführer geben und auch Differenzierer haben ihre Stärken in unterschiedlichen Bereichen. Der wesentliche Unterschied besteht aber darin, dass Porter (1997) die Einzigartigkeit der Strategien nicht so umfassend diskutiert, wie dies im ressourcenbasierten Ansatz geschieht.

Die Markteintrittsbarrieren der Branchenstrukturanalyse und die Mobilitätsbarrieren der strategischen Gruppenanalyse stellen ebenfalls einzigartige Ressourcen der bestehenden Unternehmungen dar, die den Markteintritt neuer Unternehmungen beziehungsweise den Wechsel zwischen strategischen Gruppen behindern (McGee und Thomas 1986: 141 ff.). Die oben beschriebenen Isolationsmechanismen bilden somit eine Analogie zu den Markteintritts- und Mobilitätsbarrieren des ressourcenbasierten Ansatzes (Mahoney und Pandian 1992: 371). Entsprechend wird auch im ressourcenbasierten Ansatz mitunter von „resource barriers“ gesprochen (Barney 1991; Bresser et al. 2000b).

Auch die Behauptung, wonach sich der ressourcenbasierte Ansatz lediglich auf den internen Teil der SWOT-Analyse konzentriert – also auf die Stärken und Schwächen – und daher die externen Chancen und Risiken ignoriert (siehe Abschnitt 4.6.2), ist an sich zu kurz gegriffen. Der Wert von Ressourcen und Fähigkeiten wird durch den externen Markt bestimmt. Nicht imitierbare und nicht substituierbare Ressourcen, die keinen Marktwert besitzen, generieren auch keine Wettbewerbsvorteile und Renten. Erst wenn durch Ressourcen und Fähigkeiten ein Wert geschaffen wird, den Kunden honorieren, besteht die Möglichkeit, Renten zu erzielen (Rühli 1994: 50). Ein externer Bezug ist bei dieser Argumentationsweise also unvermeidlich. Die Diskussion über die Substituierbarkeit und Imitierbarkeit weist ebenfalls eine externe Komponente auf, da diese Gefahren von bestehenden und potenziellen Wettbewerbern ausgehen. Insgesamt kann zwischen der Industrieökonomie und dem ressourcenbasierten Ansatz keine Dualität, sondern eher eine Komplementarität konstatiert werden. Die Strategische Management-Forschung benötigt beide Ansätze, um strategisches Verhalten und die Rentabilität von Unternehmungen beschreiben, erklären und prognostizieren zu können. Die Gesamtrentabilität einer Unternehmung wird von mehreren Faktoren beeinflusst: von branchen-, gruppen- und unternehmungsspezifischen. So sind das unterschiedliche strategische Verhalten und die unterschiedlichen Rentabilitäten von Banken, Arztpraxen, Dönerbuden und Einzelhändlern sowohl auf Branchenfaktoren zurückzuführen, wie die unterschiedliche Gefahr des Markteintritts, gleichzeitig aber auch auf die jeweils vorhandenen Ressourcen und Fähigkeiten. Es besteht aber nicht nur ein komplementäres Verhältnis zwischen beiden Ansätzen, sondern auch ein zirkuläres: Ressourcen und Fähigkeiten bestimmen über ihren Einfluss auf das Verhalten der Unternehmung die Branchenstrukturen. Umgekehrt haben Umweltveränderungen, vor allem Veränderungen in der Branchenstruktur, Einfluss auf den Wert und die Bedeutung bestehender Ressourcen und Fähigkeiten. Dies wurde bereits von Penrose (1959) herausgearbeitet, die feststellte, dass „[...] external changes [...] may change the significance of resources to the firm“ (Penrose 1959: 79).

Externe Umweltfaktoren – vor allem Branchenfaktoren – sind demnach mit Überlegungen des ressourcenbasierten Ansatzes zu verbinden, wie es bereits Amit und Schoemaker (1993) versuchen und wie es ebenfalls im *Dynamic Capabilities Ansatz* geschieht. Auch für eine ressourcenbasierten Perspektive ist daher eine Analyse der externen Umwelt, vor allem der Branchenstruktur, unabdingbar.

4.7.2 Transaktionskostenansatz

Neben den Gemeinsamkeiten und Unterschieden zwischen der Industrieökonomie und dem ressourcenbasierten Ansatz wird in der Literatur auch der Zusammenhang zwischen ressourcenbasiertem Ansatz und Transaktionskostenansatz intensiv diskutiert. Schwerpunkt ist dabei die unterschiedliche Sicht auf die Opportunismusannahme (Conner und Prahalad 1996: 478 ff.). Nach Conner und Prahalad (1996) ist die Opportunismusannahme, die eine grundlegende Verhaltensannahme des Transaktionskostenansatzes darstellt, nicht nötig, um die Existenz von Unternehmungen zu erklären. Auch bei Abwesenheit von Opportunismus kann es aufgrund unterschiedlicher Wissensbasen der Individuen zu Missverständnissen und Konflikten zwischen Parteien kommen, da unterschiedliche Beurteilungen über die Erfolgsaussichten von Projekten bestehen (Grant

1996: 114; Conner und Prahalad 1996: 483). Innerhalb einer Hierarchie können diese Konflikte schneller und mit geringeren Kosten gelöst werden als über den Markt. So kann ein Vorgesetzter Konflikte zwischen Mitarbeitern durch einen *Schiedsspruch* lösen und die Anordnungen des Vorgesetzten (einer Instanz) sind von den Mitarbeitern anschließend zu befolgen.[9] Der Unterschied zum Transaktionskostenansatz liegt also darin, dass auch ohne Opportunismus die Hierarchielösung der Marktlösung überlegen sein kann (Conner und Prahalad 1996: 483). Dies widerspricht allerdings nicht grundlegend dem Transaktionskostenansatz, sondern weitet lediglich die Überlegenheit der Hierarchielösung über die bisherige Argumentation des Ansatzes von Williamson (1975; 1990) aus. Letztlich entstehen durch unterschiedliche Wissensbasen auch Transaktionskosten: Anbahnungs-, Vereinbarungs-, Durchsetzungs-, Kontroll- und Anpassungskosten (Picot 1982: 270). Die Argumentation wird somit um die besonderen Schwierigkeiten bei der Transaktion von Wissen erweitert (Hodgson 1998: 180 f.). Es besteht allerdings keine Veranlassung, die Grundannahme des Opportunismus abzulehnen, was von Conner (1991) in einer früheren Arbeit selbst klar gestellt wird (Conner 1991: 143). Die Annahme ist also nicht unbedingt notwendig, um die Entstehung von Hierarchien zu erklären. Conner und Prahalad (1996) ist zwar in den Grundzügen zuzustimmen, dass auch aus anderen Gründen, wie der Kontrolle opportunistischen Verhaltens, die Hierarchie eine notwendige Koordinationsform darstellt. Inwiefern eine Einschränkung der Hierarchieerklärung nur auf *nicht-opportunistische*, rein sachliche Konflikte sinnvoll ist und ob diese Einschränkung den ressourcenbasierten Ansatz ausreichend wiedergibt, soll hier bezweifelt werden (ähnliche Kritikpunkte finden sich bei Foss 1996b: 519 ff.). Basieren nicht viele Überlegungen zu Imitationsbarrieren gerade bei intangiblen Ressourcen auf transaktionskostentheoretischen Überlegungen und stoßen *spezifische* Ressourcen nicht auf Marktversagen? In der Praxis gehen doch sachliche Konflikte meist mit opportunistischen Verhaltenskonflikten einher und verstärken letztere sogar. Die Verneinung von Opportunismus als Verhaltensannahme wird dem ressourcenbasierten Ansatz daher weder gerecht noch lässt sie den Ansatz realistisch erscheinen, da die Abwesenheit von Opportunismus im Wirtschaftsleben eher einer Idealvorstellung entspricht als tatsächlichen Beobachtungen. Die vollständige Ablehnung

9. Die Konfliktlösung durch Instanzen (Schreyögg 1996: 154 f.) kann zwar sachliche Meinungsverschiedenheiten lösen. Persönliche und emotionale Konflikte zwischen Mitarbeitern können aber nach einer solchen Entscheidung weiterhin bestehen bleiben (Walton 1987: 2).

der Opportunismusannahme stellt somit einen Rückschritt in der Theorieentwicklung dar.

Ein weiterer diskutierter Unterschied zwischen dem ressourcenbasierten Ansatz und dem Transaktionskostenansatz liegt in der Annahme des Transaktionskostenansatzes, nach der die Produktionskosten innerhalb der Hierarchie denen der Markttransaktion entsprechen. Kostenunterschiede bestehen lediglich hinsichtlich der Transaktionskosten. Der ressourcenbasierte Ansatz geht dagegen davon aus, dass gerade spezifische Ressourcenkombinationen innerhalb einer Organisation, vor allem teamspezifische Produktionen, zu Ergebnissen führen, die über kurzfristige Marktverträge nicht zu erzielen wären (Grant 1996: 113; Conner 1991: 142). Hier argumentiert der ressourcenbasierte Ansatz nahe an der neoklassischen Erklärung der Unternehmung als Kombiniererin von Ressourcen über Produktionsfunktionen (Conner 1991: 143). Der ressourcenbasierte Ansatz erhöht damit seine Realitätsnähe, indem er auf die Annahme homogener Produktionskosten verzichtet. Eng mit diesem Aspekt hängt auch der Unterschied der Analyseeinheit zusammen. Während sich der Transaktionskostenansatz lediglich auf die Reduktion der Transaktionskosten konzentriert, ist es die Aufgabe des Strategischen Managements, auch die Werterhöhung durch die Einnahmenseite zu beleuchten, also nicht nur die Kostenseite zu berücksichtigen (Zajac und Olson 1993: 137 ff.; Ghoshal und Moran 1996: 13). Gerade dies wird vom ressourcenbasierten Ansatz akzentuiert, indem der Ansatz nicht nur die Kosten zwischen Markt und Hierarchie vergleicht, sondern verdeutlicht, dass einige wertschaffende Aktivitäten nur in Unternehmungen durchgeführt werden können, die Alternative Markt also erst gar nicht existiert (Grant 1996: 113).

Neben den genannten Unterschieden bestehen aber auch wesentliche Gemeinsamkeiten. Wie bereits erwähnt, stehen die Isolationsmechanismen, die von Vertretern des ressourcenbasierten Ansatzes vorgestellt werden, im Einklang mit dem Transaktionskostenansatz und basieren häufig auf dessen Argumentation (Williamson 1999: 1095). Auch bei der Erklärung von Diversifikationsstrategien argumentieren der Transaktionskostenansatz und der ressourcenbasierte Ansatz analog. In beiden Ansätzen existieren überschüssige Ressourcen innerhalb einer Unternehmung, die auf Marktversagen stoßen und durch Diversifikation innerhalb einer Unternehmung besser genutzt werden können (Peteraf 1993: 188). Williamson (1999) fordert daher wohl zu Recht, Überlegungen des Transaktionskostenansatzes weiter mit dem ressourcenbasierten Ansatz zu verknüpfen, was aufgrund der Fokussierung auf organisatorische Belange einer Unternehmung, der Infragestellung der Annahmen der klassischen Ökonomie und der Annahme der begrenzten Rationalität innerhalb des ressourcenbasierten Ansatzes auch durchaus fruchtbar erscheint (Mahoney und Pandian 1992: 370ff; Williamson 1999: 1098 und 1106).

4.7.3 Verhaltenswissenschaftliche Ansätze

Wie bereits auf Seite 168 und insbesondere bei der Kritik am ressourcenbasierten Ansatz im Abschnitt 4.6.5 deutlich wurde, ist die Kombination des ressourcenbasierten Ansatzes mit verhaltenswissenschaftlichen Ansätzen dringend geboten. Während die notwendige Offenlegung der Verhaltensannahmen des ressourcenbasierten Ansatzes, wie beispielsweise die begrenzte Rationalität (Williamson 1999: 1094), noch keine wesentliche Verknüpfung mit verhaltenswissenschaftlichen Ansätzen darstellt, ist die verhaltenswissenschaftliche Anreicherung des ressourcenbasierten Ansatzes gerade zur Erklärung für die Generierung von neuen Ressourcen und Fähigkeiten durchaus vielversprechend. Bereits Porter (1981) forderte, die Entscheidungsträger in den Mittelpunkt wissenschaftlicher Analysen zu rücken.

Es ist Aufgabe des Managements, einzigartige Ressourcen und Fähigkeiten zu entwickeln und somit Renten für die Unternehmung zu erzielen (Amit und Schoemaker 1993: 36). Folglich muss sich auch der ressourcenbasierte Ansatz mit der Frage auseinander setzen, wie Manager diese einzigartigen Ressourcen und Fähigkeiten entwickeln. Wie bereits erwähnt, wurde diese Forderung zumindest in den Anfängen des ressourcenbasierten Ansatzes nicht erfüllt. Gerade die Annahmen der kausalen Ambiguität und sozialen Komplexität lassen die Entscheidungsträger unwichtig erscheinen (Reed und DeFillippi 1990: 90 f.). Ein überlegenes Ressourcenportfolio wird lediglich auf Glück zurückgeführt und nicht auf die Handlungen und Entscheidungen des Managements (McWilliams und Smart 1995: 311 und 313; Bresser 1998: 677). Allerdings werden auch alternative Konzepte vorgestellt, welche die Entstehung idiosynkratischer Ressourcen und damit von Wettbewerbsvorteilen sowie deren längerfristige Aufrechterhaltung erklären können.

Vor allem Amit und Schoemaker (1993) haben versucht, verhaltenswissenschaftliche Aspekte mit dem ressourcenbasierten Ansatz zu verbinden. Sie stellen drei Aufgaben des Managements bei der Entwicklung strategischer Ressourcen und Fähigkeiten vor: (1) Die (frühzeitige) Antizipation zukünftiger Umweltzustände, (2) die Einschätzung der kompetitiven Interaktion zukünftiger Projekte und (3) die Überwindung unternehmungsinterner Konflikte. Diese

Aufgaben werden jedoch nicht rational gelöst, sondern in verzerrter Form. Für diese Verzerrungen sind drei Eigenschaften der Entscheidungssituation verantwortlich, die intendiert rationale Entscheidungen aus psychologischer Perspektive erschweren: (1) Unsicherheit, (2) Komplexität und (3) interne Konflikte.

1. Unsicherheit
   In einer neoklassischen Welt der Ökonomie, in der sämtliche Informationen den Entscheidungsträgern bekannt sind und Entscheidungen rein rational getroffen werden, müssten alle Entscheidungen unterschiedlicher Unternehmungen in die gleiche Lösungsalternative münden; nämlich in diejenige, welche den ökonomischen Wert maximiert. Dies widerspricht allerdings der Annahme, dass Unternehmungen heterogene Ressourcenpositionen über die Zeit entwickelt haben und vor allem, dass Renditeunterschiede zwischen Unternehmungen zu beobachten sind.

   In der Realität sind jedoch große Varianzen in der Wahl von Handlungsalternativen einzelner Manager zu beobachten. Dies wird auf deren begrenzte Rationalität zurückgeführt (Simon 1947: xxiv). Entscheidungen finden unter Unsicherheit und Mehrdeutigkeit hinsichtlich der wirtschaftlichen, technologischen, politisch-rechtlichen und sozialen Umwelt statt. Diese Unsicherheit führt zu unterschiedlichen Erwartungen in Bezug auf zukünftige Entwicklungen bei Preisen, Konsumentenpräferenzen, Kostenstrukturen, Wachstumsraten etc. Selbst ausgeklügelte Modelle, wie beispielsweise computersimulierte Lösungsmodelle (vergleiche beispielsweise Haehling von Lanzenauer et al. 2002) kommen zu unterschiedlichen Ergebnissen, da in die Entscheidungsalgorithmen unterschiedliche Daten einfließen, die auf voneinander abweichenden Erwartungen und Informationsständen beruhen. Zusätzlich werden die Entscheidungen von individuellen Risikoneigungen beeinflusst (Kahneman und Tversky 1979: 268 f.). Es sind auch Wahrnehmungsverzerrungen zu konstatieren, die auf der Überbetonung historischer Erfahrungen basieren, wie beispielsweise bisherigen Wettbewerbskonzepten. Die Perzeption neuer Daten wird hierbei vernachlässigt. Insofern führen Entscheidungen unterschiedlicher Personen zu unterschiedlichen Lösungen (Amit und Schoemaker 1993: 40), und Gleichgewichtslösungen sind folglich kaum zu erwarten.

2. Komplexität
   Neben der Unsicherheit stellt die Komplexität von Entscheidungen einen der interessantesten Problembereiche des Strategischen Managements dar.

Aufgrund begrenzter Rationalität der Entscheidungsträger muss die Komplexität von Entscheidungssituationen in der Regel durch Vereinfachungen reduziert werden. Hierdurch entstehen ebenfalls Wahrnehmungsverzerrungen (Amit und Schoemaker 1993: 41), die unterschiedliche Entscheidungen hervorbringen.

3. Konflikte
Der letzte von Amit und Schoemaker (1993) angeführte Verzerrungseffekt besteht in dem Einfluss unternehmungsinterner Konflikte auf Entscheidungsprozesse. Unternehmungsinterne Entscheidungen führen innerhalb der Unternehmung zu Veränderungen der Ressourcenausstattung sowohl von Einzelpersonen als auch von Gruppen. Diese werden deshalb mikropolitische Instrumente einsetzen, um die Entscheidungen und damit die Entwicklung von Ressourcen und Fähigkeiten zu ihren Gunsten zu beeinflussen (Amit und Schoemaker 1993: 42). Strategische Entscheidungen in einer Gesamtunternehmung werden daher immer vom mikropolitischen Verhalten der Organisationsmitglieder beeinflusst und können somit die Entscheidungsqualität erheblich beeinträchtigen.

Als Fazit gilt: Die aus der Verhaltenswissenschaft bekannten Probleme der Entscheidungsfindung – Unsicherheit, Komplexität und Konflikte – beeinflussen die Entstehung von Ressourcen und Fähigkeiten. Die entscheidende Frage, wie unterschiedliche Fähigkeiten und Ressourcen durch Managementverhalten entwickelt und umgestaltet werden, bleibt aber weiterhin eine weitgehend offene Frage des ressourcenbasierten Ansatzes (Bresser 1998: 309). Für deren Beantwortung sind gerade die verhaltenswissenschaftlichen Ansätze besonders erfolgversprechend, auch wenn dies bisher nur begrenzt geschah (Bresser 1998: 309). Die Kausalkette muss weiter zurückverfolgt werden, um den unterschiedlichen Umgang mit Unsicherheit, Komplexität und Konflikten tiefer zu analysieren. Bresser (1998) schlägt hierzu in Anlehnung an die Arbeit von Hambrick und Mason (1984) vor, psychologische und demographische Topmanagement-Charakteristika explizit in den Untersuchungsrahmen des ressourcenbasierten Ansatzes aufzunehmen (vergleiche Abbildung 4.4 auf der nächsten Seite).

Da hier die Frage der Generierung neuartiger Ressourcen und Fähigkeiten im Vordergrund steht, ist der ressourcenbasierte Ansatz hinsichtlich dieser Fragestellung zu erweitern. Die bereits vorgestellten dynamischen Erweiterungen des ressourcenbasierten Ansatzes, die Evolutionstheorie, die Österreichische Schule und der Dynamic Capabilities Approach haben bereits die Notwendig-

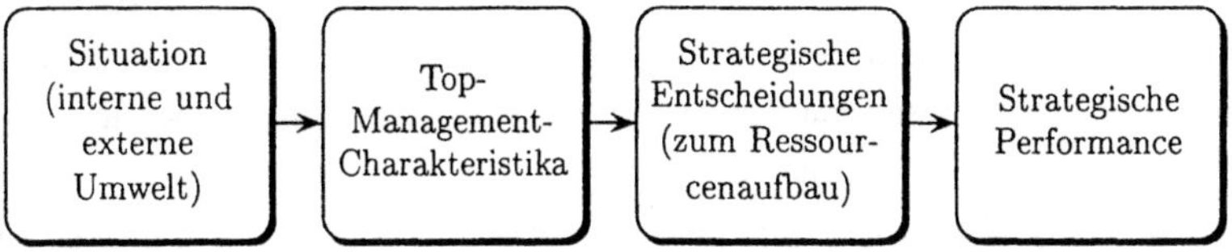

Abbildung 4.4: Ein verhaltenswissenschaftlicher Forschungsrahmen zur Untersuchung wettbewerbsvorteilsgenerierender Ressourcen. Quelle: Bresser (1998), S. 310

keit unternehmerischer Fähigkeiten für die Generierung von neuartigen Ressourcen und Fähigkeiten verdeutlicht. Daher erscheint es angebracht, auch die Literatur, die sich mit verhaltenswissenschaftlichen Aspekten zur Erklärung erfolgreicher Unternehmer befasst (Goebel 1990; Hébert und Link 1989; Pinchot III 1985; Klandt 1984), zu berücksichtigen. Es erscheint also vielversprechend, die beiden Forschungsrichtungen – den ressourcenbasierten Ansatz und die verhaltensorientierte Unternehmerforschung – miteinander zu verbinden. Die hierzu erforderlichen Forschungsanstrengungen übersteigen jedoch den Rahmen der vorliegenden Fragestellung und können in dieser Arbeit nicht in aller Tiefe behandelt werden.

4.8 Zusammenfassendes Zwischenergebnis

Der ressourcenbasierte Ansatz ist einer der fruchtbarsten Ansätze der Strategischen Managementforschung der letzten Jahre. Analyseeinheit dieses Ansatzes sind die internen Ressourcen und Fähigkeiten einer Unternehmung. Damit schließt er die Lücke, die in der Strategischen Managementforschung durch die Dominanz der Industrieökonomie entstanden war, indem die unternehmungsexternen Analysen der Industrieökonomie durch die internen des ressourcenbasierten Ansatzes ergänzt werden. Allerdings wird hierbei auch deutlich, dass der ressourcenbasierte Ansatz alleine schnell an Grenzen stößt.

Zur Überwindung dieser Grenzen ist der ressourcenbasierte Ansatz zum einen zu dynamisieren, wie es über die Österreichische Schule der Ökonomie, die Evolutionstheorie und schließlich den Dynamic Capabilities Approach bereits geschehen ist und noch weiter vorangetrieben wird.[10] Zum anderen zeigt

10. Vergleiche hierzu ein aktuelles Special Issue des Strategic Management Journal (Helfat 2000).

sich auch, dass der ressourcenbasierte Ansatz einer Anreicherung durch andere Ansätze bedarf, um strategierelevante Phänomene besser zu erklären. Hierzu bieten sich der Transaktionskostenansatz, die Industrieökonomie sowie verhaltenswissenschaftliche Ansätze an.

Im Folgenden sollen Anforderungen an einen theoretischen Ansatz aufgezeigt werden, die Mergers & Acquisitions hinreichend erklären helfen. Dies geschieht bereits vor dem Hintergrund der in diesem Kapitel dargelegten Diskussion zum ressourcenbasierten Ansatz, aber auch vor der parallel verlaufenden Diskussion zu generellen Anforderungen an Theorien des Strategischen Managements.

4.9 Konsequenzen für die Analyse von Mergers & Acquisitions

Der ressourcenbasierte Ansatz wird als *Theory of the Firm* verstanden (Conner 1991: 139 ff.; Conner und Prahalad 1996: 477). Als solche muss er damit auch die Grenzen einer Unternehmung und letztlich Mergers & Acquisitions erklären können. Mahoney (1992) sieht folglich eine der großen Aufgaben des ressourcenbasierten Ansatzes in einer Weiterentwicklung zur Erklärung von Mergers & Acquisitions (Mahoney 1992: 130). Hierzu hat der ressourcenbasierte Ansatz aufgrund der vorangegangenen Überlegungen folgende Aspekte zu berücksichtigen:

1. Mergers & Acquisitions sind im Wesentlichen anhand der internen Ressourcenpositionen der beteiligten Unternehmungen zu erklären. Die Ressourcenposition bestimmt die Strategie – hier Mergers & Acquisitions– die wiederum die Wettbewerbsvorteile und die Performance der daraus resultierenden Unternehmung beeinflusst. Die Ressourcen und Fähigkeiten einer Unternehmung stellen folglich die unabhängige Variable dar, während Mergers & Acquisitions die daraus resultierende abhängige Variable bilden. Gleichzeitig werden durch Mergers & Acquisitions wiederum Wettbewerbsvorteile und die Performance begründbar.

2. Es sind aber nicht allein die internen Unternehmungsressourcen zu berücksichtigen. Diese gewinnen erst im Zusammenspiel mit der externen Unternehmungsumwelt an Wert. Der Erfolg einer Strategie hängt also sowohl von unternehmungsexternen als auch von unternehmungsinternen

Faktoren ab. Um den Erfolg von Mergers & Acquisitions zu erklären, sind daher auch externe Einflussvariablen im Modell zu berücksichtigen.

3. Eine Veränderung der Ressourcenposition kann nur dann erklärt werden, wenn sich die Anforderungen an eine Unternehmung grundlegend geändert haben. In einer statischen Umwelt erübrigen sich Anpassungsmaßnahmen für eine Unternehmung. Daher ist der ressourcenbasierte Ansatz dynamisch zu interpretieren, denn für Unternehmungen stellt sich nur in dynamischen Umwelten die Forderung, ihre Ressourcenpositionen an veränderte Umweltbedingungen anzupassen. Hierbei stehen Unternehmungen allerdings einer Reihe von internen Restriktionen gegenüber (zum Beispiel Konflikte), die den Wandelprozess erschweren; teilweise wird interner Wandel sogar völlig verhindert.

4. Es ist aber auch zu klären, wie Ressourcenwandel ausgelöst wird. Hierzu erscheint es angebracht, die unternehmerischen Leistungen des Managements heranzuziehen. Dies kann erreicht werden, indem der ressourcenbasierte Ansatz mit verhaltenswissenschaftlichen Aspekten und Überlegungen der Österreichischen Schule der Ökonomie angereichert wird.

5. Generell kann man davon ausgehen, dass die Ressourcenposition einer Unternehmung aufgrund sich verändernder Umweltbedingungen rekonfiguriert werden muss; es sind neue Ressourcen und Fähigkeiten zu beschaffen. Hierzu besteht eine Reihe von Optionen, wie die interne Entwicklung, die Beschaffung über Faktormärkte und Unternehmungskooperationen und letztlich Mergers *&* Acquisitions. Es ist also zu klären, warum interne Entwicklung, Faktormärkte und Unternehmungskooperationen mitunter versagen. Aus diesem Grund sind einerseits evolutionstheoretische Argumente und andererseits Überlegungen aus dem Transaktionskostenansatz mit dem ressourcenbasierten Ansatz zu verbinden.

6. Um im Mergers *&* Acquisitions-Geschäft erfolgreich agieren zu können, müssen spezielle Fähigkeiten in der Unternehmung vorhanden sein, Mergers *&* Acquisitions auch selbst durchzuführen, zum Beispiel im Bereich der Markt- und Branchenanalyse, der Unternehmungsbewertung, der Finanzierung und vor allem der Integration. Es ist zu untersuchen, welche Ressourcen und Fähigkeiten in einer Unternehmung vorliegen müssen, um Mergers *&* Acquisitions-Strategien erfolgreich umzusetzen.

Wenn der ressourcenbasierte Ansatz dem Anspruch genügen soll, Mergers & Acquisitions umfassend zu erklären, muss er auch die wichtigsten Aspekte im gesamten Mergers & Acquisitions-Prozess ausreichend beleuchten. Während das Hauptaugenmerk der vorliegenden Arbeit auf der Formulierung der Mergers & Acquisitions-Strategie liegt, werden die weiteren Aspekte des Mergers & Acquisitions-Prozesses nur kurz in einem Ausblick angeführt. In diesem Ausblick sind aus ressourcenbasierter Sicht zwei Aspekte von besonderer Relevanz: (1) Muss verhindert werden, dass wichtige Ressourcen und Fähigkeiten auf der Seite der Zielunternehmung oder der kaufenden Unternehmung verloren gehen und (2) muss der Austausch der Ressourcen und Fähigkeiten zwischen den beteiligten Unternehmungen gewährleistet sein, damit die erwünschten Wettbewerbsvorteile auch generiert werden. Da die Integration aber ein eigenes komplexes Thema darstellt, kann im Rahmen dieser Arbeit nur knapp auf die wesentlichen Problembereiche verwiesen und Lösungen nur angedeutet werden.

Im folgenden Kapitel soll versucht werden, ein Modell zu entwickeln, um die Bedingungen einer erfolgreichen Mergers & Acquisitions-Strategie herauszuarbeiten. Hierbei werden die in diesem Kapitel vorgestellten Anforderungen explizit Berücksichtigung finden.

5 Der Resource-Based-View und Mergers & Acquisitions

Overall, there is no empirical consensus on the expected returns from acquisitions. One reason for the lack of consensus stems from the need to understand more about the role of acquisitions in obtaining new resources, as opposed to emphasizing gains from more efficient use of existing resources.

(Karim und Mitchell 2000: 1065)

Bereits Hogarty (1970) stellt in seiner empirischen Untersuchung fest: „[...] while most active acquirers do not obtain an attractive return, a few do. The relatively few successful acquirers obtain very large returns, and the prospects of these large returns tempt other firms to engage in merger activity" (Hogarty 1970: 326). Auch Barney (1986b) kommt zu einem ähnlichen Ergebnis: „To suggest that, on average, acquiring firms cannot expect above normal returns from their investments in corporate acquisitions is not the same as suggesting that no firms ever experience such returns" (Barney 1986b: 1231). Trotz der für den durchschnittlichen Bieter negativen Ergebnisse empirischer Studien (Jensen und Ruback 1983) können also einige Bieter sehr erfolgreich Mergers & Acquisitions durchführen. Die Tatsache, dass einzelne Unternehmungen ihre Rentabilität durch Mergers & Acquisitions erhöhen können, andere Unternehmungen jedoch nicht, größtenteils sogar noch an Wert verlieren, deutet darauf hin, dass die Gründe für den Erfolg von Mergers & Acquisitions nicht in Umweltbedingungen zu suchen sind, die für alle betroffenen Unternehmungen zutreffen. Vielmehr scheint es opportun, die Gründe für erfolgreiche Mergers & Acquisitions auf unternehmungsindividueller Ebene zu suchen, worauf bereits

Chatterjee (1986) hinwies: „For such a firm the value-creating potential of different classes of resources is more important than that of different types of mergers“ (Chatterjee 1986: 121). Es sollen folglich unternehmungsspezifische Besonderheiten sowie eine Reihe weiterer Bedingungen herausgearbeitet werden, die erfüllt sein müssen, um Mergers & Acquisitions erfolgreich durchführen zu können. Wie gezeigt, bietet sich dazu der ressourcenbasierte Ansatz an. Das komplexe Phänomen Mergers & Acquisitions ist nicht durch monokausale Ansätze zu erklären, worauf schon im Kapitel 3 hingewiesen wurde. Vielmehr ist ein komplexer Ansatz zu wählen, der geeignet ist, auch Aspekte anderer Ansätze in sich zu vereinen; eine Bedingung, die ebenfalls vom ressourcenbasierten Ansatz erfüllt wird. So verwundert es auch nicht, dass sich in den letzten Jahren einige Arbeiten explizit mit ressourcenbasierten Erklärungen von Mergers & Acquisitions beschäftigen oder zumindest ihre Argumentation an den ressourcenbasierten Ansatz anlehnen, wie beispielsweise die Arbeiten von Barney (1988), Capron und Mitchell (1998), Capron und Mitchell (1999), Capron et al. (1999) und Karim und Mitchell (2000), die aber noch keine umfassende Erklärung für Mergers & Acquisitions liefern.

Die hier vorgestellte ressourcenbasierte Erklärung des Erfolgs von Mergers & Acquisitions-Strategien erfolgt in drei Schritten: Wie in Abbildung 5.1 gezeigt, wird zunächst der Ressourcenbedarf analysiert, der sich aus Veränderungen der Unternehmungsumwelt ergibt und durch die bestehende einzigartige Ressourcenbasis der Unternehmungen und schließlich auch durch die individuelle Perzeption der Entscheidungsträger bestimmt wird. Dabei kann der Bedarf an Ressourcen und Fähigkeiten generell durch vier Alternativen gedeckt werden: Faktormärkte, interne Entwicklung, Unternehmungskooperationen und Mergers & Acquisitions. Diese werden auf ihre Möglichkeiten und Grenzen bei der Beschaffung von Ressourcen und Fähigkeiten untersucht, wobei der Schwerpunkt klar auf der letztgenannten Beschaffungsalternative liegen soll. Nach der Analyse, für welche Ressourcen und Fähigkeiten Mergers & Acquisitions eine ideale Beschaffungsalternative darstellen, wird abschließend untersucht, wer von der Transaktion profitieren kann. Hierbei wird der Einfluss des jeweiligen Ressourcenportfolios auf die Verteilung der Renten zwischen den Aktionären der Biet- und der Zielunternehmung analysiert.

Um das Thema Mergers & Acquisitions vollständig abzudecken, ist aber nicht nur eine theoretische Erklärung der Frage nach dem *warum* zu liefern. Es gilt auch, die Konsequenzen von Mergers & Acquisitions zu untersuchen. Daher soll im Abschnitt 5.7 ein Ausblick auf weitere Aspekte des Akquisiti-

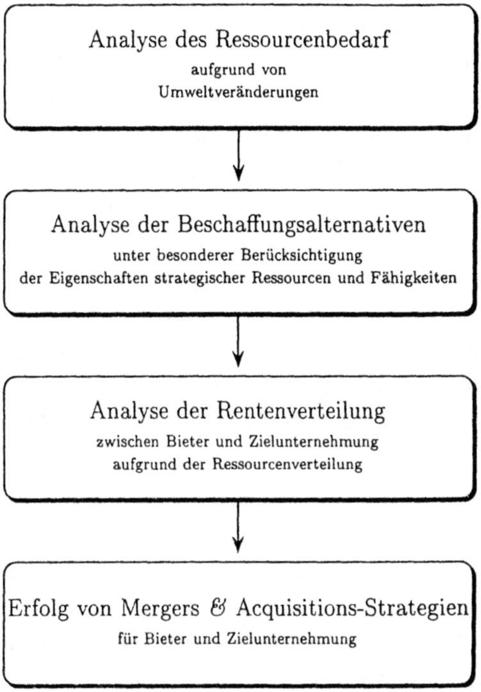

Abbildung 5.1: Konzeption des Modells

onsprozesses aus Sicht des ressourcenbasierten Ansatzes gegeben werden. Der Kern des vorliegenden Kapitels beschränkt sich allerdings auf die konzeptionelle Erklärung von Mergers & Acquisitions und damit auf die Formulierung einer Mergers & Acquisitions-Strategie. Die gewonnenen Erkenntnisse sollen in Form von Propositionen zusammengefasst werden, um so zukünftige empirische Arbeiten zu erleichtern. Ausgangspunkt bilden dabei Umweltveränderungen, die nun beleuchtet werden sollen.

5.1 Bedingungen des Ressourcenbedarfs

Mergers & Acquisitions stellen im weitesten Sinne eine Möglichkeit der Beschaffung neuer Ressourcen und Fähigkeiten dar. Die Beschaffung ist aber nur dann sinnvoll, wenn ein akuter Bedarf an neuen Ressourcen und Fähigkeiten besteht. Daher ist es erforderlich, den Ressourcenbedarf genauer zu analysieren.

Gemäß dynamischer Überlegungen zum ressourcenbasierten Ansatz geht der Bedarf an neuen Ressourcen und Fähigkeiten von Veränderungen in der Unternehmungsumwelt aus. Doch die Umweltveränderung allein reicht noch nicht aus, um einen Ressourcenbedarf auszulösen. Erst wenn der fokalen Unternehmung Ressourcen und Fähigkeiten fehlen, um sich an die neuen Anforderungen anzupassen, kann der Ressourcenbedarf erklärt werden. Außerdem muss die Notwendigkeit der Ressourcenanpassung auch von den Entscheidungsträgern wahrgenommen werden. Wie Umweltinformationen von den Entscheidungsträgern perzipiert werden, hängt entscheidend von den Persönlichkeitsmerkmalen der Entscheidungsträger ab. Entscheidungsträger mit bestimmten Prädispositionen sind in der Lage, Neukombinationen von Ressourcen und Fähigkeiten zu entwickeln, die sich durch unternehmerische Weitsicht auszeichnen.

Der Bedarf an Ressourcen und Fähigkeiten ist also an drei Bedingungen geknüpft: Erstens muss sich die Umwelt der Unternehmung verändern, zweitens dürfen nicht alle Ressourcen und Fähigkeiten in einer Unternehmung vereint sein, Unternehmungen müssen heterogen sein, und drittens muss eine unternehmerische Neukombination von Ressourcen und Fähigkeiten stattfinden. Die Veränderung der Umwelt soll entsprechend als Erstes analysiert werden.

5.1.1 Umweltveränderungen

Unternehmungen bewegen sich nicht im leeren Raum, sondern interagieren mit ihrer Unternehmungsumwelt (Pfeffer und Salancik 1978). Der Zusammenhang zwischen Unternehmungsumwelt und dem Verhalten einer Unternehmung hinsichtlich Organisation (Kieser und Kubicek 1992) und Strategie (Bresser 1998) wird schon seit langem von kontingenztheoretischen Ansätzen diskutiert. Generell ist dabei festzuhalten, dass ein Verständnis für strategische Entscheidungen ohne die Berücksichtigung externer Umweltvariablen nicht auskommt. Exogener Wandel ist notwendig, da ansonsten Entscheidungen endgültigen Charakter hätten. Unternehmungen müssten sich nicht weiter anpassen, interne Veränderungen fänden nicht statt (Schumpeter 1928: 481; Porter 1991: 109 f.).

Wie bereits oben diskutiert, bewegen sich Umweltveränderungen innerhalb eines Kontinuums zwischen Stabilität und Hyperwettbewerb, wobei sich nur die wenigsten Unternehmungen in den beiden Extremumwelten befinden (siehe Seite 165). Welche sind nun die Einflussfaktoren der externen Umwelt, die im Rahmen der strategischen Analyse zu berücksichtigen sind? Grundsätzlich wird die externe Unternehmungsumwelt in eine generelle Umwelt und in eine Aufgabenumwelt unterschieden (Wheelen und Hunger 2000: 82 ff.; Bresser 1998: 181). In der generellen Umwelt stellen technologische Innovationen, wie beispielsweise neue Entwicklungen in der Bio- oder in der Informationstechnologie, politische und rechtliche Veränderungen, wie die Deregulierung einzelner Industrien (beispielsweise in der Energiewirtschaft, der Telekommunikations-, Post- und der Luftfahrtindustrie oder die Deregulierung der Bankenindustrie in den Vereinigten Staaten), aber auch wirtschaftliche und gesellschaftliche Umbrüche, wie die Schaffung eines gemeinsamen europäischen Binnenmarktes und die generelle Globalisierung der Wirtschaft, neue Anforderungen an Unternehmungen. Auch das Zusammenwachsen von Technologien unterschiedlicher Branchen, wie beispielsweise das Zusammenwachsen der Computer- und Telekommunikationstechnologie verlangt, althergebrachte Strategien zu überdenken (Teece 1986a: 193).

Die Aufgabenumwelt besteht in der Strategischen Managementforschung im Wesentlichen aus der Branchenstruktur, der strategischen Gruppenanalyse und der Konkurrentenanalyse (Bresser 1998: 181), wobei die Branchenstrukturanalyse bei der Bestimmung relevanter Einflussfaktoren der externen Umwelt eine dominante Rolle spielt, da die strategische Gruppenanalyse und die Konkurrentenanalyse grosso modo unter der Wettbewerbskraft *Rivalität unter den bestehenden Unternehmungen* subsumiert werden können.[1] Hauptsächlich sind also (1) die Rivalität unter den bestehenden Unternehmungen, (2) die Bedrohung durch neu eintretende Konkurrenten, (3) die Bedrohung durch Ersatzprodukte und -dienste, (4) die Verhandlungsstärke der Lieferanten und (5) die Verhandlungsstärke der Abnehmer zu betrachten.

Eine Veränderung dieser Einflussfaktoren hat Konsequenzen für die Ressourcenpositionen einer Unternehmung. Auch wenn im konzeptionellen Rahmen des statischen ressourcenbasierten Ansatzes diese externen Umwelteinflüsse bisher kaum aufgenommen wurden (vergleiche hierzu Abschnitt 4.6.2), haben Umweltveränderungen einen erheblichen Einfluss auf den Status quo der Ressourcen und Fähigkeiten einer Unternehmung: Während der statische ressourcenbasierte Ansatz eine Gefahr für die Rentabilität einer Unternehmung

1. Dies gilt lediglich für die Bestimmung der Einflussfaktoren, da die strategische Gruppenanalyse und die Konkurrentenanalyse Differenzierungen bei der Untersuchung der direkten und potenziellen Wettbewerber darstellen. Für die genaue Analyse strategischer Gruppen und der Konkurrenten müssen allerdings eigens entwickelte Instrumente und theoretische Ansätze herangezogen werden (vergleiche hierzu Bresser 1998: Kapitel 5 und 6).

vor allem in der Mobilität von Ressourcen sieht, wie beispielsweise dem Weggang von Mitarbeitern, halten Teece et al. (1997) dies für weniger problematisch als eine grundlegende Veränderung der Umwelt, welche die bestehenden Ressourcen und Fähigkeiten obsolet werden lässt (Teece et al. 1997: 524). Aus ressourcenbasierter Sicht sind Umweltveränderungen von Bedeutung, da sie den Wert bestehender Ressourcen verändern, und zwar in zwei Richtungen:

1. Werterhöhung
   Umweltveränderungen können eine positive Wirkung auf die angestammten Ressourcen und Fähigkeiten einer Unternehmung ausüben, indem beispielsweise durch eine Veränderung der Kundenwünsche oder der wirtschaftlichen und gesellschaftlichen Verhältnisse neue Märkte entstehen, die zu den bestehenden Ressourcen und Fähigkeiten passen.

2. Wertreduktion
   Häufiger als eine Werterhöhung ist ein Wertverlust bisher wertvoller Ressourcen zu erwarten. Beispielsweise können Produkte, die aus bestimmten Ressourcen und Fähigkeiten resultieren, durch eine Veränderung der Kundenpräferenzen nicht mehr nachgefragt werden. Auch in technologischen Innovationen liegt das Potenzial, bisher einzigartige Ressourcen und Fähigkeiten nun durch neue Verfahren zu substituieren. Beides führt zu einem Verlust der Nachhaltigkeit der Ressourcenposition; Renten werden zerstört. Reve (1990) beschreibt dies wie folgt: „In a changing world a strategic core which secured a competitive advantage last year, may be of little economic value this year“ (Reve 1990: 141). Folglich müssen die relevanten Ressourcen und Fähigkeiten in sich verändernden Umwelten immer wieder neu definiert werden (Aaker 1989: 104 f.; Reve 1990: 141 f.).

Liegt eine Wertreduktion vor, muss eine Unternehmung ihre Ressourcenposition um umweltkompatible Ressourcen erweitern. Es ist aber auch bei einer Werterhöhung davon auszugehen, dass die bestehende Ressourcenposition weiter auszubauen und zu ergänzen ist, um alle Potenziale auszunutzen. Entsprechend formuliert Rumelt (1984) die Aufgabe des Strategischen Managements wie folgt: „[...] that a firm's competitive position is defined by a bundle of unique resources and relationships and the task of general management is to adjust and renew these resources and relationships as time, competition, and change erode their value“ (Rumelt 1984: 557 f.). Unternehmungen müssen ihre Strategie an veränderte Umweltbedingungen anpassen, sie verbessern oder verändern, um nicht Wettbewerbsvorteile über die Zeit in sich wandelnden Umwelten zu verlieren (Porter 1991: 111).

Es ist also nicht von gleichgewichtigen Umwelten auszugehen, sondern von Umwelten, in denen immer wieder neue Ungleichgewichte durch Innovationsprozesse ausgelöst werden. Die Innovatoren selbst erzielen allerdings dadurch auch keine Gleichgewichtsstellung, sondern werden von den Imitationsanstrengungen der Wettbewerber immer wieder in ihrer Stellung gefährdet. Auch wenn dies durch Imitationsbarrieren erschwert wird, ist davon auszugehen, dass über die Zeit alle Ressourcen und Fähigkeiten imitiert oder zumindest substituiert werden können. Das Vorliegen nur temporärer Wettbewerbsvorteile zwingt Unternehmungen, ständig neue Innovationen hervorzubringen, um Wettbewerbsvorteile aufrecht zu erhalten.

Wenn die Umwelt sich stark verändert, wird eine Anpassung der Unternehmungsstrategie an die neuen Bedingungen erforderlich, um einen Fit zwischen externer und interner Umwelt (Strategic Fit) herzustellen und die Rentabilität der Unternehmung nicht zu gefährden (Zajac et al. 2000: 433). Allerdings ist strategischer Wandel für eine Unternehmung nur sinnvoll, wenn sich die Umwelt so stark ändert, dass sie neue Anforderungen an Unternehmungen stellt. Ein Wandel, der vor dem Hintergrund externer Veränderungen als nicht notwendig erscheint, führt nicht zu einer Verbesserung der Rentabilität, kann sie sogar reduzieren (Zajac et al. 2000: 435).

Welche Möglichkeiten bestehen nun, die Ressourcenposition einer Unternehmung an neue Umweltbedingungen anzupassen? Neben Mergers & Acquisitions stehen Faktormärkte, die unternehmungsinterne Ressourcenentwicklung und Unternehmungskooperationen zur Verfügung (Capron et al. 1998: 632 f.), auf die jedoch erst an späterer Stelle wieder einzugehen sein wird. Hier soll vor allem die Alternative Mergers & Acquisitions näher untersucht werden, da es sich bei den anderen drei Alternativen um die klassischen Vorgehensweisen der Ressourcenanpassung handelt, die unbestreitbar Möglichkeiten der Ressourcenbeschaffung beziehungsweise -entwicklung darstellen. Im Zusammenhang mit der Ressourcenanpassung durch Mergers & Acquisitions soll hier die erste Proposition gebildet werden:

> *Proposition 1:* Wenn relevante Umweltbereiche einzelner Branchen einem grundlegenden Wandel unterzogen werden (beispielsweise durch neue Basistechnologievariationen, Veränderung der Marktstrukturen etc.), dann steigen sowohl Anzahl als auch Volumen von Mergers & Acquisitions in dieser Branche.

Je nach Branche kann die Veränderung der externen Umwelt mit Hilfe unterschiedlicher Kennzahlen geschätzt werden, wie der Anzahl der Patente, der Anzahl neu eingeführter Produkte und Dienstleistungen und Ähnlichem, aber auch durch die Befragung von Managern, die beispielsweise die Änderung von grundlegenden Entscheidungsvariablen einschätzen sollen (Kieser und Kubicek 1992: 371 f.). Anzahl und Volumen der Mergers & Acquisitions einer Branche lassen sich aus öffentlichen, aber auch gewerblichen Datenbanken ermitteln, wie beispielsweise des Bundeskartellamtes.

Hierbei ist allerdings zu beachten, dass es nicht genügt, Anzahl und Volumen von Mergers & Acquisitions zu erheben, da ein absoluter Vergleich von Branchen nicht aussagefähig ist. Um unterschiedliche Branchen miteinander vergleichen zu können, muss die Anzahl der an Mergers & Acquisitions beteiligten Unternehmungen in ein Verhältnis zur Gesamtpopulation der Unternehmungen einer Branche gesetzt werden (Gort 1969: 625). Eine solche Kennzahl kann Aufschluss über die Bedeutung von Mergers & Acquisitions für eine bestimmte Branche liefern.

Mergers & Acquisitions finden insbesondere im Rahmen nachhaltiger Umweltumwälzungen statt (Pfeffer 1972: 382). So sehen Theoretiker und Praktiker den Auslöser für die aktuelle Phase der Mergers & Acquisitions in der zunehmenden Globalisierung und Deregulierung vieler Märkte sowie in der Schaffung des EU-Binnenmarktes, in technologischen und politischen Entwicklungen, in Veränderungen der Konsumentenpräferenzen, in sinkenden Transportkosten und in anderen Faktoren, die die Notwendigkeit der Geschäftsausweitung zur Folge haben (Siegwart und Neugebauer 1999: 1; Jaeger 1999: 11 ff.; Maucher 1999: 39 f.; Rühli und Schettler 1999: 196 f.). Anhand verschiedener empirischer Studien können aber auch wissenschaftlich fundierte Hinweise gewonnen werden, die diese Proposition unterstützen:

Einer der Faktoren, der Zahl und Volumen der Transaktionen in den 1990er Jahren beeinflusst hat, ist in der Entstehung des europäischen Binnenmarktes zu sehen (Bühner 1989: 158), in dessen Anschluss das Transaktionsvolumen in Europa das amerikanische Volumen überholt hat. Auch der Befund, dass gerade in schnelllebigen High-Tech-Branchen Mergers & Acquisitions von besonderer Relevanz sind, da hierdurch technologische Fähigkeiten und vor allem hoch qualifizierte Mitarbeiter erworben werden können (Chaudhuri und Tabrizi 1999: 123), bestätigt die Proposition. Daneben kann das empirische Ergebnis aus der *Disturbance Theory* von Gort (1969) – trotz unterschiedlicher Hypothese beziehungsweise Proposition – als Beleg angeführt werden:

Gort (1969) geht von unterschiedlichen Wertschätzungen von Käufer und Verkäufer bei der Bewertung einer Unternehmung aus, wodurch Mergers & Acquisitions zustande kommen. Nur wenn der Käufer den Wert einer Unternehmung höher als der Verkäufer einschätzt, sind Mergers & Acquisitions zu erwarten (Gort 1969: 626). Gort versucht mit seiner *Disturbance Theory* zu erklären, unter welchen Bedingungen von einer solchen Diskrepanz bei der Unternehmungsbewertung auszugehen ist. Vor allem in Phasen starker Umweltveränderungen, wenn hohe Unsicherheit über die künftige Entwicklung herrscht, sind große Diskrepanzen in der Unternehmungsbewertung zu erwarten (Gort 1969: 627). Diesem Ansatz ist sicherlich entgegenzuhalten, dass nicht klar ist, warum Nicht-Eigentümer den Wert einer Unternehmung besser einschätzen können als die bisherigen Eigentümer (Mueller 1977a: 319). Die Informationsasymmetrie müsste eindeutig zu Gunsten der Alteigentümer ausfallen (Scherer 1986: 160) und eine höhere Bewertung durch mögliche Käufer zwangsläufig zum Winner's Curse führen. Dennoch ist ein relevanter Aspekt aus der Arbeit von Gort (1969) abzuleiten: Er konnte in Zeiten technologischer und wirtschaftlicher Umbrüche eine steigende Zahl der Mergers & Acquisitions-Transaktionen empirisch bestätigen (Gort 1969: 634). Andere Studien kommen zu ähnlichen Ergebnissen, die ebenfalls die obige Proposition stützen: Gerade in Branchen, die dereguliert wurden, sind häufig Mergers & Acquisitions zu beobachten (Jarrell et al. 1988: 50). So stellen Unternehmungen aus der Ende der 1970er und Anfang der 1980er Jahre deregulierten Öl- und Gasindustrie in den Vereinigten Staaten 26,3 Prozent aller Mergers & Acquisitions zwischen 1981 und 1984 dar, was ihren Anteil an der Volkswirtschaft von 13,5 Prozent bei weitem übersteigt (Jensen 1988b: 317).

Proposition 1 kann noch konkretisiert und erweitert werden: In der Regel betreffen Umweltveränderungen nur Unternehmungen einzelner oder weniger (verwandter) Branchen. Entsprechend sind Häufungen von Mergers & Acquisitions in einzelnen Branchen zu erwarten. Daraus lässt sich ableiten:

> *Proposition 1a:* Wenn starke Umweltveränderungen nur in einer oder wenigen Branchen zu beobachten sind, dann häufen sich Mergers & Acquisitions auch nur in diesen wenigen Wirtschaftsbereichen einer Volkswirtschaft.

Empirische Evidenz für Proposition 1a kann aus den nach Mergers & Acquisitions steigenden Aktienkursen auch der weiteren Unternehmungen einer Branche abgeleitet werden; ein Effekt, der beispielsweise für die Bankenbranche gut dokumentiert ist. Dies deutet darauf hin, dass der Markt auch für die Konkurrenten die Übernahmewahrscheinlichkeit hoch einschätzt (Akhigbe und Madura 1999: 1646 f.), da Mergers & Acquisitions für die gesamte Branche für wichtig erachtet wird.

Eine extreme Weiterentwicklung dieser Proposition besteht darin, dass einige Umweltveränderungen nicht nur einzelne Branchen betreffen, sondern eine oder mehrere Volkswirtschaften oder gar die Weltwirtschaft. Beispiele hierfür sind die Innovationen im Bereich der Informationstechnologie oder die Globalisierung der Weltwirtschaft. Auch bei diesen Veränderungen ist entsprechend der obigen Argumentation von einem verstärkten Auftreten von Mergers & Acquisitions auszugehen, aufgrund des Seltenheitswertes und der Bedeutung dieser grundlegenden Veränderungen, aber nur in Phasen – also als Merger-Waves. Folgende Proposition lässt sich daher formulieren:

> *Proposition 1b:* Wenn grundlegende, branchenübergreifende Umweltveränderungen stattfinden, dann steigen Anzahl und Volumen von Mergers & Acquisitions weltweit, es entsteht eine neue Merger-Wave.

Generell erscheint es auf den ersten Blick plausibel, dass Mergers & Acquisitions in Zeiten geringer Börsenkurse – also während einer Baisse – häufiger auftreten als in Zeiten einer Börsen-Hausse, da für den Käufer die Zielunternehmung günstiger zu erwerben ist (Teece 1982: 59). Diese Zeiten weisen aber nur eine geringe Innovationsrate auf, daher besteht kaum ein Bedarf an neuen Ressourcen und Fähigkeiten. Erst wenn Basisinnovationen oder andere grundlegende Veränderungen zu erwarten sind, wird auch die Anpassung der Ressourcenbasis von Unternehmungen wieder relevant. Diese grundlegenden Umweltveränderungen führen aber meist auch zu wirtschaftlichen Aufschwüngen. Beispielsweise besteht eine Reaktion auf Basisinnovationen im Aufschwung ganzer Volkswirtschaften und der Weltwirtschaft (Samuelson und Nordhaus 1987: 592 ff.). Entsprechend steigen die Aktienkurse der Unternehmungen, da sich die Zukunftserwartungen positiv verändern. Es ist also zu erwarten, dass Mergers & Acquisitions ebenfalls stattfinden, obwohl in Zeiten wirtschaftlicher Aufschwünge und entsprechender Börsen-Haussen die Kaufpreise der Zielunternehmungen vergleichsweise hoch sind. Der letzte Aspekt legt die Vermutung nahe, wonach Mergers & Acquisitions auch – eventuell gerade – in Zeiten hoher Aktienkurse zu erwarten sind, auch wenn hier kein Kausalzusammenhang besteht. Anzahl und Volumen von Mergers & Acquisitions sind daher unabhängig von der Höhe des Aktienmarktes, auch wenn eine positive Korrelation zwischen

Aktienkursen und Volumen und Anzahl von Mergers & Acquisitions zu erwarten ist; es ist hier also nur eine Scheinkorrelation zu erwarten, denn es sind die grundlegenden Umweltveränderungen, die einen wirtschaftlichen Aufschwung und gleichzeitig eine Häufung von Mergers & Acquisitions hervorrufen. Dies bringt die folgende Proposition[2] zum Ausdruck:

> *Proposition 1c:* Wenn der Aktienmarkt sich auf hohem Niveau befindet, dann nehmen Anzahl und Volumen von Mergers & Acquisitions zu.

Insgesamt kann also festgehalten werden, dass Umweltveränderungen Mergers & Acquisitions zwar auslösen können, aber noch nicht zu deren vollständiger Erklärung ausreichen. Der Zusammenhang zwischen Umweltveränderungen und Mergers & Acquisitions ist durch weitere Bedingungen zu konkretisieren. Nachdem gezeigt wurde, dass Mergers & Acquisitions eine Reaktion auf externe Umweltveränderungen darstellen, um wieder einen Strategic Fit herzustellen, muss untersucht werden, warum Unternehmungen auf unterschiedliche Weise auf Umweltveränderungen reagieren.

5.1.2 Heterogene Ressourcenausstattung

In der Regel haben Unternehmungen nicht alle für die Anpassung an neue Umweltbedingungen notwendigen Ressourcen unter Kontrolle. Unternehmungen können folglich meist nur eine Strategie wählen, die lediglich die bereits vorhandenen Ressourcen benötigt, oder sie müssen sich um die Beschaffung und Integration der notwendigen neuen Ressourcen kümmern (Young 1995: 338). Es ist zu erwarten, dass mit steigender Umweltveränderung der Bedarf an Ressourcen, die über den aktuellen Ressourcenbestand hinausgehen, steigt. Die Diskrepanz zwischen den bestehenden Ressourcen und Fähigkeiten einer Unternehmung und den Anforderungen der externen Umwelt führt zu einer Ressourcenlücke (Grant 1991: 131). Wie in Abbildung 5.2 auf der

---

2. Hier ist klar eine Unterscheidung zwischen empirischer und theoretischer Wissenschaft zu ziehen. Während die folgende Proposition empirisch durchaus überprüft werden kann und damit indirekt die vorliegende Argumentation bestätigt, besteht kein plausibler Zusammenhang im Sinne einer Ursache-Wirkung-Beziehung zwischen den Variablen. Vielmehr liegt beiden Variablen unabhängig voneinander die gleiche Ursache (Basisinnovationen oder ähnliche revolutionäre Umweltveränderungen) zugrunde. Somit stellt Proposition 1c keine theoretische Aussage im strengen Sinne dar, sondern dient lediglich der indirekten Überprüfung der Kernaussage des Abschnitts.

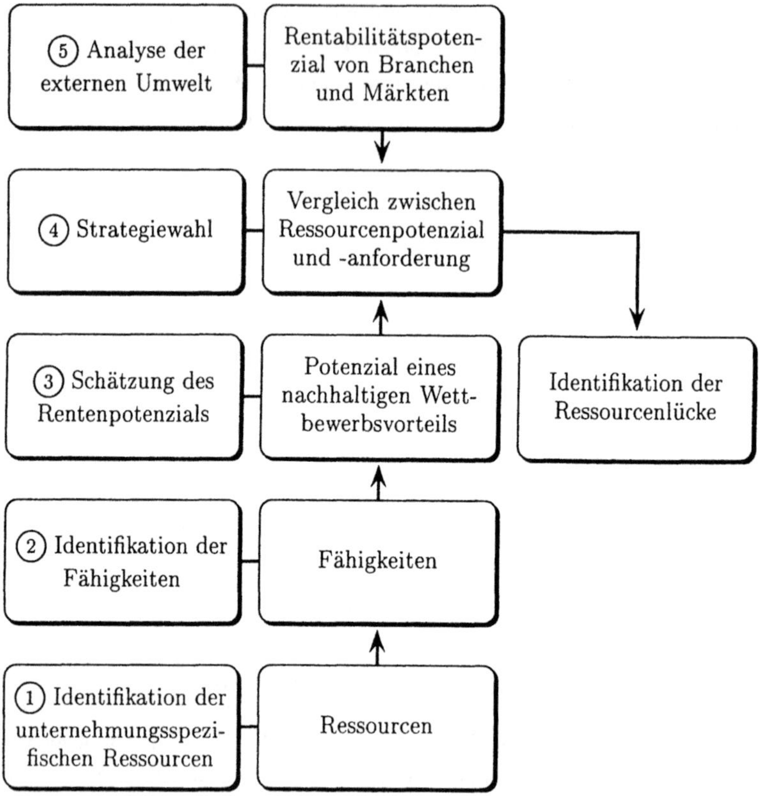

Abbildung 5.2: Bestimmung der Ressourcenlücke. In Anlehnung an Grant (1998: 138)

nächsten Seite deutlich wird, leitet sich die Ressourcenlücke direkt aus der Unternehmungsstrategie ab. Im Rahmen der Strategieformulierung wird das Management dazu gezwungen, einen Vergleich des Ressourcenpotenzials mit den Ressourcenanforderungen der externen Umwelt durchzuführen. Anschließend müssen neue Wege gefunden werden, um mit innovativen Lösungen den neuen Ressourcenbedarf zu decken (Prahalad 1993: 42), was jedoch unternehmerische Kreativität voraussetzt. Zur Schließung der Ressourcenlücke – also zur Beschaffung neuer Ressourcen und Fähigkeiten – bieten sich unterschiedliche Beschaffungsalternativen an, die aber erst im Abschnitt 5.2 umfassend analysiert werden.

Hier interessiert zunächst nur die Frage, warum Mergers *&* Acquisitions dazu geeignet sind, Ressourcenlücken zu schließen. Young (1995) sieht eine vielversprechende Anwendung des ressourcenbasierten Ansatzes in der Möglichkeit der Zusammenlegung komplementärer Ressourcen mehrerer Unternehmungen, um ihre Beschaffungsengpässe zu mildern. Solche Zusammenarbeiten beruhen wiederum auf unternehmerischen Visionen, Fähigkeiten und Maßnahmen (Young 1995: 338). Er spricht hierbei zwar Mergers *&* Acquisitions nicht explizit an, aber es ist offensichtlich, dass gerade Mergers *&* Acquisitions eine interessante und besonders bedeutsame Kooperationsform aus der Sicht des ressourcenbasierten Ansatzes darstellen. Der Transfer von Ressourcen und Fähigkeiten spielt, wie im Kapitel 3 bereits gezeigt, keine Rolle bei traditionellen Erklärungsversuchen von Mergers *&* Acquisitions, da diese die Ressourcenausstattung von Unternehmungen als homogen betrachten. Aus der Homogenitätsannahme folgt logischerweise, dass *alle* Unternehmungen auch über *alle* existierenden Ressourcen und Fähigkeiten verfügen oder zumindest innerhalb kürzester Zeit verfügen könnten. Damit wird die Ressourcenbasis zumindest implizit als vollkommen angenommen. Folglich können Unternehmungen jede Strategie einschlagen. Eine Begrenzung der Ressourcenbasis und der strategischen Fähigkeiten wird nicht behandelt. Dies ist umso erstaunlicher, als bereits Kitching in seiner auf Interviews basierenden Studie aus dem Jahr 1967 zu folgendem Ergebnis kam: Die Möglichkeit, spezifische Ressourcen zu erwerben und diese mit den angestammten Ressourcen zu kombinieren, stellt das wichtigste Motiv für Mergers *&* Acquisitions dar (Kitching 1967: 86). Auch die viel zitierte Arbeit von Salter und Weinhold (1979) führt den Erwerb von Schlüsselressourcen als wichtigstes Ziel von Mergers *&* Acquisitions an (Salter und Weinhold 1979: 8); eine Feststellung, die sich auch in neueren Arbeiten findet (Grant 1998: 133). Diese triviale Behauptung gewinnt aber erst vor dem Hintergrund des ressourcenbasierten Ansatzes an Substanz. Eine heterogene Ressourcenausstattung von Unternehmungen ist die unabdingbare Voraussetzung zur Erklärung von Mergers *&* Acquisitions, da erst dadurch erklärt werden kann, warum Unternehmungen auf die Ressourcenausstattung anderer Unternehmungen zurückgreifen müssen, um ihr eigenes Ressourcenportfolio an veränderte Umweltbedingungen anzupassen. Es lässt sich also folgende Proposition formulieren:

> *Proposition 2:* Je größer die Heterogenität der Ressourcenausstattung von Unternehmungen, desto größer sind Anzahl und Volumen von Mergers *&* Acquisitions.

Die Ergebnisse einiger empirischer Studien scheinen Proposition 2 zu untermauern. So wurde der Erwerb jener unternehmungsspezifische Fähigkeiten durch Mergers & Acquisitions bestätigt, die über die branchenüblichen Fähigkeiten hinausgehen. Durch Mergers & Acquisitions sollen bereits vorhandene Fähigkeiten noch weiter verstärkt und Wertsteigerungen durch den Transfer von Spezialkenntnissen herbeigeführt werden (Bleeke et al. 1994b: 112f.). Bleeke et al. (1994b) stellten in ihrer Studien fest, dass bei 14 erfolgreichen Mergers & Acquisitions-Programmen in elf Fällen ein erheblicher Know-how-Transfer zu beobachten war, wohingegen bei allen zehn nicht erfolgreichen Mergers & Acquisitions-Programmen kaum ein Transfer von Spezialkenntnissen stattfand (Bleeke et al. 1994b: 114). Hierbei wird auch deutlich, dass die Stärken der Unternehmungen – also die strategischen Ressourcen – von einer Unternehmung zur anderen transferiert wurden (Bleeke et al. 1994b: 114). Auch Studien zum Eintritt in ausländische Märkte untermauern die Proposition. So konnte beispielsweise beim Einstieg in Auslandsmärkte bestätigt werden, dass Unternehmungen dann Mergers & Acquisitions bevorzugen, wenn ihnen technologisches Wissen und transnationale Managementkompetenzen fehlen und sie diese Fähigkeiten schnell über Mergers & Acquisitions beschaffen können (Brouthers und Brouthers 2000: 90ff.).

Aber auch durch die Heterogenität der Ressourcenausstattungen von Unternehmungen lässt sich das Auftreten von Mergers & Acquisitions noch nicht vollständig erklären. Notwendig ist auch die Perzeption der Umweltveränderungen und daraus resultierender Ressourcenlücken durch die unternehmerischen Entscheidungsträger.[3]

5.1.3 Unternehmerische Ressourcenkombination

Umweltveränderungen sind somit eine wichtige Voraussetzung für eine Restrukturierung der heterogenen Ressourcenbasen von Unternehmungen. Bevor Unternehmungen Ressourcenlücken konstatieren, müssen diese wahrgenommen werden. Deshalb ist zu analysieren, warum nicht alle Unternehmungen zur gleichen Zeit und mit den gleichen Maßnahmen auf Umweltveränderungen reagieren. Da es sich bei der Wiederherstellung eines Strategic Fit um einen

3. Letztlich kann die Wahl von Mergers & Acquisitions erst hinreichend begründet werden, wenn auch geklärt wurde unter welchen Bedingungen Mergers & Acquisitions den alternativen Beschaffungsmöglichkeiten – der Ressourcenbeschaffung über Faktormärkte, durch interne Entwicklung oder Unternehmungskooperationen – überlegen sind. Hierzu sind weitere notwendige Bedingungen zu erarbeiten, was in Abschnitt 5.2 erfolgt.

kognitiven Prozess handelt, ist zu untersuchen, warum strategische Entscheidungsträger diesen Prozess unterschiedlich bewältigen. Mit anderen Worten ausgedrückt, stellt sich die Frage, wie das Management zu der Entscheidung gelangt, das Ressourcen- und Fähigkeitenbündel zu restrukturieren.

Die Vertreter des statischen ressourcenbasierten Ansatzes konzentrieren sich vor allem auf die Sicherung bestehender Ressourcen. Die Entstehung neuartiger Ressourcenkombinationen wird lediglich im Rahmen der ex ante-Beschränkung des Wettbewerbs indirekt angesprochen. Die Verhaltensweisen von Unternehmungen werden dort meist auf Glück zurückgeführt (McWilliams und Smart 1995: 313; Barney 1986b: 1234). Aber wie Berlin (1996) zutreffend feststellt: „[...] there is always the part played by pure luck – which, mysteriously enough, men of good judgement seem to enjoy rather more often than others“ (Berlin 1996: 30). Es scheint also Entscheidungsträger zu geben, die mit Unsicherheit und dem begrenzt verfügbaren Maß an Informationen innovativer umgehen können als andere. Um diesen Aspekt besser zu verstehen, ist es notwendig, Umweltveränderungen etwas genauer zu untersuchen und insbesondere die Perzeptionswirkung auf Entscheidungsträger genauer darzustellen. Hierbei wird unterstellt, dass es die individuelle Voraussicht und weitere Persönlichkeitsmerkmale der Manager sind, die zu unterschiedlichen Reaktionen auf Umweltveränderungen führen; ein Aspekt, der bisher in der Literatur aber nur implizit unterstellt wird (Cockburn et al. 2000: 1124).

Eine Voraussetzung für die Berücksichtigung des Managements bei der Entwicklung neuartiger Ressourcen und Fähigkeiten bildet die strategische Wahlfreiheit. Ohne Wahlfreiheit besteht die Aufgabe des Managements lediglich in eher passiven und begrenzten Anpassungen an die Unternehmungsumwelt. Nur wenn strategische Wahlfreiheit existiert, gibt es für unterschiedliche Managementteams die Möglichkeit, auch deutlich voneinander abweichende Entscheidungen treffen zu können. Erst diese unterschiedlichen Entscheidungen führen zu unterschiedlichen Entwicklungspfaden der Unternehmungen und damit zu unterschiedlichen Ressourcenausstattungen. Dass jede Umwelt zumindest ein Mindestmaß an strategischer Wahlfreiheit aufweist, gilt heute als unumstritten (Hrebiniak und Joyce 1985: 336 ff.; Bresser 1998: 632). Es ist deshalb insbesondere die Kreativität des Managements, die häufig zu Innovationen und Wettbewerbsvorteilen führt (Porter 1991: 105). Manager dürfen nicht nur zwischen genau definierten Alternativen auswählen, sondern das Management muss die Möglichkeit besitzen, die Rahmenbedingungen mit zu gestalten und zu verändern und so neue Optionen entstehen zu lassen (Porter 1991: 110).

Erst die strategische Wahlfreiheit ermöglicht also die Vielfalt heterogener Unternehmungen innerhalb einer Branche.

Was zeichnet aber Umwelten aus, die ein gewisses Maß an strategischer Wahlfreiheit aufweisen? Wahlfreiheit impliziert immer auch Veränderung. Ohne Veränderungen finden keine Anpassungsmaßnahmen statt; ohne Anpassungsmaßnahmen ist keine Wahlentscheidung hinsichtlich strategischer Alternativen nötig. Umweltveränderungen sind aus der Sicht der Entscheidungsträger durch unvollständige Information und damit Unsicherheit gekennzeichnet. Die Unsicherheit resultiert aus imperfekten Zukunftsvorhersagen und der Unfähigkeit, mit Komplexität umzugehen (Alchian 1950: 212). Unternehmungsleitungen versuchen, sich also immer unter erheblicher Unsicherheit an veränderte Umweltbedingungen anzupassen, beispielsweise indem sie innovative Produkte beziehungsweise Prozesse schaffen, indem sie erfolgreiche Wettbewerber imitieren oder indem sie versuchen, First-Mover-Vorteile zu erzielen (Lieberman und Montgomery 1988).

Diejenigen Unternehmungen, die sich am besten an die neuen Bedingungen anpassen und deren Ressourcenausstattungen am besten den Umweltanforderungen entsprechen, werden die größten Erfolge erzielen (Alchian 1950: 216). Wichtig ist hierbei, dass Unternehmungen alte Regeln über Bord werfen, um sich neuen Regeln anzupassen und diese zu erschaffen (Alchian 1950: 218). Erschwerend kommt in unsicheren Umwelten oft hinzu, dass Entscheidungen zu treffen sind, die sich mathematischen Lösungsalgorithmen entziehen. In solchen Fällen werden individuelle Einschätzungen und die unternehmerische Weitsicht der Entscheidungsträger besonders bedeutsam für die Entscheidungsqualität. Auch Barney (2001) kommt zu dem Schluss, dass „To the extent that developing strategic alternatives a firm can use to exploit the resources it controls is a creative and entrepreneurial process, resource-based models of strategic advantages may need to be augmented by theories of the creative and entrepreneurial process“ (Barney 2001: 53). Er distanziert sich dadurch auch explizit von methodologisch problematischen Konstrukten, wie Glück und kausale Ambiguität, zur Erklärung von wettbewerbsgenerierenden Ressourcen und Fähigkeiten (Barney 2001: 49 f.). Unternehmerischer Weitblick ist aber ebenfalls ein methodologisch problematisches Konstrukt, da eine gute Entscheidung ex post nicht klar auf *gutes* Entscheidungsverhalten (oder aber auf Glück) zurückgeführt werden kann (Knight 1921: 311). Unternehmerischer Weitblick ist folglich genauer zu definieren, und es sind Bedingungen herauszuarbeiten, die unternehmerische Entscheidungen beeinflussen.

In der Literatur dreht sich die Diskussion um Unternehmer und Unternehmertum meist um die *Entstehung* von Unternehmungen. Die Unternehmungsgründung wird auf den Unternehmer zurückgeführt, der Ressourcen auf eine neue Art kombiniert (Reve 1990: 141). Aber ist eine unternehmerische Leistung nur auf die Anfangszeit einer Unternehmung beschränkt? Ist es nicht vielmehr die permanente Aufgabe des Managements, die Unternehmung mit ihren Ressourcen und Fähigkeiten an neue Umweltsituationen anzupassen, gar proaktiv zu gestalten? Liegt darin nicht die Kernaussage des Strategischen Managements? Grant (1998) bringt dies auf dem Punkt, indem er zusammenfasst: „The ability to identify and respond to opportunity lies at the core of the management capabilitiy. This capability is called **entrepreneurship**" (Grant 1998: 176. Hervorhebung im Original). Bereits Schumpeter (1912; 1928) begrenzt den Begriff des Unternehmers nicht nur auf die Gründungsphase von Unternehmungen. Er weist nicht nur Unternehmungsgründern eine unternehmerische Funktion zu, sondern explizit auch „Fabrikherren", „Kaufmännern", „Industriekapitänen" und „Direktoren" (Schumpeter 1928: 484 f.). Es kommt nicht auf die Stellung als Eigentümer an, sondern vielmehr auf die Funktion, neue Kombinationen zu realisieren (Schumpeter 1912: 174). Hiermit fällt wohl zumindest der proaktiv denkende und handelnde Teil des Managements einer Unternehmung ebenfalls unter den Begriff *Unternehmer.* Es ist also auch die Aufgabe eines angestellten Topmanagements, – wobei dies natürlich auch für Eigentümerunternehmer gilt –, innovative Neukombinationen von Ressourcen und Fähigkeiten zu finden und zu entwickeln, was letztlich die Verwirklichung einer unternehmerischen Vision darstellt. Durch die Neukombination von Ressourcen und Fähigkeiten entstehen neue Produkte oder Produktvarianten, die in einer veränderten Umwelt Erfolg versprechend sind (Hill und Deeds 1996: 432). Die Fähigkeit, neue Kombinationen zu entwickeln, ist eine Funktion der Intelligenz und Phantasie der Entscheidungsträger (Schumpeter 1912: 163). Grant (1998) führt ähnlich als Voraussetzung von Innovationen Imagination, Intuition und Kreativität an (Grant 1998: 178). Aber diese Konstrukte reichen bei weitem nicht aus, um Unternehmer zu beschreiben oder sie gar einer empirischen Forschung zugänglich zu machen. Vielmehr sind weitere Einflussfaktoren auf unternehmerische Entscheidungen – und hier insbesondere die Entscheidung für eine Ressourcenneukombination durch Mergers *&* Acquisitions – zu berücksichtigen.

In der Strategischen Managementliteratur wird seit einiger Zeit der Einfluss der Charakteristika der Entscheidungsträger auf strategische Entscheidungen diskutiert (Bresser 1998: 111 ff.). Diese Forschung wird als das *Upper-Echolons-Modell* des Strategischen Managements bezeichnet (Hambrick und Mason 1984). Diesem verhaltenswissenschaftlichen Ansatz zur Folge müssen Wertvorstellungen und kognitive Prozesse der Entscheidungsträger genauer betrachtet werden, um Prognosen hinsichtlich der Entscheidungen von Topmanagern treffen zu können. Wertvorstellungen und kognitive Basen der Entscheidungsträger wirken als Perzeptionsfilter, die zu unterschiedlichen Erwartungen hinsichtlich der zukünftigen Entwicklung, unterschiedlichem Wissen über Entscheidungsalternativen und unterschiedlichen Einschätzungen der Wirkung von Aktivitäten führen (Hambrick und Mason 1984: 195). Es sind also die Persönlichkeitsmerkmale der Entscheidungsträger, welche Entscheidungen beeinflussen. Da diese Merkmale von Person zu Person divergieren, weichen auch die Entscheidungen voneinander ab, oder wie es Eisenhardt und Martin (2000) beschreiben: „[...] people with different expertise not only know different things, but know those things differently" (Eisenhardt und Martin 2000: 1109). Die beiden Grundannahmen des Ansatzes von Hambrick und Mason (1984) lauten folglich: (1) Die Entscheidungsträger selbst haben einen Einfluss auf die Entscheidungen und damit auch auf den Erfolg der Unternehmung (Hambrick und Mason 1984: 194), und (2) so wie sich die Entscheidungsträger in ihren Eigenschaften unterscheiden, sind auch die Entscheidungen zu differenzieren (Schumpeter 1912: 162; Hambrick und Mason 1984: 195).[4] Diese Annahmen basieren letztlich auf der Überzeugung, dass Entscheidungsträger nur begrenzt rational handeln können, da Menschen in ihrer Informationsaufnahme- und Informationsverarbeitungskapazität limitiert sind. Entscheidungsträger sind aufgrund ihrer begrenzten Rationalität gezwungen, die Entscheidungssituation zu vereinfachen und mentale Modelle und Überzeugungen zu bilden. Und diese

---

4. Eine ähnliche Diskussion, die häufig mit dem ressourcenbasierten Ansatz verknüpft wird, ist das Konzept der *dominant logic* von Prahalad und Bettis (1986). Hierbei wird ebenfalls modelliert, dass Managemententscheidungen durch Erfahrungen geprägt werden. Diese Erfahrungen haben sich in einem Weltbild der Manager manifestiert (Prahalad und Bettis 1986: 489 ff.), das einen Informationsfilter darstellt (Bettis und Prahalad 1995: 7). Die Entstehung der dominanten Logik des Topmanagements erklären sie unter Berücksichtigung des operanten Konditionierens von Skinner (1953), des Paradigmenkonzepts von Kuhn (1997), von Entwicklungen auf dem Gebiet der künstlichen Intelligenz und der kognitiven Psychologie von Kahneman und Tversky (1979). Hier soll aber der Arbeit von Hambrick und Mason (1984) den Vorrang gegeben werden, da diese zu den gleichen Schlüssen gelangen, aber den Vorzug aufweisen, konkrete Variablen vorzustellen, die auch für die vorliegende Arbeit verwendet werden können.

individuellen mentalen Modelle und Überzeugungen sind es schließlich, die die Entscheidungen beeinflussen (Tripsas und Gavetti 2000: 1148). Dieser Gedankengang knüpft damit direkt am methodologischen Individualismus (Schumpeter 1908: 58) an, weist als verhaltenswissenschaftliche Theorie aber auch einige Parallelen zum ressourcenbasierten Ansatz auf. Wie bereits gezeigt, legt der ressourcenbasierte Ansatz großes Gewicht auf die Pfadabhängigkeit bei der Entwicklung neuartiger Ressourcen. Dies lässt sich auch auf die Pfadabhängigkeit der Wahrnehmungen durch die Entscheidungsträger in der Unternehmung übertragen, denn letztlich fließt die Historie der Manager in ihre Entscheidungen mit ein. Daher ist zum Verständnis der Pfadabhängigkeit von Entscheidungen unabdingbar, auch die demographischen und psychosozialen Prädispositionen der Entscheidungsträger zu verstehen. Es erscheint daher sinnvoll, das Upper-Echelons-Modell von Hambrick und Mason (1984) mit dem ressourcenbasierten Ansatz zu verbinden (Bresser 1998: 310).

Folgende Perzeptionsfilter aus dem Upper-Echolons-Modell sind als relevant für Mergers *&* Acquisitions anzusehen, woraus sich wiederum konkrete Propositionen ableiten lassen:

1. Erfahrungen mit Mergers *&* Acquisitions
   Entscheidungsträger, die in der Vergangenheit bereits positive Erfahrungen mit Mergers *&* Acquisitions sammeln konnten, werden auch zukünftig verstärkt auf die Alternative Mergers *&* Acquisitions zurückgreifen, um ihre Unternehmung an neue Umweltanforderungen anzupassen. Es folgt:

   > *Proposition 3a:* Wenn Entscheidungsträger bereits in der Vergangenheit positive Erfahrungen in Mergers *&* Acquisitions-Projekten sammeln konnten, dann ist auch in Zukunft eine steigende Zahl von Mergers *&* Acquisitions zu erwarten.

   Neben der Präferenz für und damit der Anzahl von Mergers *&* Acquisitions können aber auch Aussagen über den Erfolg aufgrund von Mergers *&* Acquisitions-Erfahrungen getroffen werden. So prognostizieren Haleblian und Finkelstein (1999) einen U-förmigen Zusammenhang zwischen Akquisitionserfahrung und Erfolg (Haleblian und Finkelstein 1999: 39). Auch wenn eine lineare Beziehung zwischen Akquisitionserfahrung und Erfolg intuitiv richtig erscheint und auch von einfachen empirischen Studien bestätigt wird (Bleeke et al. 1994b: 116), argumentieren Haleblian und Finkelstein (1999), dass die ersten Akquisitionserfahrungen zu schnell generalisiert werden, ohne die besondere Situation anschließender Mergers *&*

Acquisitions zu berücksichtigen. Folgende Mergers & Acquisitions-Projekte werden somit nicht ihren Anforderungen gemäß und damit zunächst schlechter gemanagt. Erst wenn weitere Erfahrungen gesammelt und auch Unterschiede der Akquisitionsprojekte berücksichtigt werden, steigen die Erfolgsaussichten wieder (Haleblian und Finkelstein 1999: 36ff.). Diese Argumentation erscheint durchaus plausibel und wurde von den Autoren auch empirisch bestätigt (Haleblian und Finkelstein 1999: 47).[5] Daher soll als weitere Proposition abgeleitet werden:

> *Proposition 3b:* Der Zusammenhang zwischen Mergers & Acquisitions-Erfahrung und Mergers & Acquisitions-Erfolg ist U-förmig.

2. Funktionale Laufbahn
Die unternehmerische Idee, eine Ressourcenneukombination durch Mergers & Acquisitions zu erzielen, wird auch durch die bisherigen beruflichen Erfahrungen beeinflusst. Selbst wenn Individuen bisher keine expliziten Erfahrungen mit Mergers & Acquisitions sammeln konnten, ist zu erwarten, dass Juristen, Wirtschaftsprüfer, Manager aus dem Finanzbereich und teilweise auch aus strategischen Planungsstäben eher die Alternative Mergers & Acquisitions in Betracht ziehen als Manager aus anderen Funktionsbereichen. Dies kann mit der Ausbildung und den Weiterbildungsveranstaltungen dieser Personen begründet werden, bei denen sie eher mit der Mergers & Acquisitions-Problematik konfrontiert werden, als Kollegen aus anderen Bereichen. Die berufliche Sozialisation wirkt sich maßgeblich auf die Präferenz aus, Mergers & Acquisitions durchzuführen. Daraus folgt die nachstehende Proposition:

> *Proposition 3c:* Es besteht ein positiver Zusammenhang zwischen Anzahl und Volumen von Mergers & Acquisitions und der funktionalen Laufbahn der Entscheidungsträger, wenn diese aus der Rechts-, Rechnungswesen-, Finanz- oder Planungsabteilung stammen.

3. Alter
Auch das Alter der Entscheidungsträger hat aus zwei Gründen einen erheblichen Einfluss auf Mergers & Acquisitions. Zum einen sehen gerade

---

5. Allerdings konnte eine andere Arbeit keinen Zusammenhang zwischen Mergers & Acquisitions-Erfahrung und Mergers & Acquisitions-Erfolg feststellen (Hunt 1990: 73).

junge Manager in Mergers *&* Acquisitions eine Chance, ihre Karriere zu verbessern. Durch das schnelle Unternehmungswachstum durch Mergers *&* Acquisitions ergeben sich neue Aufstiegsmöglichkeiten und die Möglichkeit, schnell die Machtbasis auszuweiten. Gleichzeitig sind Mergers *&* Acquisitions vergleichsweise medienwirksam, was der Profilierung von Managern dient.

Dies steht allerdings nicht im Einklang mit einer effizienzorientierten Beschreibung und Erklärung von Mergers *&* Acquisitions, da hierbei die Eigeninteressen der Entscheidungsträger und nicht die Wertsteigerung der Unternehmung im Mittelpunkt stehen. Ein geringes Alter von Entscheidungsträgern und die damit verbundene eher kurze Betriebszugehörigkeit wirken sich allerdings auch positiv auf die Risikobereitschaft aus, neue Ideen durchzusetzen. Personen, die unternehmerische Neukombinationen durchsetzen, zeichnen sich meist dadurch aus, dass sie „traditionslose Emporkömmlinge" sind (Schumpeter 1928: 172; Albach 1979: 538 f.), die ihre Ideen auch gegen gesellschaftliche Widerstände durchsetzen. Jüngere Mitarbeiter haben den Vorteil, frühere Entscheidungen der Unternehmung nicht rechtfertigen zu müssen und insofern kritischer mit dem Status quo umgehen können. Gleichzeitig ist davon auszugehen, dass Personen, die bereits lange in einer Unternehmung beschäftigt sind und nur wenige Jahre bis zum Rentenalter zu überbrücken haben, kaum bereit sind, neue Risiken einzugehen und ihre Position zu gefährden (Hambrick und Mason 1984: 198). Insgesamt lässt sich folgende Proposition festhalten:

> *Proposition 3d:* Je jünger die Entscheidungsträger, desto eher sind Mergers *&* Acquisitions zu erwarten und desto höher ist deren Erfolgswahrscheinlichkeit.

Ob und wie Entscheidungsträger durch Mergers *&* Acquisitions oder andere Formen der Ressourcenbeschaffung auf Umweltveränderungen reagieren, wird im Wesentlichen von den Perzeptionsfiltern der Entscheidungsträger beeinflusst. Klar ist: Mergers *&* Acquisitions sind unternehmerische Leistungen (Stevenson et al. 1989: 445; Laub 1991: 113), die sich durch ein hohes Innovationspotenzial auszeichnen. Dies wird auch von Praktikern bestätigt, indem sie Mergers *&* Acquisitions als einen Umbau bestehender Wirtschaftsstrukturen darstellen und explizit in Mergers *&* Acquisitions eine kreative Zerstörung obsoleter Ideen und Strukturen im Sinne Schumpeters sehen (Maucher 1999: 40). Unternehmer, die bereit sind, solche Risiken einzugehen, erhoffen sich durch temporäre Monopolgewinne entlohnt zu werden, die auch als Pioniergewinne bezeichnet werden, also Gewinne eines First-Movers (Lieberman und Montgomery 1988: 42).[6] Daraus lässt sich ableiten:

> *Proposition 3e:* Die ersten Mergers & Acquisitions innerhalb einer Branche sind erfolgreicher als spätere Mergers & Acquisitions.[7]

Diese Proposition wird auch dadurch unterstützt, dass die ersten Unternehmungen, die den Anpassungsdruck an veränderte Umwelten wahrgenommen haben und die Anpassung über Mergers & Acquisitions vornehmen wollen, die Wahl unter einer großen Anzahl an Transaktionspartnern haben. Diese Unternehmungen haben also die Möglichkeit, genau die Partner auszuwählen, die ihren Ressourcenanforderungen entsprechen. Später in den Mergers & Acquisitions-Markt eintretende Unternehmungen müssen sich mit den Unternehmungen zufrieden geben, die noch am Markt vorhanden sind. Eventuell entspricht dann keine Unternehmung mehr den Ressourcenanforderungen, und es muss nach Alternativen zu Mergers & Acquisitions gesucht werden, oder eine Anpassung ist überhaupt nicht möglich. Die Unfähigkeit aber, sich an neue Umweltgegebenheiten anzupassen, kann die Existenz der gesamten Unternehmung bedrohen (Child 1972; Pfeffer und Salancik 1978).

Schließlich führt eine frühzeitige Durchführung von Mergers & Acquisitions zu einer schnelleren Realisierung der erwarteten Vorteile und der damit verbundenen freien Cash-flows, was aufgrund des Zeitwertes des Geldes einer Erhöhung des Discounted-Cash-flows respektive des Unternehmungswertes gleichkommt.

Auch diese Überlegung bezüglich des Timings von Mergers & Acquisitions wird von Praktikern bestätigt. Der Präsident des Verwaltungsrates der Nestlé AG, Helmut O. Maucher, hebt die Bedeutung des Timings hervor. Damit „[...]

6. Empirisch ist nicht eindeutig erwiesen, ob ein Pionier oder ein Imitator höhere Renditen zu erwarten hat (Simon 1989: 83 ff.). Um diese Frage zu klären, sind kontingenztheoretische Modelle zu entwickeln und empirische Studien durchzuführen, die interne und externe Bedingen mit einbeziehen (Bresser 1998: 437). Einige Studien weisen aber darauf hin, dass gerade in dynamischen Umwelten Pioniere eine größere Wertsteigerung für die Eigentümer erzielen können als Imitatoren (Lee et al. 2000: 29).

7. Diese Proposition wird an späterer Stelle (siehe Seite 251 im Abschnitt 5.2.4.3) noch hinsichtlich des optimalen Zeitpunkts einer Mergers & Acquisitions-Strategie zu relativieren sein. An dieser Stelle soll vorerst der First-Mover-Vorteil postuliert werden, der später noch mit einer zeitlichen Verzögerung verknüpft wird, um den optimalen Zeitpunkt für Mergers & Acquisitions zu bestimmen.

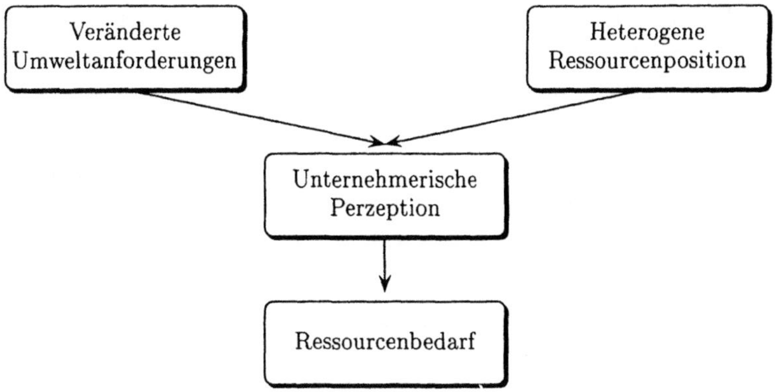

Abbildung 5.3: Faktoren zur Bestimmung des Ressourcenbedarfs. Quelle: Eigene Abbildung

ist das richtige Timing [von Mergers & Acquisitions], eingebettet in unternehmerischen Weitblick [...]" wichtig (Maucher 1999: 46). Oft ist es unabdingbar, eine Mergers & Acquisitions-Strategie innerhalb eines kurzen Zeitraums zu realisieren, da ansonsten die strategischen Alternativen eingeschränkt sind, beispielsweise, weil einige Zielunternehmungen bereits von Wettbewerbern akquiriert wurden oder weil durch das Aufkommen von Mergers & Acquisitions in einer Branche die Aktienkurse und Prämien der verbleibenden Unternehmungen steigen und sich Mergers & Acquisitions dadurch verteuern. Daneben bietet die frühe Realisierung einer Strategie den Vorteil, mehr Zeit für die Implementierung zu haben (Maucher 1999: 46).

Wie in Abbildung 5.3 dargestellt, lassen sich also insgesamt drei Faktoren herausarbeiten, die den Ressourcenbedarf einer Unternehmung bestimmen: Ausgangspunkt sind Veränderungen in der Umwelt einer Unternehmung, auf die eine Unternehmung nicht allein durch die bestehende Ressourcenbasis reagieren kann. Das Unvermögen von Unternehmungen, auf bestimmte Umweltveränderungen zu reagieren, kann auf die heterogen verteilten Ressourcenpositionen der Unternehmung zurückgeführt werden. Da die Reaktion auf die Umweltveränderungen und die Bestimmung neuartiger Ressourcen und Fähigkeiten allerdings eine kognitive Aufgabe darstellt und durch die Perzeption der Entscheidungsträger beeinflusst wird, ist dieser Tatbestand als dritter Faktor in das Modell zu integrieren, um die Identifizierung eines Ressourcenbedarfs zutreffend zu bestimmen.

Es wurde bereits mehrfach betont, dass Mergers & Acquisitions dazu genutzt werden können, Ressourcenlücken zu schließen. Es bleibt aber zu klären, unter welchen Bedingungen Mergers & Acquisitions den alternativen Beschaffungsmöglichkeiten – Ressourcenbeschaffung über Faktormärkte, durch interne Entwicklung oder Unternehmungskooperationen – überlegen sind. Hierzu sind weitere notwendige Bedingungen zu erarbeiten, was durch eine Analyse aller Beschaffungsalternativen geschehen soll.

5.2 Analyse der Beschaffungsalternativen

Nachdem die Bedingungen herausgearbeitet wurden, die den Ressourcenbedarf einer Unternehmung bestimmen, muss untersucht werden, welche Alternativen bei der Beschaffung von Ressourcen und Fähigkeiten zur Verfügung stehen. Abbildung 5.4 auf der nächsten Seite stellt den Zusammenhang zwischen Ressourcenlücke und Beschaffungsalternativen dar. Hierbei handelt es sich um folgende vier Beschaffungsalternativen:

1. Faktormärkte,
2. interne Entwicklung,
3. Unternehmungskooperationen und
4. Mergers & Acquisitions.

Diese vier Beschaffungsalternativen sollen im Folgenden aus der Sicht des ressourcenbasierten Ansatzes auf ihre Tauglichkeit untersucht werden, die Ressourcenbasis einer Unternehmung an neue Umweltbedingungen anpassen zu können. Um Aussagen hinsichtlich der Überlegenheit einzelner Beschaffungsalternativen treffen zu können, sind die Charakteristika der internen und externen Unternehmungsumwelt genauer zu analysieren.

5.2.1 Faktormärkte

Die wohl schnellste Beschaffungsmöglichkeit von Ressourcen und Fähigkeiten bieten funktionierende Faktormärkte. Folglich werden benötigte Ressourcen und Fähigkeiten wann immer möglich über Faktormärkte bezogen (Barney 1986b: 1232). Doch es scheinen gerade die aus Sicht des ressourcenbasierten Ansatzes relevanten Ressourcen und Fähigkeiten zu sein, die nicht ohne weiteres über klassische Faktormärkte zu beschaffen sind. Es ist daher genauer zu

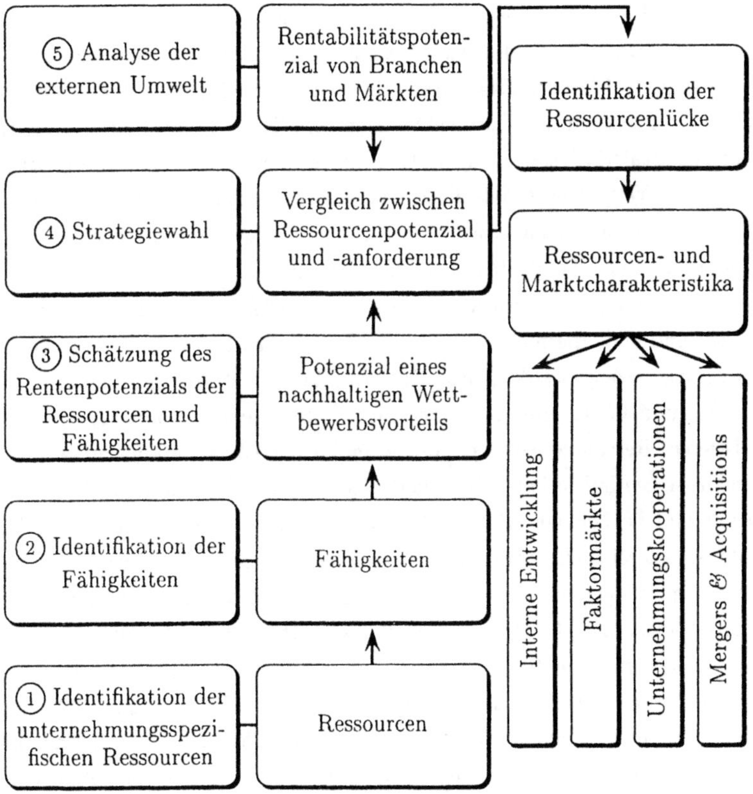

Abbildung 5.4: Ressourcenlücke und Beschaffungsalternativen. Quelle: Eigene Abbildung

untersuchen, welche Charakteristika Ressourcen und Fähigkeiten aufweisen, die für die Erzielung von Wettbewerbsvorteilen relevant sind und inwiefern eine Übertragung dieser Ressourcen und Fähigkeiten über Faktormärkte möglich ist.

Wie in der Diskussion um den ressourcenbasierten Ansatz im Kapitel 4 deutlich wurde, können physische, intangible, organisatorische, personelle und finanzielle Ressourcen und Fähigkeiten von besonderer strategischer Bedeutung sein. Strategisch bedeutsame Ressourcen und Fähigkeiten müssen aber genau definierte Eigenschaften aufweisen: Sie müssen einen Marktwert besitzen, heterogen zwischen den Unternehmungen verteilt sein, unvollkommen imitier- und substituierbar sowie imperfekt mobil sein und einer ex ante-Beschränkung des Wettbewerbs unterliegen. Gerade diese Eigenschaften haben auch weitreichende Konsequenzen hinsichtlich der Übertragungsmöglichkeit dieser Ressourcen und Fähigkeiten über Faktormärkte.

Die Konsequenzen wurden bereits bei der Diskussion um die Pfadabhängigkeit und die imperfekte Mobilität der Ressourcen und Fähigkeiten deutlich. Es konnte gezeigt werden, dass Faktormärkte für strategisch relevante Ressourcen und Fähigkeiten nur eingeschränkt funktionieren oder erst gar nicht existieren. Ressourcen sind ja gerade um so wertvoller, je schwieriger sie für Wettbewerber imitierbar, substituierbar und über Faktormärkte zu kaufen sind (Amit und Schoemaker 1993: 38 f.). Strategisch bedeutsame Ressourcen und Fähigkeiten zeichnen sich durch ihre tiefe organisatorische Verwurzelung aus. Damit unterliegen sie Quasirenten, Umstellungskosten, der Cospezifität und Transaktionskosten (vergleiche hierzu Abschnitt 4.4.4 der Arbeit).

Idiosynkratische Ressourcen und Fähigkeiten einer Unternehmung verursachen qua Definition hohe Transaktionskosten (Williamson 1979: 239 f.; Thompson und Wright 1993: 220 f.; Chi 1994: 275 ff.). Doch während diese für einige Ressourcen und Fähigkeiten bei der Beschaffung entstehen, existiert für andere Ressourcen und Fähigkeiten erst überhaupt kein Faktormarkt. Wie bereits oben ausgeführt, kann beispielsweise die Reputation einer Unternehmung nicht über Faktormärkte beschafft werden, sondern muss intern über einen längeren Zeitraum aufgebaut werden (Dierickx und Cool 1989: 1505).

Neben der Reputation werden noch weitere intangible Ressourcen hinsichtlich ihrer Übertragbarkeit auf Faktormärkte in der Literatur untersucht. Insbesondere werden Informationen und Wissen[8] besonders intensiv analysiert. So werden im Rahmen der Informationsökonomie die Probleme bei der

8. Vergleiche die Unterscheidung der Begriffe Information und Wissen auf Seite 105.

Übertragung von Informationen – und damit auch von Wissen – über Marktmechanismen diskutiert (vergleiche die Übersicht bei Vogt 1997: 171 ff.). Der Transfer von Informationen von einer Unternehmung zu einer anderen über den Marktmechanismus ist aus zwei Gründen besonders problembehaftet, was auch als *Informationsparadoxon* beziehungsweise *Informationsdilemma* bezeichnet wird:

1. Die Exklusivität übertragener Informationen kann nicht gewährleistet werden. Der Käufer kann die Information, nachdem er sie gekauft hat, beliebig oft weiterverkaufen. Dies liegt in der Eigenschaft der unbegrenzten Kapazität von Informationen begründet. Der Weiterverkauf von Informationen hat negative Auswirkungen für den ursprünglichen Eigentümer der Information. Zum einen wird der Käufer hierdurch zum Konkurrenten des Verkäufers; beide können nun die gleiche Information verkaufen; durch die entstandene Wettbewerbssituation steigt der Preisdruck, und die Preise für die Information sinken. Zum anderen führt eine schnelle Verbreitung von Informationen – vor allem von Wissen – zur Zerstörung von Wettbewerbsvorteilen, so dass Wettbewerber diese schneller imitieren können.

2. Bei der Übertragung von Informationen wird der Käufer einer Information erst bereit sein, hierfür eine Gegenleistung zu erbringen, wenn er den Wert der Information abschätzen kann. Der Wert lässt sich aber nicht abschätzen, solange er die Information nicht besitzt. Hat er aber die Information bekommen, um ihren Wert abzuschätzen, besitzt er sie faktisch schon, ohne dafür etwas gezahlt zu haben (Arrow 1971: 152; Arrow 1984: 142). Daraus wird gefolgert, dass lediglich durch Patente und Copyrights geschützte Informationen über Faktormärkte transferierbar sind (Grant 1996: 111); aber wie bereits diskutiert (siehe Seite 151), bieten auch Patente und Copyrights nur unzureichend Schutz, um Ressourcen und Fähigkeiten ausreichend vor Imitation zu schützen (Liebeskind 1996: 95 ff.; Teece 1986b: 287).

Insgesamt kann daher festgehalten werden, dass Informationen nicht über klassische Marktmechanismen übertragen werden können; die Schutzmechanismen zur Verhinderung der Weitergabe von Informationen an nicht autorisierte Personen – insbesondere an Wettbewerber – sind innerhalb einer Unternehmung weitaus besser ausgebildet als auf Faktormärkten (Liebeskind 1996: 97 ff.).

Neben dem Informationsparadoxon besteht noch ein weiteres wesentliches Problem bei der Übertragung von nicht kodifizierten Informationen und Wissen, da ein erheblicher Teil der intangiblen Ressourcen einer Unternehmung implizit (tacit) ist. Polanyi (1985) definiert *implizites Wissen* als die Tatsache, dass „[...] wir mehr wissen, als wir zu sagen wissen“ (Polanyi 1985: 14). Dieses implizite Wissen ist in Handlungen von Individuen oder in Routinen einer Organisation gespeichert.

Um implizites Wissen zwischen Personengruppen, beispielsweise Unternehmungen, austauschen zu können, müssen zwei Bedingungen erfüllt sein: Erstens müssen die Personen eine dauerhafte Beziehung aufbauen (Williamson 1979: 240 ff.; Teece 1981: 83; Dietrich 1994: 110), und zweitens muss eine gemeinsame Sprache zwischen den beteiligten Personen gesprochen werden, damit die gesendeten Informationen auch vom Empfänger dekodiert werden können (Teece 1981: 82 f.; Kogut und Zander 1992: 389; Grant 1996: 114 ff.; Chung 1998: 185). Es ist klar, dass beide Bedingungen eng miteinander verknüpft sind, da sich durch langjährige Zusammenarbeit ein gemeinsamer Sprachkode entwickelt, der sowohl verbale wie nonverbale Äußerungen von Kollegen besser verständlich macht. Polanyi beschreibt anhand einiger Beispiele, wie die Übertragung impliziten Wissens ein ausgeprägtes Einfühlungsvermögen der beteiligten Personen voraussetzt. Durch umsichtiges Einfühlen kann ein Schüler ein Gefühl für das Geschick seines Lehrer erhalten (Polanyi 1962: 50 ff.; Polanyi 1985: 34), in einer modernen Dienstleistungsgesellschaft beispielsweise auch sein Verhandlungsgeschick oder den Umgang mit Kunden erlernen.

Um einen gemeinsamen Sprachcode und gegenseitiges Einfühlungsvermögen zu entwickeln, ist es notwendig, dass die betroffenen Personen eine gemeinsame Sozialisation durchlaufen haben. Kuhn (1997) beschreibt die Bestandteile und die Bedeutung einer gemeinsamen Sozialisation für wissenschaftliche Gemeinschaften. So zeichnet sich ein Paradigma einer wissenschaftlichen Spezialgemeinschaft durch vier Elemente aus: (1) Symbolische Verallgemeinerungen, das heißt Formeln und Abkürzungen, die problemlos von allen Mitgliedern der wissenschaftlichen Gemeinschaft gebraucht werden, (2) Grundüberzeugungen, die das Vertrauen der Wissenschaftler in bestimmte Modelle ausdrücken, (3) Werte, welche von den Mitgliedern der Gemeinschaft akzeptiert werden und (4) Musterbeispiele, worunter konkrete Problemlösungen zu verstehen sind, die den Wissenschaftlern als Standardbeispiele immer wieder begegnen (Kuhn 1997: 194 ff.). Paradigmen erleichtern die Kommunikation innerhalb einer wissenschaftlichen Gemeinschaft, da diese auf gemeinsamen Werten, Überzeugungen, Beispielen und Symbolen aufbauen. Die wissenschaftsphilosophischen Überlegungen von Kuhn (1997) wurden schon einige Male auf Unternehmungen übertragen, wie beispielsweise von Bresser und Bishop (1983) und später von Chung (1998). Für die vorliegende Arbeit ist lediglich die Mindestanforderung einer gemeinsamen Sozialisation von Sender und Empfänger von Bedeutung, die über eine länger andauernde Zusammenarbeit von Personen zu gemeinsamen symbolischen Verallgemeinerungen, Grundüberzeugungen, Werten und Musterbeispielen führt. Diese gemeinsame Sozialisation ist aber nicht über anonyme Märkte zu leisten, sondern bedarf stabiler Organisationsformen.

Es sei hier nur am Rande angemerkt, dass durch eine gemeinsame Sozialisation nicht nur ein gemeinsamer Sprachkode entwickelt wird, sondern auch eine Vertrauensbasis zwischen den beteiligten Personen entsteht, die den Austausch von Informationen wesentlich vereinfacht. Erst wenn dauerhaft gegenseitige Interdependenzen zwischen Lehrer und Schüler bestehen oder hier zwischen den Unternehmungen, die voneinander lernen wollen, und deren Mitarbeitern, entsteht Vertrauen. Existiert Vertrauen zwischen Lehrer und Schüler, wird der Lehrer bereit sein, auch implizites Wissen preiszugeben. Vertrauen ist also ebenfalls eine wichtige Voraussetzung für den Austausch sensibler und impliziter Informationen.

Insgesamt kann festgehalten werden, dass der Austausch von wettbewerbsrelevanten Ressourcen und Fähigkeiten über Faktormärkte nicht möglich ist. Märkte und marktähnliche Kontrakte versagen beim Transfer von firmenspezifischen, impliziten und unsicheren intangiblen Ressourcen, da die Eigenschaften intangibler Ressourcen die effiziente Gestaltung von Verträgen zwischen den beteiligten Unternehmungen verhindern (Mowery et al. 1996: 79; McEvily und Chakravarthy 2000: 224).

Faktormärkte dienen folglich lediglich zur Beschaffung strategisch *nicht*-relevanter Ressourcen und Fähigkeiten. Diese auf Seite 158 der Arbeit als Commodity-Ressourcen definierten Ressourcen und Fähigkeiten sind neben den strategisch relevanten Ressourcen und Fähigkeiten zur Aufrechterhaltung des Unternehmungsbetriebes nötig. Commodity-Ressourcen sind Ressourcen und Fähigkeiten, die notwendig, aber nicht hinreichend zur Erzielung von Wettbewerbsvorteilen sind. Für Unternehmungen gilt es somit, Bündel von wettbewerbsvorteilgenerierenden Ressourcen und Fähigkeiten und Commodity-Ressourcen zu kombinieren, um die Unternehmungsziele zu erreichen.

Vor dem Hintergrund einer transaktionskostentheoretischen Sicht wird diskutiert, aus Effizienzgesichtspunkten Commodity-Ressourcen nicht innerhalb einer Unternehmung zu organisieren, da sie keinen Wettbewerbsvorteil generieren. Es wird argumentiert, dass die Unfähigkeit aus diesen Ressourcen zumindest temporäre Wettbewerbsvorteile zu generieren, darauf zurückzuführen ist, dass diese Ressourcen nicht unternehmungsspezifisch sind, also auch anderen Unternehmungen zur Verfügung stehen. Da die Spezifität dieser Ressourcen gering ist, wird gefolgert, sie sollen nicht innerhalb einer Hierarchie, sondern über den Markt koordiniert werden (Reve 1990: 138, 142 und 146). Folgende Propositionen lassen sich daher formulieren:

Proposition 4: Wenn Commodity-Ressourcen beschafft werden müssen, dann eignen sich die Faktormärkte.

Proposition 4a: Für die Beschaffung strategisch relevanter Ressourcen und Fähigkeiten sind Faktormärkte nicht geeignet.

Wenn die Beschaffung strategisch relevanter Ressourcen und Fähigkeiten über Faktormärkte aber nicht möglich ist (Capron et al. 1998: 634; Karim und Mitchell 2000: 1063), müssen alternative Beschaffungsmöglichkeiten gefunden werden, da sonst die Anpassung an neue Umweltanforderungen nicht erfolgen kann. Als alternative Beschaffungswege bieten sich die interne Entwicklung neuer Ressourcen und Fähigkeiten oder Unternehmungszusammenschlüsse – also Unternehmungskooperationen und Mergers & Acquisitions – an.

5.2.2 Interne Entwicklung

Die Beschaffungsalternative *interne Entwicklung* beruht auf Forschungs-, Entwicklungs- und anderen Anstrengungen innerhalb einer Unternehmung, die Ressourcenbasis zu verändern. Solche Anstrengungen innerhalb einer Unternehmung haben einen erheblichen Einfluss auf den Aufbau und die Weiterentwicklung strategischer Ressourcen und Fähigkeiten, und sie müssen als Beschaffungsalternative einer tiefer gehenden Betrachtung unterzogen werden. Vor allem ist die interne Entwicklung dahingehend zu überprüfen, inwieweit sie eine Beschaffungsalternative unter zeitlichen Restriktionen darstellen kann. Auf Faktormärkten spielen zeitliche Restriktionen nur eine untergeordnete Rolle, da die verfügbaren Commodity-Ressourcen (beispielsweise Standard-PCs und -Software) über effiziente Faktormärkte in kürzester Zeit beschafft werden können. Dagegen erscheint die Alternative der internen Entwicklung wesentlich zeitaufwendiger. Bevor dieser Aspekt genauer untersucht wird, sollen zunächst zeitliche Restriktionen näher betrachtet werden:

Eine Grundeigenschaft ökonomischer Phänomene besteht darin, dass sie zeitlichen Restriktionen unterliegen, ökonomische Chancen und Risiken also nur für einen bestimmten Zeitraum vorzufinden sind und gelten. Wer beispielsweise den Boom in der Informationstechnologie der 1980er Jahre verpasst hat, wird heute kaum mehr die Möglichkeit haben, eine erfolgreiche Unternehmung für Standard-PCs oder Standard-Büro-Software aufzubauen. Ökonomische Erfolge lassen sich also nur innerhalb bestimmter Zeiträume erzielen, nämlich innerhalb der Zeiträume, in denen die internen Ressourcen und Fähigkeiten zu den externen Gegebenheiten der Unternehmungsumwelten passen. Wenn realistischerweise eine dynamische Umwelt unterstellt wird, ist dieser Fit auf die Zeitspanne beschränkt, in der sich die Umwelt nicht oder nur kaum verändert. Durch Umweltveränderungen entstehen Ungleichgewichtszustände; die Unternehmung muss sich mit *neuen* Aktionen an die veränderten Umweltgegebenheiten erneut anpassen. Wandelprozesse und Anpassungen an neue Bedingungen der externen Umwelt sind daher nur zu bestimmten Zeitpunkten beziehungsweise innerhalb bestimmter und oftmals nur sehr kurzen Zeitphasen Erfolg versprechend, während sie zu anderen Zeitpunkten keinen oder sogar einen negativen Effekt aufweisen können (Zajac et al. 2000: 434).

Diese Erfolg versprechenden Zeitphasen werden als *strategic windows* oder *windows of opportunities* bezeichnet. Abell (1978) definiert ein *strategic window* als „[...] the fact that there are only limited periods during which the „fit" between the key requirements of a market and the particular competencies of a firm competing in that market is at an optimum" (Abell 1978: 21). Es liegt im Kern dynamischer Strategieansätze, dass Ressourcen und Fähigkeiten immer wieder an neue Gegebenheiten angepasst werden müssen und über die Zeit wieder an Wert verlieren (vergleiche hierzu die Ausführungen im Abschnitt 5.1.1 auf Seite 204 der Arbeit). Es besteht meist nur eine zeitlich befristete Spanne, innerhalb der Unternehmungen mit einer bestimmten Ressourcenposition überdurchschnittliche Renditen erzielen können. Unternehmungen, denen es nicht gelingt, innerhalb dieser Zeitspanne ihre Ressourcenbasis an die Umweltgegebenheiten anzupassen, bleibt die Möglichkeit verschlossen, überdurchschnittliche Renditen zu erzielen.

Der Zeitpunkt hat daher einen erheblichen Einfluss auf den Erfolg einer Unternehmung. Die Zeitdimension strategischer Entscheidungen bestimmt maßgeblich Erfolg und Misserfolg einer Unternehmung (Simon 1989: 72 ff.). Werden strategische Entscheidungen nicht in dem durch die Unternehmungsumwelt vorgegebenen Zeitrahmen getroffen, reduziert sich der Wert der beste-

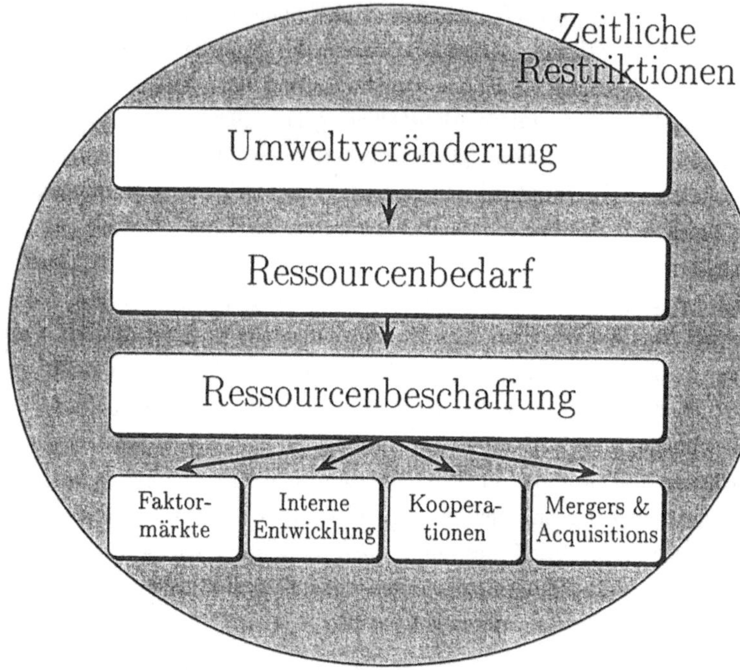

Abbildung 5.5: Zeitliche Restriktionen

henden Ressourcen und damit der Wert der Unternehmung (Simon 1989: 75). So führt beispielsweise die verspätete Einführung eines Produktes zu erheblichen Umsatzverlusten (im Sinne von Opportunitätskosten), die nicht wieder aufgeholt werden können (Simon 1989: 78 f.). Es ist für Unternehmungen daher von großer Bedeutung, notwendige Ressourcen und Fähigkeiten innerhalb vorgegebener Zeiträume zu erhalten, da nur so überdurchschnittliche Renditen erzielt werden können.

Wie in Abbildung 5.5 dargestellt, sind die Eigenschaften der Ressourcen und Fähigkeiten einer Unternehmung im Lichte der zeitlichen Restriktionen zu analysieren. Es ist zu untersuchen, ob die benötigten Ressourcen und Fähigkeiten unter den gegebenen zeitlichen Restriktionen über Faktormärkte, durch interne Entwicklung oder durch Unternehmungszusammenschlüsse – also Unternehmungskooperationen und Mergers & Acquisitions – zu beschaffen sind.

Bei der internen Entwicklung tritt das Problem zeitlicher Restriktionen am deutlichsten hervor. So haben Unternehmungen bei der Wahrnehmung von

Chancen gleich zwei Herausforderungen zu bewältigen: (1) Neuartige Ressourcen und Fähigkeiten müssen beschafft und (2) obsolete Ressourcen und Fähigkeiten abgewickelt und demontiert werden. Unternehmungen stehen hierbei vor dem Problem, die firmenspezifischen Ressourcen und Fähigkeiten durch Schutzmechanismen vor der Imitation durch Wettbewerber zu schützen, gleichzeitig verhindern aber genau diese den Aufbau neuer Ressourcen und Fähigkeiten, um in neuartigen Wettbewerbsumfeldern konkurrieren zu können. Dies stellt ein ökonomisches Dilemma des Ressourcenportfolios dar: Einerseits ist der Schutz vor Imitation eine wichtige Bedingung für die Generierung vergangener und gegenwärtiger Renten, andererseits stellen die Schutzmechanismen aber auch eine Gefahr für zukünftige Renten dar. So wird wohl die Pfadabhängigkeit als wichtigster Schutzmechanismus einer Unternehmungen zu Recht als „Zwangsjacke" für Unternehmungen, die neue Ressourcen und Fähigkeiten entwickeln müssen, bezeichnet (Rasche und Wolfrum 1994: 504 und 506).

Aber wie genau funktionieren die Imitationsmechanismen, und wie wird dadurch der Aufbau neuer Ressourcen und Fähigkeiten erschwert? Auch hier sind es intangible Ressourcen, die in der Literatur am weitesten diskutiert werden, da intangiblen Ressourcen, wie beispielsweise Wissen, das größte Potenzial bei der Generierung von Wettbewerbsvorteilen zugesprochen wird und gleichzeitig hier die Imitationsbarrieren am deutlichsten hervortreten. Daher soll das Dilemma bei der Generierung neuer Ressourcen und Fähigkeiten anhand von Wissen verdeutlicht werden. Wissen zeichnet sich durch drei Eigenschaften aus, die hier von besonderem Interesse sind: Wissen ist meist (1) implizit beziehungsweise tacit, (2) spezifisch und (3) komplex (McEvily und Chakravarthy 2000).

1. Tacitness
   Wie oben bereits angesprochen, beschreibt der Anglizismus *Tacitness* die Unfähigkeit, bestimmte Zusammenhänge zu beschreiben und anderen Personen durch verbale oder schriftliche Kommunikation zu vermitteln. Der entsprechende Begriff in der deutschen Literatur ist implizites Wissen (Polanyi 1985: 14). Hierbei besteht beispielsweise das Problem, dass Experten nicht erklären können, wie ihr Wissen den Ertrag einer Unternehmung beeinflusst. Sie verfügen lediglich über ein intuitives Verständnis der Zusammenhänge, können dieses allerdings nicht artikulieren.[9] Dadurch

9. Diese Argumentation ähnelt stark den Ausführungen zu den Themen *soziale Komplexität* und *kausale Ambiguität.* Im Gegensatz zu dieser klassischen Auffassung von Imitati-

wird die Imitation erschwert, da Wettbewerber nicht die Möglichkeit haben, einfach Mitarbeiter abzuwerben oder nach den erfolgsgenerierenden Ressourcen und Fähigkeiten zu befragen (Amit und Schoemaker 1993: 39; McEvily und Chakravarthy 2000: 227). Dies hat aber im Umkehrschluss auch einen erheblichen Einfluss auf die eigene Fähigkeit, neue Ressourcen und Fähigkeiten intern zu entwickeln. Es besteht auch für die fokale Unternehmung nicht mehr die Möglichkeit, Mitarbeiter anderer Unternehmungen abzuwerben und in eine neue Organisation zu integrieren, da auch diese Mitarbeiter ihr Wissen nur teilweise artikulieren und entsprechend nur teilweise an ihre neuen Kollegen weitergeben können.

2. Spezifität
   Eine weitere Eigenschaft von Wissen ist die Spezifität. Wissen ist spezifisch, wenn es auf einen besonderen Anwendungsbereich zugeschnitten ist. Dieses Wissen kann folglich nur in einem kleinen Kontext produktiv eingesetzt werden (McEvily und Chakravarthy 2000: 227 f.). Imitation wird dadurch erschwert, dass Wettbewerber spezifische Ressourcen und Fähigkeiten (hier Wissen) nicht auf neue Problembereiche übertragen können. Folglich ist es für den Eigentümer der Ressource auch nicht möglich, sein Wissen, welches auf die bisherige Organisation zugeschnitten ist, in einem völlig anderen Kontext einzusetzen (McEvily und Chakravarthy 2000: 227). Auch dies verhindert die Diffusion von Wissen zwischen Unternehmungen und damit auch die Neuentwicklung von Ressourcen und Fähigkeiten innerhalb der Unternehmung.

3. Komplexität
   Die Komplexität eines Systems wird definiert als eine Vielzahl von unterschiedlichen, interagierenden Elementen, die einen Einfluss auf den Erfolg dieses Systems haben (Simon 1962: 467 f.). Es ist die Vielfältigkeit (Anzahl und Verschiedenheit) und die Unübersichtlichkeit des jeweiligen Systems, die die Komplexität bestimmen (Duncan 1972: 313 ff.; Kieser und Kubicek 1992: 371; Schreyögg 1996: 300). Auch Komplexität verhindert, dass Wissen von einer Unternehmung zu einer anderen übertragen wird, da das ganze System übertragen werden müsste (McEvily und Chakravarthy 2000: 226). Gleichzeitig besteht aber auch für eine vorhandene Unterneh-

onsbarrieren (Reed und DeFillippi 1990: 91 f.) wird hier aber den Entscheidungsträgern die Kenntnis über das volle Bild sozialer Kausalzusammenhänge nicht abgesprochen, sondern lediglich die Fähigkeit, diese Kenntnisse für Dritte verständlich zu artikulieren.

mung das Problem, ein vollständig neues komplexes System aufzubauen, um neue Ressourcen und Fähigkeiten hervorzubringen, wodurch wiederum die interne Entwicklung neuer Ressourcen und Fähigkeiten erschwert wird.

Es kann also festgehalten werden: Wissen, aber auch andere Ressourcen, zeichnen sich durch Tacitness, Spezifität und Komplexität aus, wodurch einerseits die Imitation bestehender Ressourcenbasen behindert wird (Teece 1986b: 289 ff.; Reed und DeFillippi 1990: 91 f.), gleichzeitig aber auch nur schwer neue Ressourcen und Fähigkeiten intern entwickelt werden können.

Die Unfähigkeit, aufgrund der bestehenden Ressourcenbasis neue Ressourcen und Fähigkeiten zu entwickeln, wird in der Literatur unter dem Begriff *core rigidities* (Leonard-Barton 1992: 118) diskutiert. Dies impliziert, dass Unternehmungen, selbst wenn sie aufgrund veränderter Umweltbedingungen die Notwendigkeit zum Wandel erkennen, nicht automatisch diesen Wandel herbeiführen. Oftmals sind Unternehmungen nicht willens oder – wie hier gezeigt – einfach nicht fähig zum Wandel, da die oben beschriebenen Wandelbarrieren bestehen (Zajac et al. 2000: 434 und 437). Die Kehrseite der *core rigidities* sind die *core competencies*, die aufgrund ihrer pfadabhängigen Entwicklung auch als Rigiditäten wirken.

Aber core rigidities dürfen nicht dahingehend interpretiert werden, dass überhaupt keine Anpassung an Umweltveränderungen stattfindet. Wie bereits besprochen, wurden dem Konstrukt der Nicht-Imitierbarkeit von Ressourcen und Fähigkeiten sowie der daraus abgeleiteten Nachhaltigkeit von Wettbewerbsvorteilen die Vorstellung temporärer Wettbewerbsvorteile gegenübergestellt (Bresser 1998: 308). Die Österreichische Schule der Ökonomie mildert die Nicht-Imitierbarkeits-Annahme ab, indem sie postuliert, reale Wettbewerbsprozesse seien durch Imitationswettbewerb geprägt (Kirzner 1979: 156). Zwar können auch hiernach in der Regel nicht alle Innovationen von Wettbewerbern vollständig imitiert werden (Nelson und Winter 1982: 123 f.), aber Imitation wird nicht – wie im statischen ressourcenbasierten Ansatz – ausgeschlossen.

Die Kritik an der Nachhaltigkeit von Wettbewerbsvorteilen ist auch bei der Diskussion um core rigidities zu berücksichtigen. Hier ist zu konstatieren, dass Unternehmungen zwar Schwierigkeiten beim Aufbau neuartiger Ressourcen und Fähigkeiten haben, allerdings können diese Schwierigkeiten mit ausreichendem zeitlichen und finanziellen Einsatz bewältigt werden. Imitation ist also möglich; die oben genannten Probleme schränken aber die Imitationsgeschwindigkeit erheblich ein. Je nach Komplexität und Spezifität der

Ressourcen wird die Imitation mit erheblichem Zeitaufwand verbunden sein. In der Regel müssen Imitationen auch eine Abfolge von Phasen durchlaufen, um die Pfadabhängigkeit der Ausgangsinnovation zu simulieren. Es ist daher kaum möglich, die Imitationszeit zu verkürzen (Amit und Schoemaker 1993: 39). Vor allem sind es die auf Routinen beruhenden intangiblen Ressourcen, deren Entwicklung viel Zeit beansprucht (Grant 1998: 183 f.). So schätzen in einer Studie 95 Chief Executive Officers die Entwicklungszeit der wichtigsten intangiblen Ressourcen durchschnittlich auf 10,8 Jahre für Unternehmungsreputation, 6,0 Jahre für Produktreputation und 4,6 Jahre für Mitarbeiter-Know-how (Hall 1992: 141 f.). Wenn aber das Durchlaufen von bestimmten Entwicklungsprozessen aufgrund der Pfadabhängigkeit den zeitkonsumierenden Faktor bei der Entwicklung von Ressourcen und Fähigkeiten darstellt, kann die Entwicklungszeit verringert werden, wenn die entsprechenden Erfahrungen innerhalb der Unternehmung bereits vorliegen. Dies ist dann der Fall, wenn die bereits bestehenden Ressourcen und Fähigkeiten den neu zu schaffenden ähneln. So entwickeln Unternehmungen eher neue Technologien, die auf den bereits vorhandenen komplementären Vermögensgegenständen aufbauen (Tripsas und Gavetti 2000: 1147 f.). Dies lässt sich damit erklären, dass nur dann die interne Entwicklung von Ressourcen und Fähigkeiten auch innerhalb der extern vorgegebenen Zeitfenster realisiert werden kann, wenn eine Ressourcenkomplementarität existiert. Insgesamt können daher folgende Propositionen festgehalten werden:

> *Proposition 5:* Wenn die zu entwickelnden Ressourcen und Fähigkeiten der vorhandenen Ressourcenbasis ähneln, eignet sich die interne Entwicklung zur Beschaffung dieser Ressourcen und Fähigkeiten.

> *Proposition 5a:* Wenn Ressourcen und Fähigkeiten mit hohem Neuheitsgrad zu beschaffen sind, versagt die interne Entwicklung.

Da Unternehmungen nicht alle Ressourcen und Fähigkeiten intern entwickeln können, ist der Aufbau von Ressourcenpositionen nicht unabhängig von der externen Unternehmungsumwelt zu bewältigen (Pfeffer und Salancik 1978: 46 f.; Lenz 1980: 228). Lediglich Ressourcen und Fähigkeiten, die starke Ähnlichkeiten mit der bestehenden Ressourcenbasis aufweisen, können intern in relativ kurzer Zeit entwickelt und so rechtzeitig in neue Produkte und Dienstleistungen umgewandelt werden. Aber da – wie bereits gezeigt – Faktormärkte versagen, müssen weitere Alternativen der externen Ressourcenbeschaffung untersucht werden. Dazu bleiben nur noch Unternehmungszusammenschlüsse als

Alternative bestehen (Singh und Montgomery 1987: 378; Capron et al. 1998: 633; Capron und Mitchell 2000: 5 ff.). Daher soll im Folgenden die Gruppe der Unternehmungskooperationen tiefer analysiert werden, bevor die Beschaffung von Ressourcen und Fähigkeiten über Mergers *&* Acquisitions untersucht wird.

5.2.3 Unternehmungskooperationen

Eine Unternehmungskooperation stellt den Zusammenschluss von zwei oder mehr Unternehmungen mit der Zielsetzung dar, Ressourcen und Fähigkeiten auszutauschen oder neu zu kombinieren. Hierbei weisen Unternehmungskooperationen eine Reihe von Vorteilen gegenüber anderen Beschaffungsalternativen auf: Da es sich bei Unternehmungskooperationen – wie auch bei Faktormärkten und Mergers *&* Acquisitions – um eine externe Beschaffungsalternative handelt und sie damit keinen internen Beschränkungen unterliegen, können Ressourcen und Fähigkeiten unbegrenzt beschafft werden. Unternehmungskooperationen bieten gegenüber Faktormärkten einen erheblichen Vorteil: Durch Unternehmungskooperationen zwischen Unternehmungen mit unterschiedlicher Ausstattung von Ressourcen und Fähigkeiten besteht die Möglichkeit, ganze Systeme von Ressourcen und Fähigkeiten neu zu kombinieren. Diese Kombination geht über die Kombinationsmöglichkeiten durch Faktormärkte hinaus, da nicht nur Commodity-Ressourcen beschafft werden können, sondern auch idiosynkratische in unterschiedlichen Unternehmungen intern entwickelte Ressourcen und Fähigkeiten.

Des Weiteren stellen Unternehmungskooperationen oft durchaus langfristige Beziehungen zwischen Unternehmungen dar, die den zum Austausch von Ressourcen und Fähigkeiten notwendigen Kommunikations- und Interpretationsrahmen bieten (Chung 1998: 185 ff.). Dies ermöglicht, dass zwischen den Unternehmungen eine Vertrauensbasis aufgebaut und neben explizitem auch implizites Wissen ausgetauscht werden kann. Aber Unternehmungskooperationen weisen auch eine Reihe von Nachteilen gegenüber einer Vollintegration[10]

---

10. Der Begriff *Vollintegration* wird hier nicht im transaktionskostentheoretischen Sinne benutzt. Transaktionskostentheoretiker nehmen eine Dreiteilung der Beherrschungsstrukturen in Markt-Hybrid-Hierarchie vor, wobei rein auf den Beschaffungsvorgang – die Übertragung von Ressourcen über eine technisch trennbare Schnittstelle hinweg (Williamson 1990: 1) – abgestellt wird. Im Gegensatz hierzu wird in dieser Arbeit nicht allein der Beschaffungsvorgang, sondern auch die Organisation und Verwertung der Ressourcen und Fähigkeiten in die Analyse einbezogen.

So ist das Resultat der Beschaffungsalternativen Faktormarkt, interne Entwicklung

der beteiligten Unternehmungen auf:

Bresser (1989) führt drei Dysfunktionen kollektiver Strategien an: strategische Inflexibilität, erhöhte Störeinwirkung und Markteintritt neuer Wettbewerber (Bresser 1989: 551 ff.). Aus ressourcenbasierter Sicht besteht die größte Gefahr bei Unternehmungskooperationen in der ungewollten Informationspreisgabe. Die Grundidee von Unternehmungszusammenschlüssen – Unternehmungskooperationen und Mergers & Acquisitions – liegt ja gerade darin, strategisch relevante Ressourcen und Fähigkeiten auszutauschen.

Die Unternehmungen, die an einer Kooperation beteiligt sind, müssen zumindest Teile ihrer idiosynkratischen Ressourcen und Fähigkeiten einbringen, um durch die Kooperation ein neuartiges Bündel von Ressourcen zusammenzustellen. Die in die Kooperation eingebrachten Ressourcen und Fähigkeiten bilden häufig die Grundlage des Wertes einer Unternehmung, stellen im Grunde ihre Existenzberechtigung dar.

Durch die Offenlegung dieser Ressourcen und Fähigkeiten erhalten die Partner die Möglichkeit, diese zu imitieren. Selbst wenn vertraglich ausgeschlossen werden kann, dass die Kooperationspartner mit dem gewonnenen Wissen gleiche Produkte und Dienstleistungen anbieten, kann eine Übertragung des Wissens in neue Marktsegmente oft nicht unterbunden werden. Dies ist um so problematischer, als sich gerade implizites Wissen der Kontrolle eines *Gatekeepers* entzieht. Die ungewollte Informationspreisgabe (Bresser 1988: 377 ff.; Bresser 1989: 489) stellt daher ein wesentliches Problem dar, welches zu einer Existenzgefährdung der Unternehmung führen kann. Diejenigen Unternehmungen, die schnell die Ressourcen und Fähigkeiten der Gegenseite er-

---

und Mergers & Acquisitions dahingehend gleich, dass die erworbenen respektive entwickelten Ressourcen und Fähigkeiten innerhalb *einer* Unternehmung organisiert werden; bei allen drei Alternativen liegt daher aus ressourcenbasierter Sicht als Resultat eine Vollintegration vor. Im Gegensatz hierzu ist die Organisation und Verwertung von Ressourcen und Fähigkeiten innerhalb von Unternehmungskooperationen schwieriger gelagert, da hier die Verfügungsgewalt bei mehreren Unternehmungen und damit mehreren Eigentümern liegt.

Es bestehen aus transaktionskostentheoretischer wie auch aus ressourcenbasierter Sicht erhebliche Unterschiede beim reinen Beschaffungsvorgang zwischen den Alternativen Faktormarkt (Markt), interne Entwicklung (Hierarchie), Unternehmungskooperationen (Hybridform) und Mergers & Acquisitions (Hierarchie). Dies soll aber nicht darüber hinwegtäuschen, dass der ressourcenbasierte Ansatz noch über transaktionskostentheoretische Überlegungen hinaus geht: So betrachtet der ressourcenbasierte Ansatz neben den reinen Transaktionspartnern auch die direkten Wettbewerber der fokalen Unternehmung, indem er problematisiert, inwieweit durch eine bestimmte Transaktionsform und die anschließende Verwertung diese Wettbewerber Ressourcen und Fähigkeiten beschaffen, imitieren oder substituieren können.

lernen, können folglich von Unternehmungskooperationen profitieren, langsam lernende Unternehmungen aber nicht (Hamel et al. 1989: 133 ff.; Ohmae 1989: 145 ff.). Unternehmungskooperationen sind somit aus Sicht des ressourcenbasierten Ansatzes und angesichts des Postulats des Imitationsschutzes problematisch (Chi 1994: 283; Young 1995: 337), was auch empirisch bestätigt wird: So wird in Kooperationen beobachtet, dass Wissen zwischen den beteiligten Unternehmungen diffundiert (Mowery et al. 1996: 79 f.). Durch die Diffusion von Ressourcen und Fähigkeiten zu anderen Unternehmungen, die nicht unter der gleichen Leitung stehen, besteht die Gefahr der Imitation von Wettbewerbsvorteilen (Hamel et al. 1989: 133 ff.).

Neben der ungewollten Informationspreisgabe stellen die Konfliktpotenziale bei der Koordination von Ressourcen und Fähigkeiten ein Problem von Unternehmungskooperationen dar. Diese Probleme wurden bereits im Transaktionskostenansatz breit diskutiert. Aufgrund der begrenzten Rationalität der Akteure ist es nicht möglich, alle möglichen Kontingenzen vertraglich zu regeln. Gleichzeitig führt opportunistisches Verhalten der Akteure dazu, dass einfache vertragliche Regelungen ohne Kontrollmechanismen häufig unterlaufen werden: Die in eine Unternehmungskooperation eingebrachten Ressourcen und Fähigkeiten sind unterschiedlichen Eigentümern zuzurechnen, die jeweils eigene, teilweise gegensätzliche Interessen mit der Unternehmungskooperation verfolgen. Da sich die interne und externe Unternehmungsumwelt kontinuierlich verändert, sind getroffene Kooperationsvereinbarungen immer wieder anzupassen und neu zu interpretieren. Diese Anpassungen der Kooperationsvereinbarungen können aber nur im gegenseitigen Einvernehmen aller Beteiligten vorgenommen werden (Williamson 1991a: 291). Vor dem Hintergrund opportunistischen Verhaltens der Akteure führt dies zu Konflikten und erhöht die Kosten der Koordination. Unternehmungskooperationen weisen daher gegenüber einer Vollintegration erhebliche Kostennachteile auf, die durch die Neugestaltung des Kooperationsvertrages und die damit einhergehenden Nachverhandlungen entstehen.

Kosten für die Koordination von Ressourcen und Fähigkeiten innerhalb einer Unternehmungskooperation müssen aber nicht nur auf opportunistisches Verhalten der Kooperationspartner zurückzuführen sein, wie im Transaktionskostenansatz unterstellt. Wie bereits erwähnt, blieb die im Transaktionskostenansatz postulierte Opportunismusannahme in der Strategischen Managementliteratur nicht unwidersprochen (Hill 1990: 501 ff.; Zajac und Olson 1993: 140 f.; Bresser 1998: 397 und 476). Aber selbst wenn kein opportunistisches

Verhalten unterstellt wird, treten Konflikte zwischen den Kooperationspartnern auf. Die im Zeitablauf unterschiedliche Einschätzung der Bedeutung von Kooperationsprojekten hat für die beteiligten Unternehmungen eine erhebliche Auswirkung auf die Leistungen und das Engagement, welche in die Kooperationen eingebracht werden (Grossman und Hart 1986: 708 f.). Daneben führen die jeweiligen Erfahrungen der Individuen zu differenten Perzeptionsfiltern und damit zu einer unterschiedlichen Wahrnehmung und Interpretation von Informationen. Diese resultieren in unterschiedlichen Einschätzungen und Erwartungen hinsichtlich der zukünftigen Entwicklung der Unternehmungskooperation, was zur Folge hat, dass Konflikte auch zwischen Personen entstehen, die ehrlich handeln und sich gegenseitig vertrauen (Grant 1996: 114; Conner und Prahalad 1996: 483). Daher sind auch hier Probleme nicht auszuschließen.

Unternehmungskooperationen weisen noch weitere Konfliktpotenziale auf: So sollen im Regelfall durch die Kombination der in eine Unternehmungskooperation eingebrachten Ressourcen und Fähigkeiten neue Produkte und Dienstleistungen generiert werden. Auch wenn die eingebrachten Ressourcen und Fähigkeiten den Kooperationspartnern klar zugeordnet werden können, besteht ein wesentliches Problem darin, wem die neu generierten Fähigkeiten, Produkte sowie Dienstleistungen und die damit zusammenhängende Wertsteigerung zuzuordnen sind. Es ist davon auszugehen, dass selbst bei vorhandenem Vertrauen ein erheblicher Verhandlungsbedarf besteht und zwar dahingehend, welcher der Kooperationspartner in welcher Höhe an den Ergebnissen der Unternehmungskooperation partizipieren kann. Dieses Problem steht spätestens dann an, wenn ein Partner die Kooperation verlassen möchte oder die Kooperation auflösen möchte, indem er der alleinige Besitzer des bisherigen Joint Ventures wird. Wenn der Kooperationsvertrag vorsieht, dass eine der beteiligten Parteien das Recht erhält, eine Kaufoption auszuüben, muss die andere Partei das Joint Venture verlassen. In diesen Fällen besteht ein wesentliches Problem in der finanziellen Bewertung des Joint Ventures und der daraus resultierenden Festlegung des Kaufpreises für die Anteile des ausscheidenden Partners. Konflikte sind daher auch in vertrauensvollen Unternehmungskooperationen möglich. Aus all dem folgt:

> *Proposition 6:* Wenn Unternehmungskooperationen zur Beschaffung von Ressourcen und Fähigkeiten eingesetzt werden, entstehen höhere Koordinationskosten als durch eine Vollintegration.

Es gibt aber auch Situationen, in denen die Übertragung von Ressourcen und Fähigkeiten eher über Unternehmungskooperationen erfolgen sollte, als über eine Vollintegration. Hierfür lassen sich zwei Bedingungen identifizieren: (1) wenn nur ein kleiner Teil der Ressourcen und Fähigkeiten der beteiligten Unternehmungen miteinander verknüpft werden soll und (2) wenn eine hohe Unsicherheit hinsichtlich der externen Verwertung der Ressourcen und Fähigkeiten besteht. Solche Unsicherheit kann hinsichtlich der noch zu entwickelnden technologischen Prozesse und auch in Bezug auf die Nachfrage nach den Leistungen bestehen, die durch die neue Ressourcenkombination ermöglicht werden.

Der erste Aspekt bezieht sich auf die Breite der Ressourcen und Fähigkeiten, die zwischen Unternehmungen ausgetauscht werden sollen. Wenn Unternehmungen aus mehreren klar voneinander trennbaren Ressourcen und Fähigkeiten bestehen und hiervon nur jeweils kleine Teile ausgetauscht werden sollen, bietet sich eine Unternehmungskooperation an. Dies ist dann sinnvoll, wenn genau diese Ressourcen und Fähigkeiten in die Unternehmungskooperation eingebracht werden können, ohne die weiteren Ressourcen und Fähigkeiten der Kooperationspartner zu tangieren. Dadurch wird verhindert, dass alle Ressourcen und Fähigkeiten einer Unternehmung offengelegt werden und diffundieren können. Eine weitreichende Informationspreisgabe wird unterbunden; die Kooperationspartner können nicht die Wettbewerbsvorteile der fokalen Unternehmung imitieren, und eine Existenzgefährdung ist ausgeschlossen. Des Weiteren wird durch den gezielten Austausch einzelner Ressourcen und Fähigkeiten vermieden, nicht benötigte Ressourcen und Fähigkeiten mit in die Unternehmung übernehmen zu müssen, wie dies beispielsweise bei Mergers *&* Acquisitions zu beobachten ist. Diese nicht benötigten Ressourcen und Fähigkeiten wären aber ebenfalls zu verwalten oder weiterzuveräußern, was mit erheblichen Kosten verbunden sein kann(Bresser 1998: 473). Es bleibt festzuhalten:

> *Proposition 6a:* Wenn nur geringe Teile der Ressourcenbasis zwischen Unternehmungen ausgetauscht werden sollen, stellt die Unternehmungskooperation eine effiziente Lösung zur Beschaffung von Ressourcen und Fähigkeiten dar.

Der zweite Aspekt bezieht sich auf die Umweltunsicherheit. In diesem Zusammenhang wurden Unternehmungskooperationen bereits als Realoption konzipiert, die dann wertvoll sind, wenn die Umweltunsicherheit hoch ist (Kogut 1991; Chung 1998). Chung (1998) verbindet beispielsweise den Transaktionskostenansatz mit Überlegungen aus der finanzwirtschaftlichen Optionspreistheorie. Er modelliert Unternehmungskooperationen als Realoptionen und gelangt zu dem Ergebnis, dass Unternehmungskooperationen sich dann als Koordinationsform bei der Beschaffung von Wissen eignen, wenn eine hohe Unsicherheit sowohl hinsichtlich des Nachfragepotenzials und der Wettbewerbsstruktur (Absatzunsicherheit) als auch hinsichtlich der Erfolgsaussichten der Innovationsanstrengungen (Prozessunsicherheit) besteht (Chung 1998: 212 ff.). Unternehmungen befinden sich oft in dem Dilemma, einerseits Investitionen in spezifische Ressourcen und Fähigkeiten aufgrund der Absatzunsicherheit verzögern zu wollen, andererseits werden sie zu einer frühzeitigen Investition gezwungen, da nur durch die Nutzung dieser Ressourcen und Fähigkeiten die Prozessunsicherheit reduziert werden kann. Chung (1998) gelangt zu dem Ergebnis, dass Unternehmungskooperationen eine Lösung dieses Zielkonfliktes darstellen (Chung 1998: 215), da einerseits neues Wissen beschafft und genutzt wird, andererseits die erforderlichen Investitionen vergleichsweise niedrig gehalten werden können bis sich die Absatzunsicherheit reduziert hat. Erst dann ist die Realoption auszuüben, und erst dann fallen hohe Investitionskosten durch die vollständige Akquisition der Unternehmungskooperation an. Hier wird die Bedeutung der Absatzunsicherheit als entscheidende Variable bei der Diskriminierung zwischen den Beschaffungsalternativen Unternehmungskooperation und Mergers & Acquisitions deutlich, während die Prozessunsicherheit nur eine untergeordnete Rolle spielt. Insgesamt gilt:

> *Proposition 6b:* Wenn eine hohe Absatzunsicherheit besteht, stellt die Unternehmungskooperation eine effiziente Lösung zur Beschaffung von Ressourcen und Fähigkeiten dar.

Nachdem Faktormärkte, die interne Entwicklung und Unternehmungskooperationen hinsichtlich ihrer Effizienz bei der Beschaffung von Ressourcen und Fähigkeiten untersucht wurden, soll im Folgenden die letzte Beschaffungsalternative – Mergers & Acquisitions – genauer analysiert werden.

5.2.4 Mergers & Acquisitions

Da die Beschaffung neuer Ressourcen und Fähigkeiten über Faktormärkte, die interne Entwicklung oder Unternehmungskooperationen aufgrund der Eigenschaften strategisch relevanter Ressourcen und Fähigkeiten nur begrenzt möglich ist, muss geprüft werden, inwieweit Mergers & Acquisitions diese Beschaffungslücke schließen können. Hierbei ist zu untersuchen, ob Mergers & Acquisitions als hierarchische Beherrschungsstrukturen alternativen Ressourcenbeschaffungsmöglichkeiten überlegen sind (Markides und Williamson 1996:

346), da nur dann der ökonomische Sinn von Mergers & Acquisitions erklärbar wird.

Die folgende Analyse konzentriert sich auf drei Bereiche: (1) Können über Mergers & Acquisitions strategisch relevante Ressourcen und Fähigkeiten beschafft werden? (2) Können über Mergers & Acquisitions Ressourcen und Fähigkeiten mit hohem Neuheitsgrad erworben werden? (3) Welcher Grad der Absatzunsicherheit erweist sich für Mergers & Acquisitions als ideal? Durch eine Beantwortung dieser Fragen wird es möglich, die Rahmenbedingungen eines sinnvollen Einsatzes von Mergers & Acquisitions zu spezifizieren.

5.2.4.1 Strategische Bedeutung von Ressourcen

Im Zentrum der Betrachtung stehen strategisch relevante Ressourcen und Fähigkeiten, also solche, die den Anforderungen des ressourcenbasierten Ansatzes entsprechen (siehe Abschnitt 4.4). Wie oben bereits gezeigt, versagen Märkte beim Transfer strategisch relevanter Ressourcen und Fähigkeiten; teilweise existieren sie erst gar nicht. Es ist dieses Marktversagen, welches letztlich Mergers & Acquisitions als alternative Beschaffungsmöglichkeit erst ins Blickfeld rückt, da die Nutzung funktionierender Faktormärkte im Vergleich zu Mergers & Acquisitions wesentlich geringere Kosten verursachen würde. Interessanterweise wurde Marktversagen bereits früh als Motiv für Mergers & Acquisitions angeführt (Scherer 1970: 119), allerdings lediglich im Zusammenhang industrieökonomischer Analysen unter Bezug auf die potenziell entstehende Marktmacht.

Aus der Sicht des ressourcenbasierten Ansatzes ergibt sich somit eine konzeptionelle Lücke, die nun geschlossen werden soll. Hierzu werden die Besonderheiten strategisch relevanter Ressourcen und Fähigkeiten, insbesondere die Komplexität, Spezifität und Tacitness wissensbasierter Ressourcen (siehe Seite 231 f.), mit den Eigenschaften von Mergers & Acquisitions verglichen. Durch diesen Vergleich wird es möglich, Aussagen über die Effizienz von Mergers & Acquisitions zu treffen. Die wesentliche Eigenschaft von Mergers & Acquisitions liegt darin, dass nicht einzelne Ressourcen und Fähigkeiten erworben werden, sondern ganze Unternehmungen oder zumindest erhebliche Teile davon (Penrose 1959: 166 und 168 f.; Teece 1986a: 189), die Bündel von Ressourcen und Fähigkeiten darstellen. Nach einer Akquisition werden – ähnlich wie bei Unternehmungskooperationen – oft erhebliche Teile der in die beteiligten Organisationen eingebetteten Ressourcen und Fähigkeiten transferiert. Dies ist von besonderer Relevanz, da beispielsweise wichtige wissensbasierte Ressourcen meist nicht in einzelnen Personen, sondern in Gruppen oder sogar einer ganzen Unternehmung gespeichert sind. Nelson und Winter (1982), aber auch Vertreter des Dynamic-Capabilities-Ansatzes (Teece et al. 1997; Eisenhardt und Martin 2000) sprechen in diesem Zusammenhang davon, dass die Fähigkeiten einer Unternehmung in Ablaufprozessen – in Routinen – gespeichert sind (Nelson und Winter 1982: 76 ff.). Ein Transfer von Wissen ist daher ohne den Austausch von Personen oder gar ganzen Teams ausgeschlossen (Teece 1981: 86). Um an dieses Wissen und andere strategisch relevante Ressourcen und Fähigkeiten zu gelangen, versagen zwar klassische Faktormärkte, aber der Markt für Unternehmungskontrolle kann durchaus in Anspruch genommen werden. Letztlich kann der Markt für Unternehmungsanteile – also Mergers & Acquisitions – als eine besondere Form eines strategischen Faktormarktes angesehen werden (Barney 1986b: 1232), der allerdings einige Besonderheiten aufweist, die ihn für die Beschaffung strategisch relevanter Ressourcen und Fähigkeiten prädestinieren.

Der Vorteil von Mergers & Acquisitions gegenüber anderen Beschaffungsformen liegt somit in der Möglichkeit komplexe, spezifische und implizite Ressourcen und Fähigkeiten beschaffen zu können (Teece 1986a: 193; Reuer 2001: 31), da das ganze *Wissenssystem Unternehmung* übertragen wird (Tsoukas 1996: 13 ff.). Dem Komplexitätsproblem bei der Ressourcenübertragung wird dadurch Rechnung getragen, dass nicht nur einzelne Ressourcen und Fähigkeiten akquiriert werden, sondern ganze Teilbereiche oder sogar ganze Unternehmungen. Dies ermöglicht es auch, den Transfer durch die Spezifität der Ressourcen und Fähigkeiten nicht zu verhindern, da der Kontext der Ressourcen und Fähigkeiten im Wesentlichen erhalten bleibt. Dem impliziten Charakter einiger Ressourcen und Fähigkeiten wird wiederum durch den Transfer von Einzelpersonen und Personengruppen, welche die relevanten Ressourcen und Fähigkeiten Speichern, Rechnung getragen. Dadurch wird mehr als durch den Transfer von Blaupausen übertragen, da Blaupausen nur explizite Bestandteile des Wissens darstellen.

Durch Mergers & Acquisitions wird aber nicht nur die Beschaffung strategisch relevanter Ressourcen und Fähigkeiten ermöglicht, sondern auch – gerade im Vergleich zur Unternehmungskooperation – die interne Organisation vereinfacht. Sind die Ressourcen und Fähigkeiten erst erworben, können sie innerhalb *einer* Unternehmung ausgetauscht und neu zusammengefügt werden. Nelson und Winter (1982) konstatieren daher: „Acquisitions of or merger with another firm can bring whole packages of capability under unified control“

(Nelson und Winter 1982: 65). Mergers *&* Acquisitions geben damit dem Käufer die Möglichkeit, alle notwendigen Ressourcenbündel unter eine einheitliche Kontrolle zu bringen und so die optimale Steuerung des Ressourceneinsatzes zu gewährleisten.

Die Tatsache, dass der Transfer über eine einheitliche Organisation vonstatten geht, resultiert in einer Reihe von Vorteilen gegenüber marktlichen Koordinationsformen und Unternehmungskooperationen. Vor allem können Lernprozesse effizient gestaltet werden (Foss 1996a: 18). Dieser Effizienzvorteil resultiert aus den intensiven und langen zwischenmenschlichen Beziehungen, die eher innerhalb einer Unternehmung als über Markttransaktionen zu beobachten sind (Hodgson 1998: 193), da die Hierarchieform eine Mischung aus spezifischem Wissen einerseits und interpersonellen Beziehungen zwischen Mitarbeitern andererseits darstellt (Williamson 1999: 1097). Hierdurch diffundiert Wissen innerhalb der Unternehmung; eine ungewollte Informationspreisgabe wird verhindert, die Exklusivität gewährleistet und Spill-over-Effekte der Ressourcen und Fähigkeiten bleiben innerhalb der Unternehmungsgrenzen.

Außerdem besteht die Möglichkeit für Vorgesetzte, innerhalb einer Organisation Anweisungen zu geben. So kann auch nicht explizierbares Wissen des Vorgesetzten in Handlungen Dritter umgesetzt werden, auch wenn Untergebene nicht die gleiche Wissensbasis besitzen. Beispielsweise kann ein *wissender* Vorgesetzter seinen Untergebenen genaue Anweisungen geben, wie sie bestimmte Aktivitäten durchzuführen haben. Für die Untergebenen ist es nur nötig die Anordnungen zu befolgen, sie aber nicht unbedingt zu verstehen. Eine Internalisierung des Wissens des Vorgesetzten durch den Untergebenen ist also nicht notwendig (Conner und Prahalad 1996: 484 f.). Entsprechend können mehrere Personen innerhalb einer Organisation von diesem Wissen profitieren, ohne hohe Transaktionskosten – vor allem Verhandlungskosten – zu verursachen. Die Möglichkeit, Wissen durch Anweisungen – aber auch andere Koordinationsinstrumente, wie Programme – mittelbar weiterzugeben, ist die Grundlage unserer arbeitsteiligen Gesellschaft, in der viele Mitarbeiter nicht alle Unternehmungsprozesse überblicken können, wie zum Beispiel Arbeiter an einem Fließband nicht das Wissen haben müssen, Autos *alleine* herstellen zu können.

Daneben bietet die hierarchische Koordination von Ressourcen und Fähigkeiten den Vorteil, Anreize nicht nur – wie bei marktlichen Transaktionen – auf individueller Ebene wirken zu lassen, sondern die Anreize in Unternehmungen auch auf Gruppenebene konzipieren zu können, was das Teamverhalten verbessert (Teece und Pisano 1994: 539). Anreizsysteme können so ausgestaltet werden, dass die Individualziele der Mitarbeiter an Ziele einer Gruppe – hier einer Abteilung oder Gesamtunternehmung – gekoppelt werden, wodurch sich die Mitarbeiter bei Ihren Handlungen an diesen übergeordneten Zielen orientieren. Dies wird durch die Koordination über Arbeitsverträge ermöglicht. Die hierarchische Beherrschungsstruktur bietet gegenüber Faktormärkten die Möglichkeit, unterschiedliche Zielsetzungen der Akteure zu harmonisieren (Williamson 1979: 239).

Arbeitsverträge bieten jedoch noch einen weiteren Vorteil: den der Flexibilität. Während Marktverträge bei Umweltveränderungen neu ausgehandelt werden müssen, können Arbeitsverträge bei geänderten Aufgabenstellungen unverändert bleiben. Es reicht aus, eine neue Anweisung durch den Vorgesetzten zu geben. Einzige Voraussetzung ist, dass die neue Tätigkeit des Arbeitnehmers durch den Arbeitsvertrag gedeckt ist (Conner und Prahalad 1996: 479). Durch die Autorität des Vorgesetzten kann so das Verhalten der Untergebenen vergleichsweise schnell an neue Umwelterfordernisse angepasst werden (Conner und Prahalad 1996: 480 f.). Die Vollintegration bietet also im Vergleich zu marktlichen Strukturen einen besseren Informationsstand der Entscheidungsträger und eine wesentlich schnellere Anpassungsfähigkeit der Unternehmung an Umweltveränderungen, da die Koordination über Dienstanweisungen läuft (Williamson 1991a: 274 ff.; Chung 1998: 75 ff.).

Es kann also festgehalten werden, dass es durch Mergers & Acquisitions gelingt, spezifische, komplexe und implizite Ressourcen und Fähigkeiten zu erwerben, also gerade die Ressourcen und Fähigkeiten, die aus der Sicht des ressourcenbasierten Ansatzes von besonderer Relevanz sind. Mergers & Acquisitions bieten Möglichkeiten der Ressourcenbeschaffung, die Unternehmungen über klassische Faktormärkte versagt bleiben, da die genannten Eigenschaften der Ressourcen ein Marktversagen bewirken. Gleichzeitig ist die interne Organisation dieser Ressourcen und Fähigkeiten im Vergleich zu Unternehmungskooperationen flexibel und günstig zu gestalten. Folgende Proposition lässt sich daher formulieren:

> *Proposition 7:* Wenn strategisch relevante Ressourcen und Fähigkeiten beschafft werden müssen, dann steigt die Anzahl und das Volumen der Mergers & Acquisitions.

Es bleibt zu untersuchen, inwieweit auch Ressourcen und Fähigkeiten mit hohem Neuheitsgrad durch Mergers & Acquisitions zu beschaffen sind, da die interne Entwicklung die bisher aufgezeigten Vorteile, wie beispielswiese effiziente Lernprozesse, teamorientierte Anreize und flexible Anpassungsfähigkeit, ebenfalls – und sogar zu geringeren Kosten – bewerkstelligen kann. Eine weitere Differenzierung nach dem Neuheitsgrad der Ressourcen und Fähigkeiten ist daher für eine Erklärung von Mergers & Acquisitions sinnvoll und bedeutsam.

5.2.4.2 Neuheitsgrad der Ressourcen

Neben den bereits genannten Vorteilen hat die Beschaffung strategisch relevanter Ressourcen und Fähigkeiten über Mergers & Acquisitions noch weitere nützliche Eigenschaften: So unterliegen Mergers & Acquisitions im Vergleich zur internen Entwicklung keinerlei Beschränkungen bei der Beschaffung auch neuartiger Ressourcen und Fähigkeiten. Durch Mergers & Acquisitions kann metaphorisch gesprochen das „gesamte Universum" jenseits der bestehenden Unternehmungsgrenzen zur Beschaffung beliebiger Ressourcen und Fähigkeiten genutzt werden. Beschränkungen bestehen lediglich durch die technologischen und finanziellen Möglichkeiten, die hauptsächlich durch die externe Umwelt determiniert werden und bereits vom Dynamic Capabilities Approach konzipiert wurden (Teece und Pisano 1994: 546 f.; Teece et al. 1997: 522 f.). Mergers & Acquisitions bieten also für eine Unternehmung die Möglichkeit, Ressourcen und Fähigkeiten zu erwerben, die weit von der bestehenden Ressourcenbasis abweichen.

Weniger sinnvoll ist es, Ressourcen und Fähigkeiten zu erwerben, die der bestehenden Ressourcenbasis ähneln, da diese Ressourcen und Fähigkeiten auch schnell und effizient intern entwickelt werden können, ohne Kosten, wie eine Übernahmeprämie, Anwalts- und Beratungskosten sowie Integrationskosten zu verursachen, die für Mergers & Acquisitions typisch sind. Es ist folglich opportun, Ressourcen und Fähigkeiten mit hohem Neuheitsgrad durch Mergers & Acquisitions zu erwerben, denn Mergers & Acquisitions sollen eine sprunghafte Erweiterung des Leistungspotenzials der akquirierenden Unternehmung bewirken.

Mergers & Acquisitions bieten den Vorteil, bereits erprobte und eingespielte Organisationen und Leistungsprogramme sowie erfahrene Mitarbeiter und Führungskräfte übernehmen zu können. So können Mergers & Acquisitions als Substitut für die Investition in Forschung und Entwicklung modelliert werden (Hall 1988: 70). Mergers & Acquisitions haben gegenüber internen Forschungsanstrengungen den Vorteil, mit geringer Prozess- und Absatzunsicherheit behaftet zu sein, da oft bereits erfolgreich abgeschlossene Forschungsergebnisse anderer Unternehmungen akquiriert werden. Neben der Reduktion des internen Entwicklungsrisikos ermöglichen Mergers & Acquisitions auch eine erhebliche Zeitersparnis (Pausenberger 1989: 625). Dies ist von Bedeutung, da die interne Entwicklungszeit zumindest bei weitreichenden Veränderungen der Ressourcenposition das *window of opportunities* überschreitet, wodurch Unternehmungen oft nur die Möglichkeit bleibt, Ressourcen und Fähigkeiten extern zu beschaffen. Mergers & Acquisitions stellen somit eine Möglichkeit dar, innerhalb einer kurzen Zeitspanne Ressourcen und Fähigkeiten mit hohem Neuheitsgrad zu beschaffen (Clever 1993: 48; Singh und Montgomery 1987: 378; Capron et al. 1998: 633; Capron und Mitchell 2000: 5 ff.) und sind damit ein geeignetes Instrument, um bestehenden zeitlichen Restriktionen bei der Ressourcenbeschaffung gerecht zu werden. Es lässt sich folgende Proposition formulieren:

> *Proposition 8:* Wenn Unternehmungen Ressourcen und Fähigkeiten mit hohem Neuheitsgrad erwerben müssen, dann steigen Anzahl und Volumen der Mergers & Acquisitions.

Hierbei ist allerdings zu berücksichtigen, ob sich die erworbenen Ressourcen und Fähigkeiten immer noch mit den bestehenden verbinden lassen, um neue Wettbewerbsvorteile aus der Kombination zu generieren. Es geht darum, dass Ressourcen und Fähigkeiten mit hohem Neuheitsgrad schnell über Mergers & Acquisitions beschafft werden sollen, um einen neuen *dynamic fit* herzustellen (Zajac et al. 2000: 433). Dies ist allerdings insofern einzuschränken, als der Neuheitsgrad alleine nicht ausreicht – also nicht beliebige neue Ressourcen und Fähigkeiten erworben werden können –, sondern die erworbenen Ressourcen und Fähigkeiten müssen in die bestehende Ressourcenbasis integrierbar sein; sie müssen cospezifisch sein. Eine Kombination von Ressourcen und Fähigkeiten, die keinerlei Bezug und keinerlei Schnittstelle aufweisen, ist widersinnig (Kogut und Zander 1992: 384 f.).

Die Möglichkeit der Integration und vor allem der Kombination neuartiger Ressourcen und Fähigkeiten ist aber nicht von der Egalität alter und neuer Ressourcen und Fähigkeiten abhängig. Die Egalität verhindert gar die Neukombination, da die erworbenen Ressourcen und Fähigkeiten keinerlei Neuheitscharakter gegenüber der bestehenden Ressourcenbasis aufzeigen. So ist es die Komplementarität[11] der jeweiligen Ressourcen und Fähigkeiten, die eine

11. Die Komplementarität von Ressourcen und Fähigkeiten zwischen Unternehmungen

Neukombination ermöglicht, wobei die Komplementarität nicht mit einem geringen Neuheitsgrad gleichzusetzen ist. Neben der Komplementarität bei den strategisch relevanten Ressourcen und Fähigkeiten sind bei der Implementierung auch Ähnlichkeiten in weiteren Ressourcenbereichen hilfreich. Beispielsweise erleichtern ähnliche Unternehmungskulturen und -strukturen die Implementierung neuartiger Technologien. Proposition 8 ist folglich zu ergänzen:

> *Proposition 8a:* Wenn Unternehmungen *komplementäre* Ressourcen und Fähigkeiten mit hohem Neuheitsgrad erwerben müssen, steigen Anzahl und Volumen der Mergers *&* Acquisitions.

General Motors ist ein gutes Beispiel für die These, dass Unternehmungen spezifische, komplexe und implizite Ressourcen und Fähigkeiten oftmals nicht über Faktormärkte beschaffen und diese bei hohem Neuheitsgrad auch nicht intern entwickeln können. So stand General Motors in den 1980er Jahren vor dem Problem, seine Produktion an neue Technologien anzupassen. Ziel war es, die Produktionsanlagen zu modernisieren und die Qualität durch Computer-Integrated-Manufacturing zu erhöhen. Da General Motors auf diesem Gebiet allerdings noch kein ausreichendes Wissen aufgebaut hatte, wurden mehrere Unternehmungsübernahmen durchgeführt, um die notwendigen Ressourcen und Fähigkeiten zu erwerben. Die bekannteste Akquisition war wohl der Kauf von Ross Perot's Electronic Data Systems (EDS) (Grant 1998: 133).

Die vorangegangene Analyse hat noch eine weiterreichende Konsequenz für die Mergers *&* Acquisitions-Forschung: Die bisherige Diskussion in der einschlägigen Literatur zum Thema wird von der *Relatedness-Proposition* dominiert. Diese besagt, dass Synergien eher bei verbundenen als bei unverbundenen Mergers *&* Acquisitions zu erwarten sind, da bei unverbundenen Mergers *&* Acquisitions lediglich finanzielle Synergien, bei verbundenen neben den finanziellen auch noch realwirtschaftliche Synergien, beispielsweise Economies of Scale and Scope, zu erzielen sind (Singh und Montgomery 1987: 379 f.). Trotz der augenscheinlichen Plausibilität dieser Argumentation sind die empirischen Ergebnisse bezüglich dieser Proposition sehr widersprüchlich. So wurde die Proposition teils bestätigt, teils widerlegt (vergleiche beispielsweise die unterschiedlichen Ergebnisse der Arbeiten von Lorie und Halpern 1970; Amihud

ist nicht nur eine wichtige Bedingung für die Neukombination von Ressourcen und Fähigkeiten und deren Integration; sie stellt ebenfalls den maßgeblichen Einflussfaktor bei der Verteilung der daraus gewonnenen Renten dar, wie in den Abschnitten 5.4.2 und 5.4.3 noch zu zeigen sein wird.

et al. 1986; Chatterjee 1986; Lubatkin 1987; Singh und Montgomery 1987; Chatterjee 1990).

Die Diskrepanz dieser Ergebnisse ist aufgrund der vorliegenden Überlegungen aber nicht unbedingt überraschend. So wurde deutlich, dass die durch Mergers & Acquisitions zu beschaffenden Ressourcen und Fähigkeiten einerseits einen hohen Neuheitsgrad gegenüber der bestehenden Ressourcenbasis aufweisen sollten, was dafür spricht, dass eher unverbundene Mergers & Acquisitions sinnvoll sind. Gleichzeitig soll aber eine Komplementarität zwischen alten und neuen Ressourcen und Fähigkeiten bestehen, um ein neues wertgenerierendes Ressourcenbündel zusammenzustellen. Diese Forderung nach Ressourcenkomplementarität scheint eher verbundene Mergers & Acquisitions zu begünstigen. Mergers & Acquisitions müssen beide Anforderungen erfüllen, um Erfolg versprechend zu sein. Es ist also von einem Kontinuum zwischen verbundenen und unverbundenen Mergers & Acquisitions auszugehen. Der Erfolg korreliert in einem solchen Kontinuum in Form eines umgekehrten U, wonach diejenigen Mergers & Acquisitions den Unternehmungswert erhöhen, die zwar noch eine Verbindung zwischen den beteiligten Unternehmungen aufweisen, aber die Überschneidungen nicht zu groß sind.

Demnach impliziert die hier durchgeführte Analyse einen Nutzen für die verbundene *und* unverbundene Diversifikatiosnrichtung, denn durch unternehmerische Innovationen können auch bisher unverbundene Ressourcenpositionen zu neuen, profitablen Geschäftsmodellen zusammengeführt und damit neuartige Komplementaritäten begründet werden (Bresser et al. 2000b). Die Unterscheidung zwischen verbundener und unverbundener Diversifikation wird typischerweise auf der Basis von Branchenähnlichkeiten (zum Beispiel SIC-Codes) vorgenommen. Diese Unterscheidung ist vor dem Hintergrund der hier geführten Diskussion nicht differenziert genug, da sie nicht den hier für wichtig erachteten Neuheitsgrad von Ressourcen und Fähigkeiten misst. Diese Unzulänglichkeit in den bisherigen empirischen Studien könnte auch die widersprüchliche empirische Evidenz erklären. Wie bereits an anderer Stelle ausgeführt (siehe die Abschnitt 4.6.6), muss eine neue, eigene Operationalisierung für die ressourcenbasierte Argumentation entwickelt werden. Entsprechend ist Harrison et al. (1991) zuzustimmen, die ebenfalls fordern: „Because results for traditional related and unrelated strategy groupings regarding performance have not been strong, [...] it may be useful to orient future research more to specific resources and resource patterns [...]" (Harrison et al. 1991: 185).

5.2.4.3 Umweltunsicherheit

Wie in den Abschnitten 4.5 und 5.1 deutlich wurde, ist eine konstitutive Eigenschaft eines Wirtschaftssystems seine Dynamik. Dynamische Umwelten zeichnen sich immer durch Unsicherheit aus, da sie auf zukunftorientiertes wirtschaftliches Handeln gerichtet sind. Wie oben bereits gezeigt, liegt die unternehmerische Leistung gerade darin, die Umweltunsicherheit schöpferisch zu nutzen. Unternehmer entwickeln Visionen, wie sich zukünftige Umweltzustände darstellen können und leiten hiervon ihren Ressourcenbedarf ab. Für diese Personen stellen sich zukünftige Umweltzustände in ihrer individuellen Perspektive weniger unsicher dar.

Die Konstrukte Umweltdynamik und Umweltunsicherheit sind zwar miteinander verknüpft, aber wie kann ihre Beziehung beschrieben werden? Diese Verknüpfung lässt sich durch eine zeitliche Betrachtung genauer untersuchen: Umweltveränderungen lösen zwar im Zeitpunkt t_0 Unsicherheit hinsichtlich möglicher zukünftiger Umweltzustände zum Zeitpunkt t_1 aus; diese Unsicherheit baut sich aber ab, je näher notwendige Entscheidungen in Richtung t_1 rücken; im Zeitpunkt t_1 herrscht sogar vollkommene Sicherheit über Umweltzustände, vorausgesetzt sie lassen sich beschreiben.[12] Es ist somit durchaus realistisch, dass – wie oben beschrieben – im Zeitpunkt t_0 der Ressourcenbedarf einer Unternehmung ausgelöst wird, dieser Bedarf aber erst mit zeitlicher Verzögerung gedeckt wird, nachdem in einer Phase strategischer Flexibilität durch Marktbeobachtung und Kooperationen mit anderen Unternehmungen ein Mindestmaß an Sicherheit über die Weiterentwicklung in den entsprechenden Umweltbereichen erzielt wurde.

Gerade hier wird die Bedeutung der unternehmerischen Weitsicht besonders deutlich. Letztlich sind es besonders erfolgreiche Entscheidungsträger, die als erste diese neuen Ressourcen und Fähigkeiten identifizieren können, also schon lange vor t_1 bereits ein Gespür dafür entwickelt haben, welche Ressourcen und Fähigkeiten und daraus ableitbare Produkte und Diensleistungen sich durchsetzen werden. Diese Personen können, je näher an t_0 sie ihre Entscheidungen treffen, Ressourcen und Fähigkeiten günstig erwerben, um sie spätestens ab t_1 einzusetzen und überdurchschnittliche Renditen erzielen. Dies geht aber mit dem Risiko einher, die falsche Entscheidung getroffen zu haben und

12. Hier sei an die Dynamik eines Wirtschaftssystems erinnert, die sich innerhalb eines Kontinuums von Stabilität und Hyperwettbewerb bewegt. So ist es durchaus realistisch anzunehmen, dass auf hochdynamische Veränderungen in der Unternehmungsumwelt vergleichsweise stabile Phasen folgen, in denen sich Wirtschaftssysteme konsolidieren können.

Ressourcen und Fähigkeiten erworben zu haben, die sich später schlimmstenfalls als wertlos erweisen. Die in diesem Kontext entscheidende Frage lautet daher: Inwiefern sind Mergers & Acquisitions geeignet, Umweltdynamik und Umweltunsicherheit zu begegnen, und inwieweit sind sie ein geeignetes Mittel, Ressourcen und Fähigkeiten in unsicheren Umwelten zu beschaffen?

Während im Abschnitt 5.1.1 bereits deutlich wurde, dass Umweltdynamik das auslösende Moment des Ressourcenbedarfs und damit auch von Mergers & Acquisitions ist, stellt sich der Zusammenhang zwischen Mergers & Acquisitions und Umweltunsicherheit schwieriger dar. Voraussetzung für einen adäquaten Umgang mit Umweltunsicherheit ist die Flexibilität einer Unternehmung, ihre Ressourcenposition anzupassen. Hierbei zeichnen sich Mergers & Acquisitions im Vergleich zu Unternehmungskooperationen zwar durch eine hohe Flexibilität hinsichtlich der internen Organisation vorhandener Ressourcen und Fähigkeiten aus, sie sind aber gleichzeitig sehr unflexibel, wenn die Ressourcenbasis schnell wieder abgebaut und durch neuartige Ressourcen und Fähigkeiten ersetzt werden muss.

So entstehen durch Mergers & Acquisitions hohe versunkene Kosten, die durch Transaktionsgebühren für Investmentbanker, Wirtschaftsprüfer, Rechtsanwälte und vor allem durch hohe Integrationskosten und die Übernahmeprämie verursacht werden. Diese versunkenen Kosten sind bei der Desinvestition einer zuvor akquirierten Zielunternehmung nicht wieder zu erbringen; sie sind irreversibel. Der irreversible Charakter von Mergers & Acquisitions führt daher dazu, dass Mergers & Acquisitions in Umwelten stattfinden müssen, die sich durch ein Mindestmaß an Stabilität auszeichnen. Die Bedeutung der Umweltdynamik bei Mergers & Acquisitions ist daher wie folgt einzuschränken: Einerseits sind Mergers & Acquisitions nicht in statischen Umwelten zu erwarten, da sie hier nicht nötig sind. Andererseits kommen Mergers & Acquisitions nicht in extrem dynamischen Umwelten vor, da die Absatz- und Prozessunsicherheit sehr hoch ist, und Mergers & Acquisitions als sehr unflexible Beherrschungsstruktur kaum Spielraum lassen, sich an unerwartete Umweltvariationen anzupassen. Mergers & Acquisitions sind folglich bei mittlerer bis geringer Umweltvariation zu erwarten. In dynamischen Umwelten werden Entscheidungsträger von Unternehmungen abwarten, bis eine Tendenz in der weiteren Umweltentwicklung festzustellen ist. Zwischenzeitlich werden flexiblere Koordinationsformen als Mergers & Acquisitions gewählt, die den beteiligten Unternehmungen die Möglichkeit bieten, Informationen und Fähigkeiten zu erlangen, die unter den neuen Umweltgegebenheiten wichtig sind. Beim Abwarten können Informationen über zukünftige Umweltzustände gesammelt und ausgewertet werden und letztlich alternative Strategien entwickelt und mögliche Übernahmekandidaten sondiert werden. Daneben bieten sich Unternehmungskooperationen an, bereits in Zeiten hoher Unsicherheit Erfahrungen mit unterschiedlichen Ressourcen und Fähigkeiten zu sammeln, ohne hierzu hohe Investitionen zu tätigen. Vor allem wird vermieden, irreversible Investitionen in nennenswertem Maße zu tätigen.

Unternehmungskooperationen können – wie bereits gezeigt – als Realoptionen konzipiert werden. Die Realoption Unternehmungskooperation ist dann auszuüben, wenn die Unsicherheit hinsichtlich der Investition abgebaut ist. Sie ist dann durch eine Vollintegration zu ersetzen (Chung 1998: 216 f.). Unternehmungskooperationen stellen also eine Zwischenstation bei der Beschaffung von Ressourcen und Fähigkeiten dar. Mit einer Zeitverzögerung folgen auf Unternehmungskooperationen entsprechende Mergers *&* Acquisitions. Empirische Evidenz für die Überlegungen kann aus Studien abgeleitet werden, die die Rentabilität unterschiedlicher Unternehmungszusammenschlüsse analysieren. Deren Ergebnis ist: Diejenigen Unternehmungszusammenschlüsse liefern die besseren Ergebnisse, die eher am Ende der Hierarchie im Markt-Hierarchie-Kontinuum angesiedelt sind, also Mergers *&* Acquisitions (Mowery et al. 1996: 89; Jansen 2000: 146 ff.). Außerdem führen Umwandlungen von Joint Ventures in eine Vollintegration zu Werterhöhungen (Reuer 2001: 35 f.), was ebenfalls die vorangehenden Überlegungen stützt. Entsprechend ist Proposition 1 auf Seite 205, die grundlegenden Wandel der Unternehmungsumwelt als Auslöser für Mergers *&* Acquisitions postuliert, dahingehend zu differenzieren, dass Mergers *&* Acquisitions erst mit einer gewissen Zeitverzögerung nach diesem grundlegenden Wandel zu beobachten sein werden, da erst nach dieser Verzögerung die Umweltunsicherheit auf ein akzeptables Maß reduziert sein wird. Zwischenzeitlich werden neuartige Ressourcenkombinationen vor allem in Unternehmungskooperationen erprobt, die letztlich eine Vorstufe zu Mergers *&* Acquisitions darstellen. Es lassen sich also folgende Propositionen formulieren:

> *Proposition 9:* Wenn geringe bis mittlere Umweltunsicherheit besteht, dann steigen Anzahl und Volumen der Mergers *&* Acquisitions.

> *Proposition 9a:* Wenn Umweltveränderungen in einer Branche zu beobachten sind, dann folgen Mergers *&* Acquisitions mit einiger zeitlicher Verzögerung.[13]

---

13. Wie in Fußnote 3e auf Seite 220 dargelegt, sind Mergers *&* Acquisitions gleich nach

Proposition 9b: Wenn Unternehmungskooperationen zu beobachten sind, dann folgen Mergers & Acquisitions mit einiger zeitlicher Verzögerung.

Diese Propositionen erscheinen durchaus realistisch, da die meisten Mergers & Acquisitions im Bereich neuer Technologien (wie beispielsweise bei der Entwicklung des PCs in den 1980er Jahren und bei der so bezeichneten *New Economy* und der Biotechnologie in den 1990er Jahren) nicht sofort nach der Entstehung dieser Technologien zu beobachten waren, sondern erst einige Jahre danach. Mergers & Acquisitions fanden erst zu dem Zeitpunkt statt, als einige Geschäftsmodelle und Produkte sich als überlebensfähig erwiesen hatten und deutlich wurde, welche Ressourcen und Fähigkeiten mit hoher Wahrscheinlichkeit an Wert gewinnen werden.

5.2.5 Zwischenfazit

Zur Deckung des Ressourcenbedarfs stehen Unternehmungen vier Beschaffungsalternativen zur Verfügung: Faktormärkte, interne Entwicklung, Unternehmungskooperationen und Mergers & Acquisitions. Alle vier Alternativen wurden auf ihre Möglichkeiten bei der Beschaffung *strategisch relevanter Ressourcen und Fähigkeiten* untersucht und zwar unter Berücksichtigung der besonderen Eigenschaften dieser Ressourcen und Fähigkeiten. Es zeigte sich, dass Faktormärkte nicht geeignet sind, strategisch relevante Ressourcen und Fähigkeiten zu beschaffen; sie dienen lediglich der Akquisition von Commodity-Ressourcen, die dann innerhalb der Unternehmung durch andere Ressourcen und Fähigkeiten angereichert werden müssen. Für die letztgenannten Ressourcen und Fähigkeiten bleiben also nur noch die interne Entwicklung, Unternehmungskooperationen und Mergers & Acquisitions als Beschaffungsalternativen bestehen. Entsprechend ist in der strategischen Bedeutung der Ressourcen und Fähigkeiten die diskriminierende Variable zwischen Faktormärkten und den anderen Beschaffungsalternativen zu sehen.

Aber auch die interne Entwicklung neuartiger Ressourcen und Fähigkeiten ist nur in begrenztem Maße möglich. So behindern „core rigidities" die interne Entwicklung von *Ressourcen und Fähigkeiten mit hohem Neuheitsgrad*. Es ist also der Neuheitsgrad, der die Möglichkeiten der internen Entwicklung determiniert. Daneben ist für die Beschaffungsalternative Unternehmungskooperation zu konstatieren, dass diese mit hohen Koordinationskosten verbunden

der Reduktion der Umweltunsicherheit einzuleiten, um First-Mover-Vorteile zu realisieren.

ist, da die Ressourcen und Fähigkeiten nur über aufwendige Verhandlungsmechanismen zu steuern sind. Dennoch sind Unternehmungskooperationen *in Zeiten hoher externer Unsicherheit* eine – wenn auch zeitlich begrenzte – geeignete Beschaffungsalternative, da hierbei geringe irreversible Kosten anfallen und Unternehmungen diese Kooperationen als Lernfeld nutzen können, um ihre spätere Entscheidung für eine Vollintegration auf eine bessere Informationsgrundlage zu stellen. Unternehmungskooperationen stellen also nur einen Zwischenschritt hin zu Mergers *&* Acquisitions dar.

Schließlich wurden Mergers *&* Acquisitions als Beschaffungsalternative untersucht, wobei sich zeigte, dass sie die Beschaffung strategisch relevanter Ressourcen und Fähigkeiten ohne Beschränkung hinsichtlich des Neuheitsgrades ermöglicht. Allerdings erweisen sich Mergers *&* Acquisitions als in hohem Maße irreversibel, was zu der Forderung nach einen Mindestmaß an Umweltsicherheit führt, um sie ökonomisch sinnvoll einsetzen zu können. Eine höhere Umweltsicherheit wird durch die zeitliche Verzögerung von Mergers *&* Acquisitions erzielt, wobei Unternehmungen entweder durch eine aktive Abwartestrategie ihr Wettbewerbsumfeld genauer beobachten und analysieren oder dies durch Unternehmungskooperationen flankieren und hierdurch idiosynkratische Erfahrungen auf neuen Gebieten sammeln, die spätere Mergers *&* Acquisitions erleichtern.

Abbildung 5.6 auf der nächsten Seite fasst diese Ergebnisse in einem Ressourcenbeschaffungswürfel zusammen. Insgesamt kann festgehalten werden, dass drei Variablen einen Großteil der Varianz der Beschaffungsalternativen und damit vor allem von Mergers *&* Acquisitions erklären können:

1. Die strategische Bedeutung der Ressourcen und Fähigkeiten,

2. ihr Neuheitsgrad gegenüber den bereits bestehenden Ressourcen und Fähigkeiten der beteiligten Unternehmungen und

3. die Unsicherheit der externen Umwelt.

Eine wichtige Eigenschaft dieses Modells liegt in der Einlösung der im Abschnitt 4.6.2 aufgestellten Forderung nach einer Verbindung externer und interner Variablen bei der Erklärung strategischer Phänomene. So weisen die strategische Bedeutung und der Neuheitsgrad von Ressourcen und Fähigkeiten im Wesentlichen einen internen Bezug auf, während die Umweltunsicherheit eine externe Komponente darstellt. Daneben darf nicht vergessen werden, dass

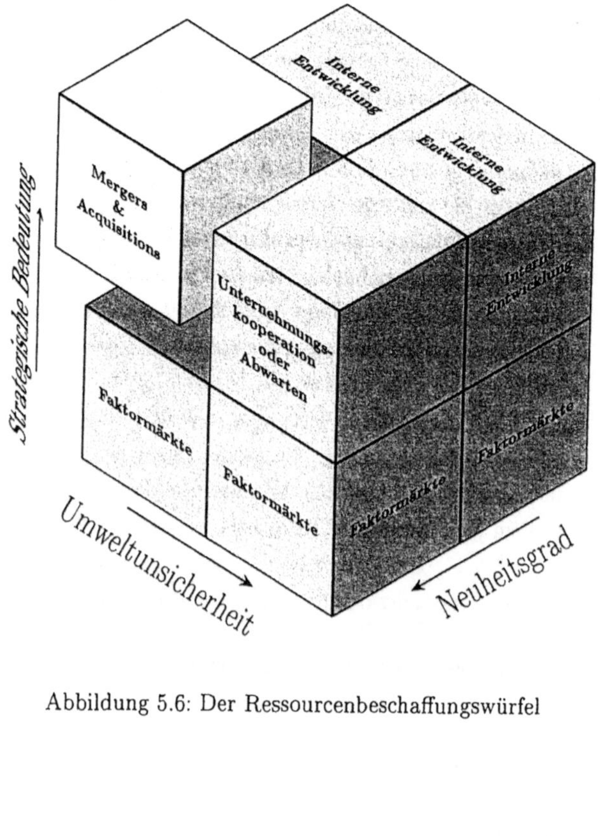

Abbildung 5.6: Der Ressourcenbeschaffungswürfel

der Ressourcenbedarf allgemein erst durch externe Umweltveränderungen ausgelöst wird. Das vorgestellte Modell trägt mithin dem SWOT-Gedanken des Strategischen Managements Rechnung, indem es *sowohl* interne *als auch* externe Bedingungen berücksichtigt.

Nachdem geklärt wurde, welche Beschaffungsalternativen Unternehmungen zur Verfügung stehen, um ihrer Ressourcenbasis neue Ressourcen und Fähigkeiten zuzuführen und damit neue Wettbewerbsvorteile zu generieren, bleibt im Abschnitt 5.4 zu untersuchen, wer von den beteiligten Parteien von diesen Maßnahmen profitieren kann – sprich, welche Unternehmung sich die Renten aneignen kann. Hierbei sollen sich die folgenden Ausführungen lediglich auf die Beschaffungsalternative Mergers *&* Acquisitions beziehen. Diese Frage liegt neben der reinen Erklärung, wann Mergers *&* Acquisitions sinnvoll erscheinen, ebenfalls im Kernbereich der Mergers *&* Acquisitions-Forschung, da hier letztlich über den finanziellen Erfolg und Misserfolg von Mergers *&* Acquisitions entschieden wird. Im Folgenden soll also auf Basis der vorangegangenen Überlegungen genauer untersucht werden, ob die Aktionäre der Käuferseite oder der Verkäuferseite von Mergers *&* Acquisitions profitieren und unter welchen Bedingungen beide Parteien einen finanzwirtschaftlichen Vorteil durch Mergers *&* Acquisitions erzielen können. Vor der Verfolgung der Rentenverteilungsfrage soll die bisherige Argumentation anhand eines konkreten Fallbeispiels verdeutlicht werden.

5.3 Fallbeispiel 1: Bankenbranche

In diesem Fallbeispiel wird nicht nur für einzelne Unternehmungen, sondern anhand einer ganzen Branche die praktische Relevanz des Themas sowie die Stichhaltigkeit und Plausibilität des bis zu diesem Punkt aufgestellten Modells verdeutlicht. Eine bezüglich Mergers *&* Acquisitions besonders aktive Branche ist die Bankenindustrie. Weltweit war bereits eine starke Konsolidierung der Branche zu konstatieren, welche in den letzten Jahren in einem neuen Höhepunkt von Mergers *&* Acquisitions-Aktivitäten gipfelte (Bernet 1999: 131). Um diese Branche vor dem Hintergrund des vorliegenden Modells zu analysieren, soll auch die Fallstudie – wie das bisherige Modell – in zwei Schritten ablaufen: (1) Analyse der Umweltveränderungen und des daraus folgenden Ressourcenbedarfs und (2) Analyse der Mergers *&* Acquisitions-Strategien zur Schließung der Ressourcenlücke. Der betrachtete Zeitraum umfasst dabei die letzten zehn Jahre.

Umweltanalyse

Die Umweltveränderungen, die für die Bankenindustrie von erheblicher Bedeutung sind, lassen sich in drei Bereichen der generellen strategischen Umwelt feststellen:

1. Politisch-rechtliche Faktoren
   Als erster Einflussfaktor, der sich auf die Bankenindustrie maßgeblich auswirkt, ist die Deregulierung der Bankenindustrie Ende der 1990er Jahre in den Vereinigten Staaten von Amerika zu nennen (Calomiris und Karceski 1998: 5ff.). Hierdurch wurde vor allem der Zutritt zu (neuen) Märkten vereinfacht. Nach einer langen Periode der Aufweichung und einer Reihe von Anläufen wurde der aus dem Jahre 1933 stammende Glass Steagall Act und der aus dem Jahr 1927 stammende McFadden Act 1999 durch den Financial Modernization Act geändert und damit das Trennbankensystem der USA aufgehoben (Achleitner 2000: 8). Dies hat im Wesentlichen drei Tatbestände zur Folge: (1) Interstate-Banking wird ermöglicht, das heißt, Finanzdienstleistungen können nunmehr in den gesamten USA flächendeckend von einem Anbieter angeboten werden (Seidel 1995: 23f.). (2) Unterschiedliche Finanzdienstleistungen können nun unter einem Dach vereint werden, wie beispielsweise Commercial Banking und Investmentbanking. (3) Auch Versicherungskonzernen ist es nunmehr erlaubt, sich als Bank-Holdingsgesellschaft zu betätigen.

   In Europa ist die Schaffung des Binnenmarktes und die Vollendung der Währungsunion mit der Einführung des Euro anzuführen. Die europäische Gemeinschaftswährung hat für Banken eine besondere Bedeutung, da Geld deren Produktionsfaktor darstellt. Auch die politisch motivierte Rentenreform in Deutschland, die seit 2002 greift, hat einen wesentlichen (ökonomischen) Einfluss auf den Bankenmarkt, da hierdurch Anreize für viele Neukunden und für neue Bankprodukte geschaffen werden.

2. Technologische Faktoren
   Das klassische Banking wurde grundlegend durch neue Entwicklungen in der Informations-, Kommunikations- und Netzwerktechnologie verändert. Vor allem eröffnen sich hierdurch neue Distributions- und Verarbeitungssysteme, aber auch neue Möglichkeiten der Informationsbeschaffung und -analyse (Bresser et al. 2001). Gleichzeitig führen die neuen Informationstechnologien zu höheren Investitionen, die Banken tätigen müssen, aber

auch zu einem höheren Bedarf an Technologie-Know-how (Bernet 1999: 137; Wasserstein 2000: 195 ff.).

3. Ökonomische Faktoren
Verstärkt werden diese Entwicklungen noch durch eine Stagnation und den steigenden Margendruck im klassischen Kredit- und Einlagengeschäft bei Privatkunden (Schierenbeck 1999: 280 f.). Im Kreditgeschäft mussten zum Beispiel viele Kreditpositionen abgeschrieben werden, was geringere Margen im Retailbanking zur Folge hatte. Gleichzeitig führte der in den Jahren 1999 und Anfang 2000 zu beobachtende Börsenboom zu Rekordgewinnen in der Vermögensverwaltung und im Eigenhandel, aber auch in anderen Bereichen des Investmentbankings (Bernet 1999: 136 f.).

Auch die Globalisierung der Kundenbasis hat gerade auf Banken einen erheblichen Einfluss (Bernet 1999: 138), da vermögende Privatkunden und international tätige Unternehmungen eine weltumspannende Betreuung verlangen. Global tätige Kunden erwarten globale Finanzdienstleistungen (Frankfurter Allgemeine Zeitung 1998k: 23; Frankfurter Allgemeine Zeitung 1998m: 17).

Die Veränderungen der Rentabilität in weiten Bereichen gepaart mit einem weltweit anspruchsvollen Kundennetz haben weitreichende Auswirkungen auf die Positionierung von Banken. Eine Spezialisierung auf einzelne Segmente ist nur dann für einige Banken aufrecht zu erhalten, wenn diese aus der Spezialisierung klare Wettbewerbsvorteile erzielen können, was aber immer schwieriger wird, da sich Allfinanzdienstleister mit vielen spezialisierten Angeboten als *Generalisten mit Spezialistenwissen* positionieren. Gleichzeitig wird aber das *cross-selling* durch neue Informationstechnologien eher erschwert (Bresser et al. 2000a; Bresser et al. 2001).

Aus diesen Veränderungen in der generellen Umwelt von Banken lassen sich klare Aussagen hinsichtlich der aktuellen Branchenstruktur ableiten, wobei der Analyserahmen von Porter (1980a) für einen komparativ-statischen Vergleich herangezogen wird: Während auf Seite der *Lieferanten* und der *Ersatzprodukte* keine wesentlichen Veränderungen erkennbar sind, sind die anderen drei Wettbewerbskräfte stark betroffen.

Im Vergleich zu den 1980er Jahren kann für die 1990er Jahre eine Zunahme der *Verhandlungsmacht der Abnehmer* konstatiert werden. Diese Zunahme der Verhandlungsmacht resultiert im Wesentlichen aus den gehobenen

Ansprüchen und vor allem aus dem besseren Informationsstand der Abnehmer. Durch moderne Informations- und Kommunikationstechnologien können Bankleistungen und -kosten schneller verglichen werden. Der Boom von Finanzzeitschriften, in denen Banken bezüglich Leistung und Kosten regelmäßig verglichen werden, aber auch sogenannte Internet-Navigatoren (Bresser et al. 2001: 28) erhöhen ebenfalls den Informationsstand der Abnehmer. Durch die einfachere Vergleichbarkeit von Bankprodukten haben Kunden die Möglichkeit ihre Geschäftsverbindungen auf die jeweils günstigsten Anbieter zu konzentrieren, wobei nicht mehr alle Bankgeschäfte über eine *Hausbank* abgewickelt werden müssen, sondern einzelne Bankleistungen von der jeweils günstigsten Bank bezogen werden (Bresser et al. 2001: 29).

Aufgrund der politisch-rechtlichen und technologischen Veränderungen hat sich auch die *Bedrohung durch neue Konkurrenten* erhöht. Durch die Deregulierung in den Vereinigten Staaten ist eine der wichtigsten Markteintrittsbarrieren gefallen: Banken können nun ihr Geschäft über ihren Bundesstaat hinweg auf andere Bundesstaaten ausweiten. Daneben ist es Banken aus unterschiedlichen Marktsegmenten nach der Aufhebung des Trennbankensystems auch möglich, neue Segmente zu besetzen. Und schließlich können auch andere Unternehmungen in den Bankenmarkt eindringen, vor allem Versicherungskonzernen, denen der Marktzutritt bisher rechtlich verwehrt wurde, steht diese Möglichkeit nun offen. Aber auch in Europa hat sich mit der Schaffung eines einheitlichen Binnenmarktes und dem Euro als einheitliche Währung der Marktzugang für Banken aus dem europäischen Ausland vereinfacht. Schließlich erleichtern auch die neuen Informations- und Kommunkationstechnologien den Eintritt Branchenfremder in das Finanzdienstleistungegeschäft (Bresser et al. 2001: 30). Die Bedrohung durch den Eintritt neuer Wettbewerber hat sich in den 1990er Jahren im Vergleich zu den Jahren davor, in denen diese Problematik aufgrund der Deregulierung und anderer Markteintrittsbarrieren kaum bestand, damit extrem erhöht.

Die letzte Wettbewerbskraft, die *Rivalität unter den bestehenden Unternehmungen*, kann ebenfalls als stark angesehen werden, da zahlreiche und gleich ausgestattete Wettbewerber bei gleichzeitig langsamem Branchenwachstum existieren und diese sich auch noch hohen Fixkosten durch ihr Filialnetz und notwendigen Investitionen in die Informationstechnologie gegenüber sehen. Der zunehmende Margendruck hat die Situation zusätzlich verschärft. Außerdem zeichnet sich die Bankenbranche durch hohe Marktaustrittsbarrieren aus, wodurch die Stabilität von Erträgen reduziert wird. Die Marktaustrittsbarrieren resultieren aus den versunkenen Kosten, die Banken vor allem für den Aufbau ihrer Reputation, aber auch der Informationstechnologie aufgewendet haben. Der größte Einfluss auf die Rivalität in den letzten Jahren ist aber wohl in der Auflösung der Umstellungskosten zu sehen, da Bankkunden nicht nur besser informiert sind, sondern auch ihre Direktkonten bequem quasi per Knopfdruck auflösen und transferieren können. Obwohl dies die Neugründung von Internetbanken zur Folge hatte, setzen sich dennoch eher Großbanken durch, da diese immer noch erhebliche Economies of Scale und Scope erzielen können. Kleine Anbieter scheinen hingegen keine kritische Masse aufbauen zu können und geraten in finanzielle Schwierigkeiten, wie zuletzt Consors.

Für die Bankenindustrie kann daher festgehalten werden, dass grundlegende Veränderungen in drei Bereichen der generellen Umwelt stattfanden und zwar auf politisch-rechtlicher, technologischer und ökonomischer Ebene. Diese Veränderungen haben die Branchenstruktur in den Punkten Abnehmermacht, Markteintritt und Konkurrenzsituation negativ beeinflusst und die Wettbewerbsintensität der Gesamtbranche erhöht. Da gleichzeitig in der Bankenbranche Anzahl und Volumen von Mergers *&* Acquisitions zugenommen haben, kann dies als Beleg für die praktische Relevanz der Propositionen 1 und 1a gewertet werden. Zwei Fragen sind vor dem Hintergrund der Arbeit von besonderem Interesse: (1) Wie wirken sich diese Veränderungen der generellen Umwelt und der Aufgabenumwelt auf den Ressourcenbedarf von Banken aus? (2) Wie reagieren die Banken auf die neuen Anforderungen, um ihren Ressourcenbedarf zu decken?

Ressourcenlücke

Die Veränderungen der Unternehmungsumwelt zwingen Banken, ihr Ressourcenportfolio an die neuen Anforderungen der Industrie anzupassen. Hierbei ist der Aufbau folgender Ressourcenpositionen unabdingbar, um auch weiterhin eine erfolgreiche Stellung in der Bankenindustrie einzunehmen: Jede Bank muss sich mit neuen Technologien – vor allem Internet-Technologien – vertraut machen, um diese neue Vertriebsmöglichkeit zu nutzen. Des Weiteren ist im Rahmen der Internationalisierung ein weltweites Dienstleistungsangebot aufzubauen und gleichzeitig abzurunden. Für deutsche Banken ist dies gerade für den Bereich Investmentbanking[14] von besonderer Relevanz, da dieses er-

---

14. Investmentbanking umfasst in der Regel folgende Geschäftsfelder: Mergers *&* Acquisitions-Beratung, Corporate Finance (Beratung zur Durchführung von Finanzierungen),

starkte Segment bisher klar von amerikanischen Anbietern dominiert wird und deutsche Banken bestenfalls eine mittlere Position einnehmen.

Die Dominanz amerikanischer Banken im Investmentbanking mit dem führenden Bankencluster in New York City (Porter 1993: 283 f.) kann auf die frühe und große Bedeutung des Kapitalmarkts und der anspruchsvollen Kundschaft in den Vereinigten Staaten zurückgeführt werden, während die Finanzierung deutscher Unternehmungen traditionell eher über Kredite einer Hausbank abgewickelt wurde. Lediglich in der Londoner City und teilweise in der Schweiz konnten sich ebenfalls international ausgerichtete Banken mit einem starken Investmentbanking entwickeln (Porter 1993: 522).

Neben diesem spezifischen Ressourcenproblem deutscher Banken haben aber auch gerade kleine und mittelgroße Investmentbanken in den Vereinigten Staaten Ressourcenprobleme zu lösen. So stehen diesen Banken oftmals nicht ausreichend Ressourcen zur Verfügung, um ihre Dienstleistungen weltweit anbieten zu können. Das Problem mittelgroßer Banken besteht darin, dass sie einerseits über ausreichend Personal und Technologie verfügen müssen, um große Auftragsmandate annehmen zu können, da es gerade diese großen Mandate sind, die eine hohe Rentabilität versprechen. Andererseits verfügen sie nicht über eine ausreichende Reputation, um große Mandate zu erhalten. Als Resultat sind die Kosten des Investmentbankings oft nicht zu decken (Frankfurter Allgemeine Zeitung 2000n: 25).

Tabelle 5.1 auf der nächsten Seite verdeutlicht, dass die Konzentration im Investmentbanking weit fortgeschritten ist und die Größe der Banken einen wichtigen Wettbewerbsvorteil darstellt. So vereinen allein die fünf größten Investmentbanken knapp 60 Prozent des Transaktionsvolumens und damit der Einnahmen auf sich; im Jahr 1999 waren es sogar 62 Prozent des Gesamtmarkts (Achleitner 2000: 162). Dies ist darauf zurückzuführen, dass die Mergers & Acquisitions-Beratung größtenteils aus Beratungsfixkosten besteht, also unabhängig von der Größe des Beratungsprojektes ist. Gleichzeitig hängen aber die Einnahmen von der Größe des Deals ab. Zudem sind die Abnehmer besser informiert als in der Vergangenheit, was ihre Verhandlungsposition stärkt und gleichzeitig die Margen drückt (Achleitner 2000: 159). Viele Investmentbanken beschränken sich daher auf große Deals mit einem Mindesttransaktionsvolu-

---

Structured Finance (Projektfinanzierung), Capital Markets (Emission und Platzierung von Wertpapieren), Sales & Trading (Sekundärmarktaktivitäten), Asset Management (Vermögensverwaltung) und Principal Investment (Eigengeschäft der Investmentbanken) (Achleitner 2000: 19 f.).

		Volumen Mrd. USD	Anzahl der Transaktionen
Goldman Sachs & Co.	US	771	200
Merrill Lynch & Co.	US	622	134
Morgan Stanley Dean Witter	US	552	158
Credit Suisse First Boston	CH	394	182
Salomon Smith Barney*	US	353	140
Lazard LLC	FR	228	74
Bear Stearns & Co. Inc.	US	214	32
Chase Manhattan**	US	203	123
UBS Warburg	CH	182	109
Lehman Brothers	US	179	103
J. P. Morgan**	US	178	97
Dresdner Kleinwort Benson***	DE	162	51
Donaldson, Lufkin, Jenrette****	US	149	152
Rothschild	FR	139	73
BNP Paribas Group	FR	120	8
HSBC	GB	66	20

* ab 2002 Citigroup Corporate + Investment Bank

** Ende 2000 Fusion von Chase Manhattan und J.P. Morgan in J.P. Morgan Chase

*** Seit 2001 fusioniert mit der Allianz AG

**** Ende 2000 Akquisition durch Credit Suisse First Boston

Tabelle 5.1: Die größten Investmentbanken 2000. Quelle: Frankfurter Allgemeine Zeitung (2000j), S. 21

men von 75 bis 100 Millionen Deutscher Mark (Achleitner 2000: 159).

Mittelgroße Investmentbanken stehen daher vor dem Problem, entweder durch eine Reihe von Akquisitionen weltweit Ressourcen aufzubauen, um ihre Dienstleistungen entsprechend anbieten zu können, oder ihre Eigenständigkeit aufzugeben und sich als Target mit einer anderen Investmentbank zu verbinden.

Neben den oben genannten Ressourcenlücken sorgt die Rentenreform mit der sogenannten Riesterrente für eine weitere Lücke im Ressourcenportfolio der in Deutschland tätigen Finanzinstitute. Durch die Rentenreform steigt die private Altersvorsorge zu einem in Zukunft wichtigen Geschäftsbereich auf, dessen Marktvolumen auf über 30 Milliarden Euro geschätzt wird. Um adäquate Produkte in diesem neuen Geschäftsfeld anbieten zu können, ist eine Mischung aus unterschiedlichen Finanzdienstleistungen, wie Lebensversicherungen und Investmentfonds, erforderlich. Hierbei kann dem *cross selling* eine wichtige neue Rolle zuwachsen. So wird davon ausgegangen, dass eine bestehende Beziehung zu einem Kunden in einem Dienstleistungsbereich dazu genutzt werden kann, andere Dienstleistungen anzubieten. Dies hat im wesentlichen zwei Vorzüge: (1) Es besteht zwischen Kunden und Bank bereits eine Vertrauensbasis, die nicht erst durch teure Marketingaktivitäten aufgebaut werden muss, und (2) es reduzieren sich die Kosten der Überwachung der Zahlungsfähigkeit der Kunden (Calomiris und Karceski 1998: 12f.). In Deutschland zielen die Überlegungen vor allem darauf ab, das Filialnetz der Banken und Versicherungskonzerne dazu zu nutzen, Versicherungsprodukte zu vertreiben.

Insgesamt lassen sich aufgrund der Umweltveränderungen fünf Lücken im Ressourcenportfolio der Bankenbranche erkennen:

1. Neue Informations- und Internettechnologie.
2. Neue Mitarbeiternetze unter anderem in neuen Auslandsmärkten.
3. Neue Finanzdienstleistungen, um einen umfassenden Finanzkonzern aufzubauen; hierbei besteht bei deutschen Banken der Bedarf vor allem im Bereich des Investmentbankings und der Kombination des Angebots mit Versicherungsprodukten.
4. Für amerikanische Banken stellt sich zusätzlich die Herausforderung, nach der Aufhebung des Trennbankensystems ihr Produktportfolio durch andere Finanzdienstleistungen zu ergänzen und darüber hinaus ihre regionalen Grenzen aufzulösen und sich auf das gesamte Gebiet der USA auszuweiten.
5. Sowohl in den neuen geografischen Märkten als auch bei den neuen Produkten ist die (gerade im Finanzgewerbe wichtige) Reputation aufzubauen.

Wie in Proposition 2 postuliert, steigt mit zunehmender Heterogenität der Ressourcenausstattung (unterschiedliche Fähigkeiten bezüglich der Marktsegmente und der regionalen Präsenz) auch die Notwendigkeit, den Ressourcenbedarf durch Mergers & Acquisitions zu decken.[15] Es ist zu beobachten, dass

15. Für die Propositionen 3a und 3b lassen sich ebenfalls einige Beispiele finden, auch wenn die unternehmerische Vision nur schwer empirisch zu erheben ist: Phil Purcell, Chair-

Banken teils reaktiv teils proaktiv mit den veränderten Umweltbedingungen umgehen. So versuchen sich einige Banken lediglich an die neuen Gegebenheiten anzupassen, andere gestalten ihre Umwelt aktiv mit (Bernet 1999: 132). Eines bleibt aber allen gemein: Sie müssen ihre Ressourcenposition anpassen, um weiterhin überleben und rentabel bleiben zu können. Welche Beschaffungsalternativen stehen Ihnen hierzu zur Verfügung?

Beschaffungsalternativen

Generell stehen auch Banken alle vier Möglichkeiten der Ressourcenbeschaffung offen, um ihre Ressourcenlücken zu schließen: (1) Faktormärkte, (2) Interne Entwicklung, (3) Unternehmungskooperationen und (4) Mergers *&* Acquisitions.

Eine Besonderheit besteht für Banken darin, dass ihre Wettbewerbsvorteile im Wesentlichen auf intangiblen Ressourcen und Fähigkeiten basieren, wie beispielsweise engen Beziehungen zu den Entscheidungsträgern in der Industrie, sehr spezifischen Finanzkenntnissen der Mitarbeiter, der Reputation der Bank, aber auch der Unternehmungskultur, da gerade diese als wichtiger Wettbewerbsvorteil auf dem Beschaffungsmarkt für talentierte Mitarbeiter angesehen wird (Endlich 1999: 130 ff.).

Die Beschaffung notwendiger Ressourcen und Fähigkeiten über *Faktormärkte* ist hinsichtlich der oben genannten Ressourcenlücken lediglich für die Bereiche der Informationstechnologie und für das notwendige Personal mit standardisiertem Finanzwissen möglich. Dagegen können neue Standorte, neue Bankprodukte, eine intensive Beziehung zu Entscheidungsträgern in Wirtschaft und Politik, eine ausgeprägte leistungsorientierte Unternehmungskultur und vor allem die dazugehörige Reputation nicht über Märkte bezogen werden, da diese hierfür gar nicht erst existieren.

Während die Märkte für Informations- und Internettechnologie sowie Personal effizient sind und Banken hier zumindest Standardlösungen und Standardpersonal beschaffen können, stellt sich das Problem bei individuellen Softwarelösungen aber auch bei Mitarbeitern mit seltenen und besonderen Fähig-

man und CEO von Dean Witter, hat bereits vielfältige Mergers *&* Acquisitions-Erfahrungen als Berater und später strategischer Planer bei Sears sammeln können (Wasserstein 2000: 298). Gleichzeitig wird er als unternehmerischer Visionär beschrieben: „Purcell was a visionary, understanding the effect the digital economy would have on financial institutions and wanting to be a first mover“ (Wasserstein 2000: 295). *Damit können auch die Propositionen aus Abschnitt 5.1.3 als praktisch relevant beurteilt werden.*

keiten, vor allem im Investmentbanking, anders dar. Es sind ja gerade jene idiosynkratischen Fähigkeiten, aus denen Banken ihre Wettbewerbsvorteile generieren können. Ein Beispiel dafür, dass die Märkte für hochspezifische Mitarbeiter nicht funktionieren, ist der Versuch der Deutschen Bank aus dem Jahre 1996, ihre Tochter, die Deutsche Morgan Grenfell, durch ein sogenanntes „Scheckbuch-Banking“ in die erste Liga der Investmentbanken zu katapultieren. Hierzu wurden bekannte Investmentbanker mit ihren Beziehungen und ihrer Reputation von anderen etablierten Investmentbanken zu exorbitanten Gehältern abgeworben. Dazu vereinbarte die Deutsche Bank mit diesen neuen Mitarbeitern das Doppelte der in der Branche üblichen Gehälter, inklusive bisher ebenfalls unüblicher Gehaltsgarantien. Hierdurch konnte die Deutsche Bank anfangs tatsächlich einige Erfolge verbuchen und Stars der Branche, wie Edson Mitchell (vormals Merrill Lynch), Carter McClelland (vormals Morgan Stanley) und Frank Quattrone (ebenfalls vormals Morgan Stanley) abwerben (Frankfurter Allgemeine Zeitung 1996b: 20). Aber dieser Erfolg währte nicht lange, was im Wesentlichen auf zwei Gründe zurückzuführen ist:

Erstens ist es für Investmentbanken schwierig, allein mit Hilfe von *Star-Investmentbankern* eine überdurchschnittliche Rendite zu erzielen. Chacar und Coff (2000) konnten in ihrer Studie nachweisen, dass Banken mit einem hohen Anteil an *Stars* nicht in der Lage waren, ein besseres Ergebnis als die Wettbewerber ohne Stars zu erwirtschaften (vergleiche hierzu auch das enttäuschende Ergebnis der Deutschen Bank, Deutsche Bank 1998: 23). Dies wird generell auf die hohen Gehälter der Stars zurückgeführt, die die durch sie erwirtschafteten zusätzlichen Erlöse häufig übersteigen (Chacar und Coff 2000: 262). Wenn nun darüber hinaus noch doppelt so hohe Gehälter wie im Branchendurchschnitt gezahlt und zudem noch garantiert werden – normalerweise übernehmen Investmentbanker durch den hohen Anteil an erfolgsorientierter, variabler Vergütung einen Teil des Risikos aus dem stark zyklischen Investmentbankinggeschäft –, verschärft sich das Problem erheblich.

Es ist aber noch ein zweiter Aspekt für den Misserfolg der Scheckbuch-Strategie der Deutschen Bank verantwortlich: Die von der Deutschen Bank abgeworbenen Mitarbeiter konnten ebenso leicht von anderen Wettbewerbern abgeworben werden, da kein mit der Deutschen Bank verwobenes Netzwerk bestand, sondern lediglich ein enges Team von Mitarbeitern, welche jederzeit den Arbeitgeber wechseln konnten. Es bestand keinerlei emotionale oder kulturelle Bindung zum Arbeitgeber; der einzige Anreiz, für einen Arbeitgeber zu arbeiten, war finanzieller Natur. Die wohl spektakulärste und für die Deutsche

Bank fatalste Abwerbung war die des gerade erst selbst von Morgan Stanley abgeworbenen Frank Quattrone und 120 seiner Mitarbeiter durch die Credit Suisse First Boston im April 1998. Durch diesen Verlust stand das Investmentbanking der Deutschen Bank in den Vereinigten Staaten wieder bei Null und man musste sich daher entscheiden, das US-Engagement vollständig aufzulösen oder einen Neuanfang zu wagen. Für diesen Neuanfang standen für die Deutsche Bank eine langwierige interne Entwicklung oder ein Unternehmungszusammenschluss mit einer in den USA bereits etablierten Investmentbank zur Wahl. Entsprechend bestanden bereits früh Gerüchte, dass die Deutsche Bank Verhandlungsgespräche mit Credit Suisse First Boston und JP Morgan führt (Frankfurter Allgemeine Zeitung 1998d: 17; Frankfurter Allgemeine Zeitung 1998e: 17). *Diese Ausführungen unterstützen damit die Propositionen 4 und 4a, wonach Faktormärkte zwar zur Beschaffung von Commodity-Ressourcen (zum Beispiel Standardsoftware und Standardpersonal) geeignet sind, aber bei strategisch wertvollen Ressourcen (beispielsweise spezifische Mitarbeiter und Reputation) versagen.*

Die zweite Beschaffungsalternative ist die *interne Entwicklung.* Diese Möglichkeit besteht bei den oben genannten Ressourcenlücken nur in geringem Maße, da es sich entweder um vollkommen neue Produktbereiche handelt oder neue geographische Gebiete zu bedienen sind, auf die die bisherigen Angebote – gerader deutscher Banken – nicht einfach übertragbar sind. Die interne Entwicklung kann daher lediglich dann zur Schließung der oben genannten Ressourcenlücken herangezogen werden, wenn bereits in der Vergangenheit ähnliche Ressourcen und Fähigkeiten innerhalb der Bank aufgebaut wurden, beispielsweise wenn eine Bank schon vor Jahren ihre Aktivitäten mit dem Versicherungsgeschäft verbunden oder sich frühzeitig im Ausland umfassend engagiert hatte. Vor allem letzteres kann aber für deutsche Banken nicht konstatiert werden, womit die interne Entwicklung ausscheidet oder höchstens nach Mergers *&* Acquisitions als Weiterentwicklung vorangetrieben werden kann. So hat beispielsweise die Dresdner Bank schnell erkannt, dass ein organischer Aufbau des Investmentbankings in den USA nicht möglich ist, vor allem weil dies zu viel Zeit in Anspruch nehmen würde (Frankfurter Allgemeine Zeitung 1997b: 15), *was mit der Argumentation des hier entwickelten Modells voll im Einklang steht.* Entsprechend schnell hat sich die Dresdner Bank wieder von dieser Idee abgewandt und sich für die Alternative Mergers *&* Acquisitions entschieden, eine Möglichkeit, die ihr bereits Anfang der 1990er Jahre offen stand, als ihr die Investmentbank Bear Stearns für 720 Millionen Dollar angeboten wurde, sich die in Frankfurt am Main sitzende Bank damals aber dagegen entschied. Als man sich 1997 nun doch für einen Zukauf interessierte, wurde Bear Stearns mit 8 Milliarden Dollar bewertet, was wohl auch der Grund sein dürfte, warum die Dresdner Bank von diesem Kauf wieder Abstand nahm. Ebenso haben sich auch Gerüchte von Verhandlungen zwischen der Dresdner Bank und Dillon Read und Lehman Brothers als gegenstandslos erwiesen. Auch ein erneuter Versuch Mitte der 1990er Jahre, durch interne Entwicklung und ohne Zuhilfenahme von Mergers & Acquisitions eine maßgebliche Position im Investmentbanking zu erreichen, war wenig erfolgreich (Frankfurter Allgemeine Zeitung 1999c: 21). Folglich konnte sich die Dresdner Bank bis heute lediglich über Kleinwort Benson und inzwischen durch den Zukauf von Wasserstein Perella – also durch Mergers & Acquisitions– einigermaßen im Investmentbanking halten, wenn auch nicht in einer internationalen Führungsposition. Die Dresdner Bank war daher gezwungen, letztlich in Ermangelung notwendiger Ressourcen und Fähigkeiten ihre global ausgerichtete Investmentbanking-Strategie aufzugeben und sich zu neuen Geschäftsbereichen umzuorientieren. So ist es auch nicht weiter verwunderlich, dass bereits 1997 über eine engere Zusammenarbeit der Dresdner Bank mit ihrem Hauptaktionär Allianz spekuliert wurde (Frankfurter Allgemeine Zeitung 1997b: 15), ein Thema, welches uns im Folgenden noch weiter beschäftigen wird. Die Unfähigkeit deutscher Banken, ihr Investmentbanking durch interne Entwicklung weltweit aufzubauen, *unterstützt die Propositionen 5 und 5a, da dies eindeutig auf den hohen Neuheitsgrad der erforderlichen Fähigkeiten zurückzuführen ist, die nicht fristgerecht innerhalb eines Zeitfensters durch interne Anstrengungen aufzubauen sind.*

Somit bleibt neben Mergers & Acquisitions noch die *Unternehmungskooperation* als Beschaffungsalternative bestehen. Hierbei können im Wesentlichen zwei Bereiche beobachtet werden: Kooperationen im EDV-Bereich und solche im Versicherungsgeschäft. Kooperationen im Investmentbanking sind dagegen aufgrund ihres hohen Konfliktpotenzials kaum möglich, da zur Kundenakquise beispielsweise im Firmenkundenkreditgeschäft Verluste in Kauf genommen werden müssen, die durch das Investmentbanking-Mandat erst später wieder ausgeglichen werden. Dies führt selbst innerhalb einer Unternehmung zu erheblichen Konflikten; Kooperationen könnten solche Konflikte erst gar nicht bewältigen. Des Weiteren zeichnen sich Investmentbanker durch ein hohes Maß an opportunistischem Verhalten aus: Sie würden also – wenn sich bessere Möglichkeiten ergäben und für den Kunden bessere Angebote außerhalb der Kooperation zur Verfügung stünden – den Kooperationspartner nicht für andere

Teilgeschäfte empfehlen. Nur in einer einheitlichen Organisationsstruktur mit entsprechender Hierarchie kann dies unterbunden und können entsprechende Anreizsysteme implementiert werden.

Allerdings bestehen zahlreiche Kooperationen im Bereich der Informationstechnologie (Frankfurter Allgemeine Zeitung 1998s: 21; Bresser et al. 2000a: 5 f.; Bresser et al. 2001: 33 f.). So hat beispielsweise die Deutsche Bank ihr Online-Wertpapierhandelssystem *maxblue* in enger Zusammenarbeit mit GFT entwickelt. Jetzt, nachdem die Standards für diese Systeme definiert und auch das Potenzial gut abzuschätzen ist, also insgesamt die Unsicherheit reduziert ist, beteiligt sich die Deutsche Bank mit 25 Prozent an der GFT und bringt hierzu eine eigene Tochter für den elektronischen Geschäftsverkehr in die GFT ein (Frankfurter Allgemeine Zeitung 2001k: 20). Dies entspricht insofern dem Modell, als dort konstatiert wird, dass eine Kooperation aufgelöst wird und die Bank dann eine festere Bindung bevorzugt, wenn die Unsicherheit reduziert wird. Hier würde eine Weiterführung der Kooperation nur zur Weiterentwicklung und Integration neuer EDV-Lösungen Sinn machen.

Neben der Informationstechnologie ist es vor allem die Rentenreform, die Kooperationen zwischen Banken und Versicherungskonzernen in den Mittelpunkt der Diskussion im Deutschen Bankgewerbe gerückt hat. Während in der Vergangenheit bereits Kooperationen und Überkreuzbeteiligungen zwischen Banken und Versicherungen existierten, sah man dies meist als Finanzbeteiligung, bestenfalls als lose Kooperation in der Vertriebsstruktur. Banken hielten es allerdings nicht für nötig, eigene Versicherungsprodukte anzubieten (Frankfurter Allgemeine Zeitung 1998g: 15). Erst durch die Rentenreform wird es erforderlich, die Vertriebsstrukturen und Angebote von Banken und Versicherungen zu bündeln, um eine ausreichende Position in diesem Neugeschäft sicherzustellen.

So sind nach der Akquisition der Dresdner Bank durch die Allianz auch Gerüchte über eine Kooperation zwischen der Commerzbank und der deutschen Generali-Tochter AMB Generali Holding AG sowie der Münchner Rück und der HypoVereinsbank aufgekommen. Allerdings dementierten sowohl AMB (Frankfurter Allgemeine Zeitung 2001e: 20; Frankfurter Allgemeine Zeitung 2001c: 21) als auch die Commerzbank (Frankfurter Allgemeine Zeitung 2001z: 21) Gerüchte über eine Fusion. Insgesamt spielt der Vertrieb von Versicherungen über Bankfilialen für die AMB bisher nur eine geringe Rolle, soll aber durch die Kooperation mit der Commerzbank ausgebaut werden. Dabei glaubt die AMB, dass durch eine lockere Kooperation – die AMB hält zusammen mit ihrer Mutter 10 Prozent der Anteile an der Commerzbank – ein Allfinanzkonzept umgesetzt werden kann. Dies wird durch die Aussage des Vorstandsvorsitzenden Jäger bekräftigt: „Wenn man sich in der Zusammenarbeit einig ist, muss man keine eigene Bank besitzen“ (Frankfurter Allgemeine Zeitung 2001c: 21). Trotz dieser zur Schau gestellten Einigkeit lassen sich zwei Konfliktpotenziale absehen: (1) Es kommen immer wieder Übernahmegerüchte hinsichtlich der Commerzbank auf. Selbst mit ihrer 10 Prozent-Beteiligung könnte AMB dies nicht verhindern. Wenn die Commerzbank tatsächlich an einen anderen Finanzpartner fallen würde, verlöre die AMB ihren Vertriebspartner. (2) Die Makler der AMB vertreiben bisher Fonds der Dresdner Bank, die noch durch konzerneigene Fonds von Generali ergänzt werden sollen. Die Commerzbank kann daher die Vertriebsstruktur von AMB für ihre Produkte bisher nicht nutzen (Frankfurter Allgemeine Zeitung 2001c: 21); eine Kooperation im Bereich Asset Management existiert folglich noch nicht, was als erheblicher Nachteil anzusehen ist. Eine führende Position im Finanzgeschäft inklusive Versicherungsgeschäft und Investmentbanking scheint daher für die Commerzbank zur Zeit nicht erreichbar. Es bleibt abzuwarten, inwieweit die Commerzbank ihre neu formulierte Strategie, sich im Europäischen Raum zu positionieren (Frankfurter Allgemeine Zeitung 2001z: 21), durch Mergers & Acquisitions zu erreichen versucht.

Neben dieser Kooperation zwischen der Commerzbank und AMB haben im März 2001 die Allianz und die Münchner Rück eine Neuordnung ihrer Beteiligungen vereinbart, wodurch die Münchner Rück unter anderem ihren Anteil an der Allianz Leben und der Dresdner Bank abgibt. Dadurch erhält die Münchner Rück im Gegenzug nicht nur finanzielle Mittel, sondern kann gleichzeitig ihren Anteil an der HypoVereinsbank auf 25,7 Prozent, also auf eine Sperrminorität, aufbauen[16]. Gleichzeitig ist die HypoVereinsbank mit einem Anteil von 13,3 Prozent der zweitstärkste Aktionär der Münchner Rück (Münchner Rückversicherungs-Gesellschaft 2001a: 14). Die Stärkung der Münchner Rück bei der HypoVereinsbank soll zu einer Festigung der Kooperation beitragen (Münchner Rückversicherungs-Gesellschaft 2001a: 3). Gemeinsam halten die Münchner Rück (95 Prozent) und die HypoVereinsbank (5 Prozent) nach der Neuordnung der Beteiligungsverhältnisse 100 Prozent

16. Die Sperrminorität der Münchner Rück an der HypoVereinsbank kann dazu genutzt werden, erheblich Einfluss auf die Bank zu nehmen, um das Konfliktpotenzial zu reduzieren. Genaugenommen stellt dieses Beispiel schon eine Zwischenform zwischen Kooperation und Übernahme beziehungsweise Fusion dar.

an der ERGO Versicherungsgruppe AG, einer Neugründung, in der das Erstversicherungsgeschäft für Privatkunden gebündelt ist und die bereits Platz zwei unter den deutschen Erstversicherern einnimmt, aber auch international bereits gut positioniert ist (Münchner Rückversicherungs-Gesellschaft 2001a: 46 ff.). Gleichzeitig haben ERGO und die Münchner Rück 1999 die MEAG Munich Asset Management GmbH gegründet, die im Jahr 2000 ihre Tätigkeit aufgenommen hat (Münchner Rückversicherungs-Gesellschaft 2001a: 52).

Durch die bundesweit exklusive Kooperation mit der HypoVereinsbank erwartet die Münchner Rück ein erhebliches Wachstums- und Ertragspotenzial. Dabei sollen nicht nur den HypoVereinsbank-Kunden Versicherungsprodukte der ERGO-Gruppe und den ERGO-Kunden Bankprodukte der HypoVereinsbank angeboten werden. Auch auf anderen Feldern bereitet die Zusammenarbeit der *Wunschpartner* den Boden für vielversprechende Geschäfte. So will man beispielsweise im Ausland gemeinsam strategisch vorgehen; Zielmärkte sind das östliche Mitteleuropa und Südeuropa. So haben in Polen die ERGO Hestia und die Banktöchter der HVB Group – in ihren Branchen jeweils auf Rang 3 – bereits eine exklusive Kooperation vereinbart (Münchner Rückversicherungs-Gesellschaft 2001b: 1). Vehement verteidigt der Vorstandsvorsitzende der Münchner Rück, Hans-Jürgen Schinzler, diesen im Vergleich zur Allianz neuen Weg. Eine vollständige Übernahme der HVB mache keinen Sinn, da dadurch erhebliche Mittel gebunden würden. Für die Münchner Rück sei „[...] das gefundene Modell das einzig wahre" (Handelsblatt 2001: 25), deshalb sei auch eine Aufstockung der Beteiligung an der HVB nicht vorgesehen.

Inwieweit die Kooperationen zwischen AMB und Commerzbank sowie Münchner Rück und HypoVereinsbank Bestand haben werden oder doch in Mergers & Acquisitions münden, kann hier zwar nicht abschließend beantwortet werden, soll aber im Ausblick zumindest einer Analyse zugeführt werden. Bereits an dieser Stelle wird jedoch deutlich, dass Kooperationen ein wesentlich höheres Konfliktpotenzial und damit höhere Koordinationskosten aufweisen als Mergers & Acquisitions. *Dies unterstützt Proposition 6, wonach Kooperationen höhere Konfliktpotenziale und damit Koordinationskosten aufweisen als Mergers & Acquisitions. Es liegt auch die Vermutung nahe, dass die vorliegenden Kooperationen bei einer weiteren Reduktion der Umweltunsicherheit (beispielsweise hinsichtlich des tatsächlichen Marktpotenzials der privaten Altersvorsorge) in Mergers & Acquisitions umgewandelt werden, womit auch die Propositionen 6a und 9a unterstützt würden.*

Da Mergers & Acquisitions eine besonders wichtige Form der Ressourcenbeschaffung in der Bankenindustrie darstellen, soll diesem Thema ein eigener Abschnitt gewidmet werden.

Mergers & Acquisitions-Strategien

Aufgrund der oben beschriebenen weitreichenden Umwälzungen in vielen Umweltbereichen von Finanzdienstleistern und der Unzulänglichkeit alternativer Beschaffungsmöglichkeiten ist die große Anzahl von Mergers & Acquisitions in dieser Branche nicht überraschend. Für die These, wonach die hohe Zahl von Mergers & Acquisitions auf eine Schwächung der bisherigen Ressourcenposition dieser Banken zurückzuführen ist, lassen sich einige empirische Belege finden: Sowohl für die US-amerikanischen (Rhoades 1993: 411 ff.) als auch für die europäischen (Cybo-Ottone und Murgia 2000: 853) Banken, die an Mergers & Acquisitions beteiligt waren, konnte nachgewiesen werden, dass nicht allein die akquirierenden, sondern auch die Zielunternehmungen vor der Akquisition eine schlechtere Performance aufwiesen als die Gesamtbranche. Folglich hat es diesen Banken im Vergleich zu Wettbewerbern an wertvollen Ressourcen und Fähigkeiten gefehlt.

Die Bedeutung von Mergers & Acquisitions für Finanzdienstleister wird durch die Vielzahl unterschiedlicher Zusammenschlüsse deutlich: So fusionierten in Deutschland bereits einige Sparkassen (Frankfurter Allgemeine Zeitung 1999a: 23) und nach einem langen Streit auch die Genossenschaftsbanken DG- und GZ-Bank (Frankfurter Allgemeine Zeitung 2001p: 17). Aber auch Fusionen zwischen Versicherungen und Bausparkassen konnten schon beobachtet werden, wie beispielsweise zwischen der Wüstenrot und der Württ AG 1999 (Frankfurter Allgemeine Zeitung 1998z: 23). Mergers & Acquisitions-Versuche können aber auch im europäischen Ausland, wie in Frankreich (Frankfurter Allgemeine Zeitung 1999e: 17; Frankfurter Allgemeine Zeitung 2001t: 23; Frankfurter Allgemeine Zeitung 2001u: 21) und in Großbritannien (Frankfurter Allgemeine Zeitung 1999g: 18; Frankfurter Allgemeine Zeitung 2000p: 20; Frankfurter Allgemeine Zeitung 2001v: 16), beobachtet werden und schließlich auch in Asien (Frankfurter Allgemeine Zeitung 1999d: 23; Frankfurter Allgemeine Zeitung 2001w: 23) und den Vereinigten Staaten.

An dieser Stelle können aber unmöglich *alle* Mergers & Acquisitions-Strategien von Finanzdienstleistern – noch nicht einmal die der letzten fünf Jahre – detailliert vorgestellt werden. Die Bankenlandschaft hat sich seit Mitte der 1990er Jahre weltweit fundamental durch Mergers & Acquisitions verändert, wobei man sich des Eindrucks nicht erwehren kann, dass jede Kombinationsmöglichkeit durchdacht und verhandelt wurde. Aus der Vielzahl der Mergers & Acquisitions aus dem Bankenbereich können hier daher nur die größten und auch am medienwirksamsten Fälle diskutiert werden, die allesamt die bisher aufgestellten Propositionen unterstützen. Für den amerikanischen Markt sollen stellvertretend die Citicorp, für Europa die ING, UBS und Credit Suisse und für Deutschland die Dresdner und die Deutsche Bank vorgestellt werden.

Eine der ersten großen Bankenfusionen war die der Chemical Bank und der Chase Bank zur Chase Manhatten im Jahr 1996. Kurz darauf folgte die Fusion der Investmentbank Morgan Stanley mit dem Brokerhaus Dean Witter im Jahr 1997. Die Fusion von Morgan Stanley und Dean Witter war richtungsweisend für viele weitere Übernahmen in den USA (Wasserstein 2000: 294 ff.): Die Kombination unterschiedlicher Finanzdienstleistungen und die Kombination von Firmen- und Privatkunden mit dem Ziel, ein umfassenderes Leistungsangebot liefern zu können (Frankfurter Allgemeine Zeitung 1997d: 26). Während sich in den USA einige Banken zu überregionalen amerikanischen Banken zusammenschlossen, wie beispielsweise die Bank America und die Bank One (Frankfurter Allgemeine Zeitung 1998o: 23) sowie Wells Fargo und Norwest (Frankfurter Allgemeine Zeitung 1998p: 25), um damit teilweise ein landesweites Filialnetz zu schaffen (Frankfurter Allgemeine Zeitung 1998l: 28), überraschte eine weitere Fusion die Finanzbranche weltweit: Am 6. April 1998 wurden Gerüchte publiziert, die besagten, dass die Citicorp – Amerikas zweitgrößte Geschäftsbank – auf der Suche nach einem Fusionspartner sei, wobei Chase Manhatten und Merill Lynch als mögliche Kandidaten gehandelt wurden (Frankfurter Allgemeine Zeitung 1998f: 30). Dies bestätigte sich am gleichen Tag insofern, als Citicorp tatsächlich fusionierte, allerdings nicht mit einer reinen Investmentbank, sondern mit dem Versicherungskonzern Travelers (Frankfurter Allgemeine Zeitung 1998q: 17). Hierdurch entstand ein neuer globaler Finanzkonzern mit über 100 Millionen Kunden in 100 Ländern mit dem Namen *Citigroup*. Beide Unternehmungen ergänzen sich perfekt hinsichtlich ihrer geographischen Ausbreitung und ihrer Produktpalette, wodurch sie das gesamte Spektrum an Finanzdienstleitungen anbieten können: Privatkundenbankdienstleistungen, Brokerage, Investmentfonds, Asset-Management, Investmentbanking durch Salomon Smith Barney, Großkunden-Bankdienstleistungen und eine Vielzahl von Versicherungsprodukten (Frankfurter Allgemeine Zeitung 1998i: 21; Frankfurter Allgemeine Zeitung 1998j: 24).

Hierbei geht es darum, Ressourcen und Fähigkeiten zu poolen, nicht um Kosten einzusparen, sondern durch cross-selling komplementärer Produkte höhere Erträge zu erzielen, also um eine Neukombination unterschiedlicher Ressourcen und Fähigkeiten. Dass die Citigroup mit ihrer Mergers & Acquisitions-Strategie Erfolg hat, scheinen die Finanzergebnisse zu bestätigen, die trotz des schwierigen Umfeldes weiter wachsen und die Erwartungen der Analysten übertreffen (Frankfurter Allgemeine Zeitung 2001f: 18). Dies überrascht vor dem Hintergrund des in dieser Arbeit entwickelten Modells kaum, *da mit der Fusion von Citibank und Travelers in einem relativ sicheren Umfeld strategisch wertvolle Ressourcen und Fähigkeiten mit einem jeweils hohen Neuheitsgrad kombiniert wurden, womit die praktische Relevanz der Propositionen 7, 8 und 9 und damit des Ressourcenbeschaffungswürfels belegt wurde.*

Neben den USA verändert sich aber auch die Bankenlandschaft in Europa. So versuchte beispielsweise die niederländische Bank ING, ihr Investmentbanking ING Barings aufzubauen, indem sie Chaterhouse Securities für 127 Millionen Pfund und Furman Selz in New York für 600 Millionen US-Dollar erwarb. Da beide Unternehmungen jedoch nicht über die notwendige Reputation und den Markennamen verfügten, um weltweit aktiven Konzernen als führende Bank beratend zur Seite zu stehen, kündigte ING an, den amerikanischen Teil ihres Investmentbankings durch Goldman Sachs verkaufen zu lassen und sich aus dem globalen Investmentbanking wieder zurückzuziehen (Frankfurter Allgemeine Zeitung 2000n: 25; Frankfurter Allgemeine Zeitung 2000o: 32). ING ist es damit offensichtlich nicht gelungen, Ressourcen und Fähigkeiten mit ausreichender strategischer Relevanz und Neuheitsgrad zu erwerben, um so einen Wettbewerbsvorteil aus der Mergers & Acquisitions-Strategie zu erzielen.

Auch die zum französischen Versicherungskonzern AXA gehörende Investmentbank Donaldson, Lufkin & Jenrette (DLJ) verfügt über eine zu geringe Ressourcenausstattung, um den neuen Umweltanforderungen gerecht zu werden. Vor allem mangelte es DLJ an ausreichenden Ressourcen, um eine Präsenz außerhalb der Vereinigten Staaten aufzubauen. DLJ besitzt eine äußerst starke Wettbewerbsposition im Geschäft mit Hochzinsanleihen, ist einer der größten Abwickler von Wertpapiergeschäften (Clearing) und hat eine starke Position im Online-Banking (Frankfurter Allgemeine Zeitung 2000j: 21). Der größte Ressourcenbedarf besteht in den Bereichen des Auslandsgeschäfts und bei der Beratung von Mergers & Acquisitions. Diese Bereiche sind jedoch für die weitere Wettbewerbsfähigkeit von DLJ unabdingbar, da die Kerngeschäfte sehr starken Einnahmeschwankungen unterliegen, die durch das Beratungsgeschäft ausgeglichen werden könnten. Gleichzeitig wird eine weltweite Präsenz immer wichtiger. Die Muttergesellschaft AXA war ebenfalls nicht in der Lage, die notwendigen Ressourcen einzubringen, und erkannte, dass die Situation vor allem durch Unternehmungszukäufe verbessert werden könnte, zu deren Finanzierung der Konzern allerdings nicht bereit war (Frankfurter Allgemeine Zeitung 2000e: 21). So wurde konsequenterweise ein Verkauf von DLJ durch die AXA-Gruppe in die Wege geleitet. Der Käufer, die Credit Suisse First Boston (CSFB), ist bereits in den 1970er Jahren durch den Zusammenschluss zwischen der Credit Suisse (ehemals Schweizerische Kreditanstalt) und der amerikanischen First Boston entstanden und weltweit eine der führenden Investmentbanken (Frankfurter Allgemeine Zeitung 2000q: 21). Sie kann den Ressourcenbedarf von DLJ decken und gleichzeitig von deren Stärken im Bereich Hochzinsanleihen und Online-Banking profitieren. Sowohl DLJ als auch CSFB hätten wahrscheinlich Jahre gebraucht – wenn es überhaupt möglich gewesen wäre – in diesen Bereichen das nötige Know-how mit der entsprechenden Marktreputation intern aufzubauen. *Auch hier wird die Plausibilität der Propositionen 7, 8 und 9 illustriert, da unterschiedliche Banksegmente, also neue und strategisch wertvolle Ressourcen und Fähigkeiten in einer sicheren Umwelt kombiniert wurden.*

Neben diesen beiden Beispielen ist es aber die aus dem Schweizer Bankverein und der Schweizer Bankgesellschaft hervorgegangene UBS, die maßgeblich die Entwicklungen im europäischen Bankenmarkt geprägt hat. So baute der Schweizer Bankverein sein Asset Management und sein Investmentbanking durch Akquisitionen auf. 1991 wurde das Derivatehaus O'Connor aus Chicago gekauft, welches weltweit als technologischer Führer im Derivatehandel galt. Gleichzeitig sollte die Unternehmungskultur durch die Akquisition einer amerikanischen Unternehmung *amerikanisiert* werden. Im September 1994 wurden einer der höchstangesehenen Vermögensverwalter der USA – Brinson – und im März 1995 die Investmentbank S. G. Warburg und später noch Dillon Read akquiriert, um den Zugang zu Kunden in den neuen Geschäftsfeldern auszuweiten. Die Eigenkapitalrendite des Bankvereins konnte nach den Akquisitionen innerhalb von vier Jahren von 5,6 Prozent im Jahr 1993 auf 18,3 Prozent im Jahr 1997 erhöht werden, der Aktienkurs stieg entsprechend von 175 auf 431 Franken, was einer durchschnittlichen Wachstumsrate von 35 Prozent entspricht (Blum und Ospel 1999: 148). Die erfolgreiche Entwicklung des Schweizerischen Bankvereins in den 1990er Jahren wird vor allem auf die genannten Akquisitionen zurückgeführt (Schütz 1999: 26 f.).

1998 schloss sich der Bankverein darüber hinaus mit der Schweizerischen

Bankgesellschaft zusammen. Georges Blum – Präsident des Verwaltungsrates – und Marcel Ospel – Präsident der Konzernleitung des Schweizerischen Bankvereins – weisen explizit darauf hin, dass die Fusion mit der Schweizer Bankgesellschaft eine Antwort auf die Herausforderungen der externen Umwelt sei, namentlich der bereits eingesetzten Konsolidierung des Finanzsektors, wachsender Kundenansprüche, der weltweiten Deregulierung und technologischer Neuerungen (Blum und Ospel 1999: 147 und 150). Der Präsident der Bankgesellschaft – Mathis Cabiallavetta – bestätigt diese Einschätzung und sieht den großen Vorteil der Fusion beider Banken in der globalen Präsenz der neuen UBS, die hierdurch an allen wichtigen Finanzplätzen der Welt eine wichtige Position inne habe. Die sei wichtig, da er das Bankgeschäft als globales Geschäft verstehe, in dem „[...] Landesgrenzen keine Rolle spielen" (Cabiallavetta 1999: 153).

Die durch die vorangegangenen Akquisitionen gestärkte internationale Marktposition konnte der Schweizer Bankverein dazu nutzen, trotz der kleineren Unternehmungsgröße die Führungsrolle bei der Fusion mit der Schweizer Bankgesellschaft einzunehmen. Der Bankgesellschaft war es nicht gelungen, sich international durch Mergers & Acquisitions zu positionieren. Trotz ihrer erheblichen Größe hatte sie es verpasst, sich auf die technologischen Erfordernisse einzustellen und neue Märkte durch die Entwicklung ausreichender Ressourcen und Fähigkeiten zu erschließen. Der wesentlich weiterentwickelte Schweizer Bankverein war daher kaum an den Mitarbeitern oder Technologien der Bankgesellschaft interessiert. Erschwerend wirkte sich die finanzielle *Schieflage* der Bankgesellschaft aufgrund von Handelsverlusten im insgesamt guten Börsenjahr 1997 aus (Frankfurter Allgemeine Zeitung 1998n: 23; Frankfurter Allgemeine Zeitung 1998v: 22). Diese fanden wohl ihren Höhepunkt in Verlusten in Höhe von 950 Millionen Franken, die auf das Engagement der Bankgesellschaft am amerikanischen Hedge-Fonds Long-Term Capital Management (LTCM) zurückzuführen waren (Frankfurter Allgemeine Zeitung 1998u: 17; Frankfurter Allgemeine Zeitung 1998w: 31). Daraufhin verließen die Mitglieder der ehemaligen Bankgesellschaft den Vorstand der aus der Fusion im Jahr 1998 hervorgegangenen UBS, da ihnen vorgeworfen wurde, nicht in der Lage gewesen zu sein, ein international leistungsfähiges Risikomanagement aufzubauen (Frankfurter Allgemeine Zeitung 1998r: 17; Frankfurter Allgemeine Zeitung 1998x: 27), was bereits 1997 zu einer Untersuchung durch die Eidgenössische Bankenkommission bei der Bankgesellschaft geführt hatte (Frankfurter Allgemeine Zeitung 1998t: 26).

Was die Bankgesellschaft allerdings für den Bankverein interessant erscheinen ließ, war deren (trotz der hohen Verluste) immer noch starke Liquidität, die der Bankverein dringend benötigte, um seine expansive Wachstumsstrategie weiterführen zu können (Schütz 1999: 32 und 138).

Die Fusion zwischen beiden Banken wurde im Juni 1998 vollzogen, wodurch die daraus entstandene United Bank of Switzerland (UBS) zur zweitgrößten Bank der Welt aufsteigen konnte. Im Bereich Investmentbanking wird der Name UBS Warburg weitergeführt. Um die weltweite Marktposition weiter auszubauen, wurde im Juli 2000 das viertgrößte amerikanische Brokerhaus Paine Webber für 17,6 Milliarden Franken akquiriert (Frankfurter Allgemeine Zeitung 2000l: 21). *Auch der Fall UBS zeigt wie die neuartige Kombination strategisch wertvoller Ressourcen und Fähigkeiten durch die Fusion der beiden Schweizer Großbanken (Finanzkraft einerseits und Expertise in der Vermögensverwaltung andererseits), aber auch durch eine Reihe unterstützender Käufe kleinerer Banken, realisiert werden kann.*

Neben diesen weltweiten Lösungen haben auch deutsche Banken auf die veränderten Anforderungen mit Mergers *&* Acquisitions reagiert. Anfang 2000 kündigten die Deutsche und die Dresdner Bank eine Fusion an, die allerdings dann doch nicht stattfand. Auch der zweite Anlauf des Großaktionärs – der Allianz –, nun die Dresdner mit der Commerzbank zu fusionieren, scheiterte. Vor dem Hintergrund der vorliegenden Arbeit ist dies auch nicht weiter verwunderlich, da durch einen solchen Zusammenschluss kaum strategisch bedeutsame Ressourcen und Fähigkeiten mit hohem Neuheitsgrad kombiniert worden und damit die oben genannten Ressourcenlücken weiterhin offen geblieben wären. Das Scheitern der Fusion zwischen der Deutschen Bank und der Dresdner Bank scheint im Wesentlichen auf die Probleme der Integration im Investmentbanking zurückzuführen zu sein, was zu einer Intervention der führenden Investmentbanker der Deutschen und der Dresdner Bank geführt hat (Balzer und Wilhelm 2000: 11 f.). Aufgrund der starken Überschneidungen im Markt wäre eine Fusion im Investmentbanking wenig sinnvoll gewesen, da kaum zusätzliches Know-how in den Stammmärkten generiert worden wäre. Insgesamt hätten sogar Kundenverbindungen verloren gehen können. Getrennt hätten die Deutsche und die Dresdner Bank jeweils eine Seite im Rahmen eines Mergers *&* Acquisitions-Deals beraten können. Gemeinsam wäre nur noch eine Seite als Klient geblieben. Das Grundproblem im Investmentbanking hätte sich dadurch nicht lösen lassen. Die Deutsche und die Dresdner Bank leiden beide unter dem Problem, noch keine ausreichende Expertise aufgebaut zu haben, um nachhaltig große Mandate im Mergers & Acquisitions-Geschäft zu betreuen. Eine Fusion mit der Dresdner Bank hätte der Deutschen Bank nur partiell geholfen, indem man dort die international renommierten Teams hätte übernehmen können. Eine wesentliche Verbesserung hätte jedoch nicht stattgefunden. Das alleinige Kalkül einer solchen Fusion läge in der Kostenreduktion; ein Mehrwert durch die Fusion wäre durch die Konsolidierung im Privatkundengeschäft – sprich bei den Filialen und Zweigstellen – zu erzielen gewesen. Dieser Effekt ist allerdings auch durch einfache Kooperationsvereinbarungen zu erzielen. Das Zweigstellennetz beider Seiten ließe sich ausdünnen, gleichzeitig könnten Dienstleistungen für die Kunden durch eine Kooperation zwischen Banken gewährleistet werden.

Folglich brachen die Kurse beider (!) Banken in den zwei Tagen nach der Ankündigung der Fusionsabsicht erheblich ein; die Deutsche Bank-Aktie von 92,32 Euro auf 74,60 und die der Dresdner Bank von 56,10 auf 46,40 Euro. So stellte der Vorstandsvorsitzende der Deutschen Bank, Rolf Breuer, selbst fest: „Wir kriegen auch nicht exakt das, was wir brauchen. Wir würden viele Geschäfte bekommen, die sich mit den eigenen überschneiden und die wir nicht brauchen. Das Beispiel mit der Dresdner hat uns einiges gelehrt. Wir müssen das Mergers & Acquisitions-Geschäft intern aufbauen" (Balzer und Wilhelm 2000: 13). Wie haben nun die beiden großen deutschen Banken auf die Umweltveränderungen reagiert?

Die Dresdner Bank konnte bereits 1997 durch den Erwerb der Advance Bank von der Vereinsbank ihre technologische Lücke im Direktvertrieb schließen (Frankfurter Allgemeine Zeitung 1997c: 31). Allerdings musste ihre internationale Präsenz, vor allem im Investmentbanking, weiter ausgebaut werden. Zwar ist die Dresdner Bank schon lange mit Kleinwort Benson im Investmentbanking etabliert, dies allerdings nur auf dem europäischen Kontinent. Ein stärkeres Engagement in den Vereinigten Staaten schlug fehl beziehungsweise war finanziell von der Dresdner Bank nicht zu bewerkstelligen (Frankfurter Allgemeine Zeitung 1997b: 15). Erst durch den Zukauf der relativ kleinen, aber *feinen* Wasserstein Perella für 1,6 Milliarden Euro gelang es der Dresdner Bank, im Jahr 2000 weltweit Fuß zu fassen (Frankfurter Allgemeine Zeitung 2000k: 21; Frankfurter Allgemeine Zeitung 2000i: 17).

Aber selbst diese Lösung reicht noch nicht, um eine führende Rolle im Investmentbanking einzunehmen. Gleichzeitig scheint die Dresdner Bank auch nicht in der Lage zu sein, eine weitere und vor allem größere Übernahme in diesem Geschäftsbereich zu tätigen. Folglich hat die Dresdner Bank überraschend eine vollkommen neue Strategie eingeschlagen: Wohl teilweise in Anlehnung an die Fusion von Travelers und Citicorp und unter Berücksichtigung der besonderen Verhältnisse auf dem deutschen Finanzmarkt kündigten die Allianz und die Dresdner Bank eine Fusion an. Eine solche Fusion beider Unternehmungen kursierte interessanterweise bereits 1997 als Gerücht (Frankfurter Allgemeine Zeitung 1997b: 15; Frankfurter Allgemeine Zeitung 1997a: 30). Die Allianz hat hierbei vor allem ein Interesse an der Vermögensverwaltung und am Privatkundengeschäft. Durch die Zusammenlegung der Vermögensverwaltung erreicht der neue Konzern ein Volumen von 100 Milliarden Dollar und steht damit auf Platz drei weltweit. Gleichzeitig können die Ressourcen und Fähigkeiten im Vertrieb gepoolt werden, wodurch das Vertreternetz der Allianz mit 14.000 Mitarbeitern und einer Reihe von Auslandskontakten nun auch für die Produkte der Dresdner Bank tätig ist und umgekehrt Versicherungsprodukte der Allianz über das Filialnetz der Dresdner Bank vertrieben werden können (Frankfurter Allgemeine Zeitung 2001n: 20; Frankfurter Allgemeine Zeitung 2001d: 21). Durch diese Fusion entsteht ein weltweit führender Finanzdienstleister, welcher gerade für die Altersvorsorge und den Vermögensaufbau durch das cross-selling gut gerüstet ist (Frankfurter Allgemeine Zeitung 2001o: 16; Frankfurter Allgemeine Zeitung 2001a: 16; Frankfurter Allgemeine Zeitung 2001b: 18). So hat der neue Konzern schon jetzt Zugriff auf 37 Prozent aller Privathaushalte in Deutschland (Allianz Group 2001: 2) und kann gemeinsam die Publikumsfonds der Dresdner Bank mit den Lebensversicherungen der Allianz anbieten (Allianz Group 2001: 13).

Doch wie reagiert die größte deutsche Bank – *die* Deutsche Bank – auf die Umweltveränderungen und auch auf die Fusionen und Akquisitionen im Bankensektor? Wie bereits oben gezeigt, hat die Deutsche Bank in der Vergangenheit versucht, ihr Investmentbanking durch das Abwerben einzelner Mitarbeiter und deren Teams aufzubauen; ist dabei aber kläglich gescheitert. Als Reaktion hierauf wechselte die Deutsche Bank ihre Strategie und entschied sich 1999 für den Kauf von Bankers Trust, welcher besonders stark in den Bereichen Vermögensverwaltung und Abwicklungsdienste für Zahlungsverkehr und Wertpapiergeschäft ist (Frankfurter Allgemeine Zeitung 1996a: 24). Im Investmentbanking bleibt die Deutsche Bank aber weiterhin eher schwach positioniert (Frankfurter Allgemeine Zeitung 1999f: 18; Frankfurter Allgemeine Zeitung 1999h: 17). Obwohl durch die Fusion mit dem Bankers Trust zwischenzeitlich die größte Bank der Welt entstand (Frankfurter Allgemeine Zeitung 1999b: 18), hat die Deutsche Bank ihr Ziel nur zum Teil erreicht: So ist sie nun zwar in der Vermögensverwaltung eine transatlantische Macht, das Ziel, im Investmentbanking eine führende Rolle einzunehmen, kann aber nur durch die Fusion mit einem wesentlich teureren Investmenthaus, wie Goldman Sachs oder JP Morgan, realisiert werden. Die Zielsetzung, auch im Investmentbanking zukünftig eine führende Rolle zu spielen, geht also nicht auf. Welche Alternativen der Deutschen Bank – aber auch anderen deutschen Finanzdienstleistern – in den nächsten Jahren zur Verfügung stehen, soll im folgenden Ausblick diskutiert werden.

Für Mergers & Acquisitions unter Beteiligung deutscher Banken können einige Erfolg versprechende Beispiele angeführt werden, wie die Akquisition der Advance Bank durch die Dresdner Bank und die spätere Fusion der Dresdner Bank mit der Allianz. Durch den Deal mit der Advance Bank konnte die Dresdner Bank zu einer Zeit, als die Unsicherheit hinsichtlich des Internet-Banking schwand, neue strategisch wertvolle Ressourcen und Fähigkeiten akquirieren und die Dresdner und die Allianz ergänzen sich, wie oben beschrieben in vielerlei Hinsicht. *Beide Beispiele unterstützen daher die Propositionen 7, 8 und 9 voll.* Trotz dieser positiven Fälle zeichnen sich Mergers & Acquisitions mit deutscher Beteiligung – gerade vor dem Hintergrund internationaler Transaktionen – eher durch Misserfolge aus. Dies kann auf die Missachtung der im Ressourcenwürfel zusammengefassten Überlegungen zurückgeführt werden, wie beispielsweise beim gescheiterten Versuch, die Dresdner mit der Deutschen Bank und später mit der Commerzbank zu fusionieren. Diesen beiden Mergers & Acquisitions-Strategien mangelte es am Neuheitsgrad, um Mergers & Acquisitions rechtfertigen zu können. Die grundlegenden Ressourcenprobleme hätten durch diese Mergers & Acquisitions nicht gelöst werden können. Entsprechend stehen die Deutsche Bank und die Commerzbank, aber auch einige kleinere Anbieter weiterhin vor der Herausforderung ihre Ressourcenlücke noch schließen zu müssen oder andere strategische Alternativen zu finden.

Ausblick

Insgesamt lässt sich festhalten: Nicht nur einzelne Banken haben durch internationale Mergers & Acquisitions profitiert, sondern insbesondere die Qualität des kontinentaleuropäischen Investmentbankings hat erheblich durch die Übernahmen erfahrener angelsächsischer Investmentbanken zugenommen (Rühli und Schettler 1999: 199). So können neben der gesamten Bankenbranche auch die zu beratenden Kunden erheblich von dieser Fusionswelle profitieren. Aber trotz dieser erzielten Erfolge bleiben folgende Problembereiche für die meisten deutschen Banken bestehen:

1. Im Bereich Internetbanking hat sich eine Reihe von kleineren Anbietern, wie beispielsweise Consors, etabliert, die den Großbanken in diesem Bereich starke Konkurrenz machen, gleichzeitig aber selbst noch nicht ausreichend groß sind, um langfristig überleben zu können.

2. Keine der deutschen Banken hat es bisher geschafft, sich im Investmentbanking weltweit zu etablieren. Zwar sind vor allem die Deutsche Bank mit der Deutschen Morgan Grenfell und die Allianz über die Dresdner Kleinwort Wasserstein aktiv, aber wenn überhaupt, dann spielen sie nur in Europa eine gewisse Rolle.

3. Gerade die Deutsche Bank hat gegenüber der Allianz-Dresdner-Gruppe und der Müncher-Rück-HypoVereinsbank-Gruppe den Nachteil, nur im Asset Management eine bedeutende Stellung einzunehmen, nicht aber im Versicherungsgeschäft, welches gerade durch die demografische Entwicklung und die Rentenreform ein zunehmend attraktiver Markt wird.

Welche Reaktionen sind daher von *deutschen Banken* zu erwarten? Im Online-Geschäft lässt sich folgendes Szenario erwarten: Neben einer Reihe kleinerer Anbieter sind alle großen deutschen Banken in diesem Bereich aktiv (Bresser et al. 2000a: 4 f.), bei dem es sich mittlerweile um einen etablierten Vertriebsweg handelt. Für die kleinen Anbieter stellt sich nun das Problem, eine ausreichende Größe in einer genau definierten Nische zu erreichen. Ein umfassendes Angebot an Finanzprodukten erscheint unwahrscheinlich, da dies aufgrund der höheren Kosten im Vergleich zu Großbanken kaum Aussicht auf Erfolg hätte. Die einzige Möglichkeit besteht im schnellen Wachstum in andere europäische Märkte, um Größennachteile zu reduzieren. Da hierzu länderspezifische Fähigkeiten schnell erworben werden müssen, bieten sich Mergers *&* Acquisitions an, scheitern aber häufig am Kapitalmangel. Eine Fusion solcher Kleinanbieter mit einer Großbank erscheint allerdings aus Sicht der Großbank nur attraktiv, um den Kundenstamm auszuweiten und eine überlegene Technologie zu akquirieren; beides ist eher selten der Fall. So ist von einer weiteren Konkurswelle in diesem Bereich auszugehen (Frankfurter Allgemeine Zeitung 2001q: 25); nur sehr wenige Anbieter erscheinen attraktiv genug für die Übernahme durch eine Großbank, wie beispielsweise Consors (Frankfurter Allgemeine Zeitung 2001i: 22; Frankfurter Allgemeine Zeitung 2001h: 23). Gleichzeitig werden die Großbanken ihre Online-Aktivitäten konsolidieren und kleinere Bereiche verkaufen, wie beispielsweise die Deutsche Bank ihre amerikanische Tochter NDB (Frankfurter Allgemeine Zeitung 2001m: 15; Frankfurter Allgemeine Zeitung 2001l: 28).

Das Stiefkind der deutschen Banken – das Investmentbanking – wird wohl auch in den nächsten Jahren die deutsche Bankenindustrie weiter beschäftigen. Entweder wird man sich aus diesem Bereich – wie vor einigen Jahren schon viele britische Banken – vollständig zurückziehen oder schnell einen großen Schritt, beispielsweise durch eine Fusion mit einem amerikanischen Investmenthaus, wagen müssen. Eine Konsolidierung des deutschen und europäischen Investmentgeschäfts reicht hierzu nicht aus. Eine Voraussetzung für eine transatlantische Fusion wurde von der Allianz und der Deutschen Bank bereits vorbereitet: die Börseneinführung an der New York Stock Exchange, um hierdurch die geeignete Akquisitionswährung zu beschaffen und amerikanische Mitarbeiter landesüblich mit Optionsprogrammen an der eigenen Unternehmung beteiligen zu können. Lediglich die schlechte Börsenlage und die damit einhergehende niedrige Bewertung amerikanischer Investmentbanken könnte zu einer Verzögerung auf amerikanischer Seite führen, da man es bevorzugen würde, mit guten Ergebnissen und starken Wachstumsraten in mögliche Fusionsverhandlungen einzutreten. Aber für die amerikanischen Investmentbanken bietet die Fusion in der derzeitigen Krisensituation auch ihren Reiz, da ihnen erneut vor Augen geführt wird, wie stark Investmentbanken von Börsenzyklen abhängen und dass durch eine Fusion die Risikostruktur verringert werden könnte. Außerdem besteht durch das Firmenkreditgeschäft der Europäer die Möglichkeit, an neue Mandate zu gelangen.

Schließlich sind weitere Fusionen zwischen Banken und Versicherungen zu erwarten, wie es beispielsweise anhand der französischen AXA und der Deutschen Bank diskutiert wird (Frankfurter Allgemeine Zeitung 2001y: 23). Auch der neue Allianzkonzern mit der integrierten Dresdner Bank wird sich weiterhin international orientieren und in den Vereinigten Staaten sein Versicherungsgeschäft auszubauen versuchen (Frankfurter Allgemeine Zeitung 2001a: 16). Damit ist zu erwarten, dass sich die deutschen Banken weiter sowohl im Investmentbanking als auch im Versicherungsbereich stärken. Um dies organisatorisch bewältigen zu können, muss aber auch die Organisationsstruktur angepasst werden: Bei den großen globalen Playern im Bankenmarkt scheint sich hierbei ein Trend durchzusetzen, der das Großkundengeschäft (Investmentbanking und Firmenkundenkreditgeschäft) vom Privatkundengeschäft trennt, wie folgende Beispiele belegen:

1. Die Deutsche Bank reduzierte Anfang 2001 ihre fünf Geschäftsbereiche auf lediglich zwei: *Unternehmen und Institutionelle Kunden* einerseits und *Asset Management & Privatkunden* andererseits (Frankfurter Allgemeine Zeitung 2000f: 25). Hiermit erfolgt eine klare Ausrichtung auf die zwei Kundengruppen von Banken: Institutionelle Kunden und Privatkunden, wodurch beide Kundengruppen besser als bisher aus einer Hand umfassend beraten werden können.

2. Auch bei der mit der Allianz fusionierten Dresdner Bank wird das Firmenkreditgeschäft mit dem Investmentbanking – der Dresdner, Kleinwort, Wasserstein – zusammengelegt. Anfangs war ein Börsengang für das Firmenkundengeschäfts geplant, der jetzt aber aufgrund der Börsenflaute wieder zurückgestellt wurde (Frankfurter Allgemeine Zeitung 2001r: 16). Die Börsenflaute beeinflusst den Kaufpreis des Investmentbankingbereichs gleich in zweifacher Hinsicht: Zum einen ist bei einem Börsengang mit nur niedrigen Emissionserlösen aufgrund des generell schwachen Börsenumfeldes zu rechnen, zum anderen hängen die Erträge des Investmentbankings direkt von der Börsenlage ab. Aufgrund der Börsenflaute brechen die Erträge der Investmentbanken schnell ein, führen sogar teilweise zu Verlusten. Eine Folge dieser Ertragsschwäche ist die schwache Marktbewertung der Investmentbanken.

3. Auch der größte Finanzkonzern der Welt – die *Citigroup* – folgt diesem Trend: Ab 2002 gliedert sich der Konzern 2002 in zwei Unternehmungsbereiche: Hierbei wird das Firmenkundengeschäft mit der zum Konzern gehörenden Investmentbank Salomon Smith Barney (und Schroders Smith Barney in Europa) in den neuen Bereich *Citigoup Corporate & Investmentbank* eingebracht, wohingegen das Filialbankgeschäft als Citibank und das Versicherungsgeschäft als Travelers in den U.S.A. und CitiInsurance im Rest der Welt weitergeführt wird (Frankfurter Allgemeine Zeitung 2001s: 18).

Die Neuausrichtung der Finanzkonzerne mit einer klaren Fokussierung auf zwei Kundengruppen erscheint in mehrerer Hinsicht sinnvoll: Große Firmenkunden fragen bei Banken nicht nur entweder Kredite oder Investmentbanking-Dienste nach, sondern beides. Das Kreditgeschäft wird hierbei sogar als Schlüssel für das Investmentbanking-Geschäft gesehen, da Kunden durch attraktive Konditionen an eine Bank gebunden und die im Kreditgeschäft entstandenen Verluste durch Mehreinnahmen im Investmentbanking gedeckt werden können.

Gleichzeitig kann eine Investmentbank, die auch im Kreditgeschäft tätig ist, ihren Kunden zur Finanzierung von Übernahmen Kredite anbieten, und findet so bei der Auftragsvergabe eher Berücksichtigung (Frankfurter Allgemeine Zeitung 2001g: 24).

Doch welche Schlüsse lassen sich aus diesem Trend für den Mergers & Acquisitions-Markt ziehen? Mit zwei Auswirkungen ist zu rechnen: Erstens erscheint der Wunsch von Firmenkunden plausibel, das Kredit- und das Investmentbanking-Geschäft aus einer Hand angeboten zu bekommen und zweitens wollen auch Privatkunden in allen finanziellen Belangen aus einer Hand beraten werden. Aber warum die beiden so unterschiedlichen und vollkommen voneinander unabhängigen Unternehmungsbereiche weiterhin unter einem Dach verbleiben müssen, ist unverständlich (Fehr 1998: 17). Daraus lässt sich folgern, dass mit zunehmender Verbesserung der Ertragsaussichten der Investmentbanken einige Abspaltungen zu erwarten sind, beispielsweise, indem das Firmenkundengeschäft als selbständige Einheit an der Börse eingeführt oder weiter verkauft wird. Es ist also mit Verkäufen in diesem Bereich zu rechnen.

Der zweite bedeutsame Aspekt besteht darin, dass bei einer Fokussierung auf die beiden Kundengruppen mit der Option, sich später von einem Unternehmungsteil zu trennen, die abgetrennten Einheiten auch das jeweilige gesamte Spektrum ihres Geschäfts abdecken müssen. Dies verstärkt den oben beschriebenen Trend hinsichtlich des weiteren Ausbaus des Investmentbankings, um dadurch für Firmenkunden an Attraktivität zu gewinnen. Gleichzeitig steht die Erweiterung im Versicherungsgeschäft an, um eine umfassende Dienstleistungspalette für die Privatkunden anzubieten.

Zusammenfassend kann festgehalten werden: Durch die vorliegende Untersuchung der gesamten Bankenindustrie konnte gezeigt werden, wie sich Umweltveränderungen auf eine ganze Branche auswirken, was zum einen die Häufung von Mergers & Acquisitions in dieser Branchen und zum anderen das wellenförmige Auftreten von Mergers & Acquisitions verdeutlicht. Leider ließ sich mit Hilfe dieser Branchenfallstudie nicht nachvollziehen, wer im Einzelnen für die unternehmerische Neukombination von Ressourcen verantwortlich ist. Es ist also nicht möglich, dies auf einzelne Personen, auf die Vorstandsebene oder mittlere Managementpositionen, auf externe Unternehmensberater oder externe Investmentbanker zurückzuführen. Allerdings konnte gezeigt werden: Wenn eine Unternehmung eine neue unternehmerische Strategie entwickelt hat und diese bekannt wird, werden viele Wettbewerber nachziehen und dieser Idee folgen.

Mergers & Acquisitions treten dann auf, so konnte veranschaulicht werden, wenn Ressourcen und Fähigkeiten beschafft werden sollen, die einen hohen strategischen Wert besitzen und nicht über Faktormärkte gehandelt werden können. Da diese Ressourcen aus neuen Bereichen stammen, hätte die interne Entwicklung zu viel Zeit in Anspruch genommen. Auch zeichnen sich erfolgreiche Mergers & Acquisitions durch einen hohen Neuheitsgrad aus. Schließlich werden zunächst die Umweltveränderungen beobachtet und ein Mindestmaß an Umweltstabilität abgewartet, bevor dann Mergers & Acquisitions mit größerer Häufung durchgeführt werden. All dies verdeutlicht die praktische Relevanz der bisher entwickelten Propositionen, die im Ressourcenbeschaffungswürfel zusammengefasst wurden. Unberücksichtigt blieb bisher sowohl in der Fallstudie zur Bankenbranche als auch in der theoretischen Modellierung die Verteilung der Renten zwischen Käufer- und Zielunternehmung. Dieser Problembereich wird nun aufgegriffen.

5.4 Rentenverteilung in Mergers & Acquisitions

Die vorangegangenen Ausführungen haben gezeigt, dass Unternehmungen Mergers & Acquisitions dazu nutzen, ihre Ressourcenbasis an neue Umweltanforderungen anzupassen, um dadurch neue Wettbewerbsvorteile zu generieren. Selbst wenn es hierbei gelingt, Wettbewerbsvorteile zu realisieren, bedeutet dies im Falle von Mergers & Acquisitions noch nicht, dass auch auf der Käuferseite eine überdurchschnittliche Rendite beziehungsweise Renten erzielt werden. Empirische Befunde scheinen dies insofern zu bestätigen, als in der Regel zwar die Aktionäre der Verkäuferseite aufgrund von Mergers & Acquisitions überdurchschnittliche Renten erzielen können, während die Aktionäre der Käuferseite nicht profitieren, ja sogar Werteinbußen hinnehmen müssen (Mandelker 1974; Jensen und Ruback 1983; Malatesta 1983; Ravencraft und Scherer 1989; Agrawal et al. 1992; Lubatkin et al. 1997; Sirower 1997).

Ob Wettbewerbsvorteile automatisch zu Renten führen, wurde von Jay Barney näher untersucht, der im Falle perfekt funktionierender Faktormärkte und semi-effizienter Kapitalmärkte folgert, dass der Wert einer Ressource vollkommen im Preis der Ressourcen antizipiert wird, was zu lediglich durchschnittlichen Renditen, also nicht zu Renten führt (Barney 1986b: 1232). Die Tatsache wonach der Kaufpreis von Ressourcen und Fähigkeiten auf effizienten Märkten derem Barwert entspricht, ist auch auf Mergers & Acquisitions übertragbar und tritt hierbei sogar noch in verschärfter Form auf.

Wenn mehrere Bieter für die gleiche Zielunternehmung bieten, um deren Ressourcen und Fähigkeiten zu erhalten, entsteht eine Bietkonkurrenz. Sofern diese Unternehmungen darüber hinaus die gleiche Zielsetzung verfolgen und ähnliche Erwartungen hinsichtlich der Zukunftsaussichten und des Wertes der Zielunternehmung haben, ist davon auszugehen, dass der Kaufpreis mindestens dem tatsächlichen, später realisierten Wert der Zielunternehmung entspricht. In einer solchen Situation sind also keine positiven Renten zu erwarten. Wenn, – wie im Abschnitt 3.3 der Arbeit gezeigt, – bei Unsicherheit das *Winner's Curse*-Problem hinzukommt, das heißt systematisch ein zu hoher Preis für die Zielunternehmung gezahlt wird, führt dies auf der Käuferseite zu einer Wertvernichtung. Letztlich ist die Situation vergleichbar mit einem Angebotsmonopol, also eine Marktsituation mit einem Anbieter und vielen Nachfragern. Die Aktionäre der Zielunternehmung können dieses Angebotsmonopol nutzen, um sich die durch Mergers & Acquisitions entstehenden Renten komplett anzueignen und sogar noch Wert von der Käuferseite zu sich zu transferieren.

Die dem Winner's Curse zugrunde liegende Annahme basiert auf homogenen Erwartungen der Bieter und damit homogenen Unternehmungen. Barney bringt dies auf den Punkt, indem er konstatiert: „[...] homogeneity in relatedness leads to a homogeneity in the valuation of targets, which in turn leads to zero abnormal returns for bidders upon acquisitions“ (Barney 1988: 73). Es ist also die Homogenität der Bietunternehmungen, die zum Winner's Curse-Phänomen führt. Daraus lässt sich folgern, dass es umgekehrt die Heterogenität der Unternehmungen ist, die es auch der Käuferseite ermöglicht, zumindest von einem Teil der durch Mergers & Acquisitions erzielten Renten zu partizipieren. Es sind also Bedingungen herauszuarbeiten, unter denen einzelne Bieter einzigartige Wertsteigerungen (Synergien) mit der Zielunternehmung erzielen können; Synergien also, die anderen Unternehmungen nicht zur Verfügung stehen (Bhagat et al. 1990: 4). Nur wenn Unterschiede in der Ressourcenbasis der Bieter bestehen, sind auch unterschiedliche Synergien bei der Kombination dieser Ressourcen mit denen der Zielunternehmung zu erwarten (Hall 1988: 69f.).

Da auch hier die Heterogenität der Unternehmungen im Zentrum der Erklärung steht, ist es nicht weiter verwunderlich, dass sich abermals der ressourcenbasierte Ansatz für eine tiefere Analyse anbietet. Im Folgenden soll daher auf der Grundlage des ressourcenbasierten Ansatzes untersucht werden, wie die Ressourcenverteilung zwischen den an Mergers *&* Acquisitions beteiligten Unternehmungen beschaffen sein muss, damit ein Teil der Renten auch von der Käuferseite vereinnahmt werden kann. Das heißt, es sind auf einer ressourcenbasierten Basis Bedingungen zu entwickeln, die eine einseitige Monopolstellung der Verkäuferseite und damit einen Bietwettbewerb begrenzen und so den Winner's Curse verhindern. Hierzu soll zunächst die bestehende Literaturbasis aufgearbeitet und sodann ein eigenes Modell entwickelt werden.

5.4.1 Begrenzung der Bietkonkurrenz

In der Literatur werden Situationen diskutiert, die zur Einschränkung der Bietkonkurrenz bei Mergers *&* Acquisitions führen. Grossman und Hart (1980) nennen hierzu beispielsweise die in der Vorphase von Mergers *&* Acquisitions entstehenden erheblichen Kosten bei der Suche nach geeigneten Übernahmekandidaten. Diese ex ante-Kosten sind sunk costs, sind also nicht wieder erbringbar. Dies führt zu einem beschränkten ex post-Wettbewerb, da sich vorwiegend Unternehmungen an einem Bietwettbewerb beteiligen werden, die bereits Informationen hinsichtlich einer Zielunternehmung gesammelt haben. Nur diese können ein realistisches Gebot abgeben, da sie wesentlich besser über den Übernahmekandidaten informiert sind, als Bieter, die noch keine Suchaktivitäten durchgeführt haben (Grossman und Hart 1980: 58). Dieses Aussage lässt sich zusätzlich durch eine unternehmerische Perspektive erweitern:

Diejenige Unternehmung, die als erste eine neue Ressourcenkombination zweier Unternehmungen entwickelt, kann hierdurch eine ex ante-Beschränkung des Wettbewerbs erreichen, wenn diese innovative Idee potenziellen Mitbietern nicht zugänglich ist. Durch die Einzigartigkeit der unternehmerischen Idee können zumindest anfänglich Zeitvorteile gegenüber Wettbewerbern erzielt werden. Ob dies allerdings zu einem dauerhaften Ausschluss weiterer Bieter führt, ist fraglich, wie das folgende Beispiel verdeutlicht:

Kohlberg Kravis Roberts & Co. (KKR) gelten seit ihrer Gründung im Jahr 1976 als die Erfinder des Leveraged Management Buy Outs (Burrough und Helyar 1993: 101). Mitte der 1980er Jahre waren es KKR, die als erste ein Management Buy Out von RJR-Nabisco in Erwägung zogen, eine Idee, die bis dato als undurchführbar galt. Die Kernidee bestand darin, das gesamte Management, die Organisationsstruktur und die Finanzstruktur neu zu organisieren. Dies gestattete eine Finanzierung in einer bisher als unmöglich erachteten Höhe, wobei Zinsen und Tilgung aus der Verbesserung der Unternehmungsführung finanziert werden sollten. Doch obwohl KKR diese eindeutig als unternehmerisch zu bezeichnende Idee hatten, konnten sie eine Bietkonkurrenz nicht verhindern; sie lösten sogar eine der wohl spektakulärsten Bietgefechte in der Wirtschaftsgeschichte aus. Am Ende gewannen KKR zwar den Bietwettbewerb, mussten aber ihr Übernahmeangebot um fast fünfzig Prozent erhöhen; eine Summe, die allgemein als zu hoch eingeschätzt wird (Burrough und Helyar 1993: 551 ff.).

Doch wie konnte es dazu kommen, dass KKR trotz ihrer unternehmerischen Idee den Bietprozess nicht verhindern konnten und die durch die Übernahme erzielten Renten – in Form einer Übernahmeprämie – vollständig an die Aktionäre von RJR-Nabisco ausgezahlt werden musste? Das eigentliche Problem bestand darin: KKR hatten zwar eine unternehmerische Idee entwickelt, ihre Wettbewerber konnten aber in den Jahren zuvor ähnliche Ressourcen und Fähigkeiten aufbauen. Dadurch, dass die *neuen* Management- und Finanzierungsmethoden von KKR bereits seit 10 Jahren in anderen Management Buy Outs Anwendung fanden und auch von der Presse und Fachkreisen verfolgt und diskutiert wurden, diffundierten diese Fähigkeiten: Vor allem war die neuartige Finanzierungsmethode über Junk Bonds – die vom KKR-Geschäftspartner Michael Milken bei Drexel Burnham Lambert in den 1980er Jahren entwickelt wurde – nun allen großen Investmentbanken zugänglich. Damit konnten KKR Barneys (1986b) Forderung nach unbedingter Geheimhaltung neuartiger Ressourcenkombination nicht nachkommen (Barney 1986b: 1239). Nachdem die Idee, einen Management Buy Out von RJR-Nabisco zu unternehmen, bekannt wurde, konnte fast jede größere Investmentbank und Buy Out Boutique ein eigenes Angebot abgeben (Burrough und Helyar 1993: 139 f. und 200).

Erschwert wurde die Situation für KKR dadurch, dass sie sich Austrittsbarrieren gegenüber sahen. Hierzu zählten zum einen die allein durch den Bietprozess (also nicht durch die eigentliche Übernahme) bereits aufgelaufenen Spesen in Höhe von 400 Millionen US-Dollar (Burrough und Helyar 1993: 516). Da diese Spesen sunk costs darstellten, wirkten sie als Austrittsbarriere; ein Effekt, der der von Grossman und Hart (1980) geäußerten Proposition, wonach Suchkosten einen Vorteil in Bietprozessen darstellen, klar widerspricht. Zum anderen ergaben sich für KKR aber noch schwerer wiegende emotionale Austrittsbarrieren, die darin bestanden, dass Henry Kravis ein Scheitern bei der Übernahme als persönliche Niederlage angesehen hätte (Burrough und Helyar 1993: 197 f.), darüber hinaus durch einen Sieg in dieser größten Übernahmeschlacht aller Zeiten die beherrschende Stellung von KKR zementiert worden wäre und Wettbewerber in Zukunft von weiteren Bietgefechten mit

KKR Abstand genommen hätten (Burrough und Helyar 1993: 139 f.).

Die frühzeitige Suche nach Übernahmekandidaten und eine unternehmerische Vision reichen also noch nicht aus, Bietwettbewerbe zu verhindern und damit zumindest einen Teil der erzielbaren Renten den Aktionären der Kaufunternehmung zugute kommen zu lassen. Es müssen weitere Bedingungen vorliegen, die nun zu untersuchen sind:

Voraussetzung für die finanzielle Vorteilhaftigkeit von Mergers & Acquisitions auch für die Käuferseite ist, dass der Preis der zu akquirierenden Unternehmung nicht ihren zukünftigen Wert widerspiegelt. Dies wäre dann der Fall, wenn der Marktpreis der Unternehmung niedriger ausfällt als die abgezinsten zukünftigen Cash-flows. Hieraus ergibt sich für die akquirierende Unternehmung die Möglichkeit, sich zumindest die daraus resultierende Quasi-Rente anzueignen.

In der Literatur tauchen meist beiläufig Hinweise aus unterschiedlichen Forschungsrichtungen auf, wonach Bietunternehmungen einzigartige Ressourcen besitzen müssten, die anderen Bietern nicht zur Verfügung stünden. Hierdurch ließen sich Synergien erzielen, die andere Bieter nicht realisieren könnten, wodurch die Bietkonkurrenz zumindest für diesen Teil der Werterhöhung vermieden würde. Damit käme wenigstens ein Teil des Wertzuwachses der Käuferseite zugute (Roll 1988: 245; Porter 1992: 434; Brush 1996: 5).

Am intensivsten haben Barney (1988) und Barney und Turk (1994) Möglichkeiten einer eingeschränkten Bietkonkurrenz bei Mergers & Acquisitions diskutiert. Ausgangspunkt ihrer Überlegungen ist hierbei, dass es Bedingungen geben muss, unter denen der Markt für Unternehmungskontrolle nicht effizient funktioniert, wodurch auch Käufer überdurchschnittliche Renditen durch Mergers & Acquisitions erzielen können. Sie haben drei solcher Situationen identifiziert (Barney 1988: 74 ff.; Barney und Turk 1994: 110 ff.):

1. Geheime und einzigartige Cash-flows
   Besitzt eine Unternehmung geheime und einzigartige Ressourcen, kann sie hieraus höhere Synergien aus dem Zusammenschluss mit einer Zielunternehmung erzielen als andere Bietunternehmungen. Hierbei ist die Geheimhaltung gegenüber anderen Bietern immens wichtig, da ansonsten andere Bieter die zur Synergieerzielung notwendigen einzigartigen Ressourcen duplizieren könnten. Auch die Zielunternehmung darf nicht über die möglichen Synergiequellen informiert sein, da sie ansonsten andere potenzielle Bieter darüber informieren würde, um ein Bietgefecht auszulösen (Barney 1988: 74; Barney und Turk 1994: 111 f.).

2. Nicht imitierbare und einzigartige Cash-flows
   Nicht imitierbare, einzigartige Cash-flows liegen dann vor, wenn allein die fokale Unternehmung Synergien in einer bestimmten Höhe erzielen kann. Die Möglichkeit, einzigartige Synergien zu erzielen, ohne dass dies andere Unternehmungen ebenfalls könnten, wird auf einzigartige Ressourcen und Fähigkeiten zurückgeführt, die von Wettbewerbern nicht dupliziert werden können. Selbst wenn diese einzigartigen Ressourcen und Fähigkeiten bekannt – aber eben nicht imitierbar – sind, ist nicht von einem funktionsfähigen Markt für Unternehmungskontrolle auszugehen, und auch die Aktionäre der Käuferseite können überdurchschnittliche Renditen erzielen (Barney 1988: 75 f.; Barney und Turk 1994: 114 f.).

3. Unerwartete Cash-flows
   Schließlich werden auch unerwartete Cash-flows als Begründung für überdurchschnittliche Renditen angeführt. Aufgrund der Komplexität von Mergers & Acquisitions können ex post Situationen entstehen, die zu unerwarteten Synergien führen. Wurden diese nicht in der Übernahmeprämie eingepreist, kann die Kaufunternehmung eine überdurchschnittliche Rendite erzielen (Barney 1988: 76; Barney und Turk 1994: 115).

Hierzu muss allerdings festgestellt werden, dass die erste von Barney (1988) sowie Barney und Turk (1994) identifizierte Situation zwar eine wichtige, aber keine ausreichende Bedingung für die Erzielung von Renten auf der Käuferseite darstellt. Die Geheimhaltung ist zwar insofern wichtig, als sie einen kurzen Zeitvorteil im Bietprozess verschafft und auch die Zeit für Interventionen unterschiedlicher Stakeholdergruppen reduziert. Allerdings ist die Möglichkeit der Diffusion eines einfachen Informationsvorsprungs sehr hoch und damit kaum geeignet, als alleiniges Argument Renten auf der Käuferseite zu begründen.

Auch das letztgenannte Argument – unerwartete Cash-flows – ist letztlich eine Form des Lotteriespiels mit sehr hohem Einsatz. Wie bereits in Kapitel 3 der Arbeit an mehreren Stellen ausgeführt, ist zwar von einer hohen Unsicherheit bei Mergers & Acquisitions auszugehen, die eine exakte Bewertung der Zielunternehmung erschweren, Entscheidungsträger neigen jedoch eher dazu, diese Unternehmungen überzubewerten. Mit unerwarteten Cash-flows ist daher selten zu rechnen; vielmehr ist zu erwarten, dass die Cash-flows ex post geringer ausfallen als angenommen. Es ist demnach noch nicht einmal von einer Normalverteilung der Ergebnisse bei Mergers & Acquisitions auszugehen, sondern eher von einer Verzerrung in Richtung Überbewertung. Insgesamt ist also mit einem negativen Erwartungswert zu rechnen. Daher stellt diese Situation höchstens einen sehr seltenen Sonderfall dar, kann aber nicht ernsthaft als Erklärung für Überrenditen auf der Käuferseite herangezogen werden.

Einen wichtigen Hinweis auf die Einschränkung des Bietwettbewerbs liefert das von Barney (1988) sowie von Barney und Turk (1994) als zweites angeführte Argument der Nicht-Imitierbarkeit einzigartiger Cash-flows. Hierbei scheint es sich um eine Situation zu handeln, die der Käuferseite die Möglichkeit eröffnet, eine Bietkonkurrenz um die gesamte Rente zu vermeiden und damit zumindest einen Teil für sich beanspruchen zu können. Hierzu sind auf der Käuferseite strategisch wertvolle Ressourcen und Fähigkeiten nötig, die anderen Unternehmungen nicht zur Verfügung stehen.

Aber wie lassen sich die Überlegungen von Barney (1988) und Barney und Turk (1994) mit den Ausführungen in Abschnitt 5.1 und 5.2 verbinden? Während die vorliegende Arbeit ihr Hauptaugenmerk bisher auf die Ressourcen und Fähigkeiten der Zielunternehmung gerichtet hat und die Ressourcenbasis der Bietunternehmung nur im Rahmen der Ressourcenlücke betrachtet wurde, stellt sich der Analyserahmen bei Barney (1988) und Barney und Turk (1994) umgekehrt dar: Es werden lediglich die Ressourcen und Fähigkeiten der Bieterseite problematisiert. Dass diese Diskrepanz überwunden und beide Überlegungen zusammengeführt werden müssen, um das gesamte Bild von Mergers & Acquisitions darzustellen, wird im nächsten Abschnitt deutlich. Dieser ist jedoch nicht so zu interpretieren, dass durch die bisherige Hervorhebung der Bedeutung der Ressourcen und Fähigkeiten der Zielunternehmung die Ressourcenbasis der Käuferseite zu sehr vernachlässigt wurde. Vielmehr soll darauf hingewiesen werden, dass die Beschaffung der Ressourcen und Fähigkeiten der Zielunternehmung *die* Motivation zur *Erklärung* von Mergers & Acquisitions darstellt, während die Ressourcen und Fähigkeiten der Bietunternehmungen erst bei der *Verteilung der Renten* erheblich an Bedeutung gewinnen.

5.4.2 Ressourcenverteilung

Ziel von Mergers & Acquisitions ist es, bestehende Ressourcen und Fähigkeiten mit neuen zu verbinden, um damit Renten zu erzielen. Die Wertsteigerung von Unternehmungen durch Mergers & Acquisitions konnte auch empirisch auf die neuartige Kombination von Ressourcen und Fähigkeiten der beteiligten Unternehmungen zurückgeführt werden (Salter und Weinhold 1978: 170;

Bradley et al. 1983: 205). Die hierbei ausgetauschten Ressourcen und Fähigkeiten stammten aus unterschiedlichen Unternehmungsbereichen, wie Technologie, Markenname, Finanzmittel und auch Managementfähigkeiten (Souder und Chakrabarti 1984: 42 ff.; Eccles et al. 1999: 142).

Um die Verteilung der Renten zwischen Biet- und Zielunternehmung zu verstehen, sind die auszutauschenden Ressourcen und Fähigkeiten jedoch zusätzlich hinsichtlich ihrer Eigenschaften und ihrer Herkunft zu differenzieren. Zunächst lassen sich dabei strategische Ressourcen und Commodity-Ressourcen unterscheiden. Sowohl Biet- als auch Zielunternehmung können für die jeweils andere Seite entweder lediglich aus Commodity-Ressourcen bestehen oder zumindest in einem Bereich strategisch wertvolle Ressourcen und Fähigkeiten aufweisen. Daraus lassen sich vier Kombinationsmöglichkeiten von Ressourcen zwischen Biet- und Zielunternehmung ableiten, die zu unterschiedlichen Komplementaritäten führen und damit die Rentenverteilung zwischen Biet- und Zielunternehmung maßgeblich beeinflussen. Der Begriff der *Komplementarität* wird von Teece (1986b; 1987) bei seiner Analyse des Innovationsmanagements weiter differenziert. Diese Überlegungen lassen sich auch auf das vorliegende Thema Mergers *&* Acquisitions übertragen und erweitern. Er unterteilt den Begriff Komplementarität in generische, spezifische[17] und cospezifische Komplementarität (Teece 1986b: 288 f.). Generische Komplementarität liegt dann vor, wenn komplementäre Ressourcen und Fähigkeiten zwar zur Nutzung anderer Ressourcen gebraucht werden, aber jederzeit ersetzbar sind. Es besteht also keine Abhängigkeit zwischen generisch komplementären Ressourcen und Fähigkeiten. Liegt dagegen eine einseitige Abhängigkeit einer Ressource von einer anderen vor, wird von einer spezifischen Komplementarität gesprochen. Während die unabhängige Ressource bei der Auflösung der Ressourcenzusammenstellung nicht an Wert verliert, ist dies bei der abhängigen Ressource der Fall. Bei cospezifischen Ressourcen und Fähigkeiten besteht dagegen eine gegenseitige Abhängigkeit, das heißt, beide Seiten verlieren bei einer Auflösung der Beziehung an Wert (Teece 1986b: 289). Wie in Abbildung 5.7 auf der nächsten Seite systematisiert, können je nach Ressourcenausstattung von Biet- und Zielunternehmung unterschiedliche Komplementaritäten abgeleitet werden:

In Quadrant I führen beide beteiligten Unternehmungen Commodity-

---

17. Eigentlich spricht Teece (1986b; 1987) von „specialized and cospecialized assets“ (Teece 1986b: 289; Teece 1987: 192 f.), die Begriffe „spezifische und cospezifische“ Ressourcen haben sich aber in der Literatur eingebürgert und durchgesetzt (vergleiche beispielsweise Williamson 1986: 143 ff.; Williamson 1990: 60 ff.; Vogt 1997: 227 ff.).

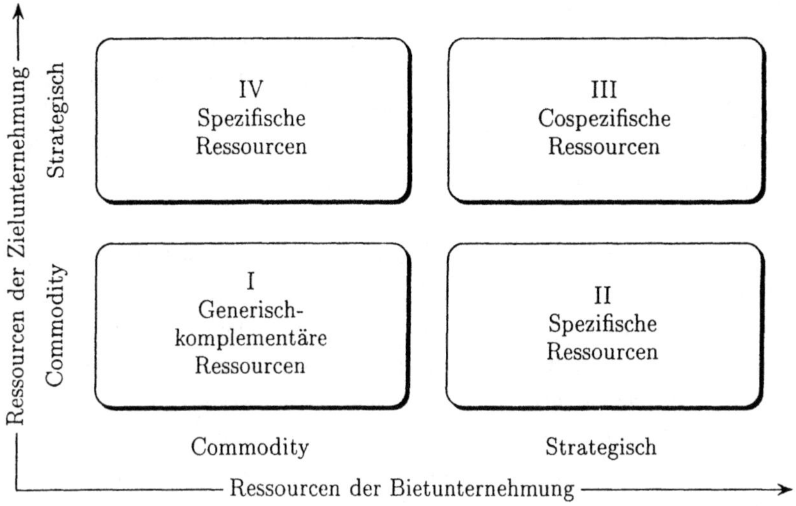

Abbildung 5.7: Ressourcenverteilung zwischen Biet- und Zielunternehmung. Quelle: Eigene Darstellung

Ressourcen zusammen. Auch wenn sich diese Ressourcen ergänzen, kann sowohl die Biet- als auch die Zielunternehmung zumindest bis zum Signing (vergleiche Seite 31)[18] durch eine andere Unternehmung mit gleichen oder ähnlichen Commodity-Ressourcen ersetzt werden, ohne dass hierdurch ein Wertverlust entsteht. Daher liegt in diesem Fall eine generische Komplementarität der Ressourcen vor. Als Beispiel für eine solche Kombination komplementärer Commodity-Ressourcen können zwei Unternehmungen gelten, die keine Wettbewerbsvorteile aufweisen und sich zusammenschließen, um ihre Kostenposition durch Economies of Scale und Economies of Scope zu verbessern. Hierdurch können zwar Kosten reduziert werden, Wettbewerbsvorteile entstehen jedoch nicht. Bestenfalls kann ein bisheriger Wettbewerbsnachteil in der Kostenstruktur verringert werden, indem sich die beteiligten Unternehmungen der branchenbedingten mindestoptimalen Betriebsgröße annähern, teilweise sogar diese übertreffen. Ein aktuelles Beispiel ist die Fusion der Computerherstel-

18. Zwar entstehen auch schon in den frühen Phasen des Mergers & Acquisitions-Prozesses Transaktionskosten, beispielsweise für externe Berater, aber erst nach dem Signing fallen die höchsten Transaktionskosten in Form von Übernahmeprämien und Integrationskosten an. Somit ist bei überhöhten Preisvorstelllungen des Verkäufers ein Abbruch oder zumindest eine Unterbrechung der Verhandlungen möglich und auch ökonomisch sinnvoll.

ler Hewlett-Packard (HP) und Compaq. Beide Unternehmungen haben große Schwierigkeiten in der Kostenstruktur und können im Preiswettbewerb mit Dell nicht mithalten, haben also zur Zeit keinen Wettbewerbsvorteil gegenüber Dell aufzuweisen. Von der Fusion erhoffen sich die beiden CEOs Michael Capellas (Compag) und Carly Fiorina (HP) als größter Computerhersteller der Welt ihre Kostennachteile ausgleichen zu können (Frankfurter Allgemeine Zeitung 2001j: 22).[19]

In den Quadranten II und IV besteht eine spezifische Komplementarität der Ressourcen. Hierbei werden jeweils strategische Ressourcen einer Seite mit Commodity-Ressourcen der anderen Seite kombiniert. In Quadrant II sind die strategischen Ressourcen im Besitz des Bieters; im Quadranten IV im Besitz der Zielunternehmung. Durch diese Kombination wird der Wert der Commodity-Ressourcen erhöht, wobei die Werterhöhung auf die spezifischen Eigenschaften der strategischen Ressourcen, nicht aber auf die Commodity-Ressourcen zurückzuführen ist, die weiterhin ohne Wertverlust austauschbar sind. Es besteht also lediglich eine einseitige Abhängigkeit der Ressourcen. In der Situation in Quadrant II akquiriert eine strategisch starke Unternehmung eine Firma, die bisher keinen Wettbewerbsvorteil aufweist. Das Kalkül könnte darin bestehen, die überlegenen Ressourcen und Fähigkeiten des Bieters in die Zielunternehmung einzubringen und hierdurch deren Wert nach der Akquisition zu erhöhen. Daimler Benz scheint diese Mergers & Acquisitions-Strategie in Asien zu verfolgen, indem Unternehmungen aufgekauft werden, die gerade in einer akuten Unternehmungskrise stecken, wie beispielsweise die japanischen Automobilfirmen Nissan Diesel und Mitsubishi sowie die koreanische Hyundai. Alle drei Unternehmungen befanden sich zur Zeit der Übernahmen in angespannten wirtschaftlichen Lagen, mit hohen Verlusten und Verschuldungsgraden (Frankfurter Allgemeine Zeitung 1998b: 25; Frankfurter Allgemeine Zeitung 2001x: 24). Für Quadrant IV stellt sich die Situation genau umgekehrt dar. Ein Beispiel für diese Situation ist eine Unternehmung, die bisher keinen Wettbewerbsvorteil aufweist und eine Unternehmung akquiriert, die einen solchen besitzt. Die Zielunternehmung weist also einen einzigartigen Vorteil auf und ist damit nicht austauschbar; es können jedoch unterschiedliche Bieter auftreten. Eines der wohl spektakulärsten Beispiele hierfür ist der Übernahmeversuch der britischen Traditionsunternehmung und Nobelmarke Rolls-Royce durch die deutsche Volkswagen AG, die hinsichtlich ihrer Ressourcen und Fä-

19. Ob dies aus Sicht des hier entwickelten Modells Erfolg versprechend ist, wird erst im nächsten Abschnitt behandelt werden.

higkeiten zumindest im gehobenen Automobilsegment eher schwach einzustufen ist. Entsprechend konnten noch weitere Unternehmungen für Rolls-Royce bieten, wie BMW (Frankfurter Allgemeine Zeitung 1998y: 17).

Im Quadranten III liegt ein cospezifisches Verhältnis zwischen den Ressourcen der Biet- und der Zielunternehmung vor. Hier bringen beide Parteien strategisch wertvolle Ressourcen und Fähigkeiten ein, die miteinander verbunden werden sollen und können. Durch diese cospezifische Beziehung kann keine der beiden Parteien ausgetauscht werden, ohne Werteinbußen hinnehmen zu müssen. Dies ist beispielsweise dann der Fall, wenn sich zwei Unternehmungen mit Wettbewerbsvorteilen auf unterschiedlichen Gebieten zusammenschließen, um sich gegenseitig zu ergänzen. Hierbei kann ein Ressourcenbedarf in einem Unternehmungsbereich (beispielsweise im Marketing) vorliegen, der eine der Unternehmungen veranlasst hat, nach einem Mergers *&* Acquisitions-Partner zu suchen, während die andere Seite einen strategischen Partner für den Forschungs- und Entwicklungsbereich sucht. Wichtig ist nur, dass sich die Partner in mindestens einem Bereich ergänzen. Dies verdeutlicht die Notwendigkeit einer intensiven gegenseitigen Analyse der Mergers *&* Acquisitions-Partner, da die Voraussetzungen für derartige erfolgreiche Beziehungen sehr selten vorhanden sind. Ein Beispiel hierfür ist AOL Time Warner, das im Abschnitt 5.6 noch genauer beschrieben wird.

Wie gezeigt, lassen sich für alle oben genannten Situationen Beispiele in der Presse und in der einschlägigen Fachliteratur finden. Die Frage bleibt jedoch: Welche Auswirkung hat diese Ressourcenverteilung und die daraus resultierenden Komplementaritäten auf die Verteilung der Renten zwischen Biet- und Zielunternehmung? Hierauf soll im nächsten Abschnitt näher eingegangen werden.

5.4.3 Bilaterale Rentenverteilung

Aus den vorangegangenen Überlegungen zu den durch Mergers *&* Acquisitions entstehenden Komplementaritäten lässt sich ein eindeutiger Zusammenhang zur Rentenverteilung zwischen der Kaufunternehmung und der Zielunternehmung ableiten. Dies wird möglich, wenn man den Komplementaritäten verschiedene Marktformen zuordnet. Analog zu den Überlegungen im vorangegangenen Abschnitt, die in Abbildung 5.7 auf Seite 291 mündeten, können auch für die Rentenverteilung vier unterschiedliche Situationen identifiziert werden, die in Abbildung 5.8 auf der nächsten Seite dargestellt sind:

Eine gute Ausgangsbasis für ausgewogene Verhandlungen zwischen einer

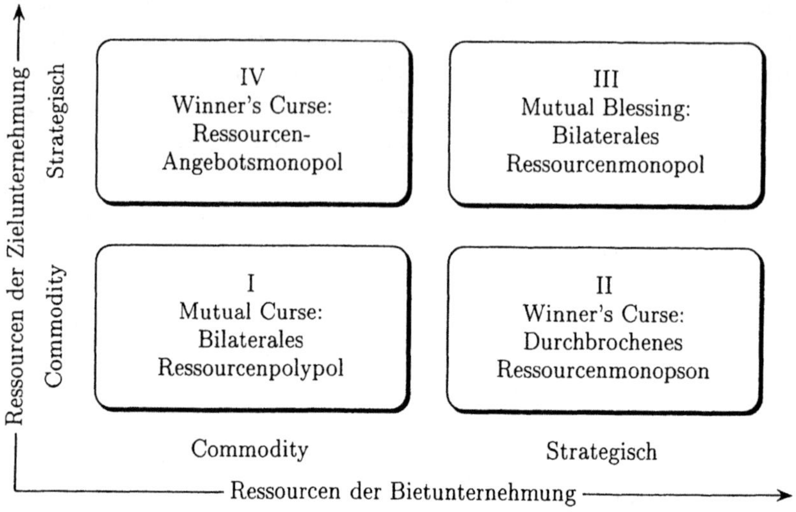

Abbildung 5.8: Rentenverteilung zwischen Biet- und Zielunternehmung. Quelle: Eigene Darstellung

Biet- und einer Zielunternehmung liegt im Quadranten I vor, da hier aufgrund der gleich starken, oder genauer ausgedrückt: gleich schwachen, Ressourcenverteilung zwischen den beteiligten Parteien eine Kräfteparität besteht. Sowohl Käufer als auch Zielunternehmung bringen (lediglich) Commodity-Ressourcen ein. Hier liegt der morphologischen Einteilung von Marktformen zufolge ein bilaterales Polypol vor, das heißt, es existieren viele Anbieter und viele Nachfrager. Da jedoch lediglich der Austausch von Ressourcen und Fähigkeiten auf Unternehmungsebene betrachtet wird, kann man von einem *bilateralen Ressourcenpolypol* sprechen.

Polypole werden als vollständige Märkte konzipiert. Für die vorliegende Arbeit kann entsprechend gefolgert werden, dass die Mergers & Acquisitions-Partner aufgrund ihrer generischen Komplementarität zu jeder Zeit aus laufenden Verhandlungen aussteigen und stattdessen eine Zusammenarbeit mit anderen Unternehmungen vereinbaren können. Durch die Vollständigkeit eines polypolistischen Marktes entsteht ein erheblicher Wettbewerbsdruck auf beide Seiten, wodurch keine der beiden Seiten einen wesentlichen Vorteil in der Verhandlung erzielen kann und ein Kaufpreis zu erwarten ist, der dem realistischen Wert der Zielunternehmung entspricht. Teilweise ist sogar mit einem Abschlag auf Seiten der Zielunternehmung zu rechnen, da sich die Zukunftsperspektiven wegen fehlender Wettbewerbsvorteile schnell ins Negative wenden. Die Aktionäre der Zielunternehmung können unter normalen Umständen nicht mit überdurchschnittlichen Renditen rechnen; die Aktionäre der Kaufunternehmung aber aufgrund fehlender Wettbewerbsvorteile ebenfalls nicht.

Für letztere stellt sich die Situation sogar noch nachteiliger dar, da ihre Finanzmittel in ein Projekt investiert werden, welches keine Wettbewerbsvorteile verspricht und damit nicht in der Lage ist, Renditen über den Kapitalkosten zu erwirtschaften, das heißt damit keinen Wert schaffen. Bezieht man die Transaktions- und Integrationskosten mit ein, ist sogar von einer Wertvernichtung auf Seiten der Käufer auszugehen, und zwar auch dann, wenn durch den Zusammenschluss zweier Unternehmungen ohne strategische Ressourcen und Fähigkeiten lediglich die Kostenstruktur verbessert werden kann. Auch wenn die Kluft zu Unternehmungen mit Wettbewerbsvorteilen reduziert wird, wirtschaftet die neue – größere – Unternehmung bestenfalls auf dem Branchenniveau. Die fusionierte Unternehmung wird auch nach der Fusion im günstigsten Falle ihre Kapitalkosten erwirtschaften, jedoch keine Renten generieren können. Erst wenn eine der beteiligten Unternehmungen durch eigene Anstrengungen wettbewerbsvorteilgenerierende Ressourcen und Fähigkeiten entwickeln kann, haben diese Unternehmungen eine Chance, überdurchschnittliche Rentabilitäten zu erwirtschaften. Durch solche innovativen Leistungen vollzieht sich aber eine Verschiebung aus dem Quadranten I in einen der anderen Quadranten.

Es kann also festgehalten werden, dass Mergers & Acquisitions, bei denen sowohl Käufer als auch Zielunternehmung lediglich Commodity-Ressourcen einbringen, nicht zu Wettbewerbsvorteilen führen. In der Regel wird keine der beiden Parteien eine Rente erzielen können. Entsprechend dem Anglizismus des Winner's Curse-Konzeptes ist hier von einem *Mutual Curse* zu sprechen, also von einer Situation, in der keine der beteiligten Parteien eine Rente erzielen kann, sondern eher eine Wertvernichtung zu erwarten ist. Diese Überlegungen münden in folgende Proposition:

> *Proposition 10a:* Wenn sowohl Käufer als auch Zielunternehmung lediglich Commodity-Ressourcen in eine Mergers & Acquisitions-Transaktion einbringen, dann wird insgesamt Wert vernichtet und keine der Parteien kann eine Rente erzielen.

Eine Ausnahme der im Quadranten I beschriebenen Situation kann darin bestehen, dass die Zielunternehmung die Möglichkeit hat, eine asymmetrische

Informationsverteilung zu ihren Gunsten zu nutzen und sich besser darzustellen als dies tatsächlich der Fall ist. In der Folge könnte die Käuferseite die Zielunternehmung überbewerten und einen zu hohen Preis zahlen. Die überdurchschnittliche Rendite, die die Aktionäre der Zielunternehmung hierdurch erzielen, wird jedoch vollständig durch eine Wertvernichtung des Aktionärsvermögens auf der Käuferseite gezahlt; die Käuferseite unterliegt in diesem Fall also dem Winner's Curse. Außerdem sollte bei ordnungsgemäßer Durchführung aller Due-Diligence-Prüfungen diese Ausnahme in der Praxis eher selten auftreten.

Die bereits bei der Ressourcenverteilung als Beispiel angeführte Fusion von Hewlett-Packard und Compaq bestätigt Proposition 10a: Beide Unternehmungen wollen durch die Fusion ihre jeweils schwache Ressourcenposition verbessern. Ob dies gelingt bleibt abzuwarten. Zweifel sind vor dem Hintergrund der vorherigen Überlegungen angebracht, da in dem für den gesättigten PC-Markt wichtigen Produktionsbereich nur Commodity-Ressourcen zusammengeführt werden. Diese negative Einschätzung wird auch durch die negativen Reaktionen am Kapitalmarkt bestätigt, wie das Internet-Magazin *Wallstreet Online* kommentiert: „Der Widerstand der Aktionäre spiegelt sich im Kursverlauf der Papiere wider. Dass Hewlett-Packard als der „übernehmende" Partner verliert, ist noch nachzuvollziehen, doch dass Compaq seit Bekanntgabe der Fusionspläne im September rund 18 Prozent an Wert verloren hat, spricht Bände. Die Angst herrscht vor, dass aus eins und eins doch nur anderthalb wird" (Wallstreet Online 2001).

Die Beziehungen in den Quadranten II und IV zeichnen sich jeweils durch eine einseitig spezifische Beziehung der Ressourcen und Fähigkeiten aus. Hierbei ist allerdings zu unterscheiden, dass im Quadrant II die strategisch wertvollen Ressourcen und Fähigkeiten im Eigentum der Bietunternehmung sind, während im Quadranten IV die Zielunternehmung Eigentümerin dieser Ressourcen ist. Entsprechend liegt im Quadranten II ein Nachfragemonopol beziehungsweise *Monopson* vor – also nur ein Nachfrager, aber viele Anbieter – während im Quadranten IV ein *Angebotsmonopol* für Ressourcen und Fähigkeiten besteht, also viele Nachfrager und nur ein Anbieter spezifischer Ressourcen und Fähigkeiten existieren.

Besitzt die akquirierende Unternehmung, wie im Quadranten II, überlegene Ressourcen und Fähigkeiten, die sie in die Zielunternehmung einbringen kann, lässt sich damit scheinbar eine Werterhöhung generieren (Kihlstrom 1986: 172 f.). Durch die einzigartige Ressourcenposition des Bieters im Vergleich zu seinen Wettbewerbern ergibt sich eine vorteilhafte Verhandlungsposition. Da der Bieter jederzeit damit drohen kann, eine andere Unternehmung mit Commodity-Ressourcen zu akquirieren, bieten sich für die Zielunternehmung kaum Möglichkeiten, den Kaufpreis nach oben zu drücken. Wird die Zielunternehmung darüber hinaus wegen ihres Mangels an strategisch relevanten Ressourcen und Fähigkeiten mit einem Abschlag bewertet, könnte hier ein *Seller's Curse* vorliegen.

Aber genau dies ist bei realen Mergers & Acquisitions-Transaktionen nicht zu erwarten, da – wie im Abschnitt 3.3 bereits dargestellt – trotz der Asymmetrie der Ressourcenausstattung zugunsten des Bieters immer auch eine asymmetrische Informationssituation vorliegt, die klar die Zielunternehmung bevorteilt. Es darf auch nicht übersehen werden, dass die Zielunternehmung nicht nur die Möglichkeit hat, sich von einer anderen Unternehmung akquirieren zu lassen, sondern auch den Weg der Zerschlagung und Veräußerung der Vermögensgegenstände über Faktormärkte nutzen kann, die für Commodity-Ressourcen ein geeignetes Instrument darstellen. Folglich werden die Aktionäre einer Zielunternehmung nur bereit sein, die gesamte Unternehmung zu verkaufen, wenn der Kaufpreis über den Erlösen der Faktormärkte liegt. Da der Käufer seinerseits die Möglichkeit hat – und dieser nach Proposition 4 auf Seite 228 auch den Vorzug geben sollte –, Commodity-Ressourcen über Faktormärkte zu beschaffen, und darüber hinaus durch Mergers & Acquisitions zusätzliche Transaktions- und Integrationskosten entstehen, ist auch hier mit einem *Winner's Curse* zu rechnen. Daher ist trotz des Ressourcenmonopsons mit einem negativen Wertzuwachs für die Käuferseite zu rechnen, weshalb Quadrant II als *durchbrochenes* Ressourcenmonopson bezeichnet wird, welches wiederum in einem *Winner's Curse* mündet. Daraus lässt sich folgende Proposition ableiten:

> *Proposition 10b:* Wenn in einer Mergers & Acquisitions-Transaktion die Bietunternehmung strategisch wertvolle Ressourcen und Fähigkeiten besitzt, während die Zielunternehmung lediglich Commodity-Ressourcen einbringen kann, verliert die Bietunternehmung und gewinnt die Zielunternehmung an Wert.

Die Kursentwicklung von Daimler Benz und später DaimlerChrysler nach den oben beschriebenen Ankündigungen einer Zusammenarbeit (siehe Seite 292) mit den asiatischen Lkw- und Automobilherstellern (Frankfurter Allgemeine Zeitung 1998b: 25; Frankfurter Allgemeine Zeitung 2001x: 24) bestätigt diese Proposition.

Wie Quadrant II zeichnet sich auch Quadrant IV durch eine asymmetrische Ressourcenverteilung aus, allerdings mit umgekehrten Vorzeichen. Hier ist die Zielunternehmung im Besitz strategisch wertvoller Ressourcen und Fähigkeiten, während die Käuferseite lediglich Commodity-Ressourcen einbringen kann. Die Frage lautet nun, ob die Überlegungen hinsichtlich des Quadranten II auf diese Situation einfach übertragen werden können? Quadrant IV erscheint hierbei besonders interessant, da er den Forderungen der Abschnitte 5.1 und 5.2 entspricht, indem hier eine Unternehmung in Ermangelung eigener strategisch wertvoller Ressourcen und Fähigkeiten diese durch den Erwerb einer anderen Unternehmung zu erlangen sucht (Shelton 2000: 375). Problematisch ist die Situation aber insofern, als mehrere Bieter zu erwarten sind, die durch einen Zusammenschluss die Möglichkeit sehen, an strategisch wertvolle Ressourcen und Fähigkeiten zu gelangen, was empirisch durchaus bestätigt werden konnte (Bleeke et al. 1994b: 110 ff.). Besitzt lediglich die Zielunternehmung strategisch wertvolle Ressourcen und Fähigkeiten, ist mit keinem Wertzuwachs durch Mergers & Acquisitions auf Seiten der Bieter zu rechnen (Mandelker 1974: 330; Asquith 1983: 52 und 82). Wenn darüber hinaus noch realistischerweise von einer zumindest geringen Unsicherheit hinsichtlich des Wertes der Zielunternehmung ausgegangen wird, mündet der Bietwettbewerb im *Winner's Curse*. Es kann also festgehalten werden, dass die Aktionäre der Zielunternehmung in einer solchen Situation überdurchschnittlich von Mergers & Acquisitions profitieren und sich Renten aneignen können, die teilweise noch über die durch Mergers & Acquisitions geschaffenen hinausgehen. Dies führt allerdings auf Seiten der Käufer zu einer Wertvernichtung in gleicher Höhe. Es lässt sich daher folgende Proposition aufstellen:

> *Proposition 10c:* Wenn in einer Mergers & Acquisitions-Transaktion die Zielunternehmung strategisch wertvolle Ressourcen und Fähigkeiten besitzt, während die Bieter lediglich Commodity-Ressourcen einbringen können, dann verliert die Bietunternehmung und gewinnt die Zielunternehmung an Wert.

Die Übernahmeschlacht um Rolls-Royce bestätigt diese Proposition. So konnte Volkswagen den Eintritt von BMW und einer Investorengruppe namens Crewe Motors nicht verhindern. Von der Übernahmeschlacht konnte der Rolls-Royce-Aktionär Vickers von einem Kaufpreis von etwas mehr als einer Milliarde DM profitieren. Volkswagen ging hingegen leer aus. Der interessante Hinweis für die Bestätigung der Proposition 10c ist aber in der Steigerung des Aktienkurses von Volkswagen zu sehen, der als Reaktion auf die Niederlage im Bietgefecht zu beobachten war (Frankfurter Allgemeine Zeitung 1998c: 23). Analysten haben offenbar – wie in Proposition 10c formuliert – mit einer Wertvernichtung durch den Zusammenschluss auf Seiten der Volkswagen AG gerechnet. Als Volkswagen den Zuschlag nicht erhalten hat, wurde damit auch die Gefahr der Wertvernichtung abgewendet und der Aktienkurs stieg.

Bleibt noch die letzte Situation – Quadrant III – genauer zu untersuchen. In diesem Quadranten haben sowohl der Bieter als auch die Zielunternehmung einzigartige wertvolle Ressourcen und Fähigkeiten einzubringen. Zwischen den Ressourcen und Fähigkeiten beider Unternehmungen besteht eine cospezifische Komplementarität. Mahoney und Pandian (1992) sprechen in diesem Zusammenhang von einer „idiosyncratic bilateral synergy" (Mahoney und Pandian 1992: 368), die nicht durch die Kombination von über Faktormärkte beschaffbaren Ressourcen zu erzielen ist, sondern bei ausreichender Sicherheit lediglich durch die idiosynkratische Kombination zweier Unternehmungen via Mergers *&* Acquisitions. Diese gegenseitige Abhängigkeit der beiden Unternehmungen und das Fehlen von Ausweichmöglichkeiten lässt sich am besten als bilaterales Ressourcenmonopol konzipieren (Mahoney und Pandian 1992: 368). In dieser Situation stehen sich zwei Unternehmungen mit jeweils starken Verhandlungspositionen gegenüber.

Problematisch an einer solchen Situation ist die Indeterminiertheit des Verhandlungsergebnisses (Samuelson und Nordhaus 1987: 347; Mahoney und Pandian 1992: 368); beide Parteien erzielen also nicht automatisch eine Werterhöhung. Theoretisch bestehen auch die Möglichkeiten, dass der Bieter sich die gesamten Renten der Mergers *&* Acquisitions-Transaktion aneignet, oder er nichts erhält oder sogar einen zu hohen Kaufpreis zahlt. Da das Ergebnis solcher Verhandlungen von psychologischen, politischen und weiteren Faktoren beeinflusst wird (Samuelson und Nordhaus 1987: 347), verweist das bilaterale Monopol auf die besondere Bedeutung einer effektiven Verhandlungsführung.[20] Wichtig ist aber festzuhalten, dass nur die in Quadrant III dargestellte Ressourcenausgangslage allen an einer Mergers *&* Acquisitions-Transaktion beteiligten Unternehmungen die Möglichkeit bietet, Wertzuwächse und Renten zu erzie-

20. Hier sei zum einen auf die allgemeine Literatur zum Thema effektive Verhandlungsführung verwiesen, wie auf Arbeiten von Fisher et al. (1993), Nierenberg (1995), Ertel (1999) und Lewicki et al. (2000), aber auch auf Arbeiten, die zumindest einige Abschnitte den Besonderheiten von Verhandlungssituationen in Mergers *&* Acquisitions widmen, wie beispielsweise die Arbeiten von Raiffa (1982) und Nierenberg (1996).

len. Die durch Quadrant III dargestellte Ressourcenkombination beruht auf innovativen unternehmerischen Leistungen (siehe Abschnitt 5.1.3) und Unternehmungen mit vergleichbar starken, Wettbewerbsvorteile begründenden Ressourcenausstattungen. Daher kann nur in einer solchen Situation von einem *Mutual Blessing* gesprochen werden. Hieraus lässt sich folgende Proposition ableiten:

> *Proposition 10d:* Wenn sowohl Käufer als auch Zielunternehmung strategisch wertvolle Ressourcen in eine Mergers & Acquisitions-Transaktion einbringen, dann erfolgt insgesamt eine Werterhöhung und beide Parteien können eine Rente erzielen.

Ein positives Beispiel für eine erfolgreiche Reihe von Akquisitionen, die den oben genannten Überlegungen entspricht, bietet die Nestlé AG. Dies ist zumindest den Äußerungen ihres Präsidenten ihres Verwaltungsrates, Helmut O. Maucher, zu entnehmen. So hat die Nestlé AG die weltbekannte Quelle Perrier gekauft, wozu auch Contrex gehört, die wiederum einige Quellen in den Vereinigten Staaten besitzt. Während Perrier die Quellen einbrachte, die Nestlé nicht hätte selbst intern aufbauen können, brachte Nestlé seine Verhandlungsmacht gegenüber dem stark konzentrierten Einzelhandel ein und verschaffte Perrier dadurch eine Verhandlungsposition, die sie aufgrund ihrer geringen Größe und ihres eingeschränkten Produktsortiments alleine nicht hätte erreichen können. Ähnliche Akquisitionsstrategien verfolgte Nestlé mit Herta (Wurstwaren), Buitoni (Teigwaren), Carnation (Haustiernahrung) und einigen weiteren Produktbereichen (Maucher 1999: 43f.).

Neben diesem Einzelbeispiel kommen aber auch umfassende empirische Analysen zu Ergebnissen, die mit den erarbeiteten Propositionen in Einklang stehen. So kann das empirische Ergebnis, wonach Mergers & Acquisitions dann besonders erfolgsversprechend sind, wenn sowohl der Käufer als auch die Zielunternehmung hohe Forschungs- und Entwicklungsinvestitionen tätigen (Hall 1988: 93), dahingehend interpretiert werden, dass *alle* an Mergers & Acquisitions beteiligten Unternehmungen eine starke – möglichst cospezifische – Ressourcenposition inne haben müssen, um erfolgreich zu sein.

Weiterhin wurde empirisch – zumindest für horizontale Akquisitionen – festgestellt, dass nach Mergers & Acquisitions Ressourcen zwischen den beteiligten Unternehmungen ausgetauscht und andere Ressourcen, die sich als redundant erweisen, desinvestiert werden. Interessanterweise sind die Ressourcen der Zielunternehmung im Vergleich zum Käufer drei bis fünf mal häufiger von Desinvestitionen betroffen (Capron 1999: 1001). Auch werden in der Regel mehr Ressourcen von der Käuferseite auf die Zielunternehmung übertragen als umgekehrt (Capron 1999: 1001 f.). Dies ist wohl darauf zurückzuführen, dass das Management der kaufenden Unternehmung nach dem rechtlichen Vollzug der Mergers & Acquisitions die Kontrolle über beide Unternehmungen übernimmt und die eigenen Ressourcen und Fähigkeiten besser kennt und ihnen von daher mehr Vertrauen entgegenbringt. Gleichfalls wurde auch festgestellt, dass umgekehrt die Übertragung von der Zielunternehmung auf die Unternehmung des Käufers ein erhöhtes Risiko mit sich bringt (Capron 1999: 1007 f.), was ebenfalls damit zu begründen ist, dass die Käuferseite ihre eigenen Ressourcen und Fähigkeiten wesentlich besser einschätzen kann. Die Unsicherheit, die generell hinsichtlich der erworbenen Ressourcen und Fähigkeiten und der daraus resultierenden Kombinationsmöglichkeiten mit den angestammten Ressourcen und Fähigkeiten herrscht, mündet logischerweise in ein erhöhtes Misserfolgsrisiko bei der Übertragung. Entsprechend kam Hunt (1990) in seiner empirischen Studie zu dem Ergebnis, dass diejenigen Käufer eine höhere Erfolgswahrscheinlichkeit zu erwarten haben, die nicht nur Finanzdaten der Zielunternehmung im Rahmen der Due Dilligence analysiert, sondern umfangreiche Recherchen über die Stärken und Schwächen – also die Ressourcen und Fähigkeiten – der Zielunternehmung vorgenommen hatten (Hunt 1990: 73).

Die bei Capron (1999) konstatierte Bevorzugung der Ressourcen der Kaufunternehmung steht an sich im Widerspruch zu den zuvor entwickelten Erkenntnissen des ressourcenbasierten Ansatzes, da ja die Zielunternehmung eigentlich erworben wird, um deren Ressourcen und Fähigkeiten zu akquirieren. Die Desinvestition sollte hiernach nur in den Bereichen stattfinden, in denen die Zielunternehmung keinen idiosynkratischen Wettbewerbsvorteil aufweist; gleiches gilt aber auch für die Käuferseite. Folglich sind auch die weiteren Ergebnisse Caprons (1999) nicht überraschend, wonach eine verstärkte Desinvestition nur auf der Seite der Zielunternehmung zwar ein positives Finanzergebnis von Mergers & Acquisitions bewirkt, aber der *beiderseitige* Abbau überflüssiger Ressourcen und Fähigkeiten die Erfolgswahrscheinlichkeit von Mergers & Acquisitions noch weiter erhöht (Capron 1999: 1005 ff.). Gleichzeitig lässt sich eine Erhöhung des Mergers & Acquisitions-Erfolgs feststellen, wenn Ressourcen und Fähigkeiten in beide Richtungen zwischen Käufer und Zielunternehmung ausgetauscht werden (Capron 1999: 1007); ein Befund, der die hier vorgebrachten konzeptionellen Überlegungen voll bestätigt: Idiosynkratische Ressourcenvorteile müssen auf beiden Seiten existieren, das heißt, sie müssen cospezifisch komplementär sein.

Die Forderung, cospezifisch komplementäre Ressourcen und Fähigkeiten miteinander zu kombinieren, scheint augenscheinlich mediale gegenüber laterale Mergers & Acquisitions zu bevorzugen. Obwohl dies auch von den meisten anderen theoretischen Ansätzen propagiert wird, ist die empirische Evidenz bezüglich dieses Themas uneindeutig (vergleiche Abschnitt 3.6). Doch hier sei erneut auf Unzulänglichkeiten alternativer theoretischer Ansätze sowie bisheriger empirischer Studien zum Thema verwiesen, die diesen Widerspruch wohl aufzulösen helfen:

Konkurrierende Theorien zum ressourcenbasierten Ansatz fokussieren ihre Analysen in der Regel auf externe Umweltfaktoren (vergleiche Kapitel 3). Durch diese Fokussierung ist es ihnen nicht möglich, Mergers & Acquisitions mit Beteiligung von Unternehmungen aus unterschiedlichen Branchen zu erklären, da qua Definition kein Zusammenhang zwischen den externen Faktoren besteht. Im Gegensatz hierzu untersucht der ressourcenbasierte Ansatz und entsprechend die vorliegende Arbeit die internen Stärken und Schwächen. Entsprechend werden – wie hier geschehen – die Ressourcen und Fähigkeiten herangezogen, um die Vorteilhaftigkeit von Mergers & Acquisitions zu beurteilen. Die hier geforderte Komplementarität definiert sich dabei aber nicht über die externen Marktgegebenheiten, sondern über die Beziehungen der Ressourcen und Fähigkeiten. Daher geht der ressourcenbasierte Ansatz viel differenzierter mit dem Thema der Verbundenheit von Mergers & Acquisitions um, als dies bisher bei anderen Ansätzen der Fall ist. Ein Beispiel ist die Freudenberg AG. Die Freudenberg AG ist in einer Vielzahl unterschiedlicher Markt-Produkt-Bereichen tätig: Schwingungstechnik für die Automobilindustrie, Dichtungstechnik, Vliesstoffe, Haushaltsprodukte (Vileda), Spezialschmierstoffe, flexible Leiterplatten, Bausysteme, Kalbsleder und Schuhmaterialien (Freudenberg & Co. 2001: 1 ff.). Die Tätigkeit in solch unterschiedlichen Produktbereichen ist scheinbar klar als eine unverbundene Diversifikation einzuordnen. Aber: Eine genauere interne Analyse der Freudenberg AG offenbart ein anderes Bild. Wenn die einzelnen Kompetenzen der Firma auf ihren Ursprung zurückverfolgt werden, wird die gemeinsame Wurzel dieser Produkte sichtbar. 1849 war die Firma eine Gerberei für Lackleder. Aus der systematischen Weiterentwicklung der Produktionstechnologie haben sich in den letzten 150 Jahren Kompetenzen in all diesen unterschiedlichen Bereichen herausgebildet. Es hat sich über die Jahre ein weit verästelter *Kompetenzbaum* im Sinne von Prahalad und Hamel (1990) herausgebildet, womit die Notwendigkeit eines diffenzierteren Blicks auf die interne Umwelt erneut deutlich wird.

Der Beitrag des ressourcenbasierten Ansatzes bei der Lösung des *Relatedness*-Problems tritt bei empirischen Studien noch deutlicher hervor. Die eben aufgezeigten theoretischen Probleme spiegeln sich in Unzulänglichkeiten aller Studien zum Thema Mergers *&* Acquisitions und Diversifikation wieder: in unzulänglichem Forschungsdesign, unzulänglichen Datenbanken und unzulänglichen Kennzahlen (siehe Abschnitt 4.6.6).

Wie bereits auf Seite 248 kurz angerissen, untersuchen die bisherigen Studien bezüglich der Relatedness-Hypothese die Branchenähnlichkeiten, beispielsweise mit Hilfe von SIC-Codes. Im Gegensatz hierzu wird hier gefordert, die Fähigkeiten der an Mergers *&* Acquisitions beteiligten Unternehmungen und deren Beziehung zueinander zu untersuchen. Es ist herauszufinden, ob diese Unternehmungen besondere Fähigkeiten entwickelt haben, die sie ihren Beteiligungen zuführen können, während die Beteiligungen durch ihre einzigartigen Produkte und Dienstleistungen einen Wert für die Muttergesellschaften darstellen. So können einige Fähigkeiten eines lateral diversifizierten Akquisiteurs angeführt werden:

1. Besondere Fähigkeiten im Akquisitionsprozess, wie beispielsweise rentable Akquisitionsobjekte zu identifizieren oder besonders effizient zu integrieren (Eisenhardt und Martin 2000: 1108 und 1117).

2. Managementfähigkeiten, die in Beteiligungen eingebracht werden können, wie neue Anreiz- und Controllingsysteme aber auch Absatzkontakte (Eschen 2000: 167 ff.).

3. Finanzmittel, die anderen Unternehmungen nicht zur Verfügung stehen, sei es, weil innovative Investitionsprojekte als zu riskant vom Kapitalmarkt eingeschätzt werden oder der Zugang zum Kapitalmarkt erst gar nicht möglich ist, wie für viele innovative Klein- und Mittelbetriebe in Deutschland (Eschen 2000: 168 f.). Durch Konzernstrukturen kann ein Cash flow-Ausgleich zwischen Cash-generierenden und Cash-konsumierenden Divisionen ermöglicht werden.

Erst wenn auch solche Verbindungen nicht bestehen, kann von einer unverbundenen Diversifikation die Rede sein. SIC-Codes helfen aber nicht eine solche Differenzierung vorzunehmen. Insgesamt kann zum Thema Relatedness-Hypothese festgehalten werden: (1) Der ressourcenbasierte Ansatz wird Unternehmungen im Vergleich zu anderen Ansätzen anders und vor allem differenzierter hinsichtlich ihrer Verbundenheit kategorisieren (siehe das Freudenberg-Beispiel). (2) Auch empirische Studien, die die hier aufgestellten Anforderungen erfüllen, werden zu anderen Ergebnissen gelangen, als die bisherigen Untersuchungen. So kann konstatiert werden: Die Relatedness-Frage ist vor dem Hintergrund dieser Arbeit neu zu untersuchen und zu bewerten. Es deutet einiges darauf hin, dass damit die Diskrepanz zwischen Theorie und Empirie zu diesem Thema aufgelöst werden kann. Das im Abschnitt 5.6 folgende Beispiel wird dies insofern bestätigen, als die Unternehmungen AOL und Time Warner aus traditionell unterschiedlichen Branchen stammen, aber dennoch eine gemeinsame und Erfolg versprechende Strategie entwickeln konnten.

5.5 Zusammenfassung des Modells

Das vorgestellte Modell stellt einen Versuch dar, das Phänomen *Mergers & Acquisitions* umfassend zu erklären und dabei sowohl die Frage nach der Entstehung als auch nach der Vorteilhaftigkeit von Mergers & Acquisitions zu berücksichtigen. Aufgrund der Komplexität des Phänomens ist hierbei ein eklektisches Vorgehen unabdingbar, zu dessen Systematisierung ein dreistufiges Vorgehen gewählt wurde. In alle drei Stufen fließen unterschiedliche theoretische Ansätze ein, wobei der rote Faden durch alle Argumente aus dem ressourcenbasierten Ansatz abgeleitet wurde, so dass die einzelnen Stufen zu einem kohärenten Modell zusammenfügt werden konnten. Das Modell umfasst folgende aufeinander aufbauende Stufen:

1. Analyse des Ressourcenbedarfs,

2. Analyse der Beschaffungsalternativen und

3. Analyse der Rentenverteilung.

Ausgangspunkt der Überlegungen bildet eine dynamische Umwelt, denn ohne eine Veränderung interner oder externer Umweltfaktoren wäre ein Wandel der Unternehmungsstrategie und damit der Einsatz von Mergers & Acquisitions überflüssig. In statischen Umwelten entstehen Gleichgewichte, die eine Veränderung der Unternehmung hinfällig machen. Theoretische Grundlage dieser umweltbezogenen Annahmen bilden die Österreichische Schule der Ökonomie, die Evolutionstheorie und der Dynamic Capabilities Approach. Damit stellt Abschnitt 5.1.1 den Ausgangspunkt für eine kontingenztheoretische Betrachtung dar.

Neben den Umweltveränderungen ist es die heterogene Ressourcenausstattung der Unternehmungen, die einen Ressourcenbedarf auslöst, denn um neue Strategien zu implementieren, sind bestimmte Ressourcen erforderlich. Da sich aber Unternehmungen hinsichtlich ihrer Ressourcenausstattung unterscheiden, benötigen sie unterschiedliche neue Ressourcen, um ihre Strategien umzusetzen. Theoretische Grundlage bildet an diesem Punkt der Untersuchung neben dem ressourcenbasierten Ansatz seine dynamische Erweiterung mit Hilfe des Dynamic Capabilities-Ansatzes.

Da die Reaktion auf Umweltveränderungen und die bestehende Ressourcenbasis von psychologischen Prädispositionen der Entscheidungsträger maßgeblich beeinflusst wird, erfordert dies die Einbeziehung entsprechender Perzeptionsfilter in das Modell. Um adäquate Reaktionen auf neuartige Unweltsituationen auszulösen, bedarf es besonderer unternehmerischer Fähigkeiten der Entscheidungsträger, wie Innovationsfreude und Risikobereitschaft, um so neue Chancen der externen Umwelt früher wahrzunehmen als andere Personen und eine neue Kombination von Ressourcen durchzusetzen. Die Entscheidungen der Unternehmer werden im Wesentlichen durch den persönlichen Erfahrungshorizont und Persönlichkeitscharakteristika, aber auch durch subjektiv wahrgenommene Restriktionen bestimmt. Der ressourcenbasierte Ansatz wurde in diesem Abschnitt mit der Österreichischen Schule der Ökonomie und verhaltenswissenschaftlichen Managementansätzen verknüpft.

Nachdem geklärt ist, welche Faktoren den Ressourcenbedarf einer Unternehmung bestimmen, konnten die möglichen Beschaffungsalternativen auf ihre Effektivität und Effizienz hin untersucht werden. Insgesamt stehen vier Beschaffungsalternativen zur Verfügung: (1) Faktormärkte, (2) die interne Entwicklung, (3) Unternehmungskooperationen und (4) Mergers *&* Acquisitions.

Als erste und wohl schnellste Beschaffungsmöglichkeit benötigter Ressourcen werden Faktormärkte analysiert. Dabei zeigt sich schnell, dass Faktormärkte zwar generell für die Beschaffung von Inputfaktoren geeignet sind, jedoch bei der Beschaffung von strategisch wertvollen Ressourcen und Fähigkeiten, die als Grundlage von Wettbewerbsvorteilen dienen sollen, versagen. Damit scheiden Faktormärkte als Beschaffungsquelle aus. Theoretisch wird dies mit Hilfe des ressourcenbasierten Ansatzes und des Transaktionskostenansatzes begründet.

Nachdem Faktormärkte als Beschaffungsalternative für strategisch relevante Ressourcen und Fähigkeiten ausscheiden, bietet sich die Alternative der internen Entwicklung an. Hierbei wird allerdings deutlich, dass auch diese gerade unter zeitlichen Restriktionen schnell an ihre Grenzen stößt. Die interne

Entwicklung ist umso schwieriger, je innovativer die neuen Ressourcen und Fähigkeiten und je weiter entfernt sie von den bisherigen Ressourcen und Fähigkeiten einer Unternehmung sind. Theoretisch lässt sich dieser Aspekt mit Hilfe der Evolutionstheorie und des ressourcenbasierten Ansatzes beleuchten.

Auch Unternehmungskooperationen werden hinsichtlich ihrer Stärken und Schwächen bei der Ressourcenbeschaffung untersucht. Dabei zeigt sich deutlich, dass Unternehmungskooperationen eine Vorstufe zu Mergers & Acquisitions darstellen, die gerade bei hoher Umweltunsicherheit von Vorteil sind. Aufgrund ihres hohen Koordinationsaufwandes und ihrer zahlreichen Konfliktpotenziale sind sie jedoch in stabilen Umwelten kaum geeignet. Theoretische Grundlage der Analyse bildet neben der Organisationstheorie und dem Transaktionskostenansatz vor allem der finanztheoretische Realoptionsansatz.

Bleiben Mergers & Acquisitions als Beschaffungsalternative ganzer Ressourcenbündel, womit sie letztlich eine alternative Form der Ressourcenbeschaffung darstellen. Diese Beschaffungsform ist dann sinnvoll, wenn strategisch wertvolle Ressourcen und Fähigkeiten mit hohem Neuheitsgrad beschafft werden sollen, gleichzeitig aber eine vergleichsweise hohe Umweltstabilität vorliegt. Dieser Teil der Untersuchungen stellt letztlich einen Querschnitt aller bisherigen Überlegungen dar und basiert schwerpunktmäßig auf dem ressourcenbasierten Ansatz.

Nachdem mit Hilfe dieser theoriegeleiteten Analyse die Bedingungen für die Vorteilhaftigkeit von Mergers & Acquisitions bei der Beschaffung von Ressourcen und Fähigkeiten entwickelt werden konnten, war zu analysieren, wer finanziell hiervon profitieren kann. Selbst wenn die Möglichkeit besteht, Ressourcen und Fähigkeiten über Mergers & Acquisitions zu beschaffen, stellt dies nämlich noch keine Garantie für den Erfolg einer Mergers & Acquisitions-Strategie dar. Es ist sicherzustellen, dass der Kaufpreis der erworbenen Ressourcen und Fähigkeiten nicht über deren zukünftigem Wert liegt. Aus der jeweiligen Ressourcenkombination zwischen Biet- und Zielunternehmung lassen sich unterschiedliche Komplementaritäten ableiten, die wiederum die Verteilung der Renten zwischen den beiden Unternehmungen beeinflussen. Es wird deutlich, dass lediglich dann, wenn sowohl Käufer als auch Zielunternehmung über cospezifisch komplementäre, strategisch wertvolle Ressourcen und Fähigkeiten verfügen, durch Mergers & Acquisitions Renten auf beiden Seiten zu erzielen sind. Bei allen anderen Kombinationsmöglichkeiten können sich die Aktionäre der Zielunternehmung die Renten vollständig aneignen.

Damit sind alle notwendigen und hinreichenden Bedingungen hergeleitet, die sowohl die Notwendigkeit von Mergers *&* Acquisitions als Beschaffungsalternative in bestimmten Situationen umfassend begründen, als auch die theoretisch wie praktisch relevante Frage nach der Rentenverteilung beantworten. Insofern stellt das hier entwickelte Modell eine deutliche Verbesserung der bisherigen in Kapitel 3 diskutierten theoretischen Ansätze dar und liefert eine plausible Erklärung für Mergers *&* Acquisitions. Die Vielzahl der Bedingungen, die den Erfolg von Mergers *&* Acquisitions beeinflussen, macht aber auch deutlich, wie schwierig und selten alle Bedingungen gleichzeitig zu erfüllen sind. Die hohe Misserfolgsquote ist daher auch nicht weiter verwunderlich.

5.6 Fallbeispiel 2: AOL Time Warner

Abschließend soll ein Beispiel präsentiert werden, welches das vorangestellte Modell und dessen praktische Relevanz insgesamt illustriert: Am 11. Januar 2001 verkündeten der Internetdienstleister American Online, Inc. (AOL) und der weltweit größte Medienkonzern Time Warner Inc. ihre Fusion. Durch diesen Zusammenschluss entstand die weltweit erste vollintegrierte Medien- und Kommunikationsunternehmung. Welche Motive stehen hinter dieser weitreichenden Fusion, wie kann sie erklärt werden und schließlich wer profitiert von dieser Fusion?

Unternehmungen der Medien- und Informationstechnologiebranche stehen seit den 1990er Jahren vor großen Herausforderungen, wie technologische Neu- und Weiterentwicklungen, das rasante Wachstum der Speicherkapazität, die Verbesserung der Übertragungstechnik durch Glasfaserkabel und Datenkompression, aber auch die Möglichkeit der Digitalisierung unterschiedlicher Informationen. Vor diesem Hintergrund ist die Konvergenz der Medien-, Informationstechnologie- und auch der Telekommunikationsbranche zu sehen, wodurch sämtliche Daten durch alle – teilweise erst neu geschaffenen – Wege transportiert werden können (Sjurts 2000: 128 f.). Diese Konvergenz hatte weitreichende Auswirkungen auf die Unternehmungen AOL und Time Warner.

AOL ist die weltweit führende Internetunternehmung, die den weltweit größten Internet Online Service mit mehr als 22 Millionen Mitgliedern zusammen mit CompuServe, einem weiteren weltweiten Internet Online Service mit mehr als 2,5 Millionen Mitgliedern, Netscape, ein Internet Portal mit mehr als 25 Millionen Mitgliedern sowie einem AOL Internet Portal und der Netscape Kundensoftware mit dem bekannten Internet Browser Netscape Navigator unter einem Dach vereint.

Damit ist AOL in einer Branche tätig, die wie keine andere im letzten Jahrzehnt großen Veränderungen unterlag. Während in den 1990er Jahren noch viele Internetunternehmungen lediglich neu entwickelte Produkte und Dienstleitungen, wie den Internetzugang, anbieten konnten, verschärfte sich der Wettbewerb zunehmend. Internetunternehmungen wurden dazu gezwungen, ihre Dienstleistungen mit Inhalten anzureichern, um so eine Differenzierung ihres Angebots zu erreichen. Gleichzeitig setzten sich immer neue Standards und Anforderungen durch, die einen noch besseren und schnelleren Service versprachen, wie beispielsweise die Breitbandtechnologie, die gerade bei der Übertragung großer Datenmengen (wie bei Filmen), nötig ist. Diese Veränderungen in der Unternehmungsumwelt zwangen AOL, nach neuen Inhalten sowie der Breitbandtechnologie für ihr Internetangebot zu suchen.

Es war Stephen Case, Chairman und CEO von American Online, der in dieser Situation erneut eine unternehmerische Vision entwickelte – nachdem er schon AOL zur erfolgreichsten Internetunternehmung aufsteigen ließ – und versuchte, seine Internetdienstleistungen mit einem führenden Medienkonzern zu verbinden; eine Verbindung, die bisher einzigartig ist und die für Außenstehende überraschend war (Frankfurter Allgemeine Zeitung 2000a: 13). Am 9. September 1999 begegneten sich Steve Case und Gerald Levin, Chairman und CEO von Time Warner, auf einer Medienkonferenz in Paris und anschließend auf ähnlichen Veranstaltungen in Shanghai und Peking. Bei diesen Treffen wurden zwar bereits einige Möglichkeiten der Zusammenarbeit diskutiert, ohne hierbei aber einen Zusammenschluss anzusprechen (American Online and Time Warner 2000: 30).

Erst Mitte Oktober 1999 sprach Steve Case den CEO von Time Warner direkt hinsichtlich eines Zusammenschlusses an, wobei er einen *merger of equals* vorschlug und sich als Chairman und Gerald Levin als CEO vorschlug. Beide Manager hatten bereits einige Erfahrungen mit Mergers & Acquisitions gesammelt (Frankfurter Allgemeine Zeitung 2000d: 18), was sicherlich dazu beitrug, diesen weitreichenden Schritt zu unternehmen.

Time Warner war zu diesem Zeitpunkt weltweit einer der führenden Medienkonzerne mit Kabelsendern, wie WTBS, Cartoon Network und CNN, Zeitschriften-, Buch- und Marketingverlagen, wie Time, People, Sports Illustrated und Warner Books, einem Musikverlag mit Plattenlabels wie Atlantic, Elektra, Film- und Fernsehstudios, dem zweitgrößten Kabelnetz in den Vereinigten Staaten und einem Bereich für digitale Medien (Frankfurter Allgemeine

Zeitung 2000m: 21). Der Vorstand von AOL konnte sicher sein, dass Time Warner an einem Zusammenschluss Interesse hatte, da Time Warner dringend auf der Suche nach einer Möglichkeit war, seine Inhalte über das Internet zu vertreiben. AOL bot hierzu die ideale globale Plattform. Daneben bestand nach einem Zusammenschluss die Möglichkeit, Marketingkunden das gesamte Spektrum von Werbemaßnahmen über Fernsehen, Printmedien und nun auch Online-Werbung anzubieten (American Online and Time Warner 2000: 36 f.).

Für beide Unternehmungen stellte sich hierbei nur die Frage nach einer Fusion oder Akquisition, da es sich (1) bei der Ressourcenlücke jeweils um strategisch wertvolle Ressourcen handelte, die nicht über Faktormärkte zu beschaffen waren, (2) die benötigten Ressourcen und Fähigkeiten weit außerhalb der bisherigen Geschäftstätigkeit zu suchen waren und daher kaum in einem adäquaten Zeitrahmen selbst zu entwickeln gewesen wären und sich (3) beide Unternehmungen sicher waren, wie die benötigten Ressourcen und Fähigkeiten beschaffen sein mussten, um zukünftig erfolgreich positioniert zu sein, so dass für eine konfliktträchtige Kooperation keine Notwendigkeit bestand und eine Fusion oder Akquisition durchgeführt werden konnte. Die Zielsetzung der Fusion war darin zu sehen, die Inhalte von Time Warner zukünftig über die Internettechnologie – ergänzt durch die Breitbandtechnologie – zu vermarkten.

So führten die beiden Unternehmungen seit dem 1. November 1999 mit einer kurzen Unterbrechung Fusionsverhandlungen und versuchten die strategischen Vorteile einer Fusion zu erörtern, bis am 10. Januar 2000 die erste Presseveröffentlichung über die Fusionsabsichten bekannt gegeben (American Online and Time Warner 2000: 32) und die Fusion ein Jahr später, am 11. Januar 2001, vollzogen wurde.

Diese Kombination stellt einen cospezifisch komplementären Austausch von Ressourcen und Fähigkeiten dar, oder wie es die Vorstände beider Unternehmungen im *Joint Proxy Statement* beschreiben: „America Online's Internet resources will drive the digital transformation of Time Warners's divisions, and Time Warner's resources will advance the development of next-generation broadband and AOL Anywhere services, as well as build subscription and advertising and e-commerce growth throughout America Online's brands and products. With leading global brands, cost-efficient infrastructure, technological expertise and a shared vision for the Internet age, the two companies' complementary assets will act as catalysts to accelerate the growth of both subscription and advertising/e-commerce revenue, while also creating new business opportunities" (American Online and Time Warner 2000: 32). Diese Komplementarität hat einen klar cospezifischen Charakter, da beide Unternehmungen strategisch wertvolle Ressourcen und Fähigkeiten besitzen, die die jeweils andere Unternehmung benötigt und so sowohl Time Warner die Ressourcenlücke von AOL schließen kann, als auch umgekehrt AOL die Lücke von Time Warner; es besteht hier eine gegenseitige Abhängigkeit.

Welche Auswirkung hatte diese cospezifische Ressourcenbeziehung auf die Rentenverteilung zwischen den Aktionären von AOL und von Time Warner? Um diese Frage zu beantworten, ist es nötig, zwischen einer Kauf- und einer Zielunternehmung unterscheiden zu können, da das besondere Interesse auf der Analyse der Kaufunternehmung liegt. Obwohl die Fusion aus steuerlichen Gründen als *merger of equals* konzipiert wurde, kann klar von einer Übernahme von Time Warner durch AOL gesprochen werden, da: (1) die Aktionäre von Time Warner für eine ihrer Aktien 1,5 Aktien von AOL erhalten und damit eine Übernahmeprämie von 71 Prozent zugebilligt bekommen (Frankfurter Allgemeine Zeitung 2000a: 13), während die AOL-Aktionäre keine Prämie erhalten, (2) die Aktionäre von AOL mit 55 Prozent die Mehrheit an der neuen Unternehmung halten (AOL Time Warner 2001a: 2) und (3) der Zusammenschluss auch buchhalterisch als Übernahme behandelt wird, also hier AOL tatsächlich Time Warner akquiriert.

Während sich der Erfolg der Time Warner Aktionäre klar in der 71prozentigen Übernahmeprämie ausdrücken lässt, stellt sich die Beurteilung aus Sicht der AOL-Aktionäre schwieriger dar. Ein Indiz, welches aus der dominierenden Sicht der Event-Studien für den Erfolg von AOL spricht, besteht darin, dass am Tag der Ankündigung der Fusion nicht nur die Time Warner-Aktie, sondern auch die Aktie von AOL um 7 Prozent gestiegen ist (Frankfurter Allgemeine Zeitung 2000a: 13), ein Gewinn, den sie aber in den nächsten Handelstagen wieder verlor (Frankfurter Allgemeine Zeitung 2000b: 18). Aber wie bereits im Abschnitt 3.6 herausgearbeitet und auch im Joint Proxy Statement von AOL und Time Warner hervorgehoben, haben Kapitalmärkte häufig Schwierigkeiten, den tatsächlichen Wert einer Unternehmung richtig einzuschätzen, zumal es sich bei der Fusion von AOL und Time Warner um eine innovative und zukunftsweisende Fusion handelt, die mit keiner anderen auch nur annähernd vergleichbar ist (American Online and Time Warner 2000: 24). Von daher wird der Faktor Zeit den zukünftigen Wert der Fusion für die AOL-Aktionäre unter Beweis stellen müssen.

Aber es lassen sich noch zwei weitere Hinweise finden, die auch jetzt schon für den Erfolg der Fusion auch für die Aktionäre von AOL sprechen: Erstens verbesserten sich bereits ein Jahr nach der Fusion, im ersten Halbjahr 2001 – trotz des schwierigen Wettbewerbsumfeldes – die beiden wohl wichtigsten Kennzahlen bei der Bewertung der neuen Unternehmung: So sind die EBITA[21] um 28 Prozent und der Free Cash-flow um 55 Prozent gestiegen (AOL Time Warner 2001b: 1 f.). Zweitens – und dies wiegt schwerer – schaffte es AOL im Jahr 2000, ihren hohen Aktienkurs zu nutzen, um durch einen Aktientausch einen Wert der *Old Economy* zu kaufen, wodurch ihren Aktionären ein Verlust, wie ihn vergleichbare New Economy-Unternehmungen erlitten, erspart blieb. Es gelang Steve Case, dass eine New Economy-Unternehmung mit 12.000 Beschäftigten und einem Umsatz von 4,8 Milliarden Dollar eine Old Economy-Unternehmung mit 70.000 Beschäftigten und 26,8 Milliarden Dollar Umsatz erwarb (Frankfurter Allgemeine Zeitung 2000g: 18). Auch wenn dieser Erfolg hier (noch) nicht abschließend finanzwirtschaftlich quantifiziert werden kann, ist er dennoch vor dem Hintergrund des bisher Erreichten nicht zu gering zu bewerten.

Damit kann insgesamt die Fusion zwischen AOL und Time Warner für beide Aktionärsseiten als erfolgreich angesehen werden, wodurch das zuvor aufgestellte Modell zumindest für dieses Beispiel bestätigt wird. Zukünftig sind zur Überprüfung des Modells weitere und vor allem umfassendere empirische Studien durchzuführen; eine alleinige Betrachtung von Fallstudien reicht für eine abschließende Bewertung nicht aus. Es kann aber festgehalten werden, dass mit Hilfe des vorliegenden Beispiels die Realitätsnähe und die Plausibilität des hier entwickelten Modells weiter verdeutlicht werden konnte.

5.7 Ein weiterführender Ausblick

Mergers & Acquisitions stellen ein adäquates Vehikel dar, um Ressourcen und Fähigkeiten unter bestimmten Bedingungen zu beschaffen. Dazu sind jedoch neben der oben geführten ressourcenbasierten Diskussion über die Motive der Entstehung von Mergers & Acquisitions zusätzliche Problembereiche inner-

21. EBITA sind die earnings before interest, taxes and amortization, also die Gewinne vor Zinsen, Steuern und Goodwill-Abschreibungen. Diese Kennzahl ist damit prädestiniert, den Erfolg von Unternehmungen mit einem hohen Verschuldungsgrad und umfangreichen Mergers & Acquisitions-Transaktionen zu beurteilen, da der Verschuldungsgrad und die unterschiedlichen Bewertungs- und Abschreibungsmöglichkeiten der gekauften Unternehmungen herausgerechnet werden (Wasserstein 2000: 614). Damit sind die EBITA besonders gut geeignet, um den operativen Erfolg von AOL Time Warner zu beurteilen.

halb des Mergers & Acquisitions-Prozesses zu beachten, da alle Bestandteile dieses Prozesses über den Erfolg eines Mergers & Acquisitions-Projektes entscheiden. Teilweise stellt sogar die Durchführung dieses Prozesses einen Wettbewerbsvorteil in einer Mergers & Acquisitions-Strategie dar. Beispielsweise wird von Cisco Systems behauptet, dass diese in der Lage seien, mit Hilfe effizienter Akquisitionsprozesse neue Produktionsmethoden und Entwicklungs-Know-how zu akquirieren und damit die Rentabilität zu erhöhen (Eisenhardt und Martin 2000: 1108).

Obwohl es nicht möglich ist, alle Problembereiche in der vorliegenden Arbeit im Detail zu diskutieren, sollen an dieser Stelle dennoch ein kurzer Ausblick auf einige fruchtbar erscheinende Themenbereiche gegeben und Forschungslücken aufgezeigt werden, und zwar (1) hinsichtlich der Bewertung von Übernahmeobjekten und (2) hinsichtlich der Implementierung der Mergers & Acquisitions-Strategie, also der Integration der beteiligten Unternehmungen. Beide Bereiche weisen eine Vielzahl bisher unzureichend geklärter Einzelfragen auf, die hier zumindest zum Teil aufgegriffen werden sollen. Um auch hier eine Fokussierung vorzunehmen, wird – wie bereits in den vorangegangenen Abschnitten – der ressourcenbasierte Ansatz als Analyserahmen zugrunde gelegt. Ein wesentlicher Vorteil des ressourcenbasierten Ansatzes bei der Analyse des Phänomens Mergers & Acquisitions besteht darin, dass nicht nur die Mergers & Acquisitions-Strategie untersucht werden kann, sondern letztlich alle Aspekte des Mergers & Acquisitions-Prozesses. Auch wenn der Schwerpunkt der vorliegenden Arbeit klar im Bereich der Strategieformulierung anzusiedeln ist, können hiermit auch klare Folgerungen für die darauffolgenden Schritte im Mergers & Acquisitions-Prozess abgeleitet werden.

Der erste Problembereich, die *Unternehmungsbewertung*, stellt den ressourcenbasierten Ansatz vor die Herausforderung, strategisch wertvolle Ressourcen und Fähigkeiten zu bewerten. Besonders problematisch ist die Bewertung für Außenstehende, da die so wichtigen Imitationsbarrieren gleichzeitig eine Behinderung bei der Evaluation dieser Ressourcen darstellen. Die Quantifizierung dieser Ressourcen und Fähigkeiten ist sowohl die Voraussetzung für deren empirische Erforschung als auch von elementarer Bedeutung für die Unternehmungspraxis. Um eine Evaluation strategischer Alternativen durchführen zu können, sind Nutzen und Kosten der hierzu benötigten Ressourcen und Fähigkeiten zu quantifizieren. Hierzu hat der ressourcenbasierte Ansatz bisher aber nur wenige Ansatzpunkte geliefert (vergleiche beispielsweise Grant 1998: 114 ff.).

Bisher wurde in der vorliegenden Arbeit implizit von einer adäquaten Bewertung von Unternehmungen ausgegangen beziehungsweise zumindest der Aspekt der Bewertung nicht explizit betrachtet. Gleichwohl ist klar, dass durch die unzureichende und ungenaue Bewertung einer Zielunternehmung durch die Käufer, alle vorangegangenen Überlegungen hinfällig werden. So steht und fällt mit der Unternehmungsbewertung auch der Erfolg von Mergers *&* Acquisitions.

Welche Auswirkung hat nun die problembehaftete Bewertung strategischer Ressourcen und Fähigkeiten auf den Erfolg von Mergers *&* Acquisitions und sind alle (vorangegangenen) strategischen Überlegungen durch die Unfähigkeit der Bewertung dieser Ressourcen nur noch Makulatur? Dies ist mit einem klaren NEIN zu beantworten. Die Grundidee des ressourcenbasierten Ansatzes besteht darin, dass Unternehmungen einzigartige Ressourcen besitzen, die Wettbewerbsvorteile generieren und hierdurch überdurchschnittliche Renditen, sprich Renten, erzielen (Barney 1986a: 657f.). Wie oben bereits gezeigt, ist damit ein klarer Zusammenhang zwischen dem aus der Strategieforschung stammenden ressourcenbasierten Ansatz und dem kapitalmarkttheoretischen Discounted-Cash-flow herzustellen (vergleiche hierzu die Ausführungen auf Seite 144). Daher ist es auch nicht weiter verwunderlich, wenn sowohl Vertreter des ressourcenbasierten Ansatzes (Grant 1998: 113) als auch Finanzwirtschaftler den Discounted-Cash-flow als probates Bewertungsinstrument anführen (Rappaport 1979: 101; Rappaport 1986: Kapitel 9; Copeland et al. 1996: Kapitel 14).[22]

Der Vorteil des Discounted-Cash-flows liegt in der Notwendigkeit, letztlich die erzielten Cash-flows einer Unternehmung bestimmen zu müssen. Hierzu sind Prognosen aufgrund vergangener Daten (Schneider 1989: 635) und vor allem auf Grundlage intensiver strategischer Analysen der internen und externen Unternehmungsumwelt (Eschen 1998a: 622) erforderlich. Diese Prognosen sind mit Hilfe plausibler Überlegungen in quantitative Daten zu übertragen, wobei die Zukunftsorientierung Ursache für große Unsicherheit[23] und viele Fehler-

22. Der gerade in neuerer Zeit als angeblich überlegen diskutierte Realoptionsansatz (Trigeorgis 1996; Meise 1998; Copeland und Antikarov 2001) muss sich dagegen erst noch in Theorie und Praxis bewähren.

23. Hier werden generelle Probleme der Unternehmungsbewertung angeführt. Wie im Abschnitt 5.2.4.3 herausgearbeitet wurde, sind Mergers *&* Acquisitions nur dann sinnvoll, wenn die Umweltunsicherheit vergleichsweise gering ist. Klar ist: Eine vollständige Sicherheit ist aufgrund der Zukunftsorientierung strategischer Entscheidungen nie zu erzielen, gleiches gilt auch für die Bewertung. Wenn hier gezeigt wird, dass die Ressourcen und Fähigkeiten für eine Unternehmungsbewertung nicht unbedingt bekannt sein müssen, bedeutet dies nicht,

quellen ist. Dies ist vor allem dann der Fall, wenn nicht eine ganze an Kapitalmärkten gehandelte Unternehmung, sondern nur Teilbereiche akquiriert werden sollen (Chi 1994: 285). Ein weiterer Vorteil der Discounted-Cash-flow-Methode ist darin zu sehen, dass die Unternehmung als ganzes bewertet wird und nicht einzelne Ressourcen und Fähigkeiten. Hierzu ist es sogar nicht einmal nötig, die Ressourcen und Fähigkeiten selbst genau zu kennen; es muss lediglich ihre Wirkung auf die Performance einer Unternehmung ableitbar sein, wie es das folgende Beispiel eines Restaurants illustrieren soll: Für den Käufer eines Sterne-Restaurants ist es für die Bewertung und für das spätere Management des Restaurants nicht notwendig, selbst kochen zu können. Obwohl er die Fähigkeiten der Köche nicht beherrscht, kann er die Qualität und damit auch den Preis und schließlich den Umsatz der Produkte abschätzen. Abzüglich der Auszahlungen für Waren, Miete, Nebenkosten, Löhne etc. ergibt sich der Cash-flow, der für mehrere Jahre prognostiziert werden kann und nach der Diskontierung den Unternehmungswert ergibt. Die Fähigkeit, selbst gut zu kochen oder allgemeiner die einzelnen Ressourcen und Fähigkeiten einer Unternehmung genau zu kennen, erleichtert höchstens die Bewertung, ist aber keine zwingende Voraussetzung.

Für die Bewertung von Mergers & Acquisitions-Projekten kann daher festgehalten werden, dass diese einen immens wichtigen Bestandteil des Mergers & Acquisitions-Prozesses darstellt, da ein überhöht eingeschätzter und gezahlter Kaufpreis nicht wieder revidierbar ist. Die fundamentale Bewertung aller Ressourcen und Fähigkeiten ist jedoch nicht zwingend notwendig, wenn auch wünschenswert. Dies mündet in die Forderung nach weiteren Forschungsanstrengungen hinsichtlich der Bewertung strategisch wertvoller Ressourcen und Fähigkeiten, da dies neben der Bewertung von Mergers & Acquisitions-Projekten auch die Managementpraxis bei der Setzung von Prioritäten und der Ressourcenallokation unterstützt. Darüber hinaus wären Fortschritte bei der Bewertungsfrage aus positivistischer Sicht ein Meilenstein für die empirische Untermauerung des ressourcenbasierten Ansatzes.

Der in den letzten Jahren neben der Unternehmungsbewertung wohl am häufigsten diskutierte Aspekt im Mergers & Acquisitions-Prozess ist die *Integration der beteiligten Unternehmung*, also die Implementierung der Mergers & Acquisitions-Strategie. Unter Implementierung soll im Folgenden die Zusammenführung von Organisation, Kultur und Personal von zwei oder mehr Unter-

---

dass ein Käufer, der neue Kombinationen von Ressourcen und Fähigkeiten hervorbringen möchte, auf diese Kenntnisse ebenfalls verzichten kann!

nehmungen verstanden werden, die der Realisierung der Zielsetzungen der neu enstehenden Gemeinschaftsunternehmung dient. Oftmals wird die Integration als die schwierigste Managementaufgabe im Mergers & Acquisitions-Prozesses angesehen, wie im folgenden Zitat deutlich wird: „Making an acquisition is often only the tip of the iceberg. Making the merged company a cohesive, compatible company can become a nightmare" (Rowe et al. 1994: 437). Aufgrund dieser Bedeutung sind die Kosten sämtlicher Implementierungsmaßnahmen möglichst bei der Auswahl und Bewertung einer Zielunternehmung zu berücksichtigen, da dies erhebliche Auswirkungen auf den Erfolg der Mergers & Acquisitions-Strategie hat (Schweiger et al. 1994: 36 f.). Die Implementierung kann unterschiedliche Bereiche der Unternehmungen betreffen und das Ausmaß der Integration stark variabel sein. Da das Thema *Integration von Mergers & Acquisitions* bereits vielfach diskutiert wurde und schon mehrfach Thema wissenschaftlicher Arbeiten war (vergleiche beispielsweise die Dissertationen von Reineke 1989; Keller 1990; Sommer 1996; Gocke 1997; Dabui 1998), sollen im Folgenden lediglich Aspekte der Integration von Mergers & Acquisitions-Strategien aus der Sicht des ressourcenbasierten Ansatzes diskutiert werden.

Implementierungs- beziehungsweise Integrationsprobleme finden in den im Kapitel 3 vorgestellten Ansätzen kaum Berücksichtigung, da diese allein auf die Motive von Mergers & Acquisitions abzielen. Lediglich in industrieökonomischen und transaktionskostentheoretischen Ansätzen wird auf die Bedeutung der Integration hingewiesen, aber das Thema kann kaum ansatzimmanent behandelt werden. Die Implementierung von Mergers & Acquisitions-Strategien wird damit getrennt von den theoretischen Ansätzen zur Erklärung von Mergers & Acquisitions behandelt, wobei man hierzu vor allem auf verhaltenswissenschaftliche Ansätze zurückgreift. Dabei hat sich ein eigener Forschungsstrang entwickelt, der sich mit den psychologischen und psychosozialen Problemen von Mergers & Acquisitions beschäftigt und der oftmals sogar als Gegenposition zu ökonomisch basierten Erklärungsmodellen konzipiert wird.

Der ressourcenbasierte Ansatz bietet die Möglichkeit, Integrationsgedanken in sein Argumentationsgebäude einzuschließen, so eine Verbindung zwischen Strategieformulierung und Strategieimplementierung herzustellen und damit die oftmals postulierte Gegensätzlichkeit zu überwinden. Dies ist darauf zurückzuführen, dass sich der ressourcenbasierte Ansatz explizit auf unternehmungsinterne Aspekte bezieht und auch gerade in letzter Zeit verhaltenswissenschaftliche Anreicherungen erfahren hat, wobei allerdings die Strategieimplementierung bisher selten Gegenstand eigener Arbeiten war (Bresser

1998: 529). Im Wesentlichen wird darüber diskutiert, ob die Implementierung selbst eine strategisch relevante Fähigkeit darstellt, oder lediglich komplementären Charakter besitzt, um strategisch relevante Ressourcen zu implementieren (Barney 2001: 54) Dieser Diskurs ist hier nicht endgültig zu beantworten, entsprechend stellt Barney (2001) fest: „[...] that additional work is required" (Barney 2001: 54). Es kann jedoch festgehalten werden, dass die Fähigkeit, Ressourcen und andere Fähigkeit zu koordinieren, eine wichtige Voraussetzung ist, um Wettbewerbsvorteile tatsächlich zu realisieren (Eisenhardt und Martin 2000: 1106 ff.; Helfat und Raubitschek 2000: 964 f.). Gleichzeitig konzipiert der ressourcenbasierte Ansatz Mitarbeiter einer Unternehmung nicht mehr als einfach austauschbare Produktionsfaktoren, sondern als Träger unterschiedlicher strategischer Fähigkeiten und damit als rentenschaffenden Faktor, der damit in den Mittelpunkt der Betrachtung rückt. Hierbei wird auch die Interaktion, beispielsweise in Routinen, die im Rahmen von Mergers & Acquisitions revidiert werden müssen, berücksichtigt. Gerade aus ressourcenbasierter Sicht wird damit die Bedeutung der Implementierung von Mergers & Acquisitions-Strategien deutlich.

Nachdem sich der ressourcenbasierte Ansatz bereits als probate Theorie zur Analyse der Mergers & Acquisitions-Strategie erwiesen hat, soll nun seine Tauglichkeit im Hinblick auf die Implementierung aufgezeigt werden. Hierbei sind zwei Aspekte von besonderer Relevanz: (1) die Sicherung der bestehenden Ressourcen und Fähigkeiten im Mergers & Acquisitions-Prozess und (2) die Übertragung der Ressourcen und Fähigkeiten innerhalb der beteiligten Unternehmungen (Jemison 1988: 196 ff.; Haspeslagh und Jemison 1991: 139).

Das erste Problem besteht darin, zu verhindern, dass vorhandene strategische Ressourcen, die Wettbewerbsvorteile generieren, verloren gehen. Allein die Ankündigung von Mergers & Acquisitions verunsichert oftmals eine Reihe von Stakeholdern, wodurch teilweise über Jahre gewachsene Beziehungen zwischen Unternehmung und Stakeholdern gefährdet werden. Dabei sind nicht nur die Mitarbeiter der Unternehmungen betroffen, sondern auch deren Kunden und Lieferanten. Kunden befürchten häufig nach der Ankündigung von Mergers & Acquisitions eine Beeinflussung von Produktqualität, Preisen und anderen Konditionen durch Mergers & Acquisitions. Kunden und Lieferanten antizipieren darüber hinaus, dass die neue größere Unternehmung Marktmacht ausübt (Trzicky 1999: 41). Es ist daher genau zu prüfen, ob gerade langfristig gewachsene Beziehungen zu Lieferanten und Kunden keine intangiblen Wettbewerbsvorteile einer Unternehmung darstellen. So sollten bei sensiblen Beziehungen Lieferanten und Kunden möglichst frühzeitig und umfassend über die Absichten der beteiligten Unternehmungen informiert werden, um Unsicherheit abzubauen. Daneben sind aufgrund der Unterschiedlichkeit der Entscheidungsträger während der Implementierung Konflikte zwischen den Beteiligten zu erwarten (Shanley und Correa 1992: 261 f.). Deshalb ist sicherzustellen, dass Träger wichtiger Ressourcen und Fähigkeiten die Unternehmung nicht verlassen. Gerade in Zeiten, in denen durch Mergers *&* Acquisitions seitens der Stakeholder eine hohe Unsicherheit wahrgenommen wird, ist dies aber oft der Fall. Hall (1992) konstatiert: „When a company is taken over the acquirer can be confident that he has acquired the acquiree's intangible resources such as patents, but he cannot be certain that he will retain the intangible resources of know-how, culture, or networks which can ultimately 'walk away"" (Hall 1992: 136).

Der zweite aus ressourcenbasierter Sicht besonders relevante Aspekt ist die Frage, wie die bestehenden und neu erworbenen Ressourcen und Fähigkeiten miteinander zu verbinden sind, um die gewünschten Wertsteigerungspotenziale zu realisieren. Dazu muss analysiert werden, inwieweit die erworbenen Ressourcen auch tatsächlich übertragbar sind beziehungsweise von der akquirierenden Unternehmung auf die Zielunternehmung transferiert werden können. Derartige Transformationsprozesse erzeugen allerdings nicht nur neue Kombinationen von Ressourcen und Fähigkeiten, sondern verursachen auch Kosten. Diese entstehen durch die Vorbereitung der Lernprozesse, Beratungen, Experimente, Simulationen, Anpassung der Werkzeuge und Produktionsanlagen, Weiterbildungsmassnahmen und die Rekonfiguration von Prozessen (Winter 2000: 990). Aus diesem Grund finden Lernprozesse normalerweise nur in bestimmten Phasen statt, die durch Phasen der Ruhe abgelöst werden (Tyre und Orlikowski 1994: 107 ff.; Winter 2000: 990 f.). Mergers *&* Acquisitions stellen eine solche exzessive Veränderungsphase dar.

Um diese und ähnliche Fragen im Rahmen des Integrationprozesses genauer zu untersuchen, wurde eine Vielzahl von Katalogen aufgestellt. Einige unterteilen den Integrationsprozess in weitere Subphasen, wie Integrationsplanung, Integrationsdurchführung und Integrationskontrolle (Gocke 1997: 99). Andere systematisieren nach Problemfeldern der Unternehmungsintegration, wie Verfahrensintegration, physische und soziokulturelle Integration (Shrivastava 1986: 68 ff.). Die häufigste Abgrenzung findet aber nach den klassischen Managementbereichen: Organisation, Kultur und Personal statt (Grüter 1993: 47 ff.), der auch in dieser Arbeit gefolgt werden soll. Der Schwerpunkt liegt dabei auf dem Bereich Personal und er wird durch die Besonderheiten des Transfers von strategisch wertvollen Ressourcen und der Frage nach der Integrationsgeschwindigkeit ergänzt.

Der erste Problembereich, die Organisationsstruktur, soll hier nicht weiter behandelt werden, da mit der Arbeit von Haspeslagh und Jemison (1991) ein umfassendes Werk vorliegt, welches organisatorische Aspekte aus Sicht des ressourcenbasierten Ansatzes beleuchtet. Andere Gesichtspunkte, wie die Strukturierung der Führungsspitze, finden sich beispielsweise in der Arbeit von Palass (2000: 174 ff.). Generell wird in diesen Arbeiten hervorgehoben, dass die Organisationsstruktur und die Ablauforganisation einer Unternehmung auf die Ressourcen und Fähigkeiten der Unternehmung im Sinne der kontingenztheoretischen Überlegung *Structure follows Resources* auszurichten sind (Rasche und Wolfrum 1994: 510). Dieser Problembereich bedarf aber noch weiterer detaillierter Untersuchungen, da die Beziehung zwischen Organisationsstruktur und Ressourcen noch nicht ganz geklärt ist.

Auch die Unternehmungskultur spielt bei der Sicherung und beim Transfer von Ressourcen und Fähigkeiten eine wichtige Rolle. Die Unternehmungskultur „[...] constitutes the beliefs, knowledge, attitudes of mind and customs to which individuals are exposed in an organization, as a result of which they acquire a language, values, habits of behavior and thought" (Hall 1992: 139). Damit stellt sie die Grundlage des Austauschs von Ressourcen und Fähigkeiten dar. Ein Mindestmaß an Ähnlichkeit ist daher – zumindest in den Unternehmungsbereichen, die vom Austausch betroffen sind, – unabdingbar. Es ist auch nicht weiter verwunderlich, dass (zu) große kulturelle Unterschiede der an Mergers & Acquisitions-Transaktionen beteiligten Unternehmungen als häufige Ursachen für das Scheitern von Mergers & Acquisitions angeführt werden (Rowe et al. 1994: 435), was gerade beim Zusammentreffen unterschiedlicher nationaler Kulturen oder flexibler und unternehmerischer Kultur kleiner und mittelgroßer Unternehmungen einerseits und bürokratischer Kulturen akquirierender Großunternehmungen andererseits deutlich hervortritt (Rowe et al. 1994: 435 ff.). Eine häufig zu beobachtende Reaktion auf Probleme bei der kulturellen Integration von Unternehmungen besteht zum einen darin, dass nicht integrierbare Mitarbeiter entlassen werden müssen, und zum anderen darin, – und dies ist aus Sicht des ressourcenbasierten Ansatzes um so bemerkenswerter, – dass viele Mitarbeiter von sich aus die Unternehmung verlassen und kündigen, auch solche, die die Unternehmung gerne halten würde (Rowe et al. 1994: 435). Dies führt zum nächsten Aspekt: den personalwirtschaftlichen Problemen bei Mergers *&* Acquisitions, denen ein besonderes Maß an Aufmerksamkeit gebührt.

Wie im Kapitel 4 deutlich wurde, sind Mitarbeiter Träger bestimmter Ressourcen und Fähigkeiten oder zumindest Teile eingespielter Routinen, die wiederum Ressourcen und Fähigkeiten darstellen. Aus ressourcenbasierter Sicht spielt vor allem die Sicherung dieses Ressourcenbestandes eine erhebliche Rolle. Vor allem Wissen und Routinen dürfen im Rahmen der Integration nicht verloren gehen. Mit Mergers *&* Acquisitions gehen aber in der Regel Umstrukturierungen der beteiligten Unternehmungen einher, wobei Unternehmungsstrategie und Organisationstruktur neu ausgerichtet werden. Diese Veränderungen haben erheblichen Einfluss auf die Motivation der Mitarbeiter.

Mergers *&* Acquisitions führen wie kaum eine andere Maßnahme der Unternehmung bei Mitarbeitern zu Stress, Spannungen und Ängsten vor dem Verlust von Status, Macht und Prestige aber auch des Arbeitsplatzes durch Rationalisierungsmaßnahmen. Orientierungspunkte innerhalb der Unternehmungen gehen verloren, was zu geringerer Arbeitszufriedenheit, Produktivitätseinbußen und einer höheren Fluktuationsrate führt (Buono und Bowditch 1989: 87 ff.; Mirvis und Marks 1992: 113 ff.; Salecker 1995: 161; Trzicky 1999: 41 und 44 f.). Die psychologischen Auswirkungen von Mergers *&* Acquisitions auf die Mitarbeiter einer Unternehmung werden als *Merger Shock* (Kinast 1991: 35) oder auch *Merger Syndrom* (Hermsen 1994: 111) bezeichnet und führen oft zu einer Reduktion der Leistungsbereitschaft der Mitarbeiter, zum Weggang der fähigsten Mitarbeiter, zur Reduktion der Zeit, die für die notwendigen innerbetrieblichen Umstrukturierungsmaßnahmen verwendet wird aufgrund unproduktiver Streitigkeiten auf der Führungsebene, und damit zu einem Verlust der Wettbewerbsfähigkeit der Unternehmung.

Die Unsicherheit und Angst der Mitarbeiter (Hermsen 1994: 34 und 109; Rowe et al. 1994: 435) kann nach der Systematisierung von Hirschman (1970; 1974) in drei Reaktionen münden: (1) Exit, (2) Voice oder (3) Loyality. Während letzte eine Solidarisierung mit der Unternehmung bedeutet, stellt die Möglichkeit des Widerspruchs das Management vor eine größere Herausforderung und die Möglichkeit des Exits, also der Kündigung, ein teilweise existentielles Problem für die Unternehmung dar.

Hambrick und Cannella (1993) gehen davon aus, dass Mitarbeiter von an Mergers *&* Acquisitions beteiligten Unternehmungen ihre Position in der neu gebildeten Unternehmung mit ihrer bisherigen Position und den Positionen ihrer Kollegen vergleichen (Hambrick und Cannella 1993: 735 ff.). Falls sie sich dabei zurückgesetzt fühlen, ist die Kündigungswahrscheinlichkeit sehr hoch. Auch wenn einige Autoren den Weggang von Mitarbeitern als nicht sonderlich problematisch ansehen (Teece und Pisano 1994: 548), kann dieser zu erheblichen Nachteilen führen und häufig zu Störungen langfristiger Beziehungen innerhalb der Unternehmung, aber auch zwischen der Unternehmung und der externen Umwelt. So konnte beispielsweise als Resultat des Personalabbaus der Verlust langfristig gewachsener persönlicher Kundenbeziehungen im Marketingbereich nachgewiesen werden (Gocke 1997: 87). Für stark wissensabhängige Unternehmungen stellt sich das Problem bei Mergers & Acquisitions noch verschärfter dar, wenn Ressourcen und Fähigkeiten dadurch zerstört werden, dass wichtige Mitarbeiter nicht bereit sind, in der neuen Unternehmung zu arbeiten und kündigen (Chaudhuri und Tabrizi 1999: 127 f.). Ein spektakuläres Beispiel hierfür ist der im Sommer 1998 vollzogene Wechsel des Investmentbankers Frank Quattrone und seines Teams von der Deutschen Bank zur Credit Suisse First Boston, der dazu führte, dass das Investmentbanking der Deutschen Bank in den Vereinigten Staaten fast wieder von Null aufgebaut werden musste (Frankfurter Allgemeine Zeitung 1998e: 17; Frankfurter Allgemeine Zeitung 1998g: 15).

Es lassen sich immer wieder Beispiele für Werteinbußen durch den Weggang von Führungskräften finden. So verließ nach der Übernahme von Celestial Seasoning durch Kraft der Großteil der Führungskräfte von Celestial Seasoning die Unternehmung. Die Führungskräfte waren bereits früh über die beteiligten Unternehmungen informiert und konnten sich schnell ein Bild über die Ausgangslage verschaffen. Im dritten Jahr nach der Übernahme hatten 52 Prozent des Topmanagements die Unternehmung verlassen, wodurch die Unternehmung erheblich an Wert verlor (Rowe et al. 1994: 436). Ein aktuelles Beispiel liefert auch der Daimler-Chrysler-Zusammenschluss. Hier wird die Abstufung der Aktie des Konzerns durch die Ratingagentur Moody's damit begründet, dass neben den momentanen Gewinneinbußen ein „Exodus talentierter Manager“ zu beobachten sei, der letztlich auch zu einem Motivationsverlust innerhalb der restlichen Belegschaft führe, wodurch mit Qualitätseinbußen bei Chrysler zu rechnen sei (Frankfurter Allgemeine Zeitung 2000c: 17).

Die Auswirkungen von Mergers & Acquisitions auf das Topmanagement wurden häufig untersucht. Generell führen Mergers & Acquisitions zu einer Erhöhung der Abgänge im Topmanagement (Hermsen 1994: 133; Lubatkin et al. 1999: 58 ff.; Krug und Hegarty 2001: 185). Dies betrifft vor allem das Management der Zielunternehmung, wenn sich diese schon vor der Übernahme in einer

Unternehmungskrise befand. Daneben führt hauptsächlich die Unzufriedenheit mit der Arbeitssituation im Anschluss an Mergers *&* Acquisitions zu erhöhten Kündigungen (Krug und Hegarty 2001: 186). Während der Weggang des Managements einer Krisenunternehmung aus ressourcenbasierter Sicht ein geringes Problem darstellt, da die Käuferunternehmung ihre (besseren) Managementressourcen einbringen kann und muss, kann der Weggang von erfolgreichen und wichtigen Managern den Erfolg der gesamten Mergers *&* Acquisitions-Strategie konterkarieren. Interessanterweise kamen Krug und Hegarty (2001) zu dem Ergebnis, dass besser informierte Manager der Zielunternehmung die Unternehmung eher verlassen als uninformierte. Dies wird damit begründet, dass informierte Manager der Zukunft der Gemeinschaftsunternehmung eher skeptisch gegenüberstehen (Krug und Hegarty 2001: 192). Es ist weniger das Verhandlungsklima vor dem Zusammenschluss (Walsh 1988: 320), als vielmehr die Perzeption hinsichtlich des Erfolgs der Mergers *&* Acquisitions, die determiniert, ob Manager die Unternehmung verlassen oder bleiben. Es reicht daher nicht aus, das Management der Zielunternehmung lediglich zu informieren, um es zum Bleiben zu veranlassen; die beteiligten Personen müssen vielmehr vom Erfolg der Mergers *&* Acquisitions überzeugt werden. Vor allem spielt dabei die Beibehaltung des Status der Manager eine wesentlich Rolle.

Die vorgenannten Untersuchungen zum Verbleib und Weggang des Topmanagements reichen aber für eine ressourcenbasierte Analyse von Mergers *&* Acquisitions nicht aus. Es bleibt noch genauer zu analysieren, welche Ressourcen und Fähigkeiten der Unternehmung durch die Fluktuation entzogen werden. So kann allein aufgrund der Fluktuationsrate des Topmanagements noch keine Aussage hinsichtlich des Erfolgs personalwirtschaftlicher Aktivitäten erfolgen, solange nicht klar ist, inwieweit die die Unternehmung verlassenden Mitarbeiter eventuell in der neuen Unternehmungssituation entbehrlich geworden sind. Des Weiteren reicht eine Betrachtung der Topmanagementebene allein nicht aus, da Ressourcen und Fähigkeiten über alle Unternehmungsbereiche verteilt sind. So ist zunächst situationsbezogen festzustellen, in welchen Unternehmungsbereichen welche strategisch relevanten Ressourcen und Fähigkeiten vorhanden sind. Anschließend wäre die Personalfluktuation in diesen Bereichen genauer zu untersuchen. Für derartige ressourcenbasierte Analysen im Personalbereich besteht noch ein erheblicher Bedarf an weiteren Untersuchungen.

Es ist Aufgabe des Managements, dem Merger Syndrom entgegenzuwirken. Hierzu stehen einige Instrumente zur Verfügung. Vor allem die Kommunikationspolitik, die frühzeitige Information der betroffenen Mitarbeiter, Gespräche mit Schlüsselpersonen, aber auch frühzeitige vertragliche und finanzielle Zusicherungen an die Mitarbeiter können eingesetzt werden, um eine Fluktuation zu verhindern (Hermsen 1994: 140). Darüber hinaus kann der Einsatz von Kommunikationsmedien, wie beispielsweise Gruppentreffen, Vorträgen, Unternehmungszeitungen, Workshops, von Nutzen sein (Hermsen 1994: 149 f.). Neben dieser *formalen* Kommunikation ist die symbolische Kommunikation, zum Beispiel über Rituale, Zeremonien, Statussymbole, Humor und Mythen, besonders geeignet, subjektive Unsicherheitsgefühle der Mitarbeiter abzubauen (Salecker 1995: 240 ff.). Hierbei ist es die Ehrlichkeit der Kommunikation, die eine Schlüsselrolle einnimmt (Salecker 1995: 163). Der Aufbau der Reputation des Managements bezüglich einer ehrlichen internen Personalkommunikation wird von den Mitarbeitern honoriert. Werden darüber hinaus auch ungeklärte Fragen den Mitarbeitern als solche kommuniziert, kann dies zukünftige Vertrauenspotenziale steigern (Hermsen 1994: 159). Durch diese Maßnahmen kann versucht werden, Mitarbeiter an die Unternehmung zu binden und so dem Verlust wichtiger Ressourcen und Fähigkeiten vorzubeugen; dennoch bleibt aber noch die Frage nach dem Austausch dieser Ressourcen und Fähigkeiten innerhalb der Unternehmungen bestehen.

Der Austausch strategisch wertvoller Ressourcen und Fähigkeiten ist innerhalb einer Unternehmung leichter möglich als über alternative Beschaffungsformen (vergleiche Abschnitt 5.2.4.1). Aber auch der unternehmungsinterne Ressourcenaustausch ist nicht völlig problemlos. Wie bereits deutlich wurde, ist es gerade komplexes, implizites Wissen, welches durch Mergers & Acquisitions unter allen beteiligten Unternehmungen ausgetauscht werden soll. Aber diese Art von Wissen erschwert auch den unternehmungsinternen Transfer. In der Literatur werden die Probleme der Übertragung von Ressourcen unter dem Stichwort *Internal Stickiness* diskutiert (Szulanski 1996: 29). Die Stickiness-Probleme können auf unterschiedliche Faktoren zurückgeführt werden (Szulanski 1996: 30 ff.):

1. Mangelndes Verständnis, welche Ressourcen und Fähigkeiten übertragen werden sollen,

2. mangelnde Motivation der am Austausch beteiligten Mitarbeiter, vor allem der Ressourcenquelle,

3. Unfähigkeit des Empfängers, die erhaltenen Informationen aufzunehmen und

4. ungeeignete Organisationsstrukturen zum Austausch der Ressourcen und Fähigkeiten.

Dass ein mangelnder Austausch zwischen den fusionierten Unternehmungen einen negativen Effekt auf den Unternehmungserfolg hat, wird am Beispiel DaimlerChrysler deutlich. Der fehlende Erfolg dieser Fusion wird auf einen bisher unzureichenden Austausch von Know-how zurückgeführt und eine Ergebnisverbesserung an einen entsprechenden Austausch geknüpft (Frankfurter Allgemeine Zeitung 2000c: 17).

Beim Transfer von Ressourcen und Fähigkeiten ist aber auch darauf zu achten, dass diese durch den Transfer – also quasi durch den Eigentümerwechsel – nicht zerstört werden (Teece und Pisano 1994: 541). Es ist daher zunächst zu analysieren, inwiefern die Wettbewerbsvorteile, die eine Zielunternehmung realisieren kann, mit von der Kombination mit Ressourcen und Fähigkeiten der Eigentümer abhängen. So ist es beispielsweise denkbar, dass der bisherige Eigentümer selbst eine Unternehmung ist. Diese Muttergesellschaft kann Ressourcen und Fähigkeiten, wie beispielsweise Marketing-, Technologie- oder Management-Know-how, in ihre Tochter einbringen. Nach einem Verkauf der Tochter stehen diese Ressourcen und Fähigkeiten nicht mehr zur Verfügung; es ist also das Eigentum der beteiligten Unternehmungen an allen notwendigen Ressourcen und Fähigkeiten sicherzustellen. Falls die Muttergesellschaft Ressourcen und Fähigkeiten in ihre Tochtergesellschaft einbringt, müssen diese durch die neuen Eigentümer imitiert beziehungsweise substituiert werden können. Damit wird deutlich, dass es sich bei diesen von der Muttergesellschaft eingebrachten Ressourcen und Fähigkeiten nicht um strategisch wertvolle Ressourcen und Fähigkeiten handeln darf.

Während sich die Übertragung materieller Ressourcen, wie Maschinen, Anlagen, aber auch und gerade finanzieller Ressourcen relativ einfach darstellt, ist dies bei immateriellen Fähigkeiten, wie Wissen, schon schwieriger. Der Transfer dieser Fähigkeiten innerhalb der neu geschaffenen Unternehmung kann – je nach Charakteristika der Ressourcen und Fähigkeiten – mit Hilfe zweier Mechanismen organisiert werden (Grant 1998: 125 f.):

1. Durch Regeln und Vorschriften und
2. durch organisatorische Routinen.

Über Regeln und Vorschriften lässt sich explizites Wissen zwischen Mitgliedern einer Organisation effizient austauschen und übertragen. Grant (1998) führt hierzu McDonalds als Beispiel an, bei dem in Handbüchern das Verhalten der Mitarbeiter weltweit standardisiert wird (Grant 1998: 125). Schwieriger gestaltet sich die Übertragung impliziten Wissens. Hierzu können Routinen herangezogen werden, die Grant (1998) wie folgt beschreibt: „Routines are to the organization what skills are to the individual“ (Grant 1998: 126). Routinen stellen ein Instrument dar, welches die Zusammenarbeit mehrerer Teammitglieder ohne Zuhilfenahme von Anweisungen oder verbaler Kommunikation koordiniert (Grant 1998: 125). Routinen werden halbautomatisch, unterbewusst durchgeführt. Sie stellen damit selbst einen Teil des impliziten Wissens dar (Grant 1998: 126). Werden neue Mitarbeiter mit in die Ausführung bestehender Routinen eingebunden, können sie implizites Wissen erfolgreich erlernen.

Der Transfer von Ressourcen und Fähigkeiten von einer Unternehmung in eine andere ist mit einem Lernprozess vergleichbar. Da es sich bei Lernprozessen um soziale Prozesse handelt, die auf der Interaktion mehrerer Personen beruhen, ist der Austausch von Personen aus den beteiligten Unternehmungen bedeutsam (Teece und Pisano 1994: 544 f.); jedoch reicht der alleinige Transfer von Personen nicht aus. Es ist vielmehr nötig, die gesamten zugrunde liegenden Prozesse zu transferieren (Teece und Pisano 1994: 551), also auch die damit einher gehenden komplementären Ressourcen, wie beispielsweise Maschinen und Anlagen. Dabei verläuft die Integration von implizitem Wissen eher inkremental, da es durch die oben beschriebenen Prozesse zeitaufwendig ist (Eisenhardt und Martin 2000: 1115; Helfat und Raubitschek 2000: 966). Inkrementales Lernen setzt sich aus *learning by doing* und *learning by using* zusammen. Beide Lernprozesse basieren auf dem bereits vorhandenen Wissen, sind also nicht grundlegend mit der Generierung völlig neuen Wissens befasst. Hier wird erneut die Bedeutung der Pfadabhängigkeit strategischer Ressourcen deutlich, da die bereits vorhandene Wissensbasis die Generierung neuen Wissens maßgeblich beeinflusst (Helfat und Raubitschek 2000: 966 f.). Es ist erforderlich, durch weitere Studien zu einem differenzierten Bild zu gelangen, wie die Integrationsprozesse en detail vonstatten gehen und wie auch sehr unterschiedliche Ressourcen und Fähigkeiten übertragen werden können. Es sei jedoch an dieser Stelle darauf hingewiesen, dass die inkrementale Integration von Wissen nicht mit einer inkrementalen Integration von Mergers & Acquisitions-Strategien gleichzusetzen ist. Während die Integrationsgeschwindigkeit einer Mergers & Acquisitions-Strategie beschreibt, wie schnell nach Mergers & Acquisitions mit der Integration der beteiligten Unternehmungen begonnen werden soll – also zeitpunktbezogen ist –, umreißt die Integrationsdauer den für Wissensressourcen benötigten Zeitraum, um unterschiedliche Wissensbasen miteinander zu verknüpfen und die Integrationsziele zu erreichen. Somit ist also insbesondere die Entscheidung, wie schnell die Wissensintegration vonstatten gehen kann und soll, einer detaillierteren Analyse zu unterziehen.

Den wichtigsten Einflussfaktor auf die Integrationsgeschwindigkeit (also den Zeitpunkt der Integration) stellt die Ähnlichkeit der zu integrierenden Ressourcen und Fähigkeiten dar (Bühner 1995: 843 ff.). Da die strategisch relevanten Ressourcen und Fähigkeiten bei Mergers *&* Acquisitions möglichst geringe Ähnlichkeiten aufweisen sollten, beziehen sich die folgenden Ausführungen lediglich auf die wichtigen komplementären Ressourcen und Fähigkeiten. Generell gilt: Je verwandter die zusammenschließenden Unternehmungsbereiche hinsichtlich ihrer komplementären Ressourcenausstattung sind, desto schneller und vollständiger kann die Integration erfolgen (Bühner 1995: 843 f.).

In der Literatur werden einige Vor- und Nachteile einer schnellen Integration angeführt. Vorteile einer schnellen Integration sind (Bühner 1995: 844; Gödecke 1999: 63):

1. Die Veränderungserwartung der Mitarbeiter kann insofern genutzt werden, als durch die Ankündigung von Mergers *&* Acquisitions die Mitarbeiter mit Veränderungen rechnen, wodurch diese leichter durchzusetzen sind. Das Unsicherheitsgefühl der Mitarbeiter lässt sich in diesem Fall durch eine schnelle Integration in positiver Form nutzen.

2. Wie oben bereits deutlich wurde, stellen die mit Mergers *&* Acquisitions einhergehenden Ängste und Unsicherheiten ein hohes Gefahrenpotenzial für die Unternehmungsressourcen dar. Durch eine schnelle Integration lässt sich vermeiden, die Mitarbeiter nach Mergers *&* Acquisitions lange in Ungewissheit hinsichtlich entsprechender Veränderungen zu lassen. Neue Verantwortungen und Kompetenzen werden frühzeitig geklärt. Eine schnelle Integration legt klare Führungsstrukturen, Positionen und Verantwortlichkeiten innerhalb der Unternehmung fest und zeigt damit Mitarbeitern, Kunden, Lieferanten und anderen Stakeholdern klare Strukturen auf.

3. Ferner können Wertsteigerungspotenziale schnell realisiert werden. Die durch die Neukombination von Ressourcen und Fähigkeiten zu erwartenden Wertsteigerungspotenziale werden früher realisiert, was aufgrund des Zeitwertes des Geldes zu einer Maximierung des Unternehmungswertes führt.

4. Durch eine schnelle Integration lässt sich vermeiden, dass sich das Management zu lange auf interne Probleme konzentriert; die Aufmerksamkeit der Mitarbeiter und des Managements wird schnell wieder auf die Tagesaufgaben gelenkt.

5. Und schließlich wird so eine schnelle Sanierung unprofitabler Unternehmungsbereiche möglich. Aufgrund des Zeitwertes des Geldes und seiner Wirkung auf den Unternehmungswert steigert auch ein schneller Abbau von Verlusten den Unternehmungswert.

Trotz dieser Vorteile kann einer schnellen Integration nicht generell der Vorzug gegeben werden; zumindest sind auch die Nachteile und damit Risiken und Kosten in das Entscheidungskalkül mit einzubeziehen. Nachteile einer schnellen beziehungsweise Vorteile einer langsamen Integration sind:

1. Eine langsame Integration erleichtert das genaue Studium der Ressourcen und Fähigkeiten aller beteiligten Unternehmungen, wodurch eine optimale Neukombination der Ressourcen und Fähigkeiten möglich wird. Eine ausgedehntere Analyse der Ressourcen und Fähigkeiten dient der Verbesserung der Strategieentwicklung.

2. Durch eine langsame Integration wird die Motivation der Mitarbeiter erhöht, da eine nachhaltige Einbindung der Betroffenen in den Integrationsprozess stattfindet und so ihr Wissen mit einfließen kann.

3. Auch wird durch eine langsame Integration eine Überforderung der Führungskräfte und Mitarbeiter vermieden, wodurch sich die Gefahr von Fehlentscheidungen verringert.

4. Eine langsamere Integration schafft die Möglichkeit, eine Vertrauensbasis zwischen den Mitarbeitern der beteiligten Unternehmungen herzustellen. Gleichzeitig wird auch die Vertrauensbasis zwischen den Mitarbeitern und Topmanagern aller beteiligten Unternehmungen verbessert.

5. Schließlich kann die Reaktion der Wettbewerber auf die eigene Strategie beobachtet und deren Verhalten im Verlauf der Integration berücksichtigt werden.

Insgesamt ist festzuhalten: Sowohl eine schnelle als auch eine langsame Integration von Mergers & Acquisitions weisen Vorteile auf. Aus ressourcenbasierter Sicht – wie übrigens auch aus personalwirtschaftlicher – erscheinen die Vorteile einer schnellen Integration überzeugender, da hierdurch verhindert werden kann, dass Mitarbeiter abwandern, die für die Unternehmung wichtige Fähigkeiten besitzen. Zieht sich dagegen die Integration länger hin und wird der Status quo der Zielunternehmung weitestgehend beibehalten, führt dies zu Gerüchten und Spekulationen, die die Ängste und Unsicherheiten (unberechtigterweise) noch erhöhen. Eine schnelle Integration ist damit ein Garant dafür, möglichst wenige Ressourcen und Fähigkeiten bei der Integration zu verlieren. Diese rein spekulativ-theoretischen Überlegungen bedürfen der empirischen Überprüfung. Hierbei ist vor allem der Trade-Off zwischen einem schnellen Abbau der Unsicherheit und der hohen Fehleranfälligkeit der Integration genauer zu untersuchen.

Abschließend kann konstatiert werden, dass der gesamte Mergers *&* Acquisitions-Prozess eine Reihe von Problemen aufwirft, die über den Erfolg und Misserfolg einer Mergers *&* Acquisitions-Strategie entscheiden. Neben dem Schwerpunkt dieser Arbeit – der Mergers *&* Acquisitions-Strategieformulierung – sind die Bewertung und die Integration sehr wichtige Problembereiche. Für beide Bereiche lassen sich zu Einzelaspekten Überlegungen auf der Grundlage des ressourcenbasierten Ansatzes anstellen. Es ist essentiell, dass während des gesamten Prozesses gesetzte Meilensteine kontinuierlich zu überprüfen sind, um den gesamten Mergers *&* Acquisitions-Prozess optimal zu steuern. Beispielsweise sind ständige Überprüfungen der Zufriedenheit aller relevanten Mitarbeiter, Kunden, Lieferanten sowie sonstiger Stakeholder angebracht, um so Kenntnis darüber zu erlangen, inwiefern langfristig gewachsene Beziehungen durch die Mergers *&* Acquisitions-Strategie in Mitleidenschaft gezogen oder verbessert werden. Je nach Zielsetzung der Neukombination von Ressourcen und Fähigkeiten ist die Zielerreichung kontinuierlich zu evaluieren, um bei Abweichungen, die das Mergers *&* Acquisitions-Ziel gefährden, rechtzeitig Gegenmaßnahmen ergreifen zu können. Insgesamt wird deutlich, dass der gesamte Mergers *&* Acquisitions-Prozess hoch komplex ist und vielfältigen Raum für weitere Forschungsarbeiten in allen Bereichen zulässt.

6 Zusammenfassung und Fazit

> *Why did these people care so much about what came out of their computers and so little about what came out of their factories? Why were they so intent on breaking up instead of building up? And last: What did all this have to do with doing business?*
> Ende der RJR-Nabisco-Story, die die größte Übernahme der 1980er Jahre beschreibt.
> (Burrough und Helyar 1990: 515)

Können von Mergers & Acquisitions sowohl die Aktionäre der Ziel- als auch der Bietunternehmungen überdurchschnittlich profitieren? Die Antwort auf die grundlegende Frage dieser Arbeit lautet: Ja, ABER nur unter Einhaltung genau festgelegter Bedingungen.

Ausgangspunkt der Überlegungen war die letzte Merger-Wave von 1998 bis 2000, die ihren Höhepunkt mit einem weltweiten Transaktionsvolumen von 4 Trilliarden US-Dollar im Jahr 2000 fand. Das Ziel der Arbeit bestand darin, ein kohärentes und umfassendes Modell zur Beschreibung und Erklärung von Mergers & Acquisitions zu entwickeln, wozu es galt, zwei Fragen zu klären und damit eine immer noch offene Forschungslücke zu schließen: (1) Wie sind Mergers & Acquisitions zu erklären, und (2) können die Aktionäre der Kauf- und Zielunternehmung gleichermaßen überdurchschnittlich von Mergers & Acquisitions profitieren? Um diese Fragen zu beantworten, musste ein Forschungsrahmen gewählt werden, der eine umfassende Analyse des empirischen Phänomens Mergers & Acquisitions zuließ. Die Wahl fiel dabei auf den ressourcenbasierten Ansatz, da dieser von einer heterogenen Ressourcenausstattung der Unternehmungen ausgeht und die einzelne Unternehmung als Analyserahmen wählt. Damit werden Mergers & Acquisitions zwar aus einer unternehmungsinternen

Perspektive erklärt, Anforderungen der externen Umwelt jedoch nicht außer Acht gelassen. Um eine umfassende Erklärung von Mergers & Acquisitions zu liefern, war es aber auch nötig, den vergleichsweise jungen ressourcenbasierten Ansatz mit Erkenntnissen anderer Ansätze zu verbinden, wobei hier auf die Vereinbarkeit und Konsistenz der Prämissen zu achten war. Dieses eklektische Vorgehen versprach, die gestellte Zielsetzung der Arbeit zu erfüllen.

Zu diesem Zweck wurden im Kapitel 2 die Begriffe *Mergers* und *Acquisitions* zunächst definiert und typologisiert sowie die Relevanz des Themas dargestellt. Mergers & Acquisitions wurden hierbei definiert als *alle Aktivitäten, deren Ziel es ist, aus mindestens zwei rechtlich und wirtschaftlich selbständigen Unternehmungen eine dauerhafte Einheit unter einheitlicher Unternehmungsleitung herzustellen. Dies kann sowohl durch eine vollständige Verschmelzung mehrerer Unternehmungen geschehen (Fusion) als auch durch den Erwerb einer Beteiligung einer Unternehmung an einer anderen (Akquisition), die in ein Konzernverhältnis mündet.*

Die anschließende theoriegeleitete Diskussion galt der Würdigung bisheriger theoretischer Erklärungsversuche von Mergers & Acquisitions. Hierzu wurden managementtheoretische, finanztheoretische, spieltheoretische, industrieökonomische und transaktionskostentheoretische Ansätze auf ihre Erklärungskraft überprüft. Das Ergebnis des Kapitels 3 lässt sich kurz mit der Feststellung zusammenfassen, dass keiner der Ansätze eine überzeugende Erklärung für Mergers & Acquisitions liefert. Die meisten bisherigen Ansätze stellen bestenfalls eine Erklärung für die Diversifikationsrichtung dar, das heißt, ob und warum horizontal, vertikal, medial oder lateral diversifiziert werden soll, aber sie liefern keine Begründung dafür, ob dies intern oder extern zu geschehen hat. Das fehlende Potenzial dieser Ansätze, Mergers & Acquisitions hinreichend zu erklären, konnte im Wesentlichen auf drei Faktoren zurückgeführt werden: (1) Handelt es sich durchweg um monokausale Ansätze, die bestenfalls Teilbereiche des komplexen Phänomens Mergers & Acquisitions erklären können. (2) Gehen alle Ansätze – teils explizit, teils implizit – von einer homogenen Ressourcenausstattung der Unternehmungen aus, was dazu führt, dass weder erklärt werden kann, warum Mergers & Acquisitions überhaupt stattfinden, noch unter welchen Bedingungen auch die Aktionäre der Bietunternehmung eine Überrendite erzielen können. (3) Sind die untersuchten Ansätze statischer Natur, da Gleichgewichtszustände modelliert werden. Dieser Umstand führt ebenfalls zu einem Mangel an Erklärungskraft. Insgesamt blieb daher die Frage, unter welchen Bedingungen Mergers & Acquisitions anderen Strategiealternativen überlegen sind, weiterhin offen.

Um diese Frage dennoch beantworten zu können, wurde der ressourcenbasierte Ansatz im Kapitel 4 selbst einer Untersuchung unterzogen und seine Annahmen kritisch beleuchtet. Der statische ressourcenbasierte Ansatz dient vor allem dazu, strategisch wertvolle Ressourcen von weniger wertvollen – hier als Commodity-Ressourcen definiert – anhand genau bestimmter Kriterien abgrenzen zu können. Diese Abgrenzung gelingt allerdings nur, wenn ein Status quo beschrieben wird. Dies führt zu der logisch anschließenden Frage nach der Entstehung strategisch wertvoller Ressourcen und Fähigkeiten; verlangt also nach einer dynamischen Betrachtung. Diese Dynamisierung wird durch die Erweiterung des ressourcenbasierten Ansatzes durch die Österreichische Schule der Ökonomie, die Evolutionstheorie und das daraus resultierende Amalgam des Dynamic Capabilities Approaches erreicht. Hierdurch lässt sich der ressourcenbasierte Ansatz um drei wesentliche Erkenntnisse erweitern: (1) Wettbewerbsvorteile sind eher temporär als nachhaltig, (2) unternehmerische Persönlichkeiten bestimmen maßgeblich die Ressourcenpostition und damit die Wettbewerbsvorteile einer Unternehmung, und (3) Wandel ist nur innerhalb bestimmter Grenzen möglich.

Mit Hilfe dieser Erkenntnisse können zwar einige – aber durchaus nicht alle – Grenzen des ressourcenbasierten Ansatzes überwunden werden. Daher bestand weiterhin die Notwendigkeit, den ressourcenbasierten Ansatz mit anderen Theorien sinnvoll zu erweitern, wozu die Industrieökonomie, der Transaktionskostenansatz und verhaltenswissenschaftliche Ansätze herangezogen wurden. Hierdurch konnten auch Elemente der externen Umwelt mit in die Überlegungen integriert, Isolationsmechanismen weiter konkretisiert und das Management als Entscheidungsträger tiefer analysiert werden.

Die Erkenntnisse des Kapitels 4 lieferten die Grundlage für die Analyse von Mergers *&* Acquisitions im Kapitel 5. Um die beiden erkenntnisleitenden Fragen nach dem Zweck und dem Erfolg von Mergers *&* Acquisitions umfassend beantworten zu können, wurde der Abschnitt in drei aufeinander aufbauende Argumentationsstränge unterteilt:

Der erste Teil des Kapitels diente der Ermittlung von drei Bedingungen des Ressourcenbedarfs einer Unternehmung. Aufgrund der voran genannten Verbindung des ressourcenbasierten Ansatzes mit Überlegungen der Österreichischen Schule der Ökonomie, der Evolutionstheorie und des daraus resultierenden Dynamic Capabilities Approaches konnte eine dynamische Umwelt als erster Auslöser für den Ressourcenwandel einer Unternehmung herausgearbeitet werden. Die gleichen Ansätze ließen sich auch zur Bestimmung des zweiten Faktors – der heterogenen Ressourcenausstattung – heranziehen. Dass beide Aspekte erst durch einen Perzeptionsfilter der Entscheidungsträger laufen, bevor sie schließlich in einen klar definierten Ressourcenbedarf münden, stellt den dritten Faktor, der bestimmt wurde, dar. Hierzu war der ressourcenbasierte Ansatz neben Überlegungen der Österreichischen Schule zusätzlich mit verhaltenswissenschaftlichen Erkenntnissen anzureichern.

Der zweite Teil des Kapitels befasste sich mit den Beschaffungsalternativen, um die zuvor ermittelte Ressourcenlücke zu schließen. Hierbei wurden vier Beschaffungsalternativen untersucht: (1) Faktormärkte, (2) interne Entwicklung, (3) Unternehmungskooperationen und (4) Mergers *&* Acquisitions. Für jede der Alternativen konnte ein spezifisches Profil von Ressourcen und Fähigkeiten erstellt werden, die damit beschafft werden können. Um die Beschaffungsquellen einer umfassenden Untersuchung zuzuführen, wurde der ressourcenbasierte Ansatz um transaktionskostentheoretische, evolutionstheoretische, organisationstheoretische und finanztheoretische Aspekte ergänzt.

Für Faktormärkte konnte festgehalten werden, dass diese aufgrund der Isolationsmechanismen strategisch wertvoller Ressourcen und Fähigkeiten zu deren Beschaffung nicht geeignet sind. Gleichwohl können aber Commodity-Ressourcen perfekt über Faktormärkte gehandelt werden. Die interne Entwicklung eignet sich vor allem, wenn Ressourcen und Fähigkeiten benötigt werden, die relativ eng mit der bestehenden Ressourcenbasis verwandt sind. Aufgrund der Historizität der Unternehmungen sehen sie sich *core rigidities* gegenüber, die eine interne Entwicklung hoch innovativer Ressourcen und Fähigkeiten nur innerhalb eines langen Zeitraums ermöglichen, was aufgrund bestehender kurzer Zeitfenster ökonomisch oft nicht sinnvoll ist. Als dritte Beschaffungsalternative wurden Unternehmungskooperationen untersucht. Diese sind geeignet, strategisch wertvolle Ressourcen und Fähigkeiten auch mit hohem Neuheitsgrad zu beschaffen. Allerdings zeichnen sich Unternehmungskooperationen durch ein hohes Konfliktpotenzial und durch ein hohes Risiko der Ressourcendiffusion aus, was deren ökonomische Vorteilhaftigkeit relativiert. Aufgrund der Unternehmungskooperationen innewohnenden Flexibilität konnte aber gezeigt werden, dass diese Beschaffungsalternative gerade in hoch unsicheren Situationen besonders geeignet ist.

Als letzte Beschaffungsalternative wurden Mergers *&* Acquisitions untersucht. Dabei konnte gezeigt werden, dass diese sowohl für die Beschaffung von strategisch wertvollen als auch von hoch innovativen Ressourcen und Fähigkeiten herangezogen werden können. Da gesamte Unternehmungseinheiten transferiert werden, besteht durch Mergers & Acquisitions die Möglichkeit, auch komplexe Ressourcen und Fähigkeiten samt ihrem Unternehmungskontext zu beschaffen. Gleichzeitig werden auch die Mitarbeiter als Träger von Fähigkeiten erworben, wodurch auch implizites Wissen von einem Eigentümer auf den nächsten übertragen werden kann. Auch die Möglichkeit, bestimmte Zielunternehmungen aus dem gesamten Unternehmungsuniversum auszuwählen, führte zu der wichtigen Erkenntnis, dass Mergers & Acquisitions keinerlei Grenzen bei der Beschaffung neuartiger Ressourcen und Fähigkeiten unterliegen. Da die beteiligten Unternehmungen unter eine einheitliche Kontrolle gebracht werden, ist auch das Konfliktpotenzial reduziert. Daneben wurden aber auch Nachteile von Mergers & Acquisitions herausgearbeitet: die damit verbundenen sunk costs und die daraus resultierende Inflexibilität. Damit zeigte sich: Mergers & Acquisitions sind nur in stabilen Umweltsituationen durchzuführen. Die mit Hilfe der beiden ersten Abschnitte erzielten Erkenntnisse wurden anhand des Fallbeispiels der Bankenindustrie illustriert.

Hieran schloss sich im dritten Abschnitt die Frage an, inwieweit sowohl die Aktionäre der Ziel- als auch der Bietunternehmung durch Mergers & Acquisitions überdurchschnittliche Renditen erzielen können. Dazu wurde herausgearbeitet, dass die Bietkonkurrenz um eine Zielunternehmung eingeschränkt sein muss, damit auch die Aktionäre der Bietunternehmung von Mergers & Acquisitions profitieren können. Um diesen Aspekt mit den vorangegangenen Überlegungen der Arbeit zu verknüpfen, wurde ein Rückgriff auf die ökonomischen Grundlagen des ressourcenbasierten Ansatzes vorgenommen und eine Matrix unterschiedlicher Kombinationsmöglichkeiten der Ressourcen der Biet- und Zielunternehmung aufgestellt. Diesen Kombinationsmöglichkeiten konnten unterschiedliche Marktformen zugeordnet werden. Erst wenn sowohl Biet- als auch Zielunternehmung einzigartige und cospezifische Ressourcen einbringen, können die Aktionäre beider Parteien von Mergers & Acquisitions profitieren, da nur dann ein bilaterales Ressourcenmonopol vorliegt, das eine Aufteilung der Renten zulässt. Auch diese Erkenntnisse wurden illustriert anhand des Fallbeispiels AOL Time Warner.

Insgesamt ließen sich damit zwei Ergebnisse und gleichzeitig die Antworten auf die zwei forschungsleitenden Fragen der Arbeit festhalten:

1. Mergers & Acquisitions sind *die* Beschaffungsalternative, wenn strategisch wertvolle Ressourcen und Fähigkeiten mit hohem Neuheitsgrad unter geringer Umweltunsicherheit erworben werden sollen.

2. Auch die Aktionäre der Käuferseite können durch Mergers & Acquisitions eine überdurchschnittliche Rendite erzielen, wenn sowohl die Biet-, als auch die Zielunternehmung cospezifisch komplementäre, strategisch wertvolle Ressourcen und Fähigkeiten einbringen.

Der ressourcenbasierte Ansatz dient damit sowohl dazu, die Notwendigkeit von Mergers & Acquisitions zu erklären, als auch Bedingungen für erfolgreiche Mergers & Acquisitions herauszuarbeiten, indem er die beiden zentralen Fragen der Mergers & Acquisitions-Forschung in den Mittelpunkt stellt. Aus diesen Kernaussagen der Arbeit lassen sich jedoch noch weitere Aussagen ableiten, die Orientierungen und Anreize für eine weiterführende Mergers & Acquisitions-Forschung bieten:

Merger-Waves stellen ein wirtschaftliches Phänomen dar, welches bisher keiner hinreichenden theoretischen Erklärung zugeführt wurde (Malik 1999: 252 f.). Folglich wird dieses Phänomen von Brealey und Myers (1996) als letztes der „10 unsolved problems in finance" angeführt (Brealey und Myers 1996: 997). Zwar konnte keine finanzwirtschaftliche Erklärung für Merger-Waves entwickelt werden, aber eine strategisch orientierte wurde präsentiert: Mergers & Acquisitions sind ein Vehikel zur Ressourcenbeschaffung nach Zeiten wirtschaftlicher, gesellschaftlicher, politisch-rechtlicher oder technologischer Umbrüche. Da diese Umbrüche nicht kontinuierlich, sondern in Schüben auftreten, erfolgen auch Mergers & Acquisitions in Schüben. Konsequenterweise kann hieraus gefolgert werden, dass die nächste Merger-Wave mit Sicherheit kommen wird. Es ist nur eine Frage der Zeit, bis sich die nächste Grundlageninnovation so weit durchgesetzt hat oder sich eine neue politisch-rechtliche, ökonomische oder gesellschaftliche Veränderung einstellt, die die bestehende Ressourcenbasis von Unternehmungen vor neue Herausforderungen stellt, die nur durch Neukombinationen bewältigt werden können. Mit der Frage der Merger-Waves sind aber noch zwei weitere Fragen eng verbunden, die damit ebenfalls einer Antwort zugeführt werden konnten.

Und zwar handelt es sich zunächst um die Frage, warum Häufungen von Mergers & Acquisitions in einigen Branchen zu beobachten sind. Hierfür kann das entwickelte Modell ebenfalls eine Erklärung liefern. Da wirtschaftliche, gesellschaftliche, politisch-rechtliche oder technologische Umbrüche nicht alle Branchen gleichermaßen betreffen, ist auch nicht zu erwarten, dass Mergers & Acquisitions über alle Branchen gleichverteilt auftreten. So werden beispielsweise nur einzelne Branchen dereguliert, oder Basisinnovationen haben nur auf wenige Branchen eine Auswirkung.

Daneben werden durch Mergers *&* Acquisitions in den betroffenen Branchen die verbleibenden Unternehmungen in ihren Möglichkeiten eingeschränkt, ebenfalls Ressourcen und Fähigkeiten durch Fusion oder Akquisition zu erzielen, da sich die Zahl der *freien* Unternehmungen in der Branche verringert. Sobald der Ressourcenbedarf in einer Branche bekannt wird und einige Unternehmungen beginnen, sich zusammenzuschließen, erhöht dies den Druck auf die verbleibenden Unternehmungen, es ihnen gleich zu tun, um sich ähnliche kosten- und differenzierungsseitige Vorteile zu erschließen. Eine institutionalistische Erklärung für Branchenhäufungen ist daher nicht nötig; es handelt sich um klar ökonomisch motiviertes Verhalten.

Die zweite Frage betrifft das Phänomen, warum Mergers *&* Acquisitions gerade in Zeiten hoher Aktienkurse zu beobachten sind, obwohl in Zeiten niedriger Aktienkurse der Kauf für den Käufer wesentlich günstiger wäre. Dies ist damit zu erklären, dass Volkswirtschaften in der Regel nach der Einführung und dem Durchbruch von Basistechnologien einen Aufschwung erleben, worauf Börsen ebenfalls positiv mit einer Hausse reagieren. Gleichzeitig stellen diese Phasen auch neue Anforderungen an die Ressourcenbündel der Unternehmungen, die an die neuen Umweltgegebenheiten angepasst werden müssen. Wie oben gezeigt, geschieht dies zum Teil durch Mergers *&* Acquisitions. Die Häufung von Mergers *&* Acquisitions in Zeiten hoher Aktienkurse wird folglich nicht von den Aktienkursen ausgelöst, sondern es handelt sich um eine zeitliche Koinzidenz, ausgelöst von wirtschaftlichen, gesellschaftlichen, politisch-rechtlichen oder technologischen Umbrüchen.

Trotz der Reichweite der hier gewonnenen Erkenntnisse sind noch einige offene Forschungsdesiderate zu konstatieren: So besteht noch weiterer Forschungsbedarf hinsichtlich des unternehmerischen Weitblicks und damit der Person des Unternehmers. Hierbei sind wesentliche Beiträge aus der Psychologie und der Soziologie zu erwarten.

Schließlich sei darauf hingewiesen, dass umfassende empirische Studien zum Thema Mergers *&* Acquisitions vonnöten sind, gerade auch vor dem Hintergrund des hier entwickelten Modells. Hierbei stehen die Forscher vor zwei wesentlichen methodischen Herausforderungen: (1) Wenn Mergers *&* Acquisitions realistischerweise als unternehmerische Neukombination von Ressourcen und Fähigkeiten verstanden werden, ist es fraglich, ob die empirische Forschung weiterhin primär durch Eventstudien durchführbar ist, da zum einen eine unternehmerische Vision qua Definition von den Kapitalmärkten nicht als solche erkannt wird und zum anderen die Umsetzung wohl einen längeren

Zeitraum benötigt, als den durch bisherige Eventstudien untersuchten. Der Übergang zu längeren Untersuchungszeiträumen ist allerdings als schwierig anzusehen, da mit wachsendem Untersuchungszeitraum der *noise-Anteil* der Studien steigt. Dies behindert die Ermittlung eines Zusammenhangs zwischen Ereignis und Ergebnis. (2) Wenn ebenfalls realistischerweise von einer heterogenen, idiosynkratischen Ressourcenausstattung der Unternehmungen ausgegangen wird, muss sich die empirische Forschung von den bestehenden – meist industrieökonomisch geprägten – Datenbanken verabschieden und neue, wesentlich differenziertere Datensätze aufbauen. Diese Datensätze sollten Ressourcen und Fähigkeiten beinhalten und den Vergleich von Ressourcenklassen und -ausstattungen ermöglichen.

Literaturverzeichnis

Aaker, David A. (1989), Managing Assets and Skills: The Key to a Sustainable Competitive Advantage, in: *California Management Review*, 31 (2), S. 91–106.

Abell, Derek F. (1978), Strategic Windows, in: *Journal of Marketing*, 42 (3), S. 21–26.

Achleitner, Ann-Kristin (2000), *Handbuch Investment Banking*, 2. Auflage, Gabler, Wiesbaden.

Agrawal, Anup, Jeffrey F. Jaffe und Gershon N. Mandelker (1992), The Post-Merger Performance of Acquiring Firms: A Re-examination of an Anomaly, in: *The Journal of Finance*, 67 (4), S. 1605–1621.

Agrawal, Anup und Charles R. Knoeber (1998), Managerial Compensation and the Threat of Takeover, in: *Journal of Financial Economics*, 47 (2), S. 219–239.

Akerlof, George A. (1970), The Market for „Lemons": Quality Uncertainty and the Market Mechanism, in: *Quarterly Journal of Economics*, 84 (2), S. 488–500.

Akhigbe, Aigbe und Jeff Madura (1999), Intra-Industry Signals Embedded in Bank Acquisitions Announcements, in: *Journal of Banking & Finance*, 23 (11), S. 1637–1654.

Albach, Horst (1979), Zur Widerentdeckung des Unternehmers in der wirtschaftspolitischen Diskussion, in: *Zeitschrift für die gesamte Staatswissenschaft, Journal of Institutional and Theoretical Economics*, 135 (4), S. 533–552.

Albach, Horst (1986), Innovatorischer und imitatorischer Wettbewerb in der Wirtschaftsordnung, in: *FIW-Schriftenreihe. Neuorientierung des Wettbewerbsschutzes, Jubiläumsschrift 25 Jahre FIW, Köln*, 50 (25), S. 95–106.

Albach, Horst (1988), Dynamischer Wettbewerb, in: Helmut Schmidt (Hrsg.), *Die Grenzen sprengen – Edzard Reuter zum Sechzigsten*, Siedler, Berlin, S. 171–194.

Albach, Horst (1989), International Management Leveraged Buy-Outs as Innovations in the Market for Corporate Control, in: Bo Fridman und Lars Östman (Hrsg.), *Accounting Development – Some Perspectives. A book in honour of Sven-Erik Johansson*, Stockholm School of Economics, Stockholm, S. 105–115.

Albach, Horst (1991), *Unternehmen im Wettbewerb: Investitions-, Wettbewerbs- und Wachstumstheorie als Einheit*, Gabler, Wiesbaden.

Alchian, Armen A. (1950), Uncertainty, Evolution, and Economic Theory, in: *The Journal of Political Economy*, 58 (3), S. 211–222.

Allianz Group (2001), *Allianz und Dresdner Bank: Die Argumente. Die Antworten. Ein attraktives Angebot.*, München.

American Online and Time Warner (2000), *AOL Time Warner Merger: Joint Proxy Statement-Prospectus*, 19. Mai 2000, Dulles, VA.

Amihud, Yakov, Peter Dodd und Mark Weinstein (1986), Conglomerate Mergers, Managerial Motives and Stockholder Wealth, in: *Journal of Banking and Finance*, 10 (2), S. 401–410.

Amihud, Yakov und Jacob Kamin (1978/79), Revenue vs. Profit Maximization: Differences in Behavior by the Type of Control and by Market Power, in: *Southern Economic Journal*, 45 (3), S. 838–846.

Amihud, Yakov und Baruch Lev (1981), Risk Reduction as a Managerial Motive for Conglomerate Mergers, in: *The Bell Journal of Economics*, 12 (2), S. 605–617.

Amit, Raphael und Joshua Livnat (1988), Diversification Strategies, Business Cycles and Economic Performance, in: *Strategic Management Journal*, 9 (2), S. 99–110.

Amit, Raphael und Paul J. H. Schoemaker (1993), Strategic Assets and Organizational Rent, in: *Strategic Management Journal*, 14 (1), S. 33–46.

Ansoff, H. Igor, Richard G. Brandenburg, Fred E. Portner und Raymond Radosevich (1971), *Twenty Years of Acquisition Behavior in America: A Comparative Study of Mergers and Acquisitions of U.S. Manufacturing Firms 1946-1965*, Associated Business Programmes, London.

AOL Time Warner (2001a), *Presseerklärung: American Online and Time Warner Complete Merger to Create AOL Time Warner*, 11. Januar 2001, Dulles, VA.

AOL Time Warner (2001b), *Presseerklärung: AOL Time Warner Reports Record Second Quarter EBITA of $2.5 Billion, Up 20%*, 18. Juli 2001, New York.

Appel, Holger und Christoph Hein (1998), *Der DaimlerChrysler Deal*, Deutsche Verlags-Anstalt, Stuttgart.

Arbeitskreis Finanzierung der Schmalenbach-Gesellschaft Deutsche Gesellschaft für Betriebswirtschaft e. V. (1990), Analyse der für die Entwicklung eines Buy-out-Marktes notwendigen Bedingungen in der Bundesrepublik Deutschland unter besonderer Berücksichtigung von MBOs, in: *Zeitschrift für betriebswirtschaftliche Forschung*, 42 (10), S. 830–850.

Arrow, Kenneth Joseph (1971), *Essays in the Theory of Risk Bearing*, Markham, Chicago, Il.

Arrow, Kenneth Joseph (1984), Information and Economic Behavior, in: Kenneth Joseph Arrow (Hrsg.), *Collected Papers of Kenneth J. Arrow*, Band 4 The Economics of Information, The Belknap Press of Harvard University Press, Cambridge, Massachusetts, S. 136–152.

Asquith, Paul (1983), Merger Bids, Uncertainty, and Stockholder Returns, in: *Journal of Financial Economics*, 11 (1), S. 51–83.

Asquith, Paul, Robert F. Bruner und David W. Mullins Junior (1983), The Gains to Bidding Firms from Merger, in: *Journal of Financial Economics*, 11 (1), S. 121–139.

Asquith, Paul und E. Han Kim (1982), The Impact of Merger Bids on the Participating Firm's Security Holders, in: *The Journal of Finance*, XXXVII (5), S. 1209–1228.

Asquith, Paul und Thierry A. Wizman (1990), Event Risk, Covenants, and Bondholder Returns in Leverage Buyouts, in: *Journal of Financial Economics*, 27 (2), S. 195–213.

Auerbach, Alan J. und David Reishus (1988), The Effects of Taxation on the Merger Decision, in: Alan J. Auerbach (Hrsg.), *Corporate Takeovers: Causes and Consequences*, University of Chicago Press, Chicago, Illinois, S. 157–187.

Bacharach, Samuel B. (1989), Organizational Theories: Some Criteria for Evaluation, in: *Academy of Management Review*, 14 (4), S. 496–515.

Baetge, Jörg und Marcus Krumbholz (1991), Überblick über Akquisition und Unternehmensbewertung, in: Jörg Baetge (Hrsg.), *Akquisition und Unternehmensbewertung*, Schriften des Instituts für Revisionswesen der Westfälischen Wilhelms-Universität Münster, IDW, Düsseldorf, S. 1–30.

Bain, Joe S. (1956), *Barriers to New Competition. Their Character and Consequences in Manufacturing Industries*, Harvard University Press, Cambridge, MA.

Ball, Sheryl B., Max H. Bazerman und John S. Carroll (1991), An Evaluation of Learning in the Bilateral Winner's Curse, in: *Organizational Behavior and Human Decision Processes*, 48 (1), S. 1–22.

Ballwieser, Wolfgang (1991), Unternehmensbewertung beim Management Buy-Out, in: Jörg Baetge (Hrsg.), *Akquisition und Unternehmensbewertung*, Schriften des Instituts für Revisionswesen der Westfälischen Wilhelms-Universität Münster, IDW, Düsseldorf, S. 81–96.

Balzer, Arno und Patricia Döhle (2000), „Zum Angriff" Interview: Deutsche-Bank-Vorstand Mitchell über seinen neuen Job, die Attacken der US-Investmentbanken auf Europa und die Gegenstrategie seines Hauses, in: *manager magazin*, 30 (7), S. 152–155.

Balzer, Arno, Patricia Döhle und Andreas Nölting (2000), Alles oder nichts: Investmentbanker: Sie kassieren Schwindel erregende Gehälter. Wenn es ums Geschäft geht, setzen sie ihre Interessen rücksichtslos durch. Sie werden bewundert und gefürchtet – wer ist diese umstrittene Elite?, in: *manager magazin*, 30 (7), S. 140–150.

Balzer, Arno und Winfried Wilhelm (2000), „Gebrannte Kinder" Interview: Deutsche-Bank-Vorstandssprecher Rolf-E. Breuer, in: *manager magazin*, 30 (5), S. 10–15.

Bamberger, Ingolf und Thomas Wrona (1996), Der Ressourcenansatz und seine Bedeutung für die Strategische Unternehmensführung, in: *Zeitschrift für betriebswirtschaftliche Forschung*, 48 (2), S. 130–153.

Barber, Brad M. und John D. Lyon (1997), Detecting Long-Run Abnormal Stock Returns: The Empirical Power and Specification of Test Statistics, in: *Journal of Financial Economics*, 43 (3), S. 341–372.

Barnard, Chester (1938), *The Functions of the Executive*, Harvard University Press, Cambridge, Massachusetts.

Barnett, William P. und Robert A. Burgelman (1996), Evolutionary Perspectives on Strategy, in: *Strategic Management Journal*, 17 (Summer Special Issue), S. 5–19.

Barney, Jay B. (1986a), Organizational Culture: Can It be a Source of Sustained Competitive Advantage?, in: *Academy of Management Review*, 11 (3), S. 656–665.

Barney, Jay B. (1986b), Strategic Factor Markets: Expectations, Luck and Business Strategy, in: *Management Science*, 32 (10), S. 1231–1241.

Barney, Jay B. (1988), Returns to Bidding Firms in Mergers and Acquisitions: Reconsidering the Relatedness Hypothesis, in: *Strategic Management Journal*, 9 (Winter Special Issue), S. 71–78.

Barney, Jay B. (1989), Asset Stock Accumulation and Sustainability of Competitive Advantage: A Comment, in: *Management Science*, 35 (12), S. 1511–1513.

Barney, Jay B. (1991), Firm Resources and Sustained Competitive Advantage, in: *Journal of Management*, 17 (1), S. 99–120.

Barney, Jay B. (1992), Integrating Organizational Behavior and Strategy Formulation Research: A Resource Based Analysis, in: Paul Shrivastava, Anne Huff und Jane E. Dutton (Hrsg.), *Advances in Strategic Management*, Band 8, JAI Press, Greenwich, S. 39–61.

Barney, Jay B. (1996), *Gaining and Sustaining Competitive Advantage*, Addison-Wesley, Reading, Massachusetts.

Barney, Jay B. (2001), Is the Resource-based „View" a Useful Perspective for Strategic Management Research? Yes, in: *Academy of Management Review*, 26 (1), S. 41–56.

Barney, Jay B. und Thomas A. Turk (1994), Superior Performance from Implementing Merger and Acquisition Strategies: A Resource-Based Analysis, in: Georg von Krogh, Alessandro Sinatra und Harbir Singh (Hrsg.), *The Management of Corporate Acquisitions. International Perspectives*, Macmillan, London, S. 105–127.

Baumol, William J. (1967), *Business Behavior, Value and Growth*, 2. Auflage, McMillan, New York.

Baumol, William J., John C. Panzar und Robert D. Willig (1988), *Contestable Markets and the Theory of Industry Structure*, revidierte Auflage, Hardcourd, San Diego.

Bazerman, Max H. und William F. Samuelson (1983), I Won the Auction But Don't Want the Price, in: *Journal of Conflict Resolution*, 27 (4), S. 618–634.

Bea, Franz Xaver (1982), Ziele, Strategien, Determinanten und Modelle des Unternehmenswachstums, in: *Wirtschaftswissenschaftliches Studium*, 11 (10), S. 449–455.

Berens, Wolfgang, Martin Mertes und Joachim Strauch (1998a), Unternehmensakquisitionen, in: Wolfgang Berens und Hans U. Brauner (Hrsg.), *Due Diligence bei Unternehmensakquisitionen*, Schäffer-Poeschel, Stuttgart, S. 21–65.

Berens, Wolfgang, Martin Schmitting und Joachim Strauch (1998b), Due Diligence im Rahmen des Unternehmenskaufs, in: Wolfgang Berens und Hans U. Brauner (Hrsg.), *Due Diligence bei Unternehmensakquisitionen*, Schäffer-Poeschel, Stuttgart, S. 67–107.

Berens, Wolfgang und Joachim Strauch (1998), Herkunft und Inhalt des Begriffes Due Diligence, in: Wolfgang Berens und Hans U. Brauner (Hrsg.), *Due Diligence bei Unternehmensakquisitionen*, Schäffer-Poeschel, Stuttgart, S. 3–19.

Berger, Allan N., Anthony Saunders, Joseph M. Scalise und Gregory F. Udell (1998), The Effects of Bank Mergers and Acquisitions on Small Business Lending, in: *Journal of Financial Economics*, 50 (2), S. 187–229.

Bergh, Donald D. (1997), Predicting Divestitures of Unrelated Acquisitions: An Integrative Model of Ex Ante Conditions, in: *Strategic Management Journal*, 18 (9), S. 715–731.

Berk, Jonathan B., Eric Hughson und Kirk Vandezande (1996), The Price Is Right, but are the Bids? An Investigation of Rational Decision Theory, in: *American Economic Review*, 86 (4), S. 954–970.

Berle, Adolf A. und Gardiner C. Means (1932), *The Modern Corporation and Private Property*, Macmillan, New York.

Berlin, Isaiah (1996), On Political Judgment, in: *New York Review of Books*, 43 (15), S. 26–30.

Bernet, Beat (1999), Warum fusionieren Banken?, in: Hans Siegwart und Gregory Neugebauer (Hrsg.), *Mega-Fusionen: Analysen – Kontroversen – Perspektiven*, 2. Auflage, Paul Haupt, Bern, S. 131–145.

Besanko, David, David Dranove und Mark Shanley (1996), *The Economics of Strategy*, John Wiley & Sons, New York.

Bettis, Richard A. und C.K. Prahalad (1995), The Dominant Logic: Retrospective and Extension, in: *Strategic Management Journal*, 16 (1), S. 5–14.

Bhagat, Sanjai, Andrei Shleifer und Robert W. Vishny (1990), Hostile Takeovers in the 1980s: The Return to Corporate Specialization, in: Martin Neil Baily und Clifford Winston (Hrsg.), *Brookings Papers on Economic Activity. Microeconomics*, Brookings Institution, Washington, S. 1–84.

Black, Janice A. und Kimberly B. Boal (1994), Strategic Resources: Traits, Configurations and Paths to Sustainable Competitive Advantage, in: *Strategic Management Journal*, 15 (Summer Special Issue), S. 131–148.

Bleeke, Joel, David Ernst, James A. Isono und Douglas D. Weinberg (1994a), Die neue Gestalt internationaler Fusionen und Akquisitionen, in: Joel Bleeke und David Ernst (Hrsg.), *Rivalen als Partner: Strategische Allianzen und Akquisitionen im globalen Markt*, Campus, Frankfurt am Main, S. 118–142.

Bleeke, Joel, David Ernst, James A. Isono und Douglas D. Weinberg (1994b), Erfolgsfaktoren bei internationalen Fusionen und Akquisitionen, in: Joel Bleeke und David Ernst (Hrsg.), *Rivalen als Partner: Strategische Allianzen und Akquisitionen im globalen Markt*, Campus, Frankfurt am Main, S. 106–117.

Blum, Georges und Marcel Ospel (1999), Die treibenden Kräfte zur UBS: Gekürzte Fassung des Aktionärsbriefes vom 28 März 1998, in: Hans Siegwart und Gregory Neugebauer (Hrsg.), *Mega-Fusionen: Analysen - Kontroversen - Perspektiven*, 2. Auflage, Paul Haupt, Bern, S. 147–152.

Böbel, Ingo (1984), *Wettbewerb und Industriestruktur. Industrial Organization-Forschung im Überblick*, Studies in Contemporary Economics, Springer, Berlin.

Bradley, Michael (1986), The Economic Consequences of Mergers and Tender Offers, in: Joel M. Stern und Donald H. Chew Jr. (Hrsg.), *The Revolution in Corporate Finance*, Basil Blackwell, New York, S. 368–379.

Bradley, Michael, Anand Desai und E. Han Kim (1983), The Rationale Behind Interfirm Tender Offers, in: *Journal of Financial Economics*, 11 (1), S. 183–206.

Bradley, Michael, Anand Desai und E. Han Kim (1988), Synergistic Gains from Corporate Acquisitions and Their Division between the Stockholders of Target and Acquiring Firms, in: *Journal of Financial Economics*, 21 (1), S. 3–40.

Brealey, Richard A. und Stewart C. Myers (1996), *Principles of Corporate Finance*, 5. Auflage, McGraw-Hill, New-York.

Bresser, Rudi K. F. (1988), Matching Collective and Competitive Strategies, in: *Strategic Management Journal*, 9 (4), S. 375–385.

Bresser, Rudi K. F. (1989), Kollektive Unternehmensstrategien, in: *Zeitschrift für Betriebswirtschaft*, 59 (5), S. 482–501.

Bresser, Rudi K. F. (1998), *Strategische Managementtheorien*, Walter DeGruyter, Berlin.

Bresser, Rudi K. F. und R. Bishop (1983), Dysfunctional Effects of Formal Planning: Two Theoretical Explanations, in: *Academy of Management Review*, 8 (4), S. 588–599.

Bresser, Rudi K. F., Erik Eschen und Klemens Millonig (2000a), Cyberbanking's Business Models: Assessments from Germany, paper presented at the Strategic Manangement 20th Annual International Conference, October 15-18, 2000, Vancouver, British Columbia, Canada.

Bresser, Rudi K. F., Erik Eschen und Klemens Millonig (2001), Internet-Banking verdirbt Filialbanken das Geschäft, in: *Harvard Business Manager*, 23 (3), S. 28–39.

Bresser, Rudi K. F., Dieter Heuskel und Robert D. Nixon (2000b), The Deconstruction of Integrated Value Chains: Practical and Conceptual Challenges, in: Rudi K. F. Bresser, Michael A. Hitt, Robert D. Nixon und Dieter Heuskel (Hrsg.), *Winning Strategies in a Deconstructing World*, Strategic Management Series, John Wiley & Sons, Chichester, S. 1–21.

Brouthers, Keith D. und Lance Eliot Brouthers (2000), Acquisition or Greenfield Start-up? Institutional, Cultural and Transaction Cost Influence, in: *Strategic Management Journal*, 21 (1), S. 89–97.

Brown, Charles und James L. Medoff (1988), The Impact of Firm Acquisitions on Labor, in: Alan J. Auerbach (Hrsg.), *Corporate Takeovers: Causes and Consequences*, University of Chicago Press, Chicago, Il., S. 9–31.

Brown, Stephen J. und Jerold B. Warner (1985), Using Daily Stock Returns. The Case of Event Studies, in: *Journal of Financial Economics*, 14 (1), S. 3–31.

Bruner, Robert F. (1988), The Use of Excess Cash and Debt Capacity as a Motive for merger, in: *Journal of Financial and Quantitative Analysis*, 23 (2), S. 199–217.

Brush, Thomas H. (1996), Predicted change in operational synergy and post-acquisition performance of acquired businesses, in: *Strategic Management Journal*, 17 (1), S. 1–24.

Bühner, Rolf (1989), Bestimmungsfaktoren und Wirkungen von Unternehmenszusammenschlüssen, in: *Wirtschaftswissenschaftliches Studium*, 18 (4), S. 158–165.

Bühner, Rolf (1990a), Der Jahresabschlußerfolg von Unternehmenszusammenschlüssen, in: *Zeitschrift für Betriebswirtschaft*, 60 (12), S. 1275–1294.

Bühner, Rolf (1990b), *Erfolg von Unternehmenszusammenschlüssen in der Bundesrepublik Deutschland*, C.E. Poeschel, Stuttgart.

Bühner, Rolf (1990c), *Unternehmenszusammenschlüsse: Ergebnisse empirischer Analysen*, C.E. Poeschel, Stuttgart.

Bühner, Rolf (1991), *Grenzüberschreitende Zusammenschlüsse deutscher Unternehmen*, C.E. Poeschel, Stuttgart.

Bühner, Rolf (1995), Fusion, in: Wolfgang Gerke und Manfred Steiner (Hrsg.), *Handwörterbuch des Bank- und Finanzwesens*, 2. Auflage, Schäffer-Poeschel, Stuttgart, S. 840–847.

Buono, Anthony F. und James L. Bowditch (1989), *The Human Side of Mergers and Acquisitions: Managing Collisions Between People, Cultures, and Organizations*, Jossey-Bass, San Francisco.

Burgess, Giles H. Jr. (1989), *Industrial Organization*, Prentice-Hall, Englewood Cliffs, New Jersey.

Burgmaier, Stefanie, Lothar Schnitzler und Andreas Wildhagen (1998), Wellcome home. Abschied von der Deutschland AG: Mit einer noch nie dagewesenen Umbauwelle passen sich die deutschen Konzerne an amerikanische Spielregeln an, in: *Wirtschaftswoche*, vom 3. Dezember 1998 (50), S. 82–87.

Burrough, Bryan und John Helyar (1990), *Barbarians at the Gate – The Fall of RJR Nabisco*, Harper & Row, New York.

Burrough, Bryan und John Helyar (1993), *Die Nabisco-Story: Ein Unternehmen wird geplündert*, Ullstein, Berlin.

Cabiallavetta, Mathis (1999), Die zunehmende Grösse allein uss Führungsaufgaben nicht erschweren, in: Hans Siegwart und Gregory Neugebauer (Hrsg.), *Mega-Fusionen: Analysen – Kontroversen – Perspektiven*, 2. Auflage, Paul Haupt, Bern, S. 153–162.

Calomiris, Charles W. und Jason Karceski (1998), *Is the Bank Merger Wave of the 1990s Efficient? Lessons from Nine Case Studies*, The AEI Press, Washington, D. C.

Campbell, Colin M., John H. Kagel und Dan Levin (1999), The Winner's Curse and Public Information in Common Value Auctions: Reply, in: *The American Economic Review*, 89 (1), S. 325–334.

Capen, E. C., R.V. Clapp und W.M. Campell (1971), Competitive Bidding in High-Risk Situations, in: *Journal of Petroleum Technology*, 23 (June), S. 641–653.

Capron, Laurence (1999), The Long-term Performance Impact of Horizontal Acquisitions, in: *Strategic Management Journal*, 20 (11), S. 987–1018.

Capron, Laurence, Pierre Dussauge und Will Mitchell (1998), Resource Redeployment Following Horizontal Acquisitions in Europe and North America, in: *Strategic Management Journal*, 19 (7), S. 631–661.

Capron, Laurence und Will Mitchell (1998), Bilateral Resource Redeployment Following Horizontal Acquisitions: A Multi-Dimentional Study of Business Reconfiguration, in: *Industry and Corporate Change*, 7 (3), S. 453–484.

Capron, Laurence und Will Mitchell (1999), The Impact of Relevant Resources and Market Failure on Modes of Business Change, Working paper, University of Michigan, Michigan.

Capron, Laurence und Will Mitchell (2000), Internal Versus External Knowledge Sourcing: Evidence from Telecom Operators in Europe, Working paper, University of Michigan, Michigan.

Capron, Laurence, Will Mitchell und Anand Swaminathan (1999), Post-Acquisition Resource Redeployment and Asset Divestiture: An Evolutionary View, Working paper, University of Michigan, Michigan.

Capron, Laurence, Will Mitchell und Anand Swaminathan (2000), Asset Divestiture Following Horizontal Acquisitions: A Dynamic View, Working paper, University of Michigan, Michigan.

Carroll, John S., Max H. Bazerman und Robin Maury (1988), Negotiators Cognitions: A Descriptive Approach to Negotiators' Understanding of Their Opponents, in: *Organizational Behavior and Human Decision Processes*, 41 (3), S. 352–370.

Cassing, James und Richard W. Douglas (1980), Implications of the Auction Mechanism in Baseball's Free Agent Draft, in: *Southern Economic Journal*, 47 (1), S. 110–121.

Castanias, Richard P. und Constance H. Helfat (1991), Managerial Resources and Rents, in: *Journal of Management*, 17 (1), S. 155–171.

Chacar, Aya S. und Russell W. Coff (2000), Deconstructing a Knowledge-Based Advantage: Rent Generation, Rent Appropriate, and „Performance" in Investment Banking, in: Rudi K. F. Bresser, Michael A. Hitt, Robert D. Nixon und Dieter Heuskel (Hrsg.), *Winning Strategies in a Deconstructing World*, Strategic Management Series, John Wiley & Sons, Chichester, S. 245–266.

Chakrabarti, Alok K. und William E. Souder (1987), Technology, Innovation and Performance in Corporate Mergers: A Managerial Evaluation, in: *Technovation*, 6 (2), S. 103–114.

Chandler, Alfred D. (1962), *Strategy and Structure. Chapters in the History of the Industrial Enterprise*, The M.I.T. Press, Cambridge, Massachusetts.

Chandler, Gaylen N. und Steven H. Hanks (1994), Market Attractiveness, Resource-Based Capabilities, Venture Strategies, and Venture Performance, in: *Journal of Business Venturing*, 9 (4), S. 331–349.

Chang, Yegmin und Howard Thomas (1989), The Impact of Diversification Strategy on Risk-Return Performance, in: *Strategic Management Journal*, 10 (3), S. 271–284.

Chatterjee, Sayan (1986), Types of Synergy and Economic Value: The Impact of Acquisitions on Merging and Rival Firms, in: *Strategic Management Journal*, 7 (2), S. 119–139.

Chatterjee, Sayan (1990), Excess Resources, Utitlization Costs, And Mode of Entry, in: *Academy of Management Journal*, 33 (4), S. 780–800.

Chatterjee, Sayan (1992), Spurces of Value in Takeovers: Synergy or Restructuring – Implications for Target and Bidder Firms, in: *Strategic Management Journal*, 13 (4), S. 267–286.

Chatterjee, Sayan und Birger Wernerfelt (1991), The Link between Resources and Type of Diversification: Theory and Evidence, in: *Strategic Management Journal*, 12 (1), S. 33–48.

Chaudhuri, Saikat und Behnam Tabrizi (1999), Capturing the Real Value in High-Tech Acquisitions, in: *Harvard Business Review*, 77 (5), S. 123–130.

Chi, Tailan (1994), Trading in Strategic Resources: Necessary Conditions, Transaction Cost Problems, and Choice of Exchange Structure, in: *Strategic Management Journal*, 15 (4), S. 271–290.

Child, John (1972), Organizational Structure, Environment and Performance: The Role of Strategic Choice, in: *Sociology*, 6 (1), S. 1–22.

Christensen, C. Roland, Kenneth R. Andrew, Joseph L. Bower, Richard G. Hamermesh und Michael E. Porter (1987), *Business Policy: Text and Cases*, 6. Auflage, Irwin, Homewood, Illinois.

Chung, Wing Hin (1998), *Spezifität und Unternehmungskooperationen: eine institutionenökonomische Analyse unter besonderer Berücksichtigung dynamischer Aspekte*, Band 145 von *Betriebswirtschaftliche Schriften*, Duncker und Humblot, Berlin.

Church, Jeffrey und Neil Gandal (1996), Systems Competition, Vertical Merger and Foreclosure, Working Paper 6-96, The Sackler Institute for Economic Studies, Faculty of Social Sciences, Tel-Aviv, Ramat Aviv, Israel.

Clever, Holger (1993), *Post-Merger-Management*, Band 4 von *Mergers & Acquisitions*, Kohlhammer, Köln.

Coase, Ronald H. (1937), The Nature of the Firm, in: *Economica*, 4 (4), S. 1–44.

Cockburn, Iain M., Rebecca M. Henderson und Scott Stern (2000), Untangling the Origins of Competitive Advantag, in: *Strategic Management Journal*, 21 (Winter Special Issue), S. 1123–1145.

Coenenberg, Adolf G. und Michael T. Sautter (1988), Strategische und finanzielle Bewertung von Unternehmensakquisitionen, in: *Die Betriebswirtschaft*, 48 (6), S. 691–710.

Collis, David J. (1991), A Resource-based Analysis of Global Competition: The Case of the Bearings Industry, in: *Strategic Management Journal*, 12 (1), S. 49–68.

Collis, David J. (1994), How Valuable are Organizational Capabilities?, in: *Strategic Management Journal*, 15 (Winter Special Issue), S. 143–152.

Comment, Robert und G. William Schwert (1995), Poison or Placebo? Evidence on the Deterrence and Wealth Effects of Modern Antitakeover Measures, in: *Journal of Financial Economics*, 39 (1), S. 3–43.

Conn, Robert L. (1985), A Re-examination of Merger Studies That Use the Capital Asset Pricing Model Methodology, in: *Cambridge Journal of Economics*, 9 (1), S. 43–56.

Conner, Kathleen R. (1991), A Historical Comparison of Resource-Based Theory and Five Schools of Thought Within Industrial Organization Economics: Do We Have a New Theory of the Firm?, in: *Journal of Management*, 17 (1), S. 121–154.

Conner, Kathleen R. und C.K. Prahalad (1996), A Resource-based Theory of the Firm: Knowledge Versus Opportunism, in: *Organization Science*, 7 (5), S. 477–501.

Cool, Karel O. und Dan Schendel (1988), Performance Differences Among Strategic Group Members, in: *Strategic Management Journal*, 9 (3), S. 207–223.

Copeland, Tom und Vladimir Antikarov (2001), *Real Options: A Practitioner's Guide*, Texere, New York.

Copeland, Tom, Tim Koller und Jack Murrin (1996), *Valuation: Measuring and Managing the Value of Companies*, 2. Auflage, John Wiley & Sons, New York.

Cox, James C., Samuel H. Dinkin und Vernon L. Smith (1999), The Winner's Curse and Public Information in Common Value Auctions: Comment, in: *The American Economic Review*, 89 (1), S. 319–324.

Craven, John A. (1992), Ad-hoc-Maßnahmen zur Abwehr von Übernahme- und Beteiligungsversuchen am praktischen Beispiel. Ad-hoc Takeover Defenses: Some Practical Examples, in: Günter Sieben und Heinz-Gerd Stein (Hrsg.), *Unternehmensakquisitionen – Strategien und Abwehrstrategien*, Berichte aus der Arbeit der Schmalenbachgesellschaft – Deutsche Gesellschaft für Betriebswirtschaft e. V., Schäffer-Poeschel, Stattgart, S. 57–66.

Cubbin, John und Paul A. Geroski (1987), The Convergence of Profits in the Long Run: Inter-Firm and Inter-Industry Comparison, in: *Journal of Industrial Economics*, 35 (4), S. 427–442.

Cybo-Ottone, Alberto und Murizio Murgia (2000), Mergers and Shareholder Wealth in European Banking, in: *Journal of Banking & Finance*, 24 (7), S. 831–859.

Dabui, Mani (1998), *Postmerger-Management: Zielgerichtete Integration bei Akquisitionen und Fusionen*, Gabler Edition Wissenschaft, Deutscher UniversitätsVerlag, Wiesbaden.

Daft, Richard L. (1992), *Organization Theory and Design*, 4. Auflage, West, Saint Paul.

Daimon, Da und Ra Verrecchia (1982), Optimal Managerial Contracts and Equilibrium Security Prices, in: *Journal of Finance*, 37 (2), S. 275–288.

Daum, Thomas (1993), *Die unkoordinierte Übernahme einer Aktiengesellschaft nach deutschem Recht*, Band 1377 von *Europäische Hochschulschriften: Reihe 2, Rechtswissenschaft*, Peter Lang, Frankfurt am Main.

D'Aveni, Richard (1994), *Hypercompetition. Managing the Dynamics of Strategic Maneuvering*, Free Press, New York.

Delingat, Andreas (1996), *Unternehmensübernahmen and Agency-Theorie – Konflikte zwischen Management, Aktionären und Fremdkapitalgebern um Verfügungsrechte über Ressourcen*, Dissertation, Wirtschafts- und Sozialwissenschaftliche Fakultät der Universität zu Köln, St. Gallen.

Demsetz, Harold (1988), The Theory of the Firm Revisited, in: Harold Demsetz (Hrsg.), *Ownership, Control, and the Firm*, Band I von *The Organization of Economic Activity*, Basil Blackwell, Cambridge, Massachusetts, S. 144–165.

Dennis, Debra K. und John J. McConnel (1986), Corporate Mergers and Security Returns, in: *Journal of Financial Economics*, 16 (1), S. 143–187.

Dess, Gregory G. und Peter S. Davis (1984), Porter's (1980) Generic Strategies as Determinants of Strategic Group Membership and Organizational Performance, in: *Academy of Management Journal*, 27 (3), S. 467–488.

Deutsche Bank (1998), *Geschäftsbericht 1997*, Frankfurt am Main.

Dickson, Peter Reid (1992), Toward a General Theory of Competitive Advantage, in: *Journal of Marketing*, 56 (1), S. 69–83.

Dierickx, Ingemar und Karel O. Cool (1989), Asset Stock Accumulation and Sustainability of Competitive Advantage, in: *Management Science*, 35 (12), S. 1504–1511.

Dietrich, Michael (1994), *Transaction Cost Economics and Beyond. Towards a New Economics of the Firm*, Routledge, London and New York.

Dodd, Peter (1980), Merger Proposals, Management Discretion and Stockholder Wealth, in: *Journal of Financial Economics*, 8 (1), S. 105–137.

Dodd, Peter (1986), The Market for Corporate Control: A Review of the Evidence, in: Joel M. Stern und Donald H. Chew Jr. (Hrsg.), *The Revolution in Corporate Finance*, Basil Blackwell, New York, S. 343–356.

Dörner, Dietrich (1994), *Die Logik des Mißlingens: Strategisches Denken in komplexen Situationen*, Rowohlt, Hamburg.

Dosi, Giovanni und David J. Teece (1998), Organizational Competencies and the Boundaries of the Firm, in: Richard Arena und Christian Longhi (Hrsg.), *Markets and Organization*, Springer Verlag, New York, S. 281–301.

Dow, Gregory K. (1993), The Appropriability Critique of Transaction Cost Economics, in: Christos Pitelis (Hrsg.), *Transaction Costs, Markets and Hierarchies*, Basil Blackwell, Oxford, S. 101–132.

Dugger, William M. (1993), Transaction Cost Economics and the State, in: Christos Pitelis (Hrsg.), *Transaction Costs, Markets and Hierarchies*, Blackwell, Oxford, S. 188–216.

Duncan, Robert B. (1972), Characteristics of Organizational Environments and Perceived Environmental Uncertainty, in: *Administrative Science Quarterly*, 17 (3), S. 313–327.

Eccles, Robert G., Kersten L. Lanes und Thomas C. Wilson (1999), Are You Paying Too Much for That Acquisition?, in: *Harvard Business Review*, 77 (4), S. 136–146.

Eckbo, B. Espen (1983), Horizontal Mergers, Collusion, and Stockholder Wealth, in: *Journal of Financial Economics*, 11 (2), S. 241–273.

Edelmann, Walter (1993), *Lernpsychologie*, 3. neu bearbeitete Auflage, Psychologie Verlags Union, Weinheim.

Eisenhardt, Kathleen M. (1989a), Agency Theory: An Assessment and Review, in: *Academy of Management Review*, 14 (1), S. 57–74.

Eisenhardt, Kathleen M. (1989b), Building Theories From Case Study Research, in: *Academy of Management Review*, 14 (4), S. 532–550.

Eisenhardt, Kathleen M. und Jeffrey A. Martin (2000), Dynamic Capabilities: What Are They?, in: *Strategic Management Journal*, 21 (Winter Special Issue), S. 1105–1121.

Endlich, Lisa (1999), *Goldman Sachs: The Culture of Success*, Alfred A. Knopf, New York.

Engelbracht-Wiggans, Richard, Paul R. Milgrom und Robert J. Weber (1983), Competitive Bidding and Proprietary Information, in: *Journal of Mathematical Economics*, 11 (2), S. 161–169.

Ertel, Danny (1999), Turning Negotiation Into a Corporate Capability, in: *Harvard Business Review*, 77 (3), S. 55–70.

Eschen, Erik (1998a), Finanzkennzahlen im Strategischen Management, in: Rudi K. F. Bresser (Hrsg.), *Strategische Managementtheorie*, Walter de Gruyter, Berlin, S. 602–626.

Eschen, Erik (1998b), Mittelstandsholding: Holdingstrukturen für kleine und mittelgroße Unternehmungen, Diskussionsbeiträge des Instituts für Management, herausgegeben von Rudi K. F. Bresser, Gertraude Krell und Georg Scheyögg 7/98, Freie Universität Berlin, Fachbereich Wirtschaftswissenschaft, Berlin.

Eschen, Erik (2000), Mittelstandsholding: Eine Lösung für Wachstums- und Größenprobleme kleiner und Mittelgroßer Unternehmungen, in: *Zeitschrift Führung + Organisation*, 69 (3), S. 164–170.

Fama, Eugene F. (1980), Agency Problems and the Theory of the Firm, in: *Journal of Political Economy*, 88 (2), S. 288–307.

Fama, Eugene F. und Michael C. Jensen (1983a), Agency Problems and Residual Claims, in: *Journal of Law and Economics*, 26 (2), S. 301–326.

Fama, Eugene F. und Michael C. Jensen (1983b), Separation of Ownership and Control, in: *Journal of Law and Economics*, 26 (2), S. 301–325.

FAZ-Archiv (2000), Die größten Firmenübernahmen, in: *Frankfurter Allgemeine Zeitung*, 18. Januar 2000 (14), S. 18.

Fehr, Benedikt (1998), Amerikas Banken auf neuen Wegen, in: *Frankfurter Allgemeine Zeitung*, 28. Mai 1998 (122), S. 17.

Fisher, Roger, Wiliam Ury und Bruce Patton (1993), *Das Harvard-Konzept. Sachgerecht verhandeln – erfolgreich verhandeln*, 12. Auflage, Campus, Frankfurt am Main.

Foss, Nicolai J. (1996a), Firms, Incomplete Contracts, and Organizational Learning, in: *Human Systems Management*, 15 (1), S. 17–26.

Foss, Nicolai J. (1996b), More Critical Comments on Knowledge-based Theories of the Firm, in: *Organization Science*, 7 (5), S. 519–523.

Foster, George (1986), Comments on M & A Analysis and the Role of Investment Bankers, in: Joel M. Stern und Donald H. Chew Jr. (Hrsg.), *The Revolution in Corporate Finance*, Basil Blackwell, New York, S. 391–393.

Frankfurter Allgemeine Zeitung (1996a), *Bankers Trust unter neuer Führung mit frischem Schwung*, 24. Juni 1996, Nr. 144, S. 24.

Frankfurter Allgemeine Zeitung (1996b), *Der Konkurrenzkampf in der Londoner City verschärft sich*, 4. Juni 1996, Nr. 128, S. 20.

Frankfurter Allgemeine Zeitung (1997a), *Allianz und Dresdner wollen engere Kooperation*, 29. September 1997, Nr. 226, S. 30.

Frankfurter Allgemeine Zeitung (1997b), *Die Dresdner Bank will eine Investmentbank in Amerika kaufen*, 23. August 1997, Nr. 195, S. 15.

Frankfurter Allgemeine Zeitung (1997c), *Die Vereinsbank verkauft die Advance Bank*, 22. Oktober 1997, Nr. 245, S. 31.

Frankfurter Allgemeine Zeitung (1997d), *Fusion läšt Amerikas gröštes Finanzhaus entstehen*, 6. Februar 1997, Nr. 31, S. 26.

Frankfurter Allgemeine Zeitung (1998a), *BMW schließt Vertrag zur Rolls-Royce-Übernahme*, 30. April 1998, Nr. 100, S. 17.

Frankfurter Allgemeine Zeitung (1998b), *Daimler-Benz verhandlet über eine Übernahme von Nissan Diesel*, 12. Mai 1998, Nr. 109, S. 25.

Frankfurter Allgemeine Zeitung (1998c), *Der Kauf der Nobelmarke löst an der Börse keine Begeisterung aus*, 31. März 1998, Nr. 76, S. 23.

Frankfurter Allgemeine Zeitung (1998d), *Deutsche Bank erleidet in Amerika empfindlichen Rückschlag*, 2. Juli 1998, Nr. 150, S. 17.

Frankfurter Allgemeine Zeitung (1998e), *Deutsche Bank versucht neuen Anlauf im Investmentbanking*, 16. Juli 1998, Nr. 162, S. 17.

Frankfurter Allgemeine Zeitung (1998f), *Die Citicorp erwägt Grošakquisition*, 6. April 1998, Nr. 81, S. 30.

Frankfurter Allgemeine Zeitung (1998g), *Die Deutsche Bank bekräftigt ihren Weg im Investmentbanking*, 28. Juli 1998, Nr. 172, S. 15.

Frankfurter Allgemeine Zeitung (1998h), *Die größten Fusionen*, 13. August 1998, Nr. 186, S. 16.

Frankfurter Allgemeine Zeitung (1998i), *Die zukünftige Citigroup sieht ihre Stärke im umfassenden Angebot*, 7. April 1998, Nr. 82, S. 21.

Frankfurter Allgemeine Zeitung (1998j), *„Die Fusion ist eine perfekte Heirat“*, 9. April 1998, Nr. 84, S. 24.

Frankfurter Allgemeine Zeitung (1998k), *„Die Fusionswelle im Finanzgewerbe hat gerade erst begonnen“*, 26. Februar 1998, Nr. 48, S. 23.

Frankfurter Allgemeine Zeitung (1998l), *Drei Großfusionen verändern Amerikas Banken-Landschaft*, 5. Oktober 1998, Nr. 230, S. 28.

Frankfurter Allgemeine Zeitung (1998m), *Fusionen der Riesen*, 7. April 1998, Nr. 82, S. 17.

Frankfurter Allgemeine Zeitung (1998n), *Fusionskosten bringen 1997 Schweizer Großbanken wieder Verluste*, 12. März 1998, Nr. 60, S. 23.

Frankfurter Allgemeine Zeitung (1998o), *Gemischte Reaktionen auf die Banken-Fusion in Amerika*, 15. April 1998, Nr. 87, S. 23.

Frankfurter Allgemeine Zeitung (1998p), *Große Regionalbanken Wells Fargo und Norwest kündigen Fusion an*, 9. Juni 1998, Nr. 131, S. 25.

Frankfurter Allgemeine Zeitung (1998q), *In Amerika entsteht der weltgrößte Finanzkonzern*, 7. April 1998, Nr. 82, S. 17.

Frankfurter Allgemeine Zeitung (1998r), *LTCM-Debakel stürzt Schweizer Großbank in eine Führungskrise*, 5. Oktober 1998, Nr. 230, S. 17.

Frankfurter Allgemeine Zeitung (1998s), *Neue Technologien zwingen die Banken zu Kooperationen*, 4. November 1998, Nr. 256, S. 21.

Frankfurter Allgemeine Zeitung (1998t), *Personalien: Cabiallavetta erweist UBS einen Dienst und tritt zurück*, 5. Oktober 1998, Nr. 230, S. 26.

Frankfurter Allgemeine Zeitung (1998u), *Schieflage eines Risikofonds beunruhigt die Märkte*, 25. September 1998, Nr. 223, S. 17.

Frankfurter Allgemeine Zeitung (1998v), *Schweizer UBS dementiert Verluste in Singapur*, 2. Juni 1998, Nr. 125, S. 22.

Frankfurter Allgemeine Zeitung (1998w), *Schweizer UBS verliert Milliarden mit Hedge Fonds und in Rußland*, 25. September 1998, Nr. 223, S. 31.

Frankfurter Allgemeine Zeitung (1998x), *UBS weist hohen Quartalsverlust aus*, 18. November 1998, Nr. 268, S. 27.

Frankfurter Allgemeine Zeitung (1998y), *Volkswagen gibt sich im Kampf um Rolls-Royce siegessicher*, 9. Mai 1998, Nr. 107, S. 17.

Frankfurter Allgemeine Zeitung (1998z), *Wüstenrot und WürttAG fusionieren zu neuartigem Finanzdienstleister*, 4. November 1998, Nr. 256, S. 23.

Frankfurter Allgemeine Zeitung (1999a), *Auch die Sparkassen stärken sich in Fusionen*, 29. Juli 1999, Nr. 173, S. 23.

Frankfurter Allgemeine Zeitung (1999b), *Deutsche Bank ist bei Bankers Trust am Ziel*, 5. Juni 1999, Nr. 127, S. 18.

Frankfurter Allgemeine Zeitung (1999c), *Die Dresdner Bank richtet sich neu aus*, 25. November 1999, Nr. 275, S. 21.

Frankfurter Allgemeine Zeitung (1999d), *Die japanische Bankenfusion steht*, 21. August 1999, Nr. 193, S. 13.

Frankfurter Allgemeine Zeitung (1999e), *Dreierfusion der französischen Banken gescheitert*, 30. August 1999, Nr. 200, S. 17.

Frankfurter Allgemeine Zeitung (1999f), *Glanz und Schatten liegen bei Bankers Trust nahe beieinander*, 5. Juni 1999, Nr. 127, S. 18.

Frankfurter Allgemeine Zeitung (1999g), *Nat West bietet für Legal & General fast 11 Milliarden Pfund*, 4. September 1999, Nr. 205, S. 18.

Frankfurter Allgemeine Zeitung (1999h), *„Unsere einzige Schwäche ist die Fusionsberatung groser Firmen"*, 26. November 1999, Nr. 275, S. 17.

Frankfurter Allgemeine Zeitung (2000a), *America Online übernimmt Time Warner*, 10. Januar 2000, Nr. 7, S. 13.

Frankfurter Allgemeine Zeitung (2000b), *AOL Time Warner: Begeisterung kühlt ab*, 12. Januar 2000, Nr. 9, S. 18.

Frankfurter Allgemeine Zeitung (2000c), *Daimler-Chrysler erwartet deutlich schlechteres Konzernergebnis*, 18. November 2000, Nr. 269, S. 17.

Frankfurter Allgemeine Zeitung (2000d), *Der Mann, der das Internet für die Masse zugänglich machte*, 11. Januar 2000, Nr. 8, S. 18.

Frankfurter Allgemeine Zeitung (2000e), *Die Axa konzentriert sich künftig auf ihr Kerngeschäft*, 31. August 2000, Nr. 202, S. 21.

Frankfurter Allgemeine Zeitung (2000f), *Die Deutsche Bank organisiert ihr Geschäft künftig in zwei Bereiche*, 5. Dezember 2000, Nr. 283, S. 25.

Frankfurter Allgemeine Zeitung (2000g), *Die Fusion von AOL und Time Warner ist ein „genialer Coup"*, 11. Januar 2000, Nr. 8, S. 18.

Frankfurter Allgemeine Zeitung (2000h), *Die größten Übernahmen mit deutscher Beteiligung 2000*, 28. Dezember 2000, Nr. 301, S. 18.

Frankfurter Allgemeine Zeitung (2000i), *„Die Konsolidierung unter Europas Investmentbanken hat erst begonnen"*, 28. Oktober 2000, Nr. 251, S. 17.

Frankfurter Allgemeine Zeitung (2000j), *DLJ steht schon drei Jahre zum Verkauf*, 31. August 2000, Nr. 202, S. 21.

Frankfurter Allgemeine Zeitung (2000k), *Dresdner Kleinwort Wasserstein entsteht*, 19. September 2000, Nr. 218, S. 21.

Frankfurter Allgemeine Zeitung (2000l), *Eine begehrte Braut, ein düpierter Bräutigam und ein Junggeselle*, 31. August 2000, Nr. 202, S. 21.

Frankfurter Allgemeine Zeitung (2000m), *Fusion AOL/Time Warner braucht mehr Zeit*, 21. November 2000, Nr. 271, S. 21.

Frankfurter Allgemeine Zeitung (2000n), *ING Barings fällt der Konsolidierung unter den Investmentbanken zum Opfer*, 21. November 2000, Nr. 271, S. 25.

Frankfurter Allgemeine Zeitung (2000o), *Markt & Meinung*, 21. November 2000, Nr. 271, S. 32.

Frankfurter Allgemeine Zeitung (2000p), *National Westminster Bank legt ihre Verteidigungsstrategie offen*, 25. Januar 2000, Nr. 20, S. 22.

Frankfurter Allgemeine Zeitung (2000q), *Schweizer Börse ist nicht begeistert vom Großeinkauf der Credit Suisse*, 31. August 2000, Nr. 202, S. 21.

Frankfurter Allgemeine Zeitung (2001a), *Allianz-Aktionäre loben den Vorstand*, 12. Juli 2001, Nr. 159, S. 16.

Frankfurter Allgemeine Zeitung (2001b), *Allianz und Dresdner Bank als Tandem*, 8. August 2001, Nr. 182, S. 18.

Frankfurter Allgemeine Zeitung (2001c), *„Allianz und Dresdner Bank verändern die Spielregeln nicht wesentlich"*, 21. Juli 2001, Nr. 167, S. 21.

Frankfurter Allgemeine Zeitung (2001d), *„Allianz und Dresdner müssen sich neu erfinden"*, 7. Mai 2001, Nr. 105, S. 21.

Frankfurter Allgemeine Zeitung (2001e), *AMB baut die Marktposition aus*, 4. April 2001, Nr. 80, S. 20.

Frankfurter Allgemeine Zeitung (2001f), *Amerikanische Banken übertreffen die Erwartungen*, 17. Juli 2001, Nr. 163, S. 18.

Frankfurter Allgemeine Zeitung (2001g), *„Bei der Kreditvergabe sind wir als Investmentbank selektiv"*, 19. Juni 2001, Nr. 139, S. 24.

Frankfurter Allgemeine Zeitung (2001h), *Consors rutscht im ersten Quartal in die Verlustzone*, 16. Mai 2001, Nr. 113, S. 23.

Frankfurter Allgemeine Zeitung (2001i), *„Consors steht nicht zur Disposition"*, 8. Mai 2001, Nr. 106, S. 22.

Frankfurter Allgemeine Zeitung (2001j), *Der Kauf von Compaq durch HP wird vom Markt diktiert*, 5. September 2001, Nr. 206, S. 22.

Frankfurter Allgemeine Zeitung (2001k), *Deutsche Bank beteiligt sich an GFT*, 3. Juli 2001, Nr. 151, S. 20.

Frankfurter Allgemeine Zeitung (2001l), *Deutsche Bank stößt Online-Bankgeschäft in Amerika ab*, 1. August 2001, Nr. 176, S. 28.

Frankfurter Allgemeine Zeitung (2001m), *Deutsche Bank vor Spartenverkauf*, 28. Juli 2001, Nr. 173, S. 15.

Frankfurter Allgemeine Zeitung (2001n), *Die Allianz setzt mit der Dresdner jetzt auf die „kleine Lösung“*, 29. März 2001, Nr. 75, S. 20.

Frankfurter Allgemeine Zeitung (2001o), *Die Allianz und die Dresdner Bank sehen sich voll im Plan*, 18. Mai 2001, Nr. 115, S. 16.

Frankfurter Allgemeine Zeitung (2001p), *Die Fusion zur DZ Bank ist fast perfekt*, 11. Juli 2001, Nr. 158, S. 17.

Frankfurter Allgemeine Zeitung (2001q), *Die Konsolidierung unter den Online-Brokern geht weiter*, 27. April 2001, Nr. 98, S. 25.

Frankfurter Allgemeine Zeitung (2001r), *Dresdner Kleinwort Wasserstein verbleibt vorerst in der Allianz*, 26. Juli 2001, Nr. 171, S. 16.

Frankfurter Allgemeine Zeitung (2001s), *Ein Wall-Street-Klassiker stirbt*, 25. Mai 2001, Nr. 120, S. 18.

Frankfurter Allgemeine Zeitung (2001t), *Frankreichs Kreditgewerbe spekuliert über Fusionen in der Branche*, 8. Mai 2001, Nr. 106, S. 23.

Frankfurter Allgemeine Zeitung (2001u), *In Frankreich entsteht ein Bankenriese unter Staatsaufsicht*, 26. Juni 2001, Nr. 145, S. 21.

Frankfurter Allgemeine Zeitung (2001v), *Übernahme von Abbey National durch Lloyds TBS gescheitert*, 11. Juli 2001, Nr. 158, S. 16.

Frankfurter Allgemeine Zeitung (2001w), *Unter Asiens Banken grassiert das Übernahmefieber*, 18. Juni 2001, Nr. 138, S. 23.

Frankfurter Allgemeine Zeitung (2001x), *„Wie können nicht alles auf einmal machen“*, 31. Mai 2001, Nr. 125, S. 24.

Frankfurter Allgemeine Zeitung (2001y), *„Wir müssen Produzenten nicht besitzen“*, 26. März 2001, Nr. 72, S. 23.

Frankfurter Allgemeine Zeitung (2001z), *„Zur Zeit hat die Commerzbank keine Fusionspläne“*, 13. Juni 2001, Nr. 135, S. 21.

Frankfurter Allgemeine Zeitung (2002), *Zweifel am Milliardenprojekt UMTS*, 3. Januar 2002, Nr. 2, S. 21.

Franks, Julian und Colin Mayer (1998), Bank Control, Takeovers and Corporate Governance in Germany, in: *Journal of Banking & Finance*, 22 (11), S. 1385–1403.

Freeman, R. Edward (1984), *Strategic Management: A Stakeholder Approach*, Pitman, Boston.

Freudenberg & Co. (2001), *Unternehmensportrait*, Weinheim.

Galai, Dan und Ronald W. Masulis (1976), The Option Pricing Model and the Risk Factor of Stock, in: *Journal of Financial Economics*, 13 (3), S. 53–81.

Garvey, Gerald und Peter L. Swan (1992), The Disciplinary Role of Debt in a Hierarchical Organization, in: *Research in Finance*, 10 (1), S. 1–40.

Ghemawat, Pankaj (1991), *Commitment: The Dynamic of Strategy*, Free Press, New York.

Ghoshal, Sumantra und Peter Moran (1996), Bad for Practice: A Critique of Transaction Cost Theory, in: *Academy of Management Review*, 21 (1), S. 13–47.

Giersberg, Georg (2000), Der Markt für Übernahmen und Beteiligungen hat sich mehr als verdoppelt, in: *Frankfurter Allgemeine Zeitung*, vom 28. Dezember 2000 (301), S. 18.

Gocke, Andreas (1997), *Die Vermeidung von Abschmelzverlusten nach horizontalen Unternehmensakquisitionen*, Dissertation, Universität St. Gallen Hochschule für Wirtschafts-, Rechts- und Sozialwissenschaften (HSG), St. Gallen.

Gödecke, Jürgen (1999), Wie werden Kultur und Kommerz vermittelt?, in: Marie Henckel von Donnersmarck und Roland Schatz (Hrsg.), *Fusionen: gestalten und kommunizieren*, 2. Auflage, Innovatio, Bonn, S. 59–81.

Godfrey, Paul C. und Charles W.L. Hill (1995), The Problem of Unobservables in Strategic Management Research, in: *Strategic Management Journal*, 16 (7), S. 519–533.

Goebel, Peter (1990), *Erfolgreiche Jungunternehmer: lieber kleiner Herr als großer Knecht!; Welche Fähigkeiten brauchen Firmengründer?*, Moderne Verlagsgesellschaft, München.

Golbe, Devra L. und Lawrence J. White (1988), A Time-Series Analysis of Mergers and Acquisitions in the U.S. Economy, in: Alan J. Auerbach (Hrsg.), *Corporate Takeovers: Causes and Consequences*, The University of Chicago Press, Chicago, S. 265–302.

Gollers, Rolf und Roland Tomik (1999), Neue Ansätze zur Steueroptimierung für den Unternehmenskauf von mittelständischen Kapitalgesellschaften, in: *Deutsches Steuerrecht*, 37 (29), S. 1169–1176.

Gort, Michael (1969), An Economic Disturbance Theory of Mergers, in: *The Quarterly Journal of Economics*, 83 (4), S. 624–642.

Grant, Robert M. (1991), The Resource-Based Theory of Competitive Advantage: Implications for Strategy Formulation, in: *California Management Review*, 33 (3), S. 114–135.

Grant, Robert M. (1996), Towards a Knowledge-based Theory of the Firm, in: *Strategic Management Journal*, 17 (Winter Special Issue), S. 109–122.

Grant, Robert M. (1998), *Contemporary Strategy Analysis: Concepts, Techniques, Applications*, 3. Auflage, Blackwell, Malden, Massachusetts.

Greiner, Larry E. (1972), Evolution and Revolution as Organizations Grow. A Company's Past has Clues for Management that are Critical to Future Success, in: *Harvard Business Review*, 50 (4), S. 37–46.

Grimm, Andrea (1987), *Motive konglomerater Zusammenschlüsse: Analyse der theoretischen Erklärungsansätze und Fallstudien großer Zusammenschlüsse in den USA*, Band 71 von *Wirtschaftspolitische Studien*, Vandenhoeck & Ruprecht, Göttingen.

Grinblatt, Mark und Sheridan Titman (1998), *Financial Markets and Corporate Strategy*, Irwin/McGraw-Hill, Boston.

Grossman, Sanford J. und Oliver D. Hart (1980), Takeover Bids, the Free-Rider Problem, and the Theory of the Corporation, in: *Bell Journal of Economics*, 11 (1), S. 42–64.

Grossman, Sanford J. und Oliver D. Hart (1986), The Costs and Benefits of Ownership: A Theory of Vertical and Lateral Integration, in: *Journal of Political Economy*, 94 (4), S. 691–719.

Grüter, Hans (1991), *Unternehmensakquisitionen: Bausteine eines Integrationsmanagements*, Schriftenreihe des Instituts für betriebswirtschaftliche Forschung an der Universität Zürich, Band 65, Paul Haupt, Bern.

Grüter, Hans (1993), Integrationsstrategien akquirierter Unternehmungen, in: *Die Unternehmung. Schweizerische Zeitschrift für betriebswirtschaftliche Forschung und Praxis*, 47 (1), S. 45–54.

Gutenberg, Erich (1993), *Grundlagen der Betriebswirtschaftslehre. Band 1: Die Produktion*, 24. Auflage, Springer, Berlin.

Haehling von Lanzenauer, Christoph, Erik Eschen und Karsten Pilz-Glombik (2002), Capacity Planning in a Transitional Setting with Simulation-Based Modeling: A Case Study, in: *International Transactions in Operational Research*, 9 (2), S. 125–139.

Hahn, Dieter (1992), *Die feindliche Übernahme von Aktiengesellschaften: eine juristisch-ökonomische Analyse*, Band 359 von *Rechtswissenschaftliche Forschung und Entwicklung*, V. Florentz, München.

Haleblian, Jerayr und Sydney Finkelstein (1999), The Influence of Organizational Acquisition Experience on Acquisition Performance: a Behavioral Learning Perspective, in: *Administrative Science Quarterly*, 44 (1), S. 29–56.

Hall, Bronwyn H. (1988), The Effect of Takeover Activity on Corporate Research and Development, in: Alan J. Auerbach (Hrsg.), *Corporate Takeovers: Causes and Consequences*, University of Chicago Press, Chicago, Il., S. 69–96.

Hall, Richard (1992), The Strategic Analysis of Intangible Resources, in: *Strategic Management Journal*, 13 (2), S. 135–144.

Halpern, Paul (1983), Corporate Acquisitions: A Theory of Special Cases? A Review of Event Studies Applied to Acquisitions, in: *The Journal of Finance*, XXXVIII (2), S. 297–317.

Hambrick, Donald C. und Albert A. Cannella, Jr. (1993), Relative Standing: A Framework for Understanding Departures of Acquired Executives, in: *Academy of Management Journal*, 36 (4), S. 733–762.

Hambrick, Donald C. und Phyllis A. Mason (1984), Upper Echolons: The Organization as a Reflection of Its Top Managers, in: *Academy of Management Review*, 9 (2), S. 193–206.

Hamel, Gary, Yves Doz und C.K. Prahalad (1989), Collaborate With Your Competitors – and Win, in: *Harvard Business Review*, 67 (1), S. 133–139.

Handelsblatt (2001), *Münchner Rück plant Zukäufe in Europa*, 30. Mai 2001, Nr. 103, S. 25.

Hanly, Ken (1992), Hostile Takeovers and Methods of Defense: A Stakeholder Analysis, in: *Journal of Business Ethics*, 11 (12), S. 895–913.

Hannan, Michael T. und John H. Freeman (1977), The Population Ecology of Organizations, in: *American Journal of of Sociology*, 82 (5), S. 929–964.

Hannan, Michael T. und John H. Freeman (1984), Structural Inertia and Organizational Change, in: *American Sociological Review*, 49 (April), S. 149–164.

Hansen, Gary S. und Birger Wernerfelt (1989), Determinants of Firm Performance: The Relative Importance of Economic and Organizational Factors, in: *Strategic Management Journal*, 10 (5), S. 399–411.

Harrigan, Kathleen R. (1984), Formulating Vertical Integration Strategies, in: *Academy of Management Review*, 9 (4), S. 638–652.

Harrison, Jeffrey S., Michael A. Hitt, Robert E. Hoskisson und R. Duane Ireland (1991), Synergies and Post-Acquisition Performance: Differences versus Similarities in Resource Allocations, in: *Journal of Management*, 17 (1), S. 173–190.

Hartmann, Ulrich (1992), Generelle Rahmenbedingungen für Unternehmensakquisitionen in der Bundesrepublik Deutschland, in: Günter Sieben und Heinz-Gerd Stein (Hrsg.), *Unternehmensakquisitionen – Strategien und Abwehrstrategien*, Berichte aus der Arbeit der Schmalenbachgesellschaft – Deutsche Gesellschaft für Betriebswirtschaft e. V., Schäffer-Poeschel, Stattgart, S. 21–37.

Haspeslagh, Philippe C. und David B. Jemison (1991), *Managing Acquisitions: Creating Value Through Corporate Renewal*, Free Press, New York.

Hax, Arnaldo C. und Nicolas S. Majluf (1996), *The Strategy Concept and Process: A Pragmatic Approach*, Prentice Hall, Englewood Cliffs, N.J.

von Hayek, Friedrich August (1945), The Use of Knowledge in Society, in: *American Economic Review*, 35 (4), S. 519–530.

Hébert, Robert F. und Albert N. Link (1989), In Search of the Meaning of Entrepreneurship, in: *Small Business Economics*, 1 (1), S. 39–49.

Helfat, Constance E. (2000), Guest Editor's Introduction to the Special Issue: The Evolution of Firm Capabilities, in: *Strategic Management Journal*, 21 (Winter Special Issue), S. 955–959.

Helfat, Constance E. und Ruth S. Raubitschek (2000), Product Sequencing: Co-evolution of Knowledge, Capabilities and Products, in: *Strategic Management Journal*, 21 (Winter Special Issue), S. 961–979.

Hempel, Carl G. (1965), *Aspects of Scientific Explanation*, Free Press, New York.

Hermsen, Christoph (1994), *Mergers & Acquisitions: Integrationsmanagement von Akquisitionsobjekten – dargestellt anhand der Aufgabe des Personalmanagements*, Dissertation, Universität St. Gallen Hochschule für Wirtschafts-, Rechts- und Sozialwissenschaften (HSG), St. Gallen.

Higgins, Robert C. und Lawrence D. Schall (1975), Corporate Bankruptcy and Conglomerate Merger, in: *The Journal of Finance*, XXX (1), S. 93–113.

Hill, Charles W. L. (1988), Differentiation Versus Low Cost or Differentiation and Low Cost: A Contingency Framework, in: *Academy of Management Review*, 13 (3), S. 401–412.

Hill, Charles W. L. (1990), Cooperation, Opportunism, and the Invisible Hand: Implications for Transaction Cost Theory, in: *Academy of Management Review*, 15 (3), S. 500–513.

Hill, Charles W. L. und David L. Deeds (1996), The Importancee of Industry Structure for the Determination of Firm Profitability: A Neo-Austrian Perspective, in: *Journal of Management Studies*, 33 (4), S. 429–451.

Hirschman, Albert O. (1970), *Exit, Voice, Loyality. Responses to Decline in Firms, Organizations and States*, Harvard University Press, Cambridge, Massachusetts.

Hirschman, Albert O. (1974), *Abwanderung und Widerspruch*, J. C. B. Mohr, Tübingen.

Hirshleifer, Jack (1988), *Price Theory and Applications*, 6. Auflage, Prentice-Hall, Englewood Cliffs, New Jersey.

Hodgson, Geoffrey M. (1998), Competence and Contract in the Theory of the Firm, in: *Journal of Economic Behaviour and Organization*, 35 (2), S. 179–201.

Hofer, Charles W. und Dan Schendel (1978), *Strategy Formulation: Analytical Concepts*, West, St. Paul, MN.

Hoffritz, Jutta und Jürgen Salz (1998), Allianz oder Mesalliance, in: *Wirtschaftswoche*, vom 3.12.98 (50), S. 140–145.

Hogarty, Thomas F. (1970), The Profitability of Corporate Mergers, in: *The Journal of Business*, 43 (3), S. 317–327.

Hopkins, Thomas Hollis (1983), *Mergers, Acquisitions, and Divestitures. A Guide to Their Impact for Investors and Directors*, Dow Jones-Irwin, Homewood, Illinois.

Hopt, Klaus J. (1992), Präventivmaßnahmen zur Abwehr von Übernahme- und Beteiligungsversuchen, in: Günter Sieben und Heinz-Gerd Stein (Hrsg.), *Unternehmensakquisitionen – Strategien und Abwehrstrategien*, Berichte aus der Arbeit der Schmalenbachgesellschaft – Deutsche Gesellschaft für Betriebswirtschaft e. V., Schäffer-Poeschel, Stattgart, S. 39–56.

Hötzel, Oliver (1993), *Steuerorientierte Gestaltung des Unternehmenskaufs*, IDW, Düsseldorf.

Hrebiniak, Lawrence G. und William F. Joyce (1985), Organizational Adaptation: Strategic Choice and Environmental Determinism, in: *Administrative Science Quarterly*, 30 (3), S. 336–349.

Hughes, Alan, Dennis C. Mueller und Anjit Singh (1980), Hypotheses about Mergers, in: Dennis C. Mueller (Hrsg.), *The Determinants and Effects of Mergers*, Oelgeschlager, Gunn & Hain, Königstein/Ts, S. 27–66.

Hummler, Konrad (1999), Mega-Fusionen im Lichte finaztheoretischer Überlegungen, in: Hans Siegwart und Gregory Neugebauer (Hrsg.), *Mega-Fusionen: Analysen – Kontroversen – Perspektiven*, 2. Auflage, Paul Haupt, Bern, S. 233–245.

Hunt, John W. (1990), Changing Pattern of Acquisition Behavior in Takeovers and Consequences for Acquisition Processes, in: *Strategic Management Journal*, 11 (1), S. 69–77.

Hunt, Shelby D. (1995), The Resource-Advantage Theory of Competition. Toward Explaining Productivity and Economic Growth, in: *Journal of Management Inquiry*, 4 (4), S. 317–332.

Jacobson, Robert (1988), The Persistence of Abnormal Returns, in: *Strategic Management Journal*, 9 (5), S. 415–430.

Jacobson, Robert (1990), Unobservable Effects and Business Performance, in: *Marketing Science*, 9 (1), S. 74–87.

Jacobson, Robert (1992), The „Austrian" School of Strategy, in: *Academy of Management Review*, 17 (4), S. 782–807.

Jaeger, Fanz (1999), Der globale Markt als grösseres Haus für grössere Firmen, in: Hans Siegwart und Gregory Neugebauer (Hrsg.), *Mega-Fusionen: Analysen – Kontroversen – Perspektiven*, 2. Auflage, Paul Haupt, Bern, S. 11–38.

Jansen, Stephan A. (2000), *Mergers & Acquisitions: Unternehmensakquisitionen und -kooperationen. Eine strategische, organisatorische und kapitalmarkttheoretische Einführung*, 3. überarbeitete und aktualisierte Auflage, Gabler, Wiesbaden.

Jarrell, Gregg A., James A. Brickley und Jeffry M. Netter (1988), The Market for Corporate Control: The Empirical Evidence Since 1980, in: *Journal of Economic Perspectives*, 2 (1), S. 49–68.

Jemison, David (1988), Value Creation and Acquisition Integration: The Role of Strategic Capability Transfer, in: Gary Libecap (Hrsg.), *Advances in the Study of Entrepreneurship, Innovation, and Economic Growth. A Research Annual. Supplement 1: Corporate Reorganization Through Mergers, Acquisitions, and Leveraged Buyouts*, JAI Press, Greenwich, S. 191–218.

Jensen, Michael C. (1984), Takeovers: Folklore and Science, in: *Harvard Business Review*, 62 (6), S. 109–121.

Jensen, Michael C. (1986), Agency Costs of Free Cash Flow, Corporate Finance, and Takeovers, in: *American Economic Review, Papers and Proceedings*, 76 (2), S. 323–329.

Jensen, Michael C. (1988a), Takeovers: Their Causes and Consequences, in: *Journal of Economic Perspectives*, 2 (1), S. 21–48.

Jensen, Michael C. (1988b), The Takeover Controversy: Analysis and Evidence, in: John C. Coffee, Jr., Louis Lowenstein und Susan Rose-Ackerman (Hrsg.), *Knights, Raiders, and Targets: The Impact of the Hostile Takeover*, Oxford University Press, New York, S. 314–354.

Jensen, Michael C. (1989a), Active Investors, LBOs, and the Privatization of Bankruptcy, in: *Journal of Applied Corporate Finance*, 2 (1), S. 35–44.

Jensen, Michael C. (1989b), Eclipse of the Public Corporation, in: *Harvard Business Review*, 67 (5), S. 61–74.

Jensen, Michael C. und William H. Meckling (1976), Theory of the Firm: Managerial Behavior, Agency Costs and Ownership Structure, in: *Journal of Financial Economics*, 3 (3), S. 305–360.

Jensen, Michael C. und Richard S. Ruback (1983), The Market for Corporate Control: The Scientific Evidence, in: *Journal of Financial Economics*, 11 (1), S. 5–50.

Kagel, John H. (1995), Auctions: A Survey of Experimental Research, in: John H. Kagel und Alvin E. Roth (Hrsg.), *The Handbook of Experimental Economics*, Princeton University Press, Princeton, New Jersey, S. 501–585.

Kagel, John H. und Dan Levin (1986), The Winner's Curse and Public Information in Common Value Auctions, in: *The American Economic Review*, 76 (5), S. 894–920.

Kahneman, Daniel und Amos Tversky (1979), Prospect Theory: An Analysis of Decision Under Risk, in: *Econemetrica*, 47 (2), S. 263–392.

Kaligin, Thomas (1995), *Unternehmenskauf: Grundsatzfragen und Strategien für eine optimale steuerliche Gestaltung*, Recht und Wirtschaft, Heidelberg.

Kaplan, Steven (1989a), Management Buyouts: Evidence on Taxes as a Source of Value, in: *The Journal of Finance*, XLIV (3), S. 611–632.

Kaplan, Steven (1989b), The Effects of Management Buyouts on Operating Performance and Value, in: *Journal of Financial Economics*, 24 (2), S. 217–254.

Karim, Samina und Will Mitchell (2000), Path-Dependent and Path-Breaking Change: Reconfiguring Business Resources Following Acquisitions in the U.S. Medical Sector, 1978-1995, in: *Strategic Management Journal*, 21 (Winter Special Issue), S. 1061–1081.

Kaufer, Erich (1980), *Industrieökonomik: Eine Einführung in die Wettbewerbstheorie*, Vahlen, München.

Kay, Neil M. (1993), Markets, False Hierarchies and the Role of Asset Specificity, in: Christos Pitelis (Hrsg.), *Transaction Costs, Markets and Hierarchies*, Basil Blackwell, Oxford, S. 242–261.

Keller, Andrea (1990), *Die Rolle der Unternehmenskultur im Rahmen der Differenzierung und Integration der Unternehmung*, Band 63 von *Schriftenreihe des Instituts für betriebswirtschaftliche Forschung an der Universität Zürich*, Paul Haupt, Bern.

Khorana, Ajay und Marc Zenner (1998), Executive Compensation of Large Acquirors in the 1980s, in: *Journal of Corporate Finance*, 4 (2), S. 209–240.

Kieser, Alfred und Herbert Kubicek (1992), *Organisation*, 3. Auflage, Walter de Gruyter, Berlin.

Kihlstrom, Richard (1986), The Informational Role of Mergers in the Context of a Complete Securities Market, in: Lacy Glenn Thomas (Hrsg.), *The Economics of Strategic Planning: Essays in Honor of Joel Dean*, Lexington Books, Lexington, MA, S. 171–185.

Kim, E. Han und John J. McConnell (1977), Corporate Mergers and the Co-Insurance of Corporate Debt, in: *The Journal of Finance*, XXXII (2), S. 349–370.

Kinast, Gerhard (1991), Abwicklung einer Akquisition, in: Jörg Baetge (Hrsg.), *Akquisition und Unternehmensbewertung*, Schriften des Instituts für Revisionswesen der Westfälischen Wilhelms-Universität Münster, IDW, Düsseldorf, S. 31–43.

King, Adelaide Wilcox und Carl P. Zeithaml (2001), Competencies and Firm Performance: Examining the Causal Ambiguity Paradox, in: *Strategic Management Journal*, 22 (1), S. 75–99.

Kirchner, Martin (1991), *Strategisches Akquisitionsmanagement im Konzern*, Gabler, Wiesbaden.

Kirzner, Israel M. (1973), *Competition and Entrepreneurship*, University of Chicago Press, Chicago.

Kirzner, Israel M. (1978), *Wettbewerb und Unternehmertum*, Mohr, Tübingen.

Kirzner, Israel M. (1979), *Perception, Opportunity, and Profit: Studies in the Theory of Entrepreneurship*, University of Chicago Press, Chicago.

Kitching, John (1967), Why Do Mergers Miscarry?, in: *Harvard Business Review*, 45 (6), S. 84–101.

Klandt, Heinz (1984), *Aktivitäten und Erfolg des Unternehmensgründers. Eine empirische Analyse unter Einbeziehung des mikrosozialen Umfeldes*, Bergisch Gladbach.

Klein, Benjamin, Robert G. Crawford und Armen A. Alchian (1978), Vertical Integration, Appropriable Quasi-Rents, and the Competitive Contracting Process, in: *Journal of Law and Economics*, 21 (2), S. 297–326.

Knight, Frank H. (1921), *Risk, Uncertainty and Profit*, Houghton Mifflin, New York.

zu Knyphausen-Aufsess, Dodo (1993), Why are Firms different?, in: *Die Betriebswirtschaft*, 53 (6), S. 771–792.

zu Knyphausen-Aufsess, Dodo (1995), *Theorie der strategischen Unternehmensführung: state of the art und neue Perspektiven*, Gabler, Wiesbaden.

Kogut, Bruce (1991), Joint Ventures and the Option to Expand and Acquire, in: *Management Science*, 37 (1), S. 19–33.

Kogut, Bruce und Udo Zander (1992), Knowledge of the Firm, Combinative Capabilities, and the Replication of Technology, in: *Organization Science*, 3 (3), S. 383–396.

Kotter, John P. (1982), What Effective General Managers Really Do, in: *Harvard Business Review*, 60 (6), S. 156–167.

Kreilkamp, Edgar (1987), *Strategisches Management und Marketing*, de Gruyter, Berlin.

Kreps, David M. und A. Michael Spence (1985), Modelling the Role of History in Industrial Organization and Competition, in: Georg R. Feiwel (Hrsg.), *Issues in Contemporary Microeconomics and Welfare*, McMillan, London, S. 340–378.

von Krogh, Georg, Alessandro Sinatra und Harbir Singh (1994), *The Management of Corporate Acquisitions. International Perspectives*, Macmillan, London.

Krug, Jeffrey A. und W. Harvey Hegarty (2001), Predicting Who Stays and Leaves After an Acquisition: A Study of Top Managers in Multinational Firms, in: *Strategic Management Journal*, 22 (2), S. 185–196.

Kuhn, Thomas S. (1997), *Die Struktur wissenschaftlicher Revolutionen*, 14. Auflage, Suhrkamp, Franfurt am Main.

Küting, Karlheinz (1983a), Der Zusammenschluß von Unternehmungen als unternehmenspolitische Entscheidungsaufgabe (I), in: *Das Wirtschaftsstudium*, 12 (4), S. 157–162.

Küting, Karlheinz (1983b), Der Zusammenschluß von Unternehmungen als unternehmenspolitische Entscheidungsaufgabe (II), in: *Das Wirtschaftsstudium*, 12 (5), S. 212–216.

Lane, Peter J., Albert A. Cannella Jr. und Michael H. Lubatkin (1998), Agency Problems as Antecedents to Unrelated Mergers and Diversification: Amihud and Lev Reconsidered, in: *Strategic Management Journal*, 19 (6), S. 555–578.

Lang, Larry H. P., René M. Stulz und Ralph A. Walking (1991), A Test of the Free Cash Flow Hypothesis, in: *Journal of Financial Economics*, 29 (3), S. 315–335.

Larcker, David (1986), Managerial Incentives in Mergers and Their Effect on Shareholder Wealth, in: Joel M. Stern und Donald H. Chew Jr. (Hrsg.), *The Revolution in Corporate Finance*, Basil Blackwell, New York, S. 380–387.

Laub, Ulf D. (1991), Mergers & Acquisitions als zukunftsorientierte Strategie innovativen Unternehmertums, in: Ulf D. Laub und Dietram Schneider (Hrsg.), *Innovationen und Unternehmertum: Perspektiven, Erfahrungen, Ergebnisse*, Gabler, Wiesbaden, S. 111–136.

Lee, Hun, Ken G. Smith, Curtis M. Grimm und August Schomburg (2000), Timing, Order and Durability of New Product Advantages With Imitation, in: *Strategic Management Journal*, 21 (1), S. 23–30.

Lehn, Kenneth und Annette Poulsen (1989), Free Cash Flow and Stockholder Gains in Going Private Transactions, in: *The Journal of Finance*, XLIV (3), S. 771–787.

Lei, David, Michael A. Hitt und Richard Bettis (1996), Dynamic Core Competences through Meta-Learning and Strategic Context, in: *Journal of Management*, 22 (4), S. 549–569.

Lenz, Robert T. (1980), Strategic Capability: A Concept and Framework for Analysis, in: *Academy of Management Review*, 5 (2), S. 225–234.

Leonard-Barton, Dorothy (1992), Core Capabilities and Core Rigidities, in: *Strategic Management Journal*, 13 (Summer Special Issue), S. 111–126.

Lev, Baruch (1986), Observations on the Merger Phenomenon and a Review of the Evidence, in: Joel M. Stern und Donald H. Chew Jr. (Hrsg.), *The Revolution in Corporate Finance*, Basil Blackwell, New York, S. 357–367.

Lev, Baruch und Gershon Mandelker (1972), The Microeconomic Consequences of Corporate Mergers, in: *The Journal of Business*, 45 (1), S. 85–104.

Levy, Haim und Marshall Sarnat (1970), Diversification, Portfolio Analysis and the Uneasy Case for Conglomerate Mergers, in: *The Journal of Finance*, 25 (4), S. 795–802.

Lewellen, Wilbur G. (1971), A Pure Financial Rationale for the Conglomerate Merger, in: *Journal of Finance*, 26 (2), S. 521–537.

Lewicki, Roy J., Joseph A. Litterer, John. W. Minton und David M. Sounders (2000), *Negotiation*, 2. Auflage, Irwin, Homewood, Illinois.

Lewis, Thomas G. und Daniel Stelter (1994), *Steigerung des Unternehmenswertes: Total-value-Management*, Moderne Industrie, Landsberg/Lech.

Lichtenberg, Frank und Donald Siegel (1988), *The Effect of Takeovers on the Employment and Wages of Central Office and Other Personnel*, Columbia University, Columbia.

Lieberman, Marvin B. und David B. Montgomery (1988), First-Mover Advantages, in: *Strategic Management Journal*, 9 (1), S. 41–58.

Liebeskind, Julia Porter (1996), Knowledge, Strategy, and the Theory of the Firm, in: *Strategic Management Journal*, 17 (Winter Special Issue), S. 93–107.

Lintner, John (1971), Expectations, Mergers and Equilibrium in Purely Competitive Securities Markets, in: *American Economic Review*, 61 (1), S. 101–111.

Lipka, Sabine (1995), *Managementeffizienz und Kapitalmarkttheorie*, Band 1789 von *Europäische Hochschulschriften*, Peter Lang, Frankfurt am Main.

Lippmann, Stephen A. und Richard P. Rumelt (1982), Uncertain Imitability: An Analysis of Interfirm Differences in Efficiency Under Competition, in: *The Bell Journal of Economics*, 13 (2), S. 418–438.

Lorie, James H. und Paul Halpern (1970), Conglomerates: The Rhetoric and the Evidence, in: *The Journal of Law and Economics*, 13 (2), S. 149–166.

Lowenstein, Louis (1985), Management Buyouts, in: *Columbia Law Review*, 85 (4), S. 730–784.

Lowenstein, Louis (1988), Hostile Takeovers. A Remedy of First Resort or Last Resort?, in: *Österreichisches Bankarchiv*, 36 (9), S. 886–901.

Lubatkin, Michael (1983), Mergers and the Performance of the Acquiring Firm, in: *Academy of Management Review*, 8 (2), S. 218–225.

Lubatkin, Michael (1987), Merger Strategies and Stockholder Value, in: *Strategic Management Journal*, 8 (1), S. 39–53.

Lubatkin, Michael, David Schweiger und Yaakov Weber (1999), Top Management Turnover in Related M&A's: An Additional Test of the Theory of Relative Standing, in: *Journal of Management*, 25 (1), S. 55–73.

Lubatkin, Michael, Narasimhan Srinivasan und Hemant Merchant (1997), Merger Strategies and Shareholder Value During Times of Relaxed Antitrust Enforcement: The Case of Large Mergers During the 1980s, in: *Journal of Management*, 23 (1), S. 59–81.

Lutter, Marcus (1983), *Der Letter of Intent: zur rechtlichen Bedeutung von Absichtserklärungen*, Heymanns, Köln.

Lynch, H. H. (1971), *Financial Performance of Conglomerates*, Harvard Graduate School of Business, MA.

Macharzina, Klaus (1999), *Unternehmensführung: Das internationale Managementwissen; Konzepte – Methoden – Praxis*, 3., aktualisierte und erweiterte Auflage, Gabler, Wiesbaden.

Magenheim, Ellen B. und Dennis C. Mueller (1988), Are Acquiring-Firm Shareholders Better Off After an Acquisition?, in: John C. Coffee, Jr., Louis Lowenstein und Susan Rose-Ackerman (Hrsg.), *Knights, Raiders, and Targets: The Impact of the Hostile Takeover*, Oxford University Press, New York, S. 171–193.

Mahoney, Joseph T. (1992), Organizational Economics within the Conversation of Strategic Management, in: *Advances in Strategic Management*, 8 (1), S. 103–155.

Mahoney, Joseph T. und J. Rajendran Pandian (1992), The Resource-Based View Within the Conversation of Strategic Management, in: *Strategic Management Journal*, 13 (5), S. 363–380.

Malatesta, Paul H. (1983), The Wealth Effect of Merger Activity and the Objective Functions of Merging Firms, in: *Journal of Financial Economics*, 11 (1), S. 155–181.

Malik, Fredmund (1999), Anforderungen an die Unternehmensfürung, in: Hans Siegwart und Gregory Neugebauer (Hrsg.), *Mega-Fusionen: Analysen – Kontroversen – Perspektiven*, 2. Auflage, Paul Haupt, Bern, S. 249–263.

Mandelker, Gershon (1974), Risk and Return: The Case of Merging Firms, in: *Journal of Financial Economics*, 1 (3), S. 303–335.

Manne, Henry G. (1965), Mergers and the Market for Corporate Control, in: *Journal of Political Economy*, 73 (2), S. 110–120.

Markham, J. W. (1973), *Conglomerate Enterprises and Public Policy*, Harvard Graduate School of Business, MA.

Markides, Constantinos und Peter J. Williamson (1996), Corporate Diversification and Organizational Structure: A Resource-based View, in: *Academy of Management Journal*, 39 (2), S. 340–367.

Markowitz, Harry M. (1952), Portfolio Selection, in: *Journal of Finance*, 7 (1), S. 77–92.

Markowitz, Harry M. (1959), *Portfolio Selection. Efficient Diversification of Investment*, Wiley & Sons, New York.

Marris, Robin (1964), *The Economic Theory of „Managerial" Capitalism*, Basic Books, New York.

Masfield, Edwin, Mark Schwartz und Samuel Wagner (1981), Imitation Costs and Patents: An Empirical Study, in: *Economic Journal*, 91 (4), S. 907–918.

Mason, Charles F. und Owen R. Phillips (2000), Vertical Integration and Collusive Incentives: An Experimental Analysis, in: *International Journal of Industrial Organization*, 18 (3), S. 471–496.

Mason, Edward S. (1939), Price and Production Policies of Large-Scale Enterprise, in: *American Economic Review, Papers and Proceedings of the Fifty-first Annual Meeting of the American Economic Association, Part 2*, 29 (1), S. 61–74.

Maucher, Helmut O. (1999), Allgemeine Betrachtungen zu Grossfusionen, Restrukturierungen und Wettbewerbspolitik, in: Hans Siegwart und Gregory Neugebauer (Hrsg.), *Mega-Fusionen: Analysen – Kontroversen – Perspektiven*, 2. Auflage, Paul Haupt, Bern, S. 39–62.

McEvily, Susan K. und Bala Chakravarthy (2000), Knowledge Characteristics and Competitive Advantage: An Empirical Investigation, in: Rudi K. F. Bresser, Michael A. Hitt, Robert D. Nixon und Dieter Heuskel (Hrsg.), *Winning Strategies in a Deconstructing World*, Strategic Management Series, John Wiley & Sons, Chichester, S. 223–244.

McGee, John und Howard Thomas (1986), Strategic Groups: Theory, Research and Taxonomy, in: *Strategic Management Journal*, 7 (2), S. 141–160.

McWilliams, Abagail und Dennis L. Smart (1995), The Resource-Based View of the Firm. Does it Go Far Enough in Shedding the Assumptions of the S-C-P Paradigm?, in: *Journal of Management Inquiry*, 4 (4), S. 309–316.

Mead, Walter J. (1969), Instantaneous Merger Profit as a Conglomerate Merger Motive, in: *Western Economic Journal*, 7 (4), S. 295–306.

Meise, Florian (1998), *Realoptionen als Investitionskalkül: Bewertung von Investitionen unter Unsicherheit*, Oldenbourg, München.

Meyer, Harald (1999), Mega-Fusionen in Prüfung und Beratung, in: Hans Siegwart und Gregory Neugebauer (Hrsg.), *Mega-Fusionen: Analysen – Kontroversen – Perspektiven*, 2. Auflage, Paul Haupt, Bern, S. 163–192.

Michel, Allen und Israel Shaked (1991), RJR Nabisco: A Case Study of a Complex Leveraged Buyout, in: *Financial Analysts Journal*, 47 (5), S. 15–27.

Milgrom, Paul und John Roberts (1992), *Economics, Organization and Management*, Prentice-Hall, Englewood Cliffs, New Jersey.

Milgrom, Paul R. und Robert J. Weber (1982), A Theory of Auctions and Competitive Bidding, in: *Econometrica*, 50 (5), S. 1089–1122.

Miller, Danny und Peter H. Friesen (1986), Porter's (1980) Generic Strategies and Performance: An Empirical Examination with American Data, in: *Organization Studies*, 7 (1), S. 37–55.

Miller, Danny und Jamal Shamsie (1996), The Resource-Based View of the Firm in Two Environments: The Hollywood Film Studios from 1936 to 1965, in: *Academy of Management Journal*, 39 (3), S. 519–543.

Miller, Eugene M. (1977), Risk, Uncertainty, and Divergence of Opinion, in: *Journal of Finance*, 32 (4), S. 1151–1168.

Millonig, Klemens (2002), *Wettbewerbsvorteile durch das Management des institutionalen Kontextes: Eine integrative Betrachtung von Ressourcenbasiertem Ansatz und Institutionalismus*, Dissertationsprojekt, Freie Universiät Berlin.

Mintzberg, Henry (1973), *The Nature of Managerial Work*, Harper & Row, New York.

Mintzberg, Henry (1975), The Manager's Job: Folklore and Fact, in: *Harvard Business Review*, 53 (4), S. 49–61.

Mirvis, Philip H. und Mitchell Lee Marks (1992), *Managing the Merger: Making It Work*, Prentice Hall, Englewood Cliffs, NJ.

Mitchel, Mark L. und Kenneth Lehn (1990), Do Bad Bidders Become Good Targets?, in: *Journal of Political Economy*, 98 (2), S. 372–398.

Modigliani, Franco und Merton H. Miller (1963), Corporate Income Taxes and the Cost of Capital. A Correction, in: *American Economic Review*, 53 (3), S. 433–443.

Mohan, Nancy und Carl R. Chen (1990), A Review of the RJR-Nabisco Buyout, in: *Journal of Applied Corporate Finance*, 3 (3), S. 102–108.

Montgomery, Cynthia A. und Birger Wernerfelt (1988), Diversification, Ricardian Rents, and Tobin's q, in: *RAND Journal of Economics*, 19 (4), S. 623–632.

Montgomery, David J. Collis Cynthia A. (1995), Competing on Resouces: Strategy in the 1990s, in: *Harvard Business Review*, 73 (4), S. 118–128.

Mørck, Randall, Andrei Shleifer und Robert W. Vishny (1988), Characteristics of Targets of Hostile and Friendly Takeovers, in: Alan J. Auerbach (Hrsg.), *Corporate Takeovers: Causes and Consequences*, University of Chicago Press, Chicago, Il., S. 101–134.

Morck, Randall, Andrei Shleifer und Robert W. Vishny (1990), Do Managerial Objectives Drive Bad Acquisitions?, in: *Journal of Finance*, 45 (1), S. 31–48.

Mowery, David C., Joanne E. Oxley und Brian S. Silverman (1996), Strategic Alliances and Interfirm Knowledge Transfer, in: *Strategic Management Journal*, 17 (Winter Special Issue), S. 77–91.

Mueller, Dennis C. (1969), A Theory of Conglomerate Mergers, in: *The Quarterly Journal of Economics*, 83 (3), S. 643–659.

Mueller, Dennis C. (1977a), The Effects of Conglomerate Mergers, in: *Journal of Banking and Finance*, 1 (3), S. 315–347.

Mueller, Dennis C. (1977b), The Persistence of Profits Above the Norm, in: *Economica*, 44 (176), S. 369–380.

Mueller, Dennis C. (1986), Persistent Profits Among Large Corporations, in: Lacy Glenn Thomas (Hrsg.), *The Economics of Strategic Planning: Essays in Honor of Joel Dean*, Lexington Books, Lexington, MA, S. 31–61.

Müller, Margit (1999), Fusionen und Übernahmen aus historischer Sicht, in: Hans Siegwart und Gregory Neugebauer (Hrsg.), *Mega-Fusionen: Analysen – Kontroversen – Perspektiven*, 2. Auflage, Paul Haupt, Bern, S. 63–81.

Münchner Rückversicherungs-Gesellschaft (2001a), *Geschäftsbericht der München-Rück-Gruppe 2000*, München.

Münchner Rückversicherungs-Gesellschaft (2001b), *Pressemitteilung*, 18. Juli 2001, München.

Murray, Alan I. (1988), A Contingency View of Porter's „Generic Strategies“, in: *Academy of Management Review*, 13 (3), S. 390–400.

Myers, Stewart C. und Nicolas S. Majluf (1984), Corporate Financing and Investment Decisions when Firms Have Information That Investors Do Not Have, in: *Journal of Financial Economics*, 13 (2), S. 187–221.

Nadig, Linhard (1992), *Spin Offs mittels Management Buyout*, Band 155 von *Bank- und Finanzwirtschaftliche Forschung*, Paul Haupt Berne, Bern.

Nault, Barrie R. und Markt B. Vandenbosch (1996), Eating Your Own Lunch: Protection Through Preemption, in: *Organization Science*, 7 (3), S. 342–358.

Nelson, Ralph L. (1959), *Merger Movements in American Industry 1895-1956*, Princeton University Press, Princeton.

Nelson, Richard R. (1991), Why Do Firms Differ, and How Does It Matter?, in: *Strategic Management Journal*, 12 (Winter Special Issue), S. 61–74.

Nelson, Richard R. und Sidney G. Winter (1982), *An Evolutionary Theory of Economic Change*, Harvard University Press, Cambridge, Massachusetts.

Nierenberg, Gerard I. (1995), *The Art of Negotiating. Psychological Strategies for Gaining Advantageous Bargains*, Barnes & Noble Books, New York.

Nierenberg, Gerard I. (1996), *The Complete Negotiator*, Barnes & Noble Books, New York.

Nohel, Tom und Vefa Tarhan (1998), Share Repurchases and Firm Performance: New Evidence on the Agency Costs of Free Cash Flow, in: *Journal of Financial Economics*, 49 (2), S. 187–222.

Oehlrich, Marcus (1999), *Strategische Analyse von Unternehmensakquisitionen: Das Beispiel der pharmazeutischen Industrie*, Gabler, Wiesbaden.

Ohmae, Kenichi (1989), The Global Logic of Strategic Alliances, in: *Harvard Business Review*, 67 (2), S. 143–154.

Oren, M. E. und A. C. Williams (1975), On Competitive Bidding, in: *Operations Research*, 23 (6), S. 1072–1079.

Oster, Sharon M. (1994), *Modern Competitive Analysis*, 2. Auflage, Oxford University Press, New York.

Palass, Brigitta (2000), Begrenzt haltbar, in: *manager magazin*, 30 (5), S. 172–181.

Panzar, John C. und Robert D. Willig (1977), Economies of Scale in Multi-Output Production, in: *The Quarterly Journal of Economics*, 91 (3), S. 481–493.

Panzar, John C. und Robert D. Willig (1981), Economies of Scope, in: *American Economic Association Papers and Proceedings*, 71 (2), S. 268–272.

Pausenberger, Ehrenfried (1989), Zur Systematik von Unternehmenszusammenschlüssen, in: *WISU - Das Wirtschaftsstudium*, 18 (11), S. 621–626.

Penrose, Edith Tilton (1959), *The Theory of the Growth of the Firm*, Basil Blackwell, Oxford.

Perridon, Louis und Manfred Steiner (1995), *Finanzwirtschaft der Unternehmung*, 8. Auflage, Franz Vahlen, München.

Peteraf, Margaret A. (1993), The Cornerstones of Competitive Advantage: A Resource-Based View, in: *Strategic Management Journal*, 14 (2), S. 179–191.

Pfeffer, Jeffrey (1972), Merger as a Response to Organizational Interdependence, in: *Administrative Science Quarterly*, 17 (3), S. 382–394.

Pfeffer, Jeffrey und Gerald R. Salancik (1978), *The External Control of Organizations: A Resource Dependence Perspective*, Harper & Row, New York.

Picot, Arnold (1982), Transaktionskostenansatz in der Organisationstheorie: Stand der Diskussion und Aussagewert, in: *Die Betriebswirtschaft*, 42 (2), S. 267–284.

Pinchot III, Gifford (1985), *Intrapreneuring: Why You Don't Have to Leave the Corporation to Become an Entrepreneur*, Harper & Row, New York.

Polanyi, Michael (1962), *Personal Knowledge. Towards a Post-Critical Philosophy*, 2. Auflage, Routledge, London.

Polanyi, Michael (1985), *Implizites Wissen*, Band 543 von *Taschenbuch Wissenschaft*, Suhrkamp, Frankfurt am Main.

Pontiff, Jeffrey, Andrei Shleifer und Michael S. Weisbach (1990), Reversions of Excess Pension Assets After Takeovers, in: *RAND Journal of Economics*, 21 (4), S. 600–613.

Popper, Karl R. (1971), *Logik der Forschung*, 4. Auflage, J. C. B. Mohr, Tübingen.

Popper, Karl R. (1973), *Objektive Erkenntnis. Ein evolutionärer Entwurf*, Hoffmann und Campe, Hamburg.

Porter, Michael E. (1980a), *Competitive Strategy*, Free Press, New York.

Porter, Michael E. (1980b), Industry Structure and Competitive Strategy: Keys to Profitability, in: *Financial Analysts Journal*, 36 (July-August), S. 30–41.

Porter, Michael E. (1981), The Contributions of Industrial Organization To Strategic Management, in: *Academy of Management Review*, 6 (4), S. 609–620.

Porter, Michael E. (1987), From Competitive Advantage to Corporate Strategy, in: *Harvard Business Review*, 87 (3), S. 43–59.

Porter, Michael E. (1989), *Wettbewerbsvorteile: Spitzenleistungen erreichen und behaupten*, Campus, Frankfurt am Main.

Porter, Michael E. (1991), Towards a Dynamic Theory of Strategy, in: *Strategic Management Journal*, 12 (Winter Special Issue), S. 95–117.

Porter, Michael E. (1992), *Wettbewerbsstrategie (Competitive Strategy). Methoden zur Analyse von Branchen und Konkurrenten*, 7. Auflage, Campus, Frankfurt am Main.

Porter, Michael E. (1993), *Nationale Wettbewerbsvorteile: Erfolgreich konkurrieren auf dem Weltmarkt*, Ueberreuter, Wien.

Porter, Michael E. (1996), What is Strategy?, in: *Harvard Business Review*, 74 (6), S. 61–78.

Porter, Michael E. (1997), Nur Strategie sichert auf Dauer hohe Erträge, in: *Harvard Business Manager*, 19 (3), S. 42–58.

Post, Alexandra (1994), *Anatomy of a Merger: Causes and Effects of Mergers and Acquisitions*, Prentice-Hall, Englewood Cliffs, New Jersey.

Powell, Walter W. und Paul J. DiMaggio (1991), *The New Institutionalism in Organizational Analysis*, The University of Chicago Press, Chicago.

Prager, Robin A. und Timothy H. Hannan (1998), Do Substantial Horizontal Mergers Generate Significant Price Effects? Evidence from the Banking Industry, in: *The Journal of Industrial Economics*, XLVI (4), S. 433–452.

Prahalad, C.K. (1993), The Role of Core Competencies in the Corporation, in: *Research-Technology Management*, 36 (6), S. 40–47.

Prahalad, C.K. und Richard A. Bettis (1986), The Dominant Logic: A New Linkage Between Diversity and Performance, in: *Strategic Management Journal*, 7 (6), S. 485–501.

Prahalad, C.K. und Gary Hamel (1990), The Core Competence of the Organization, in: *Harvard Business Review*, 68 (3), S. 79–93.

Prahalad, C.K. und Gary Hamel (1991), Nur Kernkompetenzen sichern das Überleben, in: *Harvard Manager*, 13 (2), S. 66–78.

Priem, Richard L. und John E. Butler (2001a), Is the Resource-based „View" a Useful Perspective for Strategic Management Research?, in: *Academy of Management Review*, 26 (1), S. 22–40.

Priem, Richard L. und John E. Butler (2001b), Tautology in the Resource-based View and the Implications of Externally Determinded Resource Value: Further Comments, in: *Academy of Management Review*, 26 (1), S. 57–66.

Prisching, Manfred (1996), Türen öffnen. Schumpeters sozioökonomische Schriften, in: Kurt R. Leube (Hrsg.), *The Essence of J. A. Schumpeter: Die wesentlichen Texte*, Nummer 3 in Die österreichische Schule der Nationalökonomie: Texte/IIAE International Institut „Die österreichische Schule der Nationalökonomie" (The international library of Austrian economics), Manz, Wien, S. 19–50.

Raiffa, Howard (1982), *The Art and Science of Negotiation: How to Resolve Conflicts and Get the Best Out of Bargaining*, Harvard University Press, Cambridge, Massachusetts.

Rappaport, Alfred (1979), Strategic Analysis for More Profitable Acquisitions, in: *Harvard Business Review*, 57 (4), S. 99–110.

Rappaport, Alfred (1986), *Creating Shareholder Value: The New Standard for Business Performance*, Free Press, New York.

Rappaport, Alfred (1990), The Staying Power of the Public Corporation, in: *Harvard Business Review*, 90 (1), S. 96–116.

Rappaport, Alfred (1995), *Shareholder Value: Wertsteigerung als Maßstab für die Unternehmensfürung*, Schäffer-Poeschel, Stuttgart.

Rappaport, Alfred und Mark L. Sirower (1999), Stock or Cash? The Trade-Offs for Buyers and Sellers in Mergers and Acquisitions, in: *Harvard Business Review*, 77 (6), S. 147–158.

Rasche, Christoph (1994), *Wettbewerbsvorteile durch Kernkompetenzen: ein ressourcenbasierter Ansatz*, Gabler, Wiesbaden.

Rasche, Christoph und Bernd Wolfrum (1994), Ressourcenorientierte Unternehmensführung, in: *Die Betriebswirtschaft*, 54 (4), S. 501–516.

Rau, P. Raghavendra und Theoe Vermaelen (1998), Glamour, Value and the Post-Acquisition Performance of Acquiring Firms, in: *Journal of Financial Economics*, 49 (2), S. 223–253.

Ravencraft, David J. und Frederic M. Scherer (1987), *Mergers, Sell-Offs, and Economic Efficiency*, Brookings Institution, Washington, D.C.

Ravencraft, Davis J. und F.M. Scherer (1989), The Profitability of Mergers, in: *International Journal of Industrial Organization*, 7 (1), S. 101–116.

Ravid, S. Abraham und Matthew Spiegel (1999), Toehold Strategies, Takeover Laws and Rival Bidders, in: *Journal of Banking & Finance*, 23 (8), S. 1219–1242.

Reed, Richard und Robert J. DeFillippi (1990), Causal Ambiguity, Barriers to Imitation, and Sustainable Competitive Advantage, in: *Academy of Management Review*, 15 (1), S. 88–102.

Reineke, Rolf-Dieter (1989), *Akkulturation von Auslandsakquisitionen: Eine Untersuchung zur Unternehmenskulturellen Anpassung*, Band 23 von *Schriftenreihe Unternehmensführung und Marketing*, Gabler, Wiesbaden.

Reuer, Jeffrey J. (2001), From Hybrids to Hierarchies: Shareholder Wealth Effects of Joint Venture Partner Buyouts, in: *Strategic Management Journal*, 22 (1), S. 27–44.

Reve, Torger (1990), The Firm as a Nexus of Internal and External Contracts, in: Masahiko Aoki, Bo Gustafsson und Oliver E. Williamson (Hrsg.), *The Firm as a Nexus of Treaties*, Sage Publications, London, S. 133–161.

Rhoades, Stephen A. (1983), *Power, Empire Building, and Mergers*, LexingtonBooks, Lexington.

Rhoades, Stephen A. (1993), Efficiency Effects of Horizontal (In-market) Bank Mergers, in: *Journal of Banking and Finance*, 17 (3), S. 411–422.

Rhoades, Stephen A. (1998), The Efficiency Effects of Bank Mergers, in: *Journal of Banking and Finance*, 22 (3), S. 273–291.

Ricardo, David (1817), *Principles of Political Economy and Taxation*, J. Murray, London.

Rieble, Volker (2000), Der Fall Holzmann und seine Lehren, in: *Neue Zeitschrift für Arbeitsrecht*, 17 (5), S. 225–234.

Roe, Mark J. (1994), *Strong Managers, Weak Owners. The Political Roots of American Corporate Finance*, Princeton University Press, Princeton, New Jersey.

Roll, Richard (1986), The Hubris Hypothesis of Corporate Takeovers, in: *Journal of Business*, 59 (2), S. 197–216.

Roll, Richard (1988), Empirical Evidence on Takeover Activity and Shareholder Wealth, in: John C. Coffee, Jr., Louis Lowenstein und Susan Rose-Ackerman (Hrsg.), *Knights, Raiders, and Targets: The Impact of the Hostile Takeover*, Oxford University Press, New York, S. 241–252.

Rosett, Joshua G. (1990), Do Union Wealth Concessions Explain Takeover Premiums?, in: *Journal of Financial Economics*, 27 (2), S. 263–282.

Ross, Stephen A., Randolph W. Westerfield und Jeffrey Jaffe (1999), *Corporate Finance*, The Irwin-McGraw-Hill Series in Finance, Insurance, and Real Estate, 5. Auflage, Irwin McGraw Hill, Boston.

Roth, Alvin E. (1995), Introduction to Experimental Economics, in: John H. Kagel und Alvin E. Roth (Hrsg.), *The Handbook of Experimental Economics*, Princeton University Press, Princeton, New Jersey, S. 3–109.

Rothkopf, Michael H. (1980), On Multiplacative Bidding Strategies, in: *Operations Research*, 28 (3), S. 570–575.

Rowe, Alan J., Richard O. Mason, Kerl E. Dickel, Richard B. Mann und Robert J. Mockler (1994), *Strategic Management. A methodological Approach*, 4. Auflage, Addison-Wesley, Reading.

Ruback, Richard S. (1983), Assessing Competition in the Market for Corporate Acquisitions, in: *Journal of Financial Economics*, 11 (1), S. 141–153.

Rühli, Edwin (1994), Die Resource-based View of Strategy. Ein Impuls für einen Wandel im unternehmungspolitischen Denken und Handeln?, in: Peter Gomez (Hrsg.), *Unternehmerischer Wandel: Konzepte zur organisatorischen Erneuerung; Knut Bleicher zum 65. Geburtstag*, Gabler, Wiesbaden, S. 31–57.

Rühli, Edwin und Marc Schettler (1999), Ursachen und Motive von Mega-Fusionen: Betriebswirtschaftlich-theoretische Überlegungen, in: Hans Siegwart und Gregory Neugebauer (Hrsg.), *Mega-Fusionen: Analysen – Kontroversen – Perspektiven*, 2. Auflage, Paul Haupt, Bern, S. 195–210.

Rumelt, Richard P. (1984), Toward a Strategic Theory of the Firm, in: Robert Boyden Lamb (Hrsg.), *Competitive Strategic Management*, Prentice Hall, Englewood Cliffs, New Jersey, S. 556–570.

Rumelt, Richard P. (1987), Theory, Strategy, and Entrepreneurship, in: David J. Teece (Hrsg.), *The Competitive Challenge. Strategies for Industrial Innovation and Renewal*, Ballinger Series on Innovation and Organizational Change, Ballinger, Cambridge, MA, S. 137–158.

Rumelt, Richard P. (1991), How Much Does Industry Matter?, in: *Strategic Management Journal*, 12 (3), S. 167–185.

Ryngaert, Michael (1988), The Effect of Poison Pill Securities on Shareholder Wealth, in: *Journal of Financial Economics*, 20 (3), S. 377–417.

Salecker, Jürgen (1995), *Der Kommunikationsauftrag von Unternehmen bei Mergers & Acquisitions: Problemdimensionen und Gestaltungsoptionen der Kommunikation bei Unternehmensübernahmen*, Paul Haupt, Bern.

Salter, Malcolm S. und Wolf A. Weinhold (1978), Diversification via Acquisition: Creating Value, in: *Harvard Business Review*, 56 (4), S. 166–176.

Salter, Malcolm S. und Wolf A. Weinhold (1979), *Diversification through Acquisition*, Free Press, New York.

Samuelson, Paul A. und William D. Nordhaus (1987), *Volkswirtschaftslehre: Grundlagen der Makro- und Mikroökonomie*, Band 2, 8. Auflage, Bund-Verlag, Köln.

Samuelson, William F. und Max H. Bazerman (1985), The Winner's Curse in Bilateral Negotiations, in: Vernon L. Smith (Hrsg.), *Research in Experimental Economics*, Band 3, JAI, Greenwich, S. 105–137.

Schall, Lawrence D. (1972), Asset Valuation, Firm Investment and Firm Diversification, in: *Journal of Business*, 45 (1), S. 11–28.

Schaumburg, Harald (Hrsg.) (1997), *Unternehmenskauf und Steuerrecht*, Schriftenreihe: Der Betrieb, Schäffer-Poeschel, Stuttgart.

Scherer, Frederic M. (1970), *Industrial Market Structure and Economic Performance*, Rand, Chicago.

Scherer, Frederic M. (1986), Mergers, Sell-offs, and Managerial Behavior, in: Lacy Glenn Thomas (Hrsg.), *The Economics of Strategic Planning: Essays in Honor of Joel Dean*, Lexington Books, Lexington, MA, S. 143–170.

Schierenbeck, Henner (1999), Bankenzusammenschlüsse – Konsequenzen für die Geschäftspolitk, in: Hans Siegwart und Gregory Neugebauer (Hrsg.), *Mega-Fusionen: Analysen – Kontroversen – Perspektiven*, 2. Auflage, Paul Haupt, Bern, S. 275–286.

Schipper, Katherine und Rex Thompson (1983), Evidence on the Capitalized Value of Merger Activity for Acquiring Firms, in: *Journal of Financial Economics*, 11 (1), S. 85–119.

Schmalenbach-Gesellschaft (1989), *Unternehmensakquisitionen. Bericht des Arbeitskreises „Unternehmensakquisition". Herausgegeben von Günter Sieben und Meinhard Sielaff im Auftrag der Schmalenbach-Gesellschaft – Deutsche Gesellschaft für Betriebswirtschaft e. V.*, Berichte aus der Arbeit der Schmalenbach-Gesellschaft – Deutsche Gesellschaft für Betriebswirtschaft e. V., Köln und Berlin, C.E. Poeschel, Stuttgart.

Schmalensee, Richard (1985), Do Markets Differ Much?, in: *American Economic Review*, 75 (3), S. 341–351.

Schmidt, Sascha L. und Marc A. Schettler (1999), Ziele von Unternehmenszusammenschlüssen, in: *Zeitschrift Führung + Organisation*, 68 (6), S. 312–317.

Schneider, Dieter (1989), Erste Schritte zu einer Theorie der Bilanzanalyse, in: *Die Wirtschaftsprüfung*, 42 (22), S. 633–642.

Schoemaker, Paul J. H. (1990), Strategy, Complexity and Economic Rent, in: *Management Science*, 36 (10), S. 1178–1192.

Schor, Gabriel (1991), *Zur rationalen Lenkung ökonomischer Forschung*, Band 16 von *Reihe „Wirtschaftswissenschaft“*, Campus, Frankfurt.

Schreyögg, Georg (1996), *Organisation: Grundlagen moderner Organisationsgestaltung; mit Fallstudien*, Gabler, Wiesbaden.

Schumpeter, Joseph Alois (1908), *Das Wesen und der Hauptinhalt der theoretischen Nationalökonomie*, Duncker & Humblot, München und Leipzig.

Schumpeter, Joseph Alois (1912), *Theorie der wirtschaftlichen Entwicklung*, Duncker und Humblot, Leipzig.

Schumpeter, Joseph Alois (1928), Unternehmer, in: Ludwig Elster, Adolf Weber und Friedrich Wieser (Hrsg.), *Handwörterbuch der Staatswissenschaften, Band 8*, 4. Auflage, Gustav Fischer, Jena, S. 476–487.

Schumpeter, Joseph Alois (1934), *The Theory of Economic Development. An Inquiry into Profits, Capital, Credit, Interest, and the Business Cycle*, Oxford University Press, Cambridge.

Schumpeter, Joseph Alois (1939), *Business Cycles. A Theoretical, Historical and Statistical Analysis of the Capitalist Process*, McGraw-Hill, New York.

Schumpeter, Joseph Alois (1946), *Kapitalismus, Sozialismus und Demokratie*, A. Francke, Bern.

Schütz, Dirk (1999), *Der Fall der UBS. Warum die Schweizerische Bankgesellschaft unterging*, 4. Auflage, Bilanz, Zürich.

Schwegmann, Vinzenz und Werner C. Pfaffenberger (1991), Möglichkeiten und Grenzen von Abwehrmaßnahmen der Verwaltung gegen feindliche Übernahmeangebote, in: *Die Betriebswirtschaft*, 51 (5), S. 561–580.

Schweiger, David M., Ernst N. Csiszar und Nancy K. Napier (1994), A Strategic Approach to Implementing Mergers and Acquisitions, in: Georg von Krogh, Alessandro Sinatra und Harbir Singh (Hrsg.), *The Management of Corporate Acquisitions. International Perspectives*, Macmillan, London, S. 23–49.

Scott, John und George Pascoe (1986), Beyond Firm and Industry Effects an Profitability in Imperfect Markets, in: *Review of Economics and Statistics*, 68 (2), S. 284–292.

Seidel, Gerrit René (1995), *Kritische Erfolgsfaktoren bei Unternehmensübernahmen: Eine Analyse der US-Bankenindustrie*, Gabler, Wiesbaden.

Sellers, Patricia (1993), The New Siege at RJR Nabisco, in: *Fortune*, 128 (9), S. 58–63.

Selznick, Phillip (1957), *Leadership in Administration. A Sociological Interpretation*, Harper & Row, New York.

Servaes, Henri (1996), The Value of Diversification During the Conglomerate Merger Wave, in: *The Journal of Finance*, 51 (4), S. 1201–1225.

Seth, Anju (1988), *The Sources and Extent of Value Creation in Acquisitions: A Strategic Perspective*, Dissertation, University of Michigan.

Seth, Anju (1990), Value Creation in Acquisitions: A Re-Examination of Performance Issues, in: *Strategic Management Journal*, 11, S. 99–115.

Shanley, Mark T. und Mary E. Correa (1992), Agreement Between Top Management Teams and Expectations for Post Acquisition Performance, in: *Strategic Management Journal*, 13 (4), S. 245–266.

Shelton, Lois M. (2000), Merger Market Dynamics: Insights into the Behavior of Target and Bidder Firms, in: *Journal of Economic Behavior & Organization*, 41 (4), S. 363–383.

Shleifer, Andrei und Lawrence H. Summers (1987), Breach of Trust in Hostile Takeovers, NBER Working Paper Series, Working Paper No 2342, National Bureau of Economic Research, Cambridge, MA.

Shleifer, Andrei und Lawrence H. Summers (1988), Breach of Trust in Hostile Takeovers, in: Alan J. Auerbach (Hrsg.), *Corporate Takeovers: Causes and Consequences*, University of Chicago Press, Chicago, Il., S. 33–56.

Shleifer, Andrei und Robert W. Vishny (1986), Greenmail, White Knights, and Shareholders' Interest, in: *Rand Journal of Economics*, 17 (3), S. 293–309.

Shleifer, Andrei und Robert W. Vishny (1988), Value Maximization and the Acquisition Process, in: *Journal of Economic Perspectives*, 2 (1), S. 7–20.

Shleifer, Andrei und Robert W. Vishny (1991), Takeovers in the '60s and the '80s: Evidence and Implications, in: *Strategic Management Journal*, 12 (Winter Special Issue), S. 51–59.

Shrieves, Ronald E. und Mary M. Pashley (1984), Evidence on the Association Between Mergers and Capital Structure, in: *Financial Management*, 13 (3), S. 39–48.

Shrivastava, Paul (1986), Postmerger Integration, in: *The Journal of Business*, 59 (1), S. 65–76.

Siegwart, Hans und Gregory Neugebauer (1999), *Mega-Fusionen: Analysen – Kontroversen – Perspektiven*, 2. Auflage, Paul Haupt, Bern.

Simon, Herbert A. (1947), *Administrative Behavior*, Macmillan, New York.

Simon, Herbert A. (1962), The Architecture of Complexity, in: *Proceedings of the American Philosophical Society*, 106 (6), S. 467–482.

Simon, Hermann (1989), Die zeit als strategischer Erfolgsfaktor, in: *Zeitschrift für Betriebswirtschaft*, 59 (1), S. 70–93.

Singh, Harbir und Cynthia A. Montgomery (1987), Corporate Acquisition Strategies and Economic Performance, in: *Strategic Management Journal*, 8 (4), S. 377–386.

Sirower, Mark L. (1997), *The Synergy Trap. How Companies Lose the Acquisition Game*, Free Press, New York.

Sjurts, Insa (2000), Die Fusion AOL-Time Warner: Eine strategietheoretische Erklärung, in: *Zeitschrift Führung + Organisation*, 69 (3), S. 128–138.

Skinner, Burrhus F. (1953), *Science and Human Behavior*, Macmillan, New York.

Sommer, Stefan (1996), *Integration akquirierter Unternehmen: Instrumente und Methoden zur Realisierung von leistungswirtschaftlichen Synergiepotentialen*, Band 1846 von *Europäische Hochschulschriften, Reihe V, Volks- und Betriebswirtschaft*, Peter Lang, Frankfurt am Main.

Souder, William E. und Alok K. Chakrabarti (1984), Acquisitions: Do They Really Work Out?, in: *Interfaces*, 14 (4), S. 41–47.

Spender, J.-C. (1996), Making Knowledge the Basis of a Dynamic Theory of the Firm, in: *Strategic Management Journal*, 17 (Winter Special Issue), S. 45–62.

Spirolke, Matthias (1998), *Der Betriebsübergang nach § 613a BGB im neuen Umwandlungsgesetz*, Dissertation, Rechts- und Staatswissenschaftliche Fakultät der Rheinisch Friedrich-Wilhelms-Universität Bonn, Bonn.

Spremann, Klaus (1991), *Investition und Finanzierung*, 4. vollständig überarbeitete und erweiterte Auflage, Oldenbourg, München.

Staehle, Wolfgang H. (1999), *Management. Eine verhaltenswissenschaftliche Perspektive*, 8. Auflage, überarbeitet von Peter Conrad und Jörg Sydow, Franz Vahlen, München.

Staehle, Wolfgang (Hrsg.) (1991), *Handbuch Management: die 24 Rollen der exzellenten Führungskraft*, Gabler, Wiesbaden.

Stalk, George, Philip Evans und Lawrence E. Shulman (1992), Competing on Capabillities: The New Rules of Corporate Strategy, in: *Harvard Business Review*, 70 (2), S. 57–69.

Steiner, Peter O. (1975), *Mergers. Motives, Effects, Policies*, University of Michigan Press, Ann Arbor.

Steltzer, Holger (1998), „Die Fusion ist eine perfekte Heirat", in: *Frankfurter Allgemeine Zeitung*, vom 9. April 1998 (84), S. 24.

Stevenson, Howard H., Michael J. Roberts und H. Irving Grousbeck (1989), *New Business Ventures and the Entrepreneur*, 3. Auflage, Irwin, Homewood, Il.

Steward, G. Bennett (1990), *The Quest for Value*, Harper Collins, New York.

Stigler, George J. (1950), Monopoly and Oligopoly by Merger, in: *The American Economic Review*, XL (2), S. 23–34.

Stigler, George J. (1964), A Theory of Oligopoly, in: *Journal of Political Economy*, LXXII (1), S. 44–61.

Stillman, Robert (1983), Examining Antitrust Policy Toward Horizontal Mergers, in: *Journal of Financial Economics*, 11 (2), S. 225–240.

Sundaramurthy, Chamu (1996), Corporate Governance within the Context of Antitakeover Provisions, in: *Strategic Management Journal*, 17 (5), S. 377–394.

Sutton, Robert I. und Barry M. Staw (1995), What Theory is Not, in: *Administrative Science Quarterly*, 40 (3), S. 371–384.

Sydow, Jörg (1992), *Strategische Netzwerke: Evolution und Organisation*, Gabler, Wiesbaden.

Szulanski, Gabriel (1996), Exploting Internal Stickiness: Impediments to the Transfer of Best Practice Within the Firm, in: *Strategic Management Journal*, 17 (Winter Special Issue), S. 27–43.

Tagesspiegel (1998), *„Weisungen nagele ich an das Schwarze Brett" Kartellamtschef Wolf über die Unabhängigkeit seiner Behörde, die Gefahr globaler Fusionen und Bertelsmann-Kirch*, 6. Juli 1998, Nr. 16387, S. 17.

Tampoe, Mahen (1994), Exploiting the Core Competences of Your Organization, in: *Long Range Planning*, 27 (4), S. 66–77.

Teece, David J. (1980), Economies of Scope and the Scope of the Enterprise, in: *Journal of Economic Behavior and Organization*, 1 (2), S. 223–247.

Teece, David J. (1981), The Market for Know-How and the Efficient International Transfer of Technology, in: *The Annuals of the Academy of Political and Social Science*, 458, S. 81–96.

Teece, David J. (1982), Towards an Economic Theory of the Multiproduct Firm, in: *Journal of Economic Behavior and Organization*, 3 (1), S. 39–63.

Teece, David J. (1986a), Firm Boundaries, Technological Innovation, and Strategic Management, in: Lacy Glenn Thomas (Hrsg.), *The Economics of Strategic Planning: Essays in Honor of Joel Dean*, Lexington Books, Lexington, MA, S. 187–199.

Teece, David J. (1986b), Profiting from Technological Innovation: Implications for Integration, Collaboration, Licensing, and Public Policy, in: *Research Policy*, 15 (6), S. 285–305.

Teece, David J. (1987), Profiting from Technological Innovation: Implications for Integration, Collaboration, Licensing, and Public Policy, in: David J. Teece (Hrsg.), *The Competitive Challenge. Strategies for Industrial Innovation and Renewal*, Ballinger Series on Innovation and Organizational Change, Ballinger, Cambridge, MA, S. 185–219.

Teece, David J. und Gary Pisano (1994), The Dynamic Capabilities of Firms: an Introduction, in: *Industrial and Corporate Change*, 3 (3), S. 537–556.

Teece, David J., Gary Pisano und Amy Shuen (1997), Dynamic Capabilities and Strategic Management, in: *Strategic Management Journal*, 18 (7), S. 509–533.

Terberger, Eva (1994), *Neo-institutionalistische Ansätze: Entstehung und Wandel, Anspruch und Wirklichkeit*, Band 72 von *Beiträge zur betriebswirtschaftlichen Forschung*, Gabler, Wiesbaden.

Thompson, Steve und Mike Wright (1993), Markets, Hierarchies and Markets Again, in: Christos Pitelis (Hrsg.), *Transaction Costs, Markets and Hierarchies*, Basil Blackwell, Oxford, S. 217–241.

Tirole, Jean (1994), *The Theory of Industrial Organization*, The MIT Press, Cambridge, Massachusetts.

Tosi, Henry L. Jr. und Luis R. Gomez-Mejia (1989), The Decoupling of CEO Pay and Performance: An Agency Perspective, in: *Administrative Science Quarterly*, 34 (2), S. 169–189.

Trigeorgis, Lenos (1996), *Real Options: Managerial Flexibility and Strategy in Resource Allocation*, MIT Press, Cambridge, Massachusetts.

Tripsas, Mary und Giovanni Gavetti (2000), Capabilities, Cognition, and Inertia: Evidence from Digital Imaging, in: *Strategic Management Journal*, 21 (Winter Special Issue), S. 1147–1161.

Trzicky, Nico (1999), Stakeholder einer Fusion und deren Feindbilder, in: Marie Henckel von Donnersmarck und Roland Schatz (Hrsg.), *Fusionen: gestalten und kommunizieren*, 2. Auflage, Innovatio, Bonn, S. 39–57.

Tsoukas, Haridimos (1996), The Firm as a Distributed Knowledge System: A Constructionist Approach, in: *Strategic Management Journal*, 17 (Winter Special Issue), S. 11–25.

Tyre, Marcie J. und Wanda J. Orlikowski (1994), Windows of Opportunity: Temporal Patterns of Technological Adaption in Organizations, in: *Organization Science*, 5 (1), S. 98–118.

Van de Ven, Andrew H. (1989), Nothing Is Quite So Practical as a Good Theory, in: *Academy of Management Review*, 14 (4), S. 486–489.

Varian, Hal R. (1995), *Grundzüge der Mikroökonomie*, 3. Auflage, Oldenbourg, München.

Vasconcellos, Jorge A. Sonsade und Donald C. Hambrick (1989), Key Seccuss Factors: Test of a General Theory in the Mature Industrial-Product Sector, in: *Strategic Management Journal*, 10 (4), S. 367–382.

Vogt, Jörg (1997), *Vertrauen und Kontrolle in Transaktionen. Eine institutionenökonomische Analyse*, Band 234 von *Neue betriebswirtschaftliche Forschung*, Gabler, Wiesbaden.

Wallstreet Online (2001), *Kommentar - HP: Segen, nicht Fluch*, 4. Dezember 2001.

Walsh, James P. (1988), Top Management Turnover Following Mergers and Acquisitions, in: *Strategic Management Journal*, 9 (2), S. 173–183.

Walton, Richard E. (1987), *Managing Conflict*, 2. Auflage, Reading, Massachusetts.

Wasserstein, Bruce (2000), *Big Deal. 2000 and Beyond*, Warner Books, New York.

Weder, Rolf (1990), Internationale Unternehmungskooperationen: Stabilitätsbedingungen von Joint Ventures, in: *Aussenwirtschaft*, 45 (2), S. 267–291.

Weick, Karl E. (1979), *The Social Psychology of Organizing*, 2. Auflage, Random House, New York.

Weick, Karl E. (1989), Theory Construction as Disciplined Imagination, in: *Academy of Management Review*, 14 (4), S. 516–531.

Weick, Karl E. (1995), What Theory is Not, Theorizing Is, in: *Administrative Science Quarterly*, 40 (3), S. 385–390.

Weisbach, Michael S. (1993), Corporate Governance and Hostile Takeovers, in: *Journal of Accounting and Economics*, 16 (1-3), S. 199–208.

Wenger, Ekkehard (1989), Hostile Takeovers: Wo steht der Feind?, in: *Wirtschaftswissenschaftliches Studium*, 18 (6), S. 269.

Werner, Winfried (1989), *Probleme „feindlicher“ Übernahmeangebote im Aktienrecht. Vortrag gehalten vor der Juristischen Gesellschaft zu Berlin am 26. April 1989*, Band 115 von *Schriftenreihe der Juristischen Gesellschaft zu Berlin*, Walter de Gruyter, Berlin.

Wernerfelt, Birger (1984), A Resource-based View of the Firm, in: *Strategic Management Journal*, 5 (2), S. 171–180.

Wernerfelt, Birger und Cynthia A. Montgomery (1988), Tobin‘s q and the Importance of Focus in Firm Performance, in: *American Economic Review*, 78 (1), S. 246–250.

Weston, J. Fred (1986), The Rules for Successful Mergers, in: Joel M. Stern und Donald H. Chew Jr. (Hrsg.), *The Revolution in Corporate Finance*, Basil Blackwell, New York, S. 387–390.

Weston, J. Fred, Kwang S. Chung und Susan E. Hoag (1990), *Mergers, Restructuring, and Corporate Control*, Prentice Hall, Englewood Cliffs, New Jersey.

Weston, J. Fred, Kwang S. Chung und Juan A. Siu (1998), *Takeovers, Restructuring, and Corporate Governance*, 2. Auflage, Prentice-Hall, New Jersey.

Wheelen, Thomas L. und J. David Hunger (2000), *Strategic management and business policy*, 7. Auflage, Addison-Wesley, Reading, Massachusetts.

Whetten, David A. (1989), What Constitutes a Theoretical Contribution?, in: *Academy of Management Review*, 14 (4), S. 490–495.

von Wieser, Friedrich (1914), *Theorie der gesellschaftlichen Entwicklung*, Mohr-Siebeck, Tübingen.

Williamson, John (1966), Profit, Growth and Sales Maximization, in: *Economica*, 33 (129), S. 1–16.

Williamson, Oliver E. (1963), Managerial Discretion and Business Behavior, in: *The American Economic Review*, 53 (5), S. 1032–1057.

Williamson, Oliver E. (1964), *The Economics of Discretionary Behavior – Managerial Objectives in a Theory of the Firm*, Prentice Hall, Englewood Cliffs, N. J.

Williamson, Oliver E. (1968a), Economies as an Antitrust Defense: Correction and Reply, in: *American Economic Review*, 58 (5), S. 1312–1376.

Williamson, Oliver E. (1968b), Economies as an Antitrust Defense: The Welfare of Tradeoffs, in: *American Economic Review*, 58 (1), S. 18–36.

Williamson, Oliver E. (1969), Economies as an Antitrust Defense: Reply, in: *American Economic Review*, 59 (4), S. 954–959.

Williamson, Oliver E. (1970), *Corporate Control and Business Behavior: An Inquiry into the Effects of Organization Form on Enterprise Behavior*, Prentice Hall, Englewood Cliffs, New Jersey.

Williamson, Oliver E. (1975), *Markets and Hierarchies, Analysis and Antitrust Implications*, The Free Press, New York.

Williamson, Oliver E. (1979), Transaction Cost Economics: The Governance of Contractual Relations, in: *Journal of Law and Economics*, 22 (2), S. 233–261.

Williamson, Oliver E. (1981), The Modern Corporation: Origins, Evolution, Attributes, in: *Journal of Economic Literature*, 19 (4), S. 1537–1568.

Williamson, Oliver E. (1985), Assessing Contract, in: *Journal of Law, Economics, and Organization*, 1 (1), S. 177–208.

Williamson, Oliver E. (1986), *Economic Organization. Firms, Markets and Policy Control*, New York University Press, New York.

Williamson, Oliver E. (1988), Mergers, Acquisitions, and Leveraged Buyouts: An Efficiency Assessment, in: Gary Libecap (Hrsg.), *Advances in the Study of Entrepreneurship, Innovation, and Economic Growth. A Research Annual. Supplement 1: Corporate Reorganization Through Mergers, Acquisitions, and Leveraged Buyouts*, JAI Press, Greenwich, S. 55–79.

Williamson, Oliver E. (1990), *Die ökonomischen Institutionen des Kapitalsimus: Unternehmen, Märkte, Kooperationen*, Band 64 von *Die Einheit der Gesellschaftswissenschaften*, J.C.B. Mohr, Tübingen.

Williamson, Oliver E. (1991a), Comparative Economic Organization: The Analysis of Discrete Structural Alternatives, in: *Administrative Science Quarterly*, 36 (2), S. 269–296.

Williamson, Oliver E. (1991b), Comparative Economic Organization. Vergleichende ökonomische Organisationstheorie: Die Analyse diskreter Strukturalternativen, in: Dieter Ordelheide, Bernd Rudolph und Elke Büsselmann (Hrsg.), *Betriebswirtschaftslehre und ökonomische Theorie*, C. E. Poeschel, Stuttgart, S. 13–49.

Williamson, Oliver E. (1991c), The Logic of Economic Organization, in: Oliver E. Williamson und Sidney G. Winter (Hrsg.), *The Nature of the Firm:*

Origins, Evolution, and Development, Oxford University Press, New York, S. 90–116.

Williamson, Oliver E. (1999), Strategy Research: Governance and Competence Perspectives, in: *Strategic Management Journal*, 20 (12), S. 1087–1108.

Willig, Robert D. (1979), Multiproduct Technology and Market Structure, in: *New Directions in Industrial Organization*, 69 (2), S. 346–351.

Winkler, Robert L. und Daniel G. Brooks (1980), Competitive Bidding with Dependent Value Estimates, in: *Operations Research*, 28 (3), S. 603–613.

Winter, Sidney G. (1987), Knowledge and Competence as Strategic Assets, in: David J. Teece (Hrsg.), *The Competitive Challenge. Strategies for Industrial Innovation and Renewal*, Ballinger Series on Innovation and Organizational Change, Ballinger, Cambridge, MA, S. 159–184.

Winter, Sidney G. (2000), The Satisficing Principle in Capability, in: *Strategic Management Journal*, 21 (Winter Special Issue), S. 981–996.

Yip, George S. (1982), Diversification Entry: Internal Development versus Acquisition, in: *Strategic Management Journal*, 3 (4), S. 331–345.

You, Victor, Richard Caves, Michael Smith und James Henry (1986), Mergers and Bidders' Wealth: Managerial and Strategic Factors, in: Lacy Glenn Thomas (Hrsg.), *The Economics of Strategic Planning: Essays in Honor of Joel Dean*, Lexington Books, Lexington, MA, S. 171–185.

Young, Greg (1995), Comment: The Resource-Based View of the Firm and „Austrian“ Economics. Integration to Go Beyond the S-C-P Paradigm of Industrial Organization Economics, in: *Journal of Management Inquiry*, 4 (4), S. 333–340.

Young, Greg, Ken G. Smith und Curtis M. Grimm (1996), „Austrian“ and Industrial Organization Perspectives on Firm-level Competitive Activity and Performance, in: *Organization Science*, 7 (3), S. 243–254.

Yukl, Gary (1989), Managerial Leadership: A Review of Theory and Research, in: *Journal of Management*, 2 (15), S. 251–289.

Zajac, Edward J. (1990), CEO Selection, Succession, Compensation and Firm Performance: A Theoretical Integration and Empirical Analysis, in: *Strategic Management Journal*, 11 (3), S. 217–230.

Zajac, Edward J. und Max H. Bazerman (1991), Blind Spots in Industry and Competitor Analysis, in: *Academy of Management Review*, 16 (1), S. 37–56.

Zajac, Edward J., Matthew S. Kraatz und Rudi K. F. Bresser (2000), Modeling the Dynamics of Strategic Fit: A Normative Approach to Strategic Change, in: *Strategic Management Journal*, 21 (4), S. 429–453.

Zajac, Edward J. und Cyrus P. Olson (1993), From Transaction Cost to Transactional Value Analysis: Implications for the Study of Interorganisational Strategies, in: *Journal of Management Studies*, 30 (1), S. 131–145.

Der Deutsche Universitäts-Verlag
Ein Unternehmen der Fachverlagsgruppe BertelsmannSpringer

Der Deutsche Universitäts-Verlag wurde 1968 gegründet und 1988 durch die Wissenschaftsverlage Dr. Th. Gabler Verlag, Verlag Vieweg und Westdeutscher Verlag aktiviert. Der DUV bietet hervorragenden jüngeren Wissenschaftlern ein Forum, die Ergebnisse ihrer Arbeit der interessierten Fachöffentlichkeit vorzustellen. Das Programm steht vor allem solchen Arbeiten offen, deren Qualität durch eine sehr gute Note ausgewiesen ist. Jedes Manuskript wird vom Verlag zusätzlich auf seine Vermarktungschancen hin überprüft.
Durch die umfassenden Vertriebs- und Marketingaktivitäten, die in enger Kooperation mit den Schwesterverlagen Gabler, Vieweg und Westdeutscher Verlag erfolgen, erreichen wir die breite Information aller Fachinstitute, -bibliotheken, -zeitschriften und den interessierten Praktiker. Den Autoren bieten wir dabei günstige Konditionen, die jeweils individuell vertraglich vereinbart werden.

Der DUV publiziert ein wissenschaftliches Monographienprogramm in den Fachdisziplinen

Wirtschaftswissenschaft
Informatik
Kognitionswissenschaft
Sozialwissenschaft
Psychologie
Literaturwissenschaft
Sprachwissenschaft

www.duv.de

Änderungen vorbehalten.

Deutscher Universitäts-Verlag
Abraham-Lincoln-Str. 46
65189 Wiesbaden

GPSR Compliance

The European Union's (EU) General Product Safety Regulation (GPSR) is a set of rules that requires consumer products to be safe and our obligations to ensure this.

If you have any concerns about our products, you can contact us on ProductSafety@springernature.com

In case Publisher is established outside the EU, the EU authorized representative is:

Springer Nature Customer Service Center GmbH
Europaplatz 3
69115 Heidelberg, Germany

Batch number: 10815964

Printed by Printforce, the Netherlands